岭南的记忆
MEMORIES OF LINGNAN

许瑞生 著

广东人民出版社
·广州·

图书在版编目（CIP）数据

岭南的记忆/许瑞生著. —广州：广东人民出版社，2024.1
ISBN 978-7-218-17033-6

Ⅰ．①岭⋯　Ⅱ．①许⋯　Ⅲ．①广东—地方史　Ⅳ．①K296.5

中国国家版本馆CIP数据核字（2023）第202384号

LINGNAN DE JIYI
岭 南 的 记 忆

许瑞生　著

版权所有　翻印必究

出 版 人：肖风华

责任编辑：钱飞遥　陈泽洪
责任技编：吴彦斌

出版发行：广东人民出版社
地　　址：广州市越秀区大沙头四马路10号（邮政编码：510199）
电　　话：（020）85716809（总编室）
传　　真：（020）83289585
网　　址：http://www.gdpph.com
印　　刷：广州市豪威彩色印务有限公司
开　　本：787毫米×1092毫米　1/16
印　　张：41.5　　字　　数：590千
版　　次：2024年1月第1版
印　　次：2024年1月第1次印刷
定　　价：168.00元

如发现印装质量问题，影响阅读，请与出版社（020-87712513）联系调换。
售书热线：（020）87717307

岭南的记忆

此书为作者在南粤古驿道粤东段活化利用、南岭国家公园创建、广州东山柏园"史语所"旧址修缮等工作中,利用历史文献深入研究的工作手记(书中所引用的历史档案多为广东省档案馆珍藏)。

土地革命战争时期,为加强中共中央机关与中央革命根据地(即中央苏区)的联络,党建立了中央红色交通线——由上海中共中央机关经香港、广东汕头、潮汕铁路或韩江、大埔青溪村、闽西汀州到中央苏区红都江西瑞金,由中共中央交通局直接领导。它不仅传送着党中央与苏区的往来文件,运送苏区急需的物资和经费,还要安全护送党政军领导干部以及民主党派人士、进步文艺工作者、通讯科技医疗工作者、莫斯科中山大学留学归国的共产党人、进步青年学生以及国际人士的来往。这条秘密交通线被毛泽东主席称为"红色血脉",周恩来总理称赞交通线上的交通员是中国革命胜利的"无名英雄"。这条红色交通线主干部分一直被沿用到抗日战争时期和解放战争时期。

"红色交通线的记忆·上篇"记叙了进入中央苏区的中共干

部在交通人员的护送下于惊涛骇浪的江河湖海上、蜿蜒崎岖的崇山峻岭中穿越日寇和国民党反动派的封锁线，躲避敌人的围捕搜查的经历，每次穿越都是一场惊心动魄、充满生命危险的冒险，但中共干部凭着舍生忘死的革命意志和智慧而一次次脱险。从文中引述的档案文献和人物回忆，我们可以清晰了解到红色交通线建立的历史背景及经过，进入中央苏区的路线、交通站及交通员等。

"红色交通线的记忆·下篇"记叙了为营救在香港的左翼文化和知名人士，中共党组织在南粤大地又建立起从香港通往粤北转桂林、香港通往湛江广州湾，再转大后方的新红色交通线。由于日军的严密封锁，虽然党组织对营救工作做了周密部署，由武工队员护送，沿途均设立秘密接待站，以确保万无一失，但对于困在香港受难的人士来说，一旦踏上营救路线，即是踏上了危机四伏、曲折艰难的脱险征途。文章基于历史文献资料，记叙了浴火重生的红色交通线、大营救的对象及脱险经过。香港脱险后辗转至桂林、粤北等的文化人，其中部分在粤北办学，教书育人，以教育报国为己任，赓续教育根脉。本篇末有附录"部分脱险文化人、民主人士在香港住处、离开时间和路线""脱险知名文化人文学纪实作品摘要"，以期更清晰地呈现香港脱险的过程。

为了说明红色交通线以及香港大营救前后的背景，作者在"离乱学人南北信札"这一篇章中收录了抗战时期部分香港、粤地文化人来往的书信。

"南岭何在？"和"'史语所'在广州创建时期的历史研究"可看作本书的附录部分。作者之所以附录这两部分内容，是因为在搜集、查阅和整理"红色交通线的记忆"相关资料时，发现这两部分内容并没有充分引起世人的注意,这些学者多为粤北先师的老师或同事,学脉一体,惜未引起学界足够的关注,这算是在主体研究时旁逸出的研究成果。

广东是具有光荣革命历史的省份,南粤大地是一片红色的土地。近代中国新民主主义革命进程中,中国共产党及爱国仁人志士在广东地区留下了丰富的革命历史遗迹和宝贵的精神财富。红色基因薪火相传,珍贵的历史记忆需要发掘,更需要传承。在文化自信的理念下,加强对红色文化资源的保护与开发,确保具有地方特色的红色文化的教育功能与社会效益等得以实现,对推动广东文化强省建设,具有十分重要的意义。作者洋洋洒洒五十万言中展现出学者型领导特有的情怀。

目 录
Contents

红色交通线的记忆·上篇——粤东历险

第一章　关于秘密交通历史文献分析

第一节　从广东省委交通处到中央交通局 /4

1　以发行传递文件刊物为主要任务的交通处 /4

2　共产党的刊物 /6

第二节　战争急需人才的输送 /7

1　从"红场"经过"红线"进入"红都"：留学苏联军事人才的输送 /7

2　医学人才和无线电人才 /16

3　香港和中央苏区 /18

4　从中央苏区通往上海的干部护送 /20

第三节　危难时刻领导机构和交通责任的变化 /22

1　在香港的广东省委、两广省委与红色交通线 /22

2　中央交通局交通员的智慧 /30

第二章　中央交通局香港大站的重要作用

第一节　红色交通线香港交通大站的报告　/33

1　一份记录了勇敢和懦弱的重要名单　/33

2　"伯温致中央交通局并转中央信"和香港大站的计划　/37

第二节　香港大站站长李少石　/39

第三节　中央交通局埔中交通站工作汇报和建议　/42

第三章　亲历者的记忆

第一节　经历者的回忆　/45

1　杨尚昆同志的回忆：1933年1月　/45

2　聂荣臻同志的回忆：1931年12月　/47

3　蔡树藩将军和吴亮平同志最早的秘密交通回忆：1930年、1932年　/49

4　李一氓的回忆：1932年9月　/50

5　萧劲光的回忆：1930年12月　/50

6　伍修权的回忆　/51

7　林伯渠的回忆：1933年3月　/52

8　戚元德的回忆　/53

9　程子华的回忆：1931年初　/54

10　成仿吾的回忆：1977年的采访　/54

第二节　秘密交通员的回忆　/56

第三节　周恩来、任弼时和陈云等中共领导人进入粤东和闽西的时间和线路回忆　/59

1　中共中央文献研究室编《任弼时年谱》中的红色交通线　/ 59

2　中共中央文献研究室编《陈云年谱》中的红色交通线　/ 59

3　交通员对周恩来等中共中央领导通过红色交通线的回忆　/ 61

第四章　红色交通线的重要组成部分：港口城市客运、韩江航业和潮汕铁路

第一节　上海、香港、汕头港口　/ 64

1　上海港口与十六铺码头　/ 64

2　香港港口和尖沙咀码头　/ 70

3　汕头港口和西堤码头　/ 73

第二节　韩江的小电船、《华南的乡村生活》与戴平万家人和乡亲　/ 75

1　社会调查和社会运动　/ 78

2　关于"华南的乡村生活"调查报告与溪口村　/ 81

3　戴平万的堂哥——中国社会学推动者戴贯一先生　/ 85

第三节　汕头到潮州的潮汕铁路　/ 88

第四节　中央苏区与《寻乌调查》反映的粤东与苏区历史社会状况　/ 100

1　《寻乌调查》与红色交通线的历史地理环境　/ 100

2　粤东、粤北省界的交通邮局和邮路　/ 103

3　地图上的交通和村镇分布　/ 106

第五章　联共（布）、共产国际远东局档案中关于"中国劳动者共产主义大学"和"秘密交通线信使"的记录

第六章 莫斯科中山大学和中共六大旧址考证

第一节 "红场"旁的大学 / 123

第二节 莫斯科中山大学旧址历史空间分析 / 128

第三节 中国留学生在莫斯科的其他校址 / 141

第七章 莫斯科郊外的"五一村"及中共六大常设展览

第一节 历史档案中记载的前期准备 / 145

第二节 中共六大的广东代表团 / 146

第三节 莫斯科郊区的"银色别墅"会址和新展览馆 / 149

第四节 中共六大会议之后 / 154

第八章 红色交通线又见"左联"

第一节 "左联"领导人穿越粤东段时"左联"作家笔下的韩江 / 156

第二节 韩江之子对故乡的怀念 / 160

第三节 韩江交通员的余音 / 165

第九章 部分被护送者的名册

1 1930年 / 168

2 1931年 / 170

3 1932年 / 176

4 1933年 / 178

5 1934年 / 180

红色交通线的记忆·下篇——香港脱险

第一章 烈火重生的红色交通线

第一节 中共香港地下秘密交通工作的重生 /189

1. 中共在香港党组织的星星之火 /189
2. 上海沦陷、广州沦陷和皖南事变是内地文化人齐聚香港三大时间节点 /192
3. 香港文化人脱险的线路和时间 /200

第二节 地道香港人，拳拳中国心 /207

1. 永远的"小潘" /207
2. No.99和黄作梅 /211
3. 文化人之间的互助 /213
4. 参加营救工作的部分港澳中共地下党员和交通员 /214
5. 铜锣湾的"海上交通站" /217

第三节 胜利大营救再出发的秘密交通工作者 /219

1. 李少石先生和继承者 /219
2. 昔日被护送者成为护送的组织者 /222
3. 大中华酒店的地标作用 /224

第四节 香港沦陷后的社会生活变化 /228

第五节 避难于香港最后的日子 /232

1. 防空洞的日子 /232

2 联合报业和《灯塔》的约稿 / 234

3 战火中的文化人书卷烦恼 / 235

4 最后告别和隐藏的日子 / 236

第六节 粤境交通线的恢复重建 / 243

第二章　谁应该在大营救的名单中？

第一节 他们当然应该在大营救的名单上 / 251

1 抗战文化力量的团结号召者许地山先生 / 251

2 心系内地学术火种保护的蔡元培 / 254

3 萧红的最后岁月和留港东北流亡文化人 / 257

4 留港脱险的科学家：吴在东、高士其和丁西林 / 259

5 爱泼斯坦在赤柱集中营 / 262

第二节 香港抗战时期文化人组织的重大文化事件 / 264

1 文化界的抗战文化组织 / 264

2 广东文物展览会——发扬中华民族精神 / 266

3 国际新闻社的建立 / 268

4 南北文化人战乱中的相遇 / 269

5 香港纪念鲁迅逝世五周年 / 273

6 郭沫若五十寿辰的文化活动 / 274

第三节 左翼电影与戏剧的延续 / 276

第四节 新闻界文化人的抗日救亡声音 / 283

1 救国会和生活出版社 / 283

2 香港版的《大公报》 / 285

3　画家朋友们在香港　/ 286

4　名家荟萃的《大风》　/ 290

第五节　诞生于香港的《华商报》和《光明报》　/ 292

1　香港"华侨商人的报纸"　/ 292

2　《光明报》在中国政治生活的里程碑意义　/ 294

3　萨空了的《香港沦陷日记》　/ 296

第六节　抗日战争中受内地文化人影响的香港教育界　/ 298

第三章　都斛，挂帆漂海向西

第一节　从澳门到都斛的港口　/ 304

第二节　"两报同行"——第一批走险伶仃洋脱险的先生　/ 306

1　香港的离别　/ 311

2　夏衍一行的《走险记》　/ 315

3　梁漱溟先生的家信　/ 322

第三节　中华人民共和国国歌最早颂唱者的到来　/ 325

第四节　不在广州的广州湾　/ 327

第四章　南粤天空的红色电波

第一节　红色电台的建立　/ 333

第二节　大营救前后的电文来往　/ 334

关于"文化统战干部"的电文　/ 335

第三节　在东江游击区的文化人：张文彬的电文名单　/ 340

1　电文准确记录东江游击队和中共香港地下党营救的文化人人员名字　/ 340
2　营救进步文化机构的参与人员　/ 341
3　从香港"旅港剧人"到重庆"中国艺术剧社"的重生　/ 345

第四节　从电文反映南方局最关注的营救对象　/ 346

第五章　大营救脱险的历史空间分析

第一节　香港沦陷区的水上交通　/ 351
第二节　陆路的主要通道：青山公路和深圳河　/ 358
第三节　香港、澳门交通和珠三角的联系　/ 360
第四节　穿越日占区寻找粤汉铁路曲江站　/ 370

第六章　五岭两广教书育人：粤北和桂林烽火育人的文化人

第一节　从香港到粤北的烽火办学　/ 376
第二节　香港脱险守五岭　/ 379

1　香港大学的情缘在粤北延续　/ 379
2　辗转求学借读生　/ 384
3　粤北中共党组织的活动　/ 386
4　曲江英军服务团的香港大学师生们　/ 387

第三节　许幸之五岭管埠的诗意　/ 389

第四节　马思聪的武水流云　/ 394

第五节　蒙难作品的诞生：留港文化人脱险后的艺术创作　/ 396

1　戏剧家的作品　/ 396

2　画家的作品　/ 397

3　记者、文学家的作品　/ 397

第七章　劫后余生在粤港

第一节　重返香港　/ 400

第二节　香港达德学院　/ 401

第三节　《华商报》复刊　/ 402

第四节　大营救参与者和幸存者的余音　/ 403

后　记　/ 406

附录一：部分脱险文化人、民主人士在香港住处、离开时间和路线　/ 408

附录二：脱险知名文化人文学纪实作品摘要　/ 422

离乱学人南北信札——抗战时期香港、粤北文化人书信来往

第一章　居延木简及书籍的抢救出版

第一节　抢救藏书和书籍出版的信札　/ 441

1　蔡元培关于图书的信札　/ 441

2　香港大学冯平山图书馆的守护者　/ 445

第二节　港沪关于《广东丛书》编辑的书信　/ 446

9

第二章　粤北坪石书信来往

第一节　《风雨归舟》：洪深在坪石书信　/ 448

第二节　来自德国的鉴定函　/ 465

第三节　太平洋轮船返国途中的来信　/ 470

第四节　坪石、曲江寄往陈中凡先生书信　/ 473

第三章　香港的书信往来

第一节　苦闷的记录——陈寅恪香港寄出的书札　/ 483

1　给陈述等史语所同事的书信　/ 483

2　给傅斯年的书信　/ 485

3　给沈仲章的书信　/ 488

第二节　茅盾、楼适夷香港书札——《文艺阵地》出版　/ 489

第三节　夏衍香港书札——稿费养家　/ 495

第四章　书札——离乱中的友情

第一节　书札中互助与关怀　/ 499

陶行知寄往香港的信函　/ 499

第二节　友情和引介书札　/ 503

1　师友书信引介　/ 503

2　英军服务团的"介绍信"　/ 506

3　尺牍诗书　/ 509

第三节　烽火中惦念的亲情　/ 511

第五章　海外飞鸿

第一节　来自南洋的呼唤　/514

第二节　中苏文化人的通信运动　/516

第三节　"韬"在香港致读者的复信　/517

南岭何在？——南岭自然科学和人文科学历史文献研读

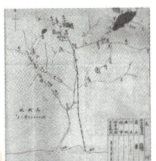

第一章　南岭近代自然资源调查和研究

第一节　穿越南岭的铁路与从南岭而下的河流　/521

第二节　李希霍芬先生们：欧洲学者对粤北的研究　/524

第三节　香港植物公园、标本与田野调查　/526

第二章　土壤与水资源

第一节　为农林发展的土壤研究　/531

第二节　水源森林　/532

第三节　农田灌溉水利工程　/534

第三章　两广地质调查所

第一节　两广地质调查所　/ 536

第二节　黑与红：煤田与丹霞　/ 539

第三节　粤北的古生物地质调查研究　/ 540

第四节　面向南岭：坪石时期两广地质调查所　/ 544

第四章　语史所、史语所与瑶语

第一节　岭外播种、岭内开花：中国考古学从语言历史学所到历史语言所考古之发端　/ 550

第二节　民俗学和语言历史学研究所　/ 553

第三节　语言学、地理学和人类学的交融　/ 555

第四节　从民俗学到人类学的调查方法　/ 558

1　科学方法研究文化　/ 558

2　民谣记录　/ 558

第五节　人类学研究的深化　/ 560

第五章　战火中的五岭内外田野调查和研究

第一节　跨越南岭　/ 562

第二节　连县东陂的生物系　/ 565

第三节　猛虎和带枪的教授　/ 567

第四节　地理学的实践：水灾的调查和研究　/ 569

第五节　南岭何在：自然景观与人文景观　/ 572

附表：语史所与史语所在广州1927—1929年记事　/ 576

目 录

步行于广州的文明路与东山恤孤院街间——"史语所"在广州创建时期的历史研究

第一章 广州东山恤孤院街

第一节 家在广州东山 /591
第二节 诞生于广州东山的第一本史语所学术刊物 /599
第三节 东山20世纪20年代的空间环境 /600

第二章 史语所的前奏"语史所"

第一节 语史所的模式实验 /605
第二节 《国立中山大学语言历史学研究所周刊》 /609
第三节 跨学科的研究 /610
第四节 历史档案整理和研究 /611

第三章 岭外播种、岭内开花：安阳发掘和广州筹划

第一节 董作宾的编辑员职位 /613
第二节 李济先生在广州的一周：往返文明路和恤孤路间 /615

第四章 "语史所"的早期研究成果

第一节 计划制定和实践 /618
第二节 西南民族调查 /620

第三节　两广方言调查 /622
第四节　学术团队形成 /624

第五章　没有到北平的史语所创建者

第一节　顾颉刚的贡献 /628
第二节　南方语言历史研究仍然在进行 /631
第三节　理学院生物系同人 /637

后　记 /641

红色交通线的
记忆·上篇

粤东历险

第一章　关于秘密交通历史文献分析
第二章　中央交通局香港大站的重要作用
第三章　亲历者的记忆
第四章　红色交通线的重要组成部分：港口城市客运、韩江
　　　　航业和潮汕铁路
第五章　联共（布）、共产国际远东局档案中关于"中国劳
　　　　动者共产主义大学"和"秘密交通线信使"的记录
第六章　莫斯科中山大学和中共六大旧址考证
第七章　莫斯科郊外的"五一村"及中共六大常设展览
第八章　红色交通线又见"左联"
第九章　部分被护送者的名册

红色交通线的记忆·上篇
——粤东历险

80年前,中央红色交通线陆路进入赤白交界地带,位于粤北与闽西的高山峻岭中。今天,随着南粤古驿道活化利用工作的开展,它将穿越历史长河,再次呈现在世人的面前。当年的秘密交通工作者和被护送的党政军领导干部、文化与技术人才,在中华人民共和国成立后部分成为国家领导人或者部门重要领导者,部分交通员成为地方部门领导干部,在他们的回忆文章和回忆录中,穿越赤白交界区的经历均是一段无法忘怀的记忆。"远方传来儿童团的歌声"是杨尚昆同志在回忆录中叙说其历经千辛万苦通过粤东即将抵达闽西苏区时,记忆犹新的感受,承载着时隔数十年仍然难以忘怀的充满艰难而令人屏息的古道和山路穿越经历。中央红色交通线的光荣历史,是中共党史和理论研究的重要组成部分,党对于其发展脉络、精神内涵、历史地位和作用已有共识和结论,但历史文献的研究仍有待深入。本书仅是运用人文地理学、历史学专业分析方法,期待还原历史空间地理、人物和事件。

交通员的伟业一直在传承着。长征开始后，留在大埔中站的同志与留守中央苏区的领导同志始终保持联系。数年后，在东江和香港，交通员再一次做出了卓越的贡献。1941年底香港沦陷后，在中共中央南方局的指挥下，东江游击队从香港营救出数百名进步文化人士，包括何香凝、许幸之、马思聪等，为中华人民共和国成立后文化血脉的延续做出了重要贡献。本书旨在以史为鉴，缅怀老一辈革命家、纪念默默无闻的地下交通员们，让年青一代在下一个百年的新征程中仍能记住这些英勇牺牲的革命先烈。

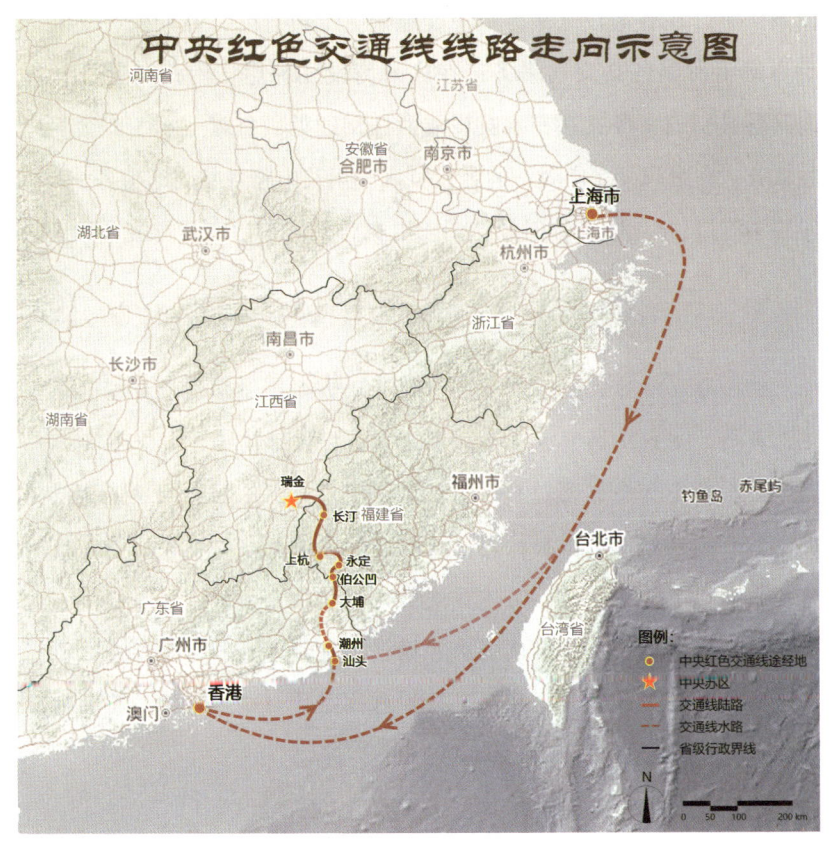

图1 中央红色交通线线路走向示意图（广东省城乡规划设计研究院提供）

第一章　关于秘密交通历史文献分析

第一节　从广东省委交通处到中央交通局

1　以发行传递文件刊物为主要任务的交通处

1927年中共中央决定成立南方局，1927年7月南方局和广东省委制定了《交通工作条例》，在香港设立南方局总交通处，下设分处：在汕头设立潮梅交通处，负责潮梅所属各县交通事务；在广州湾设立琼崖、南路交通处，负责琼崖、南路各县交通事务；在三水县设立西江交通处，负责三水、四会、广宁等县交通事务；在澳门设立广属交通处，负责广州及中路各县交通事务。

1927年8月11日，中央临时政治局发电文告知广东、广西省委及闽南临时委员会：

> 兹临时政治局议派（周）恩来、（张）太雷、彭湃、陈权、（恽）代英、黄平、（张）国焘为中央之南方局，以国焘为书记，并在南方局之下组织一军事委员会，以恩来为主任。管理广东、广西、闽南及南洋一带特支。恩来等未到以前，由太雷、杨殷、黄平组织临时的南方局。临时南方局之职权在于准备并指导上述区域内之暴动及一切政治军事事宜，此外并须报告此次中央紧急会议之议决且根据之整顿该三省党部组织之责。至于前敌委员会与临时南方局相遇之后，前敌委员会即可取消。再临时政治局决以太雷为广东省委书记。特此通知。
>
> 谭平山同志决派赴莫斯科。
>
> 　　　　　　　　　　　　　　　　　　　　吴世荣　八月十一日

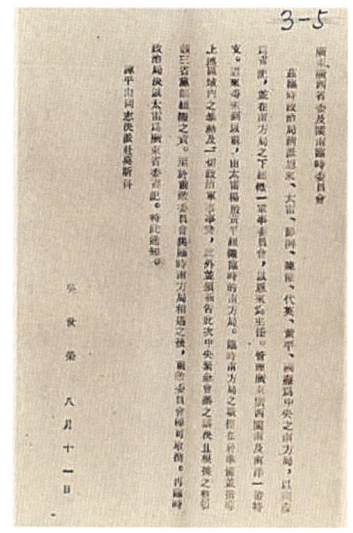 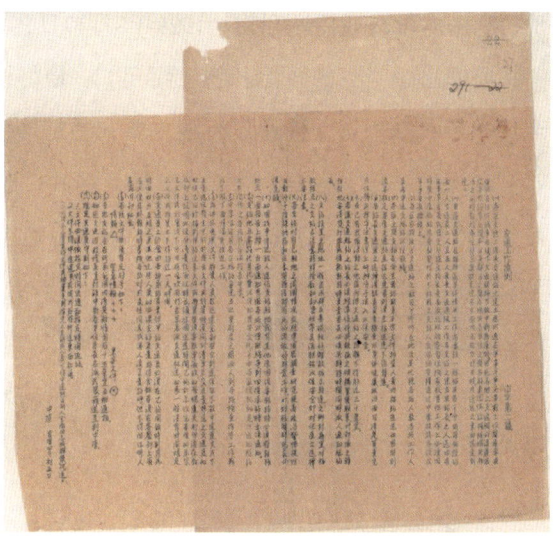

图2 中央档案馆文献《中央给广东、广西、闽南信——成立南方局》复印件（藏于广东省档案馆）

图3 《交通工作条例》复制件，制订落款为"中原"，时间为"农历四月初五"（藏于广东省档案馆）

广东省委在1930年前后领导范围非常之广，从其中一封广东省委关于越南中国共产党党部的领导给中央的信函中可见一斑。1930年9月8日，中共广东省委给中央的信提出，建议安南（越南）党部应该归国际（远东部）指挥，或者由中央、南洋特委管理，因为越南的革命环境与中国广东完全不同。南方局在地区中有重要的领导意义与地位，但在具体操作层面上，主要还是由广东省委或者后来1931年改成的两广省委来领导。

广东省委的交通线在建立之初，主要的任务是秘密传递组织间的文件和党主持编辑的刊物，作为发动群众工作的重要手段。1929年6月7日，广东省委秘书处向中央秘书处汇报"关于香港交通机关情形及秘密工作指导"，报告中提及省委规定仅有八个交通走全省，希望中央对秘密工作加以指导。1929年8月16日，中共广东省委发出"关于发行工作的具体办法"的通告，要求各地要有自己的刊物，通告中特别强调海船可以到达的地方，该地党部应即刻建立接头地

岭南的记忆

址，利用海员交通传递刊物。1929年8月17日，广东省委给广西特委指示信要求"特委即出版一党的政治刊物（周刊），最好设法石印，目前最为重要"。截至1930年，广东省委传递发行的主要刊物是《南方红旗》《香港小日报》《红旗》和《上海报》。1930年7月25日，中共广东省委发出第十三号通知，主题是"关于建立发行交通网的问题"，要求各地党组织充分利用轮渡、火车、汽车、邮务、脚夫、水客等建立各种发行刊物的发行网，通知中对实施方法写得非常详细，如利用邮寄方式，将包裹通俗化、商品化，不引人注意，同时调查邮局发信时间，在发信时间前十余分钟送去，则完全可以避开国民党的检查，以保证安全。

2 共产党的刊物

上述若干刊物，是国民党国民政府和党部要求查禁的刊物。其中《香港小日报》于1929年由广东省委创办，该报是公开发行，为求生成"灰色"办报风格。刘汇川、周天缪、陈复、叶季壮、李六如、罗登贤、聂荣臻、谭天度同志也曾参与编辑。1929年7月1日，汕头市国民党党部函告汕头市政厅，要求查禁香港出版的《香港小日报》，汕头市政厅批准了该要求。1929年8月8日，国民政府铁道部要求铁路各线查禁《香港小日报》。

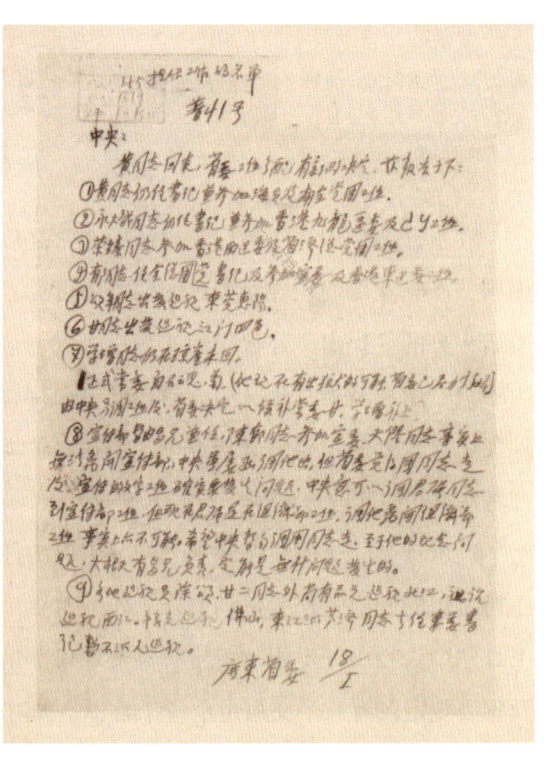

图4 1929年广东省委向中共中央报告分工情况（作者提供）

1930年5月该报在港英当局干预下停刊。

1929年，在香港的广东省委成立了党报委员会。1929年4月17日，中共广东省委在给中央的报告中关于宣传工作提出："省委为集中宣传工作起见，即组织一个党报委员会，指定毅宇、荣臻、郁、卿发、陈复、绍优、天戮七人。毅宇为书记，负责《学习》半月刊，荣臻负责日报、郁负责《支部生活》，发编辑《工人日报》，绍编辑《少年先锋》《新生活》，天戮编辑《红旗》，景德编辑《海员生活》。"

《南方红旗》也是广东省委主编刊物，从1930年1月26日第一期发行至1930年6月11日第七期，贺昌、李富春等先后担任主任。中共两广省委于1932年初继续发行《两广红旗》至12月11日共14期。中共中央党刊《红旗》，就是杨鲍安在上海编辑的党刊，他因叛徒出卖被捕，英勇就义。《上海报》于1929年4月以上海工会的名义发行，内容包括许多红军、苏联革命、罢工的消息等，实际上是中共中央主持的报纸。

第二节　战争急需人才的输送

1　从"红场"经过"红线"进入"红都"：留学苏联军事人才的输送

1930年1月16日"中共广东省委关于红四军工作意见给中央信"，主要内容是应中共中央要求向中共中央提出三点关于红四军的意见。除了第一点意见谈红四军的意义外，第二点和第三点均与交通线有关："……省委对前委关系尚好，但省委只能以弟兄关系予以意见的贡献，望中央以后给予指导。交通上闽西困难，省委都须千方百计总能把中央的指示传达到前委去。三、红军的干部一般的缺点，在欣然同志信中及四军多次要求都是非常迫切，过去中央派去的同志能力较好的极少，就是数量上也不多。目前交通困难，不能前去，但仍望中央多准备一批干部予以相当训练，在交通恢复时即来港转送前去。"1930

年，保障粤东至闽西的秘密交通是广东省委的主要责任，除了传统意义上的传递文件之外，已经发展为负责护送重要的干部和人才。左权、叶剑英、蔡树藩、陈友梅、施简、刘伯坚、萧劲光是第一批从苏联学习归来的军事家。左权于1930年6月与刘伯承乘

图5 《中共广东省委关于红四军工作意见给中央信》第1页，1930年1月16日（原件藏于中央档案馆，复制件藏于广东省档案馆）

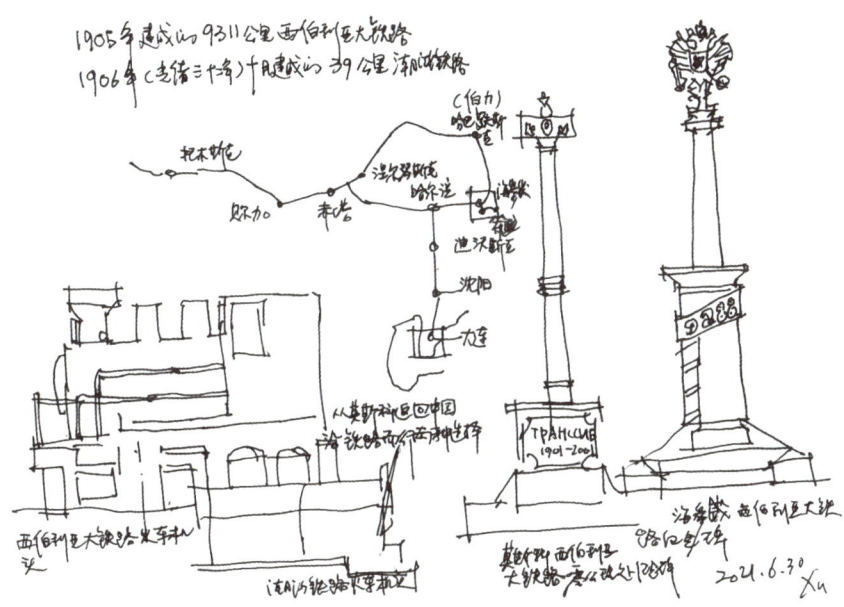

图6 莫斯科西伯利亚大铁路零公里处纪念碑和海参崴9288公里处纪念碑（作者速写）

西伯利亚大铁路[①]的火车在海参崴之前的双城子下车，在绥芬河边上的秘密交通站，由一位苏联人带入东北，摆脱了特务暗探的追寻，抵达上海，随后又从上海乘船抵香港，再转汕头、潮州、大埔、青溪，在武装交通员的护送下，黑夜中穿越了赤白交界区进入闽西抵达中央革命根据地（即中央苏区）。[②]

留学苏联的军事人才从莫斯科各类院校学成回国，在上海或者其他地区短期从事革命活动后，沿着秘密交通线南方线（包括中国最短的铁路之一潮汕铁路）进入中央苏区。数年间经过此交通线的共产党人有施简、杨林、左权、陈阿金、朱瑞、邓小平、聂荣臻、董必武、刘伯承、杨尚昆、徐特立、叶剑英、

---

① 西伯利亚大铁路是世界上最长的铁路干线，最高点海拔1019米。该铁路于1891年正式动工，1901年11月开始临时运营，其主干线于1904年全线正式投入运营。

② 《左权传》编写组：《左权传》，当代中国出版社，2005，第146页。

项英、王稼祥、秦邦宪、刘群先、张闻天、黄火星、蔡畅、李富春、萧劲光、吴亮平、刘伯钊、涂酉畴、李卓然、蔡树藩、王观澜、刘伯坚、王叔振、伍修权、危拱之、欧阳钦、甘泗淇、李弼廷、梁柏台、袁仲贤、何叔衡、张人亚、林伯渠、刘英、黄秀珍、张如心、张冰崖、葛耀山、沙可夫、刘志敏、李翔梧、王盛荣、乐少华等，再加上早期在苏联学习的刘少奇、任弼时，长征后再赴苏联莫斯科列宁学院学习的陈潭秋、陈云、秦邦礼（化名方一生）等。顺带一提，对中国领导人在苏联莫斯科学习的学校作进一步了解，有利于我们更全面地了解他们的革命人生，对为建立中华人民共和国捐躯的早期留苏学子保持敬仰之心。

1931年3月29日中共两广省委给中央的报告中就"交通问题"作了独立汇报："7. 交通问题。（1）苏区交通，此地到闽西已通，闽西到中央区未通，除最初项英等三人到了中央苏区外，其余尚留闽西分配工作，二月初又用武装护送四人（叶剑英、李汉杰等）去了。弼时已到闽西，准备武装卫送。（2）赣南三十五军已派人来，翔梧已回去，赣南交通已有计划建立，不久赣南交通比较闽西容易。（3）省委与中央交通以后完全交大站管理（照中央交通决定）。赣南三十五军报告，另已有翔梧同志报告中央。8. 关于粤闽赣特委组织省委意见如下——一、东江西南、西北分委合并，仍成特委由广东省委指挥；二、闽西组织特委由中央指挥。"①这份报告可以与1931年9月香港大站给中央交通局的报告联系一起分析。反过来说，在1931年4月之前，护送领导进入中央苏区的交通工作是由广东省委负责的。根据顾玉良同志回忆，1931年1月至2月间，他与罗玉昆接到任务，到汕头建立汕头交通站，汕头交通站建立后与东江特委联系，特委负责武装护送。半年内只送一人和一次货。后来肖桂昌接上他的职位继续经营交通站。

---

① 中央档案馆、广东省档案馆：《广东革命历史文件汇集》（1931年），编出时间为1982年12月，印刷时间为1984年4月，第77页。

此份报告的价值有三，一是表明了中央交通局直接管理红色交通线的意图，明确提出广东省委将交通线领导权转交中央交通局；二是从文件中可以看出项英、左权、任弼时数位重要领导人抵达闽西的时间；三是明确了两广省委与闽西特委、东江特委的关系。换言之，广东省委对交通线的领导权持续到1931年4月，此后继续指挥领导交通线的是中央交通局。

以下是三位经过红色交通线进入中央苏区的留苏军事人才的相关简要介绍。

施简　1928年8月在列宁格勒军政学院学习，1930年10月抵达闽西，10月7日召集联席会议，成立工农革命委员会，并请求左权同志和其他军事人才尽快到位。1930年12月29日施简与左权经10天调查后，向南方局和中央报告闽西军事问题，并一起指挥新红十二军作战。1932年5月，施简在战斗中牺牲，年仅26岁。

左权　1925年在广州就读黄埔军校时加入中国共产党，在莫斯科中山大学完成俄语学习。1927年，被送入伏龙芝军事学院学习。1930年回国后，在上海经组织安排通过中央红色交通线，同年12月20日进入闽西。1930年，邓发到了闽西后，建立了红军闽粤赣边区司令部，红二十军、红二十一军合编为新十二军，左权任军长。

刘伯坚　最早进入中央苏区的军事专才之一。1930年11月，刘伯坚在给南方局的报告中，对秘密交通提出了建议。作为亲历者能如此之快地向组织提出建议，可见刘伯坚高度的政治责任感和对组织的忠诚。其有关建议如下：

> 我对于交通方面有如下的意见：
> 1　根据我们这次往来，闽西同志的经验，用家眷的形式是很顺利，因为沿韩江上下的闽粤边境的人到韩江经商，尤其是到南洋的非常多，我两次过潮汕，保安队都不检查我的行李，却要检查别人，就因为我有家眷和小孩的，保安队便认为我是办公事的，实在有不敢检查之情形。
> 2　这条路还没有严厉封锁，比较安全，往来于永定、大埔之间的敌

人，很多货物税可以收入，因为敌人办团经费靠收货物税，如断绝货物就会断绝办团经费的最大来源，只是红色区域的货物（木材、条丝烟、纸等）被封锁不能输出。

3 年龄较大的人行走十分方便。（这次特立同志遇着团匪，他说他是由南洋教书回家，便安然通过。）

4 不通本地语言也没有关系。

5 着衣要因人而异，不能一般都扮着工农和穷人，阔气一点还带便宜。

6 不要多在白色区域设交通站，多设一站即多给敌人发现破坏我们机会。

7 在红色区域交通线也容易出问题。①

刘伯坚为建立更可靠的红色交通线提供了十分重要的建议。这份报告同时还反映了若干信息：一是刘伯坚是与妻子王叔振和孩子一起从闽粤进入中央苏区的；二是徐特立同志在1930年11月前已经进入闽西，而且与刘伯坚见了面；三是通过红色交通线进入闽西后，刘伯坚可能又到过汕头或者别处，所以他说两次出入过潮汕。

刘伯坚是四川人，在法国勤工俭学时与赵世炎、周恩来同志一起领导着中共旅欧支部，1922年6月18日，在巴黎布洛涅森林成为首批18名"少年共产党"成员之一。1923年，转赴东方劳动者共产主义大学（简称"东大"）学习。1928年，赴苏联参加中共六大和学习，此时王叔振刚生下孩子两个月。

1928年11月27日，刘伯坚在留苏期间写信给中共驻共产国际代表团，要求转学进入列宁格勒军政学院学习，信件摘录如下：

---

① 中共广东省委党史研究室、中共汕头市委党史研究室：《红色交通线》，广东省连续性内部资料出版物，2009，第41页。

代表团诸同志：

现在环境对于我发生几个新的理由，使我在党的利益上不能不请求党决定送我入列宁格勒军政大学，理由如下：

（一）我现在在许多工作和问题中充分感觉到政治知识的落后。过去在莫斯科东大只读了大半年，工作一年多，竟落得一个"旅莫支部"的结果，想来非常痛心！回国去工作两年余，又是在机会主义的路线里，不自觉的打圈子，这次被党派来苏联参加党的第六次代表大会及代表中共救难总会工作，又犯了很多的错误，甚至引起国际最高指导机关负责同志的注意，对我个人完全失去信心，连一个不关重要的赴欧宣传和募集的工作，都不信我可以去做。①

（二）我自西欧的中国青年团发起直到现在，最大部分时间和精力都是为党工作，学习的时间非常的少。

最后，刘伯坚的申请被批准，顺利进入了列宁格勒军政学院学习。1929年5月23日，他于列宁格勒写信给中共驻共产国际代表团，请求让妻子王叔振来莫斯科学习：

代表团诸同志：

我从前曾有两信给代表团代女同志王叔振请求决定派她来莫入中大学习。余飞同志曾回信说他已经将我的信寄回中央并在信上附批几句话，在信尾说"——如女同志王叔振能够学习请中央斟酌派她来莫（大意如此）——"

我新近接王叔振自上海经过柏林转来一电及两封信，电报催我寄钱，

---

① 在中共六大，刘伯坚因为对陈独秀问题提出自己的观点而受到批评，会议中他与汪泽楷提名陈独秀为中央委员。刘伯坚进入东方劳动者共产主义大学读书后接任"旅莫支部"的领导人，后来则批评这一机构不符合组织系统。

她在上海带着两个孩子生活颇为困难。信中是说她曾几次要求中央许可她来莫求学,中央最后答复她说"要留莫代表团有电或信许可她来莫学习才能决定——"。

我现在再请求代表团作一个肯定的决定,通知中央许可她来莫学习,理由在前两封信中已有说明,这里只简单的再说几点:

1 王叔振同志有学习的能力,与派来的女同志比较并不落后——请中夏、若飞两同志证明,因为他们有比较长的时间认识她。

2 王叔振去年就请求学习,中央并未拒绝,她的求学志愿很强,若不许可她求学,她又无力工作,使她丧气难于进步。

3 生活困难,我也再无力接济,这个问题虽不重要,但也无法解决。

附带说明,她是党员,可以独立请求学习,不要受我的如何影响,我并不是站在个人关系上,要求派老婆来,我站在列宁格勒,至于我的留此学习是代表团决定的,也影响不到她请求学习的上面去。

共产主义敬礼!

伯 坚
1929年5月23日于列宁格勒

1929年5月24日,邓中夏接信后在信上批注建议中央考虑刘伯坚的请求,建议"酌情度理"。1929年6月3日,刘伯坚再写信给邓中夏和代表团,信中写道:

中夏转代表团诸同志:关于我请求代表团做一肯定的决定允许王叔振来莫入中大学习,并从速通知中央,不知已有决定否?我在日内又接王叔振自上海来信呼援求救。说从6月起最低限度津贴没有,连房子也没有住的了,我又无力接济她,只有一条出路,如允许她到莫求学,附带的也解决生活问题,自然党员个人的生活问题不应该向党提出,但现在实逼至此,求学问题与生活问题弄成连带的关系,特别是一个女党员不能独立作工作的时候!

又我在第一次请求代表团允许王叔振来莫学习的信中曾提及我的小孩问题：我原来打算尽可能的把小孩寄养国内，但上海无人可托，送回四川又不可能，曾计划由王叔振的家庭从陕西派人到上海接收，因战事及匪扰没有做到。我不久以前自行在莫斯科觅得一养小孩的地方，证据已经取得，到时即可寄去。——到莫后一切养育费由我们自行筹备，绝不累及中共大学。

图7　刘伯坚与王叔振合影

1929年6月8日，刘伯坚再一次致信邓中夏写道：

我盼回信如望岁! 理由不再说了，这事把我弄得非常困难，若得不到代表团的允许决定，更难得到中央的允许——①

根据《邓中夏年谱》记载，此段时间，刘伯坚与蔡和森、瞿秋白等一起参加共产国际执行委员会的会议，特别是与瞿秋白忙于对莫斯科中国劳动者共产主义大学办学提出要求，发出了《致中山大学的信》。邓中夏等组成的代表团与学校的关系紧张，刘伯坚不见得知道。最后王叔振没有成行，她在上海以微

---

① 彭军荣：《红场记忆：中共早期留苏档案解密》，中国文史出版社，2015，第319页。

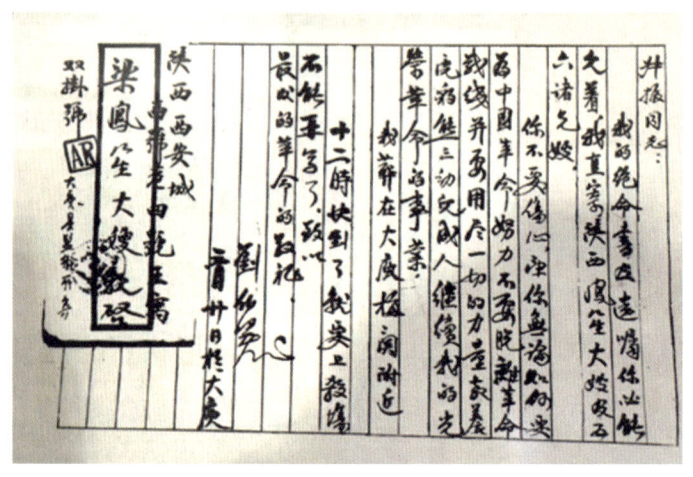

图8 1935年3月，刘伯坚英勇就义前写给妻子王叔振的最后一封家书（藏于江西省瑞金中央革命根据地历史博物馆）

薄的稿费维持家用，一直等到刘伯坚回国。1930年8月，王叔振的嫂子在上海千方百计找到他们家，带走了大儿子；刘伯坚、王叔振带着两岁的小儿子在身边，随即起程通过红色交通线赴中央苏区；1931年4月，在闽西出生的第三个孩子被送人抚养。翻开这段尘封的历史记忆，令人对刘伯坚在大庾就义前，分别于1935年3月16日和3月20日所写的遗书有了更深层次的理解，前因后果，仅是五年的时光，而对王叔振的蒙冤牺牲更是痛心！

2　医学人才和无线电人才

1930年9月，南方局发出号召，为救护红军战士，要求各类医学专才为中国红军服务，其中包括潮汕乡村流行的"青草医生"，为红军找药料，为红军找医生，到战线上救护红军。贺诚是最早从中央红色交通线进入闽西的医学专才，在中央苏区建立了第一所中国工农红军军医学校，提高了红军的医疗水平。

莫斯科中山大学的不少学生遇到问题（如申请转学）时会直接找周恩来同志寻求帮助，而学习军事尽快回国参与武装斗争则是许多学生转学的动机。

1928年11月，莫斯科中山大学涂作潮同学提出学习军事技术的申请：

中国共产党军事委员会：

党员涂作潮1926年1月来莫学习现已二年余，在学习过程中我感得学习能力非常薄弱，故于1928年正月向东方大学请求将学习马上取消，送我学习一个短时期的军事技术工作，毒气、毒气炸弹与手榴弹。

理由：

1 党要实行武装工农暴动，中国技术发展和党的历史很短，自然这些人才很少，这是要求第一。

2 我出身是工人，过去教育受得很少，若是要造成理论家是没可能的。

3 来莫两年多了，现在党在这困难环境下，应为国作党的工作。

当时请求是由1928年2月起至7月止共学六个月，到现在还没有答复。现在我请求中共军委现在至少给我一个技术军事工作，然后回国工作。

涂作潮　于莫斯科
1928年11月27日[①]

涂作潮同志的申请情真意切，1929年5月，他如愿成为列宁格勒军事通讯联络学校首批四名中国学员之一。在中共六大期间，中共代表团曾向共产国际提出申请，希望培养一批无线电专业人才，以利情报工作，很快共产国际答复此项建议。涂作潮等四人秘密成为列宁格勒军事通讯联络学校学员。该学校创建于1924年，位于列宁格勒大街32号。1930年3月，组织通知涂作潮与同班同学宋濂回到上海，先协助李强同志办无线电培训班，接着通过红色交通线进入中央苏区。

---

① 彭军荣：《红场记忆：中共早期留苏档案解密》，中国文史出版社，2015，第93页。

 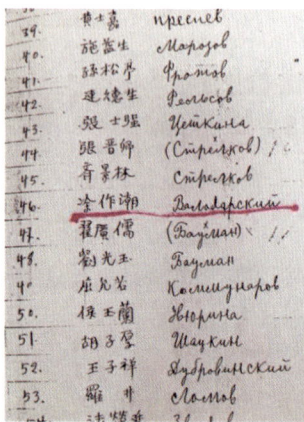 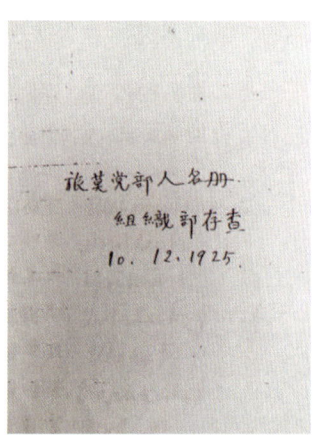

图9 涂作潮　　图10 1925年旅莫支部名册中关于涂作潮的记录

3　香港和中央苏区

黄甦、邓发、李坚真同志均是在广东出生的革命者，也是广东省委干部最早一批进入中央苏区支持苏维埃发展的先驱。

黄甦出生于广东佛山粤剧世家，早年在香港当工人，是1925年省港大罢工的组织者之一。1927年参加广州起义，任工人赤卫队敢死队队长，后转移至香港组织工人运动。1930年12月，黄甦加入中央苏区，任第34师政委，后参加长征，任红一一军团第一师政委。1935年11月21日，已被任命为红军陕南第73师政委的黄甦，在战斗中不幸身亡，年仅27岁。

《李坚真回忆录》记录了1930年闽粤赣边区的领导组成，其中包括最早进入中央苏区的原广东省委的干部：

"1930年12月，我到虎岗，才知道是要我参加闽粤赣边区第一次代表大会。这时，邓子恢同志已调走，中央派邓发来到闽西，会议便由他主持。邓发在会上传达了中央六届三中全会精神和关于撤销闽西特委，成立闽粤赣边特委的决定。""由于根据地扩大，中央决定闽粤赣特委改为闽粤赣苏区省委"。

"1931年12月下旬，闽粤赣省委在汀州召开第一次党代表大会，罗明为书记、萧向荣为永定县委书记。萧向荣原为省委秘书长，他到永定后，由李沛群接任秘书长。"①

　　因为叛徒的出现，不少同志在香港工作面临困难。饶君强（饶卫华）、潘云波（潘先甲）的转移是李富春同志于1931年1月23日报告中共中央的，但实际他们早已离开香港赴上海，同时邓大理、李沛群赴闽西。潘先甲于1925年加入中国共产党，曾任省委代理秘书长和交通处主任，此时广东省委机关在香港坚尼地城，宣传部、招待机关及其他办事处均分散在香港各地。1930年7月，潘先甲从潮汕回到香港，在街上遇到饶君强，才知道内部已出事，需要隐蔽起来。②二人与李富春、聂荣臻联系上中共中央后，按照组织安排离开香港。1930年9月至1931年1月，潘先甲在上海中共中央的发行部工作，与李子英、毛泽民同志等在一起，是时秘密印刷厂刚从天津迁回上海，随后机关出现叛徒。"据我所知，这次事件是当时中央宣传部的罗绮园叛变，被敌人抓去17人，13人被杀，其中包括杨匏安同志。由于我新去中央工作，罗绮园不认得我，没掌握我的名单，所以我没有被杀掉。"③潘先甲同志的这段回忆录，对关于杨匏安的研究颇为重要，是当时见证人的口述。在潘先生的回忆中，重要人物杨匏安是在东有恒路公平路景星里被捕，罗绮园是在西安路口三和里206号下厢房被捕。罗绮园当时是中央宣传部副部长，曾任广东省委委员，农民运动讲习所第二任主任，是中国农民运动的领导人之一，在上海时为中共中央机关报《红旗日报》主编。罗绮园在香港时，潘先甲在南洋工作，因此罗绮园不认识潘先甲而让潘先甲逃过一劫。1931年4月后毛泽民为了安全起见，离开上海。

　　邓发、肖向荣、李沛群、罗明均是广东省委原来的主要力量，他们在红色

---

① 李坚真：《李坚真回忆录》，中共党史出版社，1991，第34页。
② 中国人民政治协商会议广东省广州市委员会文史资料研究委员会：《广州文史资料》第18辑，广东人民出版社，1980，第9页。
③ 中国人民政治协商会议广东省广州市委员会文史资料研究委员会：《广州文史资料》第18辑，广东人民出版社，1980，第10页。

交通线的组织和运作中，担当重任。邓发是在中央苏区乃至长征中发挥重要作用的领导人。

4 从中央苏区通往上海的干部护送

党在建立中央红色交通线的过程中，更多的是研究如何进入中央苏区，但在白色恐怖笼罩的年代，从中央苏区通过或者进入赣粤闽边区，依然需要交通员护送保证安全，中央红色交通线也发挥着重要作用。1930年8月，刘士奇离开江西赴上海，在卓雄的护送下抵达潮州，再转汕头，从汕头乘轮船赴上海。卓雄曾是刘士奇的机要员，名字是刘士奇帮起的，意为卓越的英雄。[1]在上海中共中央机关工作一段时间后，1931年7月，刘士奇受中共中央指派赴鄂豫皖根据地，任红四军政治部主任。

1930年夏天，程子华在吴德峰的安排下，到上海治疗在战斗中受的伤。1931年初，程子华沿中央红色交通线进入闽西，先任团长后任独立第三师师长。1934年5月，程子华又沿着交通线反方向走，离开中央苏区到达上海，再转鄂豫皖根据地组建红二十五军。1987年，程子华同志在《程子华回忆录》中写道："我离开瑞金，由交通员带路，离开苏区。因敌情严重，在白区我们已不能在白天赶路，夜间也只能走山路小道，避开村庄，白天在山上草棚里睡觉、吃饭，比以前那次我从上海进苏区艰苦多了。我们到了大埔县后，坐小火轮到潮州，再坐火车

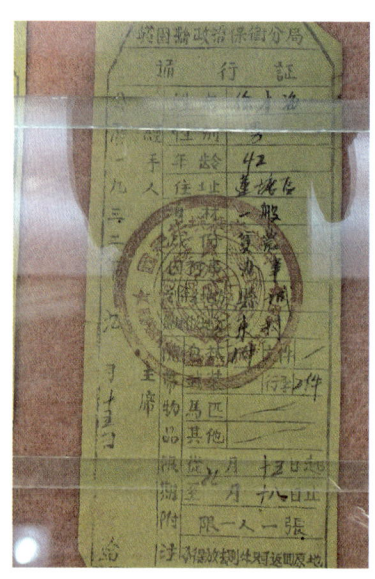

图11 1932年进入中央苏区的通行证（拍摄于井冈山革命历史博物馆）

---

[1] 彭新华：《刘士奇传》，中国社会科学出版社，2014，第116页。

图12　从潮阳码头开出，沿韩江前往梅县的火轮（影像摄于1918—1930年）

到汕头，又乘船到上海。由鄂豫赣省委派在上海的交通员石健民同志带路，乘船到汉口。"

1930年7月，王盛荣从苏联莫斯科中山大学回到上海，并于1931年9月进入闽西。王盛荣赴莫斯科学习前，曾在上海纱厂当童工，1927年任湖北省委交通员，同年赴莫斯科中山大学读书，1930年回国后，任共青团上海沪西区委副书记。1931年9月，王盛荣离开上海到达闽西。1932年，王盛荣奉组织之命，负责将一批美金送到上海供在沪的中共中央使用。此次行动便是通过中央红色交通线，由汪金祥带一支保卫队，一直护送并轮换备钱箱，顺利送钱到上海。王盛荣在中央苏区曾任军事委员会委员。1938年中国文艺协会成立，丁玲为主任，王盛荣为组织部部长。

第三节　危难时刻领导机构和交通责任的变化

1　在香港的广东省委、两广省委与红色交通线

1927年8月11日中共中央决定成立南方局，同年10月23日，又决定取消南方局，广西归广东省委指挥，福建省南北合并，改组成一临时特委，直接由中央指挥，二十五师设一特委，归广东省委指挥。①此后南方局经短暂恢复，不久又再次取消。

中共广东省委在四一二反革命政变后迁至香港，多次受到破坏。1928年2月1日，受中共中央政治局委派，邓中夏接李立三任广东省委代理书记，2月7日抵香港，2月9日在香港召开广东省委扩大会议，讨论中央和省委的广州暴动议决案。1928年2月下旬，邓中夏遭捕，②周恩来3月抵香港营救，邓中夏于3月下旬终获得释放，即乘太古邮轮离开香港赴上海，在上海短暂停留后赴莫斯科。

截至1928年4月13日，中共广东省委委员名单及成分如下：罗登贤（工）、彭湃（智）东江、冯菊坡（智）香江、李立三（智）、杨石魂（智）南路、黄钊（工）西江、李源（工）西江、沈青（智）潮梅、陈郁（工）东江、恽代英（智）东江、周松腾（工）中路、沈宝同（智）香江、林一人（农）琼、黄学增（智）琼、欧日章（农）北江、周颂年（工）南路、罗绮园（智）上海即回港、张善鸣（智）东江、杨殷（智）香江、王灼（工）、黄苏（工）北江、李海筹（工）东江、吴毅（智）广州、何源（工）广州、黄依农（农）东江、黄悦成（农）东江、郭经树（农）琼、赖松柏（农）北江未还。委员名字除了成分，"智"就是知识分子，同时注明代表的地区，"香江"就是指香港。黄苏即为黄甦同志。

随后广东省委面临的危机重重，省委书记因被捕牺牲或者脱党，频繁更

---

① 中共广东省委党史研究室：《中共广东大事记》，广东省内部刊物登记号第063号，1984，第38页。

② 冯资荣、何培香：《邓中夏年谱》，中国文史出版社，2014，第328页。

换。仅1928年至1929年间，就有邓中夏、李源、黄钊、卢永炽和贺昌依次担任省委书记。1929年3月31日，中共中央给广东省委发出指示信："在新的全国组织路线下，中央认为广西目前工作范围，确实无组织省委的必要，议决改为特委，受广东省委的领导。"这是广西省委的第二次调整，自1927年建立由广东区委领导的广西地委后，1928年9月成立广西临时省委，直属中央管辖。①1930年贺昌、聂荣臻调中央工作。1930年3月10日，贺昌在香港致电冠兄（周恩来），报告飞机准备轰炸龙州的情报。同年2月，罗登贤在香港任广东省委书记。据聂荣臻同志回忆："1928年3、4月间②，派邓中夏同志来任省委书记，不久，因机关被破坏，中夏被捕，经营救脱险后，被判驱逐出境。中夏是经厦门转回上海的。以后，李源同志曾任一个时期的省委书记，后在出发东江巡视工作时被捕牺牲。至1928年底，省委举行扩大会议，这次会议传达了六大决议，同时推选黄钊为书记（黄以后调厦门福建省委工作，因害怕困难，动摇消极），1929年夏，由卢永炽（绰号烂风炉）任省委书记，以后由贺昌同志来任省委书记，直到1930年2月，我离开广东前，都是由他负责。我和贺昌同志调离广东时，正好是中央派罗登贤同志来任省委书记。"③

1930年2月，广东省委书记为罗登贤，原名罗举。罗登贤从11岁开始在香港太古船厂当工人，参与工厂工人斗争活动，是省港大罢工的组织者之一。1927年，罗登贤从广州到香港任广东省委常委。1928年2月被捕，但敌人找不到什么证据来判刑，后罗登贤经营救被释放，赴上海任江苏省委书记。他在中共六大当选为中央委员，后当选为政治局委员。1929年，罗登贤与李富春一起回香港，同行的还有在江苏省工作的周秀珠。周秀珠出生于香港海员家庭，曾参加

---

① 陈立牛、庾新顺、黄莺：《中国共产党在广西》，广西人民出版社，2019，第34页。

② 原文如此，实际上邓中夏是于1928年2月被派任广东省委代理书记。——作者注

③ 聂荣臻：《聂荣臻同志对广东党史几个问题的回忆》，载《广东党史资料》第1辑（中共广东省委党史资料征集委员会、中共广东省委党史研究委员会办公室编），广东人民出版社，1983，第9页。

省港大罢工和中共六大，在江苏省委任妇女部部长。罗登贤、周秀珠与李富春、蔡畅、邓发、陈郁等一起工作。1929年8月，罗登贤任新成立的中共南方局委员，1930年回上海任中华全国总工会党团书记，1930年又回香港任两广省委书记。①1931年1月他离开香港赴上海；1933年8月29日惨遭杀害。

1928年4—5月，以李立三为团长的广东代表团赴莫斯科参加中共六大，由李源代理广东省委书记。同年9月，李源任广东省委书记。1928年11月，李源在东江视察时被捕遇害。黄钊接替其任广东省委书记。李源为广东博罗人，15岁就在香港"亚洲皇后号"轮船当海员，曾参加省港大罢工和广州起义，曾任琼崖特委书记，虽然没有出席中共六大，但仍被选为中央委员。

1929年8月13日，中共广东省委专门给朱德、毛泽东去信，报告广东的情况：在广东国民党是陈济棠、陈铭枢两军阀暗斗，东江由陈铭枢把控，西北两江及广州由陈济棠把控，在粤赣的新丰、南雄均有争地盘的情况。

广东为了巩固东江苏区，还在非苏区发动兵变、运用情报收集和罢工等手段，削弱粤国民党军队对中央苏区"围剿"的军事力量，从侧面上给予中央苏区支持。这一历史阶段广东军阀的暗斗、军事政治状况、国民党"围剿"计划及各地工农斗争形势等情报，对毛泽东选择根据地的决策非常重要。

1929年5月，广东省委去函中共中央报告工作分工，聂荣臻同志参与香港西区委和广东省济会党团工作，贺昌同志负责宣传工作。信中也谈及中共中央拟调饶君强（饶卫华）同志事宜，广东省委希望他留在机关参与组织部工作。从上海赴香港除了向中央苏区输送干部和人才，也向广东省委、两广省委和香港党组织输送干部。1931年1月14日至18日，在香港的广东省委因出现叛徒完全受到破坏，1月16日和22日，李富春给中央的报告要求迅速派人，其中有一份报告提及"谢启泰"，即章汉夫，江苏省常州人，谢启泰是其原名，他由中共中央派送到香港任两广临时省委代理书记兼宣传部部长。

---

① 孔繁文：《罗登贤史料汇编》，广东人民出版社，2018，第203页。

在李富春离开后接替他的是"射兄","射兄"即蔡和森同志的代号。在香港共产党组织秘密机关被叛徒出卖受到严重破坏后,广东省委于1931年5月6日致信中央时也提到两位同志:"省委非常残缺,秘书长组织部皆无人。拟请中央考虑王弼同志是否可调省委工作?因中央之前曾决定以谭寿林代王弼也。"蔡和森同志自1931年1月从莫斯科出发,抵达上海已经是3月,接受组织安排后5月初乘船到香港,接替李富春同志工作任两广省委书记,在6月10日海员工会会议中因叛徒出卖而被捕,中共中央派李少石筹款营救保释未果,8月4日蔡和森在广州就义。接替蔡和森同志的是章汉夫,任两广临时省委代理书记兼宣传部部长。①

1931年12月28日,章汉夫在香港皇后大道中娱乐戏院下车时被捕,他担任两广省委代理书记和书记共七个月。②当蔡和森被捕九天后,他与李富春同志一样及时向中共中央报告。

章汉夫的经历较为特殊,1926年从清华大学毕业,官费留学美国,后从斯坦福大学毕业。1928年7月赴苏联莫斯科中山大学读书,1931年离开莫斯科回到上海,找到中共中央后,马上就被派赴香港。20世纪40年代,章汉夫重返香港领导文化工作,中华人民共和国成立后,章汉夫担任外交部副部长和常务副部长。

在港英政府与国民党当局秘密勾结的恶劣条件下,中共两广临时工委顽强地继续运作着。1931年12月28日,陆更夫(代名有张清泉、陈平)任两广省委代理书记。1925年,陆更夫考入黄埔军校第四期,参加广州起义,参与组建红四师。1928年后赴莫斯科中山大学学习,入学登记时间是1929年2月5日,名字为"陆东夫",学生证号为1221号,学校于1928年改名为中国劳动者共产主义大学。陆更夫在莫斯科与黄海明相恋结婚。1930年底,夫妻俩回国在中共北方

---

① 李永春:《蔡和森年谱》,湘潭大学出版社,2008,第362页。
② 《章汉夫传》编写组:《章汉夫传》,世界知识出版社,2003,第20页。

局从事地下工作。1931年7月，他俩回到上海，在周恩来领导的军事委员会工作，因黄海明有身孕留上海，陆更夫10月离开上海以中央巡视员的身份抵香港巡视军事和兵运情况时，恰遇两广省委书记章汉夫被捕，陆更夫接替章汉夫任临时省委书记，12月任两广省委书记。1932年3月16日，陆更夫在香港不幸被捕，同年7月在广州英勇就义。1932年11月10日，中共两广工委易孟、区梦觉等向中央报告"省委被捕各同志王兰英、陆更夫、刘君湘、杨子云（特委书记）都英勇牺牲了"。①

通过中央红色交通线进入中央苏区，两广省委及时获得了中共中央的指导意见，1932年两广工作委员会和香港工作委员会得以多次重建。1932年6月28日，中共两广工委报告中央《广东叛徒一览表》，列出八名叛徒叛变时间、现在正在采取的行动等信息。1932年9月，两广临时工委决定成立两广工委，10月1日、3日分别向东江特委、湘南特委发出指示信，4日向中央报告各项工作简况、香港的支部工作。10月17日，中共两广省委向中央呈转东江特委报告，东江特委的报告最后提及"往中央交通员已经出发了"，证明东江特委与中央有联系。

1932年10月，中共两广工委书记潘洪波被捕叛变。潘洪波是于10月13日在街上被抓，很快叛变，当即在街上指认同志，报告中具体讲到此人在永安百货，戴着墨镜，在门口与四位特务站在一起随时抓人。12月，香港各级党组织遭到破坏，共20多名两广工委党团组织干部被捕。12月10日，中共两广工委向中央报告广州组织情况，12月11日发表中共两广工委为纪念广州公社五周年而作的纪念宣言。

1933年1月中旬，在香港的青年团省委负责人赵任英和中共香港市委林德隆等组织再次成立两广临时工作委员会。②

---

① 中央档案馆、广东省档案馆：《广东革命历史文件汇集》（1928—1932），编出时间为1982年12月，印刷时间为1985年9月，第236页。
② 广东省地方史志编纂委员会：《广东省志：中共组织志》，广东人民出版社，2002，第26页。

根据中央档案馆和广东省档案馆1982年编的《广东革命历史文件汇集》中的两广临委、两广工委和香港市委给中央的报告，可以回溯香江岁月的两广省委的艰难时光。

两广临委由陈应同任书记。1933年2月28日，两广临委向东江特委发出指示信，非常诚恳地承认没有具体方法帮助东江特委，要求中央派人来主持工作，交通去了一个月，尚没有回来。琼崖交通已经回去。建议袁策夷同志来主持临委工作，但不知其伤势如何，希望东江特委提供经费支持。

1933年1月21日，两广临时委员会给中央报告了党团组织被破坏的原因、经过和临时工作委员会组织情况。报告中提及："在临工委未组织前，外交何同志及发交科陈在中央交站借来二百零十元，又工作匦十五元，这二百零十元是营救费，一百元请二位律师，一百元二张船票，十元杂用。"可以从此报告分析，一方面，两广省委没有断掉与中央交通香港大站的联系；另一方面，在1933年红色交通线运作保持稳定，没有受到香港的两广省委和香港市委被严重破坏的影响，证明保密工作做得出色。

报告中要求中央尽快派领导同志："陈同志因为在此工作很久，许多反对派都认识，工作许多不方便，在没有派赴广宁巡视以前，省委曾请中央调动过的，现在仍请中央决定。"这里的"陈同志"应该指陈应同。报告用"林伟"落款，应是代号，取两广临时工作委员会——"临委"的谐音。①

1933年10月20日中共两广临委给中央报告中提及是根据巫坤9月1日回到香港，从中央苏区带来中共中央的指示，成立两广临时工作委员会，落款是"钟少千"。按照中共中央要求，两广省委与香港市党委合并。1933年12月13日报告中钟仲衡再次提及巫坤从中央苏区回来传达的指示，工作委员会会议召开后临时指定钟仲衡为书记。

---

① 中央档案馆、广东省档案馆：《广东革命历史文件汇集》（1929—1934），编出时间为1982年12月，印刷时间为1984年5月，第180页。

1933年12月1日中共两广临委给中央的报告中提及任英由青岛经沪找中央，但没有音信。落款是临时两广省工作委员会和香港市委。1933年12月13日，向中共中央报告中共两广工委的情况，落款正式出现钟仲衡的名字。1933年12月1日两广临委给中央的报告提及"钟仲衡同志到你处"，1933年12月26日两广临委向中央汇报的口头汇报记录，提及陈应同任书记，介绍了林德隆为原香港市委工作，现在在电报局打工的情况，也介绍了其他主要成员，请求中央重新帮助两广临委取得与管辖领导的特委联系方式。

1933年11月，惠阳县团委书记郑怀昌从惠州到香港，找两广省委汇报惠州党组织受破坏的情况。1933年12月13日钟仲衡给中央报告中提及惠阳县团委书记郑怀昌同志报告了惠阳党组织受破坏的情况，同时强调需要经费支持油印科和交通科的重建。

1934年1月22日钟仲衡给中央报告中提及郑怀昌暂时任两广临委书记，但他不熟悉城市，对长期从事惠阳农村组织工作力不从心。1934年2月17日两广临委给中央的报告提及两广临委第一次会议，由钟仲衡指定两广临委的委员和常委，并说明是钟仲衡从中央苏区回来后讲是中央的意见。郑怀昌进入中央苏区学习。1934年8月，郑怀昌回到香港，香港工作委员会改组，郑怀昌任书记，9月在香港尖沙咀被捕，1934年11月在广州英勇就义。[①]

两广临委继续出版《两广红旗》等红色刊物，指导地方斗争。两广临时工委改组为香港工作委员会，后来林德隆为书记，1934年3月24日，林德隆向中央写报告汇报两广组织的情况。9月，在香港各级组织又遭破坏，林德隆等被捕。

1932年，福建省委成立，但中共中央和苏区中央局发文仍然使用"闽粤赣"。1933年2月15日，中央局发出"苏区中央局关于闽粤赣省委的决定"，仍然使用闽粤赣省委的称呼。[②]1933年11月，中共粤赣省委成立，领导广东南雄、

---

① 中共惠阳县委员会、惠阳县人民政府：《惠阳英烈》第一辑，广东人民出版社，1989，第41页。

② 中共中央书记处：《六大以来——党内秘密文件》，人民出版社，1980，第331页。

兴宁、龙川和赣南地区中共组织。①

　　1934年，红军开始长征，广东省委组织机构处于休眠状态。1936年，中共南方临时工作委员会在香港成立，中断两年的中共广东省委重新建立，除了建立广州市委、香港工委、韩江工委、西江工委外，还与闽粤边特委、厦门市工委、闽中特委和琼崖特委等取得联系。1937年10月，闽粤赣边省委成立，下辖中共闽西、闽南的组织和广东的中共韩江工委，张鼎丞任书记。同年10月，中共南方局成立下辖中共广东、广西的组织，张文彬任南方工委书记。1938年2月，成立闽西南潮梅特委，方方任书记，代替原来的闽粤赣边省委。直到4月，中共南方工委才被撤销，恢复成为广东省委。②

　　由于地缘关系，广东军事政治的变化对粤赣边区的影响是直接的，在非常困难情况下，《两广红旗》继续发行。1932年11月7日，两广省委主办的刊物《两广红旗》第十三期刊登了《中共两广省委庆祝十月革命15周年纪念和临时中央政府成立周年纪念宣言》一文，在文中号召广东各界支持红军和中华苏维埃共和国临时中央政府："把你们的伟大力量团结起来，用你们的武器——罢工、罢课、罢操、罢岗，实行土地革命向帝国主义地主资产阶级国民党进攻。不替帝国主义国民党运一兵一卒，制一枪一弹去进攻苏联与苏维埃红军，不缴一文钱给帝国主义国民党做进攻苏联与苏维埃红军的军费。不打红军，实行革命兵变到红军中去，组织北上决死团到东北义勇军参加抗日民族革命战争去，到苏区红军去，冲破敌人对两广苏区红军的进攻，巩固发展两广苏区。驱逐破坏罢工的工贼进攻苏联的先锋队——白俄。"③

　　中央苏区的范围在粤赣之间常变化，1931年11月7日定都瑞金，1934年10月

---

① 广东省地方史志编纂委员会：《广东省志：中共组织志》，广东人民出版社，2002，第29页。
② 中共广东省委党史研究室：《中国共产党广东地方史》，广东人民出版社，1999，第752页。
③ 中共两广省委：《中共两广省委庆祝十月革命15周年纪念和临时中央政府成立周年纪念宣言》，载《广东党组织重要文件选编》中册（广东省档案馆编），内部资料，2011，第523页。

第五次反"围剿"后开始放弃中央苏区。最高峰时,中央苏区范围达40余万平方公里,人口3000万。1933年8月16日,为对付粤桂国民党军队,并发展出入口贸易,专门设立粤赣省,于都、会昌、西江、寻乌、安远、门岭包含在此范围内。

2 中央交通局交通员的智慧

1927年8月,中共广东省委领导指示宝安县委,要求在深圳河附近建立交通站,议沟通当时设在香港的省委机关与广州及各区县的联络交通线。交通站选址于皇岗村,庄泽民任站长,交通线分内外线,外线由曾品贤负责,从皇岗出发,到罗湖乘火车到九龙,在指定的联络点接受任务。内线由庄海添负责,这条路线从深圳出发,到九龙旺角大戏院附近接受任务,然后返回皇岗,通过梅林、龙华、白石龙至楼村宝安县委驻地。① 该线曾护送广东省委书记李源入香港。1931年12月,内、外线负责人被捕后叛变,多人遇害。

1927年8月,中共中央开始筹划建立全国交通网,9月,中共中央机关从汉口搬至上海。1928年,设立外交科,形成北方线、长江线和南方线。1928年6月,外交科决定李沛群、肖桂昌调上海任中央交通员。1930年,黄玠然和刘作抚负责筹划在汕头建立重要交通站。

根据1931年4月6日"大盛"(即李富春同志的代号)给中央的报告,王弼已经离开香港大站,替代其到香港大站工作的是谭寿林和黄农。对于此事广东省委书记李富春同志有不同看法向中央报告:"交通大站现在工作稍有眉目,王弼工作正起劲,不知为何要调动他而将谭寿林、黄农调到大站。"② 谭寿林在上海任全国总工会秘书长,1931年在上海被捕,同年5月30日就义。他是广西人,北京大学毕业,钱瑛的丈夫,1929年结婚三个月后钱瑛就赴莫斯科读书。③

---

① 深圳市史志办公室:《中国共产党深圳历史》,中共党史出版社,2007,第54页。
② 中央档案馆、广东省档案馆:《广东革命历史文件汇集》(1931年),编出时间为1982年12月,印刷时间为1984年4月,第103页。
③ 刘仁前:《丹心如虹:谭寿林烈士传》,江苏凤凰文艺出版社,2007,第165页。

谭寿林有没有到过香港大站上任,需要做进一步研究。

1981年,《红色交通线》编写组走访了廖梦醒同志,廖回忆是与黄龙和王弼一起工作,不清楚王弼和李少石谁任正职谁任副职,她是1930年在法国接李少石的电报赶回来的,曾与李少石到蔡和森在香港的家。

秘密交通的"暗号""暗语"和"秘密居所"是红色交通线最重要的工作手段,《交通工作条例》制订落款为"中原",时间为"农历四月初五"。"中原"为中共中央的秘密代号,规定"交通站应按该区具体情况与工作需要设一总站与若干分站,每站设站长一人,交通员二人至五人负责交通通讯工作,各区军事首长或情报参谋直接负责委派,组织领导督促、检查、教育,但工作上同时受中原总站检查监督,对于不称职之交站人员,总站有权通过中原提请各该区军事首长撤换之"。

情报文件分三级,标有三角形的为"情报",标有三个加号的为"紧急情报",标有圆圈内加交叉号的为"重要情报"。

杨尚昆回忆:"(进入瑞金)我首先见到的是邓颖超同志,我从口袋里掏出一盒'美丽牌'香烟交给她,这是联络的'介绍信'。"

"美丽牌"香烟是民国中国华成烟公司出品,有筒装和盒装两种产品。吴亮平交给组织部部长任弼时的介绍信就是密封在香烟筒里面。

抵达中央苏区后,无论是老熟人还是新相识,都必须严格遵守秘密交通要求,出示原约定的物品作为报告手续,如用药水写有密信的手帕、香皂、火柴盒和香烟等。

1930年4月至1934年1月,李培南同志做交通员时期,直接联系人就是吴德峰。李培南一段时间内专门负责上海市内的交通,从外地包括莫斯科回国的同

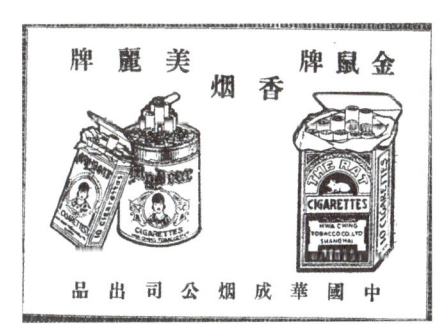

图13 "美丽牌"香烟广告。通过红色交通线进入中央苏区后接头"介绍信"之一就是"美丽牌"香烟,由中国华成烟公司出品

志都通过他与中共中央联系。他在上海居住时间最长的地点是戈登路与康脑脱路交会处（现在的江宁路与康定路交会处），与他合作的是赵仲敏同志，他们先是假扮夫妻，最后成为真夫妻。而在此路有一位姓朱的同志负责与从莫斯科回来的同志接头，再传信给李培南，朱同志在路边摆出租小人书的书摊。据李培南同志回忆，最为惊险的是1930年送《红旗》和油印文件，利用人丹盒暗藏油印文件并用《申报》夹藏《红旗》，顺利逃过敌人的检查。①

  在红色交通线运送的很多重要物件中，红色出版物是重要的精神食粮，石联星从红色交通线通过时带在身边的是两箱《红旗》刊物。中共中央宣传部在上海的秘密机关在愚园路1376弄34号，这里也是中央机关杂志《布尔塞维克》编辑部办公地点。杂志由红色印刷厂印刷，开始时在英租界派克路（现黄河路），1931年搬到安国路口元兴里的两栋楼内设立秘密印刷厂，当秘密印刷厂负责人毛泽民转入中央苏区后，秘密印刷厂又转移到梅白路祥康里（现在的新昌路99号）。《布尔塞维克》历时五年，共出版52期，瞿秋白为编辑部主任。钱之光接替毛泽民负责印刷厂的工作，在祥康里的首层扮演烟纸店小老板。后来秘密印刷厂又搬了几处地方，1933年1月19日秘密印刷厂随中共中央临时机关迁移而离开上海，迁往中央苏区。在这里印刷的红色刊物包括《红旗周刊》《党的建设》《实话》和《布尔塞维克》等。

  1930年9月，从苏联学习回来的涂作潮配合李强同志开办无线电培训班，秘密培训处在上海巨鹿路391弄12号（原法租界巨籁达路四成里），门外挂的招牌是"上海福利电器公司工厂"。接着，涂作潮就通过红色交通线进入了中央苏区。

  1933年3月至1934年4月，瞿秋白在上海的住处是山阴路133弄12号，这一住处是鲁迅和内山完造夫人两次到现场替瞿秋白夫妇找的，是瞿秋白踏上红色交通线之旅前在沪最后的居所。②

---

① 中共广东省委党史研究室、中共汕头市委党史研究室：《红色交通线》，广东省连续性内部资料出版物，2009，第106页。

② 上海作家协会：《石库门里的红色秘密》，上海人民出版社，2019，第141页。

第二章　中央交通局香港大站的重要作用

第一节　红色交通线香港交通大站的报告

1　一份记录了勇敢和懦弱的重要名单

1931年9月22日"香港交通大站给中央交通局的信"中所列的最近护送的人员列表（7月下旬至写信止）显示，邓小平夫妇抵香港时间是1931年7月20日，从香港出发的时间是7月24日。依中共中央文献研究室编《邓小平年谱》，1927年7月，邓小平在汉口中共中央担任秘书，与从莫斯科回来的张锡瑗重逢并一起工作，年底担任中共中央秘书长。1930年1月，张锡瑗在上海宝隆医院生下女儿后因患产褥热去世，婴儿也在几天后夭折。邓小平途经香港，找到李强，委托他回上海后帮料理后事。1931年5月下旬，邓小平从芜湖返上海，弟弟邓先修来上海求学，登广告寻兄。兄弟见面多次，并到江湾公墓祭扫张锡瑗墓。邓小平6月要求去中央苏区工作，终获批准。7月14日离开上海，前往江西。同行的有同时被派往中央苏区工作的金维映。他们乘船到广东汕头，改乘火车到潮州，再乘小火轮到茶阳，后改乘小船到大埔县青溪上岸。经福建永定、上杭到达中共闽粤赣临时省委驻地长汀。8月初，到达江西瑞金。不久，邓小平与金维映结婚。与由宁都来瑞金的谢唯俊、霍步青及刚被上海中央派来中央苏区工作的余泽鸿会面。邓小平同志时年27岁。

李克农抵香港时间是1931年9月10日，从香港出发是9月20日。①

---

① 中共福建省委党史研究室、中共龙岩市委党史研究室、龙岩市原闽粤赣边老同志联谊会：《中央红色交通线研究》，中共党史出版社，2015，第285页。

《香港交通大站给中央交通局的信(总字三十一号)——交通工作情况与最近送去人员名单》是20世纪80年代发现的重要文献。这份文献提供了从粤东进入中央苏区的人员名单,从上海抵达香港是秘密交通南方线的一部分,需要经过惊心动魄的粤东段。信中也提到个别人临阵脱逃,因为害怕路途上的危险而逃回上海。

1931年9月22日,中央交通局收到香港交通大站来信:"你们这次由学孔带来的五人,因路线不通均搬到招待处住。十七号大埔来一交通带一信来云路线已通,我们十号八号就要李国均和陈阿金一道出发。路费衣服办妥,同交通要

最近送去人名表(七月下旬至最近)

名	抵港期	由港出发
小平夫妇	七月二十日	七月二十四日
柏台	七月二十三日	七月二十六日
定一	七月二十三日	七月二十六日
策夷夫妇	八月七日	八月十一日
一贯	八月五日	八月十四日
友梅	八月五日	八月十四日
镜冰	八月十一日	八月二十一日
刘开	八月十一日	八月二十一日
杨英	八月二十日	八月二十三日
永生	八月二十二日	八月三十日
△①昆	八月二十二日	八月二十七日
志敏	八月二十二日	八月二十七日
△②楚	八月二十五日	八月三十日 九月六日③
如心	八月三十日	九月一日

图14 1931年7月香港交通大站记录表(南粤古驿道网提供)

上船了，他忽然不去要回上海，移到初来时住的旅馆住下。"①李国均是与李克农等一起抵达香港，李克农与香港交通大站负责人一起找他谈话，李国均表示自己认为这条路线太危险，他还是回上海进工厂工作为好。经李克农和香港站负责人批评教育后，李国均表面说仍要再去，结果临出发时大家才发现他溜走了。香港交通大站迅速报告中央交通局，争取找到此人，因为他已经知道路线，需避免暴露秘密交通线，并请求派来的人必须是政治坚定的人，否则中途动摇会发生问题，将使交通线中断。同一信函报告附"最近送去人名表"，在李国均一栏狠狠地写着"逃回沪去"。

与李国均第一次准备上船同到汕头的陈阿金，原名陈建金，江苏阜宁县人，曾参加上海工人武装起义，是当时上海青年工人领袖。1927年赴莫斯科东方劳动者共产主义大学军事班学习，1928年再转入莫斯科步兵学校学习，1930年从莫斯科步兵学校毕业后返国，1930年9月与李克农同行进入闽西，在红军学校任教，1934年当选为中央执行委员，任红三军团第五师政治委员，在第五次反"围剿"中被敌机炸伤牺牲。

通过信的内容可以判断李克农、杨生和陈阿金在香港等待了十天，已经在9月20日离开香港赴闽西。"小平夫妇"，是指邓小平和金维映，是7月20日到香港，7月24日离开香港。

对表中所列名字再进一步分析研究，"柏台"应该是指梁柏台。1931年11月7日，中华工农兵苏维埃第一次全国代表大会召开，梁柏台与毛泽东、任弼时、王稼祥等为宪法起草委员会成员。1931年他与妻子周月林一起从苏联回国。②表上抵香港时间是7月23日，从香港出发是7月26日。"定一"是指陆定一，根据《红色交通线》编写组以汕头地委党史资料征集小组函询陆定一同志，他的答复是"一九三一年春夏之间，进苏区，一九三二年八、七月

---

① 中央档案馆、广东省档案馆：《广东革命历史文件汇集》（1928—1932），编出时间为1982年12月，印刷时间为1985年9月，第267页。

② 孙昌建：《浙江一师别传——书生意气》，浙江人民出版社，2011，第249页。

出苏区"。"第一次由上海到香港,再到汕头……第二次由苏区边境出发,到大埔,到汕头,当天由交通员买到船票,去上海。"表上抵香港时间是7月23日,7月26日从香港出发。推断其与梁柏台同行。梁柏台妻子没有同行,"1931年8月,周月林也到了上杭白砂。她走的路线是由上海坐船经汕头到香港,再由香港返汕头,交通员这样安排走,是交通安全考虑"。如遇上盘查,就说是从南洋回来的,因为福建人在南洋人数很多,"有船票可以对付检查"。①

表里的第四位是策夷夫妇,抵香港时间是8月7日,从香港出发是8月11日。策夷是指袁仲贤,策夷是原名,他曾参加南昌起义。袁策夷是黄埔军校第一期的学生,为黄埔军校青年联合会成员。1929年在莫斯科中山大学学习,1930年底回国。从上海乘船至香港,再乘船从香港到汕头,从潮州、大埔进入中央苏区,后任广东东江革命军事委员会主席和中共湖南湘江特委书记。中华人民共和国成立后,出任中国驻印度首任大使。

表中8月5日抵香港、8月14日离港者两人,名字分别是"一贯"和"友梅"。在此时回国的莫斯科中山大学学生居多,当时在莫斯科中山大学学习的一位来自山东的学生向友梅,与谢怀丹是同学,谢怀丹在回忆录中写到向友梅,说是即将毕业时,她们与王明有对立情绪,有13名党团学生被送西伯利亚矿区当"东方工人指导员",她们均在列。

表中"镜冰"8月11日抵香港,8月21日从香港出发,应该是指曾镜冰。曾镜冰出生于海南岛琼山县,1927年加入中国共产主义青年团,由于引起当局注意远走曼谷。1929年经过香港转赴上海,1931年,曾镜冰年满18岁,批准为中国共产党党员,同年秋,曾镜冰调到江西吉安县任团书记。②

表中的杨英是8月20日抵香港,8月23日从香港出发。杨英参加百色起义,

---

① 陈刚:《人民司法开拓者:梁柏台传》,中共党史出版社,2012,第160页。
② 林强、陈日增:《青史有情终定论——曾镜冰传》,载《革命人物》1985年第3期。

是红十二军政治部主任,进入中央苏区时任粤赣军区作战科长。红军出征时留守,任红二十四师政委。1935年3月在会昌战斗身亡。

表中"如心"应该是指张如心,他是1926年从广州选派到莫斯科中山大学学习,1929年回上海后积极参加中国社会科学家联盟筹备工作,1931年8月30日到港,9月1日由香港出发前往中央苏区。1948年他被中共中央委任为东北大学校长。

图15 南方秘密无线电台旧址所在地:香港九龙上海街(引自《中央红色交通线研究》)

2 "伯温致中央交通局并转中央信"和香港大站的计划

1931年10月19日,香港大站向中央交通局报告目前的情况和要解决的问题:"潮埔线各站组织过去有相当基础,因为闽粤赣省委执行向中央区发展的决议,把虎岗一带完全放弃,敌人遂加紧向刀背坑、铁坑、伯公坳一带进攻,结果刀背坑的小站被破坏,当破坏时,小站负责人(非同志)的母亲很英勇与敌人抵抗,被敌击毙。其余各人均先后被捕,现均已由当地店铺保出。"[①]报告中提到"王弼因语言问题提出调换工作,决定在原则上接受他的请求,不过有相当人接替后才能调开。因为他在工作上确实有许多办法"。推测这份报告写作者应该是懂粤语的人,"仕长期旅馆外江佬很少"这句话也是典型的粤语说法。根据饶卫华的回忆,华南交通总站开始设在铜锣湾,他和肖桂昌负责华南交通线。1931年9月,中央交通局派遣他和肖桂昌到闽西接受一项任务,他们在青溪处约定相见但肖桂昌没有出现,他俩失散,饶卫华去了上海,1933年两人

---

① 中央档案馆、广东省档案馆:《广东革命历史文件汇集》(1928—1932),编出时间1982年12月,印刷时间为1985年9月,第293页。

均被捕在南京监狱，被关押在同一牢房。①所以几份报告均为他们离开后所写，作者对香港情况非常熟悉，如港府的态度、利用船员通过海轮送在上海秘密印刷的刊物到香港等。通过以上的推测，此份报告是香港大站站长李少石同志所写，9月22日给中央交通局的信和10月20日的"香港大站十一月至一月工作计划"，笔法、口吻均出自同一人，结尾处均写有"mabfich"，由此推断这三份信函均是李少石到任后迅速展开工作的珍贵史料。

在报告与计划中，香港大站提出应该由香港大站统筹白区的各站，闽西大站统筹赤区的各站，两大站加强对接。对于大埔邻近永定的地区失守或者放弃，以及向中央苏区的中央区发展的决议，报告提出不同意见，认为会给秘密交通带来更大的危险。在计划中要建立辅线以防万一，在各机关必须准备警号、副警号和口径，交通工作人员必须有职业掩护，但决不妨碍工作的职业化等。这些意见非常有针对性。计划提出："苏区策略变更新的方向发展时，一定要预先将交通路线打通建立好，不然苏区发展到的时候，敌人加以封锁就很困难建立交通路线。这次断绝路线给我们很严重的教训，就是闽西策略向长汀城发展而新的路线没有预先去打通，旧的路线发生了问题。"对于各站交通路线组织系统建设提出"中站、小站均要有独立工作之精神。同时苏区与白色区分别管理，凡是苏区的大站指导，白色区的归港大站指导，使指导上方能够统一"。"苏区大站与港大站要发生横的联系。凡苏区大站对中央报告和计划等等，均要给港大站一份；港大站计划报告也如此，关系才能密切，工作才能联系。"准备搬移中站，地方自己买船，恢复原来的路线与建立新路线结合，打通大埔至黄岗的路线，以备韩江交通断绝之用。特别令人动容的一条："要纠正恐怖动摇的倾向，使他们有准备被捕、准备牺牲之精神，以镇定的态度冲破敌人白色恐怖。"②

---

① 中国人民政治协商会议广东省广州市委员会文史资料研究委员会：《广州文史资料》第24辑，广东人民出版社，1981，第29页。

② 中央档案馆、广东省档案馆：《广东革命历史文件汇集》（1928—1932），编出时间1982年12月，印刷时间为1985年9月，第295页。

第二节　香港大站站长李少石

在香港，李少石和廖梦醒夫妇的合作使开展交通线工作变得非常高效。李少石中学时就读于香港皇仁书院，廖梦醒出生于香港，在广州念大学，为私立岭南大学农学院桑蚕系学生。廖梦醒是1931年初春由李少石带着见到当时的广东省委书记蔡和森，不久就加入了中国共产党。1929年9月，统计香

图16　1933年夏，李少石、廖梦醒及女儿李湄的全家福，上海留影（引自李湄著《梦醒——母亲廖梦醒百年祭》一书）

港党组织有共产党员248人，工人出身的为主。广东省委在"四一五"反革命政变后迁至香港，1930年建立的中央交通线南方局（华南局）也设在香港。1932年1月26日早晨，蔡畅离开他们家后，他们的小孩出生了，就是李湄。1933年5月10日，李少石和廖梦醒离开香港赴上海。①

廖梦醒的女儿李湄写道：

> 妈妈回到上海才知道原来是爸爸要到香港去设立交通站。1930年革命形势发展很快，中央准备把机关从上海转移到苏区。苏区需要干部，从莫斯科学习归来的同志和在白区工作的同志纷纷调往苏区。本来从上海中央到苏区之间有几条秘密交通线，但由于来往人员大量增加，总是走相同路线，容易引起敌人注意，因此开辟了一条新的路线，即上海—香港—

---

① 李湄：《梦醒——母亲廖梦醒百年祭》，中国工人出版社，2004，第121页。

汕头—苏区。这条交通线担负着中央由上海转移到苏区的重大任务。广州"四一五"反革命政变后,广东省委迁到香港,南方局的总交通站也设在香港。我爸爸就是在这样情况下被调到香港建立交通站的。交通站需要当地人,妈妈家几代在香港土生土长,有着在香港活动的便利条件。爸爸单身一个没有家眷不易租到房子,而且容易引人注意。

廖梦醒出生于香港,其母何香凝所在的何家是香港富商,外公何炳恒19世纪末就来到香港谋生,拥有不少物业。1923年12月21日,孙中山到岭南大学演讲,廖梦醒正在岭南大学附属中学读书,孙中山先生参观时,她一路在孙中山先生身边。在岭南大学读书时,李少石所使用的名字为李胜、李振,他也出生于香港。上海"五卅惨案"引发全国抗议浪潮,私立岭南大学与广州各大学学生及社会各界共10万余人到沙面组织抗议队伍,后发生"沙基惨案"。廖梦

图17　廖梦醒和李少石1925年在广州康乐园私立岭南大学全社合影,前排左六为廖梦醒,最后排左四为李少石(引自李湄著《梦醒——母亲廖梦醒百年祭》一书)

图18 廖梦醒结婚一周年被批准入党时拍的纪念照（引自李湄著《梦醒——母亲廖梦醒百年祭》一书）

醒、李少石当时就在岭南大学300多人的游行队伍的前面。岭南大学老师区励周、学生许耀章被枪击身亡，私立岭南大学校委会发表了公开声明予以谴责。这一事件日后引发了"外国人在华办学需要在教育部注册立案"的新规及"由华人当校长"的新局面。

李少石回到香港后，在香港海员工会任英文秘书。1926年，在陈郁介绍下加入了中国共产党。1931年7月，廖梦醒在香港交通员黄龙家的暗室里加入中国共产党，化名廖少芳。1933年3月28日，廖承志在上海租界秘密开会时被捕，何香凝、柳亚子千方百计营救，3月31日，国民党当局迫于社会压力释放廖承志。9月，廖承志离开上海赴川陕根据地，是廖梦醒8月底通过秘密交通线传递中共中央的意图。1933年5月10日，李少石、廖梦醒离开香港赴上海，李少石任江苏省委宣传部部长。

廖梦醒、李少石在广州康乐园就读时是同学，他们的生活条件是非常优越的，但为了信仰舍弃了优越的生活，一起奔走四方为中国共产党事业秘密工作。何香凝反对这门亲事，后经由宋庆龄做工作，何香凝接受了二人的婚姻。香港沦陷后，周恩来同志组织营救被困在港的何香凝女士和柳亚子两家，何香凝等于1942年1月15日在交通员谢一超的护送下自长洲岛抵达汕尾港，谢一超于

20世纪40年代病逝。[①]1945年，李少石在重庆配合周恩来工作期间遇难。在李少石遇难后，周恩来同志和邓颖超同志把李湄认作干女儿。

第三节 中央交通局埔中交通站工作汇报和建议

粤东段是南方线的一部分，从上海至香港、坐海轮抵达汕头，再从汕头坐火车经潮汕铁路至潮州、乘电轮船进入梅州大埔茶阳，再由大埔青溪步行约一天一夜抵达与福建交界的伯公坳，最后进入中央苏区。大埔中站承上启下，起到十分重要的作用。

1931年3月24日，卢伟良发出的"各县与闽西大埔的政治经济状况·韩江水路情形·社会民主党活动情况·各路交通及交通站的设立状况"报告是较全面记载设立交通站和开展社会活动的重要文献。

卢伟良提及，来往的人多穿漂亮衣服，这是因为不少是出洋回来的，因为风俗关系，大埔、梅县人好穿衣服，故行李也要多一点，才像做官或出洋回来的人。在报告的第五点中，卢伟良介绍了"大站、中站、小站设立和几人负责"：闽西特委大站，主任蔡端，海丰人；湖雷中站，主任苏昌，广州人。卢伟良的报告提及，目前在火车站门口有叛徒，埔北小站是由蔡雨青负责，交通员二人，并设立休息。其中一个交通员是永定人，负责由伯公坳到刀石下的交通。负责刀石下的交通是当地人，邹百祥则到了伯公坳小站，地址随时迁移，因为该处为赤白交界地方也。火车站

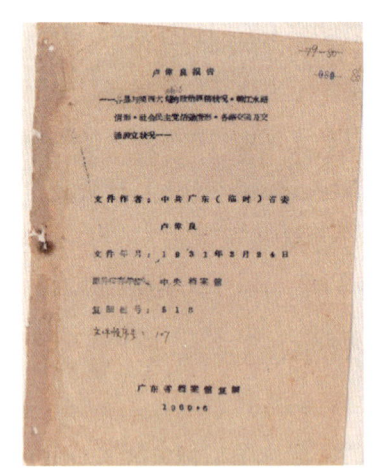

图19　卢伟良报告复制件封面（藏于广东省档案馆）

---

① 陈珊：《何香凝年谱》，广西人民出版社，2016，第181页。

入口处出现了叛徒暗中辨认同志,危险增加。火车三等座需大洋七角六,二等增加一倍,头等增加两倍。潮安坐船到虎头山下,三等需二元半,二等五元,头等十元。①

1931年12月28日,大埔中站致信中央交通局,信中提到红军"十二军派一部分红军打通交通线路后,我们苏区工作完全可以通行"。"现在中站组织三人,一人派去建立韩江电篷船交通站工作,一人派去建立群众工作,一人是主持中站工作。""对于建立新路线及巩固原来路线和职业问题及训练问题和加紧我们秘密技术工作,都有详细决定,已做报告给香港大站去了。"②函文中的大埔中站通讯地址为"大埔高坝街同丰号交李国良收",这是重要的历史线索。信的内容与1931年10月19日香港大站写给交通局和中央的工作计划有呼应,改

图20 吴德峰同志摄于1926年的照片。吴德峰于1924年加入中国共产党,当选为中共武汉地委委员兼军委书记,1926年任国民政府武汉市公安局局长,1928年任中共河南省委常委兼军委书记,1929年任中共中央交通局局长

进工作的计划得到落实,信中的"电篷船"是潮梅地区对这类机动船的叫法,从侧面证明写信者为本地人。信中谈到"德峰同志到来时指出我们工作上的错误",指的是中央交通局局长吴德峰同志于1931年11月进入中央苏区时检查了大埔交通站工作。

大埔中站设立前蔡雨青同志已经在此负责广东省委的交通,卢伟良发出的报告中表示认识自己的人多因而不便工作的继续开展,应该调离。1931年9月,

---

① 广东省档案馆馆藏档案,档号200-1-0079,同时收录于中央档案馆、广东省档案馆:《广东革命历史文件汇集》(1931年),编出时间为1982年12月,印刷时间为1984年5月,第68页。

② 广东省档案馆馆藏档案,档号200-1-0162。

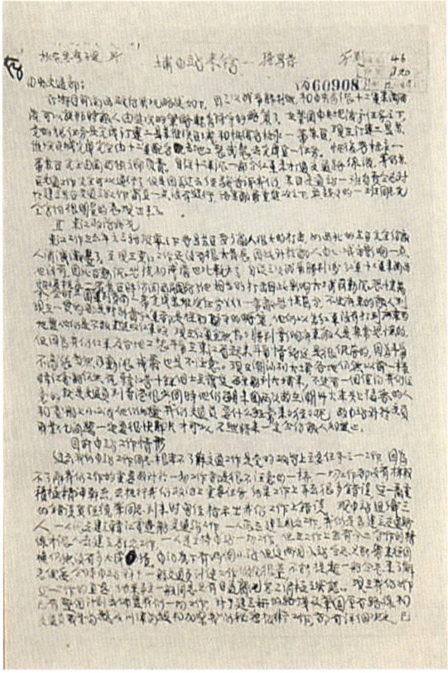

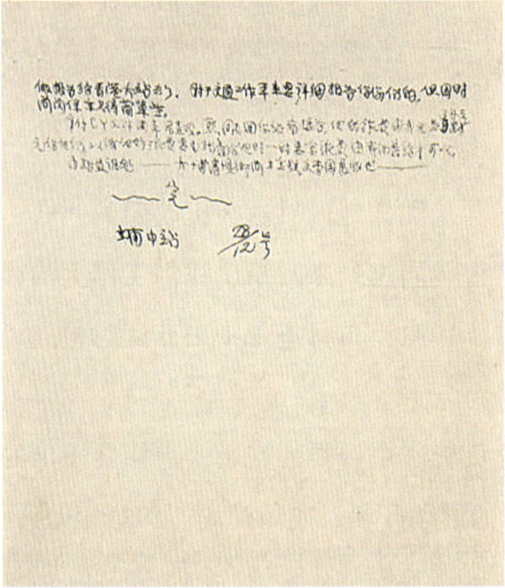

饶卫华和肖桂昌到青溪时，蔡雨青和爱人谢美莲已经在负责大埔中站的工作。而据卢伟良回忆他离开是1932年春天，接他站长职位的是杨雄，接着就是郑启彬。熊志华的回忆中，1932年冬他送无线电配件抵达时大埔中站站长是杨雄。那么，蔡雨青是何时担任大埔中站的站长呢？从这些时间节点推断，如果饶卫华记忆准确，该信函是蔡雨青所写。蔡雨青是大埔人，任埔北区委秘书，妻子谢美莲。在建立交通线以前，大埔县委派他们夫妇负责运营沟通广东省委与闽西特委的大埔交通站。① 蔡雨青参加红军长征，后失踪，应该是遇害了。无论如何，这份手写文献是一份珍贵的红色遗产。曾昌明是1933年6月后担任大埔中站站长。雷德兴是副站长。1934年红军长征，上级通知大埔中站留下三人在此留守，但传递消息时理解错了，全部人员均留守。

图21 1931年12月28日完成的《东江大埔中站致中央交通部信》，是一份珍贵的历史档案（原稿藏于中央档案馆，复印件藏于广东省档案馆）

---

① 中共梅州市委党史研究室：《中国共产党梅州地方史》第一卷（1919—1949），中共党史出版社，2011，第173页。

第三章　亲历者的记忆

第一节　经历者的回忆

亲历者的回忆，是最富真情实感和身临其境的讲解词，作者怀着崇敬的心情抄录如下：

1　杨尚昆同志的回忆：1933年1月

"我是1933年1月底春节期间到达江西瑞金的。当时，中华苏维埃共和国已经成立。到1934年10月，我随红军长征离开中央苏区，先后一年又八个月时间。

"1933年的1月2日（或3日）我奉命住进法租界的一个馆。不一会儿，来了两位交通员，接上关系后，他们打开小箱子，取出预先购买的衣服，让我改装。当晚他们陪我上船，开始了上海到瑞金的旅程。

"陪同我的交通员中，记得有一位名叫卢伟良，比我小十几岁，广东大埔人。大埔和叶帅（叶剑英）的家乡梅县毗邻。我换上了一身广东平民的短装，因为不会讲潮汕话，一路上只好闭口不说话。我们在十六铺码头登上从上海到香港的轮船，一上船，我就装成病号，闷声不响地坐在拥挤闷热的统舱（容纳许多乘客的大舱）里。到了汕头登岸后，在小旅馆睡了一晚。第二天，改坐小火车到潮州，乘韩江的小轮船北行，经大埔到三河坝。这时，小轮船照例要掉转船头，在靠岸的一侧铺上跳板，一时间上上下下，十分拥挤嘈杂。船上的一个茶房领着卢伟良和我，走到不靠码头的另一侧，有一只带篷的小木船正向轮船靠拢来。真是说时迟、那时快，这位茶房熟练地先将卢伟良两手一提，顺势放进小木船里,接着对我也如法炮制。小轮船的船舷离水面只有一米多高,我没有行李,卢伟良又在木船里接护着我,一瞬间,我们就悄悄地躲进船舱,拉上船篷。船工一撑篙,小木船飞速地到了江心。

"我从船篷的缝中朝码头上望去,只见码头上有许多待运的国民党士兵,这正是准备向中央苏区进行第四次'围剿'的部队。小木船行驶在韩江上,经常遇到运兵船。幸好,船工是本地人,他白天把小船停泊在河沟里隐蔽,晚上便撑着向北走。因为是本地人的船,人家不注意。

"三河坝以北是国共双方的交界区。当第四次反'围剿'战争开始时,闽西的主力红军和地方独立师被抽调到江西作战,国民党十九路军和粤军陈济棠乘机占领龙岩、上杭和永定的部分地区,闽西苏区的中心点白砂被迫撤离。闽粤赣省委(又称福建省委)代理书记罗明,正深入到敌后发动游击战争,以阻滞龙岩的敌人进占连城,保卫中央苏区。在国民党军队进攻下,这一带硝烟弥漫,许多村庄房屋被烧,白天荒无人烟,只有在天黑后,群众才悄悄地进村活

图22 红色交通线大埔交通站的运输工具(摄于大埔交通中站展厅)

动,天一亮又躲进山林隐蔽。

"我们在三河坝一登岸,先在拉锯区一个村子里躲了一天。第二天晚上,游击队护送我们穿过团防的哨所。我们趁着上弦月光,在茂密的松林里走了两个晚上。第三天太阳露头时,隐约听到远方传来的儿童团的歌声,我的'哑巴'时代终于结束了。过了一会儿,一位老太太提着篮子上山来,笑着对我们说:'没有什么优待你们,只有两个鸡蛋。'这是我第一次亲眼看到革命根据地民众与共产党和红军那种亲密的关系。老太太诚挚的感情,令我终生难忘。

"接着,我们又在苍松翠竹丛中走了三天,经上杭过汀州,快到达红都瑞金,这已是中央苏区的腹地了,路上就比较安全,有时还可以骑马走。

"在瑞金,我首先见到的是邓颖超同志,我从口袋里掏出一盒'美丽牌'香烟交给她,这是联络的'介绍信'。接着见到了刘少奇同志,他在中央苏区仍做工会工作,住在瑞金城里。我被分配到临时中央宣传部。临时中央机关设在瑞金下肖区观音山,办公和宿舍都在一个大祠堂里。祠堂前临池塘,水清见底,塘边种着垂柳。村子不大,松林掩映下住着二三十户人家,环境十分幽静。张闻天、罗迈(李维汉)和吴亮平等同志都住在这里。我到时,闻天同志正在做报告。毛主席、朱总司令和周恩来同志本来住在叶坪,宁都会议后,毛主席请病假在福建养病,朱、周和王稼祥在反'围剿'战争前线指挥作战,中央局只有弼时、项英、邓发和顾作霖等同志在。不久,博古、陈云也到了。李伯钊进苏区后,先在闽西苏区做宣传工作,1931年10月调到瑞金。我们的小家庭又团聚了。"

——摘引自2001年出版的《杨尚昆回忆录》[①]

2 聂荣臻同志的回忆:1931年12月

"1931年12月中旬,上海白色恐怖日趋严重,各根据地又迫切需要干部,

---

① 杨尚昆:《杨尚昆回忆录》,中央文献出版社,2001。

组织决定我继恩来、伯承、剑英同志之后迅速撤离上海，先转移到中央革命根据地去。到中央根据地，只不过是路过，目的是要到湘鄂赣根据地去，我是被分配到湘鄂赣根据地工作的。因为一个人去那里不容易，听说湘鄂赣有代表在中央根据地开会，我到了那里就可以随他们一起去目的地了。瑞华同志和孩子留在上海。

"组织上的决定是正确的。自从顾顺章叛变之后，上海形势已经大变，很多地下组织已经被敌人破坏了。像顾顺章这样曾在我中央特科搞了很久的人叛变，对我党保存在上海的核心力量来说，已构成很现实的威胁；而我又是和顾顺章打过长期交道的人，自然是及时撤离为好。何况根据地正在大发展，正缺人手去开展工作，我又是学军事的，根据地正是中国革命直接用武之地。因此，一经组织上通知，我即匆匆告别了留在上海坚持斗争的同志，告别了瑞华和正咿呀学语的女儿，踏上了去中央根据地的征途，相期于全国革命胜利之后再相见。

"我是和陈寿昌同志从上海结伴启程的。陈寿昌是个大革命时期就入党的好同志，他当时是中央特科专门负责安排交通的，后来1934年在湘鄂赣根据地任省委书记时，在作战中英勇牺牲了。我们先乘船到汕头，再奔潮州乘小汽船，沿韩江北上，在大埔起早，大体是从大埔经虎岗、永定、上杭县境，先到长汀，再转瑞金。这是1928年建立起来的一条非常秘密的交通路线，1930年归中央特科交通局直接领导。中央许多负责同志也都是经过这条交通线，被护送到中央根据地去的。中央根据地从上海、香港购买药品、无线电器材，也都是经过这条交通线。我们和秘密交通站接上头以后，一切行动都听向导的，不该问的，什么都不能问，他也不会告诉你。我们自己也尽可能不开口讲话，因为我们不会讲广东话和福建话，口音不对会引起别人怀疑。靠近城镇地区，你只是远远地跟在向导后边走就是了。他说白天走就白天走，他说晚上走就晚上走。这样走了四五天（每天只走三四十里），因为都在白区，要通过敌人的封锁线，又经常要赶到可靠的投宿点，有时不得不赶路，有时又不得不停下来等待时机。直到过永定，知道已经到了根据地边沿，才轻松一点，可以放心地赶路了。路上，我们都是穿长袍，装成老百姓的样子。每个人都准备了一套对付敌人盘查的说词。幸好许多难关都被我们闯过去了。

"整个旅途对我说来倒并不生疏，南昌起义部队南下时，我大体上就是从这条路上撤走的，现在不过是往回走罢了。这一带真是好地方，和上海亭子间相比，实在是换了天地，沁人肺腑。可惜这样好的地方，年年都有穷人被苛捐杂税逼得背井离乡，卖'猪仔'远走南洋，现在只有把希望寄托在红色区域了。"

——引自1984年出版的《聂荣臻回忆录》[①]

3　蔡树藩将军和吴亮平同志最早的秘密交通回忆：1930年、1932年

1939年美国记者尼姆·韦尔斯采访了蔡树藩将军，写了《西行访问记》，1952年再版，由美国加利福尼亚州斯坦福大学出版社出版，名字改为《红尘：中国共产党人自传》。在采访中，蔡树藩提到1930年参加第五届国际劳动大会后回国：

"到了上海，我在全国总工会的总部里工作了两个月。后来请求到江西去。我先到香港，然后到了汕头，于是开始步行到苏维埃区域去，这使我感到很大的困难，因为沿路多山，而我生平又没有多走山路。我向来是在工厂里挨挤之中工作的。有时候，我们在路上要经过一些土匪区域，但是这些土匪对我们都很好，给我们东西吃，还派人送我们。从我离开香港的时候起，约有一个月，我才到达福建苏区。"[②]

这里蔡树藩讲到土匪，估计是为了保护秘密交通的安全，同行的有叶剑英、陈友梅，他们是从澄海到饶平再到大埔。

[①] 聂荣臻：《聂荣臻回忆录》，解放军出版社，1984。
[②] 尼姆·韦尔斯：《西行访问记》，华侃译，上海译社独立出版公司，1939，第300–301页。

吴亮平同志在《吴亮平传》中被称为"宣传工作的负责人",他在接受采访时说:"在1932年,我通过一条秘密通道去了瑞金,首先在红军学校做政治工作,然后成为瑞金中央政府的经济部长。大约两年后,开始了长征。长征途中我在红军政治部工作,并在一、三军团工作过。当我随从毛泽东到达陕北后,我被指定为中央宣传部负责人。"①

4 李一氓的回忆:1932年9月

"我们从上海坐船到汕头,分头上船,装作不认识,约定在汕头下船后,我就主动跟上他,他到哪里,我去哪里。汕头不停,立刻上开往潮州的小电船,他预先给了我一张船票。最值得回忆的是到潮州下船的情景。当时已近黄昏,汕头小电船一停,就有一个妇女撑一只小木船向电船舷一靠,曾昌明立刻跳上小木船,我也不管三七二十一,跟着跳上小木船,三人更不搭话。那妇女立刻把木船撑离电船,向韩江上游摇去。"②

——引自1993年出版的《李一氓回忆录》

5 萧劲光的回忆:1930年12月

"1930年12月,我和李卓然同志一起乘船离开了上海。临行前,军委负责人周恩来同志用密写药水在一条手帕上为我们写了介绍信,由卓然同志带在身上。由于国民党反动派十分猖狂,党在白区的组织不少遭到破坏,我们的一举一动必须十分谨慎。离开上海时,我化装成商人,李卓然同志化装成教师,经过数十个小时的海上生活,来到香港。香港是英国的租界地,虽然也危险,但由于它的自由港的地位,过往的各国人众多,客观上比较好隐蔽。我俩与交通员接上头,住在一家旅馆里,等待组织上安排去汕头。

---

① 雍桂良:《吴亮平传》,中央文献出版社,2009,第340-341页。
② 李一氓:《李一氓回忆录》,人民出版社,1993,第133页。

"一天，我俩在街上走，看到一个小书摊上摆着一本翻译成中文的苏联政治经济学，就买了下来。因为我们从苏联回国的时候，为了躲避层层哨卡，基本上什么书都没有带回来。看到合适的书，就想买一点，准备日后工作之用。不料在过卡子时，不知为什么，英国巡捕把我们扣下了。当时这本书还在我手中拿着，扮作教师的李卓然同志马上很机警地把它拿了过去。因为我是扮作商人的，这本书我拿着显然不合适。过了一会，巡捕来搜查我们。先搜了我的身，什么也没有搜到，接着盘问我是干什么的，我说是做大米生意的。在搜查我的时候，我看到李卓然同志从容不迫地拿出那条写有介绍信的白手帕，使劲擤了一下鼻涕。卓然同志有鼻窦炎，这件事办得既自然又贴切。当英国巡捕搜他的身时，看到这个沾着鼻涕的脏手帕，厌恶地把它扔在地上，结果自然也是什么也没搜出来，就挥手让我们走。这时，卓然同志很坦然自若地把手帕捡起来放进口袋里走了。李卓然同志表现得是那样的机警、富有白区工作经验，给我留下了很深的印象。

"这次遇险以后，我们的行动更加谨慎了。过了几天，党的交通员送我们从香港到了汕头，沿党的地下秘密交通线，经大埔进入闽西苏区。我留在了闽西，李卓然同志稍事休息后，又继续奔赴赣南中央苏区。"

——引自1987年出版的《萧劲光回忆录》[①]

6　伍修权的回忆

伍修权从苏联回上海后，党中央分配他到中央苏区工作。他在回顾与郑重走这段路途的经历时，写得十分详尽：

"我们从香港乘船到汕头，改乘潮汕铁路的火车（到潮州后乘船），到达它的终点大埔……在大埔下船后，我还靠着'沉着'二字，应付了国民党警察的反复检查，我一面从容大方地同那些家伙交谈，一面暗中看着他把有暗记的

[①]　萧劲光：《萧劲光回忆录》，解放军出版社，1987。

手帕扔到一边，翻查别的东西，当然是什么也发现不了的。这一关也就顺利通过了。

"我们就在交通员的带领下连夜上了路。……翻过了一山又一山……山林间无数的鸣禽飞鸟，伴着我们迎来了黎明。……现在我们正处于苏区和白区的交界地带，因为这里是敌我对峙、互相出没的地方，我们必须迅速通过。为了避开国民党军队和地方保卫团的明堡暗哨，又得离开大道，专找人迹罕见的山间小径走。从昨夜起，我们已经一步不停地连续跋涉了十几个小时，腿脚越来越沉重了，胳膊都摆酸了，汗水把眼睛渍得火辣辣地疼，连几斤重的小包裹也似乎成了千钧重负。但是我们的脚步不肯怠慢，两眼不断地注视着四方，耳朵也无时不在倾听任何可疑的声响。谁知道这里有没有敌人的巡逻队或潜伏哨呢？

"又走了一大段，路过一个深山中的小村，向老乡买了些粗糙点心和茶水，急吃猛喝了，又继续赶路。小憩了几次，到红日西斜时，我们翻上了一座山头，终于迈进了中央苏区的大门——虎岗。"

——引自1991年出版的《回忆与怀念》[①]

7 林伯渠的回忆：1933年3月

1941年在延安，林伯渠在自传中谈到1932年下半年从苏联回到上海后进入中央苏区：

"1928年秋天我进了共产主义大学。在学校里过了一年多的生活，又到工厂农场去参观了三个月光景，就到了1930年的夏天。这时候，因中东路事件后感到远东中国工人的组织教育工作做得不够，打算在远东办一个中国的党校，我被派去当教员，教了一年多的书，自己急于回国，因而借着到南俄去养病的机会，回到莫斯科去与共产国际中国共产党代表团商量回国的事情。经过批准

[①] 伍修权：《回忆与怀念》，中共中央党校出版社，1991。

后我又回到远东去,从海参崴搭舰回沪。这时已经是1932年下半年。

"在上海只逗留了一个短时期,我便于1933年3月进到中央苏区去。路线是由汕头经过大埔至苏区的边境,因为封锁很严,在晚间偷渡时曾被搜山的击伤了手。到了瑞金后,我担任的工作是中华苏维埃中央政府国民经济部长,后任财政部部长,一直到1934年10月随军长征,出发时又调任没委会(即没收征发委员会)主任及总供给部长。

"1935年冬天红军到陕北后,先抵吴起镇,继到瓦窑堡,后来中华苏维埃共和国西北办事处成立,我当财政部部长。1936年冬至1937年春曾任办事处主席,特区政府时也担任主席之职,抗战后担任大后方统一战线工作,并任陕甘宁边区政府主席。"①

林伯渠同志是于1928年8月16日进入莫斯科中山大学读特别班的。他穿越闽粤边境时,是颇为艰难的,在自述中他自己没有描述太多,负责护送的卓雄同志的回忆可以作为补充:

"林伯渠是1933年到中央苏区。我们在茶阳接他,他个子高,戴眼镜,穿长袍大褂,五十岁左右。当时我们感到难办的是他不习惯赤脚爬山。穿的城里人用的胶鞋或皮鞋,容易留下脚印被敌人发现。怎么办呢?我们脱下自己的衣服撕成块把林伯渠同志的脚包裹起来,让他走路,爬沟走坡,林老吃了很大的苦,弄得脚破血流,忍饥受渴。到了才溪就比较好,我们给林老找了双合适的鞋子穿,顺利地到瑞金。"②

8 戚元德的回忆

"1930年我和德峰同志在上海中央军委工作时,德峰同志担任中央交通局局长(第三国际中国交通局局长),我坐机关负责机要工作,我们住在林德路

---

① 林伯渠:《林伯渠日记》,湖南省档案馆校注,湖南人民出版社,1984,第199页。
② 中共广东省委党史研究室、中共汕头市委党史研究室:《红色交通线》,广东省连续性内部资料出版物,2009,第220页。

的一间厢房里。

"那时，中央军委的重要会议常在'我家'召开。记得有一次开会，由恩来同志主持，刘伯承、孔原等同志都来了，还有二十多位领导人也参加了，他们个个装出在交易所里算账的模样。会议开了整整一天，满屋的香烟味呛得人难受，也不敢开窗。我带着我们的两个儿子爱生、钟生在后屋放哨、做饭。

"我在交通员的帮助下，长途跋涉，跋山涉水，不知过了多少道封锁线。全国到处都是革命志士的鲜血和躯体，等我们步行到汕头附近的交通站时，我的白鞋已经被血染成了暗红色，那是因为每夜几乎都在死人堆里爬行啊！这双鞋象征着革命道路的艰难曲折！从汕头到大埔，翻山越岭到了汀州附近的边界，又一站一站步行，闯过敌人的重重封锁，到了汀州，见到了李克农同志、邓发夫妇，他们送我到了瑞金。在瑞金我第一次见到了毛主席。那天我的心情无比激动，主席亲切地问长问短，鼓励我说：'你在白区出色地完成了党的任务！现在是红军女战士了，又有新的任务等着你哩！'"

——引自1984年出版的《女战士的足迹》[1]

9 程子华的回忆：1931年初

"1931年初，我由交通员带路，从上海出发，经汕头、潮州、大埔、闽西根据地，约在4月到达江西东固红军总部，被分配到红三十五军任团长。"

——引自1987年出版的《程子华回忆录》[2]

10 成仿吾的回忆：1977年的采访

"到了上海，我没有办法找到党中央，原来我们是有接头地点的；但是有规定，这种接头的地点如果半年不用，就不可再用了，因为靠不住。而我们已

---

[1] 阮波：《女战士的足迹》，中国青年出版社，1984。
[2] 程子华：《程子华回忆录》，解放军出版社，1987，第49页。

经一年多没有去接过头了,因此更不能去。我在上海也不能随便找人,只好在马路上跟熟人谈谈话,约在大世界的门口见面。谈谈话就分开,也不能告诉他我住在哪里和来上海办什么事。后来我看报纸上国民党在骂鲁迅是'准共产党',因此我想应该去找鲁迅帮助接上关系。于是,我去内山书店找内山完造。他见到我,吓了一大跳。因为国民党在小报上讲我已经死了。我告诉他,我在湖南家乡住了几年,最近病得厉害(我当时正生病,脸色很难看),来上海看病的,慢慢我就问起鲁迅先生。我问,他还在上海吗?内山说,在上海。我说,能见面吗?内山说,当然能见面。我就请内山转告鲁迅先生,说我要和他见面。第二天,我又到内山书店,内山老板告诉我,鲁迅要我在某日下午于白俄咖啡店见面。我按时到了咖啡店,鲁迅先生已经在那里喝咖啡了,见到我,很高兴,我问鲁迅先生:你能否给我找个共产党的朋友?他说,你来得正好,过几天就没有了。于是我把我住的地址,以及接头暗号都告诉了鲁迅先生,鲁迅咖啡也不喝就走了,我也走了。找到鲁迅已经是我到上海一个月以后的事情了。第二天就有人来找我了。他是中央局的组织干事高文华('文革'前的水电部党组书记),我们对上接头暗号后,我就把介绍信给他。第二天他又来找我,并要我搬到法租界的一个亭子间和一个党内专跑印刷所的交通住一起,我和党的关系就这样通过鲁迅先生接上了。十二月,中央向上海发来了电报,要我马上到瑞金去,于是我就从上海经过汕头到瑞金去了。"

——引自2011年出版的《成仿吾研究资料》①

鲁迅找的朋友就是瞿秋白,他再过几天就要出发到中央苏区。瞿秋白通知了黄玠然,高文华是黄玠然派去接头的,由陈刚同志护送成仿吾通过红色交通线进入中央苏区。

---

① 复旦大学《鲁迅日记》注释组:《访问成仿吾同志》,载《中国文学史资料全编(现代卷)63:成仿吾研究资料》(史若平编),知识产权出版社,2011。

第二节　秘密交通员的回忆

交通员李培南回忆："1921年到1932年期间，有不少同志从苏联回来，印象较深的是张闻天同志。大概是1931年初，当时天气还很冷，我到宾馆和张闻天同志接上了头。接头后，他将真实姓名告诉我（当时在旅馆只能用假名，但接头后，每个同志都必须将真实姓名告知，以便转告中央）。我一听'张闻天'这三个字，觉得很熟悉，因为我在师范读书时就读过他的小说《旅途》。当时，张闻天同志把羽纱衣衫套在长袍外面，脚穿胶鞋，在那样的冷天里，很不合时宜，容易引起特务注意，我和他接上头后，就给他钱买衣服和鞋袜，并把关系转给中央。"①

从莫斯科回来的同志，在上海街头与一出租小人书书摊的朱姓地下工作者接上头，告知其所住旅馆，该地下工作者再告知李培南同志，李培南同志接力到旅馆找人，将具体情况告知中共组织部，组织部再接着安排领导，中央交通局安排具体工作的领导是吴德峰同志。

李沛群在文章中写道："我于1930年冬接到进入苏区的通知，当时我是广东省委组织部发行分配科科长，因原交通科的肖桂昌参加中央组织部办的训练班学习后没有回来，所以我兼管交通科的工作。""李富春指示我离开香港往上海，到中央交通局报到，时间是1931年3月下旬。我到了上海后，交通局局长吴德峰召集我和卢伟良，还有交通局人员肖桂昌、饶君强（饶卫华）、潘云波（先甲）等同志开一个交任务的会议，内容是根据中央指示，要求做好护送干部来往，保证交通线的安全和畅通。决定我担任闽西交通大站主任，卢伟良负责大埔青溪中站的工作。会后，我们从上海搭船到汕头，经大埔青溪，转入闽西苏区，同行的有贺诚、梁广、卢伟良等四人。"②李沛群留在闽西特委，当时特委所在地是虎岗。李沛群为饶平县海山镇隆西村人，13岁到广州打工，1926

---

① 中共湖北省委党史研究室：《吴德峰传》，中共党史出版社，2018，第48–49页。
② 《福建党史》月刊，2008年第4期。

年1月加入中国共产党，参加广州起义时任广州工人赤卫队第二联队第六大队的党代表。第二联队是由手车、铜铁、酒业等行会工人组成；第六大队多为潮汕籍的手车夫，聚集地点多在车夫馆，起义当天带着车夫们攻入永汉路的"永汉分局"和永汉南路的"保商卫旅团"。①

曾任大埔青溪中站站长的卢伟良同志在纪念邓发的文章中写道："1930年夏秋之间，广东省委派我到闽西龙岩县城了解闽西的情况。不久，我带着闽西特委书记郭滴人专门写的闽西情况报告和十多斤黄金回香港，省委交通站的同志带我到九龙一干部家中。在那里，我见到了罗登贤、李富春、邓发等同志。这是我第一次见到邓发。"②卢伟良于1910年8月出生于梅县，曾就读梅县东山中学。1928年，卢伟良加入中国共产党，担任过共青团梅县县委书记、共青团东江特委常委、中共广东省委交通员。任中央交通局大埔交通中站站长时，中共中央多位领导人由他亲自护送，参加红军长征。1939年4月，卢伟良从东南局交通站站长岗位调回广东，接替周伯明任新编大队政训员，与曾生同志合作，对广东抗日斗争做出一定贡献，中华人民共和国成立后曾任兴梅地区行政公署专员。反右斗争时被错误划为"右派"，1979年改正后任广东省检察院副检察长，于1988年5月25日逝世。

卓雄同志回忆："1933年秋我在中央苏区任国家保卫局执行部执行科长……接李德进苏区，这已经是我们执行迎接和护送任务的第四或第五批人来。每到地点，让交通站送饭给我们吃。吃的都是红米、红薯、南瓜、苦菜。为了保密，又不好说要送多少人的饭。为了避免暴露目标，又往往从沟底顺着山沟向上爬。异常吃力，经过的地方又要当心不能将杂草踩倒。"③卓雄同志为江苏泰和县人，中华人民共和国成立后，曾任地质部副部长。

---

① 李沛群：《手车工人的怒吼》，载《广州起义（资料选辑）》（中央档案馆编），中共中央党校出版社，1982，第531页。
② 《邓发纪念文集》编辑部：《邓发纪念文集》，中共党史出版社，2002，第149页。
③ 卓雄：《李德进苏区实况》，载《党史通讯》1985年第5期。

卓雄回忆当年奉命到大埔接博古和陈云到永定境内时遇到的极端危险的情况，说："这一带与苏区对峙的地方，驻扎着国民党的陈济棠的大部队。他们封锁了苏区，将部队布满了闽、粤、赣三省交界的大小道路、城镇和村庄，并经常出来活动！""敌军1000多人包围了永定县境内我们住宿的地方，而我们这支小小的秘密武装队伍才十来个人，都是青少年……敌人开始搜剿，一面吆喝着，一面放着枪，眼看着快要到这位中央领导人隐蔽的小煤窑了。我马上带两个队员绕到西面山上去，连续打枪，将敌人引到西山去，加上那时天降大雪，终于脱离了险境。""走这段路除了敌人的封锁以外，还有老虎拦路，长蛇咬人，我们就有几个同志被蛇咬伤的。"

熊志华关于运送电台零配件往中央苏区过程中在汕头化险为夷的回忆："一路总算平安，到汕头上码头时敌人也没搜查出什么东西。我在汕头升平路南京旅馆住了下来，准备第二天一早就坐火车赶往潮州去。晚饭前，我在上街转了一圈，观察地形和周围的情况有没有变化，并买了一只当地的特产竹枕头，便回到旅馆，等候与这里党组织派来接应的老陈同志见面。可是，晚饭后他却一直没有来，而街头巷口突然布满了军警特务，宣布戒严了。旅馆的伙计小王告诉我，今天汕头仿佛要发生什么大事似的。回到房间后，我考虑了一下，觉得电台零件放在饼干瓶里经不起敌人的仔细检查，便迅速取了出来，放进了刚买来的竹枕头里，枕头就放在床上，外来人还以为是旅馆里给客人睡觉用的呢。"

熊志华居住的升平路旅馆与汕头热闹的安平路小公园相邻，竹枕头确实是潮汕地区广泛使用的枕头。熊志华的反应迅速而具有智慧，应付了晚上军警两次突然入房检查，后顺利安全地抵达青溪，从交通站拿上驳壳枪，与丘寿科、雷德兴等一起上路，在桃坑碰上了国民党军队。他和丘寿科与敌血战，为保护电台的零配件，掩护战友，血洒桃坑红色交通线上。[1]

---

[1] 中共广东省委党史研究室、中共汕头市委党史研究室：《红色交通线》，广东省连续性内部资料出版物，2009，第199页。

第三节　周恩来、任弼时和陈云等中共领导人进入粤东和闽西的时间和线路回忆

1　中共中央文献研究室编《任弼时年谱》中的红色交通线

1931年3月4日　中共中央政治局常委会会议决定，由任弼时、王稼祥、顾作霖三人组成的中央代表团须立即动身赴苏区，任弼时"五日内必走"。陈琮英因即将分娩，暂留上海。任弼时离沪不久，12日，陈琮英生女儿远志。

3月15日　离开上海后，率中央代表团按中央特科交通局安排的路线，坐邮轮经香港转汕头，再奔潮州，沿韩江乘内河轮北上。本日，到达中共闽粤特委和闽西苏维埃政府所在地永定县的虎岗。此时，受周恩来指派前往江西苏区调查的中央军委秘书长欧阳钦，也绕道香港先期到达虎岗。

2　中共中央文献研究室编《陈云年谱》中的红色交通线

1933年1月13日　中共临时中央政治局决定，博古、陈云去中央苏区；康生去莫斯科；李竹生仍留上海代表中央指导国民党统治区域内党的工作。

1月17日　同博古由上海出发，在中央特科的安排和护送下，乘船绕道香港，前往广东汕头。

1月18日　同博古抵达汕头，与中央特科汕头交通站负责人陈彭年接上关系，在汕头住了一天。次日，坐火车到潮安，换乘火轮，沿江北上，到了茶阳下船，然后坐小船到大埔的青溪上岸，与中央苏区专程来接他们的卓雄及其领导的武装交通队会合。

1月下旬　同博古在卓雄率领的武装交通队护送下，由大埔向北进入国民党控制的粤东北山区。为安全起见，博古、陈云一行白天隐蔽，晚上在当地交通员引导下走荒无人烟的山路。到达粤闽交界的永定县境内，遇上国民党军队搜山，博古、陈云被安排在一个废弃的煤窑躲避，由武装交通队将敌人引开。后由永定继续向西北方向走，至上杭的才溪乡，始进入中央苏区，受到罗明、谭

震林的迎接。在确认进入中央苏区后,陈云躺在地上朝天大喊三声"中国共产党万岁!"卓雄的文章中写的是抵达闽西时,陈云同志说:"到家了!"

通过交通线粤东段的经历惊心动魄,《传奇陈云》写道:

> 1933年1月7日,陈云同博古从上海出发进入闽西,他们走的也是粤东段,在大埔穿越闽粤边界时,遇上国民党军队的清剿,近千名敌军包围过来,护送保卫的卓雄带着数名武装人员到对面山头开枪引开敌人,陈云和博古幸运化险为夷进入闽西。①
>
> 1935年1月召开遵义会议,5月中共中央派陈云同志秘密进入上海,寻找共产国际驻上海代表,上海党组织已经受到破坏。8月,陈云同曾山、杨之华、陈潭秋和方一生等出发赴莫斯科直接向共产国际汇报,方一生是秦邦礼在苏联的化名。②

博古夫人刘群先是晚一些进入中央苏区的,她接受斯诺夫人韦尔斯采访时,回忆进入中央苏区的情形自述道:

> 1933年,因为上海的情形非常恶劣,我几乎要离家一步都不可能,乃不得已动身来苏区。我经由汕头,进入福建苏区,然后再到江西。由福建进入江西苏区的路非常难行和危险,而在我之后也沿这条路入苏区的,是德国同志李德。不久之后,有许多党员就被土匪绑架去。当时,我只带几个随身卫士。到了安然进入苏区,我的兴奋和快乐是无法形容的。
>
> ——引自尼姆·韦尔斯《续西行漫记》

---

① 余玮:《传奇陈云》,人民日报出版社,2016,第36页。
② 吴学先:《方一生:一个化名揭示的史实》,载《红岩春秋》2021年第1期。

3 交通员对周恩来等中共中央领导通过红色交通线的回忆

根据李沛群回忆,他在与肖桂昌回永定的路上交谈得知,周恩来同志是1931年12月21日或22日到达汀州。省港大罢工时期在香港担任中国共产党香港支部书记、广州起义三人领导小组之一的黄平回忆,周恩来同志是1931年11月离开上海,当时住在上海海宁路与山西路转角处的一家小店楼上仅10平方米的小房间里。"恩来离沪那天,我是晚上八时许到他家的。当时他穿着襟蓝哔叽中式短上衣和一条蓝哔叽中式裤子。这是广东熟练工人的打扮。房子昏暗,我看不见他穿的是什么鞋。他叫我去买顶便帽。我到附近的北四川路上找了一顶蓝色便帽,他戴上觉得合适。化装就绪,他拿了一只小提箱,我们两人就一起下楼,雇了两辆人力车就动身了。为避免引人注意,邓颖超也未下楼送行。到了十六铺,我们立即就上了一艘太古洋行的轮船,经过香港或直至汕头,我不能确定,但绝不会冒被捕的危险,在香港上岸。在统舱里找到绰号'小广东'的交通员,恩来认识他。我把恩来交给'小广东',就告别下船。"①

李沛群回忆:"当周恩来同志从汕头乘潮汕铁路火车抵达潮安后,搭上下午2时开往大埔的电船,他们买的是电船尾的小厢房票;到了大埔县城,转乘开往虎头沙的小电船,在途经青溪时上岸,到青溪交通中站,星夜赶到离虎头沙5公里的多宝坑交通小站去休息。这样他们绕过了民团力量较强的虎头沙,继续向前。后来他们又趁夜爬山越岭,经洋门、党坪到铁坑小站,白天睡在老百姓家的谷仓内,天黑后由小站派出可靠的向导和交通站的驳壳枪队护送过伯公㘭,经过那里的一座山就是广东、福建的交界了。"

李沛群回忆:"周恩来到达汀州的时间是下午。当晚他和罗明(代理省委书记)、李明光(组织部部长)、郭滴人(宣传部部长)开了碰头会,第二天上午召开省委常委扩大会议,张鼎丞(闽西苏维埃政府主席)、李六如(闽西苏维埃政府秘书长)均参加了。第二天晚上,召开机关工作人员大会,请周恩

---

① 黄平:《往事回忆》,人民出版社,1981,第78-80页。

图23　多宝坑小站（广东省核工业地质局二九二地质大队提供）

来作报告，到会的人很多，罗明要我主持会议。周恩来的讲话内容主要有国际形势、国内形势、白区的斗争情况、苏区的任务和我们的斗争策略……会议从下午5时多的晚饭后，快到凌晨3点，共9个多小时。"

会后的第二天，周恩来要求李沛群不再担任秘书工作，继续重回交通大站，并把大站搬到永定接近边界，决定对外则用"工农通讯社"。五天后李沛群和肖桂昌同行回永定继续交通大站的工作。①

邓颖超同志没有与周恩来同志同行，稍晚再与项英妹妹夫妇同行进入中央苏区，在出发前发出的一封信"致苏才"，时间是1932年3月19日。"江南春好，你最好还是和家人商议南来罢！尤其是到乡间去，于你的身体精神尤合宜。我的他已经回乡了，我因为留此好读点书，哪知天不能如人之愿，等到今

---

① 李沛群：《接周恩来进入闽西苏区》，载《福建党史》2008年第4期。

天，因为经济问题无法，只好作罢，正预备着改途了！"①"我的他"就指周恩来同志，信中还提到"芬妹"和"生哥"，是指项英的妹妹和妹夫，他们陪同邓颖超在4月进入中央苏区。

---

① 中共中央文献研究室第二编研部：《邓颖超书信选集》，中央文献出版社，2000，第1-2页。

第四章 红色交通线的重要组成部分：港口城市客运、韩江航业和潮汕铁路

第一节 上海、香港、汕头港口

1 上海港口与十六铺码头

上海"十六铺"是红色交通线的起点，秘密交通经历回忆文章和书籍对它或多或少都有提及。红色交通线的决策地点是中共中央临时机关——天蟾剧场后的秘密机关。交通员和被护送者在上海出发的动身起点是十六铺码头，《王稼祥传》中写道："3月7日晚，王稼祥同任弼时、顾作霖一起，装扮成牧师，携带简单行李，到上海十六铺码头，乘坐由上海驶往香港的'麦迪逊'总统号远洋邮轮，沿着中央苏区秘密交通线，到达闽西革命根据地。"1923年2月，孙中山从上海到香港，在上海十六铺码头乘坐的也是"麦迪逊"总统号，抵达香港的卜力码头，也就是皇家码头。黄平回忆周恩来起程也是到了十六铺码头上船，所乘的是货客混运的一般轮船。从上海出发到香港，有时经停厦门等港口。

上海"十六铺"在清同治年间开始建设，因为南北航线受中国造船技术等因素的限制，只能选择在上海东门外交会转运，各路商户携重资到了"十六铺"一带开店设庄。清代海鲜、海沙是主要的资源，早期沿岸设有海味商铺，上海、崇明、南通等沙船商合建"商船会馆"，因供奉妈祖，故也被称为"天后宫"。华人最大的码头是"金利源"，其起源是漳州人郭振斋来到上海从事沙船运输，1762年建简易码头经营南北海运。沙船航运成为上海港早期发端的动力。现在的上海外滩还留着当年沙船业主的行号的印记，如利川码头街、赖义码头街、公义码头街、丰记码头街等街道名。①第二次鸦片战争后，洋人、洋行进入，码头的利润丰厚，洋行太古、怡和等设立专用码头；1862年，美国旗昌轮船公司租地开始建设码头，紧挨"金利源"，后来两家合并，成为真正意义上的轮船码头。1872年，中国轮船招商局成立，分期收购了一些码头，纳入招商局，1877年收购旗昌轮船码头，又将华商金姓四个码头收购合并，也称为招商局南栈、招商局第三码头。1877年，招商局还收购了旗昌轮船公司全部物业。

　　清朝时期，上海区的划分使用过"铺"的概念，出东门，至黄浦，北起小东门大街，南到董家渡大街均为"十六铺"范围。在清朝上海共有26个铺，后

图24　根据历史照片绘制的中共中央临时机关上海秘密办公点（作者速写）

---

①　松浦章：《清代上海沙船航运业史研究》，杨蕾、王亦铮、董科译，江苏人民出版社，2012，第466页。

图25 根据历史照片绘制的上海十六铺码头的太古码头,红色交通线起点(作者速写)

来唯一保留名字的就是十六铺。十六铺地近南城隍庙,是上海的水上门户,这里是杜月笙刚到上海的发达之地,他在此靠买卖水果为生。十六铺迅速成为上海经济活动最活跃的街区,港口是中国乃至东南亚最大的海运中心。

1860年,英国蓝烟囱轮船公司(The Blue Funnel Line)的轮船抵上海,法国邮轮公司的轮船开始来华。1862年,美商开办旗昌轮船公司。1865年,英美商人合资创办省港澳轮船公司。1867年,太古洋行开办中国航业公司,设立总部于上海,1870年将总部迁移至香港,1872年,成立太古轮船公司。1877年,怡和洋行经营印度中国航业公司。英法美外轮公司在丧权辱国的《天津条约》《北京条约》之后迅速获得利益,日本紧跟其后建立航运公司瓜分占领中国航运业市场。上海港、香港港和汕头港的历史与第二次鸦片战争的战争史有关。

图26　1913年商务印书馆实测上海城乡租界地图中标注的浦江两岸三处太古码头

第一次世界大战后,德国和奥地利的轮船在华业务停运。①现在上海外滩28号的怡泰大楼,就是第一次世界大战后,原土地的业主德国禅臣洋行撤出,英国怡泰公司买下该处物业重建,于1922年落成的。怡泰公司是当时上海外轮公司最大的代理商行,怡泰大楼成为航运贸易的标志性建筑。

招商局以上海为中心,迅速成长,成为与太古、怡和抗衡的中国力量。1872年沪汕线航线,是招商局开创的从上海到汕头的中国商轮第一条沿海航线,配备的船只为"伊敦号",为中国航运史上的首航。②

香港与上海来往海轮,分一般轮船和大轮船。一般轮船班次以招商局轮船公司来往香港与上海之间的班次最多,每月八班。太古轮船公司次之,每星期

---

① (民国)交通、铁道部交通史编纂委员会:《交通史航政编》,交通、铁道部交通史编纂委员会,1931,第2页。
② 胡政:《招商局与上海》,上海社会科学院出版社,2007,第32页。

一班,星期日往上海。印华轮船公司每月两班,铁华轮船公司每月三班。行走上海与香港间的大轮船公司有:大来轮船公司、昌兴轮船公司、法兰西火轮公司、意大利邮船公司、渣华轮船公司、蓝烟囱(太古)公司、北德轮船公司和亨宝轮船公司,以上大轮船公司每星期混合开行两班次到四班次。

1930年上海航业公会创刊发行了《航业月刊》,该刊以关瑞

图27 停靠在法租界外滩太古码头的"Ngankin(安庆)"轮船,背景右侧这栋就是太古洋行办公大楼

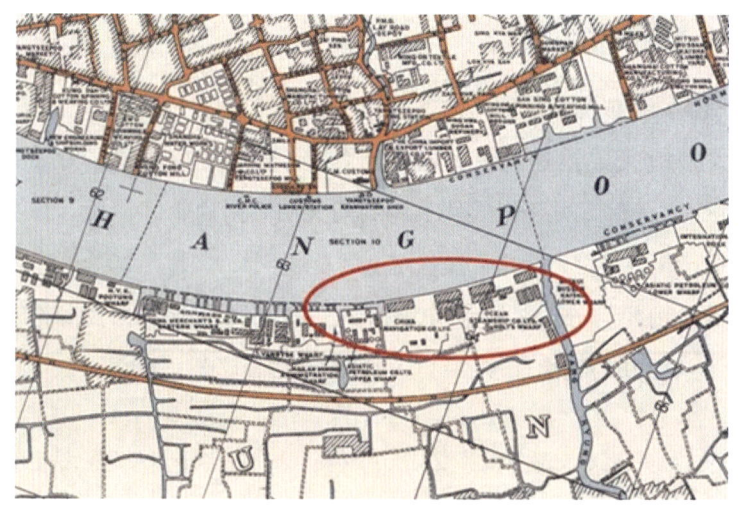

图28 1935年英文版上海地图中标注的太古"蓝烟囱"码头

麟为主编。《航业月刊》第一卷第二期报道:"昌兴轮船公司定制了的'日本皇后号'轮船在英国制造,8月7日第一次开班,9号到沪。继续航行到神户、横滨,再到加拿大维多利亚和温哥华。该轮为三万九千吨之排水量,长六百十六尺,高五十六尺。甲板八层,将为太平洋上最大最速之轮船。"

这则消息给出了对红色交通线研究有用的两点信息,一是最快的轮船从上海到香港需要两天,二是在红色交通线护送乘坐的客轮,有的在到达香港后继续远行,香港仅是中途站。另外无论是上海至香港,还是香港至汕头,轮船的班次比较多,这对秘密交通护送是非常有利的。

20世纪30年代舒新城任中华书局代总经理兼国立暨南大学教授,共有六次从上海乘轮船到香港的经历,因为舒先生有写日记的习惯,对船上记录颇为详尽,虽年代晚三四年,但可以作为参考,了解上海至香港的轮船上的生活。

1938年2月,舒新城在日记中写道:

二月九日　星期三

下午二时赴新关码头小轮,二时半开,十五分钟即到旗昌码头,上加拿大皇后号大船,赴港之人甚多,直至四时,小轮方起碇返新关,本轮于四时开行。——船上布告:下午二时一刻在走廊教救生带用法。此事至简单,房间已悬有极详细之说明,但照例教到,足见其办事之认真。午晚餐及下午茶点均有音乐。四时致书一函,详告以船中生活情形,并谓享用超过生活标准,中国伺者不能讲国语,在中国海乘外国船,生活严格外国化,颇不适。即使将来有钱能使我俩同去欧洲亦不愿为之。四时半茶点听乐师奏《月光曲》,感触颇深,五时又致书一函,告以听音乐时之种种幻想。夜九时在大客厅映有声电影,十一时半毕。

二月十五日　星期五　阴雨

船上布告,赴马尼拉之乘客人欲在香港上岸者须有英国医生之打防疫针之证明书。并在早餐桌上每人发通告一纸，告以关于香港之种种手续，但此系针对中国以外之人之说话。以国人赴港无须护照也。昨晚将窗留一缝，室内温度仍有七十四度，虽较前夜稍低，但仍不能安睡。当系日间疲劳过度所致。

  船于三时即入口，两岸均红石小山，水口甚窄，不过百数十丈；左为香港，右为九龙，岸上房均为平顶式。三时三刻抵九龙之尖沙咀码头；四时，周开甲君同邓宝麟君来接，行李由郑着人送分厂，并由彼代觅旅店。周与我乘七路公共汽车（此间少人力车），循弥敦道直趋伯鸿寓所。八时半由开甲同至弥敦道弥敦大酒店三百二十六号：室宽八尺，长十三尺，一床、一椅、一沙发、一浣洗台、一小衣柜，日取三元二角。电梯司机及房内伺者均为女子，着短旗袍，其中亦由有能沪语及国语者，语言间尚无大困难，九时郑健卢来访，因过倦，谈未几即去。①

舒先生六次从上海航行抵港，还乘坐过德国北德轮船公司"普士丹号"、意大利邮船公司的"Conte Biancomano号"轮船、"格兰总统号"和荷兰皇家公司的"得基宝号"，日记均记载着乘坐不同国家轮船不一样的感受。

2　香港港口和尖沙咀码头

最早来往港澳的香港轮船是"皇后号"，1852年起成为往来两地的轮渡。省港澳轮船公司于1865年成立，由香港和澳门英美商人共同成立，航行经营范围扩大到广州、香港、澳门三地，并在香港干诺道中建设码头。来往广州与香港之间的轮船有"泰山号""龙山号""佛山号"，来往港澳的轮船有"瑞安号""瑞泰号"。港岛的干诺道是填海而成，1901年落成的雪厂街码头，后来改为天星码头，同时落成的还有美利道的美利码头、皇后码头和城厘码头。

1904年建成永乐街口码头，又称为三角码头，是省港澳轮船公司的轮船码

---

① 舒新城：《香港六度行》，中华书局（香港）有限公司，2017，第47页。

头，1908年又增建了林士街与文华里对开的省港澳码头。1907年，太古洋行在尖沙咀建蓝烟囱码头和货仓，怡和、招商局均建货仓兼附属码头，范围自坚尼地城起，在上环迄至湾仔的海旁建成。①

1905年香港横渡维多利亚港的"水上的士"渡海小轮开始运营。九龙码头的建设主要是在尖沙咀一带，天星码头最初建于1898年。港九两地水道交通最初为传统木制船，载客人数有限。后来成立天星小轮公司，在尖沙咀九龙货仓（1886年建成）与香港于仁行附近对开轮渡，使用发动机小轮。1926年，香港岛统一码头和油麻地码头改建，成为运载汽车渡轮码头。19世纪至第二次世界大战前，香港九龙码头及货仓有限公司和嘉道理家族为私人最大的投资商，利用填海占据了最佳岸线。

红色交通线南方线经常选择在香港中转以等候时机，需要在尖沙咀码头登船或者下船。皇家码头、九龙仓码头等均与上海、汕头的轮船有关。皇家码头建于1901年，当时码头建以木桥，旁边建有长椅多张，原为官员上落所用，被称为"卜公码头"。1923年又加多一些长椅，对市民开放，但要收费。皇后码头从1927年开始使用至1997年，是港英政府的官方码头。

1930年前后与红色交通线有关的香港的社会管理和交通历史情况，可以参考陈公哲的《香港指南》②一书。"华人之来港与离港者，皆甚自由，一如内地，无需护照。但赴外国者须要办护照手续，当在广州办理之。"进出香港，华人与在内地一样，没有护照要求，这也是重要的前提条件。"香港原属无税口岸，一切货物入门无须检验，但洋酒、酒精、饮料、汽油及汽车零件等之非英国制造者，皆需报关缴税，一切军火、麻醉品皆在禁例，如有查出，当施予重罚，但拥有入口执照者不在此例。"这一要求与运送物资有关，因为中央苏区不少物资是在香港采购，包括无线电零配件。

---

① 郑宝鸿：《香港城区发展百年》，商务印书馆（香港）有限公司，2018，第154页。

② 陈公哲：《香港指南》，商务印书馆，1938。

关于衣服着装问题："香港中西杂处,其衣服与上海各大交通口岸同,花样因时而异。"这也是被护送者经秘密交通从上海到香港便利之处。

香港至汕头、厦门、福州轮船,经营公司有德忌利士轮船公司,码头在皇家码头附近,船名有新海门、海澄、海阳、海夏,往来汕头的班次最多,每星期有周日、二、三、五共四班。招商局轮船公司,每月七八次;太古每周日和周二两班;印华轮船公司每周日、周三两班;渣华轮船公司每隔一星期一班。

20世纪20—30年代,与红色交通线上下船联系的最主要的码头,有皇后码头、德忌利士街口的德忌利士码头和位于林士街的省港澳轮船码头等。

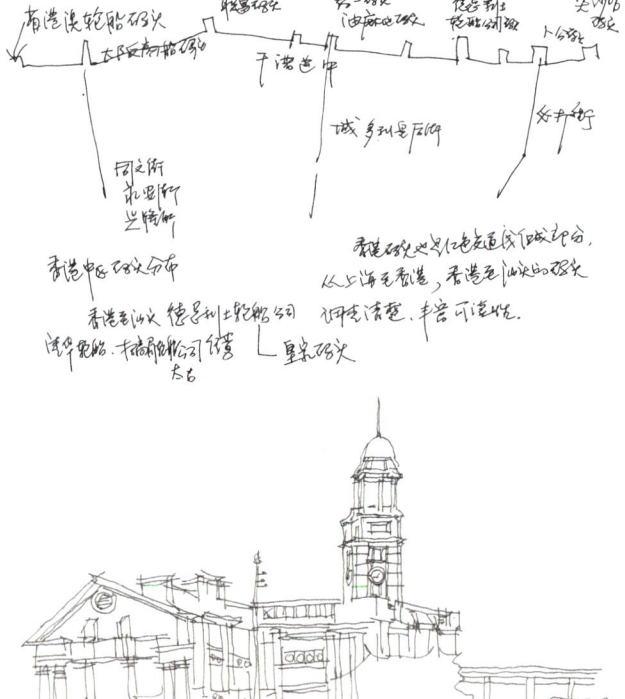

图29 历史上香港码头分布,红色交通线的一部分(作者绘制)

图30 20世纪40年代尖沙咀火车站(作者速写)

3 汕头港口和西堤码头

在红色交通线粤东段上,汕头是海路与陆路的重要转换点。在中转城市汕头等待时间最长的是任质斌,他住了20天,然后才乘潮汕铁路的火车往潮州。而所居住旅馆最特别的是李德,他住的是欧美人士较多的外马路"适宜楼"。李德在回忆录中称之为

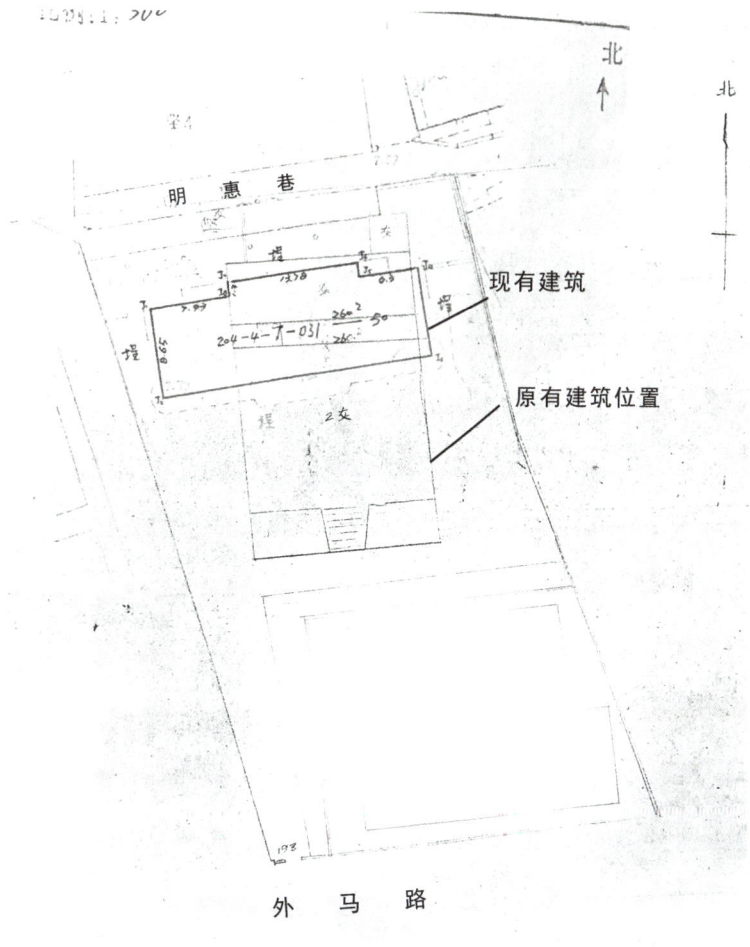

图31 汕头市外马路张太雷、李德在不同时期居住的"适宜楼"旅馆

图32 西堤码头旧址［引自中央苏区（闽西）历史博物馆］

"在这个华南港口的唯一的一家欧洲旅馆",[①]董健吾先生已经抵达汕头等他。也许李德没有想到，10年前在这家小旅馆诞生了中国社会主义青年团的团章，1922年4月张太雷与少共国际代表达林住在这里一起起草了中国社会主义青年团纲领并设计了团章，然后起程赴广州参加中国团一大。

在1821年已经有商人在汕头开商铺，开埠后在汕头港南面有太古洋行、怡和洋行、招商局，西面有韩江内河电轮船。汕头的发展有赖于码头的建设和各类航线的开通，20世纪初已经形成怡和码头、太古码头、达濠码头、潮漳码头、招商码头、揭阳码头等十几座码头。西堤码头于近现代又形成了"公共码头"，来往揭阳、潮阳。1862年，英国的汽船首次进入汕头港，后多国船舶陆续进入。1888年，招商局在汕头建成轮船码头，但海轮航运多为美、英、日所垄断。1900年至1918年，太古建造的木桥趸船码头有3座，仓库货栈1.5万平方米。招商局是唯一一家民族资本经营的航海船运。

20世纪初，汕头港已经建有木栈桥趸船码头6座，仓库300多间，包括怡和、太古轮船公司、法国雷特公司、日本大阪商船会社、泰国中暹轮船公司、中国轮船招商局汕头分局和民生实业公司汕头分公司等中外轮船公司都在此经营。本地的船务行和代理行有50多家，包括太古记、维记、捷胜、和丰五福等。汕头港与国内沿海各港通航，与日本、新加坡等国家和欧洲几大港口及

---

① 中共广东省委党史研究室、中共汕头市委党史研究室：《红色交通线》，广东省连续性内部资料出版物，2009，第58页。

香港通航。1921年，汕头港出入船只3000多艘，1932—1937年，各来往外洋的船舶艘次以及吨位数均占全国第三位，1933年，汕头工商企业已经发展到3441家。[①]其中的几家工商企业就是红色交通线重要节点之一，包括电器店或者药店。

1931年秦邦礼（又名杨廉安，党内名为杨琳）在陈云、严朴的领导下，在上海开设了六家小商店，作为共产党的地下交通站。周恩来和邓颖超曾在一家文具烟纸店小阁楼住过，以避开向忠发叛变的危险。在汕头，秦邦礼开的商铺名为"上海中法药房汕头分店"，是较大的商铺，陈赓、章汉夫、张闻天等都在此住过。1933年1月3日，陈云、博古经历红色交通线到达汕头时就住进了上海中法药房汕头分店，1月19日，抵达瑞金。秦邦礼的儿子秦福铨在其写的相关的书中提到这一情节。《红色华润》编委会所编写的"杨琳小传"中写到1933年1月17日，秦邦礼陪同博古和陈云离开上海，引用了杨廉安"自传"，"杨廉安"就是秦邦礼在上海于陈云、严朴领导下，秘密从事商业活动为中共中央筹集经费时的化名，"杨琳"则是他抗日战争胜利后被派到香港建立公司进行贸易筹集资金的化名。[②]上海中法药房汕头分店，在1931年顾顺章叛变之后结束了它的秘密使命。

第二节　韩江的小电船、《华南的乡村生活》与戴平万家人和乡亲

粤东的韩江是在粤水系各江中独立的江河，自成一系。历史上韩江长年河水泛滥，两岸百姓受灾情况轻重程度不一，历朝历代对其均有不同程度的治理。1921年7月，韩江潮州段发生洪水造成两岸水灾，民国广东省治河处才开始测量地形，初步获得较准确的沿江基围分布，随后才成立韩江汕头治河处，负

[①] 汕头市港口管理局：《汕头港口志》，人民交通出版社，2010，第19页。
[②] 汕头市港口管理局：《汕头港口志》，人民交通出版社，2010，第19页。

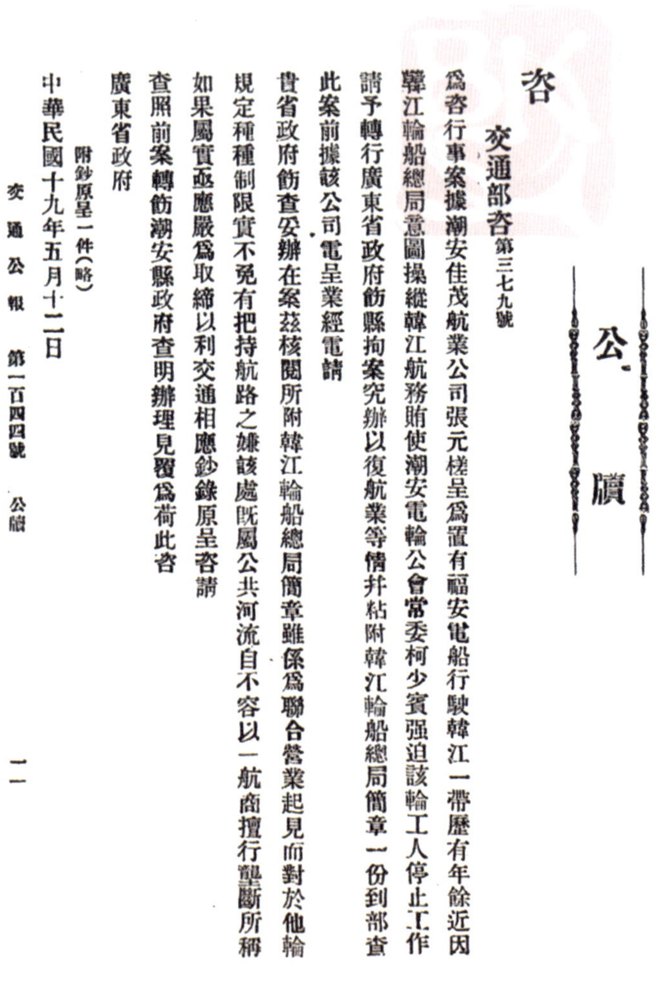

咨 交通部咨 第三七九號

為咨行事案據潮安佳茂航業公司張元樓呈為置有福安電船船行駛韓江一帶歷有年餘近因韓江輪船總局意圖操縱韓江航務賄使潮安電輪公會常委柯少賓強迫該輪工人停止工作請予轉行廣東省政府飭縣拘案究辦以復航業等情並粘附韓江輪船總局簡章一份到部查此案前據該公司電呈業經電請貴省政府飭查安辦在案茲核閱所附韓江輪船總局簡章雖係聯合營業起見而對於他輪規定種種制限實不免有把持航路之嫌該處既屬公共河流自不容以一航商擅行壟斷所稱如果屬實亟應嚴為取締以利交通相應鈔錄原呈咨請查照前案轉飭潮安縣政府查明辦理見覆為荷此咨

廣東省政府

附鈔原呈一件（略）

中華民國十九年五月十二日

交通公報 第二百四四號 公牘

二

图33 1930年5月12日民国交通部回复潮安佳茂航业公司告韩江轮船总局垄断的函文（藏于广东省档案馆）

责测量和防洪堤岸的建设计划。韩江出口连接着汕头港,韩江小汽船在丰水期可抵达三司河稍上的地区,韩江的通航与韩江的河堤和沙洲关系密切。[①]1928年民国交通部《交通部统计年报》显示,韩江上航行的小汽船通航里程是251公里,民船通航里程是236公里。

在韩江航行的机动船,多属梅州和潮汕华侨投资的内河航运公司。其中东成公司:资本90万元(银元),侨资占40%,拥有浅水轮26艘,共载重3500吨,职工和技师有600多人,为韩江内河航运最大的公司。利民公司:资本8万元,侨资占40%,有船4艘,行驶于潮州、大埔之间。大宁公司:资本6万元,侨资占50%,有船2艘,行驶于梅城、松口、潮州等处。[②]掌握韩江航业的是韩江轮船总局,东成公司是其下属公司,前身为大同公司,多次因垄断而被其他公司投诉。

在中央红色交通线中,被护送的同志搭乘的汽轮属于东成公司、利民公司、大宁公司和佳茂公司,这些公司的汽轮行驶于潮州与大埔间。

韩江离汕头最近的重要城镇庵埠,居于汕头、潮州城之间。1930年5月22日中共广东省委致函东江特委和潮安县委直接指导庵埠船业工人罢工,认为"庵埠工作进展,可以直接帮助影响汕头与潮城的工作,工作占有重要位置"。此次罢工是因苛抽庵埠船牌捐引发的,可以看到,在红色交通线的地区,广东省委和地方党委进行各种秘密工作,培养进步力量,对红色交通线的运行发挥影响作用。

韩江畔有一个与中国社会学史和社会运动联系在一起的村庄——溪口村,在中国和美国社会学史上被称为"凤凰村"。文学家戴均,字平万,他的父亲在辛亥革命成功后为他起的学名为"均",大学阶段的名字为戴平万,溪口村

---

① 邹贤敏、秦红:《博古和他的时代:秦邦宪(博古)研究论集》下册,当代中国出版社,2016,第877页。

② 肖文燕:《华侨与侨乡社会变迁:清末民国时期广东梅州个案研究》,华南理工大学出版社,2011,第99页。

在他笔下是"我的家乡"。1923年8月,潮汕一批文学青年成立了"火焰社",出版《火焰周刊》,戴平万在广州读书,积极参与,平万的父亲戴贞素先生为表支持题写了刊号名。同年在溪口,沪江大学的35岁美国籍教授葛学溥(Daniel Harrison Kulp,1888—1980)完成了一项成为中国社会学史大事的调查,在葛学溥的原著中,有一张原始的调查表,葛学溥在调查表的上方栏目中留下签名,时间是1923年6月5日。

1925年,以溪口村社会调查为基本素材的《华南的乡村生活——广东凤凰村的家族主义社会学研究》由哥伦比亚大学出版,在书中结合地理起了"凤凰村"这名字,此后国内外的社会学、人类学界均将溪口村称为"凤凰村"。为还原真实性和尊重祖祖辈辈生活在溪口村的百姓,作者建议尊重祖宗留下来的地名,在地名"凤凰村"后加上"(溪口村)"。

1 社会调查和社会运动

美国社会学教授、后来任芝加哥大学师范学院社会学系主任的葛学溥,是无法预料到在他离开汕头一个多月后,以许美勋为首的50多名潮汕文学青年,成立社团,创办了《火焰周刊》。沪江大学师生在溪口村进行社会调查时住的戴氏大宅,西房是戴平万出生之处,他居住至12岁才离开,但在潮州城中读书时,戴平万仍然常乘船回溪口。戴氏家族中这位族人日后成为中国新文学运动的主将,中国进步工人社会运动的组织者之一,1923年戴平万时年20岁。调查报告中出现最早的数据是1917年的,其时戴平万14岁,在潮州的城南小学读书。1936年戴平万在上海发表的文学作品《上滩》描写的是20世纪20年代溪口村老船工"耀叔"波澜不惊的故事,从文中也可以了解到戴平万读书时常从潮州城回溪口村,特别是每逢清明节均回乡扫墓的信息。韩江这一条古老的水驿,数千年来穿梭不息,传颂着戴平万、洪灵菲等韩江儿女惊天动地的故事。

1918年9月,戴平万开始就读于潮州城金山中学,但他在1911年就读的溪口村戴氏族人设立的凤嗜私塾,是调查报告中写到的重要教育场所。当1925

年《华南的乡村生活》在大洋彼岸出版时，在广州广东大学读书的戴平万已于1924年加入中国共产党，从此之后参加了中国共产党组织的各种中国社会运动。

在《华南的乡村生活》一书中，人口调查是650人，戴平万的家人与族人占了不少。

戴若荀为戴贞素先生的大女儿、戴平万的妹妹，1905年出生，戴若萱为小女儿，1907年出生。①当年沪江师生调查中有两位小女孩，调查报告中有多处1917年7月的数据，在调查登记的适学儿童时分在"第二区间"，她们分别是12岁和10岁，是同住戴氏大屋中的戴贯一的堂妹们。1921年戴若萱、戴若荀双双被金山中学录取，开潮汕男女同校之先河。②在当年录取的同学中还有一位将来也住进了这座戴氏的大屋，她就是后来成为戴平万夫人的张惠君女士。

戴若萱1934年与饶华先生结婚，两人到上海度蜜月，1934年饶华在上海暨南大学读书，与戴平万相聚，并于1938年加入中国共产党。饶华按照戴平万的要求又从上海回汕头、潮安办报，参加"汕头青年救国会"，又介绍"汕头青救会"的同事与戴若萱联系，她思想进步，支持抗日救亡。1937年戴若萱就开始组织妇女参加抗日活动，1938年为潮安"妇抗会"的会长，③1939年她和饶华的女儿饶芃子已经4岁，其后与外公戴贞素和外婆庄参汤在这间大屋生活至1945年。1941年的《广东妇女》第6期登载了戴若萱女士的文章《五个月来乳源妇委会工作总结》，从中可以了解其在粤北参加抗战宣传，发动妇女积极参与的工作成效，文中写到她是1941年8月12日与其他同志接受任务抵达乳源筹备乳源妇女工作委员会。此时饶华在粤北担任中共广东北江特委宣传部部长，戴平

---

① 饶芃子、黄仲文：《戴平万研究》，汕头大学出版社，2000，第17页。
② 唐舜卿：《忆张竞生任校长时期的潮州金山中学》，载《汕头文史》第19辑（中国人民政治协商会议汕头市委员会文史资料委员会主编），2007，第146页。
③ 方东平讲述、何绍明整理：《方东平谈抗战初期在潮安的活动和"潮安民运督导团"的情况》，载《凤凰山革命根据地史料汇编（上）》（中共潮州市委党史研究室主编），2003，第441页。

万已经进入苏北在新四军鲁艺华中分校当文学教授,又接着负责《抗敌报》的出版。

1899年,17岁的戴贞素先生中秀才,但逢科举被废除。辛亥革命后他进入京师大学堂读书,因病而辍学回到家乡,在潮州城南小学、韩山师范学校、省立金山中学任教,一辈子从事教育工作,于1951年去世。庄参汤女士于1982年3月8日逝世,终年98岁,她和丈夫戴先生同龄,生于1883年。当沪江师生在溪口调查时,他俩年龄为35岁至40岁,按照调查分类属于"第五区间"。1923年当葛学溥进入溪口村时,戴贞素在韩山师范学校任教。①

戴贞素的父亲是戴清元,又名溓巾、洁秋,是在潮汕地区有影响力的文人,也是戴贯一的祖父。戴贞素与饶宗颐家父是文人世交,饶宗颐父亲饶锷在世时,戴贞素、詹安泰等常被邀到饶老先生家中吟诗作对,饶宗颐当时处于少年时期,能够听到长辈的学闻讨论,惜饶锷先生42岁过早离开人世。②

戴贯一和戴贞素就住在祖上留下来的"新厝"大屋里,分别有自己独立的厨房,公共的天井纳凉空间,共同祭拜祖先的大堂。

葛学溥书中大屋照片和平面图是戴贞素先生和戴贯一先生两家所居住的祖屋,主人非常慷慨,没有顾虑自家隐私,为研究者提供方便,测量全屋的平面。这是一栋潮式"新厝",东侧的内街百年后仍然被称为"新厝内街"。1939年,当戴贞素先生带着全家老小在"戴氏新厝"避难时,不幸被日军飞机轰炸,受损的是戴贯一妈妈住的一侧,有一人受伤,有一位寄居于此的亲戚被炸死。张惠君写信向在上海的戴平万报平安,平万先生复信说:"弹下余生,也云幸矣!"修复时改成两层的楼房,现在修缮又恢复为原来的一层。

1934年暑期后,戴平万与夫人张惠君衡量再三,决定让张惠君与饶华和戴若萱一起带着孩子回家乡。"暑假将满,我准备回潮,平万卖了一本书的版

---

① 陈贤武:《戴贞素》,载《韩山师范学院学报》2016年第2期。
② 谢继渤:《走近饶宗颐》,2012,第77页。

权，剪了一件裤料叫我带给他妈妈，也为我剪了一件灰色的旗袍，还买了一些其他的东西让我带回家里。"①这是戴平万给妈妈和妻子最后的礼物，没想到这是最后的离别。1933年6月，戴平万在哈尔滨任工会宣传部部长，8月任满洲省总工会筹备处宣传部部长。他化名"老李"领导哈尔滨的鞋业工人反满抗日，举行各种罢工，目的有两个，一是通过罢工将工会的青年人输送到抗日游击队，二是筹捐一架飞机为中国共产党领导的军队所用。1934年1月，与他同住的满洲总工会巡视员王秀贤被捕，在天寒地冻的哈尔滨平万同志被追捕，他被迫逃回上海躲避，满洲省委对他采取了左的政策，此时他正处于苦闷期。妻子与孩子和妹妹、妹夫的到来恰逢其时，但为了中国的未来，他孤身一人再留上海继续参与进步的社会运动。

在中华民族处于危难时，"戴氏新厝"的亲人们舍小家，共同投入到抗战的各种社会运动中。戴平万成为上海"孤岛"时期抗战文艺的中流砥柱，后来参加新四军，又在苏北编辑出版《江淮文艺》杂志。饶华从粤北转辗桂林进入云南直接上了战场，戴若萱忘我地进行妇女抗战组织活动，已近老年的戴贞素夫妇在家里惦记着远方的亲人，守护着一个个幼小的生命。这其中伟大的情感是社会调查所难以窥测到的。

2 关于"华南的乡村生活"调查报告与溪口村

中国社会学史将葛学溥1913年在华任教作为重要的节点。葛学溥的名字在20世纪50年代后大部分时间被译为科尔朴、古尔普、库尔伯和葛美浦等。中华人民共和国成立后最早使用葛学溥著作《华南的乡村生活》中素材的是近代中国农业史专家、中国社会科学院经济研究所研究员章有义先生。他在分析近代"中国农民生活状况"时，使用了调查报告中关于死亡率和生育率的数据，运用了此书的1918年数据与20世纪20年代和30年代的乡村调查的对象——江苏

---

① 饶芃子、黄仲文：《戴平万研究》，汕头大学出版社，2000，第46页。

的江宁杨柳村（1932年）、安徽等四省十一处（1924年）、直隶盐山县（1923年）和山西清源县（1926年）做比较。①《华南的乡村生活》采集的数据是最早的。章先生非常严谨，将四份调查报告著作的数据综合到一张表格上，来源非常明确，如《华南的乡村生活》的数据是引自原著的第32页，在该页有两个表格，他从中选择了两个数据，均是34%，该数据是1917年7月至1918年7月这段时期的。

为更准确地理解《华南的乡村生活》作者的原意，现摘引原文翻译刊于此，在前言中，作者写道：

前言

本书章节的内容可供研究中国风物的学生参考，以弥补现有匮乏的农村生活类资料。这些章节对广东省北部的一个村庄进行了详细的分析，这个村庄坐落于以汕头为门户的地理和社会的流域中。

中国有三种广为人知的乡村生活研究方法：杜立德所著的《中国人的社交生活》；史密斯所著的《中国乡村生活》；梁宇皋和陶孟和所著的《在中国的乡村和城镇生活》。第一本只涉及长江以南地区；第二本是关于华北的生活；第三本试图提出适用于整个中国的特征。前两本是由非本土人士所编写的，他们使用了出自赫伯特·斯宾塞的《描述性社会学》的社会逻辑工具，具有很大的启发意义，但无法满足当今社会组织的需要。最后一种方法，具有现代社会科学培养出来的中国人优势，更接近于社会学的贡献，但在运用社会逻辑分析工具方面也存在缺陷。这三种方法都试图涵盖广阔的区域，而这些区域在事实上却差别巨大，只有差异化的分析方式才能揭示真相。人们已经深刻地认识到对中国广泛的生活领域加以笼统概

---

① 章有义：《中国近代农业史资料》（被列为《中国近代经济史参考资料丛刊》第三种），中国科学院经济研究所，生活·读书·新知三联书店，1957，第400页。

括的危险性，这一点已成为中国和外国的主要思想家和作家们的常见话题。

关于乡村生活的过往材料已经失去了威信和可信度，原因有二：一是分析方法的笼统泛化；二是生活条件的变化。然而对乡村生活的事实和解释的需求从未像现在这样强烈。现在，人们正逐渐认识到农村在国民生活中的战略重要性。教育家、传教士、政治家和官员都认识到，农村是中国的脊梁。农村人口占全国人口的绝大部分，这包括那些务农的人口，因此农村在现代贸易交流的渗透下具有国际意义。

官员和政治家们对改善农产品、增加农民的收入感兴趣，这需要基于乡村生活事实的分析来发现农村发展趋势和倾向，并基于这些农村生活情况来为国家新增长巩固基础。教育工作者需要一个可靠的农村社会学来明确农村教育组织和实践的目标。传教士现在主要通过在城镇和村庄应用他们的宗教理想来进行社交，但受阻于对于村庄分析和解释材料的缺乏。关注中国农村生活问题的领导人正变得越来越多，他们努力的价值直接取决于农村生活社会学的发展，而这种社会学有赖于采用最新的研究和分析方法。

只有在全国范围内对特定的乡村社区进行大量的、差异化的、有机的案例研究，才能使中国农村社会学在政治、教育、宗教和社会工作中发挥应有的作用。那些无论是出于爱国或宗教原因对国家发展感兴趣的人，都将会在合适的地方合作建立研究中心，最终设立一个旨在对中国各地的社会土壤进行分析的研究计划。社会土壤的多样性将决定在新的社会秩序中成长起来的公民类型。这种新的社会秩序是否会变得更好，这一点根本不确定。许多地方的土壤都有缺陷；在那里，社会工程师——政治家、宗教领袖、教育家、社会工作者——将要控制负面影响，并促进凝聚力，发展良性健康的活动。

本研究提出了一种可在中国部分地区立即启动实践的方法，而不是本文此前提到的方法。但它对任何地方现存的社区知识都有贡献，因为它展示了在相对静态的条件下，哪些习俗和风俗能发展起来。这个研究提供了

与印度、欧洲和美国的乡村社区进行比较的材料。本研究还展示了中国与世界其他地方日益增加的接触下,传统的社会关系、态度和价值观的迅速紊乱瓦解。

在这种情况下,我对那些在这项调查中以各种方式提供宝贵合作的人士以个人的名义表示感谢。由于彼得格勒科学院前馆长、人类学家、人种学家S. M. Shirokogoroff教授的好意,我得到了研究人们身体特征的机会。他把他的人体测量仪器借给我,让我熟悉最新和最好的研究人员使用的种族类型的测量和计算方法。只有在同一方法的基础上进行合作,才能对村民区进行民族定位。

我想感谢汕头和潮州的许多传教士朋友,他们慷慨的款待、建议和帮助,使我的田野工作更加愉快和有益。最后,我很高兴地感谢上海天主教神父们对我的帮助。他们把他们气象图书馆的丰富资源供我使用。

库普·哈里森·达尼尔 二世
D.H.K. 2

——译自1925年出版的《华南的乡村生活》

沪江大学年轻的教授葛学溥获得布朗大学文学硕士学位后,于1912年偕夫人来华,1913年开始在沪江大学任教英文科和社会学科,还兼任体育课的教师、大学运动队的教练,于1923年回美国。"在1914年沪江大学成立社学系,标志着社会学作为一门学科在中国开始建立。然而,所谓的社会学系,其实只设有一门社会学课程,由美国布朗大学毕业生、年轻的传教士葛学溥讲授。葛学溥建立社会学系,并进行社会调查,是从基督教社会服务的观点出发的。"这就是教会大学开始大力推动社会学教学研究的原因。葛学溥教授在沪江大学还有一个身份,他是一名传教士,所以在《华南的乡村生活》一书前言中,多处提及基督教传教士,所举例研究方法之一的史密斯的社会调查,是1878年至1905年传教士史密斯在山东传教时,对农村生活进行调查后形成《中国乡村生活》一书，于1899年出版。

1929年中国《社会学刊》第1期"社会学界消息"栏目报道，南京金陵大学与国立中央大学两校社会学系教授，模仿美国春田调查的先例，在首都做一有系统的社会调查。春田调查是1914年由Russell Sage基金资助的一项社会调查，目的是为了改善春田市的社会城市环境，调查包括医院、监狱和学校等，是为了开展社会改革。早期传教士进入中国后进行的社会调查的目的比较模糊，为了社区传教又不能明说，《华南的乡村生活》调查后对溪口村没有带来变化，其仅停留在学术讨论层面。但今天有意识地使用调查内容，使用百年前的史料，对溪口村的历史空间进行回放，促进文化与旅游结合，具有学科史研究和文旅结合的现实意义。

3　戴平万的堂哥——中国社会学推动者戴贯一先生

芝加哥大学于1926年3月出版的《美国社会学杂志》第31卷第5期对《华南的乡村生活》一书刊登评论：

> 在这本装帧精良且精心编辑的书中，葛学溥博士为社会学做出了价值非凡的贡献。正如标题所述，这项研究致力于深入研究南中国的一个社区——凤凰村，将其作为一个在中国社会组织模式中的基本单元进行研究。然而，这只是同一思路上扩大规模研究的第一步，出于这个目的考虑，作者对研究技术给予了最细致的关注。事实上，正是这种技术在很大程度上赋予了该作品独特的价值。该书已努力调整统计数据的表达形式，使之有利于学生在其他社区开展类似的研究。例如，尽管凤凰村的人口数字只有几百，为了便于比较，出生率和死亡率图表都被调整为以每千人为单位。该书坚持使用有机的分析法。葛学溥博士在诸如经济现象、文化方面、种族现象等题目下提出了一系列问题，训练有素的研究人员按照这个提纲开展了研究。最终的结果是一个组织良好，简洁的研究结果。这项成

果在许多方面都可以作为一个样板模型,指导不仅在中国而且在美国和其他地方都迫切需要的研究。葛学溥博士本人对中国和中国人都很熟悉。他曾在上海学院当过几年教授,广泛地观察和研究过中国的乡村生活。他的助手也有非同寻常的资历,作为凤凰村的一员,同时也有社会学观察的经验。这项研究给人一种满意的感觉,这是一部既容易阅读又有技术深度的作品,同时又展现了兼具科学性和同情心的特点。

  伊莎贝拉　麦克劳克林

  芝加哥

  ——许翔译自芝加哥大学1926年3月出版的《美国社会学杂志》第31卷第5期

这位族人和助手就是戴贯一,名实,1919年毕业于沪江大学,在校期间发表文章于学生主办的《天籁报》上。在1926年6月出版的《最近之二十年——沪大二十周年纪念天籁特刊》中邱培豪写道:"自民六年至民八年,《天籁报》中久负时誉的作者林兆棠、严恩椿、朱博泉、董承琅、应元道、陈云龙、郑方衍、戴贯一、张舍我、姚传法诸君。一切《天籁报》社社务,均由四校代表商决,此可视为本报全盛时期。"①从《天籁报》这篇文章中找到了在沪江大学读书的戴贯一同学的名字,他在1916年12月第4卷第4号同期发表了《探梅记》一文,应该还有其他文章。

戴贯一是沪江大学1919年第七届毕业生,其名字英文拼写为Tai Kwei Ih,同届毕业生包括郑世察、陈吉恒、钱崇滂、朱博泉、傅岩、萧元恩、江声、林化诚、孙关生和胡景澄。②戴贯一是沪江大学毕业后留学获得博士学位的为数约十名同学之一。同班同学朱博泉是级长,也是《天籁报》提及的撰稿人,他也到了美国哥伦比亚大学和纽约大学留学,学习金融和银行业,但仅是获得硕士学位。

---

① 吴禹星编《1916:徐志摩在沪江大学》,上海交通大学出版社,2014,第198页。
② 吴禹星编《1916:徐志摩在沪江大学》,上海交通大学出版社,2014,第54页。

朱博泉后成为国内重要的金融界人物，20世纪30年代兼任沪江大学商学院院长，但在日伪时期担任了汪伪银行业联合准备委员会主席，抗战胜利后被判以经济汉奸罪押于上海提篮桥监狱，1940年其购买的德国医生的寓所被作为敌产由政府接收，成为蒋纬国的居所。朱博泉在中华人民共和国成立后任上海工商界顾问，于2001年去世。郑世察毕业后留学美国纽约大学、英国伦敦大学，获得硕士学位。郑先生是中国会计专业的领军者，曾任厦门大学商学院院长、沪江大学商学院院长，中华人民共和国成立后，任上海财经学院教授，1983年去世。

值得一提的是有两位对中国历史有重大影响的沪江大学学生，与戴先生不同届但相差不远，他们是徐志摩和李公朴。戴贯一的学弟徐志摩于1915年至1916年底在沪江大学读书，在《天籁报》发表十多篇文章，是中文版的五位主笔之一。戴贯一是1915年入学读正科，而且是《天籁报》的撰稿人，写有《探梅记》等文章，使用的名字是戴实。徐志摩1915年进入沪江大学读的是预科，1916年9月开始读正科，如果正常毕业的话毕业时是1920年，但徐志摩于1917年2月离开沪江大学转入北洋大学法科特别班。在戴贯一就读时沪江大学的学生人数不多，戴贯一和徐志摩相遇在此，有一年多的交往。另一位沪江校友李公朴先生，是1924年进入沪江大学，1928年毕业于沪江大学后赴美留学。

《华南的乡村生活》多数提及是1918年、1919年开始的，数据部分是1917年的，当时戴贯一在沪江大学尚未毕业，师生到底是谁，没有答案，唯一肯定的是戴贯一先生是最重要的角色。20世纪20年代，在中国乡村，村民能够如此配合做调查，与戴氏家族的威信和戴贯一的努力是分不开的。可信的社会学调查，需要被调查者具有开放的态度，溪口村的600多名老小，以相当开放的态度配合研究调查，是重要的参与者。如果《华南的乡村生活》是中国社会学的里程碑，那么建起这座里程碑的重要贡献者应该包括戴贯一先生和溪口村的乡亲。美国教授欠一个交代，虽然在导论讲到一位调查者，但没有写出调查者的名字。芝加哥大学《美国社会学杂志》的评论也提及"他的助手也有非同寻常的资历，作为凤凰村的一员，同时也有社会学观察的经验"。其实应该写出来这位助手就是戴贯一先

生,戴平万的堂哥,现代中国社会学发端的重要推动者。

1926年戴贯一从美国芝加哥大学获得博士学位归来,在汕头担任浸信会董事后,又成为岭东浸信会总干事。任总干事仅一年,于1927年9月2日四时染病早逝,戴贞素先生为堂侄写了墓碑以诗寄托哀思。《真光》第二十六卷第七、八、九号三号合刊在会闻中刊载了这一消息,并提到《真光》期刊25周年时戴贯一译有文章《二十五年来美国神学思想之趋势》。

《华南的乡村生活》被中国不少于上百种关于社会学史、人类学史的书籍所引用,但来来回回都只是那几行字。还有许多问题需要研究:

(1)戴贯一先生起到什么作用?1919年回潮一年后才出国,是否开展了相关调查?戴贯一书写的原始素材收藏于何方?著作中1917年的数据是如何得来的?戴贞素先生是如何支持的?庄老夫人和戴贯一的妈妈当时是否住在屋中?她们又提供了什么帮助?

(2)葛学溥到底来了多少次,每次住的时间多长?多数文章研究提到1918—1919年,但1923年葛学溥留下了在溪口村的调查签名记录。沪江大学师生在戴氏大屋是住在西侧的客房还是东侧的客房?

(3)多部书籍介绍本著作时,均笼统讲沪江大学师生,到底是多少学生和多少老师?

(4)戴平万进入大学学习的是西语,后来改为外国文学,与此次活动是否有关?

第三节 汕头到潮州的潮汕铁路

根据当时潮汕铁路公司发布的列车时刻表,如果正点,最早从汕头北行至潮州的火车是6时30分从汕头开出,抵达潮州是7时55分,抵达意溪站是8时1分。最晚的火车从汕头开出是下午4时40分,抵达潮州是下午6时,不停意溪。

图34 民国铁道部1933年统一调查的潮汕铁路线路图（藏于广东省档案馆）

图35 潮汕铁路汕头火车站历史照片。1905年,日本入股修筑潮汕铁路,由潮州至汕头,长39.10公里(北京历史博物馆藏片)

由汕头至潮州,中途停靠各小站分别是庵埠、华美、彩塘、鹳巢、浮洋、枫溪,对每一站上下的旅客,交通员们都必须随时保持警惕。

西安事变后,闽南特委希望得到中央的指导,谭震林、张鼎丞建议方方同志亲自前往,因为他是潮汕人,熟悉地方情况。方方计划从永定下山到汕头转香港,从香港转至上海,再上延安。他回忆是在永定交通员的联系引领下到大埔的,并准备赴延安。其文章中写到晚上住大埔,"第二天搭汽船去潮安,茶房还特地为我找了舱房的位置,两毫钱打赏的代价,想不到就有这样大的效力。到了意溪后,即乘潮汕铁路末次车下汕"。①

经潮汕铁路在潮州接驳的有两站可以选择,一是潮州站,二是潮汕铁路最

---

① 方方:《三年游击战争》,载《福建党史资料》第二辑(中共福建省委党史资料征集编写委员会编),1983,第136页。

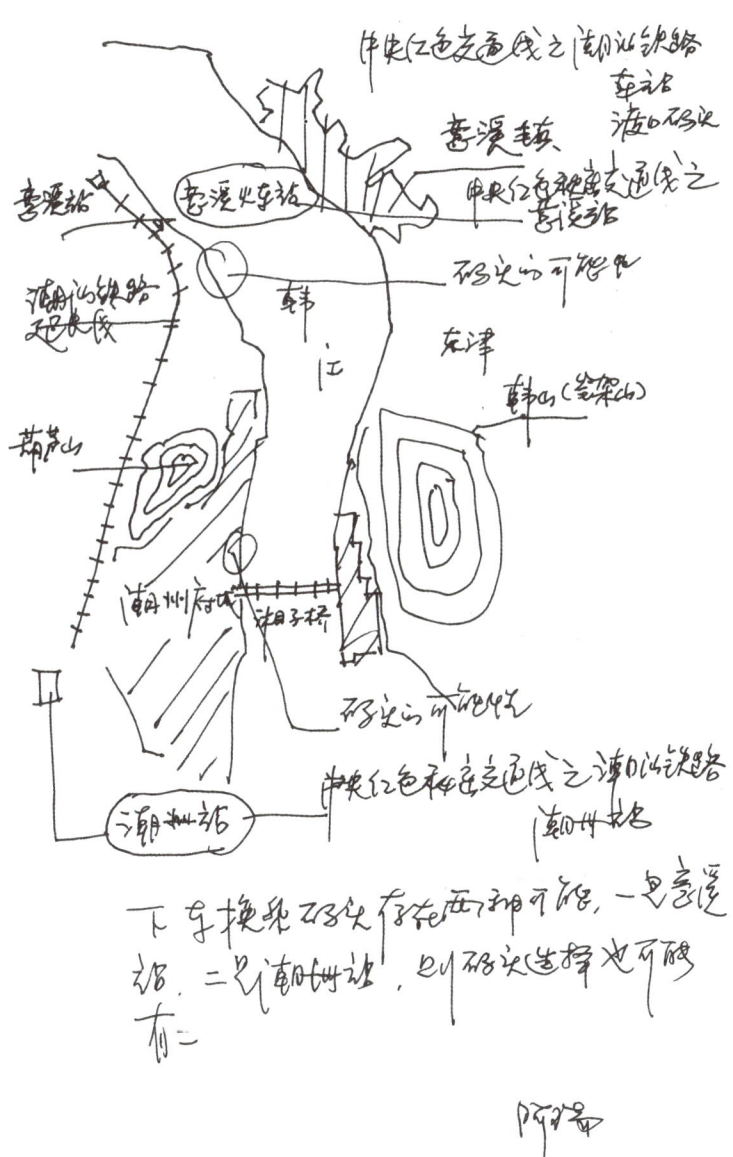

图36 红色交通线潮汕铁路潮州站与潮州城、意溪镇的空间分析（作者速写）

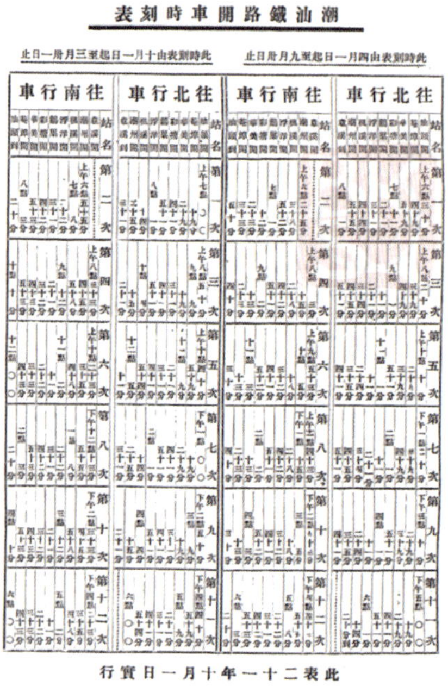
潮汕鐵路開車時刻表

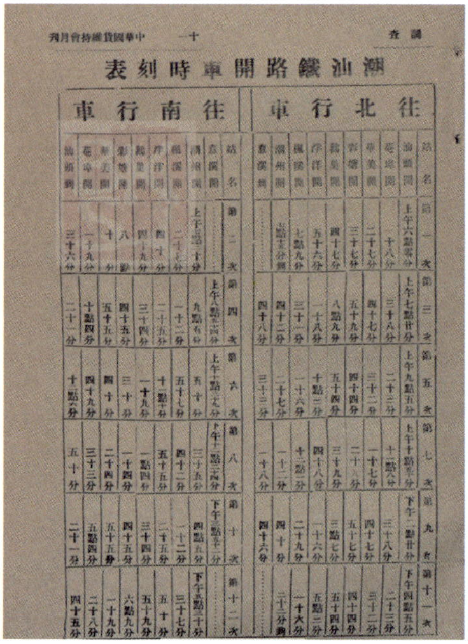
潮汕鐵路開車時刻表

图37　左图为1932年1月开始实行的潮汕铁路时刻表，是当年中央红色交通站交通员需要熟悉的时间表。右图为另一张潮汕铁路开车时刻表，时间与上版时刻表差不多，刊于《中华国货维持会》月刊

末段的意溪站。意溪站相对隐蔽，推断中央红色秘密交通线较多选择意溪站。

从中央红色秘密交通线的运作来看，乘坐潮汕铁路是其中重要的一环，但由于年深日久，大家对乘坐潮汕铁路火车都极少忆及。詹天佑设计了潮汕铁路，但没有被采用，因为日本人参股，铁路最终为日本人设计。在红色秘密交通线时期，潮汕铁路管理层面较为杂乱，中央、省、市和私营公司本身多层面参与；航江流域航政管理混乱，无形中为交通线提供机会。对潮汕铁路上车厢里发生的故事，除了周恩来同志的经历外，其他人基本上很少有谈及的记录。

潮汕铁路是交通线重要的组成部分，铁路延续至意溪，在此下货由水路或者陆路北上，与闽西、梅县客流和物流关系密切，每日载货量在百万吨以上。全线有铁桥两座，均为一百八十尺，轨道宽度为中国标准——四尺八寸半。客车为日本大阪制造,机头为美国制造。分三等座位的车厢,一等12座,二等18座,三等48座。铁路公司还拥有无盖的货车。

从汕头到潮州每天往返共12次,最早从汕头出发的班次是早上6点30分,最晚班次是下午4时40分,抵达潮州是下午6时,最后一趟班车一般不到意溪站。最早从汕头出发的列车班次常有变化。意溪返汕头末班车有时候也开,1932年10月1日实施的时刻表中从意溪开出最后一班车时间是下午4时23分。

张耀坤于1921年病故,他的侄子张步青继续负责潮汕铁路的运营,基本保持家族式经营,对技术人才引进略为放开手脚。1925年,梅县人丘易色从上海交通大学毕业后,被铁路公司录用为助理工程师,数年后升至机务课长。丘易色1930年赴美国芝加哥大学读书,抗日战争时期回国参加抗日,1937年在西南联大教书,1938年投笔从戎,赴缅滇参加抗日远征军的战斗,以机械知识辅助参与作战,1942年4月不幸战死丛林中。

1928年铁路公司在汕头市洄澜马路建设新业务楼,1930年添置了德国机车一辆,1931年完成了潮州站加盖站台的改造。从汕头经过韩江必须走浮桥到对

图38 根据历史照片绘制的潮汕铁路潮州站1931年完工的加盖站台(作者速写)

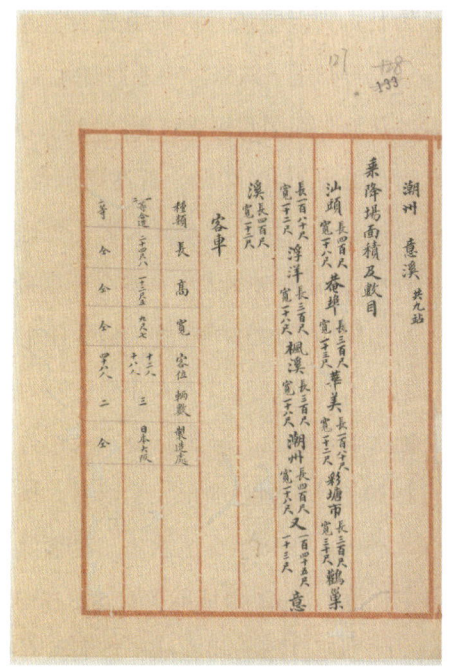 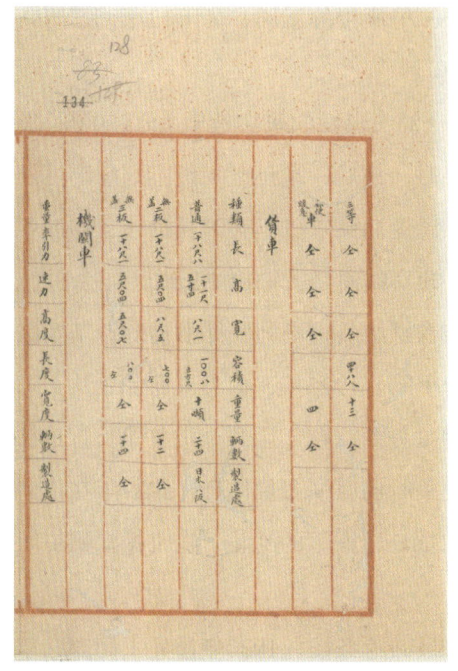

图39　1933年潮汕铁路各站的基本情况，包括升降场（站台的规模）（藏于广东省档案馆）

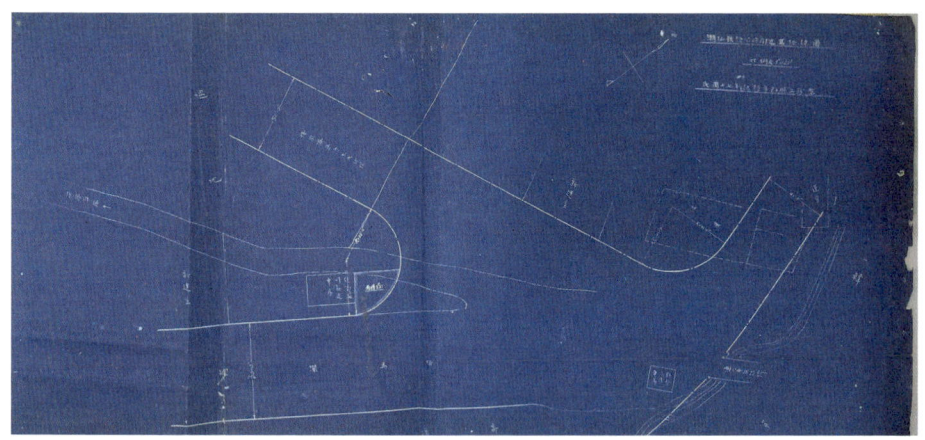

图40　汕头市潮汕铁路公司报建的建筑四至图，由汕头市政厅工务科绘制，时间是1928年，图上画有浮桥入口，注明洄澜路路名，就是现在仅存的汕头市区遗址（藏于广东省立中山图书馆）

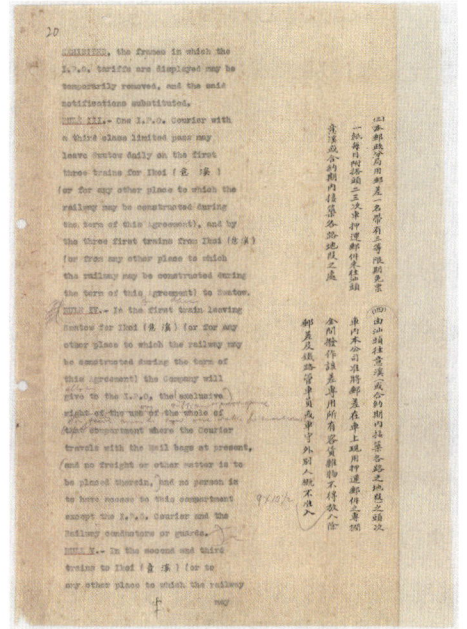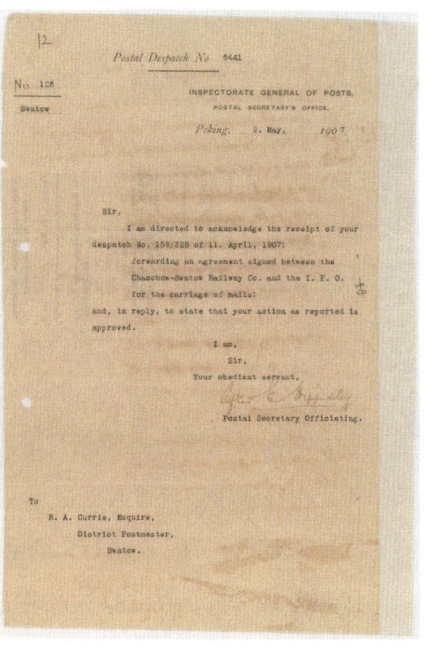

图41　1907年批准潮汕铁路负责邮件货物运送的批准函及合约（藏于广东省档案馆）

面站台上车。1933年第一期《潮汕铁路季刊》刊出"潮汕旅行小经验"，为铁路公司告知乘客过浮桥时不要拥挤以免出事。红色交通线运行时，在汕头准备搭乘往潮州的潮汕铁路，需要经历一段最传统的桥梁——浮桥。直到1934年铁木结构的跨江桥建成，才解决这一问题。

由于潮汕铁路长期缺乏维护，原来枕木质量不高，加上没有买票就乘车的军人多，1929年还出现债务问题，刚成立的民国铁道部、民国广东省建设厅制定了整理计划，成立整理委员会，1931年略有盈余后交给新董事会。

潮汕铁路也是广东邮路重要的一部分，红色刊物通过铁路邮路可能就在不知不觉中进入闽西。1907年潮汕铁路与大清邮政官局签订了合约，运送邮件，当民国政府成立后，又签订了邮务的合约。

铁路和中国邮政官局签订的合约如下：

一、铁路只允中国邮政局运送包件，其他民局及别国官局邮件概不准行运送。

二、邮差一名带三等票一纸，每日十一点钟由汕头带信赴潮州，至一点钟由潮州回汕头。

三、邮差带信须坐信车即车役所住之车。

四、火车开行时刻倘有改易，须于前二日向邮政局声明以便早谕众知。

五、铁路公司每月向邮政局领取车费银十五元。

六、倘有时信件过多即须另用专车运载，惟此专车之费用亦须先与邮政局议妥。

七、潮报系铁路公司所创其于潮州庵埠等处之报纸，准自订定合约之日起满一年，由该报馆亲自遣人派送，免由邮政局投寄。

八、须照此合约从速举行，期限一年再改易。

1907年5月7日，在北京的邮政总局批准合约，1913年，在此合约基础上再续约，增加为十条的条约。潮汕铁路从大清邮政过渡到中华邮政，开办邮政时是海关总税务司赫德兼管，在有海关的城市先设立邮政，高层为欧洲人，潮汕铁路与邮政的合约均为中英文两种文字；大革命后废邮政会办，收回邮权。

在白色恐怖时期，许多进步刊物通过邮路到达群众手中，为了限制共产党的宣传活动，1929年8月8日民国铁道部训令各铁路部门查禁"反动刊物"，特别提到香港《正报》和《香港小日报》。

潮汕铁路公司董事长一职长期由家族成员担任。1925年调整组织管理结构，成立董事局，董事长是张耀轩的太太林桂叶，1925年家族成员林玺新任公司代董事长，他是林桂叶的堂弟。一直到1936年，接任的是张耀轩的女儿张福英。铁路业务部长为潘海秋。1925年12月5日潮汕铁路业务部潘海秋部长请求邮政局函告本公司时使用中文，而在此之前中国邮政请洋人管理，出于办公习惯均使用英文。潮汕铁路董事局董事长林玺新于1932年3月被民国汕头市政厅聘为筹建汕头公安局及各分局委员会委员，是否与红色交通线加强戒备有关，尚待研究。

图42　根据历史照片综合绘制的潮汕铁路汕头火车站潮汕铁路公司办公楼（作者绘制）

　　1927年秋，南昌起义部队进入潮汕地区，得到了潮汕工会的支持，为了防止汕头敌方的进攻，切断了铁路。而当起义部队决定攻打汕头时，在彭湃的领导指挥下，当晚就接通铁轨。第二天起义部队乘坐火车进攻汕头。

　　根据原潮汕铁路经理人黄定余1960年的回忆文章，潮汕铁路全程42公里，其中意溪支线3公里，1903年开始筹备，1906年10月干线完工，11月16日运行通车，比新宁铁路通车时间早一些。但由于日本人的介入，管理人才和设备购买均是日本优先，客货车辆均是日本式的四轮车，比国际通用的八轮车短。1922年，潮汕铁路公司从日本三五公司将代营权收回，此前每三年与日本三五公司签订一次代营合同，前后15年，共签约五次，1922年11月才开始真正意义上的自办。半行的韩江水运货运价格有优势，因此潮汕铁路以客运业务为主，1931年统计，客运收入占营业收入88%。客运量每日2500～3000人，每年1—4月为旺季，因为诸多华侨回乡过春节或在清明节去扫墓。地方潮安公署滥发半价执照，自1926年起再加上加薪、补交盐地价等影响，连年出现赤字。

　　1929年10月18日，民国铁道部部长孙科签署了《整理潮汕铁路委员会规程》，委员会执行管理事务，委员三至五人，其中一项最为重要的职责是"养路行车会计及调查资产负债数目等办理程序由委员会拟定，铁道部核准"。

委员的委任由广东省建设厅负责，先是陈楚楠为主任委员，后因其病而换成崔玉麟。林玺新、陈楚楠、崔玉麟等均为整理委员会委员，委员会决定路款出纳由原董事会管理，其他职权依铁道部规章接收原公司所有管理权力。崔玉麟负责制订计划，区分缓急，次第进行。此时开建汕头跨韩江60米宽河面的桥梁，可通汽车，桥墩为钢筋混凝土，桥面为工字梁，面铺硬木，两旁设人行道，代替原来用船搭成的桥梁。

1930年2月27日，铁道部同意潮汕铁路委员会的提议，从3月1日起行李及零担货物运价一并改为大洋。结果引发潮汕社会强烈不满，公众认为这是变相加价，汕头市政厅发函请求铁道部暂缓执行。关于国民党军人、警察持证上车，潮安县发半票证等情况得到控制，经营情况有所改善。1930年6月23日委员会撤出，在整理期间所计划的重大事项已经完成，移交新董事会接管，作为重大建设项目的汕头跨韩江桥梁仍然在修建中，潮州站的加盖钢筋混凝土雨棚工程也在进行中（1933年2月完成），加强路坡、加开涵洞、提升路轨等工程也陆续完成。1930年从汕头出发乘车达13万人次。1931年出发旅客达15.4万人次。

铁路在地方由广东省建设厅主管，潮汕铁路的主要人员任命需要报广东省建设厅同意。其时广东航运局由广东省建设厅管理，韩江治河处的主要人员任命由广东省建设厅委任。

潮汕铁路公司于1933年5月3日下午在潮汕铁路公司办公楼客厅举行第一次路务会议，建立这一会议制度是为了改善铁路管理和建设。会议由余定余担任主席，会议第一议案为本路应否刊印月报或季刊一种，由余定余提出。议决先办月刊，将来再察看情形，再改为季刊。第二次路务会议于6月7日召开，又确定7月出版第一期，此后按季出版。

潮汕铁路公司于1933年7月开始出版《潮汕铁路季刊》，第一期季刊中对各站尤其是对汕头的介绍，对理解红色交通线1930年左右的历史城市环境有帮助，其中关于汕头的旅店写道："市内旅店可分三种，最高等者曰酒店。一夕宿费约二元至二十五元不等，饮食在外。乐天酒店，在商平路。中央酒店，在小公园。永平酒店、四海酒店,在永平路口。中原酒店,在居平路。是其规模较大者。另有比较清静者二,一曰适宜楼,在崎碌;一曰卧龙酒店,在外马路海关旁。西人来往多住此处。次为旅馆,每日一宿二餐,一元至四元不等。再次为客栈,其住宿收费与旅馆无异。但以客栈称者,皆以接待出洋客商为根本营业。此项出洋客商,每每众客共投一家,多至数百人,占一席地而卧,机不可得。客也安之。凡称旅馆者,则无此情形。旅馆与客栈,以至平路下段为最多。大抵标酒店者,多不派伙伴至轮船火车接客。旅馆与客栈,凡轮船火车到时,皆有人高呼牌号,招接顾客。旅馆带有行李者,较占其便利。"

分析前三次路务会议记录学习和第一期季刊内容,丘易色先生参加前两次路务会议,从旁证明这位后来的抗日烈士、机械学教授在离开潮汕铁路赴美学习后又返回原铁路公司,1932年美国学习归来后又回到潮汕铁路继续工作,担任了机务课负责人,推测1933年7月后才离开,第一期《潮汕铁路季刊》有丘易色的文章《赴美学习中航行杂记》《机务概述》。

著名作家、爱国人士杜重远在1931年至1932年间为邹韬奋主编的《生活》周刊撰写的系列《旅行通讯》,其中两篇为粤东旅行的场景,可帮助我们还原红色秘密交通线的社会生活状态。在1932年6月27日大埔高陂写的通讯中写道:"本月8日赴枫溪考察瓷业,乘潮汕铁路,约一时半即至。潮州铁路纯为商办,内部虽不十分完备,然能准时开车,准时抵站,已实属难得。车分头二三等。三等皆为普通乘客,买票登车,毫无揩油。二等则购票者与不购票者参半,且多有以三等票乘二等车者,查票员检票时,亦不敢深予追问,盖恐其背后皆有枪阶级,动辄享以'耳光'之答礼!头等多系灰色朋友,手持长枪,足登革履,大声喧嚷,怒目横眉,一若非如此不足以表示彼等之虎威也者。须有较高之长官同来时,则此辈方肯减格入座于二等中。"①

---

① 杜重远:《杜重远文集》,上海文汇出版社,1990,第34-35页。原文刊于1932年《生活》周刊第7卷第27期。

杜重远是到粤东考察瓷器市场，对枫溪、高陂生产的瓷器进行考察，同时完成邹韬奋交给的撰稿任务，此时他仍经营着中国民营资本最大的肇新瓷器厂。1933年杜重远放弃实业，接办《生活》周刊，改名《新生》。1939年他受周恩来之托赴新疆办学，1943年在新疆遇害。

根据李沛群同志回忆，周恩来同志从汕头到潮州买的火车票是二等舱，上车后发现没有什么人，周恩来同志一看不对劲，就与肖桂昌和小黄华（丘延林）走进三等舱。对车厢里发生的故事，除了周恩来同志的经历外，基本未有记录。

第四节　中央苏区与《寻乌调查》反映的粤东与苏区历史社会状况

1　《寻乌调查》与红色交通线的历史地理环境

1928年3月、6月，郭滴人、邓子恢、朱积垒、张鼎丞等领导了闽西地区武装起义，建立了红军游击队。1929年初，毛泽东、朱德、陈毅率领红四军主力到达赣南、闽西，在上述起义和根据地的基础上，先后开辟了赣南、闽西革命根据地。1931年1月，中共苏区中央局成立，周恩来任书记（同年12月周恩来到任，之前由项英、毛泽东先后任代理书记）。

1931年，中华苏维埃共和国中央政府由毛泽东担任主席，副主席由项英和张国焘担任。其时项英已经通过红色交通线南方线进入了苏区。同时成立中央人民委员会，张闻天担任主席。张闻天同志当时在上海，1933年1月才通过红色交通线南方线粤东段抵达瑞金。

毛泽东《寻乌调查》是在中华苏维埃第一次全国代表大会前完成的，1931年2月2日毛泽东在宁都写道："寻乌这个县，介于粤闽赣三省的交界，明了这个县的情况，三省交界各县的情况大概相差不远。"《寻乌调查》对当时的粤东大埔等县的社会经济状况作了描述，是重要的学习文件，可帮助我们全面理解红色交通线粤东段的社会情形。

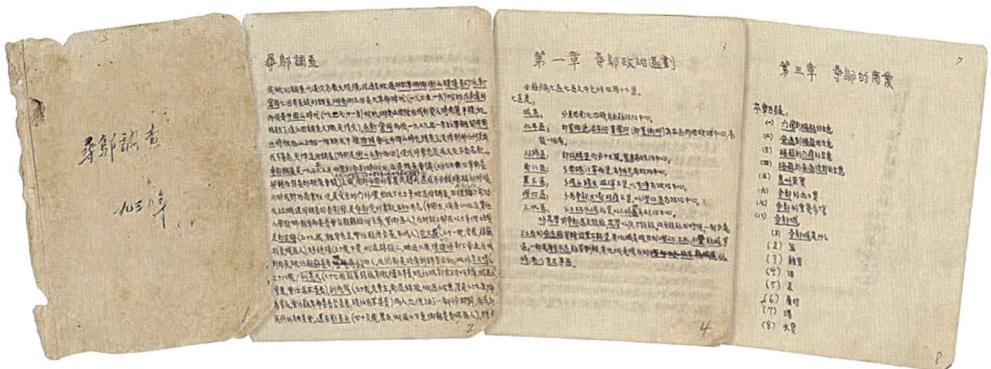

图43　1930年5月，毛泽东著《寻乌调查》

　　毛泽东同志在调查报告中概括水路、陆路运输后，紧接的就是邮政方面的调查。报告中写道："县城是三等邮局。一路走吉潭、澄江通门岭；一路走牛斗光通八尺，再由八尺通梅县；另由八尺分一路通平远。"平远的"八尺"在交通贸易、邮政转换等方面对寻乌意义重大，是向南和向东的门户和交通重镇。

　　利用几张20世纪30年代的广东历史地图，分析一下《寻乌调查》报告发表时南粤与寻乌的历史区域地理关系，可以更好地理解《寻乌调查》报告。

　　由于瑞金、兴国、于吉等江西省内各地的货物交易集中在米、豆和茶油，寻乌作为中转站交通转运的市场功能不明显，"这一条路上的生意，大宗是鸡，次是牛，又次是猪"，农副产品从寻乌的西面和北面，通过寻乌，目的地是梅县腹地，"鸡贩子由唐江带一直挑到梅县城或新铺（由寻乌走人柘去铁铺下船，直往松口，不经梅县）发卖"。毛泽东还分析了梅县鸡行卖给松口鸡行和直接走路挑贩至松口售卖的差价是3毛钱（而在寻乌每斤4毛），这里也说明因潮汕的消费市场大，松口商业贸易中心意义不亚于梅县。此外，寻乌没牛市，梅县、平远、蕉岭的人是买主。韶关南雄梅关古道的乌迳古道，常被忽略。从历史上分析，这里聚集地发展得最早，与江西信丰地理位置很近。信丰与南粤的地理关系非常紧密，贸易上也是。关于分析安远到梅县的生意时，对猪的贸易线路，毛泽东写道："信丰来的最多，安远次之，走两条路来，一条从安远城，经寻乌城，走牛斗光、八尺去梅县，这一路最多；一条由安远南乡，走公平、新圩、留车、平远之中坑圩，往梅县，这一路较少。"

税捐是调查报告的重要内容，关于烟酒印花税、屠宰税、护商捐、牛捐、赌博捐等苛捐杂税，调查报告做了详尽的分析。毛泽东在管理中央苏区社会经济事务时，就税收减免推出了许多有利于弱势群体的免税措施，如龙岗县枫边区财政部征收委员会对残疾人提供"免税证明书"。在苏区还发行货币以及信用合作社的股票，利用特殊的金融工具保持经济的发展。

因广东重商的氛围，再加上苏区人民和军队生存的需要，开展经济活动是要解决的首要问题。据调查报告反映，"五月县苏维埃大会采用赣西苏维埃颁布的累进提法"，毛泽东在调查报告中对税务制度分析透彻，全篇经济账算得非常细，将寻乌放在区域交通体系和市场服务体系中进行宏观的分析。在交通的分析上，注意水陆交通转换的成本估算调查，对水路在这地区的特点给予细致的描述："寻乌水从桂岭山盘古隘一带山地发源，经澄江、吉潭、石排下、车头、留车，流入龙川，下惠州，故寻乌水乃是东江上游。船可通过澄江。"调查还指出从寻乌至大柘通新铺的通道，新铺是水路连接松口的码头之一。水路运输其实是历史上的水驿运输，也是南粤古驿道具有南方水系特点的一种类型。

梅县向江西输送更多的是日用品和海货，它的货物中转腹地功能通过驿道，辐射至瑞金、石城、安远、信丰广大地区，"大宗是……布匹（梅县的去的少，兴宁的去的多，均买了洋纱自己造的。兴宁织造很发达。兴宁一般生意也比梅县大）及洋纱（外国货）这五类"。其他四类指的是洋货、盐、洋油和海味。毛泽东还分析了寻乌经济腹地市场的差异，又分析了罗福嶂木头从寻乌运到汕头市场和东江市场的价格差异，汕头市场价远高于东江地区。

毛泽东分析寻乌市场每一商户的原籍及谋生过程，其中来自梅州地区的占很大的比例。平远籍的韩祥林在此经营"潮楚"；韩祥盛来自八尺，本钱是700元，经营了十九年；杂货店十多家，多数为兴宁人，义成、潘月利、王润祥、潘登记、祥兴、永源金、志成共七家，主要经营布匹，这也是因调查报告前一部分提到的兴宁纺织业发达的缘故，而且杂货店多卖"洋货"，包括纸烟。纸烟有三处来源，其中一处是来自梅县，一处来自兴宁，还有一处来自赣州。市场的老板多来自梅州地区。毛泽东特别研究了兴宁人陈志成、罗义成开的杂货店，他们都是小本起家，"顺昌兴记"、卢权利、汤尧阶均是来自梅州。

"去年夏季，南半县抗租得了胜利，冬季又分了田，农村中三十岁以下的青年人，十分之七以上都穿起胶底鞋来（这种鞋的底是从广州运到兴宁，兴宁做成鞋子，每双十毛左右）。"毛泽东将供给侧的问题也讲清楚了，而需求方的需求还包括"新式衣""薄毛羽的夹褂子裤"。

寻乌受广东影响广泛，甚至连发型的流行也与粤有关，新式的理发工具来自梅县。发型的"文装亦名西装，花旗装就是美国装，它的来源是从南洋传到梅县，由梅县传到寻乌"。打洋铁、修钟表各仅有一家，店主分别来自兴宁、梅县。参加毛泽东调查会的基本上是本地人，其中一位是石排下人钟步赢，毕业于梅县师范，23岁，毛泽东在1931年2月2日写的说明中提到11人的名字，其中就有他。

调查报告提到三个年轻共产党员大学生，刘维锷在北大读了两年，邝才诚在北京师大读了一年多，刘维炉在广州中山大学读了一学期。

2 粤东、粤北省界的交通邮局和邮路

毛泽东在报告中写道："过去电报局设在吉潭，民国十一年移到县城。电线由吉潭通寻乌城，通筠门岭，通平远。"1931年的广东省公路长途电话全图反映了这一情况。

1925年制作的邮务分区图，详细绘出河流和邮路，各段邮路注有里程，邮路沿线地名注记详细，重要地名中英文并注，并附有图例，邮局等级分类、路线以及海运线路，均可以印证毛泽东的调查结果。图中出现了"牛斗光"这一地名，但要至平远需要在大柘进行转换，对邮线的保障而言，大柘更重要。走

岭南的记忆

吉潭是往北向南昌方向。在图例中分地区管理局、一等邮局、二等邮局、三等邮局和代办处,代办处是圆圈,其他四类用大小实心圆指代。寻乌是最小实心圆,所以称为三级邮局,梅州、大埔、三河坝、兴宁、镇平(蕉岭)、连平、始兴、南雄都是二级邮局,靠近大埔的峰市也是二级邮局,在寻乌许多镇仅设"代办所",永定也是代办处。

电报、电话是20世纪30年代重要的新技术,无论是规划还是实践,都是城乡发展水平的标杆。此图四周边缘标有经纬度,附图例。图中用红线绘出了广东省的公路长途电话路线。图上方附:广州市新区域图;下方附:电报局地名表。从此图分析,电话线路在粤赣地区建设相当不足,反而河源县的出线较多,这里

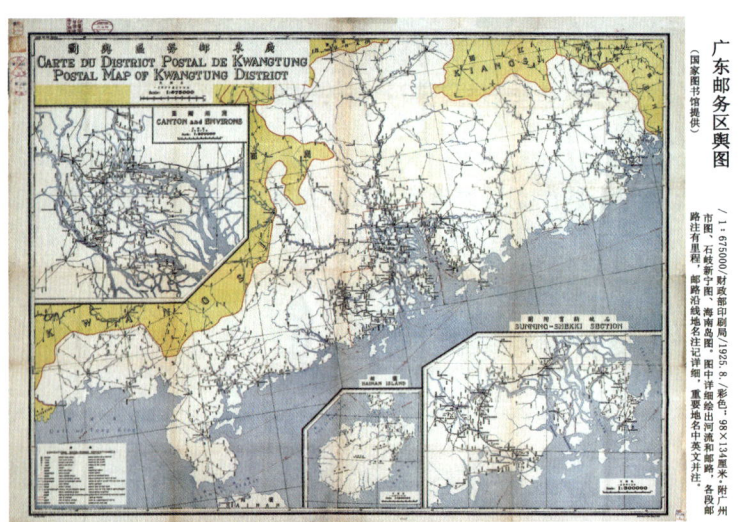

广东邮务区舆图
(国家图书馆提供)
/ 1∶675000/ 财政部印刷局/1925.8./彩色/ 98×134厘米,附广州市图、石岐新宁图、海南岛图。图中详细绘出河流和邮路、各段路程。邮路沿线地名注记详细,重要地名中英文并注。

图44 《广东邮务区舆图》,并列图名:CARTE DU DISTRICT POSTAL DE KWANGTUNG POSTAL MAP OF KWANGTUNG DISTRICT,国民党政府财政部印制局制作于1925年8月,彩色,比例:1∶675000,尺寸:98厘米×134厘米。收藏于国家图书馆。此图附有广州附图(1∶200000)、石岐新宁附图(1∶300000)、海南岛附图(1∶1200000)

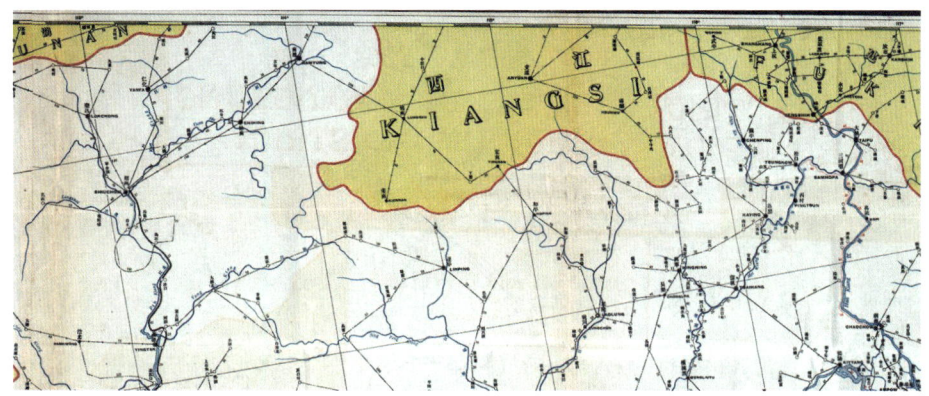

图45 邮政线路图（局部）

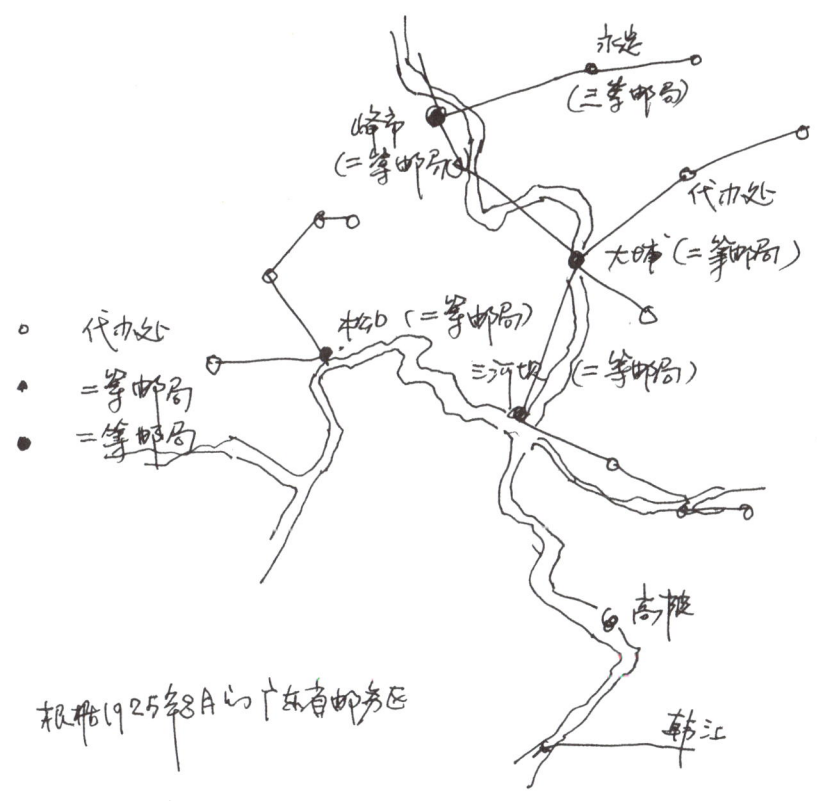

图46 1925年的邮务区和邮线（作者绘制）

岭南的记忆

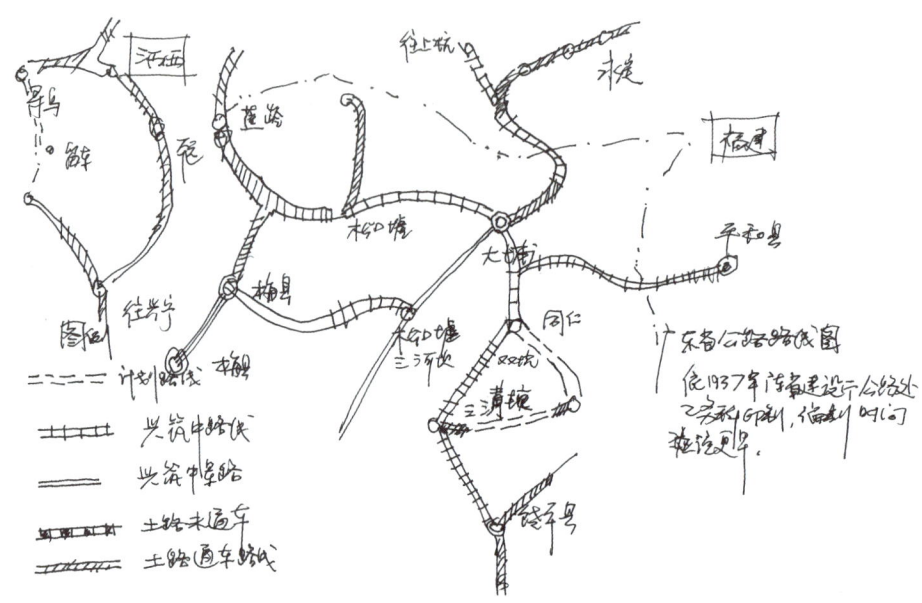

图47　1935年粤东北部的道路交通计划（作者绘制）

三江汇聚，而水运在交通尚不发达的历史阶段，其所起到的辐射作用明显，从邮路和电话线两张图看其在20世纪20—30年代的分布可以印证这一历史事实。

　　毛泽东的调查报告中写道："梅县至门岭不通车，货大部分是肩挑，盐通通用马子驮。"①从地图分析，在接近梅县的白渡才出现道路，图中没有出现"牛斗光"这一地名，但在邮务历史地图中可以找到，说明了毛泽东同志调查之细致。

　　九连山是粤赣之间的山脉，东江水源地之一，地图上反映了寻乌被九连山所隔，与赣的联系不如与粤的联系方便。

3　地图上的交通和村镇分布

　　《最新广东省明细大全图》这张历史地图制作于1931年，正好是毛泽东进

---

① 中共中央文献研究室：《毛泽东文集》第一卷，人民出版社，1993。

行寻乌调查时期，地名和实际历史地理场景比较接近。图例包括了道治、县治、要镇、村集、商埠、炮台和灯塔，界线分省界、道界、县界，还特别标明湛江被强占地界；交通方面双线为大路，单线为小路。从信丰至南雄村集有石塘、春坑和南大坊，重要的要镇是平田；寻乌与八尺、超石村、石正基本是直线连接，八尺是要镇，另两个是村集。

从图中分析，和平、龙川、五华、兴宁和梅县集市村庄分布均匀，而寻乌至广东界线内基本上没有集市村庄。

平远、和平、龙川、五华、兴宁、梅县和蕉岭与寻乌20世纪30年代的地理关系，影响到相互之间的贸易往来，而人口分布更是地域经济活动的重要因素。20世纪30年代粤东与中央苏区关联度高的城市城乡人口情况：兴宁42.9547万，梅县50.5296万，五华20.8995万，平远9.519万，蕉岭10.37221万，大埔30.4595万。[①]而在调查报告中，此时的寻乌城仅有2700人，往北交通受到限制，寻乌对外贸易方向必然是向梅州、潮汕流动。

广东省建设厅公路处是20世纪30年代初成立的，其编制了全省公路规划图，反映了时代的基本特征。此图标上北下南，左西右东，附有比例尺，附图例。图中详细绘制了全省的公路路线，特别用红色标注了有路面通车路线和土路通车路线，附有海南岛的公路路线图。这应该是最早的广东公路规划图之一，综合考虑了与周边省（湖南、江西、福建）的交通联系。规划寻乌连接吉潭再联系平远，信丰县与南雄规划直接公路。大埔与周围未有通车的路，或者正在修筑的土路，往闽西规划是绕开山体的路，梅县与松口之间有通车的土路。粤汉铁路已经开通为南北主要运输通道，由于它的拉动作用，粤北至梅县、兴宁的通车土路初具规模，而粤东北面的陆路交通极为落后，大部分正在兴筑中或者仅为计划。

---

① 《1945年广东政治经济等情况》，载《广东党组织重要文件选编》中册（广东省档案馆编）内部资料，2011，第986页。

从粤东进入中央苏区,粤北是红军长征出发地,红军从粤北撤离中央苏区,踏上长征路。粤北、赣西是不少留守红军为信仰而壮烈牺牲的地方。新田村是乌迳的古村,建筑文化遗产丰富,在乌迳新田村出现传统红砂岩石材为装饰的民居,是十分有特点的古民居。

红军撤退时,在西面首站就是乌迳,信丰是阮啸仙壮烈牺牲的地方,红色历史文化遗产有待开发,这是值得被挖掘的题材。在这些地区,红军第一军团在长征中经过的地点和里程如下:从赣穿越粤北——10月16日从铜锣湾出发,宿营地点为山王坝;17日经过锌山,宿营下油;18日经过唐村,宿营地为新谢;21日经过掩相,宿营新田;22日经过石背,宿营大坪;23日经过下山,宿营石材圩、老界子圩;26日经过乌迳,宿营三江口;27日经过小溪,宿营南村。[①]红军分两路过信丰河后,击退东南古陂、新田粤军,穿越南雄公路,突破了第一道封锁线。

---

① 陈宇编著:《谁最早口述长征》,解放军出版社,2006,第448页。

第五章　联共（布）、共产国际远东局档案中关于"中国劳动者共产主义大学"和"秘密交通线信使"的记录

从中央红色秘密交通线进入中央苏区的中共领导人或者年轻人，大部分是从苏联学习回国。20世纪90年代，共产国际许多档案解密，中共中央党史研究室第一研究部翻译的《联共（布）、共产国际与中国苏维埃运动（1927—1931）》第九卷，真实反映了20世纪20年代至30年代中共中央和共产国际的关系。位于莫斯科的俄罗斯国家社会政治历史档案馆所收藏的共产国际时期共产国际、中共驻共产国际代表团和中国留学生书信及原始档案，包括中国留苏学生入学申请、自传、与中共驻共产国际代表团的书信来往，是需要进一步挖掘

图48　1867年莫斯科第一中学鸟瞰和莫斯科城市的历史照片，莫斯科第一中学的教学楼（前方右下角）后来成为莫斯科中山大学的教学楼

的宝藏。近几年,有许多当年在莫斯科读书的中国留学生后代,来到这里寻找父辈的足迹。

1921年初,苏联开始组织东方训练班,后改名为东方劳动者共产主义大学,设立中国部。1922年11月初,陈独秀访问苏联,参加共产国际第四次代表大会,代表团成员还有王荷波和刘仁静,当时得知中共旅欧支部的许多同志在学习和生活中遇到困难,又获知东方劳动者共产主义大学因已有中国学生回国,腾出了20多个学位,征得共产国际和苏联同意后,陈独秀致函中共旅欧支部决定分批送旅欧同学转莫斯科就读东大。陈独秀对在苏联学习后回国从事革命工作的几位同志包括刘少奇、袁达时和彭黎和等回国后理论联系实际的意

图49 1931年的苏联科学院哲学研究所、莫斯科中国劳动者共产主义大学旧址局部,临伏尔洪卡大街的翼楼尚未拆除。根据救世主大教堂、俄罗斯科学院哲学研究所档案馆所藏1931年历史照片绘制,背景为普希金造型艺术博物馆。1918年社会主义社会科学院使用了这些历史建筑,1925年至1930年莫斯科中山大学开办于此。1931年时14号的公爵宫二层翼楼尚未拆除(作者速写)

识、工作能力和顽强斗争品质十分认可（他们回国后参加了中共二大，对继续派遣中国共产党的年轻人到莫斯科读书十分支持）。[1]从1923年3月至1924年9月，就有三批中国留学生进入东方劳动者共产主义大学就读。

存档的资料查询的难度之一在于名字上的对应，因为中共秘密工作需要，需经常换名字，填写的时候已经考虑回国后的隐蔽问题。1925年招收第一批学员正好是国共合作时期，在主要革命中心广州公开考选180名，在上海及其附近各省和北京附近各省分别秘密录取50名。[2]朱瑞当时是在广东大学念一年级时考上的，张心如也是在广州考试的，当时名字是张恕忠，他已经在广州从事革命活动，尽管德文好，还是选择到莫斯科读书；左权是程潜和林伯渠推荐作为军官准备进入苏联陆军大学，因需要学习俄语而改为进入莫斯科中山大学学习。[3]

1925年6月，团鹤山支书致信团中央告知派人赴莫斯科学习事宜：

中兴同志：

你送来五十号信，我们均收到了。莫地招考学生，我们这里特选二人报名。兹寄上报名表一纸，请为查收。查报名两君都是热心为贫苦阶级奋斗的人，懂革命的意义，能受团体拘束者。

我们接到通告后，本欲选农民同志去莫，但细察去国万里，农民如何有这样决心，且又难办到二百元旅费。至于妇女呢，则更不用说了。

现在报名二君，入选与否，请你们早日答复，以便他预备一切。

鹤支书记Wong[4]

---

[1] 唐宝林：《陈独秀全传》，社会科学文献出版社，2013，第340页。
[2] 孙耀文：《风雨五载：莫斯科中山大学始末》，中央编译出版社，1996，第9页。
[3] 孙耀文：《风雨五载：莫斯科中山大学始末》，中央编译出版社，1996，第23页。
[4] 中央档案馆、广东省档案馆：《广东革命历史文件汇集》（1925年），编出时间为1982年10月，印刷时间为1983年，第260页。

这封信函反映了1925年共青团地方组织对于到莫斯科读书的看法，也证明当时共青团中央也有一些推荐名额，通告广泛，启动时间是比较早的。当时鹤山团支部书记是王爱慈，清远人，青年团员，毕业于肇庆甲种农业学校，在阮啸仙的号召下，到了鹤山平民学校任教，深入发动农民运动。

莫斯科中山大学于1926年下半年招收第二批学员，在各省考录，考录方法有考试录取和推荐两种。在湖南的湖南大学国民党特别区是与湖南其他中等以上的学校分开考试的，有200多人参加，录取8人，甘泗淇当时的名字是姜凤威，别名姜炳坤。

1928年3月2日，共产国际执行委员会东方书记处副主任索洛维约夫致函布哈林，告知中共中央已经任命苏兆征为中共驻共产国际的代表。1928年，在莫斯科诞生了第一个苏联五年计划，共产国际第六次代表大会在莫斯科召开，中国共产党第六次全国代表大会也在莫斯科召开，因此在莫斯科的中共中央领导人较多，与在莫斯科读书的共产党员也有比较多的联系。

1928年12月17日，中共驻共产国际代表团团长瞿秋白（俄文名字斯特拉霍夫）参加共产国际执行委员会东方书记处远东部会议，讨论关于军校工作的领导问题。会议中讨论了在苏联军校留学的学生与中共驻共产国际代表团的关系、健康问题和饮食问题。1929年1月19日，瞿秋白在莫斯科与远东部讨论短期训练班问题，建议中共中央从大量武装斗争参加者中挑选人选（350人）派到中国劳动者共产主义大学学习。[①]

作为中共驻共产国际代表团领导的周恩来同志，1928年到了莫斯科后，解决了许多莫斯科中山大学校内的问题，如2月发生并一直持续到10月的"江浙同乡会"问题，学生多次直接写信给中共驻共产国际代表团，周恩来、瞿秋白、邓中夏等中央领导人公平公正地处理了这一事件。

---

① 中共中央党史研究室第一研究部：《联共（布）、共产国际与中国苏维埃运动（1927—1931）》第8卷，中共党史出版社，2020，第50页。

中共驻共产国际代表团于1929年上旬在莫斯科收到国内传来的毛泽东的小册子，要求伏龙芝军事学院中国班的班长刘云组织学习讨论。当时刘伯承、左权、屈武等在伏龙芝军事学院读书，1929年4月在学习讨论会上学习了毛泽东的小册子中的两篇文章——《中国的红色政权为什么能够存在》和《井冈山斗争》，都很想回国与毛泽东、朱德一起并肩战斗。①

萧劲光于1927年赴列宁格勒军政学院学习，向周恩来申请转学到伏龙芝军事学院（陆大）：

> 恩来同志！
>
> 我因经济关系不能在此久留，决于明日（14）返列城，这次来此，因你过于忙碌未能与你多谈，更没有去中国饭馆一次，不胜惆怅！
>
> 我的转学事竟成泡影，阿尔洛夫同志答复：1因为名额已满；2军政大和陆大的教育计划很少差别；3如允许了你的请求必跟随引起别人的请求；4过去两校中国班的教育计划不同，故所学不同。——②

萧劲光连续两次给周恩来同志写信，许多中国留学生对转入军校愿望强烈，瞿秋白、苏兆征、项英等中共驻共产国际代表团主席团成员都收到过类似申请。比如王一飞请求转入陆大或者军政学院：

> 代表团主席团，
> 一年级校长：
>
> 去年中共中央军部介绍我到莫斯科来学习军事，海参崴的招待员把我介绍到孙大，当时我向校长米夫同志和教务处书记请求派我到军事学校，

---

① 屈武口述、陈江鹏执笔：《屈武回忆录》，团结出版社，2002，第198页。
② 彭军荣：《红场记忆：中共早期留苏档案解密》，中国文史出版社，2015，第413页。

> 他的答复是：你既在黄埔学过军事，东大的军事班可不必去，而陆军大学和列宁格勒的军事政治大学现在已经过期，只有暂在孙大。——现在我们中国革命需要军事政治工作人才太急，如果可以学习军事的同志而定要经过中大毕业再转到军事学校，这是中国革命的时间所不能忍待的。——

王一飞是黄埔军校学生，中国共产党党员，中国青年军人联合会组织者。1927年8月与萧劲光同行，赴苏联学习，留在苏联工作参加苏联卫国战争，第三次国内革命战争时回国，中华人民共和国成立后任中共中央编译局副局长。①

萧劲光、涂作潮等同志均是最早回国通过中央红色交通线进入中央苏区，为中央苏区武装力量壮大做出重要贡献的军事专才。

1928年9月1日，周恩来与莫斯科中山大学的学生交流，他们对将来的前途提出个人意见。比如凤恩同学希望进入射击军事学校。张际春是黄埔军校第一期的学生，1927年进入莫斯科中山大学，是叶挺独立团营长，于1928年9月21日请求学习军事。

学员也积极向中共驻共产国际代表团提出建议，存档的文献中有一位东方劳动者共产主义大学军事班完成一年学业的同学，向中共驻共产国际代表团提出数千字的建议，部分摘要如下：

> 共产国际第九次扩大会议对中国革命问题的估计和我们代表团每次的报告中，很明白的解释中国革命，现在是个准备夺取政权的时期，快等着革命新高潮到来。我们在莫的同志大多数能够继续研究，确实适应中国革命的阶段，积极的准备大批的领导人才！
>
> 自去年武汉政变、汕头之役、广州暴动各时期，中共工作的同志的牺牲

---

① 中国人民政治协商会议广东省委员会文史资料研究委员会：《广东文史资料》第37辑，广东人民出版社，1982，第104页。

和以后各地白色恐怖下的损失，为世界各国革命所没有。现今在苏联约两千的学习同志，虽不能说是中共工作人才的命根，然而都实是中共前途的干部了。因此共产国际和联共中央直接指导和帮助下的中央，意义之大，耗费之繁，占全世界各支部的首位。……教务方面建议：1．有中国同志学习的各校，所有教育计划，不能勉强的和本国班（即俄国班）混而为一。2．我们过去对于政治的理论和认识，大都仍很浅薄，学校虽属军事性质，我们的政治科，也须加紧才好！3．须按照程度分班，每班人数不得超过20人。4．俄文一科，应特别加紧，尤其是在第一学期内。5．翻译数量和质量，应分配均匀。6．应注意教员和指导员的选择，能对中国问题有相当研究的更好。[①]

中共驻共产国际代表团为留学苏联的中国学生协调各方，花费了不少精力。1928年3月28日，苏兆征等同志向莫斯科中山大学副校长兼中国研究所副所长诺林介绍了中国加强农民的宣传鼓动工作情况，还处理了东方劳动者共产主义大学的冲突问题。5月3日，向共产国际提出培训中国革命干部的建议。1928年6月5日，苏兆征和向忠发致信共产国际执委会，要求加快东方劳动者共产主义大学与中国劳动者共产主义大学的合并。[②]1929年，瞿秋白、邓中夏等积极与各院校的学员沟通，听取意见。

在这些档案中，也有就个人问题提出申请的，主要是希望夫人能够到此一起读书，其中与经历红色秘密交通线的被护送人员有关的有几位。如署名为"柏台"的学员1929年12月9日给邓中夏的信如下：

中夏同志：

我经驿马回来时你已走了，本想同你一谈那边的地方情形，但是已不

---

① 彭军荣：《红场记忆：中共早期留苏档案解密》，中国文史出版社，2015，第132页。

② 尚金州：《中共驻共产国际代表团历史》，人民出版社，2019，第3页。

及了,那边的情形,简单的说,民族仇视的色彩非常浓厚,对于中国问题毫不注意,我已将此情形书面报告各级党部,现在所有的同志都很忙,因为这一万左右的俘虏已够我们忙了。

现在我托你一件事情请你帮忙,我的爱人王月梅极力想来莫念书,这种希望,我当然不能反对。无奈远东没有学额,不能来莫。这个问题你在远东时我曾对你提过。对于她赴莫求学的问题,黄平同志也不反对,黄同志给了她一封介绍信,介绍她到中大念书,虽然有黄同志的介绍信,是否收她还是问题,我希望你帮助她的忙,使她能够入学,免得她空跑一趟为盼。

对于月梅的履历,可略为介绍一点:她是上海的纱厂工人,在五卅前曾积极参加许多社会团体的工作,参加过几次罢工运动,在五卅运动时加入中国共产党。1926年底,由中共派到海参崴党校念书。因为她有病和小孩的关系,未毕业就退学。退学后因小孩关系未能做工,只做一些社会团体的工作,在最后的期间担任过伯力东方工人俱乐部的主任。

我想一个女工同志有要求念书的志愿,我们当然要帮她的忙的,我希望你站在同志的关系上极其量帮助她入学为要!

同志的敬礼!

柏台
1929年12月9号[1]

"柏台"就是梁柏台,"王月梅"是周月林的化名,1929年底她经过批准进入莫斯科中山大学预备班学习。梁柏台是在1921年5月作为第三批学员离开中国进入莫斯科东方劳动者共产主义大学学习,1923年受委派在海参崴组织

---

[1] 彭军荣:《红场记忆:中共早期留苏档案解密》,中国文史出版社,2015,第169页。

"五一俱乐部"为华工服务，他是中共负责人。后他受邀请担任国际劳工代表团翻译，为1927年5月在广州召开的泛太平洋劳动会议做准备。他于1926年底从莫斯科出发，1927年1月到海参崴，抵达广州时是1927年2月。这是他留苏五年多第一次回到祖国，但没想到发生了四一二反革命政变。梁柏台被捕后经同行国际劳工组织出面才被释放，后迅速返海参崴。先于1927年和1928年与周月林生下一男一女。1930年8月，周月林到莫斯科中国劳动者共产主义大学读书。1931年3月，梁柏台去到莫斯科，请求回国到中央苏区，共产国际批准了他的请求。他们夫妻二人忍痛将年幼的儿女留在莫斯科国际儿童院，再次通过秘密交通线于6月底回到上海，梁柏台于1931年7月沿红色交通线进入中央苏区。[1]香港交通大站提供的人员名单中就有"柏台"。

在中央苏区，梁柏台为中央苏区法制建设做出了重要贡献。周月林进入瑞金后成为中央苏区中央局妇女部部长，几年后她是中央苏区中央政府主席团唯一的女委员。[2]红军长征时夫妻两人均留守江西，梁柏台在突围时被杀害，妻子与瞿秋白一起被俘。

瞿秋白同志在中共六大后主要工作是负责中共驻共产国际代表团在莫斯科的工作，后周恩来到莫斯科出席共产国际第六次代表大会，1928年9月6日，有瞿秋白、周恩来等同志参加的中共中央代表团与联共（布）监察委员会、共产国际监察委员会一起发出《告苏联境内中国劳动者大学和其他学校全体中国学生、联共（布）党员和候补党员、苏联列宁共青团团员、中共党员和候补党员、中国共青团员书》。

周恩来同志于1928年在莫斯科时就处理了若干大学中的问题，1930年接瞿秋白主持代表团工作后仍然关心中国共产党干部培训问题。周恩来同志于1930年4月经德国、法国抵达莫斯科向共产国际汇报中共六大后的情况，7月5日在

---

[1] 陈刚：《人民司法开拓者——梁柏台传》，中共党史出版社，2012，第159页。
[2] 王健英：《第六届中央领导成员和中央机关高级领导人》，中共党史出版社，2016，第239页。

联共（布）十六大的大会上作《中国革命新高潮与中国共产党》的报告。瞿秋白、周恩来二人多次一起与共产国际执行委员会东方书记处讨论包括办学在内的中国革命问题。1930年8月下旬周恩来从莫斯科回到上海，在莫斯科共产国际第六次代表大会后的工作重点之一是中苏边境地下交通线，这一建议在1928年6月中共中央就向共产国际提出过。周恩来同志开始实质性着手筹建从苏联回上海的秘密交通，留苏回国人员有了通道保障。

联共（布）中央政治局是1925年5月15日正式决定在莫斯科组建中山大学，最初4月2日联共（布）中央政治局曾有建议在西伯利亚专门建立500人的中山大学。莫斯科中山大学或者称中国劳动者孙逸仙大学是1925年10月7日宣布成立的。

1929年6月，中共驻共产国际代表团向莫斯科中山大学提出了办学意见书，意见书指出中国劳动者共产主义大学是继承孙中山大学的学校，必须尽极大的努力加以改造，使它成为真正的共产主义大学。1929年12月24日于上海召开中共中央政治局特别会议，出席者包括向忠发、李立三、项英、关向应、周恩来、罗登贤、徐锡根。"现在到处都需要人，而从莫斯科学成归来的200到300人当中，适合做工作的不到50人。""学生问题。这个问题要有长远计划，并对他们进行训练。分出他们学习技能的类别。此外，还必须关心他们的未来。要把好的学生和好的骨干派回来。"[①]

1930年4月25日共产国际执行委员会东方书记处会议决定，撤销中国劳动者共产主义大学后，应该保留中国问题研究所，连同研究生部一起并入共产主义学院机关，在并入前仍保留在国际列宁学院机关系统内。1930年6月15日举行联共（布）中央政治局会议，讨论关于中国工人进军校的办法，决定在工农红军学校学习的中国人一律在当年毕业后转交中共安排；学习班主要是培养游击队

---

① 中共中央党史研究室第一研究部：《联共（布）、共产国际与中国苏维埃运动（1927—1931）》第8卷，中共党史出版社，2020，第286页。

的实际工作人员，学习班的期限不超过九个月。列宁学院是共产国际的党校，创办于1926年，董必武同志于1928年进入第三期的英文班，王若飞同志在中共六大结束后也进入列宁学院学习。①

最后一批赴莫斯科中国劳动者共产主义大学学习的有危拱之、刘英等同志，学校停办后，刘英同志争取进入了国际无线电学校学习，1933年回国通过红色交通线进入中央苏区，与危拱之同志重逢。刘英同志回忆："我是1929年3月中旬到莫斯科的。这批学生当中，女同志不多，只有十多人，记得名字的有：夏之栩、钱瑛等人。这一年，我和危拱之都是二十四岁。到达目的地后，大家分班当学生，我同钱瑛、夏之栩在一个班，危拱之在另一班。""当年暑假之后，学校不再上课，基本停办了，归列宁学院代管，学生走了一批又一批。我们一些女同学，分别被派到莫斯科市内的印刷厂、灯泡厂等当学徒，或者到医院学做看护。"②

1931年2月4日，远东局中共军事委员会顾问盖利斯③给周恩来的信中写道：

> 目前军事部最主要的任务如下：（1）同苏区和红军建立可靠的联系。……为了做到这一点，应由绝对可靠的人在下列地点：上海、香港、汕头、天津、厦门、广州、汉口、九江（或南昌）设立联络中心，领导中心工作的是一位负责的工作人员（站长），并要有足够数量的信使和联络员，他们往来于苏区与联络中心。联络中心不同党组织联系，不进行任何党的工作，而只是从事自己的工作。④

---

① 马员生：《旅苏纪事》，群众出版社，1987，第85页。
② 中共河南省委党史工作委员会：《怀念危拱之》，河南人民出版社，1986，第71页。
③ 盖利斯（1893—1937），1930年至1931年为共产国际执行委员会远东局委员、中共中央军事顾问组领导，1937年在苏联被非法杀害。
④ 姚金果、陈胜华：《共产国际与朱毛红军，1927—1934》，中央文献出版社，2006，第248页。

实际上在1931年1月30日中共中央已经将各交通站布置到位,周恩来同志亲自部署。1931年2月19日于上海雷利斯基①同向忠发和周恩来谈话记录中曾讨论无线电台等问题:

关于我们同志的行程

莫斯克文:初步计划是这样的,同志们去香港,在那里等候信使。我们对信使的指望没有实现。

问题:没有信使他们能否前往?这可能没完没了呀!

答:从汕头往前走不能没有熟悉当地情况、认识人、懂语言、熟悉地形等的向导。

"莫斯克文"为周恩来同志的俄文名字。②

1931年2月20日于莫斯科共产国际驻华代表埃斯勒在共产国际执行委员会东方书记处会议上的报告:

中央和苏区的联系。这种联系非常困难。何况我们至今还未能建立起固定的联络线。直到现在,同志们去那里像发送材料一样还是英勇行为,大体只有40%能成功。刚刚在长江上发现一条载有几名军人同志的小船,他们全部被枪杀。在这个问题上还有很多事情要做。③

1931年3月27日于上海雷利斯基同周恩来、张国焘和向忠发谈话记录:

---

① 雷利斯基(1893—1937),1930年至1931年为共产国际执行委员会远东局委员,1934年在苏联为共产国际国际联络部副部长,1937年在苏联被非法杀害。
② 中共中央党史研究室第一研究部:《联共(布)、共产国际与中国苏维埃运动(1927—1931)》第10卷,中共党史出版社,2020,第79页。
③ 中共中央党史研究室第一研究部:《联共(布)、共产国际与中国苏维埃运动(1927—1931)》第10卷,中共党史出版社,2020,第98页。

来自闽西的消息：护送布雷利斯基和科穆纳尔的信使已经返回。他们俩是3月15日到达闽西的。到那里很容易的。在上海和汕头都没有遇到任何困难。在从汕头到大埔的途中遇到的人不多，但还是有人。那里有很多传教士。在乡村有不少基督教堂。传教士来来往往几乎没有阻碍。从大埔坐船到了下一个村庄，那里有我们的同志。科穆纳尔和布雷利斯基等待一位同志，他们安排人在3月23日或24日去接这位同志。但是，挑着担子把物品运往那里非常艰难。小商贩很愿意把火柴、食盐和煤油从白区运往我区，因为这些商品在苏区价格昂贵。不过军阀们禁止这样做。因为他们对所有货物都检查得很仔细，很难将无线电设备运到那里。机器包装成12包，每包都需要两名苦力运送。不可能逃避对物品的检查，这意味着将它没收。①

"布雷利斯基"（应为"布林斯基"）和"科穆纳尔"分别是任弼时和王稼祥的俄文名字。谈话记录中提到的这位外国同志推断应该是盖利斯。根据1931年2月28日在上海盖利斯给别尔津的信，他本来准备与中央领导机构两位领导同赴苏区，后来因在轮船上被日本人注意到了，故取消行程。②

1931年3月28日共产国际执行委员会远东局从上海发给共产国际执行委员会的信提及：

我们有信使服务，而且这种服务在不断改善。只是很难找到可靠的、适应当地条件的人。通常有50%的信使落入敌人手中，这对工作是重大的损失。不总是能够轻易找到替代者，因为除了可靠性外，他们还应懂当地的

---

① 中共中央党史研究室第一研究部：《联共（布）、共产国际与中国苏维埃运动（1927—1931）》第10卷，中共党史出版社，2020，第162页。

② 中共中央党史研究室第一研究部：《联共（布）、共产国际与中国苏维埃运动（1927—1931）》第10卷，中共党史出版社，2020，第132页。

语言，没有什么引人注目之处，并同当地居民没有区别。①

雷利斯基给共产国际执行委员会东方书记处的信写道：

> 据莫斯克文报告，从1930年9月至1931年4月，政治局共向苏区派了228名同志，其中172人抵达目的地。……向中央（苏）区派了67人，57人到达。……布林斯基、科穆纳尔和另外20名同志已到达朱（德）毛（泽东）那里。……项英和无线电报务员是1月14日到达那里，他们有无线电台，但他们还没有用它来工作。②

1931年5月7日在莫斯科，盖利斯在共产国际执行委员会东方书记处处务扩大会议上报告："四中全会后，中央不得不花费许多金钱和力量来建立联络线路。现在已经同各苏区建立起这样的联络线路。这种联系正在进行中。不管怎么说，现在我们有可能把自己的人派到苏区去，我们的指示发到那里。"③

---

① 中共中央党史研究室第一研究部：《联共（布）、共产国际与中国苏维埃运动（1927—1931）》第10卷，中共党史出版社，2020，第180页。
② 姚金果、陈胜华：《共产国际与朱毛红军，1927—1934》，中央文献出版社，2006，第318页。
③ 中共中央党史研究室第一研究部：《联共（布）、共产国际与中国苏维埃运动（1927—1931）》第10卷，中共党史出版社，2020，第247页。

第六章　莫斯科中山大学和中共六大旧址考证

第一节　"红场"旁的大学

中央红色秘密交通线粤东段也被称为"红线",而有一批特殊的经历者是从"红场"旁的莫斯科中山大学等院校学习完回上海的。他们经历了西伯利亚大铁路进入中国的中央红色秘密交通线段,在上海停留一段时间后,踏上"红线"之旅,再次经受惊心动魄的秘密交通考验。1931年1月,杨尚昆和张闻天与左权、刘伯承一样从莫斯科通过西伯利亚大铁路经过秘密交通线在严寒中进入东北再转至上海,进入中央苏区时又走了同样的红色交通线。[①]

这一时期在"红场"政治上发生的若干重大事件与秘密交通线经历者有关:一是1928年3月共产国际来电同意中共六大在苏联境内召开,于6月至7月举行;二是1925年创立的莫斯科中山大学(UTK,俄文缩写)因国共分裂,1928年9月改名为莫斯科中国劳动者共产主义大学(KUTK);三是1931年中共中央由于顾顺章、向忠发叛变遭致命破坏,随后中共中央机关迁入中央苏区;四是在苏联学习后投身中央苏区工作和战斗的共产党员人数出现高峰,1930年中国劳动者共产主义大学停办。

莫斯科中山大学,也称中国劳动者孙逸仙大学(Sun Yat-sen University of the Toilers of China),开办于1925年国共合作时期、孙中山先生逝世后,1928年秋,东方劳动者共产主义大学的中国部并入莫斯科中山大学。1927年7月,国民党宣布不参加向莫斯科中山大学派遣学生并撤回已派遣学生,但莫斯科中山

[①] 《回忆张闻天》编写组:《回忆张闻天》,湖南人民出版社,1985,第2页。

岭南的记忆

大学认为孙中山先生是大家共同的象征,没有马上改名。1928年9月才改名为中国劳动者共产主义大学(Communist University of the Toilers of China),1930年夏停办。研究莫斯科中山大学等当年中国青年留苏学习的学校历史环境,有助于理解众多留苏学生的成长过程。他们从莫斯科回国,经历红色交通线进入闽西参加中央苏区军事斗争,发挥主力军作用,在文化、出版、法制等领域为中央苏区建设做出贡献,成为开拓者。

在莫斯科中山大学创办之前,莫斯科东方劳动者共产主义大学(Communist University of the Toilers of the East)是培养中国学生最重要的共产主义大学,于1921年5月创办,专门设有中国部,校址在莫斯科小普京科夫胡同5号。1925

图50 俄罗斯莫斯科中山大学旧址之一,拍摄于2016年

红色交通线的记忆·上篇——粤东历险

图51　左图为图50中建筑主楼室内墙上两位俄国著名学者伊万·阿克萨科夫和鲍里斯·奇切林的纪念匾，他们曾经居住在这里。右图为主楼室内一苏联哲学家纪念头像浮雕。拍摄于2016年

年之后中国部又分了知识分子班、工人班和军事速成班。1938年大学撤销，办学期间在校学员均1000名，培养了多国共产党的总书记，如越南共产党书记胡志明。该校是列宁领导下的共产国际第三国际倡办的，名誉校长是斯大林。[①] 莫斯科东方劳动者共产主义大学位于普希金广场特维尔斯卡娅大街15号，现在历史建筑已经不存在了。中国进步青年萧劲光、任弼时、刘少奇、蒋光慈、罗觉等在上海"外国语学社"（也被称为"俄文专修班"）学习，学习内容是俄文和马列重要基本理论。1921年春，他们秘密通过边境经西伯利亚大铁路抵达莫斯科，8月3日进入莫斯科东方劳动者共产主义大学学习。他们在苏联就读时加入中国共产党，都是莫斯科东方劳动者共产主义大学最早的一批中国学生。1922年12月7日，陈独秀利用出席共产国际第四次代表大会在莫斯科停留的时间，专程到了东方劳动者共产主义大学，参加了中共旅莫支部会议，会议通过了任弼时、王一飞、彭述之转为中共正式党员的决议。1922年，在莫斯科又建立了西方少数民族共产主义大学（The Communist University of Western National Minorities），校址在路德神学院（Lutheran College of Peter and Paul），校长为J.

[①] 萧劲光：《萧劲光回忆录》，解放军出版社，1987，第24页。

125

Marchlewsky,后于1935年停办。

此外,在莫斯科的莫斯科步兵学校和克拉辛炮兵学校,均位于莫斯科列佛多沃区。炮兵学校1929年毕业的中国学生有16名,1930年毕业的有15名,1931年毕业的有54名,朱瑞是其中的佼佼者。根据档案,步兵学校培养在册的中国学生有83名,首批学生于1929年夏天毕业后陆续回国参加武装斗争,1930年的毕业名册中有陈阿金的名字。陈阿金于1928年从东方劳动者共产主义大学军事班转入莫斯科步兵学校,①后通过红色交通线进入中央苏区,1934年在战斗中牺牲。

通过"红线"最早抵达中央苏区的军事专才之一是施简。他于1928年8月在列宁格勒军政学院学习,1930年12月29日与左权一起向南方局和中央报告闽西军事问题,并与左权一起指挥新红十二军作战,1932年5月在闽西的战斗中牺牲,年仅26岁。

杨林,1919年从朝鲜到中国新兴武堂学习,再到云南陆军讲武堂学习,1924年在广州黄埔军校学习,1925年参加叶挺独立团任第三营营长,1927年赴莫斯科中山大学和莫斯科步兵学校学习,1930年回国后在哈尔滨被中央军委任命为东北满洲地区东满军委书记,建立了磐石工农反日义勇军。1932年7月赴中央苏区,曾任劳动与战争部参谋长,红一方面军第一军团参谋长,1934年成为中央执行委员会委员,任中国工农红军大学军事总教官。参加长征,担任干部团参谋长。1936年2月在强渡黄河战斗中牺牲。

1923年3月,中共旅欧支部派赵世炎、陈延年、陈乔年、王若飞、熊雄、高风、陈九鼎、郑超麟、袁庆云、王菱汉、王圭、余立亚十二人作为第一批留学生赴苏联,1923年11月中共旅欧支部选派刘伯坚、肖子璋、李俊哲(李卓然)、李尉农、袁子贞、熊味根等十余人赴莫斯科东方劳动者共产主义大学学

---

① 彭军荣:《红场记忆:中共早期留苏档案解密》,中国文史出版社,2015,第65页。

习，这两批学生出行周恩来均亲自陪送至柏林，并为他们办好去莫斯科的有关手续。①1924年夏，旅莫支部派第二批人回国，郑超麟是其中之一，其后来参加中央机关报《布尔塞维克》刊物的编辑。1928年瞿秋白离开上海赴莫斯科参加中共六大，临别将杂志的编辑任务完全交给了郑超麟。②

李富春同志和蔡畅同志于1925年1月进入莫斯科东方劳动者共产主义大学学习，③向警予同志也是1925年进入该校学习。聂荣臻勤工俭学后转比利时沙洛瓦劳动大学学习化学工程，与刘伯坚是同学，参加中国共产党后又回法国做工和活动。《聂荣臻回忆录》中写道："送骨干去东方大学，从1923年就开始了。在我们之前，已经走了两批，第一批是1923年3月，有赵世炎、陈延年、陈乔年、熊雄等；第二批是1923年11月，刘伯坚等同志就是这一批走的；我是第三批，同我一起走的，有李林、熊味耕、胡伦、范易、傅烈、穆青等同志，共20多人。我们离开法国之后，其余同志也陆陆续续从巴黎转到莫斯科，李富春、邓小平、傅钟、李卓然等同志，分别于1924年底和1925年先后到了莫斯科。"④"在东方大学学习了三个月，1925年根据共产国际的通知，我和其他同志一起，被抽到苏联红军学校中国班学习。"聂荣臻同志从比利时转莫斯科就读的是莫斯科东方劳动者共产主义大学，邓小平从法国转莫斯科就读的是莫斯科中山大学。屈武同志在回忆录写到，邓小平同志与他一样是插班生，在班会上自我介绍时，邓小平说自己是1926年1月，与傅重、任卓宣同行，从巴黎到柏林，又从柏林到莫斯科的，同班还有左权、蒋经国、乌兰夫、俞秀松、徐君虎等23人。左权1929年9月转入莫斯科伏龙芝军事学院学习。伏龙芝军事学院，也被称为陆军大学，创建于1918年，原名为工农红军总参谋部军事学院，1921年改名为工农红军军事学院，1925年改名为伏龙芝军事学院。1928年共有左权、

---

① 怀恩：《周恩来生平大事记》，四川人民出版社，1986，第75页。
② 郑超麟：《郑超麟回忆录》，东方出版社，2004，第8页。
③ 房维中、金冲及：《李富春传》，中央文献出版社，2001，第32页。
④ 聂荣臻：《聂荣臻回忆录》，解放军出版社，2007，第29页。

陈启科、屈武、黄涤洪、刘云、刘伯承六名中国学生。刘伯承于1928年10月入校，刘云于1927年3月入校，左权于1927年9月入校，陈启科于1927年9月入校，屈武于1927年入校，黄涤洪于1928年入校。①②

第二节　莫斯科中山大学旧址历史空间分析

据1925年莫斯科中山大学第一批学员庄东晓回忆："莫斯科大学（简称中大或孙大）帮中国培养革命干部。莫斯科中山大学的校址在莫斯科中心区的沃尔洪卡大街。校舍是旧俄官僚的私第。三层楼房，③规模相当，可容近千人。"④与庄东晓同行的黄秀珍（原名王辩）回忆："莫斯科中山大学坐落在莫斯科河西岸的沃尔洪卡大街上，是一座四层楼房，与皇家大教堂只有一路之隔；这座教堂是世纪闻名的大教堂之一，是俄国皇帝加冕典礼的地方。"⑤《杨尚昆回忆录》对莫斯科中山大学的环境作了描述：是一栋四层的楼房，里面有教室、办公室、图书馆和餐厅，据说革命前是俄国一位贵族的官邸。屋宇宽敞豪华，大厅里浮雕精致、吊灯堂皇。楼前一片树林，间有排球场地。⑥此外杨尚昆同志的回忆录谈到原来的学生住在大楼里，但他到达时大楼教室紧张，他们开始在另一栋楼住，是大房间，一间室住不少学生。《蒋经国日记》1925年12月3日那篇写道："红场的大钟很响亮地打了七下，克里姆林宫城上的天色渐渐

---

① 《左权传》编写组：《左权传》，当代中国出版社，2005，第131页。
② 彭军荣：《红场记忆：中共早期留苏档案解密》，中国文史出版社，2015，第72页。
③ 原文如此。实际上应为四层楼房。——作者注
④ 中国人民政治协商会议广东省委员会文史资料研究委员会：《广东文史资料》第33辑，广东人民出版社，1981，第66页。
⑤ 中国人民政治协商会议广东省委员会文史资料研究委员会：《广东文史资料》第25辑，广东人民出版社，1982，第29页。
⑥ 杨尚昆：《杨尚昆回忆录》，中央文献出版社，2001，第23页。

发出红光。四十多个中国男女青年,整整齐齐排在莫斯科大教堂前面上早操。这是孙逸仙的劳动大学生每天的第一课。"1937年3月25日那篇又写道:"今天我要离开莫斯科了,早晨五时就起床,从我的房间望出去,可以看见克洛母城堡(克里姆林宫),同我十二年以前所看见的克洛母,差不多完全一样,不过几个教堂顶上的双头鹰已经看不见了,现在所能看见的,是由宝石制成的五角星。克洛母是苏联的政治中心,我曾到过四次,一次去参观(1925年),一次是参加共产国际会议(旁听:1926年),一次是参与军事国际学校毕业典礼(1930年),一次是参加苏维埃大会。孙逸仙大学前面的大礼堂,在三年之前已被拆毁。现在在那里正在开始建筑伟大的劳动宫。"①

《屈武回忆录》中写道:"中山大学坐落在莫斯科城内莫斯科河西岸的瓦尔劳柯街,是一栋规模不小的坐东朝西的旧式四层楼房。环境清静优美。楼前有一个大花园,花园中有一条林荫小径。花园对面是著名的皇家大教堂和彼得

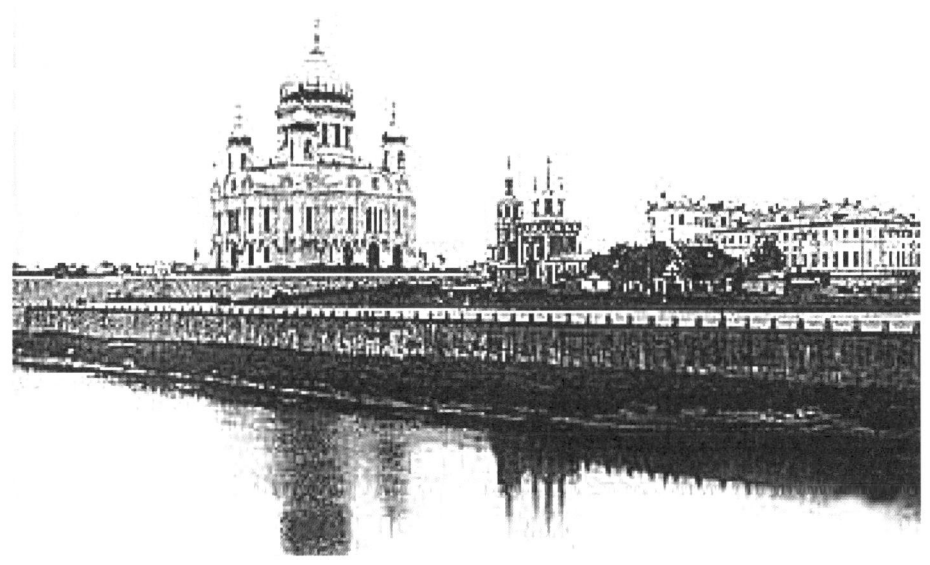

图52 莫斯科中山大学对面大教堂历史照片(引自俄罗斯网站www.archiactuul.com)

① 张日新:《蒋经国日记》,中国文史出版社,2010,第8页、第49页。

岭南的记忆

图53 沙皇时期的救世主大教堂,莫斯科中山大学开办时亚历山大二世雕像已经被拆除,莫斯科中山大学学员就是在此广场做早操(引自俄罗斯网站www.archiactuul.com)

大帝铜像。皇家大教堂前,是中山大学的操场。清晨日出之时,或傍晚夕阳西下时,这里的景物格外壮观。

"这栋旧式楼房,虽说不上豪华,但也宽敞实用。教室宽大明亮,我们班22位同学每人一张大桌子,上课、自习、开会,都在这里。学校内部图书馆、俱乐部、礼堂、饭厅、理发室、洗澡间应有尽有。

"学生宿舍在另外两处,离学校不远,步行十几分钟就到了。宿舍大、小间都有,大间住七八人,小间住二三人。宿舍很漂亮,很宽敞,是过去俄国贵族的公馆。"①

莫斯科中山大学开办时,关于中国留学生的居住苏联方面安排得比较周到,《张闻天年谱》描述张闻天于1925年11月24日进入莫斯科中山大学,被编

---

① 屈武口述、陈江鹏执笔:《屈武回忆录》,团结出版社,2002,第168页。

入中大一班,此班学员英文基础较好。他住学校主楼二楼,同室为伍修权,隔壁为吴亮平,张闻天的俄文名字为伊斯美洛甫。

《李文宜回忆录》写道:"学生宿舍有好几处,我住的宿舍离学校较近,走得慢时约十到十五分钟,快时只要五六分钟即可到校。早出晚归,在学校食堂吃饭。宿舍所处的街名忘了,只记得门牌号是6号,是一所十月革命时没收的贵族的住宅,建筑十分漂亮,有宽阔的大理石台阶,上铺红丝绒地毯并用铜管一级级拦着。"①李文宜同志是1928年夏季入学,当时这里住着50多名中国女学生。

莫斯科中山大学校部所在地是沙俄时期贵族米哈德尔·米哈伊洛维奇·戈利钦亲王(Mikhailovich Golitsyn,1684—1764)的私人庄园,但当年大学校园的具体环境比较模糊,在涉及该学校的历史人物研究各类文献和书籍中,采用的现场照片有多种而且是不同历史建筑。

现在入口大门顶部的纹章装饰就是戈利钦家族的族徽,冠饰是沙俄亲王等级的王冠冠饰,盾面上分三区,部首部分寓意物是立陶宛和白俄罗斯许多贵族拥有的"白骑士"造型,骑马的骑士手执有斯蒂芬十字架的盾牌,红色盾面,这可以理解为家族与斯拉夫民族的渊源,戈利钦家族祖先来自立陶宛。盾面下半部分二等分,右面是开叉

图54 1931年开始拆除的救世主大教堂,背景是莫斯科中山大学和苏联科学院哲学研究所旧址(引自俄罗斯网站www.archiactuul.com)

① 李文宜:《李文宜回忆录》,东方出版社,2004,第104页。

岭南的记忆

十字架，中间是小盾徽，有一只双头鹰。盾面为蓝色，小盾徽为银色，双头鹰为黑色。左面是一座金色宝座，两边是黑熊，为护盾兽。底部还分出一盾面，寓意物为双鱼。盾边饰为王袍。铁枝门扇有戈利钦亲王的名字文织字母（Monogram）缩写"PMG"（Prince Mikhail Golitsyn），为铁枝门的上部装饰。

根据俄罗斯学者鲁斯塔姆·拉赫马图林（Rustam Rakhmatullin）的演讲资料，戈利钦庄园大门建于1768—1770年间。1740年，戈利钦亲王与安娜女皇的心腹Avdotia Buzheninova在圣彼得堡成婚，这是女皇撮合的婚事。戈利钦亲王首任妻子早逝，戈利钦曾到意大利，爱上了一位意大利姑娘并改信天主教。当秘密被公开后，戈利钦不得不

图55 从普希金造型艺术博物馆一侧所看到的戈利钦庄园保存完好的原大门和普希金造型艺术博物馆分支——私人收藏博物馆，拍摄于2016年

图56　戈利钦家族的族徽　　　　图57　戈利钦庄园大门的族徽装饰，拍摄于2016年

离婚并将意大利姑娘送回意大利。1740年结婚后，戈利钦亲王夫妇回到莫斯科的戈利钦庄园，生下两个儿子，这位妻子在1742年去世，戈利钦亲王再婚。

在庄园大门对面的科利马奇宫的领地上，沙皇伊万·弗拉基米罗维奇·茨韦塔耶夫（Ivan Vladimirovich Tsvetaev，1847—1913）决定建造一座博物馆。1896年提出此项目，初时定名为亚历山大三世皇家美术博物馆，公开建筑方案招标，共有19位俄罗斯建筑师参加竞标，最后由建筑师罗曼·伊万诺维奇·克莱茵（Roman Ivanovich，1858—1927）获得，当时他是俄国著名的建筑师。1898年开始建造博物馆，1912年开放。该馆现在拥有约70万件藏品，1937年改名为国立普希金造型艺术博物馆。2017年决定建造21世纪国立普希金美术馆，主要展出俄罗斯和西方当代艺术作品，包括展览、研究和教育等功能，2020年建成。

普希金在1830年底回到莫斯科时经常出入戈利钦庄园，参加舞会等活动，1830年至1831年普希金回到莫斯科，这时他与冈察洛娃结婚。普希金对戈利钦家族非常熟悉，他最具有代表性的小说《大尉的女儿》完成于1833—1836年，小说中描写了18世纪战争中的戈利钦公爵："不久，戈利钦公爵在塔基希瓦要塞附近击败了普加乔夫，打散了他的队伍，解了奥伦堡的围，看来，是给了这次叛乱以最后的打击。"①其中提到1774年3月22日米哈伊尔·戈利钦（1731—1804）参加的一场战斗。当1937年普希金逝世百年纪念之时，博物馆用了普希金的名字，更名为国立普希金造型艺术博物馆。

对莫斯科中山大学的研究文章，大部分引用了盛岳1970年左右在美国写的回忆录《莫斯科中山大学和中国革命》一书，该书于20世纪由中国现代史料编刊社翻译为中文，于2004年由东方出版社出版。由于盛岳描写环境仅选择了救世主教堂，忽略了国立普希金造型艺术博物馆（也就是历史上的亚历山大三世皇家美术博物馆）的存在。

在十月革命时，沙皇时期的地主、银行家等的官邸和皇家宫殿首先被苏维埃政府征用，一些教堂被拆除。历史上有五个圆顶、高102米的救世主大教堂，

---

① 普希金：《普希金集》，花城出版社，2008，第228页。

图58 1905年建设中的博物馆、安装中央门廊山墙
（引自俄罗斯国立普希金造型艺术博物馆官方网站）

于1882年竣工，1883年5月26日亚历山大三世加冕典礼时启用。十月革命后仅是救世主大教堂前的亚历山大雕像被毁，但教堂一直存在至20世纪30年代初。1931年教堂主体建筑开始被拆除，主体于1931年12月5日被炸毁。

20世纪20年代苏维埃政府开始讨论在莫斯科建造一座集行政和会议于一体的摩天大楼，以展示苏维埃的力量，最后在1931年选址于救世主大教堂旧址。1931年举行了一次设计竞赛，5月结束，但没有方案获选。后又举行第二次国际竞赛，参加的建筑设计机构有160个（其中有24个机构来自国外），共提供272份方案，世界级的建筑大师勒·柯布西耶、格罗皮乌斯等参加了竞赛。最后是苏联建筑师鲍里斯·约凡（Boris Iofan，1891—1976）的设计方案"苏维埃宫殿"获奖，中选的方案计划在摩天大楼顶竖立100米高的列宁塑像。①斯大林亲自审定建筑方案，提出方案中的建筑高度要超过埃菲尔铁塔。1931年至1933年开始拆除大教堂。1937年工程开始，首先建造喷水池，1941年因第二次世界大战而停工。1958年转型利用原已经开工的喷水池建造了大型莫斯科游泳池，从1960年至1980年以此功能运作。1994年游泳池被拆除，1995年至2000年依据原来救世主大教堂的设计重新建造了救世主大教堂。

图59 "苏维埃宫殿"大楼顶方案中计划构建的100米高列宁像与其他雕像比较（引自俄罗斯网站www.archiactuul.com）

图60 1932年"苏维埃宫殿"建筑设计方案剖面鸟瞰图。莫斯科中山大学对面原来的大教堂被拆除，拟建"苏维埃宫殿"。因二战而停工。1960年至1980年被转型利用为莫斯科大游泳池（引自俄罗斯网站www.archiactuul.com）

---

① 塔·阿·莫洛科娃、弗·巴·弗罗洛夫：《莫斯科文化遗产》，周玲玲译，中国建筑工业出版社，2014，第95页。

莫斯科中山大学旧址与国立普希金造型艺术博物馆和救世主大教堂在空间上构成三角地理关系，国立普希金造型艺术博物馆在戈尔钦庄园的东北面，救世主大教堂在戈尔钦庄园的东面马路对面。

2017年春天戈利钦庄园关闭修缮，此前英国建筑师诺曼·福斯特爵士负责历史建筑的活化利用，庄园的历史成为俄罗斯科学院哲学研究所、国立普希金造型艺术博物馆等的专家讨论的主题。俄罗斯学者鲁斯塔姆·拉赫马图林是一位活跃在俄罗斯的历史遗产保护者、阿赫纳佐尔运动（Arhnadzor，俄罗斯关注历史建筑保护的组织）协调员。早在2010年2月25日，他在俄罗斯科学院哲学研究所的演讲中，全面展示了戈利钦庄园的多样性历史，虽然莫斯科中山大学占的篇幅有限，但非常肯定地谈到莫斯科中山大学就是原莫斯科第一中学。

1918年社会主义社会科学院选址在戈利钦庄园，1924年更名为共产主义学院。在莫斯科中山大学办学时期，苏联科学院哲学研究所就在校园中，是共产主义学院的一部分。历史上18世纪该主楼仍然保持原两层的原貌，1928年至1930年增加至四层。

莫斯科中山大学使用的建筑之一是1819年至1918年开办的莫斯科第一中学的教学楼。莫斯科第一中学是一所服务于俄罗斯贵族和政府官员的孩子的中学，影响俄罗斯政治和文化的不少人物就是毕业于此中学，早期最为知名的校友是沙皇时期国民教育部长博戈列波夫。苏联两位著名人物布哈林和爱伦堡1903年至1905年间在此中学就读时是同学。伊利亚·爱伦堡在回忆录中写道："我读书的那所中学在沃尔洪卡的救世主基督教堂对面，从学校去织匠胡同，我有时搭乘铁轨马车。拉这种马车的都是驽马；快到普列奇斯坚斯克大街的陡坡的地方，便有一个小男孩跳进马车；他拉着第二匹马，即辅马的缰绳，死命地喊叫催马前进。"①布哈林在自传中写道："这时1905年革命到来了，到处举

---

① 伊利亚·爱伦堡：《人·岁月·生活　爱伦堡回忆录》，冯江南、秦顺新译，海南出版社，2008，第16页。

图61　1913年冬天的莫斯科第一中学，后来成为莫斯科中山大学

行群众集会、示威游行等等，当然，所有这一切我们都积极参加。1906年，在毕业考试期间我同伊利亚·爱伦堡一起在斯拉德科夫壁纸厂发动了罢工。"① 莫斯科第一中学的教学楼历史上称为多尔戈鲁基庄园（Dolgoruky Manor），处于戈利钦庄园主楼西面，沃尔洪卡大街16号。

校园是俄国著名贵族戈利钦的庄园，历史上曾多次增扩建。普希金造型艺术博物馆始建于1898年，也是利用戈利钦庄园用地建造，于1912年开馆。该馆在俄国的美术馆地位仅次于圣彼得堡冬宫，并且规模不断扩大，而庄园的许多历史建筑也被改为博物馆。

1985年，国立普希金造型艺术博物馆扩大展览空间，在戈利钦庄园东南角沃尔洪卡大街14号（该处仍然是戈利钦庄园的建筑），建于19世纪下半叶的

---

① 中国社会科学院马列主义毛泽东思想研究所：《论布哈林和布哈林思想（译文集）》，贵州人民出版社，1982，第3页。

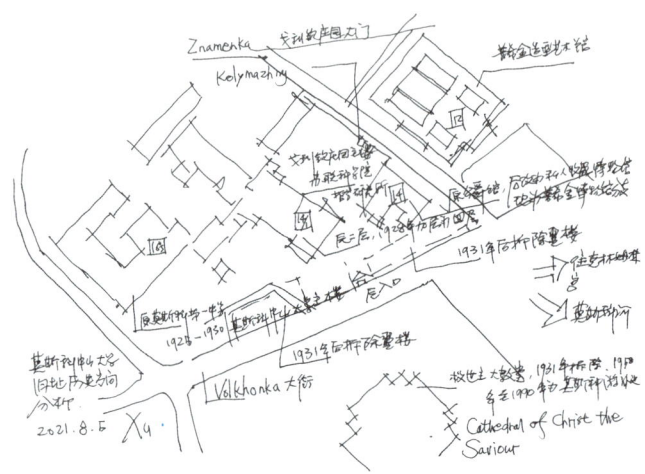

图62 莫斯科中山大学旧址分析图——历史的变迁和国立普希金造型艺术博物馆、救世主大教堂和戈利钦庄园的空间关系

戈利钦家族历史城堡建筑被开辟为"私人收藏博物馆"或者称为"19世纪至20世纪欧美艺术画廊",于1994年对外开放。该历史建筑是19世纪末,由瓦西里·扎戈尔斯基(Vasily Zagorsky,1846—1912)设计的,他是克里姆林宫内历史建筑的主要修缮建筑师。这座建筑在20世纪30年代之前有两层翼楼,曾经作为旅馆,被称为"公爵旅馆",中学时代的伊利亚·爱伦堡曾经住过。1920年曾作为苏联外交人民委员部的宿舍,爱伦堡在苏维埃任职时又一次住在此翼楼里,在20世纪他写的回忆录中仍然充满感情地提及此建筑。这栋历史建筑应该也与莫斯科中山大学有关。

根据《张闻天年谱》,1928年9月26日,中国劳动者共产主义大学教员班、研究生和研究员问题委员会举行会议,决定研究员、研究生和教员班学员的组成。张闻天被列为研究联共(布)党史的三名研究员之一,另两名为陈原道、陈定远。同时确定的研究员有经济学:沈泽民、卜世奇、竺廷璋、傅胜蓝、薛萼果(孙冶方);世界史:王稼祥、沈联春等;党的建设:郭绍棠、黄励;经济地理:杨放之、吴亮平、云泽(乌兰夫);军事顾问:黄仲理。确定研究所的研究生为方瑛、董亦湘、西门宗华、高衡、胡学文、陈绍禹等共六人。[①]留校读研究生或者当研究员的人数不少，张闻天在政治经济学教研室，吴亮平在世界经济地理教研室参与教学，19岁给一个班上世界经济课。当时的教研室、研究所在戈利钦庄园的哪栋历史建筑有待研究。莫斯科中山大学设立了几个附属机构，有翻译局、中国问题研究所、中文印刷厂和国际评论部，创办三份刊物，分别是《国际评论》《中国问题期刊》和俄文的《中国问题》季刊。

历史上在庄园的几座府邸都是用木结构廊道联系在一起。从历史资料和历史建筑现状关系可以判断，沃尔洪卡大街14号的画廊、14号之一的主楼（俄罗斯科学院哲学研究所）和16号的莫斯科第一中学旧址，均是莫斯科中山大学的旧址。

学校停办后莫斯科科学院哲学研究所仍然在其中的主楼，经常举行讲座，被称为"我们的哲学之家"。1990年至2000年，哲学研究所使用一楼和顶层，国立人文科学学院使用其他楼层。2015年，哲学研究所正式搬出。

2010年，英国建筑师诺曼·福斯特爵士提交了一份哲学研究所所在大楼改造方案，试图利用大玻璃屋顶方式弱化三、四层，恢复二层坡屋顶的历史样式，引起争议。

主楼是戈利钦的儿子米哈伊尔·戈利钦1774年根据叶卡捷琳娜大帝的要求所建，这是一座二层的有山墙的坡屋顶建筑，有高大的窗户，科林斯柱式的两层高柱子凸显，叶卡捷琳娜从圣彼得堡来到莫斯科时使用了这座建筑。当时此处有另一个名字叫普雷斯琴斯基宫（Prechistensky Palace）。

此后，在庄园陆陆续续建起几座府邸，并利用木结构将这一系列建筑联系起来。主楼一层在19世纪末对外出租，不少俄罗斯的文人曾居住此处，在大楼内墙上有数块纪念匾，记录了居住于此的名人。其中包括斯拉夫主义代表人物

---

① 中共中央党史研究室张闻天选集传记组编、张培森主编：《张闻天年谱》，中共党史出版社，2010，第93-94页。

伊万·阿克萨科夫，他于1885年至1886年居住于庄园中，以及学者鲍里斯·奇切林，他于1881年至1886年居住于此。斯拉夫主义哲学思想是产生于19世纪30—40年代的俄罗斯社会思想派别，是相对西方主义而言，主张俄罗斯未来发展应以本民族传统宗教为基础，探索俄罗斯自己的路。

图63　18世纪时期莫斯科戈利钦庄园主楼的建筑立面（引自俄罗斯网站www.anshina.com）

图64　英国建筑师诺曼·福斯特爵士为戈利钦庄园主楼设计的方案（引自俄罗斯网站www.anshina.com）

第三节　中国留学生在莫斯科的其他校址

根据彭述之的记忆："东方劳动大学的高大建筑，耸立在特维尔斯卡娅和普希金林荫大道的拐角处。面对俄罗斯这位不朽诗人的铜像，东大校舍恰好位于市中心。""此外，在特维尔斯卡娅大街的另一边，说得确切一点，即林荫大道第五十一号，住着三百至四百左右不同民族、不同国籍的学生。"①

1921年至1923年苏联的经济状态是困难的，东大的学生宿舍较简陋，个人用品比较简单。

1935年5月，陈潭秋伤情加重，沿红色交通线到了上海治病，8月赴莫斯科参加中共驻共产国际代表团工作并在国际列宁学院学习，②初到莫斯科时居住在特维尔斯卡娅大街10号柳克斯国际宿舍（Hotel Lux），或者称为柳克斯旅馆，1921年任弼时、刘少奇、萧劲光在入学东方劳动者共产主义大学之前，也入住此旅馆，被安排轮流列席共产国际代表大会。③根据彭述之的回忆，当在欧洲勤工俭学的首批中国青年人在陈独秀的关心下抵达莫斯科学习时，在这里参加完共产国际第四次代表大会的陈独秀尚未离开苏联，与儿子陈延年、陈乔年及其他几位准备入学东方劳动者共产主义大学的学生相遇，在柳克斯旅馆举行了一个小型的晚会。但郑超麟的回忆则不一样：陈独秀帮助陈延年等办好一行人的手续后，于1923年1月回国，1923年3月，陈延年等抵达莫斯科。聂荣臻的回忆录也证明第一批从欧洲到来的同志是3月到苏联的。柳克斯旅馆原来为1911年建造的四层的建筑，十月革命后被布尔什维克征用，1933年增加两层，增加300间房，地址由于街名更改而变更为高尔基街10号。从1921年开始，参加共产国际大会的代表开始集中入住柳克斯旅馆。1924年李大钊出席共产国际第四次会议，也是居住于此旅馆，1928年瞿秋白担任第一任中共驻共产国际代表团团

---

① 彭述之：《彭述之回忆录》，天地图书有限公司，2016，第244页。
② 陈潭秋：《陈潭秋文集》，人民出版社，2013，第333页。
③ 蔡庆新：《组织大家任弼时》，贵州人民出版社，2012，第9页。

长，与夫人杨之华和7岁的瞿独伊也住在柳克斯旅馆，从1928年起住到1930年7月回国。①黄药眠于1929年在德国与廖承志相遇，在莫斯科青年团共产国际工作期间，其与廖承志经常见面的地方也是廖承志住的柳克斯旅馆："后来我到莫斯科后，他也常来莫斯科，大概每年要开一二次会吧。我也不知道他开什么会，因为他不告诉我，我也不问他。他在莫斯科，常住在Lux旅馆，和Chang同住在一起。"②师哲曾担任任弼时的秘书，在莫斯科时任弼时担任中共驻共产国际代表团的团长，任弼时和师哲均住在柳克斯旅馆。

1954年该旅馆更名为"森特拉尔纳亚酒店"（Tsentralnaya Hotel），后来戈尔巴乔夫上台，特维尔斯卡娅大街恢复原名，酒店地址仍然为特维尔斯卡娅大街10号。

苏联时期的国际列宁学院（the International Lenin School，缩写为ILS）档案中有一份"生活用品交接清单"，为1930年10月3日所存。当时根据国际列宁学院部门莎波瓦洛瓦同志的安排，果戈里街心花园14号管理员扎列斯基同志办理交付手续，比杜希金同志负责将一些大学生（如今不住在14号楼）物品接收入库。③档案中列出学生留下物品清单，从清单内容看，中国和苏联的物品各备，苏联的物品以御寒为主，如皮靴、呢绒衣服等，中国带来的物品有毛毯、内衣等。档案提供的信息中，除了果戈里大街14号为共产国际安排中国留学生居住外，还有果戈里大街7号和20号。果戈里街心花园居住处在莫斯科中山大学的北面不远，果戈里大街的起点就是救世主大教堂，在国际列宁学院的学生与莫斯科中山大学的学生来往很方便。莫斯科东方劳动者共产主义大学在北面普希金广场。这些学校与居住点之间均步行可达。

---

① 张秋实：《瞿秋白与共产国际》，中共党史出版社，2004，第242页。
② 黄药眠口述、蔡彻撰写：《黄药眠口述自传》，中国社会科学出版社，2003，第151页。
③ 彭军荣：《红场记忆：中共早期留苏档案解密》，中国文史出版社，2015，第182页。

国际列宁学院于1926年5月开办，原来位于米罗斯卡亚-普洛西亚德大街和乌利察-瓦尔瓦尔卡大街交会处（Miusskaya Plashad 6 in Moscow, 25a Ulitsa Vorovskogo），处于莫斯科的市中心。因容量不够，1931年迁至新校舍，位于麻雀山（Leningradsky Prospekt 49 in Moscow），办学时间是1926年至1938年，第二次世界大战后曾作为苏联高级党校、社会科学研究院，现在是一所金融学院所在地。

《苏联闻见录》是由鲁迅作序的介绍苏联社会主义国家现状的重要进步书籍，1932年11月由上海光华书局出版。作者李文益同志于1926年加入中国共产党，1927年赴苏联学习，在莫斯科中山大学和东方劳动者共产主义大学均有学习经历，1931年回国在冬季写成该书稿，同乡柔石托鲁迅于1932年4月为书作序，出版此书时作者使用笔名"林克多"。① 书中介绍莫斯科中山大学写道："该校是孙中山大学的旧址。1928年秋，改名为'中国人的共产主义大学'，学生均为中国人。去年——1930年下半年取消后，归并到国际列宁学校去。我在去年夏天，碰到一个该校的学生，就问他校内情形。他说'我们学校的设备，非常完备，有医院、队球场、网球场、婴儿院、图书馆、打靶场等'。"这是中国第一部全面介绍苏联莫斯科红色院校的书，冒险在上海光华书局出版，作者隐蔽自己的身份，但该书出版后马上被列为禁书，1935年大光书局又再版。书中介绍了苏联社会主义国家工人生活、国家的文化和教育制度，还重点介绍了"中国人的劳动大学"、国际列宁学院、马克思恩格斯学院、红色教授学院、东方劳动者共产主义大学、西方少数民族共产主义大学等红色学校，其中对国际列宁学院的描述写道："学生所住的宿舍是从前资本家或贵族的房子。我曾到过他们的宿舍，房子建筑华美，自不待言。饮食方面，则为四十五卢布一月的伙食费，在苏联是头等饮食，即使苏联最高级的官吏，也没有这

---

① 李浩：《旧迹拾遗：鲁迅相关的若干人和事》，上海社会科学院出版社，2018，第52页。

样。现在该校因为读书人数增加,原有的校舍与宿舍,不够使用,今年——1931年由共产国际支出五百万卢布,在列宁山—莫斯科河之南岸,建筑一个很大的新校舍。内中有运动场、游泳池、俱乐部等,非常宏壮。就俱乐部来说,可以容纳二千余人。"①这一重要史实,与上述1930年10月3日所存档案历史时间正好对应上(国际列宁学院中国学生宿舍果戈里街心花园14号的搬迁,可能是因学生回国,也可能是因寻找靠近新校区的地方)。列宁山现在在莫斯科常被叫回旧名"麻雀山",在1935年至1999年期间该处被称为"列宁山"。

1928年7月,左权、陈启科在伏龙芝军事学院学习时写信给中共领导人周恩来、苏兆征,留下的住址是马克思−恩格斯大街13号楼10号住宅9号房间。现在的俄罗斯国立图书馆在沙皇时期被称为皇家鲁米采夫博物馆,在苏联时期被称为国家鲁米采夫博物馆,1925年再改为苏联国立列宁图书馆,所处的位置就是对着马克思−恩格斯大街和莫霍夫−加里宁大街,可知道他们宿舍的位置也是处于中心区。涂作潮、宋廉、刘希吾、覃显猷写信给中共中央代表团留下的住址是列宁格勒军事通讯联络学校,苏维埃大街32号乙。

---

① 林克多:《苏联闻见录》,光华书局,1932,第25页。

第七章　莫斯科郊外的"五一村"及中共六大常设展览

第一节　历史档案中记载的前期准备

1928年6—7月，中共六大在莫斯科郊外一处俄国贵族别墅召开，代表团秘密从海参崴乘坐西伯利亚大铁路的火车抵达莫斯科。从国内调了几名熟悉俄语的共产党员协助俄语翻译工作，潘家辰、庄东晓夫妇就是其中两位，庄女士在中华人民共和国成立后在广东省中苏友协、广东省外事办公室、广东省文史馆工作。她是1925年进入莫斯科中山大学学习，1927年回国后在汉口、上海从事秘密工作，邓颖超、蔡畅等同志为方便秘密工作，称她为"八妹"。中共六大结束后她进入国际列宁学院继续学习。在莫斯科中山大学读书的几位学生也参加了中共六大的会务和翻译工作，如蔡树藩、涂作潮等，他们作为列席旁听代表参加会议，没有选举权。根据俄罗斯国家社会政治历史档案馆所藏档案（彭军荣翻译），翻译团组成人员如下：

完全替代表团工作者：施益生、西门宗华、传胜蓝（从正月一日起）、由军政大学调来的一个同志、廖焕星（归中大中国问题研究室支配）。

分出一部分时间替代表团工作者：沈泽民、卜世奇（从正月一日起）、王稼祥、周达明、俞秀松、黄平、陈绍禹、潘家声（潘家辰）。

从部分翻译人员进入翻译团的时间看，是从"正月一日"起，证明大会的准备工作开展得很早，此外，莫斯科中山大学中国问题研究室在起草文件过程中，发挥了一定作用。

1928年5月上旬，周恩来、瞿秋白、邓中夏等搭乘"基辅号"苏联货船抵海

岭南的记忆

图65　修复后开放的莫斯科中共六大旧址（作者速写）

参崴，再乘火车抵莫斯科，住特维尔斯卡娅大街团结旅馆。5月16日，在莫斯科部分代表参加讨论会，主题为"南昌暴动"。6月7日，周恩来、苏兆征、瞿秋白、邓中夏等召集已经到达莫斯科的部分代表举行谈话会，讨论中共六大各种议案议题。①

第二节　中共六大的广东代表团

展览内容表明，中共六大广东代表团是规模最大的代表团。广东香山古道群英辈出，在中国共产党的历史发展中，有两位重要人物来自这里，他们就是

---

① 冯资荣、何培香：《邓中夏年谱》，中国文史出版社，2014，第329页。

杨匏安和苏兆征。这两位来自香山县的伟人的名字同时出现在最早的广东党组织文件之一——1925年7月《中国广东区委关于省港罢工情况报告》中，他俩同时成为五人指挥机关的成员。①在莫斯科郊外西南40公里的"五一村"，有一处对于苏兆征人生最后岁月来说最重要的场所，就是中共六大遗址。苏兆征从香山古道淇澳岛的一栋普通的两开间的渔村小屋，走向大千世界，领导了轰轰烈烈的省港大罢工，到莫斯科中共六大在"银色别墅"里被选为中共常委，达到革命人生的辉煌高峰，惜半年后因劳累过度病倒，回国一个月就走完了人生旅程。苏兆征是在中共六大召开之前来到苏联的，1928年4月参加赤色职工国际"四大"，之后留在苏联提早数月在莫斯科参与中共六大筹备工作，在大会结束后又继续留在莫斯科参加其他共产国际组织的会议，回国后于1929年2月25日病逝，邓颖超在他临终前记下了他最后的遗嘱"大家同心合力，一致合作，达到革命的最后成功"。②

中共六大大会代表有142名，有表决权的正式代表84名。参加的各地代表团以广东省代表团人数最多，共20人，其中15人有表决权，饶君强在莫斯科东方劳动者共产主义大学读书，作为旁听代表。广东代表团成员身份工人居多，经常是用方言发言，邓颖超同志在广州工作过，懂粤语，还成为粤语翻译。③饶君强就是饶卫华，两年后成为中央红色交通线香港大站的站长。

中国共产党党史的总结中对中共六大的评价是：此次大会明确革命处于低潮，党的总路线是争取群众，克服党内存在的"左"倾情绪，实现工作转变，起到积极的作用。其中一点不足是片面强调党员成分无产阶级化和"指导机关工人化"。④广东代表团基本是广东籍，但广东省委书记李立三是湖南籍；彭湃、李源没有参加，但仍然被选为中央委员。

---

① 广东省档案馆编：《广东党组织重要文件选编》，内部资料，2011，第10页。
② 《人民日报》2005年3月12日第二版。
③ 盛岳：《莫斯科中山大学和中国革命》，东方出版社，2004，第201页。
④ 中共广东省党史研究室：《从党的一大到十九大》，载"粤史资政"平台。

部分广东代表的登记表

何省代表	保密号、姓名	职业	何种工人
广东	黄敬之	工人	海员
广东	张全	工人	机器
广东	曹俊升(更生)	工人	海员
广东	25(苏兆征)	工人	海员
广东	39(成文)	工人	油业
广东	44周秀珠	工人	机器制造
广东	36袁炳辉	工人	海员
广东	38(彭公祖)	工人	印务
广东	40(梁亿才)	工人	海员
广东	邝成志	工人	机器
广东	16唐明德(唐球)	工人	机器
广东	17黎作东	工人	机器

(资料引自下方中共六大纪念馆展览文档,登记表中有的代表仅有保密号,现已根据《中共六大轶事》[①]书中的研究补充填写。)

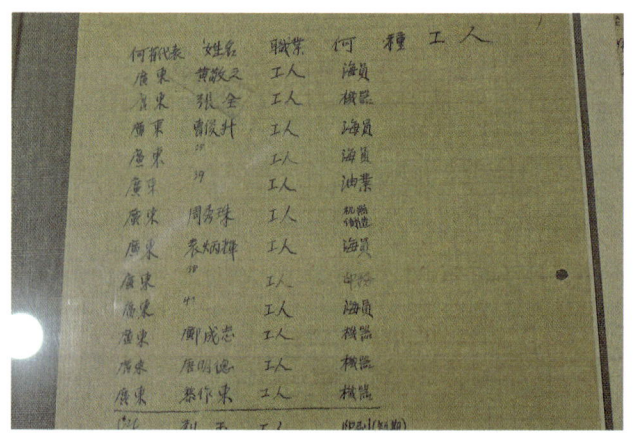

图66 参加中共六大部分广东代表登记表,2016年拍摄于莫斯科中共六大纪念馆

———
① 李蓉:《中共六大轶事》,人民出版社,2010。

第三节　莫斯科郊区的"银色别墅"会址和新展览馆

盛岳在《莫斯科中山大学和中国革命》一书中写道:"一个出席中共六大的东方共大学生回忆说,大会会址是在塞列布若耶(Serebroe),是莫斯科近郊兹维尼罗德镇(Zvenigorod)不远的一座乡间别墅。这座乡间别墅原来是沙皇时代一个地主的财产,它的名字的意思是'银色别墅',因其白墙在阳光下光耀夺目而得此名。"①盛岳是当时在莫斯科中山大学学习的中国留学生,他的妻子秦曼云当年作为莫斯科中山大学学生参加会议,他们俩在20世纪30年代被捕后叛变脱党。由于苏联在后期住房紧张,"银色别墅"成为集体农庄的宿舍。研究者们于20世纪90年代开始寻找,最终确定该处为"五一村"帕尔科瓦亚街18号。2011年7月王海涛所拍摄修缮前的照片显示,历史建筑塔楼被拆除,入口门廊被拆除,但墙上的装饰仍然存在,尤其珍贵的是三层窗下的花环纹饰清晰可见,首层的窗的边框保留了拱顶石的装饰图案。

这座小镇现在属于莫斯科州,居住人口为1.6万人,历史记载是始于1338年,15世纪时是莫斯科公国的一部分,1784年获得城镇的权利,成为莫斯科富有人家的度假地。城市的起源传说中有"钟声的城镇"的说法,现在的城市纹章为蓝色盾面上有金色镶边的一口钟。

代表们从国内秘密出发到莫斯科的路线基本是从满洲里和绥芬河出境,或者在哈尔滨由共产国际远东部的秘密交通站带过境,要花一个月的时间才能到达目的地,并且由于受到国民党通缉,不少代表还没出国已经被捕。

东方劳动者共产主义大学和莫斯科中山大学是当时在苏联学习的中国留学生的主要学校。王凡西是当时在东方劳动者共产主义大学学习的学生,该校部分学生参加了会议的筹备和辅助工作,当会议结束后王凡西从参加会议的同学中了解到会议的情况,他后来在其回忆录中写道:"向忠发是工人领袖。扬子江上的撑船工人出身,曾任武汉总工会委员长。在中国的工人运动史上,其地

---

① 盛岳:《莫斯科中山大学和中国革命》,东方出版社,2004,第198页。

图67　中共六大纪念馆大楼的入口，拍摄于2016年

位与南方的苏兆征相等。"①苏兆征在中共六大被任命为职工运动委员会书记和国际代表交涉财政及交通事宜。

中共中央新一届领导结构是展览重要的内容，在纪念馆的展览中有关文档记录如下：

中共六届一中全会选举的中央政治局和政治局常务委员会委员名单

中央政治局

委员（7人）：苏兆征、项英、周恩来、向忠发、瞿秋白、蔡和森、张国焘
候补委员（7人）：关向应、李立三、罗登贤、彭湃、杨殷、卢福坦、徐锡根

---

① 王凡西：《双山回忆录》，东方出版社，2004，第64页。

政治局常务委员会

委员（5人）：向忠发、周恩来、苏兆征、项英、蔡和森

候补委员（3人）：李立三、徐锡根、杨殷

中共第六届中央政治局第一次会议选举产生的中央领导机构

中央政治局主席兼中央常委主席：向忠发

中央常委秘书长：周恩来

组织部部长：周恩来

宣传部部长：蔡和森

军事部部长：杨殷

职工运动委员会书记：苏兆征

农民运动委员会书记：李立三

妇女运动委员会书记：张金保

党报主笔：蔡和森（兼）

和国际代表交涉财政及交通：苏兆征（兼）

展览内容之一是会场规则，六大大会有严格的纪律，纪念馆展览所展示的文档中，有如下的会场规则：

大会会场规则

主席团会议通过　一九二八年六月十八日

（一）会场秩序

开会时间每日（从十八日起）上午九时至十二时，下午一时至四时止。五时至八时休息，晚九时至十二时委员会议。

每次召集开会以振铃（小铃）为号，不得迟到过五分钟。

召集会议后已到会场正式代表超过到会正式代表过半数，主席即有权宣布进行议事日程。

开会时会议秩序由主席团值日主席维持，值日主席有权调节一切举止行动。主席团值日主席由主席团轮流担任。

未经主席团宣布散会，正式代表不得自由离席，如有特别理由，应得主席团值日主席允许，方能离席。

（二）议事细则

大会逐日议事日程由主席团拟定宣布之。

每次会议中如有议事日程以外的临时问题，应在会议议事日程进行完毕或得到主席团允许后方能提出讨论。

每种问题讨论之开始应在该项问题报告之后，由主席团征求同志发言，然后进行。

愿发言的同志应用纸条签上自己的名字（用自己的号码代替）提交值日主席，到开始讨论时，由值日主席指定发言。

发言时应站在主席台旁之发言台上。

讲话时间正报告与副报告由主席团预先决定。对于讨论之发言每人至多三次：（A）对于政治报告之讨论：第一次至多四十分钟，第二次十五分钟，第三次五分钟。（B）对于其他问题：第一次二十分钟，第二次十分钟，第三次五分钟。有特别需要时，得主席团或大会许可后延长之。

发言之时应先报告自己的号码。

发言时如涉及讨论范围之外时，值日主席有权制止。

讨论终结时，由报告人收集各方意见做出结论交各该项问题委员会讨论后，向大会报告结果，并提出议决草案由大会通过。

表决以出席会议的有表决权代表之多数为标准，表决时代表应举起表决权号码。

中国共产党第六次代表大会秘书处

红色交通线的记忆·上篇——粤东历险

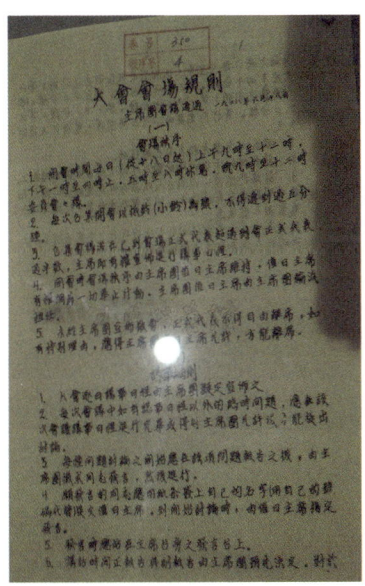

图68 《大会会场规则》的油印件

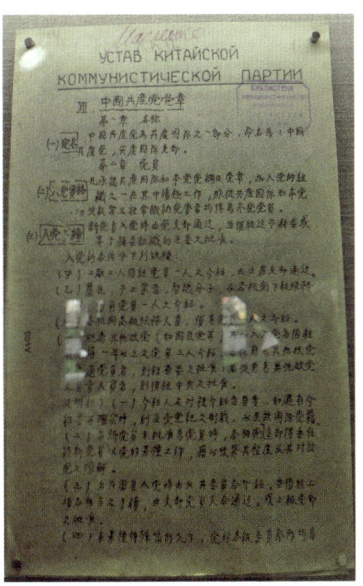

图69 中共六大《中国共产党党章》油印件，2016年拍摄于莫斯科中共六大会址常设展览馆

图70 中共六大纪念馆展示的代表们从国内秘密出发到莫斯科的路线

图71　莫斯科中共六大开大会的会议厅

图72　莫斯科中共六大会址围栏上的牌匾，写着"中国共产党第六次全国代表大会会址常设展览馆"

第四节　中共六大会议之后

俄罗斯国家社会政治历史档案馆保存着一张未知年份的于中午手写的关于1928年中共六大选举的中央委员会名单，统计显示，中央委员会委员牺牲的15人，做工作的9人，叛变的9人，消极的2人。

因为瞿秋白被列在牺牲的统计名单内,关向应被列入"做工作"人员统计中,对周秀珠则注明"在狱中",而她是1937年1月被释放的,所以推测该名单写于1935年后、1937年之前。周秀珠出生于香港,是省港大罢工的重要组织者,革命烈士罗登贤的妻子。

参加中共六大的江苏代表团代表是项英、王若飞、温裕城、蔡畅等共12名,是规模较大的代表团,人数排在顺直代表团之后。1928年11月上旬,项英回到上海。[①]1930年12月项英代表中共中央抵达闽西,任中共苏区中央局代理书记。项英同志两年内就穿越了两条封锁线,经历两条截然不同的秘密交通,从莫斯科到中央苏区。中共六大代表董必武,参加完大会后分别在莫斯科中山大学、国际列宁学院学习,在莫斯科就表示愿到中央苏区工作,1932年3月离开莫斯科,经过秘密交通于6月抵达上海,1932年7月经过红色秘密交通线粤东段抵达闽西。董必武同志此时已经47岁。[②]徐特立同志也曾在莫斯科中山大学学习,入学时间是1928年8月21日,学生证号是1112号。

在苏联时期,集体农庄的宿舍后来发生大火,居民搬出。2013年习近平主席对俄罗斯进行国事访问时,提议修缮设立六大纪念馆,纪念馆最终于2015年对外开放。

---

① 王辅一:《项英传》,中共党史出版社,1995,第66页。
② 《董必武年谱》编纂组:《董必武年谱》,中央文献出版社,2007,第102页。

第八章　红色交通线又见"左联"

中央红色秘密交通线长达数千里,最为惊心动魄的是粤东段的数百里。回顾广东的革命历史,有不少辉煌的节点,但对中央红色秘密交通线的研究、保护不足。老一辈革命家周恩来、刘少奇、邓小平和陈云,与毛泽东、朱德的历史性齐聚,离不开中央红色秘密交通线。李富春、潘汉年、瞿秋白、吴亮平、李一氓等是代表中共在上海发起左翼文化运动的领导人,或者是领导左翼文化的临时中央文化工作委员会(简称"文委")的成员,左翼文化运动开展后,他们也是通过惊心动魄的粤东段进入中央苏区开始新的工作。中共临时中央政治局被迫从上海迁至中央革命根据地瑞金,老一辈革命家均在1931年左右经历艰难的近一个月的路程到达瑞金,其中许多故事都发生在惊心动魄的粤东段。

第一节　"左联"领导人穿越粤东段时"左联"作家笔下的韩江

经韩江北上入古驿道,成就了中央苏区红色力量的壮大;经韩江南下闯上海滩,铸就了一批生长于韩江流域的中国左翼文化之魂!

李富春、潘汉年和瞿秋白等是中共在上海发起左翼文化运动的领导人,左翼文化运动开展后,他们也是通过惊心动魄的粤东段古驿道进入中央苏区开始新的工作。而上海"左联"文艺青年冯铿、洪灵菲、戴平万、蔡楚生、陈波儿、梅益、柯柏年、蒲风、陈子谷等,则是沿韩江南下,在汕头登上开往上海的轮船,在中国共产党的领导下,在1930年至1935年期间投身左翼文化运动。中共临时中央政治局被迫从上海迁至中央革命根据地瑞金,老一辈革命家均在

1931年左右经历过惊心动魄的粤东段穿越之旅。他们的行进路线均是从上海至香港、坐海轮抵达汕头,再从汕头坐火车经潮汕铁路至潮州、乘电轮船进入梅州大埔茶阳,再由大埔青溪步行约一天一夜抵达与福建交界的伯公坳,最后进入中央苏区。

通过红色交通线粤东段进入中央苏区的共产党人中,潘汉年、瞿秋白、李富春、李一氓、吴亮平、张心如等多位共产党领导人,是在上海左翼文化的引导者,或是指导上海左翼文化运动的"文委"的领导人。1930年2月,上海左翼联盟成立,前期的协调工作是由他们具体操作。潘汉年和吴亮平一起到内山书店与鲁迅谈了中共中央的意见。① 两年后他们在秘密而紧张的交通线上时,未必能够意识到沿线的地区就是在他们引导下,参与上海左翼文化运动的众多文学家、社会学家和艺术家的故乡。通过这批韩江流域成长起来后赴上海参加更广阔的文化活动的作家之笔,领略红色交通线粤东段80年前的场景,具有缅怀和理解的双层作用。

上海"'左联'五烈士"中唯一的女性冯铿,从出生到中学时代都生活学习在韩江边,在汕头完成了她的中学学业。她于1930年5月在上海代表"左联"参加了中共中央秘密召开的全国苏维埃代表大会,见到滕代远、李一氓和何长工。② 冯铿对于韩江充满感情,少年时期经常去那里郊游。1925年出版的由汕头友联中学主办的《友联期刊》第五期刊载了冯铿的杂文《休假日游记》,文中一开始就写道:

> 人类是动的、灵活的,这是人人都共知道啊!可是"动"这个字,却有形式和精神的分别,怎么讲啊?比如我们天天研究学理,一天有一天的进化、变更,这就是精神上的"动"。旅行、郊游,换一换新鲜的环境,

---

① 张云:《潘汉年的一生》,上海人民出版社,2008,第48页。
② 李一氓:《李一氓回忆录》,人民出版社,2001,第119页。

这就是形式上的"动"。进一层说，精神和形式的"动"，因为生理和心理的联结，也是有关系的，我们如果到了一个自然很浓厚的地方，或者做了一件很有兴趣的事情，那么，不单形式上感得"动"的快感，同时精神上也必起了"动"的进化。[1]

当时17岁的冯铿在中秋节学校放假时，与同学三人结伴乘汕樟轻便车去游玩，有感而发写下这篇文章。在文中特别提到汕樟轻便车经过长长的木桥时，底下是涌动的韩江，并且发出赞美！

"到了一处，车要经过一条很长的木桥，下面是外砂江。到了桥的中间，一望这浩漫的江水，都是砂红色的，一阵阵的翻起波浪，雪洁的白鹭，翱翔在天空、海上。呵！这是任何美化的富有诗意的自然呢？如何伟大神秘的自然呢？我不觉深深的醉陶了！"

韩江古水道在近代出现了多种交通工具互为换乘的情况。1903年印尼华侨梅县人张氏兄弟筹资兴建潮汕铁路，1906年通车，从汕头至潮州、意溪，线路长42公里，运行33年。1915年又建汕樟轻便铁路，先通车到外砂，1923年通至澄海，全长16公里。采用手推轻便客车，共有200辆。路基铺复线铁轨，使用人力推动滑行，1932年由于营运汽车的兴起而被淘汰。冯铿沿韩江远足就是乘这种手推轻便客车，而"左联"诗人蒲风为我们留下的则是关于另一种交通工具——潮汕铁路火车的回忆。

20岁的蒲风，1931年到了上海中国公学大学部文史系读书，年末利用假期从上海回到家乡梅县隆文镇坑美村，此时冯铿已经离开人间。蒲风在沪乘海轮颠簸抵达汕头后溯韩江而上，1931年12月31日在日记中记录了归家路途中的情形：

---

[1] 汕头友联中学：《友联期刊》1925年第5期。

大批同学都于早上八点乘车赴潮，我和宋君，则因要想到商业学校一行，所以决意改乘十点半钟的车。十点半钟，火车开始走动，但车行极慢，车站又多，抵潮时已将近下午二点了。在车上已知道明后天无有赴松口之轮，于是临时改变了原议，不打算再滞留潮州一日了。……知了启行时间为下午三点三刻左右，便到湘子桥买了一瓶鱼味，返来已近三点。点过了东西，一下船，轮机已动，不久，买了船票——每人不足四元——船就慢慢地离开了潮州。①

到了松口还要周转数次才能回到家乡隆文镇坑美村。

蒲风于1937年1月离开福州，到达他在日记中称为"第二故乡"的汕头谋事，2月8日的日记写道：

说是联运，火车票跟汽船票可以一次购买，比分买还略有小便宜。可是，这一联运反比其他汽船为慢了。弄得大家叫喊不已。事实上是该办房不顾旅客安全，竟招揽了五只货船，拖得简直有如没有走的一样。船是昨晚十时靠码头的。因为太晚了，上岸下得旅店来，也不免要麻烦到十二点；所以，联合了其他旅客数人，我们决意宿在原船。②

从日记中可以读出这样的信息：当时韩江船拉船的现象颇为突出，经常是汽船拉篷船。有时候，梅县的旅客为了节省时间，就在停靠韩江边的船上过夜，有的是在汽船上，有的是在篷船上，路程之艰苦可想而知。

蒲风在5月17日的日记中写道：

---

① 李文儒编：《蒲风日记》，山西教育出版社，1997，第93页。
② 李文儒编：《蒲风日记》，山西教育出版社，1997，第120页。

> 我没有走成功，原因是只有日轮一，别的一艘却买不到票。本来除招商局的以外，都是外轮，都是帝国主义者的经济侵略，要打倒也不外是迟早的问题而已。那么，在目今买不到招商局的船票的当儿，搭乘外轮原是天经地义；既是外轮，不奈何时日轮又有何妨？——卒之没有下船，这半是天候不好，半是明天有便利快轮所致。①

洪灵菲、戴平万、冯宪章等"左联"作家对家乡、对韩江的怀念均出现在其创作的文学作品中，少年时期的记忆是永远的创作源泉。洪灵菲在《潮州留省学会年刊》所发表的《野浴》就是对儿时在韩江游水的美好情境的再现。

蒲风在离开家乡时的日记中写道：

> 母亲是最难满意游子的漂泊心怀的。然而，她的热力却是非常伟大，伟大到千里吸引游子归家的呵！②

1942年，31岁的蒲风在皖南事变突围后，因高强度的行军而肺病复发，于8月13日在安徽省天长县逝世。生前他写下诗句："假如我战死，葬我时，把我的头朝向南方，朝向我亲爱的故乡！"

第二节　韩江之子对故乡的怀念

"左联"十二名发起人、"文委"的领导人之一"左联"作家戴平万先生，其故居就在潮州上游的归湖镇溪口村。戴平万8岁入戴氏家族办的凤喈私塾，该教育场所现在成了凤喈小学。在戴平万的文学作品《出路》中对当年从

---

① 李文儒编：《蒲风日记》，山西教育出版社，1997，第172页。
② 李文儒编：《蒲风日记》，山西教育出版社，1997，第130页。

上海坐船回到汕头有这样的描写："M君呀，当轮船到M埠的时候，一切事情都完了！都失败了！我和于君！一踏上陆地，看见那恐怖的M埠市面：街上店门紧闭，行人绝迹；只有几个不能逃走的病兵和几个不怕死的乞丐，街头巷尾，坐着呻吟。""我和于君知道事情不妙，就立刻坐了帆船，逃到于君的家里P村去。""可是当我们在船里时，船帆高挂，在秋江里安稳地驶去，倒好像不是载着仓皇失措的我们一般。我悄立船头望一望故乡的景物。啊啊，万君呀，两岸的秋花野草，却连一点故乡的情调都没有了！它们都很寂寞似的，在缓缓的西风里震颤着。严寂的秋空，亦布满了灰色的云朵。远远的，野树围住的田村，亦絮着隐约的恐怖的幻影。于是我的心儿，凄然跳动起来了。"

这里以"M埠"代替汕头，"于君"代替洪灵菲烈士，"P村"就是红砂村，"秋江"就是韩江。两位好友在上海知道叶挺、周恩来南昌起义后转移到潮汕，马上坐船从上海回乡准备投奔起义部队，可惜起义部队已经被迫离开了，他俩只能在红砂村藏起来，在1928年又从海丰参加农运，失败后又赴上海。

20世纪20年代汕头埠码头的分布基本在西面，与商业街区紧密相连，所以戴平万和洪灵菲一上岸就看到商铺门紧闭。东面开始发展，南面礐石有一定规模，冯铿读书的友联中学位于通向海边的商业街。

图73 戴平万故居原伯母居住的一侧，现在为两层，已修缮

图74 溪口村凤喈小学门口的校名牌匾，拍摄于2018年

20世纪20年代末汕头和潮安、潮州的历史地理空间中，村落墟镇基本沿水系分布，特别是韩江是主要的水驿，洪灵菲的家乡红砂村就在韩江边东江镇的东南处，四面环水。汕头埠的码头处于西面，也就是现在西堤公园至招商路之间，主要是太古、怡和、招商局的码头，靠近西面是潮汕揭轮船公司的码头。有两条铁路，一是潮汕铁路，现在汕头老城区东北面称为"火车站"的地方，联系潮安、潮州，在陈波儿同志的故乡庵埠绕开城区；另一条是汕樟轻便铁路，是铺上铁轨用人力拉两节车厢，通往澄海，也就是杜国庠先生的家乡。韩江护堤最重要的是水利防洪建设，戴平万的故居就在归湖镇溪口村离护堤500米处。

戴平万先生在《出路》中描写到在红砂村洪灵菲故居藏匿的环境："于君的田舍很小，人又多，很难处置我这不速之客人。我被领到一间似屋非屋的小室。墙是用旧砖砌成的，面上没有涂灰，隔路墙的孔隙，时常闪着过路人的影子。"在洪灵菲先生故居的右侧，现在还可以看到一处已被毁了的砖房的屋顶痕迹，这里应该是戴平万先生藏身一月多之处。

从事革命与文学的英烈，感情丰富，投身革命和思念故土二者之间往往发生矛盾，这折磨着有血有肉的作家们。

洪灵菲在《致抛弃了的家庭》中写道：

"母亲啊！慈爱怜悯的母亲呀！

"这时候，雪光上还映照着你的笑容！

"我想起你给予我的那种伟大的恳挚的慈爱，我的血在沸了，无情的雪窖似乎要因此而消融！"[1]

洪灵菲是"左联"七常委之一，从上海赴北平准备李大钊纪念活动时被捕，后被杀害，他的故居就在韩江边上的潮州红砂村。戴平万的故居溪口村，曾经被轰炸，后来重修时改为两层。1982年戴平万的外甥女饶芃子教授采访戴

---

[1] 张晓阳、孔繁励：《洪灵菲传》，江苏人民出版社，2016，第117页。

图75 未修缮前的洪灵菲故居,旁边与主屋围墙联体的小屋旧址已被毁,拍摄于2018年

平万夫人张惠君时回忆道:"1939年端午节,潮州城沦陷,我们一家老小回归湖溪口村避难。不久,溪口祖屋被敌机轰炸,平万伯母家有一人受伤,一位来寄宿的亲戚被炸死,我们一家大小幸平安,我写信到上海告知此事。他回信说'弹下余生,亦云幸矣!'"①与戴平万居住在一起的是他的堂叔戴贯一,毕业于沪江大学,在学校时颇为活跃,经常在校报《天籁报》发表文章,从上海毕业后回到家乡,于1927年逝世。

1932年,李一氓同志通过红色交通线进入中央苏区时,经过这位师兄的家乡。在韩江边成长的戴贯一先生1919年从沪江大学毕业,②李一氓1923年入学,③晚数年进入沪江大学读书。李一氓参加南昌起义经过这一带,在普宁流

---

① 饶芃子、黄仲文:《戴平万研究》,汕头大学出版社,2000,第53页。
② 吴禹星编:《1916:徐志摩在沪江大学》,上海交通大学出版社,2014,第55页。
③ 李一氓:《李一氓回忆录》,人民出版社,2001,第33页。

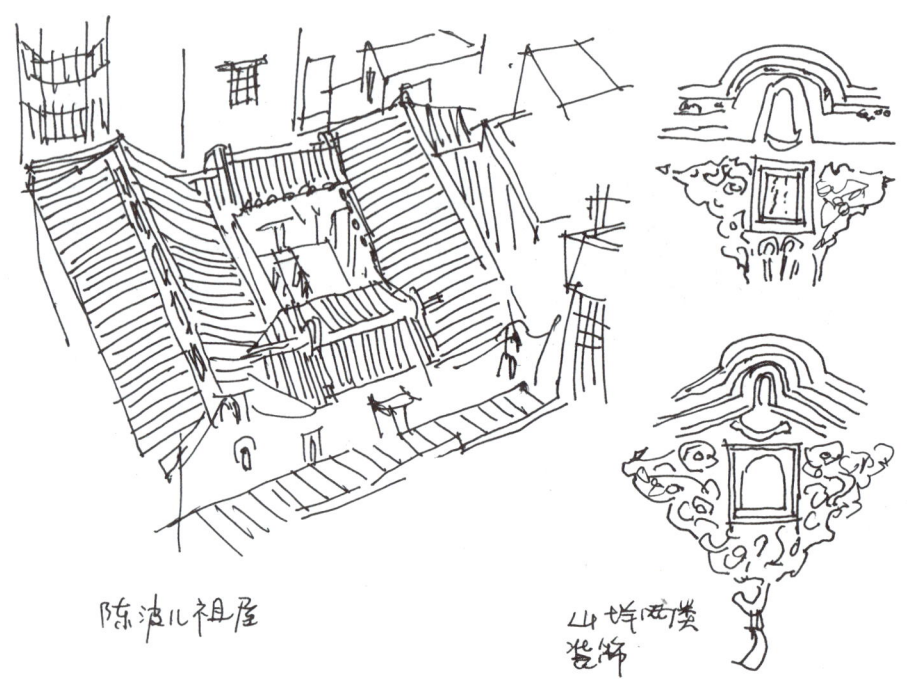

图76 韩江边庵埠左翼电影工作者陈波儿故居草图（作者速写）

沙被冲散后，在几位潮州同志的帮助下，坐潮汕铁路火车回到汕头，在汕头找到外马路张园创造社出版部经理梁海生，梁先生慷慨地给了他30元作路费，让李一氓从汕头坐船到香港，又乘船回到上海。① 在上海李一氓参加"左联"的活动，应该与戴平万和洪灵菲有交往，与左翼电影运动的参加者陈波儿也应该认识，如果陈波儿早告诉他，乘潮汕铁路火车经过的其中一站——庵埠，就是她的故乡，红色交通线的经历者，想必会平添一份亲切感。1928年李一氓回到上海，在郭沫若建议下办了一份杂志，刊名就是南昌起义在粤东最后失败的地方——普宁的"流沙"，1928年3月发行第一期，1928年停刊。《流沙》的供稿者有王独清、黄药眠、许幸之、成仿吾等。1928年11月仍然使用创造社的名义

---

① 李一氓：《李一氓回忆录》，人民出版社，2001，第91页。

出版《日出》旬刊，1930年李一氓又主编了《巴尔底山》，洪灵菲是30名重要撰稿人之一。①

红色交通线上的被护送者，许多是在上海与在韩江流域成长的"左联"作家，对这一线路的山山水水，不少人刻骨铭心，因为南昌起义就是反方向走的，他们当中有多人参加过南昌起义，不少战友就是在这里倒下的。

第三节　韩江交通员的余音

中央红色秘密交通线的经历者和周边地区群众中，有不少"老接头户、老交通员"，他们同样值得我们铭记和尊敬。我们更不能忘记用血肉之躯保护共和国缔造者安全而牺牲的那些不知名的交通员、向导、老船工、茶房（供应茶水及做杂务的工人）等乡亲。

20世纪50年代，"左联"作家杜埃先生写了一篇短篇报告文学《青溪赤卫队》，刻画了老交通员及赤卫队在红色交通线上英勇的形象。1985年由中共广东省委党史研究室和中共汕头市委党史研究室出版的《红色交通线》，是最早系统回顾秘密交通线的史料汇编，1983年底基本完成，是建立在一年多发函调查、外出访问和查阅档案的基础上形成的20多万字的文字材料。发函回函有46份，胡耀邦、陆定一、聂荣臻、萧劲光、伍修权同志均有回信，并访问了王首道、曾三、黄玠然、刘英、许涤生、黄火青、卓雄、李沛群、卢伟良、饶卫华等50多位老同志。②如今我想寻找这本书最重要的编辑者陈显强同志时，获知他几年前已经逝世。参加编辑此书的中共汕头市委党史研究室前科长秦梓高同志回忆，陈显强同志为陆丰人，中山大学中文系毕业，曾在汕头地委交通处、

---

① 李一氓：《李一氓回忆录》，人民出版社，2001，第104页。
② 中共广东省委党史研究室、中共汕头市委党史研究室：《红色交通线》，广东省连续性内部资料出版物，2009，第276页。

汕头市委政研室、汕尾市政府、广东省委政研室任职，此书最后是由陈显强同志整理成书。此书为内部资料，在2009年重版。1984年4月，顾玉良同志路经汕头，编写组请他确认了海平路98号秘密交通站"华富电料公司"旧址。编写组在研究后又确定了中央交通线建立时间是1930年10月，中共六届三中全会后，撤销的时间确定在长征前后。

曾三同志在1985年7月1日在北京为《红色交通线》作序写道："1930年中央作出将党中央领导机关转移到苏区的决定。为了完成这一艰巨任务，在周恩来同志直接领导下，于1930年秋冬之间，由中央交通局开辟了一条由上海—香港—汕头—大埔—青溪—永定进入苏区的交通线，蜿蜒曲折长达数千里路。""五十年过去了，但是当年的红色交通员和革命群众忠心耿耿、机智勇敢的英雄形象，至今历历在目，给了我们永不磨灭的印象。红色交通线是交通员用双脚踩出来的，用血汗浇灌出来的。"①

冒着生命危险守护中央红色秘密交通线的原广东省委地下工作者，不少在长征途中就牺牲了，如大埔中站站长蔡雨青，而他曾负责武装护送的邓发同志，1946年4月8日因飞机失事而遇难。中华人民共和国成立后，幸存下来的地下交通员们继续为社会主义建设做出贡献。邓发同志的妻子陈慧清在1951年回到广东任广东省直属机关党委副书记、广东省民政厅副厅长，1983年去世。专职交通员曾昌明曾任广州市政府人事处处长、广州市人事局局长、广州市检察院检察长、广东省委监委副书记，1982年去世。专职交通员、闽西交通大站站长李沛群，曾任广东省失业工人救济委员会办公室主任、广东省劳动局办公室主任，后在省农机研究所等单位工作，1991年去世。专职交通员肖桂昌，当时外号叫"小广东"，中华人民共和国成立后曾任广州市委副书记，后任化工部副部长，1972年去世。香港大站站长饶卫华，中华人民共和国成立后曾任广

---

① 中共广东省委党史研究室、中共汕头市委党史研究室：《红色交通线》，广东省连续性内部资料出版物，2009，《序言》。

州市劳动局失业工人救济处处长、手工业管理局局长、建筑材料工业局局长，1996年去世。大埔中站站长卢伟良，中华人民共和国成立后担任首任兴梅地区专员，后担任广东省检察院副检察长，1988年去世。他们都参加过长征。这些出生入死的地下工作者，功勋卓著，在中华人民共和国成立后仍默默地为社会主义建设贡献力量，今天对我们而言，仍然是榜样。习近平总书记对新时代的中国青年寄语，要以实现中华民族伟大复兴为己任，这些平凡而伟大的交通员就是用青春热血践行这一使命的榜样。

香港是许多先驱经历秘密交通线时的中转点。李少石是香港大站站长，与夫人廖梦醒两位均是香港大站人员，而且是私立岭南大学桑蚕系同学，我们如今可利用这一题材让粤港澳共同记忆发挥教育作用。

1932年9月在交通员护送下进入中央苏区的李一氓同志，在1990年的回忆录中写道：从上海能够到江西瑞金，我要感谢曾昌明同志，他在上海至江西的长途交通方面，既建立起切实可靠的群众基础，又积累了丰富的安全旅行经验，安排妥帖，极为顺利。当然他不仅带过我一个人，他必然还带过不少同志由上海进入江西苏区。我时时想念这位不知名的同志，直到1980年，我才又见到这位同志，并且知道了他的真名实姓。可惜不久后他就去世了。在我的革命一生当中，我一直感谢和怀念他。

第九章 部分被护送者的名册

结合文献研究，现初步形成了经历中央红色秘密交通线粤东段的人物名册，按照进入中央苏区的先后顺序罗列如下，并概略介绍各人经历，未有穷尽，仅为深入研究提供参考。

1 1930年

李坚真，1930年1月奉命从东江特委调至闽西特委。广东丰顺人，曾任山东省妇联主任、中共广东省委书记。

滕代远，1930年4月由一名交通员带路，从江西宜春经过萍乡、浏阳、长沙、武汉的秘密交通线抵达上海，参加中共中央在上海举行的全国苏维埃区域代表大会和全国红军代表会议。会议结束后与中共中央派往红五军的干部彭雪枫、黄克城、周恒、谭政文等化装为商人，通过秘密交通线回到红五军。[①]

李六如，1930年6月。河南人，参加长征，曾任最高人民检察院副院长。

邓发，1930年12月。广州起义领导者，中央苏区政治保卫局局长，后来飞机失事遇难。妻子陈慧清，早期参加省港大罢工，是广东省委来往港澳两地的秘密交通员，1929年与邓发结婚，1931年随邓发进入江西瑞金中央苏区，后参加长征。

刘伯坚，1930年底。四川人，1923年赴苏联，于莫斯科伏龙芝军事学院学习，曾任苏区工农红军学校政治部主任、军委秘书长。1935年就义前曾写诗《戴镣行》："带镣长街行，志气愈轩昂，拚作阶下囚，工农齐解放。"

[①] 滕飞：《我的父亲滕代远：一生征战未下马》，中国书籍出版社，2015，第83页。

萧劲光、李卓然,1930年12月。两人在闽西和中央苏区成为红军军事教育家和指挥员。两人在苏联列宁格勒军政学院学习时是同学。萧劲光两次赴苏联学习,第一次是1921年与任弼时在莫斯科东方劳动者共产主义大学学习。李卓然1920年赴法国勤工俭学,1925年赴苏联进入莫斯科中山大学,后转列宁格勒军政学院,1929年回国。李卓然在中央苏区曾任毛泽东办公室主任、中共苏区中央局秘书长,1934年为红军总政治部宣传部长。

左权,1930年4月从苏联回国,经过秘密交通线抵龙岩,在莫斯科中山大学就读时与邓小平是同学,在伏龙芝军事学院就读时与刘伯承是同学。左权是抗日战争中牺牲的最高级别红军将领。

施简,1930年10闽西,同年12月29日与左权联名向中共中央报告《闽西的军事问题》。

徐特立,1930年12月。在参加中共六大后留在莫斯科中山大学特别班学习,然后经西伯利亚大铁路回国,从海参崴坐船至上海,再沿秘密交通线进入中央苏区。根据《徐特立年谱》[①],他是于1930年12月回到上海,根据党组织的安排,由秘密交通员陪同,经过"香港—汕头—潮安—大埔"中共地下秘密交通线,到达闽西苏区。12月30日抵达中央红军驻地宁都小布。年谱记载,1927年9月,徐特立随革命委员会及起义军大队进入广东潮州,总指挥部设在涵碧楼。9月25日,起义军在汕头举行军民联欢晚会,庆祝占领汕头、潮州。徐特立于9月26日从甲子港乘小船经广州、香港脱险至上海。1928年5月从上海赴莫斯科。

项英、霍步青,1930年底。负责护送的交通员为黄平、"小广东"肖桂昌、卢伟良等。项英是大革命失败后进入中央苏区的第一位中共中央领导人,抵达中央苏区后曾任中央苏区中央局代理书记。邓小平同志抵达瑞金首先见到的曾在中央机关工作的几位老朋友,其中之一就是霍步青。霍步青曾担任苏区中央局巡视员,1933年遇害。项英与陈毅留守江西,坚持打游击,赣粤边三年

---

① 《徐特立年谱》编纂委员会:《徐特立年谱》,人民出版社,2017。

游击战进行得极其艰难困苦。陈毅回忆：三年游击战争，是我一生中经历的最艰苦的斗争。整年整月在山里睡，外面跑，只进过两次房子。项英在赣粤边三年游击战中九死一生，身先士卒、关心士兵、意志坚定、服从大局，但不幸在皖南事变中遇难。回忆项英领导三年游击战的文章不多，在项英身边的警卫员、炊事员、交通员丁上淮、肖平权、曹秀英同志写有回忆文章。

2　1931年

王观澜，1931年初。曾赴莫斯科东方劳动者共产主义大学军事班学习，1929年转入莫斯科中国劳动者共产主义大学学习，担任班长，随后又进入国际列宁学院学习。他进入中央苏区后，在1932年接过周以粟的职位任《红色中华》主编。周以粟在1931年9月、10月分别创办了红色中华新闻台、《红色中华》报社。

李伯钊，1931年春。在莫斯科中山大学学习后回国，在上海短时间停留后，马上进入中央苏区，负责闽粤赣边军区的宣传工作，后进入红军学校，创办了"蓝衫团"戏剧学校。

伍云甫、涂作潮、曾三，1931年3月。三人同时离开上海，乘船至香港，住了六、七天，从香港乘轮船抵汕头，即坐火车往潮州，在潮州住一晚，坐船往峰市，半途被交通员从小船上接走，在河边隐蔽一晚，乘船到青溪，翻过伯公坳抵达虎岗。进入中央苏区后，建立了中央苏区电台。

任弼时、王稼祥、顾作霖，1931年3月。三人曾参加中央代表团。

叶剑英、蔡树藩，1931年4月。由闽西特委书记邓发组织，负责护送的交通员为卢伟良等。当时叶帅化名为"老杨"（杨雨苍），从苏联越境进入国境内。9月、10月与刘伯承等一起翻译《苏军步兵战斗条令》和《苏军政治工作条例》，送往各苏区红军使用。2月底抵达闽西苏维埃所在地虎岗，受到邓发的热情接待。[①]同行蔡树藩，于1930年4月的战斗中失去右臂，成为"独臂将军"。

---

① 中国人民解放军军事科学院：《叶剑英年谱》，中央文献出版社，2007，第68页。

1939年蔡树藩接受西方记者采访时首次谈到这一秘密交通线。蔡树藩曾任国家体委副主任，1958年因飞机失事去世。

甘棠（阚思颖），进入中央苏区前在上海从事地下工作，曾任香港大站交通员。1931年4月进入中央苏区，参加长征，中华人民共和国成立后任重庆市妇委书记。

贺诚、梁广，1931年4月。负责护送的交通员为卢伟良、李沛群。贺诚创建了第一所红军医学学校。梁广在全国总工会工作，长征结束后于1935年10月赴苏联莫斯科国际列宁学院学习。

危拱之，1929年赴莫斯科中国劳动者共产主义大学读书，是最后一批学员之一。1931年4月，危拱之、刘伯钊和沙可夫的到来，丰富了中央苏区的戏剧活动。危拱之曾任延安人民抗日剧社社长，1949年3月当选为中国妇联执委。

李翔梧、刘志敏，分别于1931年6月和1932年春进入中央苏区。1927年秋，刘志敏被派往莫斯科中山大学读书，与在东方劳动者共产主义大学的李翔梧结婚。1929年二人回国，在上海从事地下工作。李翔梧曾任军委总政治部宣传部部长、红五军团政治部秘书长、中央军委副秘书长等。刘志敏曾任建宁中心县委妇女部长、闽赣省委妇女部长、军区政治部组织部部长。长征时，夫妇俩留守江西，1935年6月刘志敏被害。

王首道、甘泗淇，1931年6月。王首道为湖南浏阳人，1931年当选中共湘赣省委书记，1958年任交通部部长、党组书记，是新中国交通运输事业的开拓者和奠基人之一。甘泗淇为湖南宁乡人，从莫斯科中山大学毕业后回国，先到上海中共中央机关，抗美援朝时曾任中国人民志愿军副政委兼政治部主任，于1955年被授上将衔，1964年去世。

佘泽鸿，1931年7月。四川人，是中央特科交通局的创立者之一，1929年初任中共中央秘书处秘书长，是邓小平同志的后任。他和第一任妻子吴静焘在进入中央苏区前，将年仅两岁的女儿和数月大的儿子送岳父处。徐泽鸿到了中央苏区后开始协助邓小平同志工作，后任中共宁都中心县委书记、建宁县委书记兼军分区政委。其后参加长征，1935年12月在川南战斗牺牲。

邓小平、金维映。中央文献出版社出版的《邓小平传》写道：邓小平就是在这样的紧急情况下，才被批准去中央苏区的。据他回忆，他是7月14日离开上海的。和他同行的还有一位大家称为"阿金"的女同志。"阿金"就是金维映，原名金爱卿，浙江岱山人，与邓小平同岁。1919年曾在县立女子学校参加学生运动，毕业后任女校教员。1926年加入中国共产党，从事工运工作。1927年被选为舟山总工会执行委员。四一二反革命政变后被捕，经营救后到上海中华全国总工会工作。1929年任中共江苏省妇女运动委员会书记，1930年任上海丝织业工会中共党团书记和上海工会联合行动委员会负责人。她活泼开朗，果敢干练，风风火火。邓小平是在上海李维汉家中汇报工作时和金维映认识的。这次到江西中央苏区结伴而行，他们相互加深了解，到中央苏区后不久结为夫妻。①

他们于1931年在上海十六铺码头上船，乘太古轮船至香港，1931年7月离开香港，从汕头、潮州、大埔进入中央苏区。邓小平任瑞金县委书记、后任会昌中心区书记、江西省委宣传部部长。金维映在上海从事地下工作时化名金爱卿，与熊志华是同一党小组。②在1938年金维映赴苏联莫斯科治病，进入东方劳动者共产主义大学学习，马上又进入共产国际党校八部学习。1940年底在莫斯科治病，1941年不幸在苏德战争中身亡。让邓小平同志恢复工作是王稼祥向博古提出来的，1934年夏，王稼祥将邓小平调到总政治部，担任秘书长兼《红星报》主编。③习近平总书记在《论中国共产党历史》一书中提道："（邓小平同志）北伐战争期间，他从苏联回国直接参加革命斗争。土地革命战争期间，他先后在上海极端险恶的环境下从事地下工作，在广西领导发动百色起义和龙州起义，创立左右江革命根据地，参加艰苦卓绝的长征，亲历标志着党的历史伟大转折的遵义会议。"

---

① 中共中央文献研究室：《邓小平传》（上），中央文献出版社，2014，第192页。
② 徐朱琴：《金维映传》，中共党史出版社，2004，第89页。
③ 李志英：《博古传》，当代中国出版社，1994，第158页。

红色交通线的记忆·上篇——粤东历险

图77 伯公坳上原来的建筑，已被拆除（作者绘制）

图78 中央红色交通线伯公坳闽粤交界处设计构思（作者速写）

毛泽民、钱希均，1931年6月。1931年毛泽民将在天津的秘密印刷厂搬回上海，与钱之光、瞿云白（瞿秋白弟弟）一起在上海安国路元兴里秘密开办印刷厂，前面所租的另一栋楼办绸布庄。1931年4月，顾顺章叛变，为确保安全，毛泽民离开上海抵香港，再进入中央苏区。毛泽民于1943年在新疆遇害。钱希均，1925年入党，1926年与毛泽民结婚，曾任中共中央出版部发行科科长、交通员，后参加长征。中华人民共和国成立后，任轻工业部办公厅副主任，1989年逝世。

贺昌，1931年9月。负责护送的交通员为交通局局长吴德峰。贺昌1928年在上海从事地下工作时认识了交通员黄慕兰，黄慕兰的第一任丈夫是宛希俨。宛希俨在武昌启黄中学与梅龚彬成为同学并共同学习马克思学说。他于1921年考入南京东南大学，1923年入党，1926年与黄慕兰在汉口工作时认识。宛希俨在汉口特别市军事委员会任机要秘书，南昌起义失败后留守江西，离开南昌赴赣州任赣南特委书记时，黄慕兰刚生下孩子三天。宛希俨后在赣南游击战中不幸牺牲。1929年，贺昌与交通员黄慕兰结婚，1931年他进入中央苏区时黄慕兰按照中央组织的要求在上海负责营救被捕的共产党人，改名为黄定兰，1935年与律师陈志皋结婚。贺昌在红军长征后留守江西中央苏区，与项英、陈毅并肩作战留守到最后一刻，进行最后一批突围，"在过会昌河时，政治部主任贺昌同志牺牲了。继续突围中，我们一个不足数的营也被打散了，最后只剩我和项英同志等几个人，几经周转，化装到了粤赣边境的油山"。①该次突围是1935年3月4日下达命令，5日开始，贺昌同志于1935年3月10日在突围中骑马过河时被打伤摔了下来，敌人包围过来，他开枪自杀，壮烈牺牲。

何叔衡、张人亚，1931年秋。何叔衡是中共一大代表，1928年参加在莫斯科举行的中共六大后留在莫斯科中山大学学习，回国后在上海中国革命互济会工作。入中央苏区后何叔衡任临时中央政府工农检察人民委员、临时最高法庭

---

① 陈毅：《忆三年游击战争》，载《赣粤边三年游击战争亲历记》（庄春贤主编），江西人民出版社，2016，第50页。

主席。红军长征后留守，1935年2月牺牲。

张人亚是1921年加入中国共产党的为数不多的工人党员，在上海组织过金银业工人罢工，1924年在上海受组织派遣赴东方劳动者共产主义大学读书，1925年夏回国，担任中共浦东支联委书记，1926年再派赴莫斯科学习，但因沙眼只能留在海参崴治疗，返沪后参加中共中央机关工作，任内交科长，中共六大后成立中央秘书处，他任内埠交通科科长。送文件途中若要摆脱特务跟踪，进入公园是方法之一，当年他所使用的上海三个公园门票年票现在成为中共一大展览馆的展品。赴中央苏区前他于1931年初任中国革命互济会全国总会主任，1931年6月被派往芜湖担任半年县委书记，应何叔衡要求于1931年秋离开上海，从红色交通线进入中央苏区后与何叔衡一起工作，任中央工农检察委员，建立了中华苏维埃检察制度。1932年6月任中央出版局局长。[①]张人亚1932年12月在出差途中因病发逝世，年仅34岁。

钱壮飞，1931年秋。李克农，1931年9月。李克农比钱壮飞稍早些到达，李克农抵闽西苏区时钱壮飞在闽西迎候。钱壮飞于长征途中牺牲。

周恩来，1931年11月出发。由卢伟良、黄平、李沛群分段护送；肖桂昌、小黄华（丘延林）全程参加，12月在大埔时曾昌明、邹日祥、蔡雨青、江崔英、丘辉如、美兰均参加。

黄火青，1931年11月。由贺步青护送。黄火青曾在莫斯科学习，中华人民共和国成立后任天津市委首任书记。

聂荣臻，1931年12月。负责护送的交通员为陈寿昌，陈寿昌也是秘密交通线的领导人，1934年11月在战斗中牺牲，浙江人。

李富春、蔡畅，1931年12月。二人在法国勤工俭学后转莫斯科东方劳动者共产主义大学学习，归国回上海后进入中央苏区。

吴德峰、戚元德，1931年12月。1925年国共合作时期吴德峰为武汉公安局局长，当中共中央在上海成立中央交通局时任局长，领导红色秘密交通线工作

---

① 张人亚革命事迹调研组：《张人亚传》，学林出版社，2011，第65页。

并做出重要贡献。吴德峰在中华人民共和国成立后曾任武汉市市长。

欧阳钦，1931年。1925年他在莫斯科中山大学学习，中华人民共和国成立后曾任黑龙江省委第一任书记、省长。

3　1932年

刘伯承，1932年1月。负责护送的交通员为刘筱圃。与左权同时从苏联回国后，刘伯承在上海与李卓然、叶剑英等秘密完成了指导红军的若干作战教材，后通过秘密交通线进入中央苏区。

朱瑞，1932年1月。朱瑞于1923年在法国勤工俭学后转读莫斯科中山大学，1928年又赴苏联，参加中共六大并留在莫斯科，1930年从苏联莫斯科伏龙芝军事学院毕业回国，担任中共中央长江局军委参谋长兼秘书长，1931年底到上海协助周恩来处理军委日常工作，1932年1月，由上海乘船至香港，从香港经汕头、潮州、大埔进入苏区，任红军学校校长兼政委。伍修权同志在《回忆与怀

图79　中国国防大学校园内刘伯承校长故居及塑像（作者速写）

念》一书回忆他们在莫斯科中山大学读书再转学军事的往事:"我报名进了步兵学校,朱瑞同志却报名进了炮兵学校,这就奠定了他为建设我国人民炮兵而奋斗一生的基础。这是我们相识后的第一次暂别。几年以后,即1932年,我们又在另一个'红都'——中华苏维埃所在地江西瑞金重逢了。我早他一年回国,一见面免不了畅叙别情,又不客气地对他来了一次'打土豪'。"①

邓颖超,1932年4—5月。负责护送的交通员为陈彭年、卢伟良、李沛群、杨现邻、雷德兴、余良晋、黄莲开、郑启彬等。

石联星,1932年夏。负责护送的交通员为熊志华(阿丙)。石联星为湖北黄梅人,与李伯钊、刘月华一起被誉为苏区"三大赤色红星"。石联星于中华人民共和国成立后主演电影《赵一曼》,并获得首个国际奖项。熊志华于中华人民共和国成立后曾在上海市委办公厅任职,石联星获知熊志华的消息后激动不已,马上找到熊志华并向他表达感激之情。

董必武,1932年8月。在苏联莫斯科毕业后就已经准备往中央苏区,回国后在上海短时间停留,马上经红色交通线抵苏区。

吴亮平,1932年10月。他从苏联回国后于1930年在上海秘密翻译《反杜林论》,在中央苏区先任中央红军学校政治部宣传部部长,1932年任国民经济部副部长、部长。在延安时曾为毛泽东与斯诺谈话担任翻译,在中华人民共和国成立后曾任化工部副部长。

刘少奇,1932年12月。1923年赴莫斯科东方劳动者共产主义大学学习。回国后从事工人运动,赴中央苏区前,于1928年12月底与周恩来、陈潭秋一起在天津召开中共六大传达学习会议。1932年冬在上海告别妻子何宝珍,化名唐开元,通过红色交通线从上海乘船抵达汕头,经过潮州、大埔进入中央苏区。何宝珍带着儿子刘允若在上海工作,不久被捕,1934年遇害于雨花台。②

---

① 伍修权:《回忆与怀念》,中共中央党校出版社,1991,第614页。
② 中共中央文献研究室:《刘少奇年谱》,中央文献出版社,1996,第125页。

伍修权，1932年底。负责护送的交通员为郑重等。郑重在中华人民共和国成立后曾任大连政协主席。"一到闽粤赣军区，与伯钊同志意外重逢，才知她已先我回国，当时正在红军中做宣传工作。只见她一身整洁的军服，一副女战士的气派，比几年前更显干练以至成熟了。她一见我热情如初，马上拉我去参加一个座谈会，让我给大家讲讲当前的国际形势和国外见闻。"①

4　1933年

博古、陈云，1933年1月。二人由交通员秦邦礼、肖桂昌护送，1月18日抵汕头与汕头秘密交通站负责人陈彭年接上头，在汕头住了一晚，次日乘火车到潮州，换乘火轮抵大埔茶阳下船，然后坐小船到青溪，与卓雄武装交通会合，赖际发参加组织了武装保卫，途中受到敌方队伍包围，在卓雄等武装交通掩护下突围成功，于1月19日抵达苏区。博古的妻子刘群先因怀孕没有同行，孩子出生后送无锡老家自己再进入中央苏区，但从此就再也没有见到自己的孩子。

张闻天，1933年1月中旬。张闻天1930年9月被国际列宁学院聘请为民族部教员，教授课程为"中国经济状况与土地问题"；10月在莫斯科，又被录用为国际土地问题研究所东方和殖民地部中国问题高级研究员，12月向共产国际提出回国请求。1931年2月17日到达上海。从上海至汕头，汕头秘密交通站派人护送其坐船到大埔，再坐船至闽粤边游击区，武装护送到上杭再去长汀，于1933年1月中旬抵达苏区，比陈云、博古先到几天。②1月临时中央政治局与苏区中央局合并，张闻天为总书记。③

杨尚昆，1933年1月。由卢伟良等护送。

---

①　伍修权：《回忆与怀念》，中共中央党校出版社，1991，第622页。
②　中共中央党史研究室张闻天选集传记组编、张培森主编：《张闻天年谱》，中共党史出版社，2010，第190页。
③　中共中央党史研究室张闻天选集传记组编、张培森主编：《张闻天年谱》，中共党史出版社，2010，第136页。

凯丰（何克全）、廖似光，1933年2月。邓发、李一氓、卓雄参加护送。廖似光由曾昌明护送。凯丰在中华人民共和国成立后曾任中共中央马列学院（中央党校前身）院长，1955年因病去世。廖似光曾任广东省政协副主席。

林伯渠，1933年3月，由刘作抚（陈刚）等护送。在穿越闽粤边界时遇敌受伤。

严朴，1933年通过红色交通线进入中央苏区，任苏维埃政府国民经济部副部长。严朴出生于无锡，考入上海专科大学，在上海大学听课，1925年南方大学（上海专科大学改名）专修科毕业。在家乡，严朴变卖自己的田产办无锡江苏中学。1928年参加中共六大，1931年被调到上海领导机关工作，在此期间他日夜谨慎工作，直到上海领导同志安全转移中央苏区后，他才转到中央苏区工作。严朴在中央苏区新泉贸易公司工作，1933年参与福建事变谈判，后任中华苏维埃共和国国民经济部副部长[①]，1934年2月28日吴亮平和严朴共同签名，颁布了《国民经济人民委员部关于中央印刷厂工作的决定》。严朴1934年参加长征，因病重转移到宜昌做交通站工作，1935年秋赴苏联国际列宁学院学习，1938年回国。

谢觉哉、陈潭秋，1933年5月。在大埔穿越封锁线时遇敌被冲散，两人分别在山洞避难一晚。

潘汉年，1933年5月。许玉文（潘汉年妻子），由曾昌明护送。潘汉年是福建事变谈判中国共产党的重要代表，1935年秋与严朴同行赴苏联国际列宁学院学习。

钱之光，1933年春、夏。中华人民共和国成立后曾任纺织工业部部长。

刘英（郑杰），1933年6月。长征结束后与张闻天结婚。

李德，1933年10月。"红色牧师"董健吾同行。由卓雄护送。

李培南，1933年10月。曾任多条交通线的交通员，传递南京市委和江苏省委之间文件。李培南在上海中央交通局工作，主要任务是到旅馆联系到沪的干

[①] 中国中共党史人物研究会：《中共党史人物传》，中国人民大学出版社，2017，第3页。

部并帮助他们与中共组织部取得联系。1933年9月与怀孕的妻子赵仲敏告别赴中央苏区，长征抵达延安时才知道妻子在上海被捕牺牲。李培南在中央苏区党校工作，中华人民共和国成立后是上海交通大学首任书记。

阮啸仙、冯燊，1933年11月。阮啸仙于1935年留守苏区，最后战死在信丰。冯燊13岁到香港打工当海员，参加省港大罢工。在中央苏区担任全国总工会执行局社会救济部副部长，参加长征。中华人民共和国成立后曾任广东省政协副主席。

5 1934年

瞿秋白，1934年1月。由陈刚护送，还有交通员蔡菱香参与护送。瞿秋白进入中央苏区后为苏区的教育和文化发展做出重要贡献。1935年6月就义。

成仿吾，1934年1月。他在上海通过鲁迅找到组织，并经过秘密交通线进入中央苏区，于中华人民共和国成立后创办中国人民大学。

黄秀珍，1934年。黄秀珍为山东人，曾与邓小平同志在莫斯科同班学习，回国后在哈尔滨从事地下工作，中华人民共和国成立后曾任北京图书馆苏联图书室主任。

不少穿越者经历惊心动魄的秘密交通线粤东段，在中央苏区度过了革命人生中最壮丽的一章，却再也没有回来，他们是张人亚、阮啸仙、瞿秋白、何叔衡、刘伯坚、施简、贺昌、金维映、钱壮飞、陈寿昌、陈潭秋、余泽鸿、霍步青……这些共产党人，大部分是在苏联莫斯科中山大学、伏龙芝军事学院、列宁格勒军政学院、东方劳动者共产主义大学等学校学习后回国，在上海等地从事地下工作后转入苏区。因路途遥远、生死未卜，他们往往会先将自己的儿女托付给家人或朋友，自己奋不顾身地投身革命。许多人自此之后就再也没有见到过自己的儿女了。1933年，陈潭秋赴中央苏区，妻子待产只能留上海，分别前二人商量将前面两个孩子送外婆家抚养，准备出生的孩子送他的六哥。[①]陈

---

① 陈潭秋：《陈潭秋文集》，人民出版社，2013，第156页。

潭秋为中共一大代表，与董必武一起作为湖北代表参加了一大，1925年与徐全直结婚。陈潭秋先进入中央苏区，1933年6月妻子徐全直在上海准备前往中央苏区前夕被捕，被押解至南京，1934年2月在雨花台就义。陈潭秋参加长征，后在1935年赴苏联进入莫斯科国际列宁学院学习，1939年6月回国。后受中共中央委派赴新疆工作，1943年在新疆与毛泽民同时遇害。

1979年改革开放后的首任国家文物局局长和书记任质斌同志，当年也是从

图00 大埔茶阳市青溪的古道和山路，是粤东段最为艰难的交通线（广东省核工业地质局二九二地质大队提供）

注：第二代五万地形图于1958年航摄，1961年成图。

茶阳—青溪五万地形图道路简图

红色交通线南方线的粤东段进入中央苏区的。任质斌曾在青岛大学附中就读，后来考上中国大学，在北平参加革命，受北方局委派到中央苏区学习武装暴动经验，1932年赴上海准备转中央苏区，当时共有五人拟同行进入苏区，在上海的中共中央后来决定仅派任质斌前往。在秘密交通员护送下，任质斌经汕头、潮州、大埔、青溪进入闽西。1933年，任质斌为《红色中华》的主要编辑，后

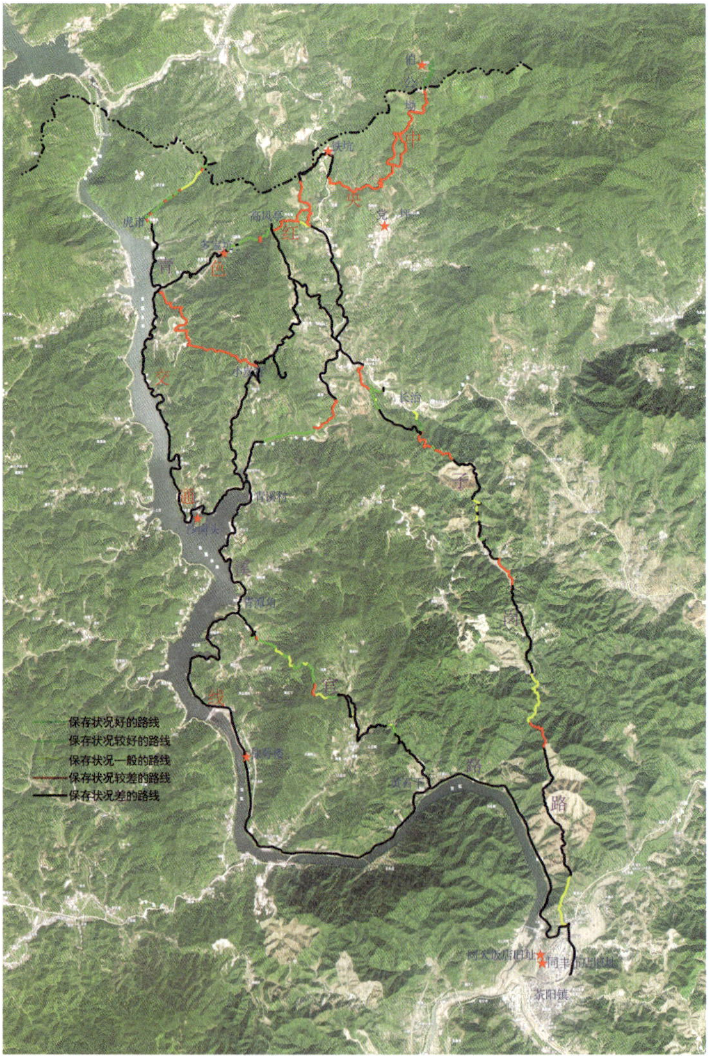

图81 中央红色秘密交通线（大埔段）初步考证（广东省核工业地质局二九二地质大队提供）

参加长征。中华人民共和国成立后他任中共中央山东省委副书记。在穿越红色交通线途中,任质斌会合了另一位被护送的中共领导李弼廷同志。李弼廷1925年赴莫斯科中山大学学习,学习两年后转至里昂大学,1930年回国。1931年8月任中共湘南特委组织部部长,同年10月由上海赴苏区。在中央苏区李弼廷担任了红军总政治部组织部部长,参加完长征,1936年为掩护战友牺牲。

主要参阅书籍及文章:

《论中国共产党历史》、《习近平同志在宁德》、《中国共产党一百年大事记》、《李坚真回忆录》、《李六如自传》、《李六如传记》、《西行访问记》、《李富春传》、《邓发纪念文集》、《苏区英风录——老一辈革命家在江西》、《中央红色交通线研究》、《将军泪英雄血——将帅沉冤纪实录》、《萧劲光回忆录》、《现代圣人徐特立》、《革命老人徐特立》、《徐特立文集》、《中共党史珍闻》、《功过千秋——项英在赣南皖南》、《项英传》、《邓颖超光辉的一生》、《追杀》、《江西苏区文化研究》、《李伯钊文集》、《梦醒——母亲廖梦醒百年祭》、《中国医科大学校史》、《南方日报》(2021年3月18日版)、《西柏坡人物》、《聂荣臻回忆录》、《余泽鸿烈士》、《我的历程》、《回忆与怀念》、《王稼祥传》、《回忆任弼时》、《任弼时与陈琮英》、《叶剑英》、《叶剑英风范》、《鲜为人知的中央秘密交通线》、《中国共产党梅州地方史》(第一卷)、《岁岁重阳》、《广东党史》(2000年第4期)、《我的父亲邓小平》、《李克农——中共隐蔽战线的卓越领导人》、《进退韬略——毛泽东在命运转折关头》、《怀念危拱之》、《中国近代女子留学史》、《难忘的战斗岁月——革命战争时期邮电回忆录》、《王首道回忆录》、《宁波中共党史人物1925—1949》、《红色名人印记》、《红色中华》、《何叔衡和他的女儿们》、《贺昌年谱》、《中共党史》(上册)、《周恩来一生》、《古镇茶阳》、《隐蔽战线统帅周恩来》、

《吴德峰传》、《杨尚昆回忆录》、《刘伯承传记》、《刘伯承元帅》、《十大卧底将军》、《董必武传记》、《董必武年谱》、《女战士的足迹》、《血色黎明》、《英勇斗争六十年》、《中共六大轶事》、《广东党史资料》（第45辑）、《回忆张闻天》、《历史转折中的人和事》、《中共党史珍闻录》、《缅怀陈云》、《张闻天年谱》（上册）、《红广角》（2012年）、《崇敬与思念——回忆陈云同志》、《博古传》、《凯丰传》、《红色号角——中央苏区新闻出版印刷发行工作》、《大亚湾风云》、《风雨征程六十年》、《回忆陈潭秋》、《张闻天与刘英》、《刘英纪念集》、《潘汉年非凡的一生》、《中国高干夫人档案》（上）、《瞿秋白》、《从天香楼到罗汉岭——瞿秋白综述》、《新文学史料》（1980年第2期）、《鲁迅研究年刊》（1980年）、《谢觉哉徐特立的故事》、《一位中共一大代表的红色人生——陈潭秋生平和思想研究》、《纺织工业光辉的十年》、《潘汉年传》、《从驰骋疆场到"失踪"：蒙冤二十七载的潘汉年》、《谭天度纪念文集》、《林伯渠日记》、《林伯渠传》、《阮啸仙》、《访问冯燊同志记录》、《阮啸仙文集》、《故事交大》、《踏上西征的道路》、《沧桑忆旧》、《成仿吾年谱》、《联共（布）、共产国际与中国苏维埃运动（1927—1931）》、《共产国际与朱毛红军》、《红色交通线》，以及黄平、卢伟良、李沛群、饶卫华等人的回忆文章。

红色交通线的记忆·下篇

香港脱险

第一章　烈火重生的红色交通线

第二章　谁应该在大营救的名单中？

第三章　都斛，挂帆漂海向西

第四章　南粤天空的红色电波

第五章　大营救脱险的历史空间分析

第六章　五岭两广教书育人：粤北和桂林烽火育人的文化人

第七章　劫后余生在粤港

红色交通线的记忆·下篇
——香港脱险

中央红色交通线秘密输送中共领导人和各类人才前往中央苏区,发挥了历史性作用;而同样是在南粤大地上,1942年另外数条红色交通线,为香港沦陷后中共营救一批文化人士承担着关键使命,因再次保护中华民族的文化精英和血脉而永载史册。

2021年最新出版的《中国共产党简史》对这段历史是这样记载的:1941年太平洋战争爆发前,宋庆龄领导的保卫中国同盟长期以香港为基地,在港澳同胞的支持下,联络海外侨胞,募集大量捐款,支持祖国抗战。太平洋战争爆发后,日军占领香港。党中央及主持南方局工作的周恩来紧急指示八路军驻香港办事处和东江抗日游击队负责人,营救在香港的爱国民主人士和文化界人士。这次营救活动历时半年多,共营救出何香凝、柳亚子、邹韬奋等800余人。①

中国各地文化人士集聚香港,是从1937年开始至1942年结束。中国共产党之所以不惜一切代价抢救这一批文化人和民主人士,是因为他们在香港时对抗战时期的文化艺术

---

① 本书编写组:《中国共产党简史》,人民出版社、中共党史出版社,2021,第88-89页。

宣传，尤其是对外传播上起到了无可替代的历史作用，对促进抗日民族统一战线的发展意义深远。在香港南北文化人的思想交流中，产生了许多在中国艺术发展史上具有里程碑意义的重要文学作品、电影作品、戏剧作品和史学研究成果；在港新闻工作者的新闻传播途径多，极大促进了中国新闻机构通讯社类型的成熟；蔡元培先生长居香港但心系中央研究院的运作和保护，在帮助中国科学家撤至后方，援助部分科学家、教育家在港培养人才以继续专业研究，保持科学火种延续方面，可谓厥功至伟；民主人士在香港的抗日政治活动，使抗日统一战线更加稳固，还创办了第一张由中国民主人士主办的报纸。对香港本地而言，数年的内地杰出人才聚集，促使香港殖民统治下的中文教育和创作的地位首次发生转变。内地教育家和学校南迁，使香港青少年受教育普及面得以扩大。本书其中重点内容之一就是记录这些文化人和民主人士在香港传播中华民族文化、提升全体国民爱国抗日士气的部分活动，以便更全面理解营救文化人士和民主人士的特殊历史意义和时代价值。

南粤大地的英雄儿女，在马克思主义思想的早期传播中，在20世纪20年代风起云涌的省港大罢工和海陆丰农民运动中，在十四年抗日战争和四年解放战争中，写下了为民族独立和人民解放抛头颅、洒热血，可歌可泣的不朽诗篇。南粤古驿道亦是革命者留下足迹之道，在香港文化名人大营救的行动中，秘密交通线打破日军的封锁线，在烈火中重生。在香港沦陷后脱险的文化人、民主人士和学子，或在宝安东江游击队根据地休整，或步行通过崎岖的古道，越过无人区，抵达抗日战争时期广东省的中心——粤北，在五岭下与已经迁至粤北的华南各教育机构重逢。

红色交通线在1934年受到严重破坏，在1939年任弼时抵莫斯科后，重新建立了乌鲁木齐到延安的交通线，并建立共产国际与延安的电台联系。在抗日战争的烽火中，为了营救在香港的左翼文化人和知名人士，在南粤大地上又建立起从香港通往粤北转桂林、从香港通往湛江广州湾，再转大后方的新红色交通线，此次线路可谓是脱险香港又见五岭的艰险之旅。1942年在桂林，田汉、夏衍等组织了话剧《再会吧，香港》演出；郁风、黄新波、盛特伟在12月香港沦陷一周年之际举办了《香港的受难》画展。从香港脱险的文化人和民主人士在日后的艺术生涯中常常提起这段特殊经历。

关于胜利大营救，数十年间有众多党史研究者进行过全面的研究，成果丰硕，但不得不说，研究内容和途径基本雷同。20世纪80年代广东省委党史办、惠州市委党史办在中央统战部的支持下于1984年4月3日、6月22日至7月2日分别在北京、广州举行专题座谈会，获得了曾参与大营救健在者的珍贵的口述和书面材料。会议明确提出建议进一步充实香港方面抢救的史实。近40年过去，对于这一提议似乎没有太多进展和回应，本篇试图对近40年前提出的问题进行回应，证明当时会议建议是十分中肯的。本篇尝试运用人文地理学的研究方法，回顾80年前的历史空间；突破原来对东江线路传统的叙事方式，从更广阔的范围对脱险路线进行叙述，这也是本书的重点。

2022年是大营救胜利80周年。香江、东江、北江潮起潮落，为纪念这一批保护中华民族文化事业和统一战线血脉做出历史性贡献的粤港各界先辈，本篇从当年的电报、日记、书信及回忆录中加以采撷，重温独特的红色交通线岁月，着眼于香港沦陷后中共地下党组织的营救活动，挖掘以往较少述及的文化人在香港沦陷前后的活动，缅怀那些值得被永远纪念的默默奉献者。在粤港澳加深合作的当下，重温历史，对培养粤港澳青年的家国情怀具有现实意义。

为了更全面地反映在港文化人在香港沦陷后的状况，所采集材料涉及当时香港文化界的人和事，包括不同政治背景的团体。对西线海路至都斛、广州湾进行了相对深入的史料挖掘，日记、书信和记事文章尽可能选择20世纪40年代的文献，原真性强，并加以回忆录作为补充。

本篇之所以使用"脱险"的提法，是因为大营救的对象未包括所有参与抗日宣传的文化人，他们中有的是自己设法逃离，因此称为香港沦陷后"脱险"的文化人更能够涵盖爱国文化人这一整体。

第一章 烈火重生的红色交通线

香港,在中央红色交通线和大营救中是重点事件发生地。广州起义后,香港一直是中共南方党组织秘密活动的城市、南方各级党组织所在地,在中国命运转折的不同时期,香港都是参与者。1930年1月,中共中央在香港九龙上海街设立南方局秘密电台与上海中共中央临时政治局联系。1930年9月后,中共中央决定在香港成立华南交通总站,进入中央苏区的人员姓名、所住酒店、轮船航班等信息通过香港南方局秘密电台传递,香港成为中央红色交通线最重要的城市之一。

第一节 中共香港地下秘密交通工作的重生

在抗日战争时期,香港是对外联系的重要窗口和战时战略物资、生活材料的补给点,也是中国大量文化人和民主人士暂时居住的城市。香港沦陷后,中共为营救文化人和民主人士,建立起新的红色秘密交通线。

1 中共在香港党组织的星星之火

广东与香港唇齿相依,省港大罢工展现了粤港团结的力量。广州失陷后,在广州等地的人走避香港,从广州、上海迁移了许多工厂,主要是纺织业、日用品等轻工业工厂。1936年香港总人口93万人,1937年120万人,广州沦陷后,香港总人口达到180万人左右。

1934年香港中共地下党组织被破坏后,仅在海员工会几个党支部中保留了火种。1935年，"一二·九"运动引发香港各界的爱国热情，1936年下半年党组织活动在香港逐步活跃。曾在广州广雅中学、知用中学、国立中山大学等学校读书的吴有恒同志于1936年抵香港，参加全国各界救国会华南区总部工作。吴有恒于1936年加入中国共产党，成为中共香港地下党支部书记，接着任香港工委书记、香港市委书记。1937年10月，张文彬受中共中央委派，抵香港成立中共南方工作委员会（简称"南委"），开始华南地区的党组织重建工作。在此之前，在中共中央北方局指导下，1936年在香港成立了中共南方临时工作委员会，由薛尚实负责；在广州建立了广州市委，由王均予负责，王均予以"中国青年救国会"名义组织开展活动。1940年4月27日，张文彬向中央报告已完成协调南委与广州市委关系的工作。

香港在1936年12月建立了香港工作委员会和海员支部，香港工委领导组织了四个支部；1937年1月，在张文彬指导下中共香港工作委员会改组，由吴有恒同志任书记，李吉明任组织部部长，周伯明任宣传部部长。1939年冬，吴有恒、钟明、何潮、周小鼎、周才作为香港代表赴延安参加中共七大。

广州沦陷后，香港市委改组为粤东南特委（只设香港、九龙两区委），特委管理地区包括东江的惠阳、东莞、宝安三县，中区的中山、南海、顺德及广州近郊等地。

1939年1月13日，中央书记处发出同意成立中共南方局通知："同意南方局名称，以周、博、凯、吴、叶、董六人为常委。"1月5日确定的领导成员包括张文彬、廖承志等，周恩来为书记。南方局设在重庆，桂林设办事处，联络湘、粤、赣、桂及香港运输。[①]

1940年3月7日，张文彬向南方局报告了广东军事工作情况，汇报了东江游击队、中区游击队、琼崖游击队的现状和发展计划。1940年9月成立中共中央

---

① 徐塞声、张鲁鲁、刘志平编：《中共中央南方局历史文献选编》，重庆出版社，2017，第14页。

南方局南方工作委员会，方方任书记，张文彬任副书记，由中共中央南方局领导。

中共七大的香港代表吴有恒在延安总结报告香港党组织的经历时写道："党的第一个学生支部的建立，1936年暑假期间，香港救亡分子中也有共产党员的活动，主要的以华南区救国会总部的名义出现，十月间发展了第一个学生党员（香港华侨中学赖石昂同志）。不久，吴有恒以南总名义参加学生救国会，十一月间继续吸收了钟明。林剑鸿入党，正式成立香港党的第一个总支部，以石昂同志为书记，以整个支部的同志参加了学救会的活动。""在东江，整个惠阳县的党的工作几乎是香港的工作团建立起来的。在广州失陷后一个月内，党即动员了五十个党员到惠阳工作，而当时惠阳的党员只有二十人（主要是广州失陷以前，从香港回去工作团里面的党员），惠阳曾生同志的部队就完全依靠香港动员回去的党员和群众组织起来，那就不用说了。"①

香港的青年学生在抗日救亡中表现积极。上海、广州陆续沦陷，在1937年8月日本军机袭击广州之后，大量人群开始迁徙香港，一批广州、上海的救亡爱国知识分子陆陆续续抵香港后，引发新文化的浪潮。

中华全国文艺界抗敌协会留港会员通讯处成立后，又成立了"文艺通讯部"，由在港中共地下党组织领导，黄绳负责。1941年成为香港分会第三届理事的文化人黄绳、黄文俞、杨刚、乔冠华、徐迟、冯亦代等均为组织者，该组织简称"文通"。黄绳为广州人，1937年到香港，为香港分会委员，乔冠华以笔名"乔木"在报纸、杂志发表文章，在港常用名字为"乔木"。"文通"设立数个"辅导站"，由香港的进步作家当老师，培养了不少进步文艺青年。1940年1月在《中国晚报》开辟副刊《文艺通讯》，接着又发展了《文艺青年》期刊，为香港青年提供了发表文学作品的机会。

---

① 中央档案馆、广东省档案馆：《广东革命历史文件汇集》（1938—1941），印刷时间为1988年，第133页。

香港沦陷后，约有50多名"文通"成员加入了东江游击队或者新四军。香港青年诗人彭耀芬，祖籍广东东莞，是"文通"的会员、积极参与者。他于1941年2月任"香港青年文艺研究社"干事，因发表了《香港百年祭》诗作，被港英政府于1941年4月23日拘留后，5月被驱逐出境至澳门。当"文通"的老师徐迟等一行抵澳门时，在澳门的彭耀芬负责照料他们的生活。香港沦陷后，彭耀芬加入了港九大队，后患病在"新界"去世。

2 上海沦陷、广州沦陷和皖南事变是内地文化人齐聚香港三大时间节点

张文彬同志往返于广州和香港之间，在广州筹备八路军办事处。1938年1月，八路军驻广州办事处成立，办事处先设在德政北路7号二楼，后又搬至百子路10号廖仲恺故居，云广英任主任。广州办《救亡日报》时在长寿路90号设立门市部，夏衍带领一班新老兼有的文化人包括林林、廖沫沙、叶文津、郁风、叶浅予、高汾等在此办报。

1937年11月27日下午，从上海出发驶向香港的海轮上，上海沦陷后的离沪名人巧合地"同舟共济"离开上海滩，同行的有郭沫若、邹韬奋、蔡元培、钱新之、宋汉章、沈君怡、丁西林、王晓籁、蔡楚生、张光宇、张正宇、丁聪、陈娟娟、章乃器、张志让、潘公展、胡蝶、杜月笙等，11月29日晚7时抵香港。据《蔡元培日记》记载："二十七日，午餐后一时，与养儿及三儿别，偕丕可赴黄浦滩，乘法国邮轮'马利替末斯'（Maritimes），我与巽甫合住五十九号房。四时船行。""养儿"就是周云，庄长恭字丕可，时为中央研究院化学所所长。巽甫是丁西林的字，时为中央研究院物理研究所所长。根据蔡元培先生日记记载，在轮船上到他客舱拜访他的有邹韬奋、沈君怡、杜月笙、钱新之、王晓籁、宋汉章等，他们获知蔡先生在轮船上，特来看望蔡先生。[①]11月29日

[①] 蔡元培著、王世儒编：《蔡元培日记》（下），北京大学出版社，2010，第523页。

晚7时，蔡元培由丁西林、庄长恭陪同抵达香港。蔡楚生在11月27日的日记中写道："同船的人除张光宇、张正宇、丁聪、金仲华、陈娟娟、娟娟的外婆、朱血花、白鸿基、李大深、章乃器、张志让、潘公展、胡蝶、潘有声这些认识的人之外，还有杜月笙、俞市长、郭沫若这些人物。"29日日记中写道："船靠岸后，因为我先期已有电报到港，所以前来接船的人有友六、慧敏、廖鸿明、苏怡、李清、君超、龙凌等八人，大家都狂呼一阵，但是，以我这样莫名其妙的人，竟劳朋友们前来等候，心里有说不出的惭愧。"①邹韬奋先生也在此轮船上，途中与蔡元培先生和蔡楚生先生均有交流。

广州沦陷，时任禁烟督察处广东省分处副处长的俞寰澄先生抵香港避难，随后与俞颂华先生复办《国讯》杂志。著名木刻家唐英伟先生，在广州时已经是一名活跃的木刻艺术家，随着广州沦陷，移居香港，发展香港的木刻抗战活动。

抗日战争时期内地文化人士进入香港与三大节点有关：一是上海、南京沦陷；二是广州沦陷；三是皖南事变。上海、广州沦陷后，在沪、穗的教育界、文化界和新闻出版界的部分知名人士，开始陆续抵香港避难。1941年12月8日，日军进入上海租界，此时在沪及内地后方文化人仍有走避香港者。

内地左翼文化人，在南方局的筹划下，抵达香港，除了为避难之外，其中还有一项使命，就是利用香港特殊的环境，向东南亚华侨加强中共抗战信息的宣传，尤其是皖南事变后，这一目的更加明确。

在大营救中发挥重要作用的八路军驻香港办事处，设在香港皇后大道中18号二楼，不公开挂牌，以茶叶批发生意为名，在门口挂着"粤华公司"牌匾。在香港秘密联络处设有数处，包括南华药店、湾仔帽店、义顺源等。

1937年底，周恩来在武汉会见英国驻华大使，请他转告港督，八路军有意

---

① 蔡楚生：《蔡楚生文集·第三卷：日记卷》，中国广播电视出版社，2006，第3页。

在香港设立办事处，接受海外华侨的捐赠。1937年12月27日，潘汉年、夏衍从上海乘坐同一轮船抵达香港，廖承志随后乘火车到广州转乘粤港澳客轮抵港。三人聚首后，夏衍根据中央安排马上到广州复办原在上海出版的《救亡日报》。1938年1月，八路军驻香港办事处成立，由廖承志、潘汉年负责。八路军驻香港办事处选择了皇后大道中18号为办公地点，设立电台。

廖承志同志同时兼任中共南方局委员，连贯任廖承志秘书，是日常工作的负责人。连贯1906年出生于广东大埔，1925年在广州加入中国共产党，在南委工作。1936年到香港担任全国各界救国联合会华南区总部秘书、中共华南区党委书记，后任中共香港工委常委兼组织部部长。1938年八路军驻香港办事处成立，任办事处秘书长兼机关党支部书记。

此时在香港还有另一位重要中共领导人刘少文，他是中共在香港秘密情报工作的负责人。刘少文早年毕业于莫斯科中山大学，参加长征，长期在周恩来、李克农、潘汉年的领导下工作，曾任八路军驻上海办事处秘书长、副主任。上海沦陷，邹韬奋、郭沫若等民主人士的安全撤离便是刘少文和潘汉年负责指挥的。1940年7月，刘少文由南方局派往香港，任中共港澳工作委员会委员兼中央交通处港澳办事处处长。

1940年10月9日，潘汉年、廖承志、刘晓致电洛甫（张闻天）：因战局变化，内地来港人员，请暂止动身。潘汉年准备到上海，廖承志赴菲律宾，刘晓暂时在香港留守。潘汉年于1938年1月到港，1939年离港，1939年8月至1941年回港，继续协助廖承志同志工作。

1941年3月24日，廖承志、潘汉年致电中央书记处周恩来同志，对由渝桂疏散到香港的文化人士，提出关于国内外文化人统战组织问题。中共统战委员会由廖承志、潘汉年、张友渔、胡绳、章汉夫五人组成，暂以香港为中心；潘汉年、廖承志、张友渔、范长江、夏衍、邹韬奋、金仲华等八人为力量，建立救国会，奠定海外基础。文中提及陆诒、恽逸群、戈宝权、杨东莼、司徒慧敏、蔡楚生、廖梦醒、沈谱、胡耐秋、韩幽桐等文化人的分工。1941年5月，中共香

图1　1941年5月成立的中共香港文化工作委员会成员。左起：廖承志、夏衍、潘汉年、胡绳、张友渔（图片藏于广东省立中山图书馆）

港文化工作委员会成立，由南方局直接领导，由廖承志、夏衍、潘汉年、胡绳和张友渔五人组成。

参加八路军驻香港办事处日常工作的大部分是广东地方党组织，包括中共香港地下党组织的骨干。先后在办事处工作的人员包括李默农（李少石）、连贯、张唯一（老太爷）、熊志华、梁士苑、潘柱（潘静安）、罗雁子（罗理实）、杨琳（秦邦礼）、张淑芬、冯劲持、谭乐华、钟路、高直（李玉明）、阿新（陈永生）、杜埃、余明等。梁士苑是《新华日报》驻香港通讯员。[1]熊志华、曾昌明、李沛群均是1931年建立通往中央苏区的中央红色交通线最重要的专职交通员。

早年中央红色交通线的专职交通员曾昌明，在八路军桂林办事处担任秘密交通工作，穿梭于香港和桂林之间，传送中央和中共香港地下党和八路军驻香港办事处的机密文件，吴有恒赴韶关参加广东省委会议就是由他护送。1939年曾昌明所走的路线是从香港坐火车到大埔站，然后坐电轮到大鹏湾，在淡水镇登陆走路到惠州，再坐小木舟抵龙川，改坐汽车到韶关，再由韶关坐火车到衡阳转桂林。[2]这一路线基本上成为1942年香港文化名人大营救走得最多的路线。

---

[1]　陈敦德：《八路军驻香港办事处纪实》，解放军出版社，2012，第28页。
[2]　曾昌明：《回忆八路军桂林办事处和李克农同志》，载《桂林文史资料》第4辑（中国人民政治协商会议桂林市委员会文史资料研究委员会编），1983，第58页。

曾昌明随后参与上海的秘密工作，当上海地下党组织和电台受到破坏时，于1942年秋，与中央红色交通线老同事李沛群，一起撤离上海，抵达桂林。1941年7月，在太平洋战争爆发前，李沛群从香港交通站调到上海，担任上海地下党组织领导人龚饮冰同志的秘书。

1941年9月10日，新港督杨格"官式登陆"，10日上午11时半在皇后码头举行官式登陆仪式。杨格生于1886年，参加过第一次世界大战。1941年，驻港英军增派了加拿大的部队，于1941年11月16日到港，在港英军达13000多人。但英军1940年7月开始撤离家眷，撤离3000多人，留港1000多人。1941年10月29日已经发生了在深圳边境日军向英军开枪事件。

香港在沦陷前处于太平洋战争爆发前的微妙的状态。1942年5月，茅盾在脱险后完成的作品《劫后拾遗》中生动地刻画了香港在战事发生前的城市社会生活："欧美已经飞雪，气温在零下几度。但香港天气异常温暖。渡海的小轮上，有五六个新的加拿大兵，帽子歪在额头角，遥望海中一片雪白的三角帆，悠然吹着口笛。那游艇的三角帆下，露出浅绿色的半身的倩影，一轮大草帽，碧色的长帽带随风飘拂。"①

1942年12月8日清晨，日军出动12架轰炸机，由36架护航机掩护，空袭香港九龙的启德机场，驻港英军仅有的5架战斗机全部被摧毁。10日，在新加坡外海，英军两艘旗舰"威尔士亲王"号和"却敌"号被击沉，6万余日军越过深圳河边境，12日九龙失陷。

1942年12月8日，日军突袭香港，著名粤语电影演员吴楚帆先生在回忆录中写道："黎明时候，在浓梦中，忽然有一声巨响，跟着一个大震动，把我吓醒了，揭开被窝，从床上跳下来，再倾耳细听，轧轧的机声，由远而近，终于打从屋顶上低空掠过，隆隆然几乎要连瓦面都掀开了，跟着轰炸的声音、高射炮射击的声音交织在一起。"②吴楚帆家住在谭公道，与启德机场紧挨着，他走

---

① 茅盾：《劫后拾遗》，桂林学艺出版社，1942，第5页。
② 吴楚帆：《吴楚帆自传》，龙文出版社，1994，第66页。

出天台，看到启德机场已经成为一片火海，黑色的硝烟覆盖了天空。根据1941年的香港地图，谭公道在启德机场的西南面，隔了数个街区就是启德机场控制边界。

留港文化人正面临一场大灾难的降临，中共南方局领导的香港中共力量迅速伸出了援手。战争刚爆发，中共驻港的秘密机要人员包括文化人士便进入防空洞，香港跑马地利舞台旁边的防空洞中就有廖承志、龚饮冰、吴雪芝、蔡楚生，大家都不打招呼，分散藏身。刘少文、罗晓红夫妇也在此防空洞中，等了几天，罗晓红受刘少文之托在防空洞中找到廖承志，约定联络地点，在廖承志、刘少文、潘汉年、李少石领导下，由香港地下党组织和东江游击队为主力的大营救工作开始启动。在抗日烽火中再次从事或者接力从事秘密交通工作参加大营救的香港同志有：刘少文、梁广、潘柱（潘静安）、李健行、刘黑仔、张淑芬、黄施民、陈文汉、陈小秋、蔡国梁、何鼎华、何启明、何竺、吴华、张婉华、方觉魂、黄秋耘、黄冠芳、黄健生、叶挺英、李锦荣、方慧、江水、李石、巢湘玲等，他们都是后来留在香港执行大营救的地下工作者。

廖承志离开香港委托潘柱负责大营救时，留给潘柱的是数百元港元；刘少文工作告一段落离港时留给梁广同志的是800元美金和1000元港币。

东江游击队是以"侨港惠阳青年会回乡工作团"为班底建立起来的，创建时组成人员包括香港海员、南洋华侨、当地农民和学生、散布在东江地区的红军游击队员。最初才百号人，初名为"海员游击队"，后逐步壮大。1938年游击队威胁日军，迫使日军撤出惠阳。1941年改名"东江游击队"，曾鸿文、黄高阳率领游击队员在香港沦陷前已经进入了元朗、荃湾，黄冠芳、江水、刘黑仔则率领游击队进入了西贡，为大营救提供有利的前提条件。1942年香港沦陷后，东江游击队进行再次重组，五支大队之一的港九独立大队（简称"港九大队"）成立。1942年2月，蔡国梁在"新界"西贡黄毛应村任港九大队大队长，陈达明任政委，黄高阳任政训部主任。为配合港九大队活动建立交通线，"新界"西贡民众给予了大量支持。在西贡走水路的文化人士，由游击队海上中队组成新的"港九护航队"负责护送,参加的游击队员有肖华奎、陈志贤、王锦、黄康、赖良、吴传、何锦祥、郑水等,在西贡岐岭下上船,在沙鱼涌由高健领导的惠阳大队交接。

游击队中最小的交通员李石才14岁,是他最早发现并营救受伤的美国第十四航空队飞行员克尔中尉。

除香港外,当时广东地方中共党组织的同志卢伟如、江水、蓝造、陈志贤、杜襟南、彭沃、叶锋、何清、张松鹤、曾嘉、叶素辉、张雪梅、张素娥、廖安祥、刘永福、谢长昭、蓝奋才、庄泽民、庄彭、庄福泽、刘培、李秀灵、李华灵、杨奇等在交通线和交通站的建立工作中做出了重要贡献。

图2 1941年2月,港九独立大队在西贡黄毛应村宣告成立(图片藏于广东省立中山图书馆)

图3　港九海上护航队作战用的木船（图片藏于广东省立中山图书馆）

  1941年4月，中共南委在方方带领下，转移到大埔县大麻镇恭州下村"宜慎山庄"华侨何曼芳家中，其间张文彬到了恭州下村与方方讨论分工，张文彬继续原来广东省委范围内的工作，分管粤北省委、粤南省委和东江游击队工作。①

  1941年12月15日，闽赣粤边区省委书记、南委书记方方同志和涂振农同志在给中央汇报香港战事、南委工作的电文中提出建议写道："应准备香港失陷时的组织工作，因此对干部党员之灰色者，应立即划分建立平行组织，给与沦陷区工作方式教育他们，保证撤退时工作能保留。注意必要撤退之文化人，有

---

① 叶文益：《张文彬传》，中共党史出版社，2016，第332页。

计划的输送散布桂、曲、梅、漳、泉、赣等地。"① 方方同志这一建议具有前瞻性与及时性。

3 香港文化人脱险的线路和时间

香港沦陷,在香港避难的一批文化界知名人士面临危难,日军封锁港九交通要道,周恩来发出指令要求秘密护送文化人士向东江或南洋转移。在获得中共南方局指示时,南委正在香港开会,根据日趋紧张的战争形势,研究对策。参加会议的有南委副书记张文彬,粤南省委书记、东江游击队政委尹林平,香港市委书记杨康华,中共中央南方局驻港代表李少石,潘汉年,刘少文等同志。

从香港过九龙是营救工作的第一步,转移人员先从铜锣湾东面海湾进入大船隐蔽,深夜分批乘小艇秘密偷渡至九龙红磡附近登陆,隐蔽住在九龙联络点。

由水路撤退的,从香港航行至长洲岛再乘船到澳门,然后分别到台山、中山或江门,沿西江到桂林。香港至九龙,然后途经旺角—蒲岗圩—观音山—牛池湾—启德机场—西贡,再渡海横跨大鹏湾至惠阳沙鱼涌登陆。

从陆路撤退的则首先将各界知名人士紧急护送到港九游击队设立的交通站,从香港铜锣湾下水,秘密潜过被封锁的维多利亚港,在红磡附近码头登陆。九龙的临时安置点分布在鸭旦街(永胜街)海丰公馆丰桂馆、油麻地佐敦道(李健行家)、旺角花园街(蔡磊家)、上海街、窝打老街、通菜街(李健行胞兄的伙计的住处)、福华街等。

陆路主要路线是从九龙油麻地、旺角西北方向过荔枝角、转出青山道、抵荃湾,经上塘、登上大雾山、过锦田、到"新界"元朗,在元朗留宿后,从落

---

① 中央档案馆、广东省档案馆:《广东革命历史文件汇集》(1941—1945),印刷时间为1988年,第167页。

马洲过深圳河（也有从皇岗过境）；或者进入沙田、粉岭、大埔，在大埔过夜。在深圳河沿岸有上步、赤尾、皇岗三个交通站策应。

陆路东线从九龙市区经过牛池湾、九龙坳到西贡，然后乘船渡过大鹏湾，在大梅沙、小梅沙、上洞或沙鱼涌等地登陆。

离开游击区则是从木古、平湖到惠阳坪山，分批由游击队护送到惠州或者老隆（即龙川县）。惠州至老隆分水陆两条线：一是北上韶关送到内地大后方；二是往兴宁、闽西至苏北。老隆设立转运站，位于河唇街的"侨兴行"和福建会馆旁的"义孚行"。韶关设"侨兴行"和"香港汽车材料行"为交通站。

在宝安游击区又分别在白石龙山、阳台山深坑村、杨尾村附近的山里设置临时留宿点。

在香港湾仔党组织成立指挥部，香港的水路由蔡国梁负责，陆路由何鼎华负责，总负责是刘少文同志。潘柱在刘少文、梁广领导下负责具体工作，黄施民、陈文汉辅助潘柱工作。另有协助者李锦荣在港九护送；何鼎华负责从九龙带出青山。出九龙路段由林平总负责，李健行、何鼎华配合。东江游击队到荃湾带路的交通员是谢愚照、麦容、赵林、沈剑先、王彪等，进入九龙带路的主要有黄作梅、何启明、谭干、林展等。

从1942年1月5日晚开始，滞留香港的文化人士被分批护送到九龙的港九大队交通站，然后分水陆两路分批护送，1942年2月大部分人员安全抵达游击区或者内地，6月大营救行动基本结束，但部分营救延续至1944年。廖承志回忆胜利大营救的人数是七八百人，并护送到达大后方，其中，国民党、国际友人近100人。潘柱回忆是营救了800多人，廖沫沙回忆是"不下一千人"。《中国共产党深圳历史》一书的表述是"爱国民主人士和文化界知名人士共300多人，连同其他方面的人士共800多人"。①

---

① 深圳市史志办公室：《中国共产党深圳历史》，中共党史出版社，2007年。

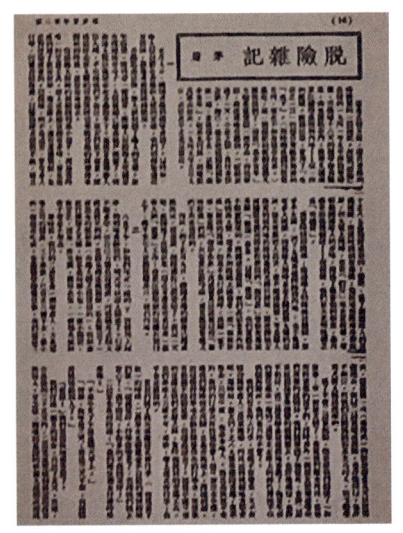

图4 茅盾《脱险杂记》,载《进步青年》1949年第2期(藏于广东省立中山图书馆)

茅盾在1948年9月追记于香港的《脱险杂记》写道:"在东江游击队的保护与招待之下,几千文化人安然脱离虎口,回到内地。"1958年11月14日附记中写道:"这是我在1942—1944年间所写的关于东江游击队奉党中央的命令抢救一二千(有人说二三千)沦陷香港的文化人的第一篇杂记。"①

根据前期各类报告和研究,从香港脱险的中共领导人、文化名人和民主人士中通过陆路路线的名单如下:

通过九龙进入宝安的东线交通线有:廖承志、连贯、乔冠华、陈汝棠、邓文田、邓文钊、瞿白音、洪遒、茅盾、胡风、马思聪、盛家伦、许幸之、邹韬奋、胡绳、张明养、廖沫沙、黎澍、特伟、胡风、丁聪、胡耐秋、于毅夫、杨刚、张铁生、孔德沚、周钢鸣、戈宝权、沈志远、吴全衡、任白戈、叶以群、成庆生、叶方、吴在东、黄药眠、恽逸群、梁若尘、胡仲持、宋之的、蓝马、赵树泰、于伶、章泯、胡蝶、陈烟桥、葛一虹和沙蒙等。

东线海路是从香港偷渡九龙出海,从长洲岛至海丰转入老隆、韶关,经沙鱼涌登陆抵惠阳转入东江游击区,或者沿东江抵老隆换车至曲江。通过东线海路转移的文化人士有何香凝、柳亚子、经普椿、周鲸文、张友渔、韩幽桐、胡政之等。

西线是从香港秘密进入澳门,从海面抵台山都斛,再从台山三埠转肇庆线。途经西线的文化人士有夏衍、蔡楚生、司徒慧敏、金山、张云乔、郁风、

---

① 茅盾:《脱险杂记》,中国社会科学出版社,1980,第379页。

郑安娜、谢和赓、王莹、金仲华、黎蒙夫妇、黄启汉夫人、严淑珍、梁漱溟、范长江、沈谱、陈此生、陆浮等。

从香港偷渡澳门后，部分人员继续再转中山石岐经水路转江门，长距离步行后再乘船赴肇庆，如徐迟和陈松夫妇、廖梦醒和李少石夫妇、萨空了、戴爱莲和叶浅予夫妇、盛舜、罗寄梅、吴元坎、钱能欣、马鉴、冼玉清、端木蕻良、骆宾基、邵公文、陈翰笙、华嘉夫妇、孙明心等。部分文化人士搭乘香港或澳门海轮至广州湾暂时居住，有的则再转桂林、重庆等地，如千家驹、陈寅恪、陈衡哲、曾宝荪、汤晓丹、卢敦、白燕、吴楚帆、关文清、马师曾、薛觉先等。

部分文化人士搭乘香港至广州轮船或者步行至广州，离开沦陷区抵达韶关或者转上海，如高士其、黄秋耘、徐铸成（大公报）、郭根（大公报）、黄致

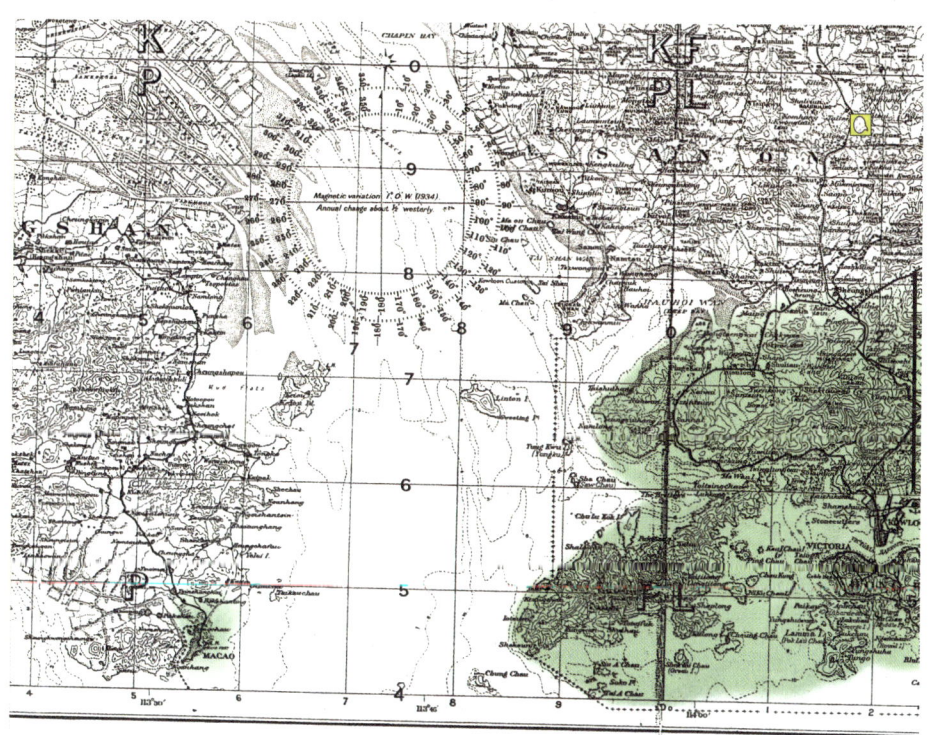

图5　香港文化名人大营救路线之一：香港至澳门，再转台山；图中为香港至澳门段

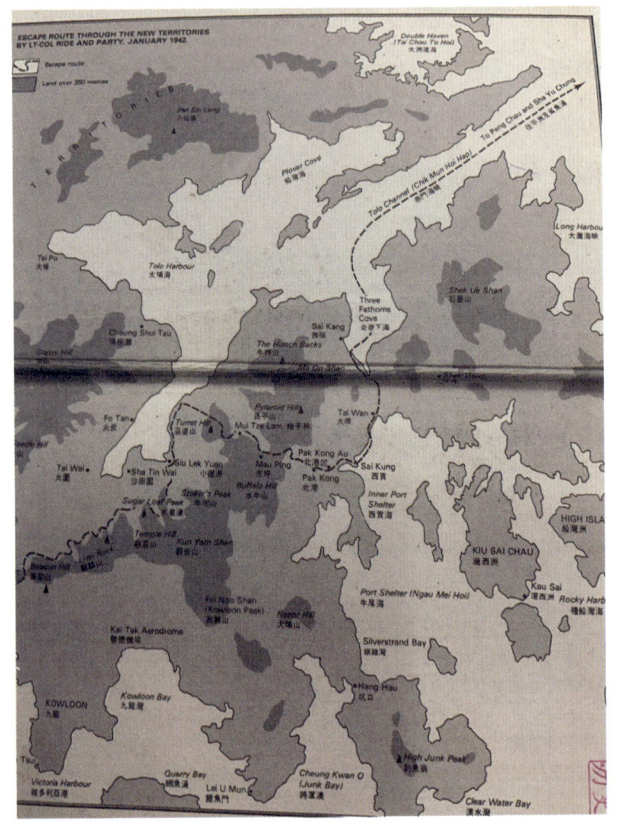

图6 香港文化名人大营救路线之一,也是东江游击队营救英军中校赖廉士的线路:香港、九龙至惠州大亚湾脱险路线

图7 香港英军防御工事布置图

图8 海上西线台山都斛登陆点,此为夏衍、梁漱溟先生两队人物登陆点

图9 何香凝、柳亚子在汕尾安全登陆后在新村的居住地

华(大公报)、于毅夫、杜贵绂等。

从内地抵香港的部分文化人士离开香港时间与前往的目的地均不一。沈兹九、胡愈之夫妇在1940年香港沦陷前已经前往南洋,12月胡愈之担任《南洋商报》编辑主任,1941年《妇女杂志》主编沈兹九受周恩来同志委派赴新加坡协助胡愈之先生。1942年2月新加坡沦陷,2月4日沈兹九、胡愈之夫妇等共28人撤离新加坡,乘摩托舢板进入荷兰殖民地的廖内群岛丛林,避难于印尼三年零八个月,一直到抗战结束才回新加坡。杜埃先生也是从香港被派往南洋进行抗日宣传,冯亦代在香港沦陷前已经因工作离开香港抵重庆,叶灵凤一直坚守在香港。戴望舒留守香港,香港沦陷时曾被捕入狱。

线路的选择主要是由时间决定的,香港沦陷早期迅速离开以海上和陆路两种为主。当时先进入澳门为主要选择,不料后来澳门与广州湾断航。在港文化人脱险的方式以有组织地逃离为多数,中共南方局、八路军驻香港办事处、中共广东省委、东江游击队、中共香港地下党的交通员等形成强大合力,趁香港沦陷最早期日伪还尚未警觉过来,中共南方局、中共在香港的各级党组织和东江游击队迅速开展抢救行动。部分文化人是由中共秘密党员为召集人,临时组织起来设法脱险的。

粤籍的众多文化人，有熟悉粤语和亲朋好友相助的优势，多数是自己离开香港，或者帮助其他文化人脱险后，自己再设法离开，他们多数仅在他人文章中被略提一笔而自己没有留下任何文字颂赞。马国亮、张惠通、叶文津、林焕平、谭友六、欧外鸥等就是如此。粤籍诗人欧外鸥在香港任国际印刷公司总经理，《大众生活》周刊就是由该公司印刷。沦陷时欧外鸥夫妇带着两个不过两三岁的孩子，经过沦陷后的广州，翻山涉水抵韶关转桂林。[①]粤籍部分文化人自救，采取适合自己的方式脱险，特别是香港与澳门、香港至广州湾通航后。无论采用何种方式，他们都有一颗爱国心。

第二节　地道香港人，拳拳中国心

在胜利大营救中，香港、澳门地下党员发挥了重要作用，他们许多都是土生土长于香港，在国家存亡之际，以拳拳爱国心付诸行动，保证了大营救的顺利进行。

1　永远的"小潘"

香港出生的潘柱、黄施民、陈文汉三位同志受到中共中央嘉奖。参加大营救受表扬的香港中共基层地下工作者潘柱，原来是在八路军驻香港办事处机要部门工作，大营救时直接在刘少文同志、梁广同志领导下开展营救工作。潘柱（潘静安）为香港人，时年22岁，是梁广同志任粤南省委书记时的机要秘书，当时是八路军驻香港办事处机要员。陈文汉是肇托东工会负责人、司机。黄施民出生于香港，原名黄玉宇，祖籍广东南海西樵山，时年20岁，担任中共香港

[①] 欧外鸥：《郁郁群山玉桂香》，载《桂林文化城纪事》（广西社会科学院编），漓江出版社，1984，第554页。

图10　20世纪40年代末潘静安先生与夫人韩琪合影

市委委员、粤南委香港特派员。潘柱将名单给黄施民等，黄施民等找到人后又将关系交给潘柱，由他安排撤离细节。

潘柱原名潘静安（1916—2000），初名桢干，又名柱，斋号静居，地道香港人，长期在香港从事秘密工作，父亲潘健康于20世纪20年代在港岛荷里活道及湾仔轩尼诗道开设名为健康学校的私塾，自任校长。30年代潘静安赴上海，曾住租界朋友家中，以治印金石交友，上海沦陷后又回香港。潘静安在香港有一秘密办事处，在香港铜锣湾利舞台戏院旁边的耀华街，是一栋二层楼有四间房间的房子，里边有电台和油印机，与周恩来联系使用"小潘"为代号，周恩来同志使用"胡公"为代号。在九龙将文化人隐蔽起来时，潘静安"交给每人一张亲笔写上'小潘'二字的小纸条，作为万一走散时到指定地点的联络凭证"。[①] 小光头"肖番"也是当时大家对他的昵称，他的夫人韩琪一起参与到协助大营救工作中，韩琪女士1958年因病去世。

处于湾仔铜锣湾的耀华街是一条不长的街，向东穿过勿地臣街就是利舞台。耀华街东头正对的东南面的礼顿山现在是礼顿中心。

1941年12月29日，潘静安奉连贯同志之令找到廖安祥先生，请他过海到九龙油麻地与李健行一起会合，同尹林平同志面谈商议营救事项。电影演员凤子在香港沦陷后正六神无主时是潘静安上门找到她，并提供组织的联系方式，她因而得以脱险，并由潘静安安排李锦荣带到通菜街李健行的胞兄的伙计家暂

---

① 中共惠阳地委党史办公室编：《东江党史资料汇编》第三辑（抢救文化人史料专辑），1984，第11页。

住。《大公报》副刊的主编杨刚也是潘静安亲自联系寻找到的。凤子是等待数十年后,千方百计才重新见到潘静安本人,重叙旧谊。凤子去世后,1998年出版的《人间海市》一书中记录了他们的重逢,凤子写道:"四十五年过去了,今天面对这位年及古稀的老人,看来精神很好,仍然着'唐装'。回忆当年第一次见面留下的印象,是个瘦小精干的小伙子,两眼有神,不多说话。我们知道是组织派来的人,却不知道他的名字,就叫他小光头。原来他曾患过伤寒,头发掉落了。当时约定时间,准备上路。第二次他来接我们,仍一言不发,只检查我们的化装和携带的包袱。走上街就拉开距离,我们紧跟着。领到回乡证,就向铜锣湾走去。"①

图11 杨刚年轻时的照片

1984年于伶在纪念邹韬奋、回忆香港大营救的文章中,也提到了"小潘同志",她写道:"一九四二年一月七日上午,小潘同志(青年诗人、地下党员,战前和我有过接触,这时是党的最得力的秘密联络员。中华人民共和国成立后,曾任香港中国银行的总稽核)来通知我,经过廖承志、

图12 凤子1947年的新婚照

连贯、刘少文、夏衍等同志的周密安排,把民主人士和文化文艺工作同志分批撤到我东江游击区去,要我和柏李在两天之内,备好唐装,扮作难民,等他来领我们秘密撤走。"②文章中也提及在香港的中共秘密工作者陈曼云同志、潘汉年同志和叶文津同志。当于伶和柏李在地摊准备按照小潘的要求买衣服的时候,正好

---

① 凤子:《人间海市》,上海文艺出版社,1998,第155页。
② 中国人民政治协商会议上海市委员会文史资料工作委员会编:《上海文史资料选辑》第47辑,上海人民出版社,1984,第14页。

一队日本兵和"烂仔"经过，他们左右为难时，正好中共秘密工作者陈曼云在附近，他们叫她"云姐"，云姐见状低声叫"蹲下、蹲下"，同时说她有身份证，别怕。云姐送他们回住处，告诉他们潘汉年派广东人、《救亡日报》记者叶文彬到香港帮助解救他们，并撤走了电台和工作班子，廖公知道具体情况。自己办好了身份证，懂日语，暂时留下。于伶被告知云姐、夏衍和金山等准备秘密往澳门，并被问是否一起走，但因小潘已预告在先，所以于伶还是按照原计划行事。

柳亚子先生于1945年9月17日在《自述》中对"小潘"有一段回忆："谁知绝处逢生，佩宜的妹妹的儿子徐文烈，忽然领了一个青年来，自称小潘，是承志的部下，说承志已离开香港，他受嘱托，想用船把我和廖夫人送走，因为知道我们是不能用脚来走路的，所以只好从海路上设法了。"①13日，小潘送柳亚子到邹韬奋曾暂避过的地方；14日，陪同到海陆丰同乡会与何香凝女士会合；15日，与何香凝、柳亚子乘船离开香港经过长洲后转海丰，"小潘"到海边送别。负责该船护送的是中共地下党员谢一超，使用的是廖安祥的两艘帆船之一。在船上他们遇到了原东北大学代校长、在港负责宣传东北抗日的民主人士、《时代批评》的创办人周鲸文，同舟共济。司徒慧敏于1963年发表的《旅港剧人协会和香港话剧》一文中对"小潘"的回忆写道："记得有一位为我们剧团全体脱险而尽了很大努力的广东人小潘同志，他当时每天往来于九龙、'新界'和香港之间，即使在敌人的非常警戒下也不曾中断，有时在检查极端严格很难过界的时候，他化装成送丧的人家，表演哭丧上山，再绕道到达目的地，就这样一个都没有遗漏地把我们全体送到了安全地点。"②旅港剧人协会成员全部安全回到桂林后，举行了最后一场演出，结束了这场脱险战斗。

潘静安从杨刚处获知香港玛丽医院滞留了包括一名秘鲁籍的共产国际代表在内的国际友人。他与数名香港的同志为了秘密转移国际友人，从地下水道潜

---

① 柳亚子：《柳亚子自述》，人民日报出版社，2012，第221页。
② 《中国话剧运动五十年史料集》编辑委员会编：《中国话剧运动五十年史料集》第三辑，中国戏剧出版社，1963，第209页。

入医院，成功营救出一批国际友人。也正是因此事他们受到中央嘉奖，梁广同志代为转告。

被营救者《华商报》邓文钊为纪念潘静安的功劳，在重修房子时，将之取名"静安居"以资纪念。潘静安在后来民主人士秘密赴京参加开国大典、香港"两航起义"等事件中再立新功。

2　No.99和黄作梅

救援国际友人的关键人物是No.99，这一代号是黄作梅先生在英军服务团的编号，该机构英文缩写为"BAAG"。1946年复刊的香港《华商报》，在2月19日的报纸上刊载了黄作梅所写的《东江纵队营救国际友人统计》一文，据该文数据：总共89人，美国人20人，美机师8人，印度人54人，丹麦人3人，挪威人2人，俄国人1人，菲律宾人1人。后人将数据修订，确定人数为103名盟军和国际友人，未包括黄作梅提到的8名美国机师。

黄作梅出生于1916年，英文名字为Raymond Wong，从小在香港生活。其父亲从广州到香港谋生，在政府工务科当文员，后又回广州番禺结婚。黄作梅先考入香港湾仔区中文学校"敦梅学校"，1932年就读于皇仁书院，1935年毕业，考取了香港大学。但因家境困难，家中兄弟姐妹9人，作为长子需要承担家庭经济责任，他只能放弃到香港大学读书的机会，1936年报考了港英政府的文员，被分配到香港湾仔政府货仓工作。抗日战争爆发后，黄作梅积极参加抗日救亡活动，1938年参加"中华圣教总会"读书班，已经抵达香港的一些文化人如刘思慕、金仲华等被邀请到读书班作报告。黄作梅于1941年6月加入中国共产党，1942年1月加入东江游击队，与香港中共地下党组织密切配合，在大营救中参加具体的营救工作。

1942年3月，东江游击队设立港九大队国际工作小组，地点设在深水埗界限街一座楼房二楼。1942年8月，开始同英军服务团合作，黄作梅在英军服务团中编号为99，协助被囚禁在香港集中营的国际友人逃离香港以及收集日本军队情报，黄作梅是负责人，组员或者参与秘密工作的有谭干、江群好、郑隆、林展、卢陵、叶子修、文坚、叶颂齐等，他们利用自己的英语语言优势和社会关系，发挥了关键性作用。林展为中共党员，曾就读香港庇理罗士女子中学，为了获取情报，应聘到承包启德机场扩建工程的承包公司里当抄写员。

1942年7月，黄作梅在深水埗钵兰街设立广恒杂货店，用他自己的英文名字译音"黄礼文"登记注册。黄作梅父亲、大姐黄楚翘均在杂货店参加秘密交通工作，英军服务团利用杂货店作为情报交换站。英军服务团指定代号为22号的陈养与杂货店秘密联络。该联络点1943年夏被封，黄作梅家人被捕关押15天后释放。根据林展女士的回忆，1943年国际工作小组在香港市区的工作便告结束，黄作梅已于当年6月返回大队部，8月调往东江游击队司令部。1943年10月，林展调回港九大队政训室，数天后调往东江游击队司令部。此后，美军在东江游击队设立联络处，黄作梅担任翻译员，1946年黄作梅发表《我们与美国的合作》一文于当年3月28日复刊的《华商报》上。

东江游击队对国际友人、越狱盟军战俘全线护送营救。赖廉士中校（Lt. Col. Lindsay Tasman Ride）、海军中尉摩利、海军中尉戴维斯和赖廉士助手李玉彪，于1942年1月9日从海面越狱。他们是乘靠近集中营岸边贩卖食物的小船抵荔枝角，上了青山道后一直在"新界"山上逃亡。1942年1月12日终于遇到东江游击队，见到蔡国梁，1月17日脱险，之后一路得到东江游击队的护送。[①]1942年3月，蔡国梁、陈达明驻守横山脚村，协助当时香港政务司的谭臣藏于此，再护送至内地治疗。1942年10月20日，港九大队大队长蔡国梁专门看望抵达由东江游击队控制的"新界"石坑村的两位香港汇丰银行高级职员越狱者芬恩维克（T. J. J. Fenwick）和摩利逊（J. A. D. Morrison），派出一班武装游击队员护送他们偷渡大鹏湾。[②]1942年10月下旬，港九游击队又营救出五名英属印度皇家炮兵

---

① 爱德华·赖特：《逃向自由中国》，钟小歧节译，载《广东文史资料》（中国人民政治协商会议广东省委员会文史资料研究委员会编），广东人民出版社，1985，第222页。

② 莫世祥、陈红：《日落香江：香港对日作战纪实》，广东人民出版社，2015，第167页。

队员。

1942年7月至1943年8月，港九大队与英军服务团合作营救出不少战俘，让他们在"新界"的嶂上接受基本医疗后，再返英军服务团华南办事处安排编入抗战单位。

3　文化人之间的互助

文化人张惠通是广东人，在上海读书，是沪江大学附中学生会主编的《沪潮》学生杂志的编辑，参加上海的戏剧活动，在香港为许多文化人提供帮助。《华商报》经理部由他和陆浮负责，在上环荷里活道租了一间铺面，张惠通为营业部主任，负责发行。他也负责旅港剧人协会的演出舞台事务，努力争取演出场所。萨空了在日记中记录1942年1月21日至25日之间，张惠通希望萨空了离开，又帮助联系离港方式、陪同购买船票、介绍澳门亲戚住处，介绍中国旅行社李润才先生与萨空了认识，又看望俞颂华几位年长尚在香港的文化人。张惠通抵桂林后开了一处商号，范长江在桂林逃避国民党的追捕时，由他和沈谱到桂林北站送行[①]。在帮助在港文化人撤离过程中多处有张惠通的身影，撤离香港到桂林时，他是在萨空了走后才起程，负责不少后勤事务，但关于这些留墨不多，仅通过其他人的片言碎语可以拼凑出上述信息。

胡风是在周恩来同志指示下从重庆抵港，香港沦陷前在香港度过了七个月时光，主要为《华商报》《光明报》等报刊撰文，妻子梅志来往上海和香港两次。廖承志派诗人、秘密中共党员孙钿（郁华）照顾胡风，孙钿时年23岁。孙钿是"七月派诗人"，原名郁钟瑞，1917年出生于上海，进入大同附中、大同大学读书，中学时期开始在《申报》等报刊、杂志发表文学作品。在上海积极参加电影和戏剧创作活动，1934年赴日本早稻田大学读书。《七月》刊载了孙钿数部诗作，他与艾青、田间、胡风一同被称为"七月派诗人"，与胡风有共

---

① 范长江：《范长江新闻文集》下册，新华出版社，2001，第590页。

同语言。孙钿在1939年抵香港后在廖承志领导下编辑通讯杂志《东江》和《侨胞》，1941年7月胡风抵港后都是他负责照顾，在日军进攻香港时，孙钿受廖承志、杨康华的委派，一直陪伴着胡风一家一个多月。胡风在1984年参加座谈会中谈起往事，念念不忘孙钿和"小潘"的帮助："太平洋事件发生的第二天，孙钿给我几十元港币，要我送给住在叶以群楼上的高士其，我当晚摸黑送到时，他们已经搬走。"孙钿安排胡风一家与另一需要营救的非洲华侨姐弟合住一房一晚，第二天搬到一位姓孙的工程师寓所暂住，胡风又讲道："孙钿每天都出去冒着炮火抢救文化人搬家隐蔽。日军占领后，孙家又搬回来了，孙钿和黎氏姐弟只好另找地方住开了。过若干天，孙钿通知我，先从香港过九龙，然后撤回内地。一天，小潘来引我们过九龙，并为我们背行李。当晚住在海上木船上，张友渔在那里登记并了解情况。第二天早上，上岸后住在九龙的联络站。"①

留港文化人蔡磊，在大营救中利用其九龙的住所为大家提供离开九龙前最后的临时住处，蔡磊离开香港后赴海南帮助冯白驹办《新琼崖报》。

陈小秋，别名陈紫秋、陈秋焕、陈秋帆、陈子秋，台山斗山人，与黄新波一起于1935年赴日本东京留学，与黄新波等几位左联东京支盟的留学生住在东京"末名庄"。②香港大中华酒店是陈小秋兄长陈孔图开办的，利用这一特殊关系，许多文化人短期居住此酒店后再转移。

4　参加营救工作的部分港澳中共地下党员和交通员

陈文汉（1911—1953）是香港工人运动的活跃分子，做过汽车修理工、电话机修理工，1937年加入中国共产党，在大营救中功劳卓越，战后继续从事工人运动，担任工联会理事长，可惜1953年去世。③

---

①　胡风：《我的回忆》，载《东江党史资料汇编》第三辑（抢救文化人史料专辑）（中共惠阳地委党史办公室编），1984，第200页。

②　小谷一郎：《关于黄新波的几张照片》，王建华译，载《上海鲁迅研究》2014年第4期。

③　许礼平：《中共驻港"神秘人物"潘静安》，载《文史精华》2018年第6期。

黄施民和陈文汉是潘柱的助手，负责联络船只和为已经找到的文化人提供食品等后勤保障。在香港还有三位交通员负责带路，赵林就是其中一位，有时他直接将文化人带到白石龙。交通员李锦荣常负责的工作是带人从香港偷渡至九龙，茅盾和邹韬奋就是他带过海湾的。李筱峰先生也是一位交通员，但他是一直从上海街带着逃离的文化人抵白石龙游击区，护送的对象是邹韬奋、茅盾夫妇等。

　　此外，交通员方兰（也名孔秀芳、方姑）是香港人，时年19岁，在小学教书，是中共秘密工作者。香港沦陷后，香港岛与九龙联系中断，杨康华派方兰到香港岛与梁广联系。在梁广同志指示下，方兰首先在香港岛与九龙两地进行地下交通联系工作，她的母亲冯芝女士陪同方兰在香港和九龙穿行传递消息。方兰加入游击队，在1944年2月营救美国飞行员时她又顺利完成寻找任务，而母亲冯芝则于1944年3月17日因秘密传递文件被捕，被捕后坚守秘密，从容就义。[①]

　　张淑芬，是廖承志的部下，为八路军驻香港办事处机要人员，日常传送《东江侨讯》等非正式出版的抗日刊物，留在香港与潘柱一

图13　方兰年轻时的照片

图14　方兰之母冯芝烈士

---

　　① 柳明：《碧血繁花相映红》，载《回顾港九大队》（广东青运史研究委员会研究室、东纵港九大队队史征编组编），1987，第11页。

起寻找要护送的文化人。他们首先想到的是找在《华商报》工作的张友渔和在《生活书店》工作的徐伯昕,这样就可以找到其他人。潘柱在张友渔秘密居住处等候了两天,终于等到张友渔出现。张、徐分别被找到后,两人不约而同地要留下协助潘柱和张淑芬找到其他同志。

萨空了的《香港沦陷日记》1942年1月14日星期三那篇日记中写道:"今天上午徐伯昕来访,他说他已有由东江归国的计划,不过这条路太苦,眷属恐难以忍受。他问我有没有走东江的意思,我告诉他如果眷属不能同走我就不能走,否则他们将无以为生。"[1]

张友渔帮助找到胡绳,胡绳找到戈宝权,戈宝权提供地址,找到茅盾和叶以群,又在跑马地找到于毅夫,在铜锣湾灯笼街找到邹韬奋,在他们的帮助下又找到柳亚子及柳无垢,在罗便臣道找到了何香凝、经普椿。不久,又找到了廖沫沙、夏衍、千家驹、萨空了、丁聪、特伟、风子等。[2] 夏衍又找到郁风,郁风又找到郑安娜。

张婉华在大营救中在其姐夫胡有经营的九龙城太子道"远香士多店"设置联络点,后来该联络点暴露被迫关闭,接着在九龙城西北方向附近的西贡墟设立"不夜天"茶室,张婉华自己担任接待员,将情报在九龙与西贡间传送,这也是港九大队和香港中共地下党秘密开会研究营救的地方。直到1942年7月,张婉华才结束该站点的工作,进入港九大队。

在澳门从事中共秘密工作的柯麟先生,为文化人在澳门建立中转站发挥了重要作用。柯麟在澳门办有自己的诊所,设儿科、内科,地点在澳门中心区板樟堂前十号,靠近城市中心议事亭前地。夏衍、司徒慧敏、蔡楚生等一行21人,在1942年1月8日后陆续分批离开香港秘密前往澳门,在澳门得到柯麟的帮助,柯麟电告周恩来关于夏衍等的信息。由于没有航班到广州湾,夏衍一行最

---

[1] 萨空了:《香港沦陷日记》,生活·读书·新知三联书店,1985。
[2] 潘柱:《虎口救精英》,载《胜利大营救》(何小林、郭际编),解放军出版社,1999,第81页。

后走西线水路在台山都斛登陆。梁漱溟、范长江、沈谱、陆浮、金仲华等五人，1943年1月10日离开香港至澳门，同样得到柯麟先生的帮助，在金仲华联系协助下再往西从海路冒险出海在台山都斛登陆。

在这次行动中，在香港与九龙间担任此次香港大营救特殊交通员的李健行、以香港商人公开身份活动的地下工作者廖安祥及其朋友刘永福、东江游击队港九大队长蔡国梁、港九大队的短枪队，均是在香港内部重要的行动者，所发挥的作用是独特的，是安全护送文化人和民主人士的主要力量之一。

5　铜锣湾的"海上交通站"

"海上交通站"利用的是刘永福的船——大驳船。中共党员、香港商人廖安祥与刘永福关系密切、情同手足，潘柱和李健行在港期间，直接与他联系，偷渡出海的船使用的多是刘永福的驳船。[①]

廖安祥在1982年接受梁上苑采访时，已是75岁高龄。根据廖安祥先生的回忆，连贯、乔冠华搬至跑马地景光街18号地下刘淼庆家里暂住，潘柱（潘静安）奉连贯之令通知了廖安祥参与营救工作。当时他和李健行找船横渡维多利亚港，两日未获（李健行是东江游击队驻港采购员），最后找到了红磡码头"敬记电船"，中途被日军逼停，后再分散坐小舢板，又遇船沉，在礁石等待半天，傍晚才碰到一条小艇，最后在铜锣湾登陆。

黄施民和廖安祥被要求第一时间找船，结果廖安祥先找到。李健行和苏伟民早期设立东利运输公司，李健行和廖安祥依靠平日搞运输的朋友，租了一艘带有三只小艇的大驳船，停靠在铜锣湾避风塘，作为护送文化人过九龙的"海上交通站"。停靠的地点就是在铜锣湾避风塘电车总站附近，乘小船过海到九龙一个多小时。

[①] 中国人民政治协商会议广东省梅县委员会文史委员会编：《抗战时期的梅县——纪念抗日战争胜利五十周年专辑》，1995，第195页。

直到1942年1月16日，日占政府才将天星小轮往来中环和尖沙咀的航线开放，23日恢复油麻地小轮往来香港和深水埗，但由日占政府直接经营，时间是早上8时到晚上8时。①这也意味着在香港沦陷后，"海上交通站"对从香港偷渡到九龙的营救起着重要作用。

留港戏剧家于伶对从香港偷渡九龙的回忆可以佐证"海上交通站"的作用："九日，天没亮，我们租住的一家屋顶平台上的小房间的门被叫开了。一位广东青年，自称阿梁，说是党派他来接我们两人。他连声说快，快，日用东西越少带越好，快跟他走。蒙蒙小雨，天光昏沉中，记不清走了多少路，我俩被扶上了海畔的一只小木船。""阿梁催促着开船之后，我定神看时，同船的是柳亚子一家——亚老、夫人和柳无垢同志。柳老和夫人居然认出了柏李，说看过上海剧艺的话剧，看过柏李演的葛嫩娘。船到香港，天刚大亮。有同志搀扶着柳老等走了，阿梁同志指路叫我去找《华商报》馆，见到了昨天先到的旅港剧协的三十多人。"将近一个月后，于伶再次在交通员引导下，利用"海上交通站"上路："十日黎明前，我们分头潜伏在四条小艇内，天亮之前到了红磡海岸，向导代我们对烂仔付了所谓'买路过鬼门关'的保护费，领着我们穿过日兵岗哨，到了窝打老道一座楼房的地下交通站休息、吃饭。"②

参加偷渡的旅港剧社的演员凌琯如，为湖南平江人，父亲是同盟会会员。她于1933年到上海读中学，先在培明中学再转上海中学，对戏剧产生了兴趣。1936年考入南京国立戏剧学校，与后来参加红军长征的石联星同班。后随学校迁至重庆避战火。1938年加入在成都上海业余剧人协会，在重庆时得到周恩来同志的关心和指导。1941年从重庆到香港，参加章泯导演的话剧演出。从香港

---

① 刘智鹏、周家建：《吞声忍语：日治时期香港人的集体回忆》，中华书局（香港）有限公司，2009，第95页。

② 于伶：《韬奋同志在东江游击队》，载《上海文史资料选辑》第47辑（中国人民政治协商会议上海市委员会文史资料工作委员会编），上海人民出版社，1984，第11页、第16页。

岛偷渡到九龙时，她还冒险带着不满一岁的小孩，当时日军巡逻艇探照灯不时在海面照过来，她最怕孩子的哭声导致暴露，甚至做好准备：万一孩子哭声危及同船其他人，就把孩子扔下大海。凌琯如脱险后在重庆加入夏衍领导的中国艺术剧社。①

茅盾在《脱险杂记》中写道："通过一条大船，到了又一条大船上，我突然怔住了。这哪里像逃难，这简直像开会，许多熟面孔全在这里了，闹哄哄地交换谈着十八天香港战争中个人的经历。这条船很大，前舱现在大概是拆通了，堂而皇之一大间，五六十人开个会一点不嫌拥挤；中舱用玻璃门隔成三间，居中那间特别大，陈设讲究，壁上挂着装在镜框里的画片和对联。席地而坐，有很好的地毯和坐垫。"②

第三节　胜利大营救再出发的秘密交通工作者

1　李少石先生和继承者

中共香港党组织有秘密工作的传统，中央红色交通线在香港设立大站，是当时香港地下党的主要工作内容。10年后，当年的秘密交通工作者重操旧业，在香港再出发，参与组织营救活动。当年梁广同志是被护送者，而在对文化人的大营救中，梁广和刘少文两位坐镇香港领导这次意义重大的行动。中央红色交通线主要组织者潘汉年、李少石参与大营救前期策划，肖桂昌仍然做接应，香港为重要的出发地，但这回的护送对象和转移方向大不一样。

在1930年建立中央红色交通线时，李少石是香港大站的站长，又名李振，原名李国俊，字默农，在香港海员工会工作中颇得陈郁的重用。1930年，廖梦醒接到刘少文的电话，从法国返香港后协助李少石进行秘密交通站工作，抄写

---

① 于成鲲：《记忆中的革命艺术家凌琯如》，载《上海采风》2011年第8期。
② 茅盾：《脱险杂记》，中国社会科学出版社，1980，第206页。

上海中央与中央苏区来往电文,使用薄纸抄写便于交通员携带。1934年,李少石在上海被捕入狱时正好与章汉夫、廖沫沙关在同一监狱,被捕时任江苏省委宣传部部长,使用的名字是李默农。香港沦陷后对在港文化人和知名人士的营救中,中共中央南方局驻港代表还是李默农。参与了营救会议后,李少石、廖梦醒偷渡至澳门,协助他们偷渡的是长洲岛地下党组织领导人陈亮明。1984年在广州座谈会上谈到,在抢救中共领导人李少石、廖梦醒时,是靠长洲岛一个卖烛香的老太太掩护,后又在陈亮明的哥哥——一个航海经验丰富的渔民帮助下,才脱险到澳门。

  1942年,李少石与妻子廖梦醒分离后再次潜入香港,而廖梦醒奉周恩来之令,陪同叶挺同志的妻子李秀文。1943年夏李少石奉令抵重庆,协助周恩来工作,他此时使用的是"李少石"这一名字。他们夫妻二人是在香港出生的中国共产党党员,长期从事秘密工作,对中国的进步事业贡献良多。原来的红色交通员廖梦醒此时的公开身份是在"妇女慰劳会"工作,利用社会影响力进行各种支持抗日救亡的募捐活动。她同时参加宋庆龄夫人成立的"保卫中国同盟"

图15 柯麟年轻时的照片

图16 1942年镜湖医院西医顾问团合影[引自澳门镜湖医院慈善会1947年编印的《镜湖医院概况》(1941—1946年),该刊物藏于广东省立中山图书馆]

的机构工作，担任宋庆龄的秘书。

在澳门，抗日战争香港大营救中承担最重要任务的是柯麟先生，他为李少石、廖梦醒、女儿李湄一家，以及叶挺夫人李秀文女士、子女及助手梅文鼎从澳门进入内地远赴重庆的事宜而奔波；为范长江、梁漱溟等一行，夏衍、蔡楚生等一行在澳门安排住宿，使其从澳门乘船至台山都斛获得自由。1928年，柯麟根据周恩来同志的指示，化名"柯达文"在上海与贺诚合办了"达生医院"，是中共中央在沪的一处秘密机关。在上海参加为彭湃报仇雪恨的中央特科锄奸行动后，柯麟先生离开上海，1931年在香港行医并开设"南华药房"，这里当时是李少石领导下的为中央红色交通线而设的重要交通站。1933年，柯麟开始不定期到澳门行医，1936年开始义务任职澳门镜湖医院，1941年组织镜湖医院西医顾问团，1943年起任镜湖慈善会值理会值理，镜湖医院为抗战救国做出了历史性贡献。柯麟从1935年开始一直在澳门从医到1951年，同时根据潘汉年同志的安排从事中共秘密工作。

李少石先生、柯麟先生不仅为中华民族解放事业贡献智慧乃至生命，也影响着下一代香港、澳门年轻中共秘密工作者，黄秋耘就是其中一位。黄秋耘曾在李少石同志领导下工作："一开始我就在李少石同志领导下工作，我们这个单位的工作高度机密性，除了李少石同志本人外，恐怕没有别人知道它的全部。李少石同志1945年10月8日在一次意外事故中牺牲于重庆。他少年时曾经在岭南大学读书，对古典文学和英语都有很高的造诣，他的旧体诗做得很有功力，经常和柳亚子先生唱和。从三十年代卅始，他就出生入死，奋不顾身，为党为人民战斗一生，做出很大的贡献。但关于他的事迹和功勋，却是很少人知道的。中华人民共和国成立以后，也没有在报刊上读到过悼念他的文章，就是柳亚子先生悼词的序言中，也只有'先后走香港工作，安居者有四载。顾党国贤劳，绝少画眉拥鬓之乐'一句话，没有具体内容。他真正是一个无名英雄。"[①]

---

① 黄秋耘：《风雨年华》，花城出版社，1999，第50页。

黄秋耘原名黄超显，香港出生，考入清华大学，与于光远是同学。于光远原名郁钟正，毕业后曾任私立岭南大学助教，教微积分。黄、于二人均从事中共地下工作。1937年，黄秋耘受中华民族解放先锋队委派，在香港地下党组织领导下组织香港学生成立香港民先队分队部，在广州受总部指示委托于光远负责组织广州学生的民先队，于光远暴露身份后离开学校前往北平总部。

　　黄秋耘在国立中山大学教育学院学生宿舍与广东中共负责人章汉夫接上头，奉命到香港与陈名枢等十九路军高层接触，争取捐助，1938年又利用关系接近在港日本领事馆副领事刻户根木获取情报。1939年黄秋耘曾被香港地下党组织派遣到粤西担任战地服务团副团长，1940年在湛江广州湾开设"大风书店"，因贩卖违禁书籍被广州湾法国警察局逮捕入狱，关押在西营监狱，通过关系疏通一个多月后出狱。当黄秋耘回到香港从事地下工作时，是与连贯单线联系，1941年连贯同志派黄秋耘协助张铁生在香港出版《青年知识》的编辑工作。香港沦陷后，黄秋耘受连贯的指令参与大营救工作，于1942年4月护送高士其同志离开香港赴粤北转桂林。[①]

　　当年中央红色交通线的专职交通员、在八路军驻香港办事处工作的熊志华同志，1938年在香港工作时，接送白求恩大夫，协助其在香港购买医药设备，一路护送白求恩抵达汉口八路军办事处。1940年5月，熊志华调到上海建立交通站，负责与香港的联络。

2　昔日被护送者成为护送的组织者

　　1931年，梁广通过上海至粤东红色交通线进入中央苏区，而在1929年8月至1930年10月，梁广也担任交通员，在英国塔夫总统邮轮当海员以作掩护，负责组织从上海到香港的交通，为中央传递文件给香港市委书记邓发。

　　梁广同志少年时期从广州应招到香港九龙啤利船厂当学徒，参加省港大罢

---

① 黄秋耘：《风雨年华》，花城出版社，1999，第84页。

工；1928年参加建立中共九龙区委工作，协助广州起义后疏散到香港的同志转移，随后又进入九龙造船厂做工；1929年至1930年负责传递上海与香港之间的党的文件，担任交通员；1930年10月回香港任香港市委组织部部长；1931年赴上海担任全国总工会组织部部长，刚一个月，为了避开从香港到上海认人的叛徒，离开上海进入中央苏区担任全国总工会中央苏区执行局主任，红军长征时留守苏区。1935年，梁广到莫斯科国际列宁学院学习，1937年冬回国，第二年再回香港工作。1939年梁广同志在香港任特委书记，发现被人跟踪，出现危险，转移回内地。

1941年，梁广任粤南省委书记。梁广曾是东江游击队领导人，早年他和曾生领导东江游击队时，游击队在香港设有交通站。时杨康华是香港市委书记，他们均是最早参加会议，听取潘汉年、刘少文口头传达南方局的指示，此时粤南省委和香港市委均在九龙。香港市委领导下有2000多名党员，梁广后来任粤南省委书记，大营救中他在香港坚持到最后才离开。1941年8月，梁广在香港发电报给中央和周恩来同志："我们临时决定，南、香、中、顺地委暂时归曾、王部军政委员会去联络，我仍留港处理港、澳、广州工作，我与军政委员会书记林平同志保持经常关系，南路地委由我在港设法去联络。"①梁广同志回忆，大营救时廖承志交代他亲自将乔冠华从香港铜锣湾用小船送到油麻地附近，带过九龙交给东江游击队送到内地，乔冠华在1942年1月2日与廖承志、连贯等会合通过九龙湾、西贡。据梁广日后的回忆，当时留在香港进行秘密工作的中共党员有30余名。

刘少文同志是在大营救活动进展稳定后于4月离开香港的，梁广除了继续香港的工作之外，同时开始筹备建立广州的地下交通网络。1943年底，梁广离开香港赴广州，在广州十三行路与朋友合股开了一间"华昌京果药材行"，成为广州地下党的领导机关。1944年底根据中共中央指示，他又重返东江游击区。

---

① 中央档案馆、广东省档案馆：《广东革命历史文件汇集》（1941—1945），印刷时间为1988年，第197页。

3 大中华酒店的地标作用

1984年，陈小秋被邀请参加北京座谈会。根据在座谈会发言整理的文字资料述及，陈小秋原是中央苏区交通员，1938年被调到八路军驻广州办事处工作，其时中央需要一名广东人参与《救亡日报》经营，他接受中央的委派，担任经营部经理兼编辑，一直协助夏衍等从广州到桂林，再从桂林经过湛江广州湾，回到香港，《救亡日报》的同事就住在香港大中华酒店。关于秘密关系，陈小秋谈道："不久，夏衍也到了香港，他便带我去见廖承志，我的组织关系也转到廖承志手上，廖指示我到大中华酒店找事做，以掩护身份。"[①]华嘉偶然也来酒店找蔡冷枫，也就是蔡北华。蔡北华原名卓森，学名璞文，笔名冷枫，故也名为蔡冷枫。1924年就读于中山张家边小学，1931年在广州市立一中读初中，1933年考入国立中山大学附属中学高中部，在中学时已经成为中共党员。[②]蔡北华与陈小秋（陈秋焕、陈秋帆、陈子秋、陈紫秋）均是赴日本留学、积极参加东京左联运动的爱国青年，与林基路、黄新波、丘东平、陈子谷、蒲风等都是从东京回国参加抗战。蔡北华于1937年5月回到广州，接上组织关系后担任广州市委领导下的广东抗敌后援会组织委员，周钢鸣为书记，蔡北华以蔡冷枫的名字发表《迅速建立妇女统一机构》一文于《妇女生活》杂志上，并且参加《救亡日报》的编辑工作。广州沦陷后，蔡北华从沙面横渡白鹅潭，在开往三水方向的火车站上车，随行有夏衍同志领导的《救亡日报》12人，在途中被敌机轰炸，火车停驶，于是步行至三水转肇庆，从西江乘船至梧州、柳州，1938年11月7日到桂林。蔡北华参与《救亡日报》复刊并任记者，在广西桂林参加《救亡日报》办报期间，1939年3月被调到广西建设干部学校任教，以"蔡冷枫"的名字撰写《小组的指导艺术》一文发表于学校刊物《干部生活》上。皖

---

① 陈小秋：《在大中华酒店的日子里》，载《胜利大营救》（何小林、郭际编），解放军出版社，1999，第94页。

② 林同华主编：《蔡北华生平著述年表》，载《蔡北华文集》，上海社会科学院出版社，2001，第21–22页。

图17　东京左联盟员在房州海边，左起：林和济、蔡北华、陈北屏、林蒂、陈子秋、丘东平、黄新波、陈仰哲，摄于1935年8月

南事变后偕夫人刘爱莲受李克农指派也来到香港从事情报工作，香港沦陷时就驻大中华酒店。①

时在香港任职于《华商报》的记者华嘉先生后来的回忆文章《香港脱险记》中写道："我把生活安排好了之后，就跑到干诺道中的大中华酒店去找紫秋（小秋）。他是《救亡日报》的老战友，来港后党要他利用亲属关系当上了这个酒店的总管，改行做生意，是个最有办法的联络员。他的长相很像阿比西尼亚皇帝'塞拉西一世'，因此我们都叫他做'阿比西尼亚'，简称'阿比'或'皇帝'，亲切。我把住址告诉他，心照不宣，自会转告范长江和夏衍的了。以后我很少直接去找他，偶然去一次，也是找住在酒店的旅客蔡冷枫、刘云夫妇，同他打个照面，以示安全就算了。"②戈宝权在茅盾逝世时发表的《忆茅盾同

---

① 林同华主编：《蔡北华文集》，上海社会科学院出版社，2001，第23页。
② 华嘉：《香港脱险记》，载《胜利大营救》（何小琳、郭际编），解放军出版社，1999，第321页。

志——记太平洋战争初在香港患难与共的日子》的回忆纪念文章中写道:"在英国投降的前夕,我们就感到这所跳舞厅不是个能够久留安全的地方,靠写诗的阿陈(陈紫秋)和搞木刻的小林(林仰峥)的设法,我们搬到中环德辅道靠近海边的一家防空洞的大旅馆去。"留港粤籍文化人在香港居住的亲戚朋友多,在抗战工作中,这些亲戚朋友便成为留港文化人形成的宣传中心的重要资源。

陈小秋在香港其兄长陈孔图经营的大中华酒店当总管,肖桂昌是他的上级。肖桂昌在香港北角创办"国际政治经济研究所"做地下工作的掩护,蔡楚生的夫人陈曼云也是以这一机构为掩护从事广州秘密工作。[①]

陈小秋白天在酒店当总管上班,晚上就到研究所,主要负责研究所事务的是肖桂昌请的蔡伯华夫妇。胡愈之赴南洋报到的护照就是陈小秋出面办理的。香港沦陷时,由于陈小秋对酒店的控制,文化人先住到大中华酒店,这里成为党内外人士聚居的"根据地"。根据陈小秋的描述,与大中华酒店相邻也是一座新酒店,与大中华酒店天台相通,汇丰银行的高级职员被日军关押在该酒店,他们后来在中共香港地下党掩护下通过天台从大中华酒店逃走。这里的"蔡伯华"应该是蔡北华,当时根据小秋同志口述整理,出版时有误。协助陈小秋同志在大营救工作中发挥交通员和联络员作用的还应该包括蔡北华先生,香港脱险后蔡北华先生赴重庆南方局在许涤新同志领导下从事经济研究工作。

根据黄秋耘的回忆,当时只有印度巡捕,没有"皇军"的守卫,而酒店有六层楼,房间不少,有前后门。陈小秋在座谈会上讲道:"香港码头离大中华酒店很近,有个'苦力'头常来酒店。那时,我招待他喝酒,跟他混熟了。蔡北华与这个'苦力'头合作,搞个'街渡'专走香港至九龙。"[②] 当时,从香港至广州仅有一班船是运送蔬菜的,香港本地负责人是陈小秋的亲戚,陈小秋和蔡北华与此航班各方打点好关系,部分被营救的文化人就是乘这艘船离开香港

[①] 蔡明:《"红色间谍"陈曼云》,载《人民文摘》2011年第8期。
[②] 陈小秋:《在大中华酒店的日子里》,载《胜利大营救》(何小林、郭际编),解放军出版社,1999,第96页。

脱险的。而前期夏衍先生一行、梁漱溟、范长江一行也是得到陈小秋先生的协助秘密从香港逃离至澳门。后来的营救行动更为成熟，从酒店出发到不远处设立的码头，东江游击队开的船靠近码头，下船后从水路撤离。

1945年12月廖沫沙重返香港领导《华商报》的复刊，任副总编辑兼主笔，从重庆出发和任以沛、黄文珊经历艰难的一个月旅程，抵达香港后第一个寻找的标志物还是海边干诺道的大中华酒店，廖沫沙也是在这里与陈紫秋重逢，与将复刊的《华商报》总经理饶彰风相遇。

根据这些材料分析，"陈紫秋"应该就是陈小秋，与潘柱的发言一样，使用的是在香港从事秘密工作的名字。蔡北华在香港的秘密情报工作地点就在大中华酒店。

1935年4月15日，作为庆祝英皇登基25周年纪念而印制的《香港会景巡游特刊》正式出版。纪念册的广告插页中酒店、旅馆广告是一类重要的广告来源，

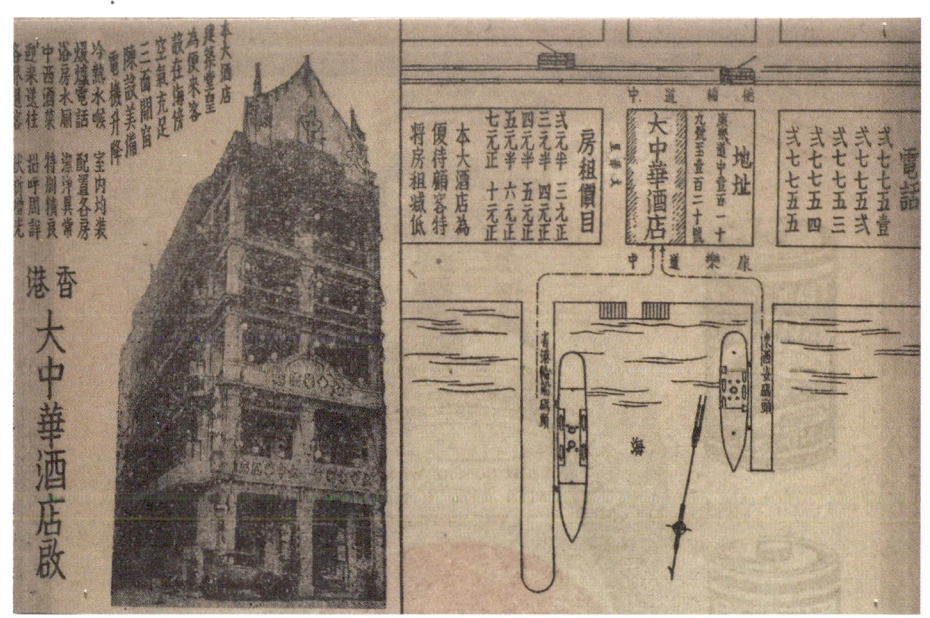

图18　大中华酒店旧照，收录于《香港会景巡游特刊》，香港文化出版社编辑部1935年版（该刊物藏于广东省立中山图书馆）

因而也留下了岁月难得的记忆。大中华酒店在该特刊中登了广告，使我们得以了解香港大中华酒店的昔日形象。处于干诺道中的酒店主立面仅占两开间，但是纵深很深，直抵南面的德辅中道，酒店东面为文华里，北面靠近省港轮船码头和东西安码头。建筑在入口立面的三角山墙上，写着巨大的"大中华"三个字。入口是骑楼的造型，大楼两侧客房有假阳台。广告写着"本大酒店，建筑堂皇，为便来客，设在海傍。空气充足，三面开窗；陈设美丽，电机升降；冷热水喉，室内均装；暖炉电话，配置各房；浴房水厕，洁净异常；中西酒菜，特别精良；迎来送往，招呼周详；各界过客，伏祈增光"。酒店地址因街道关系存在一定变化，在特刊中为康乐道中119号至120号，但后一栋楼有两个地址——干诺道中110号至120号和德辅道中237号至238号，应为前街和后街的关系。与大中华酒店相邻的商业建筑是永安公司，地址是德辅道中223号。根据另一张历史照片分析，大中华酒店离码头非常近，在酒店的左侧，隔着一条巷道，是一排具有相同建筑风格的六层楼的联排建筑，是永安百货、先施百货。

特刊还提供有香港、九龙数个酒店的信息，如六国饭店地址是湾仔海傍，陆海通酒店地址在上环海傍，弥敦酒店地址在九龙油麻地。

第四节 香港沦陷后的社会生活变化

香港在沦陷前进行了大规模的防御体系建设，1941年防空演习和警报试鸣常常举行。战争前夕，"新界"布满碉堡、哨岗、铁丝网，已经成为禁区。开战后，实行夜间管制，在警报声中快跑进入防空洞躲避是常态。

1941年12月8日，日军空袭，仅开战五天，"新界"、九龙大部分地区落入日军手中。18日晚，日军乘百余艘船艇在北角登陆，随即占领制高点。在战斗中，日军两次劝降，但港英守军拒绝，战斗一直进行到第18天，12月25日傍晚，代表英国的港督杨慕奇到半岛酒店向日军无条件投降。战事中，英军阵亡、重伤3445人，日军战死683人、伤2079人。

图19 1941年12月8日,日本侵略军战机飞越香港上空(图片藏于广东省立中山图书馆)

柳亚子先生在1943年4月13日的《自述》中对1941年香港沦陷时的心情和场景写道:

> 十二月二十四日耶稣圣诞的前夜,我住在公主行难民所内,听到英军悲壮而绝望的歌声,和拼命喝酒后的狂欢乱跳声,知道情况不佳。下一天十二月二十五日,升旗山上,便树起降旗,这是最悲壮的一幕。以后,搬来搬去,友人联系完全割断。以待死的决心和必死的勇气,好容易挨过了一九四二年的元旦,看到日寇在大厦上面升起了斗大的气球,上面写着"恭贺新禧"的红字,觉得实在非常刺眼。①

香港沦陷后,在港约有11000名英联邦和本地官兵,其中英军5072名,他们被集中关押在深水埗、亚皆老街、马头涌和北角等战俘营。

---

① 柳亚子:《柳亚子自述》,人民日报出版社,2012,第40页。

持续了18天的战事结束，继续断水停电，港九街道上满是走出家门贩卖自家物品的市民，他们出售各种各样物品，目的是为换来近期米粮。粮食紧张，日常白米配给由总督部指定港九配给所负责，采用"计口授粮"配给方法，"轮米"成了香港沦陷后最具有代表性的社会现象写照。[1]香港的柴薪长期靠广西供给，此时由于广西无法运来，婆罗洲海运又不可能进口，柴价急剧上升，许多市民忍痛将家具代替柴薪用以煮饭。

1942年1月，日军占领香港后所设的"军政厅"宣布实施"归乡政策"，计划将160万人口减少到50万，以减少粮食压力。1943年夏天，香港人口迅速减少至25万人。香港沦陷后，日军特地成立"归乡指导委员会"，专门负责香港市民返回内地家乡事宜。1942年上半年，获准离开返乡的香港市民分水陆两路返乡。陆路沿港九铁路北行，经过沙头角公路返乡；轮船返乡方向为台山、澳头、宝安、唐家湾、淡水、石岐等。1942年3月28日，日占政府规定，市民离开香港前，必须拿到渡海证或者回乡证才能放行。在陆路途中，因体力不支和饥饿，死了大量老弱妇孺，陈尸于途中。[2]

长洲岛在香港与澳门地理联系中所起的作用此时显现，大量水客经此岛屿来往两地，长洲岛成为中转站。香港沦陷后，由于断航，不少市民冒险通过长洲岛偷渡澳门。

日军侵入香港后迅速封锁海面，1942年1月8日，香港油麻地小轮公司派代表跟日占政府讨论复航事宜。1942年3月提供有限的火车服务，广九铁路之前因英军为防御日军进攻而拆毁部分铁轨。随后，开始恢复香港至澳门航班，再晚一些又恢复了往湛江广州湾的航班，但需要到日军处登记拿到回乡证，并经过严格审查。最初市民离开香港前，须得到日占政府的渡海证才能离开。1942年2

---

[1] 周家建、张顺光：《坐困愁城：日占香港的大众生活》，三联书店（香港）有限公司，2015，第37页。

[2] 周家建、张顺光：《坐困愁城：日占香港的大众生活》，三联书店（香港）有限公司，2015，第56页。

图20　日本侵略军以送赠米粮的手段利诱居民返乡。图为1942年沙田设置的一个"归乡者领米处"（图片藏于广东省立中山图书馆）

月25日，"香港占领地总督部"成立，设立"归乡事务部"，继续贯彻军政厅时期实行的"归乡政策"。1943年底日占政府又规定，凡继续留居本港居民，一律要向日占政府申请住民证，并将无业者递解出境。[1]

九龙至"新界"的巴士服务开始于20世纪20年代，九龙汽车公司获得专营权，30年代内地城市沦陷后，移居香港人口剧增，九龙至"新界"的巴士供不应求。香港沦陷，九龙的巴士服务在日占之初大半年期间，一直没有恢复，车队车辆受战火毁坏或者被征用掠走用作货车，或者发动机被拆卸下来用于其他用途。

日本人进入香港后，强迫香港民众接受日本文化，将路名和机构名称日本化，如香港动植物公园改名为"大正公园"；在电影院播放战争宣传片等。日本文化亦渗透到沦陷后的香港教育，日本人在总督部下设立文教课，主管教育事务，使用具有日本军国主义色彩的教材，成立"日本语教员养成班"，培训

---

[1] 刘智鹏、周家建：《吞声忍语：日治时期香港人的集体回忆》，中华书局（香港）有限公司，2009，第54页。

岭南的记忆

图21　日本侵略军在九龙疏散居民回乡,许多文化人化装成难民在游击队员的掩护下与回乡客一起逃离险境。图为日本侵略军在青山道沿途设岗搜查过路人(图片藏于广东省立中山图书馆)

日语教员。学校复课后,废止英语授课。

在大营救的岁月中,日军对维多利亚海面的迅速封锁成为营救行动最大的障碍,香港地下党需要清楚了解香港的先后变化,及时抓住时局变化的可乘之机,确保营救的成功。部分文化人士隐蔽至香港与澳门、广州、广州湾通航后,才化名脱险。

第五节　避难于香港最后的日子

1　防空洞的日子

香港大规模的防空洞建设是1941年初才开始,香港、九龙一共建了60处。[1]时服务于"国新社"的记者唐海,在战事发生后

---

[1]　金应熙:《金应熙香港今昔谈》,龙门书局,1996,第270页。

躲进103号防空洞,在1942年2月于桂林完成的香港之战追记中写道:"这是一个庞大的家庭——防空洞里,住着各式各样的人物,在一起的日子久了,彼此熟悉起来,大家亲密地作为邻居,一起共患难。仅仅是一二天时间,彼此就成为很好的朋友,互相照应着,互相关怀着。但也许只有战争中才如此。因为当炮弹轰得紧的时候,大家的命运都是相同的。大家都把自己住的洞口号码记熟了。我们住的是103号。假如这时候有人问我们住在哪里,我们立刻回答:'防空洞103!'"①唐海于1942年1月11日离开香港脱险后抵桂林,2月发表了《十八天的战争——香港沦陷记》,是最早发表的香港沦陷记录。唐海后来在1949年报道了北京的开国大典。

马思聪1941年在香港经历了香港沦陷过程。他到粤北管埠国立中山大学师范学院任教前,在香港与徐迟交往颇深,日军轰炸香港时,他们一起进入防空洞,徐迟写道:"12月9日,天还不亮,望舒和我一家子先到学士台,找到钱能欣,五人一起来到中环大防空洞前面,巧得不能再巧了,刚好就在洞口,我们碰到马思聪夫妇,他们是从九龙乘坐'哇啦哇啦'过来的。九龙是无法防守,已经乱得可怕,我们一共七人,七人一起进洞。所有人中间,我看马思聪是心情最稳定的人了,他甚至拿出五线谱来,在上面画着音符。我问他,'你在干什么?'他笑说,'我要开始谱写我的《第一交响曲》了'。'这种时候?'我摇头了。'就是因为在这种时候啊!'他回答我,便不说话,他自己只管画他的音符了。"②马思聪在香港时住九龙天文台道,他的《第一交响曲》是在轰炸声中创作的,一直到他脱险抵粤北教书才完成。

文中"哇啦哇啦"是香港维多利亚海湾的"电船仔"俗称,这种船从1910年一直使用到20世纪70年代。1950年天星小轮6点才开航,香港市民从香港岛到九龙红磡搭第一班广九火车,需要在香港岛卜公码头搭电汽船才赶得上。

---

① 唐海:《难忘的"号外"通讯报告集》,文汇出版社,1992,第68页。
② 徐迟:《我的文学生涯》,百花文艺出版社,2006,第291页。

徐迟与马思聪在抗日战争时期一直保持联系，在1943年徐迟与在管埠教书的马思聪的数封通信中，多次讨论作品《西藏音诗》的创作，马思聪在中央音乐学院与学生对话谈到大作品时也提及广州（管埠）。在香港时还有一位广东籍的文化人，与马思聪有特殊关系，他就是《良友》主编马国亮先生。1937年上海沦陷后，马国亮抵香港创办了《大地图画》杂志。①

音乐史家需要重新研究马思聪黄金时代的创作时间和地点，时间和环境直接影响作曲家的创作灵感。

2 联合报业和《灯塔》的约稿

从萨空了的《香港沦陷日记》②其中一则，可以看到郁风先生的坚守责任。摘录如下：

> 12月12日　星期五
> 在香港酒店大厅中遇到英文《南方早报》编者爱泼斯坦和《华商报》副刊《灯塔》的编辑郁风。郁风又告诉我，她还约了特伟、丁聪、凤子等，因为她和周、贝特兰谈过想组织一个艺术宣传机构，帮助港政府作战时宣传，由画家画画，戏剧音乐家播音。

萨空了自己念念不忘《光明报》，日记中记录12月16日萨空了和黄赞、张云川、李炳海在警报声中依然商量决定将《光明报》复刊。

萨空了还设想联合出报，12月17日晚上在香港酒店，《光明报》的萨空了、温源宁、邓友德、徐铸成等对各报纸筹备联合报达成共识。国民党中宣部的邓友德准备向陈策提出向港府申请借用地下室办报。萨空了认为联合报可以成为各方团结共御侵略的象征，如果电力断绝、印刷所被炸、工人星散、纸张

---

① 赵修慧、马庸子编：《马国亮与赵家璧》，青岛出版社，2014，第10页。
② 萨空了：《香港沦陷日记》，生活·读书·新知三联书店，1985。

缺乏导致一报无法支撑，仍有机会利用联合报发挥力量，萨空了还亲自去两处初定的办公地点考察。

香港酒店是当时香港最豪华的酒店，处于诺干道交通便利之处，为新闻界人士和文化人常相聚的酒店。12月25日，萨空了和邱茉莉在香港酒店听到前线被击溃的英军举白旗的消息（邱茉莉就是爱泼斯坦的夫人）。徐铸成先生出身于《大公报》，1929年分别在天津、汉口和上海的《大公报》不同职位任职，在上海孤岛时期受聘主笔《文汇报》一年半，1939年秋又到香港《大公报》任香港版编辑主任。徐先生在晚年回忆时仍然记得联合报的旧事，他提及："在香港将死未死这一段时间里，长江和萨空了兄提议'外江'各报合出一联合刊，我极力赞成，但当时主持国民党机关报的陈训畬坚决反对，未能实现。"①徐铸成的说法与萨空了日记记录事实有些出入，根据萨空了的回忆和日记，陈训畬是支持的，还主张邀请《华侨日报》《工商日报》等参加。②

3　战火中的文化人书卷烦恼

大营救脱险后，许多人最痛心的不是财物的损失，而是自己藏书或者书稿的丢失。

章泯抵达香港后，除导演了《马门教授》和《北京人》之外，还陆续发表戏剧研究文章于《华商报》，包括《论业余演剧》《剧作上的典型化和单纯化》《论苏联演剧》和《提高业余演剧》等文章。战争爆发时，章泯与郑君里合译的《演员自我修养》第一卷已经送出版社排版，可惜译稿被毁于战火。在从香港穿越封锁线抵宝安游击区艰难途中，章泯将英译本斯坦尼斯拉夫斯基的《演员自我修养》带在身边，其他物品均因一路减轻行李负担之需而被扔掉，唯此书紧随其身。1943年秋，章泯在煤油灯下翻译此书，尚未脱稿，左眼已经失明，时36岁。

---

① 徐铸成：《旧闻杂忆续篇》，四川人民出版社，1982，第190页。
② 萨空了：《创办香港〈光明报〉的回忆》，载《香港报业春秋》（钟紫主编），广东人民出版社，1991，第137页。

章泯先生一生译作、著作甚丰，作为北京电影学院的奠基人，其理论与实践的经验运用于教书育人恰到好处。

戴望舒到香港后先居住在学士台，不久受马尔蒂女士邀请搬到一座三层花园洋房，英文名为Woodbrook Villa，戴先生译为"林泉居"，徐迟曾在此同住，当文化人千方百计脱险时戴望舒则选择留守。徐迟的回忆录写到戴望舒对着藏书发愁，搬来搬去，六神无主，最后选择留守。

留港文化人逃难最难舍难分的就是书籍和文稿，装扮为难民又不能带任何纸张，但是部分文化人还是偷偷地藏着自来水笔。

4 最后告别和隐藏的日子

1984年4月戏剧家于伶完成的回忆文章，写到1941年12月10日的情形："在十日中午的一次很长时间不解除的警报声中，大酒店的厅内厅外挤满着几乎难于让人呼吸的人群，廖承志和夏衍同志艰难地挣扎着跟人握手、招呼、点头。好不容易挤了过来，夏衍介绍了柏李，廖公风趣地对柏李说：等你来，等你来，你好大的派头，要敌方的大炮放礼炮才来！好，我们还没来得及给你摆酒接风洗尘，倒先当了难民。说时摸了几张港币塞进我的衣袋，说：这算见面礼，打完仗，我们大大地痛饮黄龙！（因柏李到香港只五天，廖公才如此讲。）说话间，廖公被我们周围认识和不认识的人群握手、招手、点头，挤得不见了。夏衍说，炮声一响，廖公就在这大酒店楼上开了个房间，用'李约瑟''约瑟李'这些中西名字作掩护，跟各方面打交道，作安排，办了许多要紧事。今天他又要转移到别处活动了。在警报解除声中，夏衍低声说了句：明天大家都必须作分散行动了。我打听韬奋，夏公说：韬奋跟杨潮、杨刚、金仲华、俞颂华、恽老枪（恽逸群的外号）等作者一陀（一个联系集体之意）；茅公（茅盾）和叶以群、戈宝老（戈宝权）等一联档，……"①文章中"柏李"

---

① 中国人民政治协商会议上海市委员会文史资料工作委员会编：《上海文史资料选辑》第47辑，上海人民出版社，1984，第12页。

是于伶的爱人,上海话剧界的知名演员,也是作家,且善画,当年在上海时是"上剧"的主要演员,在重庆时是"中艺"的台柱。文中也道出香港沦陷时杨潮和杨刚兄妹俩在一起。杨潮1945年因"羊枣事件"在福建被捕后在国民党的监狱病故。杨刚于1957年在《人民日报》任副总编辑,在"反右运动"中自杀。

据夏衍的回忆,廖承志分批会见民主党派和文化人是在1941年12月18日,与曾生同志的回忆一致。

图22 于伶的夫人柏李年轻时的照片

曾生同志在回忆录中写道:"12月18日下午,廖承志在香港告罗士打大酒店分批会见民主党派负责人和文化界人士。这时候我们游击队派出的短枪队已进入九龙,撤退的方案和途径已经制定。廖承志同志征求了大家的意见,决定了撤退时各小组的负责人、联系地点,并分发了隐蔽和撤退时的经费。"①

香港的中环告罗士打大酒店,或被称为"告罗士打大厦",应该是指告罗士打行和酒店,1931年改建落成,在1926—1928年曾是香港最高的酒店,建筑上方有大钟,因而也被称为"大钟楼",处于中环银行区,在毕打街靠近干诺道中。在日军轰炸中被击中钟楼,大钟便停摆在六点钟的位置。最早的豪华酒店是香港酒店,内有英美商人店铺,而告罗十打大酒店和半岛酒店则建造成为新的豪华酒店象征。

郁风在纪念廖承志的文章中记录了这一刻:"夏衍在编辑部全体同人(包括社长池长江、总编辑胡仲持)的会上正式宣布了廖公的指示,和对人员疏散的具体部署安排:每个人都要搬家换住处,每个人先发两个月的生活费,除了

---

① 曾生:《曾生回忆录》,解放军出版社,1992,第217页。

各人规定的单线联系人以外,新的住处不准告诉任何人,然后等候通知撤离香港。我深深记得夏衍最后沉重地传达了廖公的一句话:请大家珍重自己的革命历史!"①

戈宝权与叶以群在香港创办了文艺通讯社,高汾在通讯社工作。茅盾创办的《笔谈》经常邀请戈公宝权撰稿。在日军进攻香港九龙的第二天,戈宝权和叶以群秘密渡海从九龙逃到香港岛,寻找坚尼地道茅盾原来的住处,但茅盾已经转移,他们找到茅盾夫妇、戈茅夫妇、高汾和宋之的夫妇等时,他们躲在香港轩尼诗道一家停业的三层楼"跳舞学校",即跳舞厅,此后他们同吃同住,坚持了15天。叶以群冒着炮火外出采购。戈茅(徐光霄)的回忆是与夫人殷家修"住在中环路一个搭地铺的大房间里,吃饭等则由茅盾夫人孔德沚料理"。②

随后他们又搬至靠近海边中环德辅道空置的一座大旅馆。1941年最后一天,因旅馆被日军征用,他们搬出,分散几处但保持联系,其中叶以群陪同茅盾夫妇搬到西环半山一家楼房,高汾搬到一家银号,戈宝权搬到皇后大道东附近贫民住宅区的朋友家,1942年1月9日组织安排离开香港,戈宝权先找到茅盾夫妇并带他们到自己住处更换衣服化装。③茅盾在香港最后20多天搬家四次,其中一次是住在大同旅店。

1941年12月11日,萨空了到跑马地山村道五楼张友渔家,发现张友渔的许多朋友暂时住在这里。萨空了晚上住张友渔家,12月12日早晨,早上灯开了才发现他避难的楼层同在的有朋友胡绳、乔冠华、杨刚、张友渔夫妇,几乎一晚无眠。萨空了在此时帮助了许多人避难,《光明报》的俞颂华、邹韬奋和杨潮就是萨空了为他们找到永安街16号暂避,并购买食材由杨潮夫人做饭供俞先生

---

① 郁风:《他能使人快乐》,载《廖公在人间》(中国新闻社编),生活·读书·新知三联书店,1984,第68页。
② 徐光霄:《徐光霄(戈茅)诗文集》,中国文联出版公司,1995,第360页。
③ 戈宝权:《忆茅盾同志——记太平洋战争初在香港共患难的日子》,《忆茅公》(文化艺术出版社编),文化艺术出版社,1982,第253页。

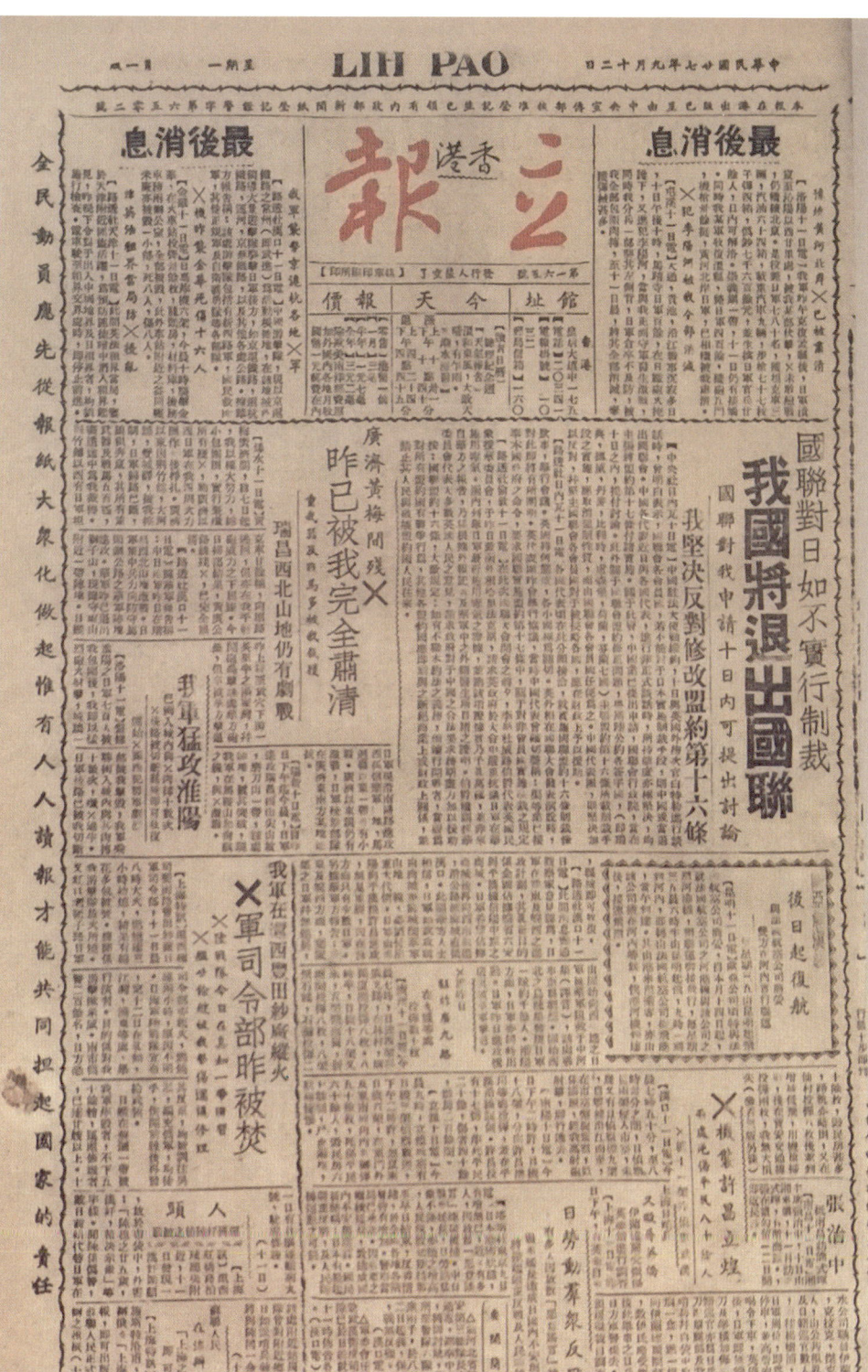

图23 萨空了主编的《立报》（藏于广东省立中山图书馆）

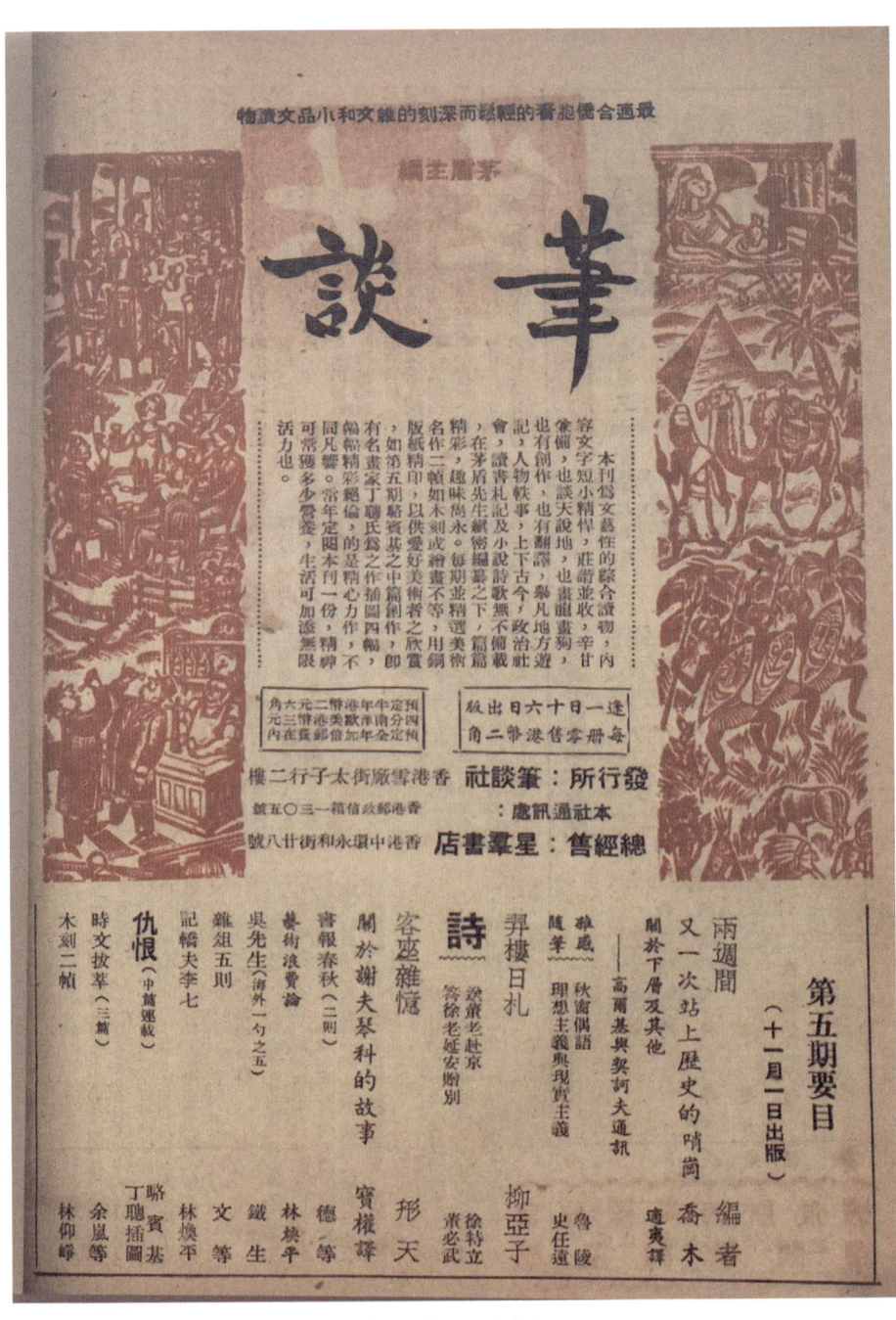

图24　茅盾主编的《笔谈》（藏于广东省立中山图书馆）

红色交通线的记忆·下篇——香港脱险

图25　20世纪20年代的萨空了（中坐者）

等三餐用，后来炮火猛烈，俞颂华搬到俞寰澄先生家，邹韬奋和杨潮夫妇另找他处。1941年12月11日萨空了的日记写道："颂华兄和羊枣兄的躲避地点也已由颂华兄找好，即日先将颂华的行李又弄了一点米送了过去，同时说明如局势有变，就请他们两位到这新地点去，这地方除了我和炳海之外，社中同事也没有一个知道。"①

于伶夫妇隐藏在九龙。于伶于1941年3月抵港后与另一同志合开的上海中国电工公司香港分公司处，实际上是在湾仔一家西服裁缝店后面租用的两小间，一间作工坊，一间住人。叶浅予先生在1938年受三厅的委托，到香港督印《日寇暴行实录》，该书为南京大屠杀日军暴行的照片集，接着在香港筹办、宣传画刊《今日中国》，盛舜、刘邦琛等参与编辑，出版了十期，办公地方借用马

---

① 萨空了：《香港沦陷日记》，生活·读书·新知三联书店，1985，第43页。

国亮、丁聪租用的大办公室。叶浅予是香港沦陷前一个月回到香港的，戴爱莲先回香港住玛丽医院动手术，12月9日他们进入沙田山区以前准备作画租的农房，1942年1月8日出山，在出发前先住在姓黄的画友家，第二天希望到九龙街头看看情况，在路上看到店铺都关门了，卖衣服用具的地摊很多，卖食物的很少，然后到了西环学士台旧居，朋友以为他在沙田牺牲了。

廖沫沙和胡仲持、郑适今、水声宏、华嘉等《华商报》的同事避难于坚道一个宿舍，坚持了一个月左右。李筱峰于1941年7月才从粤北《新华南》转至香港《华商报》临时帮助工作，战事发生后，组织安排他先与国民党左派人士陈汝棠一起在湾仔一座二层楼民房躲避，然后通过"海上交通站"偷渡到九龙红磡上岸，隐蔽在太子道李筱峰的堂嫂家里，1942年1月11日离开九龙进入游击区。[①]梁漱溟在香港曾在许地山、李沛文家暂住，后来将摆花街37号三楼租作报社的社址，梁漱溟住进此址。[②]

柳亚子分别在西摩道、罗便臣道、皇后大道公主行、云咸街多处居住过；蔡楚生到香港居住了四年之久，其间曾较长时间在香港仔渔村居住，了解渔民生活，为拍摄《南海风云》做准备。廖安祥先生回忆，连贯和乔冠华搬到跑马地景光街18号地下。徐迟回忆，当他接到通知转移，并取得接头地点信息，到尖沙咀集合时，发现胡风不在场，他自告奋勇地去找胡风，并提供香港的住址和联系方式。徐迟住跑马地刘焱庆家，他是客家人，同时到此暂时借宿的有胡一声、李伯球、李世浩、乔冠华等十一二人，晚上打地铺。

萨空了日记记录了暂时居住于李炳海家后离别的心情："1月25日，星期日。天还黑着，炳海的妹妹已起来烧饭，说叫我们吃了早饭再走。今天正好是

---

① 李筱峰：《太平洋战争中抢救文化人的伟大壮举》，载《广东文史资料》（中国人民政治协商会议广东省委员会文史资料研究委员会编），广东人民出版社，1985，第194页。

② 余炎光、吴伦霓霞编著：《中国名人在香港——30、40年代在港活动纪实》，香港教育图书公司，1997，第119页。

香港沦陷后一个月,我们也就在炳海家住了整整一个月。一个月来给炳海和他的未婚妻与妹妹添加的麻烦,是我不会忘记的,临行她们还这样殷殷拳拳,心上有的是:'这是无可为报的友情'。"[1]

南社诗人林庚白,原名林学衡,1937年与林北丽在上海订婚,其时林庚白41岁,已经有五个孩子,是第二次结婚;林北丽21岁,出身读书世家,由柳亚子促成婚事。1941年12月1日,林庚白夫妇抵达香港,拟与在港的文化人重聚,创办一个诗人协会,还打算办一份报纸。抵港时住柯士甸客来门饭店。数天后香港战事发生,太平洋战争到来,九龙沦陷。他们搬至金巴利道月仙楼二号。1942年12月19日夫妇俩从家后门外出,被守在天文台的日军开枪,林庚白中弹没有及时被救身亡,林北丽被打伤右臂昏迷,后送医院。后来林北丽随文化人脱险,再撤退至曲江,取回部分林庚白诗稿。在经历生活变故六神无主时,在柳亚子邀请下,抵桂林。[2]

萨空了的《香港沦陷日记》12月9日(星期二)那篇中留下了令人感动而少有人提及的舍身忘己救人情景:"我叫今铎夫妇同行,他说等一下,但仍一面送我们沿着漆咸道向北走,我一再追问他为什么不走,他才说一是现钱不够,二还想通知林庚白夫妇,他只和烂仔相约,送我们过海之后,再回来接他。"[3]曾在复旦大学新闻系任哲学教授的张今铎、《光明报》的张云川和萨空了,在危难时,没有忘记刚抵香港一周的文化人林庚白夫妇,多少令人得到些许安慰。

第六节 粤境交通线的恢复重建

刘少文、廖承志是当时香港最高级别的中共领导人。廖承志、连贯在香港

---

[1] 萨空了:《香港沦陷日记》,生活·读书·新知三联书店,1985,第200页。
[2] 林北丽:《庚白的死》,载《大千》1943年第1期。
[3] 萨空了:《香港沦陷日记》,生活·读书·新知三联书店,1985,第23页。

图26 王作尧与何瑛年轻时的合影,何瑛和方兰从香港脱险结伴进入宝安参加东江游击队

主持八路军、新四军驻港办事处,当时正物色战时指挥联络地址。潘柱先生就在铜锣湾附近的湾仔道一间二层楼房工作。楼房傍山,在半地下仓库开做临时防空洞。空袭过后,刘少文夫人罗晓红在香港跑马地利舞台附近防空洞,找到廖承志并约好联系地点。他们谋划得非常周到,日军进攻九龙时,廖承志根据南方局指示,派乔冠华、叶以群到九龙,把文化人送到香港,隐蔽后单线联系。

战事发生后,九龙先沦陷,香港岛一开始是较为安全。沦陷后为了大营救脱险,又需要先从香港岛转移这些文化人到九龙暂住一两晚再从"新界"离开,才能够转送到大后方。日军封锁了香港岛到九龙的海面,设卡查人。廖承志、乔冠华、连贯在香港铜锣湾的大船中,请商人廖安祥到九龙找尹林平,准备偷渡到九龙,尹林平派了李健行负责护送第一批领导人偷渡到九龙。第二天连贯、廖承志、乔冠华在李健行的护送下,乘小艇,在九龙红磡登陆,在九龙旺角上海街与尹林平相聚,研究大营救具体方案。

廖承志一行混在九龙难民队伍中撤离,从旺角出发,通过启德机场附近的日军检查岗哨,李健行便完成任务,将护送任务转交陈达明的短枪队,短枪队负责护送到西贡镇。他们从牛池湾到九龙坳再转南围抵西贡,一路由黄冠芳、江水等武装护送,从西贡坐船通过大鹏湾,在沙鱼涌(鲨鱼涌)登陆,然后到达惠阳县田头山石桥坑(东江游击队惠阳大队的大队所在地)。茅盾和邹韬奋等13人则是在1942年1月9日离开香港走陆路,最早一批离开九龙抵达游击区的。

何香凝夫人离开的路线是从筲箕湾坐船到牛头角,然后爬山过茅湖仔,从

图27　九龙元朗十八乡大塘村杨家祠，曾接待过数百名文化界人士，是营救行动西线的重要交通站（图片藏于广东省立中山图书馆）

茅湖仔乘船到坑口，从坑口乘船到滘西洲，再到西贡、粮船湾。廖承志等是1942年元旦离开香港。王作尧时任东江游击队的副司令，他在回忆录中写道："荃湾到元朗，是我们三年来与港九大队联系的路线，现在作为最重要的一条交通线。为了保证这条交通线上的工作顺利进行，我把我们部队中最能干的交通员沈标、谢愚照、麦容、赵林等调来负责接送的工作。从香港到白石龙有一百多里路，沿途有日军的封锁线，有大大小小的土匪山头，必须派出足够的警戒人员才能确保安全，而那时我们的武装队伍还很少，不得不借助一些稍有正义感和民族感的绿林好汉。"[①]在关键时刻，由于东江游击队和曾鸿文的影响力，部分绿林好汉也成为爱国者。

在石桥坑一间庙中，尹林平、张文彬随后赶到，一起再研究安置、疏散方

---

① 王作尧：《东纵一叶》，广东人民出版社，1983。

在东江主持大营救
的中共南方工作委员会
副书记张文彬

大营救的重要
组织者连贯

图28 张文彬和连贯在东江游击队时的照片

案，起草电报向中央汇报。时惠阳县委书记谢鹤寿、东江前方特委书记王宇参加营救护送的领导工作。

1942年1月中旬，廖承志、连贯、乔冠华在游击队惠阳大队护送下，经淡水、茶园进入惠州城，在这里由惠阳县委派卢伟如潜入城中，以香港商人的身份，设立秘密联络站。

连贯和廖安祥商量，派廖安祥与卢伟如合营开设"源吉行"，以此为掩护，卢伟如时任惠阳县委组织部部长。

由惠州转移至大后方，需先走水路到老隆，再乘汽车到韶关，再乘坐粤汉铁路火车，经衡阳到桂林、重庆。

经研究，廖承志赴重庆向周恩来同志汇报，乔冠华到韶关负责组织转运，韶关余汉谋十二集团军参谋处长赵一肩是乔冠华留德时的同学。连贯留在老隆，建立联络站。实际上廖承志没有马上前往延安，而是留在粤北继续参与领导大营救一直到被捕。

随后廖承志和乔冠华继续往北，到达韶关。廖承志协助乔冠华筹划接应工作，一方面利用粤北省委的电台向南方局请示、报告，另一方面住在曲江五里亭的乡村，利用"侨兴行"为联络点。在此期间，廖承志和在国立中山大学法学院经济学系的梅龚彬教授联络，让他隐蔽起来。1942年5月粤北省委组织部部长郭潜等被捕叛变。同月留在粤北乐昌的廖承志不幸被捕，6月初赴粤东与方方书记研究工作的张文彬在大埔高陂被捕，南方局下令南委停止组织活动。

连贯在老隆利用原有的关系，在朋友的商号"义孚行"和曲江牛头潭一位梅县籍商人开办的"香港汽车材料行"设置联络点，连贯坐镇店中，同住的还有胡一声、郑展同志，他们原来在香港主办香港中国通讯社，连贯以香港客商和股东的身份掩护。"义孚行"原老板张我华也是廖安祥的朋友。

从宝安的白石龙，到惠阳碧岭交通站，需要经过布吉、广九铁路、横岗和龙岗之公路。在惠州，东湖旅馆是总部，廖安祥的"源吉行"是住宿点，在惠阳地区沿线的淡水、木公朗、沙坑、茶园、滩头等处均设置了交通站，惠阳县

图29 抗日英雄刘黑仔（左二）仅存的一张照片。五人左起依次是黄作梅、刘黑仔、曾生（司令）、林展、尹林平（政委）

委书记谢鹤、前东特委负责人王宇参加交通线的设置，从坪山附近接到需要护送的文化人，送上船就完成任务，但根据情况变化也需要随机应变。营救具体工作由县委组织部部长卢伟良同志安排，区委书记蓝造为沙园交通站站长，时任惠阳县梁化区委书记的陈永同志，任惠州交通站站长，邹韬奋和张铁生是他直接护送到老隆的两位文化人。

胡一声同志为广东梅县人，1926年进入中山大学读书，并加入中国共产党。1935年赴日本东京明治大学高等新闻研究科学习，留日归国后曾在上海主办《现世界》杂志，后到马来西亚加影华侨中学等东南亚一批华文中学任校长。1940年10月从新加坡途经香港拟赴延安，在香港时廖承志要求胡一声留下做统战工作，指示胡一声、乔冠华、吴全衡、郑书祥、郑展等同志负责在尖沙咀主办香港中国通讯社，出版和发行《每日电讯》《海外内外航讯》《华南新闻》等刊物，结识了不少留港文化人。香港沦陷后，胡一声、黄药眠、李伯球、郑书祥和郑展在香港岛海边徘徊多天，终于等到机会高价雇用一小木船偷渡到九龙，在佐敦道找到尹林平同志，在东江游击队护送下进入白石龙游击区。① 郑展是1933年胡一声先生在马来西亚加影华侨中学的学生，曾回梅州东山中学读高中，毕业后回马来西亚母校在胡一声校长指导下教书。与胡一声先生一起回到香港，参加通讯社工作，在胜利大营救中脱险抵老隆交通站，成为连贯

图30　邹韬奋先生与夫人沈粹缜的合影

的助手。不少粤籍留港文化人，在关键时刻担当起交通员的角色。胡一声脱险后被安排到兴梅，负责老隆—兴梅—大埔—闽西南线路的护送，接送工作由郑展同志负责。海丰中共党组织负责人同样在海陆丰指挥文化人撤离的沿线交通工作。

前方刘少文、梁广领导着香港地下工作者，在后方是廖承志、尹林平、曾生、张文彬、杨康华等带领东江抗日游击队、前东特委、后东江特委、惠阳县委和韶关中共党组织合力完成交通线的建立。

这一交通线路中所设的交通站，服务于游击区的文化人，随着疏散情况变化而调整，于伶夫妇、章泯、邹韬奋夫妇等是最晚一批离开宝安游击区的文化人。

由于戏剧家于伶是较晚离开宝安大队部的文化人，于伶和夫人柏李、章泯

---

① 胡一声：《在国统区营救》，载《胡一声传略》（刘寒、钟紫主编），暨南大学出版社，1991，第196页。

等陪同邹韬奋夫人沈粹缜和他们的孩子大宝、小宝，胡绳夫人吴全衡等往韶关再转桂林，邹韬奋全家再一次分离。邹韬奋暂时隐蔽到梅县乡下。1984年于伶写文章回忆邹韬奋离开大队部的送别晚餐，仿佛历历在目："四月初，大队部的负责同志聚集在光头仔山村边一座国民党军队留下的破碉堡内，为邹公全家以及我们几个也要走的人饯行。饭桌上几样好难搞到的菜，大家一面吃饭，一面交谈，谁也不愿意流露出离别的情绪和语言。上了一道'大菜'是用脸盆煲（广东话'炖'的意思）得烂熟了的一只肥大的公鸡。这一下宾主同样动了情，大家举着筷子谁也不愿意先动。沉默了好一会儿，司令员夹了鸡腿放在韬公碗里，韬公立即夹了另一鸡腿回敬司令员。在这两个无声动作中，尹林平政委才说：祝韬公和同志们，也祝我们的部队，前程远大！于是大家立即应和着互祝互勉，完成这样一次不寻常的饯行宴会。"[①]离别依依不舍之情景在戏剧家的笔下描写得非常传神。

[①] 中国人民政治协商会议上海市委员会文史资料工作委员会编：《上海文史资料选辑》第47辑，上海人民出版社，1984，第29–30页。

第二章　谁应该在大营救的名单中？

实际上营救的名单是比较模糊的，潘柱的回忆是廖承志交代给他的时候只有20多人的名单，张云乔则回忆是孙师毅给了他200多人的名单发放补助，但尚没有研究报告可以提供这一名单。张文彬报告周恩来同志电文的名单是抵达宝安白石龙游击区的文化人和相关人员名单。应该说，只要是爱国者、反法西斯者等其生命可能会受到日伪威胁的，就应该是被营救的对象。

第一节　他们当然应该在大营救的名单上

如果许地山先生、蔡元培先生和萧红女士不是早逝，他们理所当然地会出现在香港大营救的名单上，今天我们讨论抗日战争期间对在港内地文化人的大营救，依然需要重提这三位在中国文化史上举重若轻的人物在留港期间做出的不可替代的贡献。

1　抗战文化力量的团结号召者许地山先生

抗日战争时期最早从内地进入香港从事文化教育工作且具有影响力的文化人非许地山先生莫属。许地山从3岁至18岁前的时光均在广东度过，随为官的父亲在汕头、阳江、徐闻和广州生活和读书，他可以讲闽南话、粤语和普通话。1933年许地山应中山大学的邀请，利用休假时间到广州讲学，1934年由广州赴印度考察。在穗期间，许在小北门外找到其大姐的坟墓，拍下照片后在印度写了家书寄回给夫人周俟松。在这一封1934年4月24日寄自印度的信中，许地山流露了离开燕京大学的想法。[①]没有料到,他在40岁之后重返南粤,并改变了香港的文化传统。

1935年8月,许地山先生离开燕京大学,由胡适介绍推荐任教于香港大学中文系,被聘为文学院主任教授。根据《陈君葆日记》,许地山先生于9月3日星期三到了学校,9月5日就与同事们讨论港大中文系的改革和未来,增加史学系和哲学系的议题,并参观了冯平山图书馆。[②]夫人周俟松于12月抵港,并将家中藏书全部运至香港,可以看出许地山先生是做长远居留的计划的。香港大学开办之初仅有医科和工科,在香港华人的强烈要求下,逐步增加了化学、物理、文学、经济等学科。1936年香港大学中文学院开始分文学、史学、哲学三系。新文化运动的成果开始进入香港大学教育系统,开启白话文运用的新时代,开启了香港文化教育界南北通融的局面。

1936年11月,许地山与华南知名人士签名响应北平文化界"八项主张",要求国民政府组织联合战线,一致抗日。1937年全面抗战开始,许地山先生走出书斋,积极参与抗日救亡社会活动。1939年许地山先生受中华全国文艺界抗敌协会总会委托为留港文化人积极筹办成立了中华全国文艺界抗敌协会香港分会,连任三届分会会长。中国文化协进会于9月17日召开成立大会,许地山在大会上任常务委员和学术委员会主任,1940年9月,许地山参加中国文化协进会第二届理事会首次会议,任常务委员兼宣传部主任。

许地山与许多著名文人不一样,他一直坚守香港推动新文化、新艺术运动至生命最后一刻。在《华商报》1941年7月8日的报道中,登出中华全国文艺界抗敌协会香港分会举办第三届文艺讲习会并将在当月21日开课的新闻,许地山、茅盾、夏衍、胡风、巴人、杨刚、戴望舒、叶灵凤、戈宝权等任讲师。

1941年8月4日2时许地山先生因心脏病发作而逝世。梁漱溟、叶恭绰、陈君

---

① 许地山:《旅印家书》,载《精读许地山》(乐齐编),中国国际广播出版社,1998,第285页。

② 陈君葆:《陈君葆日记》,商务印书馆(香港)有限公司,1999。

葆、王云五等为丧礼筹备委员会成员，8月5日下午举殡。1941年8月21日下午3时，全港文化界联合在加路连山孔圣堂举行许地山先生追悼会，宋庆龄敬献花圈。全港学校下半旗志哀。

香港大学创立于1919年，地处香港岛，面对维多利亚港，背靠龙虎山，经般含道接薄扶林道可达摩星岭，接柏道进入罗便臣道。许地山先生受聘香港大学后家住香港罗便臣道125号，自号"面壁斋"，从该处可以看到许先生上课的香港大学文学院楼房。许地山先生和夫人周俟松一家对陆续从内地来港的文化人热情接待，周女士毕业于北平师范大学数学系，知书达理，夫妇二人帮助留港文化人解决了许多生活适应方面的问题，邹韬奋先生、杨刚女士、梁漱溟先生都曾在许地山家中寄住。①杨刚和许地山均毕业于燕京大学，他们可能因此而关系更加紧密。经常到许家做客的还有端木蕻良、萧红、吴文藻、郑振铎、徐悲鸿、关山月、黄庆云等文化名人。1939年7月，陈寅恪抵港，住山林道37号二楼，陈先生受聘香港大学乃许地山先生推荐，他的妻子唐女士患病期间，常住许地山家中得到照料。

在香港得到许地山热心帮助的连士升教授在《怀想许地山》一文写道："记得1941年的暑假，他曾住在九龙沙田的友人家里写作。穷两日的工夫，写成《国粹与国学》一文，洋洋万言，发前人所没有发。这篇论文于7月15日开始在香港《大公报》连载，我每天一起身，总要把它先读完，然后吃早点。谁料墨痕犹新，许先生突然作古！"②

1942年10月6日，周俟松夫人携一家老少秘密离开香港进入内地，乘船至广州湾，经柳州、桂林转火车至衡阳，暂时寄居她六妹处。③

---

① 余思牧：《作家许地山》，利文出版社，2004，第258页。
② 连士升：《连士升文集》第二卷，北京大学出版社，2011，第423页。
③ 余思牧：《作家许地山》，利文出版社，2004，第277页。

2 心系内地学术火种保护的蔡元培

蔡元培先生于1937年5月2日晨乘车离沪，抵南京和平门火车站。5月3日召开中央研究院第二届年会。这是七七事变前蔡先生主持的最重要的学术活动。

1937年11月12日上海全部沦陷，11月13日蔡元培先生与设在上海的中央研究院三个研究所（物理、化学、工程）负责人讨论上海沦陷后的善后工作，11月15日三所宣告停办。

周仁，字子竞，早年是交通部南洋大学教务长，1915年获得美国康奈尔大学机械系硕士学位，时为中央研究院工程研究所主任。1927年时周仁是中央研究院筹备委员会委员，中研院的工程研究所是1928年创办的，周仁任首任所长，在其主持下1933年理工实验馆建成，是中国第一座科研大楼。上海告急之时，蔡元培派人前往昆明接洽中央研究院在上海的三个研究所搬至昆明的事宜。抗日战争时期工程研究所迁至昆明，但仪器在运送途中因香港沦陷损失惨重。抗战胜利后迁回上海，现在仍然延续着学术血脉。中华人民共和国成立后工程研究所改名为中国科学院工学实验馆，地处上海长宁区长宁路865号，依然是当年的旧址。周仁的二姐周峻，是蔡元培的第三任夫人，蔡元培先生日记中称其为"养儿"。

蔡先生先在商务印书馆的宿舍短期居住，全家迁至香港后，租住柯士甸道（也称奥士甸道、柯士丁道）156号皇家公园（或国王）大厦2室。1938年1月3日到此附近的柯士甸道接金巴利道（也称金浦利道）看房子，蔡先生的日记中记载往九龙王国（金浦利道）156号，蔡先生定2室，王显廷定5室，该屋设备完全，环境清净，至为难得。王显廷先生曾任中央研究院文书处主任，当时住弥敦道29号A二楼。1938年1月29日蔡元培先生搬入柯士甸道156号2室，计客厅一间，膳厅一间，卧室二间，其他浴室、厨房等若干间，月租120元，英文地址：Austin Road King's Park Building, Room 2。蔡元培住处生活颇方便，他和家人常到附近的天文台路、漆咸道儿童公园散步，到弥敦道买书，去平安电影院看电影。

1928年4月蔡元培成为首任中央研究院院长，对这一中国最重要的学术机构的建立，蔡先生倾注了全部心血。他在香港一直关注各研究院搬迁至后方的进展情况，对设备、仪器等的安全隐藏特别操心。1938年2月28日，蔡元培先生在香港主持中央研究院院务会议，总干事和各所所长陆续抵港参加会议。1938年2月丁西林来函，物理、地质、心理三所准备从柳州迁往三江。

1938年任鸿隽受中央研究院院长蔡元培邀请担任该院干事，早在1927年任先生就参与了中央研究院的筹备工作。从1938年至1939年8月，在《蔡元培日记》中多处出现与任鸿隽讨论工作的记录，甚至在自己寓所召开中国文化基金会图书馆委员会会议。1939年3月13日中央研究院召开第四次全体大会，任鸿隽因病无法赴会，但仍然撰写发言稿请他人代读。1940年2月9日，蔡元培接任鸿隽从昆明来函，得知中央研究院评议会于3月22日、23日将在重庆召开。任鸿隽字叔永，蔡元培在日记中用"叔永"称之，在香港时期，任鸿隽夫妇常到蔡元培家做客。1938年11月29日，任鸿隽离开香港赴昆明，任总干事兼化学所所长，他来往于昆明、重庆、桂林各研究所之间，同时经常到香港与蔡元培先生商讨中央研究院院务。蔡元培逝世后，朱家骅接任中央研究院院长，任鸿隽辞去总干事一职。

关于各大学的迁徙，常有学界朋友来柯士甸蔡先生寓所告知，如1938年6月24日邹鲁曾到寓所商量国立中山大学迁徙的问题，林风眠、萧友梅均到过蔡先生寓所听取迁校意见，许多学者受聘于各大学的情况也均来函告知。1939年许寿裳受聘国立中山大学师范学院教授时就曾来信告知，后在澄江因国立中山大学师范学院内部矛盾激烈而辞去职务也来信告知。1938年4月20日，黄汉生偕陆匡文访问蔡先生，告知勤勤大学的情况，工学院在云浮，教育学院在梧州，寻聘机械工程、化学工程、文史和博地教员，请蔡先生留意。陈翰笙是在蔡元培邀请下在德国柏林大学毕业获得博士学位后回国，1924年进入北京大学任教，1929年进入中央研究院社会科学研究所任副所长，从事研究。陈翰笙1933年在莫斯科中国劳动者共产主义大学任研究员，1939年来港协助宋庆龄工作后，也拜访了伯乐蔡元培先生。

蔡元培先生在香港阅读了大量书籍，包括小学教材、最新出版专著、古籍等，特别是在1939年8月，蔡元培先生阅读了斯诺所写的《西行漫记》，将各章节的标题抄在日记本上。同时，他也阅读斯诺夫人韦尔斯所写的《续西行漫记》。1939年9月16日，应中苏文化协会所托，为当年11月7日苏联十月革命二十二周年纪念特刊题词："革命精神，平民主义。二十二年，功成名遂。反对侵略，咸为同志。敬祝进步，造福人类。"同月19日蔡先生将祝词寄出。

在香港期间，蔡元培积极参与抗日救亡社会活动。1938年6月，蔡元培联合郭沫若等中国文化界人士致函日内瓦国际反侵略运动总会，强烈抗议日本侵华行径，表达中国为民族独立与世界和平奋斗到底的决心，请切实实施对日有效制裁。

1938年5月20日，蔡元培在廖梦醒陪同下，参加由保卫中国同盟及香港国防医药筹赈会发起的美术展览，展览5月21日至23日设在花园道圣约翰大礼堂，陈列现代英美作品及第一次中国国防美展中代表作，24日至30日移陈干诺道65号华商总会图书馆。宋庆龄夫人、许地山夫妇、港督夫妇、港大副校长夫妇等嘉宾参加开幕式。保卫中国同盟是宋庆龄在广州沦陷前发起的，致力于战时医药和儿童保育工作，总部设立在香港西摩道。廖梦醒担任宋庆龄的秘书，专程渡海接送蔡先生赴会。在开幕式上蔡元培先生发表演讲，提出"美术乃抗战时期之必需品"，"抗战时期最需要的是人人有宁静头脑，又有坚毅意志……这种宁静而强毅的精神，不但前方冲锋陷阵的将士，不可不有；就是在后方供给军需、拯救难民及其他从事于不能停顿之学术或事业者，亦不可不有"。蔡元培此时仍然挂念着学术研究，认为需要这种宁静和坚毅的精神将学术研究进行下去。1939年6月6日，蔡先生应郁达夫之约为《星洲日报》"七七特刊"题词："再接再厉，必明必强"。1939年7月4日，蔡元培被推举为第二届国际反侵略运动大会中国分会名誉主席。

1940年2月5日，陕甘宁边区自然科学研究会在延安成立，推举蔡元培先生为名誉主席，毛泽东同志、陈云同志在会上发表讲话，吴玉章被推举为会长。1940年得陆丹林函以高剑父画梅、叶玉甫画松征题字，附来旧纸两张。

雪地冰天，健儿喋血。象征国魂，百花一映。（题红梅）

独立不惧，无问冬春。多方发展，金针度人。（题画松）①

1940年3月5日，蔡元培先生因病抢救无效，在香港养和医院逝世。5日下午在医院附近山光道山关酒店，罗明佑、许地山、王云五等召开临时治丧委员会。3月下葬于香港仔华人公墓。毛泽东3月7日发来唁电："香港九龙奥士甸道蔡孑民先生家属礼鉴：孑民先生，学界泰斗，人世楷模，遽归道山，震悼曷极，谨电驰唁，尚祈节哀。毛泽东叩。阳。"电文刊载于重庆《新华日报》1940年3月8日报纸上。受周恩来同志委托，廖承志专门到蔡先生家慰问养浩夫人和子女。在延安举行的追悼会上，周恩来同志敬献的挽联写着："从排满到抗日战争，先生之志在民族革命；从五四到人权同盟，先生之行在民主自由。"

3　萧红的最后岁月和留港东北流亡文化人

1941年春，史沫特莱劝说萧红到香港治病居住，1941年1月17日萧红与端木蕻良飞抵香港，在香港度过了生命中最后的两年。

萧红代表作《呼兰河传》最后收笔于香港，《马伯乐》和《小城三月》均是在香港完成的，在病中能够如此高产写作，萧红仿佛看到自己人生的未来。1941年6月她写信给朋友华岗，告知华岗在香港她和端木各写了一长篇，都交生活出版去了。

萨空了的日记中记录遇到端木时候的心情，联想到了萧红的香港最后岁月：

---

① 蔡元培著、王世儒编：《蔡元培日记》（下），北京大学出版社，2010，第663页。

12月24日　星期三

早十时我和云川再赴香港酒店,一个熟人也找不到,在酒店门口碰到端木蕻良,知道周鲸文已由联合道搬到交易行他的公事房里住,他那一带已成战区,到交易行和周、端木谈了一阵子,周计划再搬。端木的夫人萧红女士,据端木说正住在附近,我们知道她的肺病在九龙时已很严重,现在又遇战事,东迁西搬,伙食都成问题,真为她着急。

1940年10月胡愈之介绍端木和萧红认识了在香港的东北民主运动负责人周鲸文,周鲸文是原东北大学代校长,抵港后创办了香港版的《时代批评》,端木蕻良加入杂志的编辑工作。周鲸文负责了萧红所有医药费和住宿费,东北救亡总会的于毅夫,以及柳亚子、骆宾基等都提供了帮助。

东北留港的中共负责人于毅夫任东北救亡总会党团书记,他是燕京大学毕业生,1938年在武汉主编抗日杂志《反攻》。1941年3月自昆明抵香港,与廖承志取得联系,在香港负责了东北留港人士抗日的统一战线工作,同时在邹韬奋主编的《大众生活》周刊做校对工作。4月夫人杜贵绂带着两个孩子从重庆飞抵香港相聚。大营救时他负责安排萧红和端木蕻良撤退。回到萧红处,他和端木将躺椅绑在两根木斗上,把萧红抬着转移到周鲸文家(香港联合道7号)。接着,又将萧红转移到雪厂街思豪酒店,12月25日又转到斯丹利时代书店居住,1月又安排她住进了养和医院、玛丽医院和法国医院。于毅夫的妻子杜贵绂,毕业于北京师范大学文学系,香港沦陷后,他们夫妇俩帮助一批东北的流亡文化人脱险,一直隐蔽至香港与广州通航恢复,从香港乘船抵广州后赴上海。

萧红与端木蕻良得到周鲸文和胡愈之关心,在香港雪厂街10号《时代批评》的办公室从事该杂志编辑。1941年6月刊登在《时代批评》的萧红的中篇小说《马伯乐》停止连载,萧红完成小说《小城三月》后,7月就住进玛丽医院。12月在医院时,由萧红口述、骆宾基撰,完成其最后一部小说《红玻璃的故事》。1月萧红病逝于香港,端木在萧红去世后将其一半骨灰埋在香港圣士提反女校的小坡上。①

1942年1月22日11点萧红病逝，冒险前来告别的有张学良的弟弟张学铭、原东北军师长张廷枢以及《时代批评》杂志的同事们。1月24日遗体火化，次日骨灰分两个瓶罐装着，端木分别于1月25日和1月26日将骨灰罐埋葬于在浅水湾畔的丽都花园附近和圣士提反女校后山东北方向的山坡上。这时候，大批的文化人正在逃难的生死路上。

为萧红殡葬前处理的是香港负责港岛殡葬事务卫生督察马超栋先生，他是文人出身，但因生活所迫从事此业。他读过萧红和端木的作品，当时兵荒马乱，死者无数，但出于对萧红的尊重，马先生将萧红遗体与其他遗体分开，单炉火化。②葬礼结束后端木蕻良和骆宾基分别离开香港过澳门，再赴桂林。

4 留港脱险的科学家：吴在东、高士其和丁西林

传统讨论文化人大营救，更多的聚焦于文学家、戏剧家和电影人，实际上他们当中有数位是重要的科学家。与杨刚、杨潮同行脱险的中国病理学先驱之一吴在东教授，福建长汀人，是早年在英国、德国留学的病理学家，1938年回国在迁往重庆的上海医学院任教，抗日战争中支持新四军，为部队购买医药仪器。广州尚未沦陷时，1938年吴在东受聘于广州私立岭南大学医学院任病理学教授，为私立岭南大学向上海医学院请求应允聘一学期。1938年在香港当医生，1941年底，在香港沦陷时吴在东利用医院掩护国际友人，进入游击区后帮助培养一批医务人员，四个月后离开，先后到再迁入内地的国立上海医学院、中央医院任教。③

---

① 卢玮銮：《香港文纵：内地作家南来及其文化活动》，华汉文化事业公司，1987，第167页。

② 周彦敏：《情爱萧红》，秀威资讯科技股份有限公司，2014，第402页。

③ 宋惠芳、游联璧、祝庆孚：《中国著名病理学家——吴在东教授》，载《中华病理学杂志》1993年第22卷第1期。

高士其于1918年考入清华留美预备学校，1925年从上海乘轮船赴美留学，在美国先进入威斯康星大学读书，第三学年转入芝加哥大学化学系和细菌学系四年级，1927年在芝加哥大学毕业获得化学和细菌学学士学位，被芝加哥大学医学院录取攻读博士学位，在1928年冬同时担任微生物学标本管理员。在一次培养病毒实验中，高士其因脑炎病毒标本瓶子破裂而被感染。1930年回国，1932年在上海住李公朴家，在陶行知、艾思奇和李公朴的支持下，开始创作发表科普文章于《读书生活》上。艾思奇到达延安后，邀请高士其到延安，1937年11月，高士其经历三个月的行程抵达延安。在延安，高士其受到毛泽东、周恩来、陈云等领导同志的亲切关怀，加入了中国共产党。1939年4月离开延安，12月抵达香港治疗。在香港，地下党组织领导人连贯和杨琳接待了高士其，并安排他住进玛丽医院，住了半年，又转到铜锣湾法国医院住了一个月，再选择雅前廊道12号居家静养。杨琳（原名秦邦礼）就是20世纪30年代中央红色交通线重要人物、协助陈云开展秘密工作的博古（原名秦邦宪）同志的弟弟，中华人民共和国成立后"华润"集团创始人。当年在香港的红色交通线的交通员廖梦醒其时担任宋庆龄秘书，她负责将宋庆龄主持的保卫中国同盟所提供的医药费交给连贯和廖承志为高士其治病，香港地下党组织的成员赖汉斯提供日常生活经费，赖汉斯先生同时是纺织厂的老板，他派了厂里的纺织女工谢燕辉担任高士其的私人护士，时谢燕辉18岁，两人从香港脱险抵达桂林后结婚了，可惜1945年6月谢女士离开了高士其。不久，高士其在科学食品研究所任所长，将制造罐头食品作为抗日的武器。

丁西林，原名丁燮林，1914年赴英国伯明翰大学学习，获得硕士学位，在留学期间学习物理时还不忘研究萧伯纳的戏剧。1920年回国后任教于北京大学，1927应蔡元培之邀离开北京赴上海筹集中央研究院物理研究所，任研究员兼所长，深得蔡元培先生信任。丁西林曾陪同蔡元培抵港，蔡先生病逝后又赴香港治丧，创作了《妙峰山》四幕喜剧纪念蔡先生，1945年的初版中丁先生自己写的题词："在他的直接领导下，我替国家和社会服务近二十年，从未

图31　1941年10月旅港剧人在香港公演《雾重庆》后全体合影（图片藏于广东省立中山图书馆）

厌倦。"①1939年其创作的《等太太回来》利用主角的对话，表现了抗战时期中国大学迁徙的不屈精神；同样在《妙峰山》剧作中，也是利用主角的对话和歌词，表现蔡元培先生的理想，寻求蔡先生的理想乐土。在昆明丁西林任中央研究院物理所所长期间，应英国政府邀请在香港开办了军用光学工厂，生产军用光学仪器，由英国出经费，物理研究所出设备和人员。丁西林与留港的文化人特别是戏剧家多有交流。有一次经过香港时，旅港剧人协会正在排演《北京人》，他到现场看排练，并兴致勃勃地同凤子等谈他准备为剧团写剧本的计划。1961年凤子在《剧本》杂志发表文章写道："那是1940年秋天，'千古奇冤'的皖南事变之后，重庆的文化界在党的领导下开始有计划的撤退，一部分戏剧工作者在党的领导下到了香港，准备以香港为根据地开展海外的抗日文化活动，汇集在香港的戏剧工作者以'旅港剧人'名义先后演出了宋之的同志的《雾重庆》、曹禺同志的《北京人》和德国名剧作家沃尔夫的反法西斯名剧《希特勒的杰作》即《马门教授》。在排演《北京人》时正值丁西林同志夫妇

---

① 孙庆升：《中国文学史资料全编（现代卷）17：丁西林研究资料》，知识产权出版社，2010，第8页。

路过香港，他们经常来看排演，并且兴致勃勃地计划给我们写戏。是年冬，太平洋事变发生，遗憾的是我们未能演出丁西林的新作《妙峰山》。"①同为"旅港剧人"的柏李于1940年9月发表《会见丁西林先生》一文于《剧场艺术》第2卷第2—3期合刊，描述了他们与物理学家讨论戏剧的场景。当香港沦陷时丁西林正好留港，他在香港熟悉的朋友是植物学家陈焕镛先生，丁先生过海到九龙与陈焕镛相会并求助。是时有广东伪政府所派的难民船开往广州，丁西林全家12人和陈焕镛一起于1月12日乘船出发赴广州，结果被陈璧君发现，力劝丁先生为其伪政权服务，他坚拒不就，遭软禁数月。丁西林逃走当天上午与陈焕镛在广州葵园聊天，晚上丁西林一个人化装秘密逃跑，家眷五人在广州被扣为人质两年有余。丁西林步行逃出伪政权控制区，到达桂林继续主持中央研究院物理研究所的工作。

5　爱泼斯坦在赤柱集中营

波兰人爱泼斯坦（Israel Epstein）是对中国反法西斯战争高度支持的美国合众社记者，对中国充满热爱，他是宋庆龄在香港领导的保卫中国同盟中央委员会委员。他于1940年从香港出发沿东江访问广州、韶关等地，形成新闻稿发表在《保卫中国同盟新闻通讯》上。爱泼斯坦先生在香港任职英文版的《南华早报》编辑，香港沦陷后，他被拘禁。1942年杨刚女士在《大公报》4月25日报纸上登出了自己翻译爱泼斯坦的《赤柱的集中营》文章："香港沦陷以后，九龙和香港先后出现了两个集中营。九龙深水埗的一个，专容武装的英、美、荷籍俘房；香港赤柱的一个，则用于收容非武装的三国国籍的老少、男女和儿童。1月19日，被拘于各市内中国各旅馆中的英美荷籍官吏和人民，大部分被送去赤柱优美的海湾去了。其后两个礼拜中间，陆续来了不少人，都是住在山顶上和

---

① 孙庆升：《中国文学史资料全编（现代卷）17：丁西林研究资料》，知识产权出版社，2010，第23页。

红色交通线的记忆·下篇——香港脱险

图32　宋庆龄、廖承志与保卫中国同盟中央委员会委员合影。左起：爱泼斯坦、邓文钊、廖梦醒、宋庆龄、希尔达·沙尔文-克拉克夫人、诺曼·法朗士、廖承志（图片藏于广东省立中山图书馆）

各医院里的。留在市内稍可自由活动的，都属于卫生人员，电话和无线电工程师，以及银行中的高级负责人员等。3月中旬，医药卫生以及交通部门的行政人员，也都进了营，如此留在外面的，就只剩下了少数银行家，更少数的高级医界人士，美籍的汽车司机，以及一班在赤柱集中营中无力忍受营内生活的老弱者，他们都被送到铜锣湾法国医院。"①在赤柱集中营中，拘留了约2700人，其中2300人是英国人，350人是美国人，60人是荷兰人，留在外面约300人。爱泼斯坦和邱茉莉女士、范赖士等五人发现海边草丛中有一条小船，深夜利用小船偷渡到一小岛，在岛民帮助下，脱险抵澳门，在朋友帮助下进入中山。

---

①　爱泼斯坦：《爱泼斯坦新闻作品选》，今日中国出版社，1995，第11页。

第二节　香港抗战时期文化人组织的重大文化事件

1　文化界的抗战文化组织

中华全国文艺界抗敌协会1938年3月27日在汉口成立，强调统一战线，团结一致抗战，为扩大影响决定在各地成立分会。1939年1月27日，中华全国文艺界抗敌协会总会理事会会议函聘总会留港理事许地山，作家戴望舒，欧阳予倩，简又文及组织部副主任楼适夷等，积极筹办。1939年3月20日在香港胜斯酒店许地山、楼适夷等19人召开第三次筹备会议。楼适夷于3月20日及时回函总部：香港分会的筹办，已经举行三次会议，决定名字为"中华全国文艺界抗敌协会留港会员通讯处"，以适环境。①"以适环境"就是适应香港的法律要求。②1939年3月26日，中华全国文艺界抗敌协会香港分会在香港大学中文学院礼堂成立，许地山先生任主席。参加香港分会的文化人包括在香港的重要文学家、史学家、电影人等左右派的文人共71人。1939年度第一届是许地山、欧阳予倩、蔡楚生、戴望舒、叶灵凤、刘思慕、陈衡哲、陆丹林等9人组成干事会，候补干事是陈占元、简又文，欧阳予倩是9月才离开香港赴桂林。筹备代表楼适夷报告筹备经过，陆丹林读宣言，叶恭绰、许世英（代表汪大燮）、陈衡哲、刘思慕演讲，许地山起草了《成立宣言》，设立了艺术文学、杂志文学、西洋文学和电影戏剧四个研究部，并拟出版《文协》周刊。

干事中陈衡哲女士当时陪同丈夫任鸿隽从昆明转抵香港，1939年陈衡哲一家在香港度过元旦，留下全家福。陈衡哲是中国官派留美女学生，13岁到了广州与舅舅同住，起初想学医学，但因年龄太小，舅舅就自己当老师。1914年夏留美预备学校清华学堂首次开科招女生，陈衡哲考中成为9名留美女学生之一，同行还有另外5名女生共14人，1914年8月15日从上海出发。③陈衡哲是一位著

---

①　北京大学、北京师范大学、北京师范学院、中文系中国现代文学教研室主编：《中国现代文学史参考资料：文学运动史料选》第四册，上海教育出版社，1979，第112页。
②　不称"分会"而叫"通讯处"，是为了避免光地政府对之立案。——作者注
③　陈衡哲：《陈衡哲早年自传》，冯进译，安徽教育出版社，2006，第221页。

作颇丰的史学家，曾在北京大学任教授，任鸿隽留美期间认识了陈衡哲，任鸿隽回国后担任商务印书馆的编辑和多所大学校长，后任中央研究院总干事和中国文化基金会总干事。任先生因为需要向蔡元培先生讨论汇报工作，故在1939年8月19日全家赴昆明之后，来往于昆明和香港间。陈衡哲陪先生也来往两地，她是当年蔡元培任北京大学校长聘任的第一位女教授，蔡先生对陈衡哲特别器重，1939年3月16日在日记中写道："近日曾阅陈衡哲夫人之《小雨点》及《散文集》。《小雨点》中以洛绮思之问题及一支扣针的故事最佳。《散文集》中，评现代吾国中小学校缺点，论女权，均有卓见。"①1939年2月17日日记记载为任鸿隽题写了"古青书屋"匾，又为任夫人书条幅，赠以七律一首："女子何渠不若男，如君杰出更无惭。外家文艺经陶养，西学英华久咀含。能为孟坚完汉史，凤闻道韫檀清谈。唱酬更喜得嘉耦，庐阜圣湖数共探。"②

在香港，陈衡哲和蔡元培夫人周峻关系融洽，经常各带自己小孩一起聚会。

1940年度第二届干事是许地山、杨刚、戴望舒、乔冠华、叶灵凤、袁水拍、黄绳、施蛰存、徐迟，候补干事陆丹林、端木蕻良、刘思慕、马耳（叶君健）、林焕平。第三届1941年度干事会依然为九人：许地山、叶灵凤、杨刚、林焕平、戴望舒、茅盾、夏衍、端木蕻良、陆丹林，候补干事：乔木、宋之的、周钢鸣、郁风、蔡磊、林林。1940年1月26日，该会召开"会务调整委员会"，决定向本港当局办理登记手续。1940年4月15日，"中华全国文艺界协会香港分会"开始见报。③1941年10月，报纸开始使用"中华全国文艺界抗敌协会香港分会"，此时时局已产生变化，香港当局不得不"抗敌"了！

1939年许地山参加中国文化协进会筹备委员会工作，简又文任主席，简又

---

① 蔡元培著、王世儒编：《蔡元培日记》（下），北京大学出版社，2010，第607页。

② 蔡元培著、王世儒编：《蔡元培日记》（下），北京大学出版社，2010，第603页。

③ 卢玮銮：《香港文纵：内地作家南来及其文化活动》，华汉文化事业公司，1987，第63页。

文是1933年被选为民国中央立法委员，1939年4月9日参加了重庆中华全国文艺界抗敌协会，在香港参加了香港分会。简先生为广东新会人，1918年赴美芝加哥大学留学时对太平天国历史产生兴趣，硕士论文选题为太平天国和基督教，回国后继续研究，成为成果颇丰的学者，对高剑父的艺术创作提供了很大的支持。

叶恭绰先生是主要组织者，祖籍广东番禺，同盟会会员。1937年11月在南京沦陷后乘飞机抵港，时年57岁。陆丹林祖籍广东三水，同盟会会员，时在香港主编《逸经》《大风》杂志。许地山、陆丹林、黄苗子、欧阳予倩、胡春冰等是11个发起人。许地山、简又文、陆丹林、欧阳予倩、叶浅予、杨刚等均是参加两大组织的文化人领导层人物。

1939年9月17日，成立了中国文化协进会，该会多数成员是粤籍留港的文化人、教育家、老革命党人、国民政府和国民党人士居多。广州沦陷时，私立广东国民大学、私立广州大学、私立岭南大学、南华学院借避香港办学，吴鼎新、陈炳权、李应林、钟鲁斋，这四位校长均参加了这一组织。

中国文化协进会第一届成立大会在胜斯酒店举行，选出27名理事，他们是伍伯就、朱昌梅、李驰、李应林、竺清贤、胡春冰、梁朝威、袁锦涛、马师曾、陈良猷、陈炳权、许地山、温源宁、陆丹林、陈畸、黄祖耀（黄苗子）、叶秀英、叶浅予、杨刚、杨素影、鲍少游、戴望舒、钟鲁斋、薛觉先、简又文、罗明佑、罗锋予。叶恭绰先生担任顾问。

留港文化人参加中国文化协进会的还有王云五、陈君葆、李景康、马武仲、高剑父、徐信符、冼玉清、莫天一、黄般若、王淑陶、赵少昂等。

温源宁原为北大英文系主任，钱钟书的老师，在香港英文杂志《天下》担任主编，时任职于国民党中央宣传部国际处驻香港办事处，为民国立法院立法委员。中国文化协进会重视粤剧，为"粤剧救亡服务团"赴内地演出通过资金支持。

2　广东文物展览会——发扬中华民族精神

1939年12月叶恭绰先生主持召开广东文物展览会第一次筹备委员会，简又文、许地山、冼玉清、徐信符、叶次周等20多位在港文化人参加。1940年2月22日至3月2日在香港大学冯平山图书馆举办了一个以"研究乡邦文化,发扬民族精神"为宗旨的广东文物展览会,展品多为文化界人士冒着生命危险携带到香港的革命文献和广东文物,宣传组由许地山负责,保管组由陈君葆负责。在香港居留的蔡元培先生为展览会特刊赋诗:"中国自来富文物,广东特别见精神。殖民历练心觉远,革命渊源学说新。事鉴十章张子寿,也称三绝黎简民。管窥耳食吾常愧,眼界从今顿不平。"

展览会专设"革命室",展示太平天国和国民革命两大主题的文献和文物。孙中山先生的遗物包括学医时所使用的书籍、澳门行医时所使用的器具、伦敦蒙难时的书信等均在此室展出。在展览中,一件孙中山先生和尤列等反清"四大寇"密谋革命时的香炉,特别符合此情此景之爱国精神宣传。他们秘密开会时,桌上必放此香炉,焚檀香,为兴中会同人义举之见证,此香炉藏于尤列处,1936年赠孙科,同时题跋:"瓣香一片,洒血吟风。今忽五十年,返忆往事,余烟尚缭绕于脑际。物以人传,亦可宝也。"

徐信符是这次展览会送展古籍最多的藏书家。李仙根先生提供了52件(套)文物、文献,由于李仙根曾任孙中山先生大元帅府行营秘书,还提供了孙中山先生墨宝四件。

陈君葆作为冯平山图书馆的馆长,负责布置,2月21日基本布置完毕,张灯结彩,门面呈现热闹景象,同事们开玩笑地对陈君葆说:"冯平山嫁女了!"《大公报》1940年2月27日发表社论《广东文展闭幕感言》。社论中评论道:"连日参观者万人,睹先民之手泽,见民族精神,必有油然生其爱国之念而不能自已者。"在香港居住的电影导演蔡楚生先生在日记中记录了与夫人陈曼云参观展览时流连忘返的感受。

简又文在香港沦陷时藏匿,4月化装步行进入内地,通过曲江乘火车抵桂林。在抗日战争结束后,简又文有感于广东文物展览会的影响意义,向政府建议成立广东省文献馆,1946年9月19日广东文献馆成立,简又文任主任,徐信符任征集组组长。①1949年6月,简又文辞去馆长一职,赴香港定居。

3 国际新闻社的建立

国际新闻供应社(简称"国新社")是抗日战争爆发时,胡愈之作为上海文化界救亡协会对外宣传负责人,建立的一个对外宣传机构,创办人为胡愈之和范长江。1938年胡愈之在南方局的支持下,与范长江合作,以参加中国青年新闻记者协会的记者为基础,创立另一个国际新闻社,设立在桂林。主要领导参与者有恽逸群、孟秋江、黎澍等,孟秋江负责桂林分社和香港分社,他是范长江以《大公报》名义到西北采访的同伴,也是中国青年新闻记者协会的筹办人。黎澍是1940年5月间从长沙到桂林,胡愈之、范长江等邀请他担任国新社经理。胡愈之和金仲华创办《世界知识》杂志,参与者有郑森禹、沈志远、张明养、潘君毅等,英文编写者有陈翰笙、金仲华、温源宁等。上海沦陷,国际新闻供应社迁往香港由恽逸群负责,正式称为"国际新闻社"。恽逸群是1927年加入中国共产党,1932年到上海加入新声通讯社任记者,曾参加《立报》《大美报》等报纸的编辑。王纪元于1937年冬抵港,1938年初潘君毅、郑森禹抵港后国新社马上开始运作。王纪元回内地,恽逸群代替他于1939年从上海抵香港参加香港国际新闻社的社务,后来在香港、桂林设立的办事机构合并。

"国新社"在香港的办公室设在弥敦道49号。主要撰稿人金仲华、陈翰笙、刘思慕、张铁生、羊枣、郑森禹、王纪元、邵崇汉等全部被吸收为社员,这一举措保证"国新社"有可靠的稿源,满足海外报纸的需要。皖南事变后,桂林的"国新社"1941年迁至香港与香港分社合并,黎澍任经理。②"国新社"在海外华侨侨报中非常有影响,从"国新社"获得的新闻来源,颇受欢迎。

《新华日报》驻苏北特派记者、苏中新华社的创办者戈茅(徐光霄)于1941

---

① 倪俊明:《广东文献馆始末》,载《岭南文史》1992年第4期。
② 黎澍:《黎澍自选集》,广东人民出版社,1998,第453页。

年离开苏北赴香港，目的就是为了参加"国新社"的工作，加强新华社对外宣传工作。"我提出，范长江在香港国际新闻社工作，他们不仅向国内发稿，也向国外发稿，在东南亚、美国、英国、法国、苏联很有影响。我们可以和国际新闻社取得联系。刘炎同志赞成我的意见，建议我去香港联系。苏中区委也同意我去香港，沟通对外联系。为了便于掩护，让殷家修和我一起去。我们从苏北过江，由交通带领，通过封锁线，秘密到了上海。上海地下党帮助买了船票，送上船。我们在海上漂流了四天四夜，到了香港九龙。我到香港找到范长江，并见了廖承志、连贯同志，向他们说明了来意和打算。廖承志说，别着急，你先住下来，把苏北的情况向这里文艺界、新闻界的同志介绍一下，然后你再坐下来写几篇文章宣传宣传。"[①]刘炎当时是新四军一师政委，苏中新华社是刘少奇同志于1941年5月、6月请戈茅同志创办。戈茅向在港的文化界老朋友做报告，介绍前线情况。刚完成一两篇报告文学和诗歌，准备写长篇的文章时，太平洋战争就爆发了。

4 南北文化人战乱中的相遇

蔡元培先生从1937年11月至1940年3月在香港，尽管他很少参加公开的社会活动，但南来北往的众多文化人，他的学生、朋友都经常到寓所拜访他，他的寓所也成为南北文化人相遇的中心，1937年12月29日蔡夫人带着孩子到香港团聚，增加了寓所的亲和力。

蔡元培先生客居香港时，依然将《鲁迅全集》作为重要工作，在香港完成该书的序。1938年4月30日致函许寿裳："久不晤，想起居安善。西安临大进行如何？接马孝焱兄函，说关于《鲁迅全集》作序的问题，先生与弟商酌之处，敬希示及。弟曾得广平夫人函属作序，已允之，然尚未下笔，深愿先生以不可不说者及不可说者详示之，盖弟虽亦为佩服鲁迅先生之一人，然其著作读过甚

[①] 徐光霄：《徐光霄（戈茅）诗文集》，中国文联出版公司，1995，第359-360页。

少,即国际间著名之《阿Q传》亦读过几节而已。深恐随笔叹美,反与其真相不符也。弟于去年十一月杪来港,初寓旅馆,后迁商务印书馆之寄宿舍;十二月杪,眷属来,先借坚尼地台陈彬龢兄家中;今年一月杪,始租得九龙柯士甸路一五六号楼下二号之屋住之,以至于今;但通讯仍由商务印书馆转(香港之分馆在大道中三十五号),而姓名借用'周子余'三个字。此间相识之寓公太多,若宣布真姓名、真住址,将应接不暇也。"①

陆丹林是蔡先生的学生,到寓所次数较多;后来担任国立中山大学代校长的张云寓居香港期间也拜访了蔡元培先生;符罗飞第一次见到蔡元培先生是在蔡先生香港寓所;教育家庄泽宣也到其寓所拜访,蔡元培先生在家还读了庄先生的著作《民族性与教育》。到蔡先生家做客的还有陈彬龢、王云五、丁西林(巽甫)、萧友梅、陈焕镛、任鸿隽(叔永)、陈衡哲、周子竞、陶行知、严济慈、李四光(仲揆)、张一麟、吴涵之、蒋梦麟、李沧萍、陈寅恪、沈尹默、钱端升、顾孟余、穆岱、沈仲章、王济远、谢无量、翟俊千、李扬敬、梁镜尧、萧子升、叶企孙、沈雁冰(茅盾)、陆匡文、黄汉生、徐新六、刘海粟、鲍少游、胡愈之等。茅盾、胡愈之于1938年4月30日拜访蔡先生,并留下他们的居住地址——沈雁冰:英王子道196号四楼,胡愈之:弥敦道49号三楼。②林焕平于1939年10月8日经张一麟(张仲之)介绍拜访蔡先生,蔡先生日记中记录了林焕平任民族革命通讯社华南分社社长,该社拟印行战地文化丛书,索题字。书"智勇俱进"四字畀之。③这些文化人有的暂居香港,有的是在香港转机赴他地,大家都敬仰蔡先生,而蔡先生虽然身体状况不佳,但都尽量会见客人。1938年3月1日,蔡元培先生携夫人和孩子参观了香港大学图书馆。

---

① 高平叔、王世儒编注:《蔡元培书信集》下,浙江教育出版社,2000,第2073页。
② 蔡元培著、王世儒编:《蔡元培日记》(下),北京大学出版社,2010,第554页。
③ 蔡元培著、王世儒编:《蔡元培日记》(下),北京大学出版社,2010,第640页。

柳亚子1940年底抵香港，参加广东丛书编印委员会，通过叶恭绰先生认识了冼玉清女士、徐信符等人。①柳亚子先生在港新交的朋友徐信符先生，是广州近代最大的私人藏书楼"南州书楼"的主人，毕生从事教育事业和藏书编研工作。在广州沦陷前，在国立中山大学、私立岭南大学、广州大学任教，在香港避难期间将藏书寄存于香港大学冯平山图书馆，奔波于香港、澳门两地，任澳门教忠中学、执信女中教席，在香港任培英中学教席。徐先生在"答客询问是否应聘广东大学"作诗一首后，又补注："余自广州失陷，每周三日在港任培英中学教席、仿林女中教席，三日在澳门任教忠中学教席、执信中学教席，仆仆途中，未有休假。世有疑吾已受广东大学聘者，余答以岂有化身术能飞渡羊城。"②

柳亚子先生还通过香港新文字学会发起人张一麐介绍，认识了陈君葆、马季明、冯裕芳、张英、孙源等，许地山、陈君葆均是该会的发起人。1941年1月4日"中华全国文艺界抗敌协会香港分会"在皇后大道中胜斯酒店召开欢迎茶话会，出席聚会的有许地山、冼玉清、陈寅恪、袁同礼、叶恭绰、马鉴、陈君葆等。

在茶话会上柳亚子发表讲话，表达对新文字运动的支持，许地山先生听毕对柳亚子先生说"正中下怀"。在柳亚子参加中英文化协会年会时，因为全场都讲英语，许地山先生调整座位将柳亚子先生排在许地山和夫人之间，及时为柳亚子先生翻译。③香港新文字学会成为南北文学家共同认可的学术阵地，虽然蔡元培先生因身体欠佳无法参加，但他是新文字运动的发起者，承诺担任名誉主席。叶籁士是中国当时具有影响力的语言文字专家，虽然来港时间不长，但

---

① 柳亚子：《柳亚子自述》，人民日报出版社，2012，第217页。
② 广东炎黄文化研究会、番禺炎黄文化研究会：《岭峤春秋：徐信符研究文献集》，广东人民出版社，2004，第438页。
③ 柳亚子：《我和许地山先生的因缘》，载《许地山研究集》（周俟松、杜汝淼编），南京大学出版社，1989，第370页。

抵港后马上参加新文字学会的活动。

当日军进攻香港时，陈君葆先生在12月10日9时巡视香港大学后，仍挂念柳亚子先生安危，步行到西摩道保卫中国同盟办事处，探望柳亚子父女并打电话给许地山夫人了解情况，见到他们安全后才放心回家。①12月28日傍晚有日本兵入陈先生家，家人恐慌不已。

陈君葆是中山三乡人，11岁随父亲到香港，后来考入香港大学文学院，从1934年开始受聘母校任教，是香港大学执教最久的中国籍学者之一。抗日战争时期参加了保卫中国同盟组织，负责编辑该机关刊物《通讯》。在时任馆长的陈君葆领导下，冯平山图书馆成为抗战时期香港的文化中心。1942年1月，占领香港的日军突然搜查香港大学，封闭冯平山图书馆，陈君葆不顾自己安危，千方百计保住了冯平山图书馆的藏书和中央图书馆疏散到香港的珍贵藏书，这批藏书是许地山、陈君葆秘密协助中央图书馆及广东的藏书家运送到香港的。1938年1月6日陈君葆的日记写道："徐信符第二批运来的书今日运到了，但并不像张眉升长途电话所说由泰山轮运来，而是由西安轮，因此颇有耽搁，直至晚上六点才由地山先生从中国旅行社把提单拿来。我们在图书馆等书直到八点半才搬到，共五十箱，把东西放存时已经九点多了。徐这次运来的箱子其中好几个写着广雅两字，我一见便有点惊异。"②

此外，他又协助私立岭南大学师生将大批仪器转运到香港大学，他担任冯平山图书馆馆长，私立岭南大学学生能够在香港大学复课，就是借助冯平山图书馆部分课室。《陈君葆日记》是陈先生坚持数十年写的日记，可以说是对香港教育史文化史真实的记录，在日记中记录了陈君葆先生在廖承志担任八路军驻香港办事处时候两人颇为频繁的接触，也记录了香港本土文化人与大陆迁徙到香港的文化人的交往，他在1941年的日记写道："八月二十四日，星期四。

---

① 谢荣滚：《柳亚子与陈君葆的情谊》，载《广东党史》2010年3月号。
② 陈君葆：《陈君葆日记》（上册），商务印书馆（香港）有限公司，1999，第355页。

午间季明先生请往胜斯饮茶，茅盾、林焕平均到，杨刚要我为青年节写篇文章，我起初颇有点难色，因为她要明日上午把稿子交给她，时间这样迫促，如何来得及呢，但我卒于答应了她了。"①当时的青年节是9月4日，杨刚负责《大公报》的副刊。陈君葆在日记中还记录了1941年11月4日与杨刚、葛一虹在怀士文餐室讨论苏联十月革命24周年的纪念方式。

杨刚（原名杨季徽，又名杨缤，笔名杨刚，1905—1957），曾就读燕京大学英文系，1928年考入燕京大学英国文学系，1930年加入中国共产党，是北方左联发起人之一。1939年8月接受《大公报》的邀请，接手萧乾主办的副刊《文艺》和《学生界》，1944年在董必武和胡政之帮助下赴美国，继续为《大公报》写美国通讯，1948年回国。杨刚在香港时，适私立岭南大学因广州沦陷迁至香港，杨刚女士曾在该大学兼任教职，同时是"文通"最主要的组织者。

杨刚的哥哥杨潮（原名廉政，笔名羊枣，1900—1946），1923年毕业于上海交通大学，参加上海的左翼文化活动，曾在塔斯社上海分社任职。杨刚是杨潮的六妹，杨潮是四兄，兄妹俩此时在香港新闻界均占有一席之地，杨潮是非常专业的国家军事问题专家，金仲华任《星岛日报》主编时，他任《星岛日报》军事记者，署名始用"军事记者羊枣"，1941年秋在邹韬奋邀请下加入《光明报》的编辑队伍。兄妹俩在胜利大营救中，均脱险离开沦陷的香港进入内地。

述及抗日战争时期在香港文化人的活动，不能离开粤籍的一批文化人。广州沦陷，大批高等教育、中等教育机构迁至香港，出现香港历史上最强大的教育师资阵容、科研队伍和文化人队伍。

5　香港纪念鲁迅逝世五周年

1936年10月19日鲁迅先生病逝，11月1日香港大学文学院学生举行了"鲁迅

---

① 陈君葆：《陈君葆日记》（下册），商务印书馆（香港）有限公司，1999，第555页。

追悼会"，许地山先生做了《鲁迅先生对中国文学之贡献》的演讲，许地山先生与陈君葆合作拟写的挽联是："青眼观人，白眼观世，一去尘寰，灵台顿闇；热心做事，冷心做文，长留海宇，锋刃犹铦。"马鉴在追悼会上讲鲁迅的生平。

1939年10月鲁迅先生逝世三周年，在香港的漫协和文协就已经联合举行纪念活动。香港漫协的会址在坚道13号A，1940年秋鲁迅诞辰六十周年纪念活动，他们制作了4米×2米的巨幅鲁迅画像以资纪念。

1941年10月20日，香港年度重大文化活动之一就是鲁迅逝世五周年纪念活动，马鉴、柳亚子、茅盾等均是积极筹划者，茅盾、柳亚子、胡风均在大会上做了演讲，徐迟朗诵了鲁迅的作品《铸剑》。马鉴先生任会议主席。纪念会设在香港德辅道西"福建会馆"，在纪念会上原燕京大学文学院马鉴教授和香港大学毕业的陈君葆教授成为许地山先生在香港大学最重要的助手。马鉴毕业于南洋中学，在北京协和医学院任教后赴美国哥伦比亚大学念硕士课程，1927年回国后受聘燕京大学国文系任主任，许地山于1922年在该系任助教，担任周作人助手，讲授"中国古代宗教史"，后留学美国和英国，访问印度。1927年回到燕京大学继续聘为文学院助教，1928年任副教授，1930年聘为教授，马鉴和许地山于此时开始共事。许地山接受香港大学教职后，力推马鉴到香港任教。马鉴先生在香港大学任教时期，对在香港左翼知识分子抱有支持态度。香港沦陷后，马鉴从香港过澳门进入内地，再到已迁徙至成都的燕京大学任教，1946年重返香港大学。

6 郭沫若五十寿辰的文化活动

在广州尚未沦陷时，私立岭南大学于1938年1月6日邀请了郭沫若先生到校演讲，郭沫若在演讲中鼓舞抗日救亡士气：北平、上海、南京沦陷了，希望大家担负起华南文化中心的责任。郭沫若第一次在私立岭南大学演讲是在1923年在岭大的怀士堂演讲，这是第二次到校演讲。[①] 1937年7月郭沫若从日本回到上

---

① 《岭南大学校报》1938年第十卷第六期。

海，8月日军开始进攻上海，郭沫若投身到带领文化人抗战宣传的活动中。

1941年留港文化人组织郭沫若先生五十寿辰纪念文集征稿，《华商报》在1941年10月20日刊登了由留港文化人士张一麟、黄药眠、沈志远、乔木、杜国庠、柳亚子、夏衍、茅盾、许灵风、胡风、胡仲持、廖沫沙等数位文学家共同起草的征稿启事，征稿配合重庆11月16日准备筹印的纪念论文和文化奖学金，对中国抗战文化带领人表示敬意。柳亚子是此活动积极的参与者和组织者。柳亚子去世后，他的文稿整理是由陈绵祥女士负责。在整理陈绵祥的遗物中，发现了郭沫若先生五十寿辰序名单，甚为宝贵，可见到留港文化人集体的一斑。

陈绵祥是陈去病的长女，柳亚子的义妹，吴江人，1922年成为南社社员，曾留日。中华人民共和国成立后，帮助整理柳亚子文稿。丈夫蔡邦华为浙江大学教授，抗战时陈绵祥随丈夫所在的浙江大学迁徙内陆避战火。

陈绵祥遗物中郭沫若先生五十寿辰序名单如下：

张一麟	茅盾	柳亚子	韬奋	千家驹	金仲华	夏衍	胡绳	
乔木	胡仲持	张友渔	廖沫沙	曹伯干	郁风	特伟	新波	
张光宇	丁聪	胡考	叶浅予	章泯	张正宇	戴爱莲	宋之的	
葛一虹	廖承志	于伶	杨刚	戈宝权	黄药眠	戴浩	凌琯如	
陈健	沙蒙	舒强	虞静子	金以华	江淑芳	金声	王精华	
叶方	李赓	王静安	李少清	贺路	柯阳	沈刚	王平	
凤子	周伟	蔡楚生	崔华玉	刘清杨	曹国智	张宗扬	沈杰远	
王雯	韩幽桐	孙炎文	廖梦醒	陈此生	丁洁如	胡耐秋	肖敏颂	
金秉英	杨东莼	吴全恒	沈粹缜	恽逸群	殷国秀	杜贵绂	涂敬恒	
孔德沚	吴韧	伍申	秋江	冯曼莹	袁立	蔡瑞滨	潘君毅	
鲍原秋	陈绍章	于友	骆江民	何饰章	黎树觉			

这份名单可以帮助我们寻找一批留港而没有通过游击区脱险的进步文化

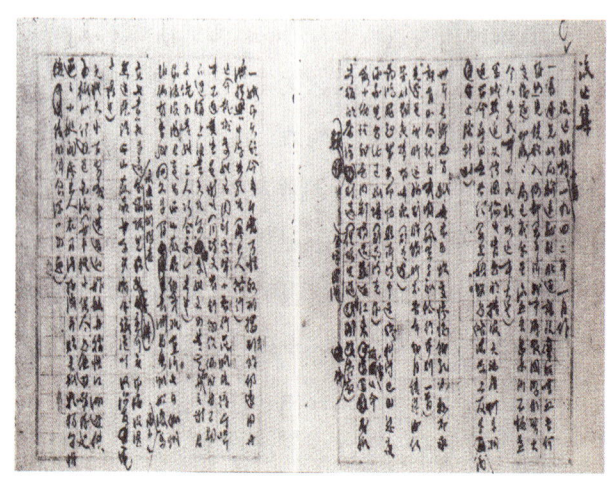

图33 柳亚子《流亡杂诗》手迹（藏于广东省立中山图书馆）

人，部分文化人的名字当初印刷出版时可能有误，此处不加更改照录，其中部分人基本上在后人研究大营救的文化人时未曾被提及。

1942年11月16日，留港文化界在温莎餐室举行纪念郭沫若先生五十寿辰的文化活动。马鉴致开幕词。柳亚子、邹韬奋、陈烟桥、陈君葆、金山、王莹、徐迟、刘清扬、郭步陶、吴其敏、曹伯韩等九十余人参加，这又是一次抗战文化统一战线的文化活动。杜国庠报告筹备经过，柳亚子发表演讲，胡风、郭步陶、刘清扬等均发表了讲话。《大公报》文艺综合版出版了郭沫若纪念专号。

第三节　左翼电影与戏剧的延续

1937年11月在上海沦陷后，蔡楚生、张光宇和丁聪一起乘轮船到香港，丁聪于1939年随夏衍从香港绕道越南抵桂林再到重庆，1941年重新进入香港，负责编辑《大地画报》，在戏剧和电影行业中主要是做舞台设计。在香港云集了众多在上海左翼文化运动中非常活跃的电影编剧、导演和演员，包括司徒慧敏、蔡楚生、苏怡、许幸之、金山、王莹、谭友六等。

中国电影传奇人物蔡楚生的电影之梦的开始之地就在汕头，1918年12岁来汕头，1926年协助从上海来的电影公司拍电影，1927年赴上海发展，在汕头生活共9年，之前在潮阳生活6年。蔡楚生在汕头当学徒的安平路46号"集成发绸缎店"就是一栋具有新艺术运动风格的商业建筑。1938年2月3日中午蔡楚生从香港乘海轮回汕头，正逢敌机轰炸，"全市寂寞如入无人之境"。蔡楚生上岸后直接来到安平路店铺，即"集成发绸缎店"，也是"纶章百货批发店"，此店为蔡楚生父亲蔡纯甫在汕头经商与郭熙圃先生合作经营。在汕头蔡楚生到怀安街访友。随后2月4日蔡楚生与父亲回老家潮阳铜盂，途中遇日军飞机轰炸。在铜盂会友拜祖、捕鱼、帮助亲戚写字。3月26日从溪西码头登船抵前溪，坐轻便车至后溪，又回到汕头纶章百货批发店，住在店中。3月31日下午一时乘船，4月1日上午十一时抵港。

1938年10月24日蔡楚生在日记写道："得父亲信，云店中货物已搬至铜盂，地方尚平静，且被视为安全区。我等闻此，皆甚欢悦。"[①]1939年5月蔡楚生父亲来到香港，5月29日蔡楚生父亲第 次观看了儿子拍摄的默片电影，9月24日在中央戏院第一次观看儿子导演的《孤岛天堂》。

图34 蔡楚生赴上海前在汕头当学徒的安平路46号"集成发绸缎店"，在这里蔡楚生开始了电影人生之旅，其第一部影片《棄坛》在汕头拍摄（作者速写）

---

① 蔡楚生：《蔡楚生文集·第三卷：日记卷》，中国广播电视出版社，2006，第63页。

上海联华影业公司是罗明佑先生在1930年创立的。罗明佑出生于香港，祖籍广东番禺，毕业于广东师范高等学堂，1918年毕业后考入北京大学法学院，从北京大学毕业后就开始尝试电影院的经营。后到上海发展成立制片公司，初名为"联华影业制片有限公司"，总管理处设于香港，1932年更名为"联华影业公司"。1931年蔡楚生加盟"联华影业"，拍摄了《南国之春》《粉红色的梦》《都会的早晨》，1934年拍摄《渔光曲》，该片在1935年获得莫斯科国际电影博览会"荣誉奖"，成为第一部在国际上获奖的中国电影作品。[1]该影片的录音利用司徒慧敏的电通股份有限公司的录音技术，加深了蔡楚生与司徒慧敏的友谊。蔡楚生抵港时，罗明佑也在香港，两人有来往。

香港粤语电影中最早表现抗战爱国题材的是关文清的《生命线》，该片在1935年11月30日上映后受到香港、广州民众的欢迎。上海八一三战役后，司徒慧敏来到香港，与蔡楚生同香港电影界的同人合作拍摄粤语电影。1937年12月2日，司徒慧敏、蔡楚生出席了由陈灵谷主持的"上海香港文化界联欢大会"。沈西苓、谭友六与苏怡等人合作成立新时代影片公司，从广州走避香港的戏院业同侪袁耀鸿先生，卖掉了在穗经营的一家电影院，有了第一笔资金支持用于新时代影片公司开业。

袁耀鸿1927年曾在于岭南大学毕业的话剧和电影名家韦碧云在广州开设的广东电影学院学习，该培训班每期三个月，袁耀鸿是第一期学员，卢敦是第二期学员。电影人卢敦在上海也进入电影界，著名戏剧家李门也是韦碧云先生的学生。袁先生曾在上海联华影业公司演员训练班学习，是当时香港具有影响力的电影经营者。《血溅宝山城》《游击队进行曲》均为袁耀鸿先生所投资，《游击队进行曲》没有通过港英当局的审查，一直押了三年到1941年6月12日才上映，改名《正气歌》。[2]沪港联手出品的《血溅宝山城》则于1938年4月2日公映。

---

[1] 员晓明：《联华公司及其电影创作研究》，中国文联出版社，2016，第67页。

[2] 周承人、李以庄：《早期香港电影史：1897—1945》，三联书店（香港）有限公司，2005，第213页。

1938年香港拍摄了18部抗日爱国电影,以及后期的抗战爱国电影,除了香港、广州等地的观众,这些粤语电影还受到东南亚、美洲等地华人的热爱和支持,香港粤语电影自此深受左翼电影文化影响。

蔡楚生在继续制作电影之余,积极投身救亡运动。1938年4月20日蔡楚生发表《南海渔民的呐喊》一文于《救亡日报》上,痛斥澳门、香港政府为日军提供鱼的供应,而无视香港百姓日常生活需要的行径。蔡楚生居住在香港仔田湾渔村一年多,了解渔民的困苦生活。

1938年蔡楚生经常赴皇后大道18号"英明"楼二楼八路军驻香港办事处(粤华公司),与廖承志、连贯、陈曼云、杨琳、梁上苑等见面,在粤华公司与祖籍番禺的陈曼云女士多有接触,陈曼云是在潘汉年直接领导下的中共秘密工作者,奉潘汉年之命从上海来到香港从事秘密工作。1938年8月蔡楚生应陈曼云邀请,到精华中学为妇女四联会举办的宣传训练班做题为"香港当前戏剧运动"的演讲。① 陈曼云曾在日本留学,在上海时已经加入中共情报组织,来到香港后为香港市委的干事,继续做香港上层妇女的统一战线工作,参加组织广州"妇女兵灾会",组织为八路军募捐活动。1939年底蔡楚生与陈曼云在香港结婚,1940年元旦蔡楚生搬至陈曼云在九龙码头围道278号楼下同住,蔡楚生在1940年元旦日记中写道:"从昨夜起,我搬住曼云家——九龙码头围道278号楼下。今日为1940年元旦,苟当承平时代,或应有所点缀,而在此流离转徙之中(去年五月至年底,我曾九易

图35 1939年蔡楚生和陈曼云在香港合影

---

① 蔡楚生:《蔡楚生文集·第三卷:日记卷》,中国广播电视出版社,2006,第45页。

图36　夏衍与他最爱的大黄猫

图37　司徒慧敏的照片

其住处,其次序为:香港仔、静予家、新场、公司摄影棚、新场、录音室、金台旅馆、李清家、曼云家),已浑忘其有值得纪念之处,苟非昨夜鞭炮声盈耳,或更不知今日为岁序更新也。"[①]香港仔处就是在田湾租住的房子,此时是蔡楚生的父亲与两个弟弟到香港后在此居住。从在八路军驻香港办事处认识陈曼云开始,蔡楚生一路得到她的关心,1941年11月蔡楚生开始拍摄电影《万世流芳》,名字是与陈曼云8月31日在弥敦道漫步时商量确定的。[②]

1938年是蔡楚生抵香港后生活最困苦的一年,经常需要借钱才能够生活下去。无论如何艰难,蔡楚生依然乐于助人,哪怕自己疲惫不堪。此年10月陆浮曾托蔡楚生为金仲华谋《战时艺术》编辑职务一事,蔡楚生专门写了推荐信。他乐于为朋友奉献,1938年6月8日同苏怡一起到中央戏院观看许幸之导演的电影《中国万岁》,还经常被邀请到重要场合演讲,出席各类座谈会。廖承志、连贯、夏衍等也曾专门到香港仔蔡楚生居住的渔村看望他,到浅水湾一起游泳。

1938年4月欧阳予倩离开沦陷的上海赴桂

[①]　蔡楚生:《蔡楚生文集·第三卷:日记卷》,中国广播电视出版社,2006,第157页。

[②]　蔡楚生:《蔡楚生文集·第三卷:日记卷》,中国广播电视出版社,2006,第228页。

图38　1928年以后，夏衍主要以翻译为主，其中高尔基的《母亲》是最著名的译著。同时开始参加左翼文化运动，这是话剧《炭坑夫》公演后的留影

林，9月从桂林抵港，协助唐槐秋的中国旅行剧团导演《前夜》《流寇队长》，同时为香港妇女会排了一部英文版的《西厢记》。1939年9月他应邀请举家赴桂林。①

左联电影艺术家司徒慧敏在香港是领导电影、戏剧抗战宣传活动的重要电影人。司徒慧敏1923年曾就读于广州第一中学，即广雅中学，1927年由周文雍介绍加入中国共产党，参加广州起义。1928年赴日本留学，曾在上野美术学校、日本大学、早稻田大学等学校学习，1928年参加夏衍、许幸之、沈西苓在东京组成的留日的"左翼艺术家联盟"。1930年回国参加左翼戏剧运动，他和夏衍是这一行中资格最老的中共党员。1937年抵香港后拍摄电影《保卫大四

---

①　苏关鑫：《中国文学史资料全编（现代卷）11：欧阳予倩研究资料》，知识产权出版社，2009，第27页。

邑》《抗战的小海》。1938年司徒慧敏在香港导演了抗战粤语片《血溅宝山城》以及由蔡楚生编剧的《游击队进行曲》，1939年开始拍摄《白云故乡》并担任导演。在1940年司徒慧敏离开香港赴重庆近一年。

1939年4月，又一批原上海左联戏剧家金山、王莹、林枢等中国救亡剧团演员抵港，参加各种救亡座谈会。在夏衍的邀请下，6月金山领衔出演《放下你的鞭子》，在香港为《救亡日报》筹款。

王莹在上海时已经进入电通公司，她在此前已经在明星制片公司拍摄了三部电影，成名之后还到日本东京大学艺术系学习。回国后进入电通公司拍摄《自由神》，出演夏衍同志的话剧《赛金花》。上海战事爆发后，王莹首先参加救亡演剧二队奔赴第五战区宣传演出，1939年春至1940年又赴南洋宣传抗日募集演出，1941年到了香港。[①]

1939年3月7日苏联《消息报》载有苏联特派记者对王莹的介绍："电影女明星、女作家和演剧家王莹小姐，她是中国救亡演剧队的组织者和积极活动者之一，这个演剧队在国内已经走过了好几千里的路程，这位伟大的著名女演剧家放弃了中国电影女明星的地位和最高报酬，到各城市、乡村以及军队里去做艰苦的宣传工作。"王莹回到香港后积极参加旅港剧人协会的演出。

1941年宋之的、司徒慧敏、章泯从重庆转移到香港，在香港组织了旅港剧人协会，金山、舒强、凤子、王苹、蓝马、沙蒙、王莹、戴浩、周伟、凌琯如、丁聪、金乃华、王静安、江韵辉等参加。张惠通负责剧团舞台事务，对外联系。1941年夏，在司徒慧敏的组织下，在金山、王莹赴南洋演出归来留港后，以原来中国救亡剧团的金山、王莹、冯鲁白、钱海南等和中国旅行剧团的蓝马为主要成员，开始组织活动和演出，首演《雾重庆》，又演出章泯导演的《马门教授》，金山饰马门教授、舒强饰纳粹医生，演出时改名为《希特勒的杰作》。

---

① 周斌主编、黄玲著：《电通影片公司探析》，东方出版中心，2017，第117页。

《雾重庆》演出者有戏剧家蓝马先生。蓝马原名董世雄,出生于北京。1933年参加中国左翼戏剧家联盟北平分盟,1934年加入唐槐秋先生领导的中国旅行剧团。随中国旅行剧团抵港演出后,又加入了金山、王莹领导的中国救亡剧团,到南洋宣传抗日。1941年回港后,蓝马也加入旅港剧人协会参加演出。

第四节　新闻界文化人的抗日救亡声音

香港成立保卫中国同盟,为邓文钊、廖承志、廖梦醒发起。由于他们年轻,募集支持抗战的资金有限。宋庆龄来到香港后,他们向宋庆龄汇报,请宋庆龄出面,她马上答应,并且坚持了十年,为中国抗日救亡做出重要贡献。香港大学历史教授英国学者诺曼·法朗士参加保卫中国同盟,成为最早的七名执行委员之一。香港未沦陷前,香港不少团体和机构为中国抗战提供了精神和物质的支持,①其中新闻界是提供精神支持的重要载体。

1　救国会和生活出版社

1935年12月,香港救国会由石辟澜、唐章、周楠等组建,石辟澜在香港《大众日报》任编辑和记者。1936年5月石辟澜和周楠作为香港救国会的代表参加全国救国会代表大会,石辟澜被选为执行委员。邹韬奋抵港,救国会香港工作委员会由邹韬奋担任主任,副主任为杨东莼,张友渔、范长江、韩幽桐、于毅夫、金仲华等为核心成员。

1925年《生活》周刊创办于上海,为中华职业教育社创办的周刊,邹韬奋未接手该刊时,已经撰写了多篇文章载于该刊。邹先生于1922年从上海圣约翰

---

① 廖梦醒:《回忆李少石同志在香港从事党的交通工作的情况》,载《红色交通线》(中共广东省委党史研究委员会、中共汕头市委党史资料征集研究领导小组编),内部资料出版物,1986,第125页。

大学毕业后进入了中华职业教育社，负责编撰《职业教育丛刊》、编辑《教育与职业》月刊。1926年邹先生接办《生活》周刊，1932年被迫停刊，后流亡海外至1935年8月回到上海。邹韬奋主编的《大众生活》于1935年11月16日出版，邹先生撰写的发刊词《我们的灯塔》奠定了刊物的基调。1935年马相伯、沈钧儒、邹韬奋、章乃器、陶行知、李公朴、王造时等280余位上海文化界知名人士联名发表《上海文化界救国运动宣言》，刊载于1935年12月21日《大众生活》第1卷第6期，救国会的言论机关实际是生活书店，邹韬奋认为《大众生活》事实上成为全国救亡运动最主要的刊物。1936年3月邹韬奋先生抵香港筹办《生活日报》，胡愈之给予大力支持，6月7日《生活日报》在香港创刊，此前一周，全国各界救国联合会在上海成立，邹韬奋被选为执行委员。①8月《生活》周刊被迫停刊，邹韬奋从香港回到上海，11月作为"七君子"之一被捕。

邹韬奋先生于1941年2月25日被迫离开重庆，3月5日抵达香港，在桂林飞香港时巧遇张友渔同机。在香港邹韬奋克服种种困难，幸运地使用了由曹克安先生原来注册未办的刊号，于5月17日在香港令《大众生活》重新创刊，邹韬奋任主编，金仲华、茅盾、乔木、夏衍、胡绳、千家驹任编辑。12月8号第30期出版后停刊。

徐伯昕先生一直是邹韬奋创办生活出版社的亲密合作者，在香港重新建立生活出版刊物和后期在上海继续经办生活出版社，坚守这一特殊的园地。他抵香港后找到了已经抵港成立大地图书公司的马国亮先生，请马先生帮忙，马先生的公司是当年他从上海抵港办《大地画报》时，由港绅曹善允的儿子曹克安任社长和督印人的，马国亮将曹克安介绍给徐伯昕，曹先生马上答应。②在香港，1941年10月，以光夏书店、海洋书店和星群书店为中心，重印和翻印了许多内地和解放区的书刊，并和新加坡的生活书店相呼应，为华侨文化服务。在

---

① 韬奋基金会、上海韬奋纪念馆编：《韬奋全集（增补本）》14，上海人民出版社，2015，第651页。

② 张文彦：《中国出版家：徐伯昕》，人民出版社，2018，第215页。

香港复刊的《大众生活》，销量达一万二三千份，香港与南洋各占一半。1942年2月徐伯昕脱险后在东江游击队与邹韬奋分手，先到桂林，8月到重庆，继续在内地坚持生活书店的经营。生活出版社在上海时，大家称徐伯昕为"徐老板"，戈宝权当时为生活出版社的刊物撰稿，就是这样称呼的。戈宝权的叔父戈公振，是中国报业著名的报人，邹韬奋和他是亲密朋友，戈公振当时访问苏联，文章发表在《生活》周刊上，戈宝权成为联络人。

在香港出版的《国讯》是中华职业教育社留港的俞颂华先生、俞寰澄先生继续编辑的刊物，1933年《救国通讯》改为半月刊，1934年改名为《国讯》不定期出版。俞颂华先生和俞寰澄先生均是资深新闻从业者，俞颂华先生曾在清华学堂、复旦学堂就读，1915年至1918年赴日本东京法政大学留学，毕业于政治经济系。回国后受聘于《时事新报》副刊《学灯》，1920年与瞿秋白、李仲武三人访问苏联，采访了列宁等苏联领导人。1921年俞先生独自赴欧洲，认识了朱德和周恩来，1924年回国后在上海多所大学教书。1931年主办《新社会》，1932年主办《申报月刊》（后改为周刊）。俞颂华先生曾赴延安，采访了毛泽东等中共领导人。上海沦陷，辗转桂林、汉口、新加坡办报，1940年抵港，在黄炎培邀请下，与俞寰澄先生合办《国讯》香港版。

2 香港版的《大公报》

1938年春，总经理胡政之带领数位《大公报》同人抵港，8月13日后《大公报》在香港发行。范长江先生作为著名新闻工作者的成名，与《大公报》为他提供赴西北采访红军和西安事变的两次机会是分不开的，具体支持者就是主持《大公报》的胡政之先生，范长江曾任《大公报》采访部主任。胡政之是《大公报》的奠基人，抗日战争中天津、上海相继沦陷后，又有港版、桂林版的《大公报》不同时期再出版。1938年8月13日《大公报》香港版创刊，馆址为皇后大道中33号。胡政之迁香港，居住于坚道92号。香港沦陷时，他也在香港。当时《大公报》主编徐铸成回忆："我向例于上班前去看胡先生。13日，九龙失陷，日寇与英防军隔海射击。我经胡先生同意、于是日宣告港版停刊。我写一社评，题谓：《暂别港九读者》。大意希望与读者共勉，在任何情况下，保持民族大义和中国人之气节。末引文天祥《过零丁洋》作结：'人生自古谁无死，留取丹心照汗青！'不几天，胡先生即冒险雇一小船，直驶广州湾，转回桂林，只有我和诚夫兄送行。"① 香港版《大公报》在1942年12月13日社论这样写道："九龙昨已沦陷，本报存纸用尽，不得不暂时停刊，明日起，将与读者小别！这一别，也许十天半月，也许数年半月，但我们相信，这期间决不会太久远。因为我们自始对大局抱乐观，每一个有常识的人，与必认为太平洋的暗流，终将澄清，黎明决不会太远。""我们想到国内战士流血抗战，想到后方同胞顽强支撑，想到沦陷区民众数年的不屈奋斗，我们惟有咬定牙根，善保清白。'留取丹心照汗青'，这是我们此时此地永应铭记心肺。"②

1946年7月7日上海版的《大公报》所刊出的《大公报八年来的社难》对香港版的《大公报》有此说明："本报上海版停刊以后，同人一致认为仍须对抗战言论继续努力。当时本报汉口版正在发刊，很感觉到有在华南方面尽力发挥抗战精神之必要。""前后在编辑部工作者，有徐铸成、章丹枫、杨历樵、蒋荫恩、萧乾、杨刚、赵恩源、许君远诸君。"③

7月7日刊出的《大公报八年来的社难》记载：1月，冒险乘舢板渡海，胡政之率同人五人步行到惠州，经老隆至韶关抵桂林星子岩报馆。

徐铸成于1939年7月8日第二次到香港，担任香港版的编辑主任，负责日常工作，住罗便臣道宿舍，《大公报》的另一宿舍在西摩道。

3 画家朋友们在香港

郁风于1939年秋来香港后主办的是《耕耘》杂志，在上海郁风参加了《救

---

① 胡玫、王瑾：《回忆胡政之》，天津人民出版社，2009，第110页。
② 王芝琛、刘自立：《1949年以前的大公报》，山东画报出版社，2002，第158页。
③ 周雨：《大公报史（1902—1949）》，江苏古籍出版社，1993，第327页。

图39　1941年香港沦陷后,胡政之(左二)率部分同人离港赴桂林途经广东惠阳时的合影

图40　龙川福建老隆会馆旧址(图片藏于广东省立中山图书馆)

图41 《耕耘》杂志封面。耕耘社成员有丁聪、郁风、徐迟、夏衍、黄苗子、张光宇、张正宇、叶灵凤、叶浅予、戴望舒。封面由张光宇指导郁风设计

图42 1939年郁风在粤北着戎装刊登于《抗战新闻》杂志的照片

亡日报》编辑工作,担任漫画插图记者,上海沦陷后又乘海轮抵香港再转广州,继续在夏衍领导下办《救亡日报》。1938年春,郁风在夏衍的安排下,在广州沦陷前夜进入粤北第四战区政治部第三组做宣传,同行的有石辟澜、黄新波、司徒文森,石辟澜为组长。1939年离开粤北从东江抵香港,联系上廖承志,廖承志第一个要求就是更换着装,拉着她到中环街买了一套白色连衣裙,还配了一顶白帽子。夏衍继续领导着郁风从事抗战文艺活动。

在西环半山腰的学士台,住着从上海、广州等地到香港暂时居住的一批文化人,包括张光宇、张正宇、徐迟、丁聪、叶浅予、叶灵凤、戴望舒等,郁风常到此串门,大家闲谈中认为香港没有一本纯文艺杂志,讨论出刊物的名字称为《耕耘》,公推郁风担任主编,她当时才23岁[①]。1939年11月23日,郁风父亲郁华身为上海租界特区江苏省高等法院第二分院刑庭庭长,因拒绝与占领上海的敌伪合作,在住所门口被暗杀。郁达夫是郁风的叔叔,年轻的郁风深受郁达夫的影响。

丁聪、马国亮和李青等共组大地图书公司,出版《大地画报》宣传抗日,办事处地址

[①] 郁风:《故人·故乡·故事》,生活·读书·新知三联书店,2005,第176页。

为文咸东街永丰行三楼。马国亮出生于广州,从培英小学毕业后在香港读私立学校学英文,再进入培英中学学习,后赴上海新华美术学校并向俄罗斯画家学习美术。1929年进入《良友》画报当助理编辑,1933年成为《良友》画报的主编。1938年抵香港。香港沦陷后脱险到桂林,继续重建大地出版社。[①]广州沦陷,原在广州的华南漫画救国协会同人齐聚香港,有丁聪、叶浅予、张光宇、特伟、鲁少飞、胡考、华君武、郁风等,香港成为新的漫画文化中心。当时漫画的发展是随报纸和刊物的繁荣而获得生存空间的,新闻业在香港发出的抗战呐喊,其中有漫画家的一份贡献。脱险后的特伟,于1942年10月由艺群出版社出版了《我控诉》抗日漫画集,所收录的均是其在香港1941年4月至10月创作的作品。

留港参加漫画界活动的还有广东宝安观澜人陈烟桥,是就读于广州市立美术学校、上海新华艺专,受鲁迅影响的左翼版画家、漫画家。1938年在港与叶浅予联合举办抗日宣传画展,租房于香港华人行八楼创立中国图案设计社,主办《中华艺术杂志》,后改为《自由》。香港沦陷脱险后在第二年夏天赴桂林。

留港的不少画家聚居于九龙狮子道,他们共同的画室在坚道13号A,也是漫画协会会址,是一座三层楼房中的一个大厅,靠近中华中学,于1939年冬租下,是画家文化人朋友画画、聚集、举办讲座的地方,叶浅予、郁风、张光宇、唐英伟、林焕平、陆丹林、

图43 马国亮主办的《大地画报》(图片藏于广东省立中山图书馆)

[①] 赵修慧、马庸子编:《马国亮与赵家璧》,青岛出版社,2014,第28页。

岭南的记忆

图44 1940年，陈烟桥夫妇与长子陈雅南（引自《陈烟桥画集》）

乔冠华、徐迟、袁水拍、戴望舒、丁聪、黄苗子、林檎等文化人，包括画家和文协的理事经常到此参加活动。1940年5月18日，香港木刻界以召开木刻座谈会的形式，组建"中华全国木刻界抗敌协会香港分会"，会址设于此处。唐英伟先生，潮州人、毕业于广州市立美专，是主要召集人和各类木刻讲座主持人。在广州沦陷后，一批广州的美术工作者移师香港，继续用绘画表现抗日精神；《大公报》《珠江日报》《时代批评》等报纸和杂志为木刻家提供了版面。①戴望舒日记中1941年8月23日记道："今天徐迟在漫协开留声机片音乐会，并朗诵诗。我本来不想去，刚好马师奶来请吃夜饭，便下楼去了。客人是勃脱兰和山缪儿。谈至十一时，上楼改译稿。睡已二时。"②

4 名家荟萃的《大风》

《大风》是原在上海办《逸经》的团队在香港沦陷后，转入香港的抗战半月刊，陆丹林的抗战社论和漫画家的抗战漫画配合，非常吸引读者。1940年后，中国文化协进会成为合作者，陈炳权参与其中。《大风》的社长为简又文，曾在刊物上发表文章的有柳亚子、叶恭绰、冼玉清、欧阳山、郁达夫、郭沫若等名家，冼玉清在1938年12月发表的文章是记述在广州遭遇日军空袭的经

---

① 唐英伟：《我与木刻》，湖北美术出版社，1991，第38页。
② 郑瞳：《读懂戴望舒》，广西人民出版社，2014，第209页。

图45 连环木刻《到前线去》，唐英伟刻

历的《万苦千辛离危城》，欧阳山发表的文章是自己创作大众小说的经历和心得。冼玉清在香港期间，他原来的同事岭南大学教授杨果庵先生，时年73岁，没有随岭大迁香港，认为香港物价高、非"寒士"能承担，退居粤北连县找何春帆暂避，不幸在将抵连县前的阳山黄金滩的船上病亡。冼玉清在《大风》旬刊31期，发表纪念文章《一个实践教育家——杨果庵先生》，文中写到与杨先生认识是在1926年。

1940年苏联文化部在组织展览时，征集中国画家作品，由《大风》杂志社协助提供，陆丹林是召集人。广东文物展览会筹备小组也设在《大风》社内。[①]1939年2月13日陆丹林致函蔡元培，请求为5月5日周年刊行纪念号题诗，

---

① 王新锋：《报刊传播与〈大风〉文人群体构建初探》，载《新闻研究导刊》2020年第11卷第8期。

图46　1938年在香港，左起：陈歌辛、瞿白音、夏衍、丁聪、何香凝、洪道、廖梦醒、欧阳予倩

蔡元培写了一首："八千子弟死亡多，三杰徒夸良信何。眼见四方皆猛士，新编民族大风歌。"陈衡哲在《大风》第30期发表短篇小说《一个剪影》，恰好与蔡元培先生题诗共一页面。蔡元培先生日记记载，1939年8月19日陈衡哲陪同任鸿隽从香港飞往昆明。[①]许地山先生在1939年《大风》旬刊发表的是《忆卢沟桥》和中篇小说《玉官》，1941年2月在《大风》半月刊发表短篇小说《铁鱼底鳃》。简又文在《大风》发表文章使用的笔名是"大华烈士"，以此名发表文章最多。

第五节　诞生于香港的《华商报》和《光明报》

1　香港"华侨商人的报纸"

"华侨商人的报纸"是《华商报》的含义，该报表现风貌是"港报"，本质上《华商报》是中共中央在香港凝聚社会力量和团结在港文化人的重要载体。《华商报》是廖承志具体组织的，陆浮和张惠通均是奉命从南洋回到香港办报；范长江在组织上与廖承志单线联系，他是1941年初在桂林得到命令赴香港办报并任副总经理；刚新婚不久的沈谱尚在重庆，随后也抵香港。[②]范长江赴

[①] 蔡元培著、王世儒编：《蔡元培日记》（下），北京大学出版社，2010，第633页。

[②] 沈谱：《回忆长江与华商报》，载《华商报史话》（南方日报社、广东《华商报》史学会合编），广东人民出版社，1991，第33页。

香港与桂林"国新社"被查封有关。

1937年胡俞之先生在上海成立了专门编写抗日宣传稿件的通讯社，上海沦陷后，范长江于1938年10月与胡俞之先生在桂林创立了"国新社"总社。1937年冬至1938年初，王纪元、潘君毅、郑森禹等从上海抵香港筹办香港分社，设于九龙弥敦道49号。香港分社的负责人是郑森禹先生和恽逸群先生。1940年12月1日，《新闻记者》刊登范长江的《"国新"两年》，张友渔在新加坡编辑《南洋商报》，每天都盼望从信箱拿到香港"国新社"寄来的新稿子。张友渔按照廖承志部署，来到香港与范长江共事。张友渔是《华商报》的主笔之一，他同时与邹韬奋、范长江、韩幽桐参与救国会的工作。《华商报》的开办经费是范长江派陆浮赴新加坡找到侨领陈嘉庚先生，请陈嘉庚先生赞助的。复刊经费是东江游击队和邓文田先生提供，陆浮、廖沫沙、胡仲持均是主要骨干，杨刚是《大公报》的编辑。胡仲持是胡愈之先生的二弟，当年胡仲持在《申报》工作，法国在上海新开办的哈瓦斯通讯社分社在《申报》登广告招编辑，胡仲持介绍胡愈之给该通讯社，结果负责人非常满意胡愈之的背景就聘用了。[①]金仲华离开《星岛日报》后在《华商报》开辟了"战争中的世界"专栏。

1941年5月18日廖承志致电周恩来并书记处，汇报《华商报》的工作，电文述及："渝周并报书记处：一、关于《华商报》的指示当遵照执行。二、资本全部由邓文民出，最近又和邓氏兄弟商定另增资本港币一万元，购买滚筒机，准备自印，出日报。"[②]邓文民、邓文田、邓文钊兄弟是中共在香港活动最重要的支持者。

在香港沦陷前，1941年开办的《华商报》社址情况如下：初创时期的编辑部设在中环摆花街一座货仓二楼，具体地址是中环结志街2号楼上，胡仲持、廖沫沙和陆浮也居住于此，营业部设在上环荷里活道103号楼下，黎兆芳为经理部

---

① 于友：《胡愈之》，群言出版社，2011，第104页。
② 中央档案馆、广东省档案馆：《广东革命历史文件汇集》（1941—1945），印刷时间为1988年，第153页。

经理，经理部人员包括营业部主任张惠通、会计王家振、出纳黎兆芳太太郭安邦、总务金子兼、营业罗志椿、广告莫耀文、发行梁绍文等共十多人。[①]随着发展，在皇后大道中租了一座四层楼房子，准备将编辑部、营业部和印刷厂集中一起办公，营业部刚搬进去，太平洋战争就爆发了。《华商报》《光明报》《大众生活》等编辑部、九龙弥敦道49号的"国新社"、坚道13号A"漫画协会"会址，是中共领导的左翼文化人从事进步文化事业最重要的活动场所。

《华商报》是1941年4月8日出版，廖承志向中共中央建议，由廖承志找到表妹何捷书的丈夫邓文钊先生，邓文钊请哥哥邓文田先生出面，邓文田任报社的"督印人"，范长江任社长、总经理，邓文钊任副总经理，胡仲持为总编辑，张友渔任主笔，夏衍、邹韬奋、胡绳等任编委。邓文钊、邓文田是土生土长的香港人，邓文钊1931年至1934年留学英国剑桥大学读经济学，1940年邓文田任比利时通用银行在香港设立的远东机构华比银行的华人总经理，邓文钊任副总经理。邓氏兄弟出资4万元，范长江请求陈嘉庚赞助4万元，解决了业务经费，中共在香港有了自己发声的宣传媒体。在香港的进步文化人多数在该报发表文章，所以《华商报》无形中成为联系的纽带。香港沦陷后，邓文钊也成了被营救的对象。同样起到团结进步文化人作用的《大众生活》周刊，在香港复刊是1941年5月17日，"督印人"是曹克安，邹韬奋任主编，编委有夏衍、千家驹、茅盾、金仲华、乔木（乔冠华）、胡绳。

2 《光明报》在中国政治生活的里程碑意义

在香港，救国会海外工作委员会负责人邹韬奋积极支持梁漱溟先生办报的工作，救国会正式加入中国民主政团同盟是1942年1月，也正是邹韬奋和梁漱溟冒险离开香港的时候。在10月10日同盟公告成立时，邹韬奋、金仲华、张友渔

[①] 罗志椿、莫广智：《怀念我们的好经理》，载《华商报史话》（南方日报社、广东《华商日报》史学会合编），广东人民出版社，1991，第39页。

署名代表救国会发表宣言响应。①该同盟包括救国会、中华民族解放行动委员会（后改名为中国农工民主党）、中华职业教育社、乡村建设派救国会、青年党、国家社会党（后改为民主社会党）三党三派的政治联盟。

在香港创办的《光明报》是中国民主政团同盟机关报，中国民主政团同盟是中国民主同盟（民盟）的前身。其建立是因为：1940年12月24日，在重庆公布了新一届参政员名单，名额增加，但国民党外人士减少，章乃器、沈钧儒和陶行知均被排除在外。时在重庆的梁漱溟、张君劢、黄炎培和左舜生四位先生获知后极为愤怒，25日遂研究于1939年11月成立的统一建国同志会的现实状况，数位民主人士就如何加强民主力量，巩固统一积极建国这面旗帜达成共识，开始秘密谋划建立政团同盟。

梁漱溟先生于1941年3月29日离开重庆赴香港，离重庆前，他曾秘密访问周恩来，表示愿意与中共在香港的人联系，周恩来告知中共在香港的代表是廖承志。"我即于29日离渝去香港，为民盟创办言论机关——那就是后来的《光明报》。我离渝前夕，曾密访周恩来先生接头，愿与他们在香港的人取得联系。（注：周答他们驻港代表是廖承志。）"梁漱溟赴香港途中在桂林停留时会见了李济深，5月20日抵港，选择"九一八"这一特殊日子创刊《光明报》。②

萨空了在香港办报则是计划外的。他原计划飞香港后转赴新加坡找胡愈之先生

图47　在香港出版的《光明报》

---

① 周天度、孙彩霞：《救国会史1936—1949》，群言出版社，2008，第250页。
② 梁漱溟：《梁漱溟自述：我是怎样一个人》，当代中国出版社，2012，第166页。

办一个新闻通讯社，到香港后遇到邹韬奋和范长江，才知道中国民主政团同盟要在香港宣布成立。韬奋先生和长江先生极力劝说并向梁漱溟先生推荐，望萨空了留港任《光明报》总经理，萨空了后来退掉了赴新加坡的船票，租住九龙汉口道原金山租住的房子，离尖沙咀码头不远。

俞颂华留在香港协助办《光明报》也是出于偶然。他原来计划赴泰国办一份侨报，梁漱溟先生留住了他，让他一起编辑出版《光明报》。可惜，1947年俞先生病逝，年仅55岁。

3 萨空了的《香港沦陷日记》

萨空了的《香港沦陷日记》是笔者认为目前记录香港沦陷前及脱险过程的最为宝贵、最翔实的史料，为若干知名文化人提供在香港沦陷前后的旁证。《香港沦陷日记》内容丰富，而且由于其作者为新闻工作者，对人物、事件和地点的记述准确，生动再现了香港被轰炸后20多天时间里顽强的爱国文化人在香港的最后日子。日记涉及的人物非常多，特别是文化人、新闻记者等数十位，包括梁漱溟、张云川、俞颂华、郁风、范长江、乔冠华、萧红、陆荣光、陈此生、李炳强、张友渔、邹韬奋、廖承志、徐铸成、甘介侯、千家驹等。《香港沦陷日记》是萨空了于1941年至1942年在香港沦陷期间的个人日记，萨空了在脱险后于1943年在桂林时将之发表。日记记述的时段从1941年12月8日日寇进攻香港起，到1942年1月25日逃出香港止，共49天。香港受空袭的第一天12月8日，萨空了日记中就记录了与孟秋江、范长江、俞颂华、陈翰笙、贝特兰、徐伯昕、邓友德、陈训畲等相遇、交流和午饭、晚饭、渡海等情况。印行该书时，萨空了谈了一年后出版的原因，其中一个原因是在"八一三"上海沦陷前后，他所写的日记全部遗失，他曾从香港到新疆去，途中所写的日记也散落，遂乘在桂林"枯居"无事可做之时将之整理出来。1946年又重印出版。1946年前萨空了被国民党中央党部统计局广西支局用汽车绑架，幽囚了两年。在1946年再版的前记中，萨空了感谢了几位帮助保留下原稿，并将其带出沦陷后的桂

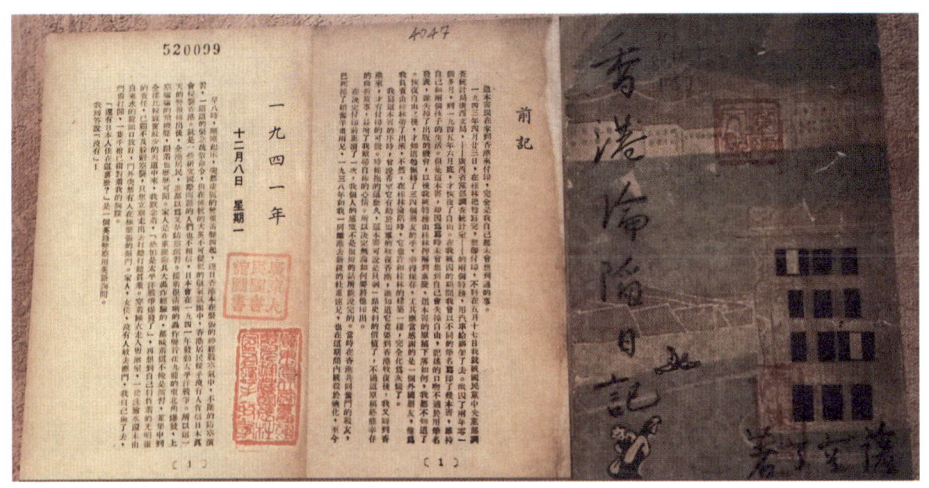

图48　萨空了《香港沦陷日记》，进修出版教育社1946年版（藏于广东省立中山图书馆）

林的朋友。

萨空了日记中大量记录了梁漱溟先生迁徙的生活，地点时间均很明确。日记中提及了郑洪年被日军拘留的时间，郑洪年是国立暨南大学创始人，为中国铁路、教育事业做出了重要贡献，当时郑洪年为国民政府立法院委员。日记中所记载同时被拘留的甘介侯和胡文虎，当时是国民政府的参政员。日军占领香港后，1月在香港半岛酒店马上召集141名在香港有名望的人士，其中部分人被迫成为2月成立的香港华民代表大会的成员。①

在细节上，可以从日记了解到英军不堪一击甚至炸毁自己的"添马舰"，谓之为防止日军用于渡海。对于香港岛、九龙的渡口码头的记载特别详尽，维多利亚港是沦陷后最为危险的地方，日记记录了渡海证开始强制使用的时间。

送走梁漱溟先生一行，萨空了自己回到在荣华台的家中，等候时机。后来在永安码头买到赴澳门的船票，携全家离开香港到澳门，临别时《华商报》发行部的张惠通将自己在澳门叔祖母的地址写给了萨空了，萨空了到澳门有了住

---

① 小林英夫、柴田善雅：《日本军政下的香港》，田泉、李玺、魏育芳译，商务印书馆（香港）有限公司，2016，第34页。

处。后由朋友李润才带领从澳门到石岐，由石岐偷渡到江门，从江门经肇庆到梧州，再从梧州转桂林。1943年5月，萨空了在桂林被捕，梁漱溟千方百计营救其出狱，1945年萨空了再赴香港任《华商报》《光明报》总经理。

第六节　抗日战争中受内地文化人影响的香港教育界

港英政府时期的香港教育，由西方的宗教教育启端，强调英文学习。1918年官立中等教育学校仅有皇仁书院的学生，有参加香港大学考试的资格。庇理罗士女子中学，是最重要的女子学校，分小学部和中学部。私立学校主要是圣保罗书院、圣士提反书院、圣士提反女校。1918年拥有私立英语学校76所，其中24所男子日校、50所男子夜校、2所女子日校。1918年私立汉语学校日校346所、夜校22所。20世纪20年代出现了一些有志之士为中国文化传承创办的高质量书院。1941年《华商报》于4月15日、16日刊载专文介绍"香港的教育"，作者碧海，文中写道："在抗战前，香港正式的中学为数还不多，各校的设备也多未完善。抗战以来（尤其是自民国二十七年广州失陷后），内地学校不少迁来，因而香港的教育，一变从前的沉寂的景象，而入于蓬勃的时期。"1901年至1913年，香港教授英语的官立学校以及辅助学校的学生增长率为60%，与此相对，汉语学校的学生增长率仅为10%。同期官立学校的英语教师也由原来的27人增至89人。[①]

香港原有中学学校20所左右，立案在香港继续办学的中学和专门学校共有30余所，如南武、知用、思思、真光、真中、民大、珠江、香岛、培道、华英、汉英、大中、广大、培英、实践、兴华、岭英、琼海、复旦、培正、汉持、昆山、导正、九江、八桂、禹山等中学，专门学校有世界电机、广大计

---

① 赵雨乐、钟宝贤、李泽恩编：《香港要览（外三种）》，三联书店（香港）有限公司，2017，第63页。

政、平正会计、实用会计等，有的学校学生达千余人，有的还不满百人。文中又写道："香港的教师，只有一小部分是香港师范毕业生。另外一部分也是香港学校出身的，就是英文教师，来源是港大或皇仁书院这类学校。"

由于内地教育者的到来，改变了历史上仅会英文和古汉语教学的状况，中文水平提高，民族观念增强，很多人在抗战浪潮中返国内服务。香港学生赈济会，是香港学生最大的团体，曾发动香港数千学生大规模的筹款，慰劳伤兵，募捐寒衣，发动五个服务团，回内地服务。

入学学生增加，女生人数亦迅速增加，学生思想活跃。广州来了一批男女学生、知识分子，对男女平等起到积极推动作用。香港无论是进步力量，工人运动还是妇女运动都得到空前发展。香港原来法律规定男女学校不能相邻，至少隔三座房子，40岁以下的男子不能在女子学校任教，40岁以下的女子不能在男校任职。①在广州、上海的青年学生和知识分子到港后，这些规定开始松动。无论是女学生还是女工，都开始参与社会运动。

广州沦陷后，私立岭南大学于1938年10月12日由教务长朱有光带领学生及部分仪器撤离，抵港者有数百人。岭大借用香港大学校舍继续办学，教职工随时都可以使用图书馆，学生下午可以使用；提供14间课室在下午5时30分至晚上9时30分给岭大学生上课，星期三可以使用礼堂开大会，实验室均可以为工科学生所用，医学院四年级学生旁听香港大学医疗课程，五六年级则在张雨生院长主持的曲江循道会医院参加救护工作。1938年11月14日，私立岭南大学在香港正式复课，有551名学生到校上课。②

1940年，在香港私立岭南大学的主要教授有朱有光、谢扶雅、林树模、桂铭敬、卢子葵、富伦、朱志涤、伍锐麟、庄泽宣、司徒森、刘耀常、何多源、

---

① 中央档案馆、广东省档案馆：《广东革命历史文件汇集》（1941—1944），印刷时间为1988年，第19页。

② 陈国钦、袁征：《瞬逝的辉煌——岭南大学六十四年》，广东人民出版社，2008，第100页。

陈元白、黄翠凤、赵恩赐、卢惠风、黄雯、陈心陶、冼玉清、吴重翰、黄延毓、容肇祖、谭春霖、何格恩、黄锡凌等。

香港大学和岭南大学互相促进，1939年岭大文学院庄泽宣院长聘请著名学者连士升讲授中国社会经济史，许地山鼓励香港大学的学生旁听，后来成为香港史学家的金应熙就是其中一位。金应熙和张维持是连士升最满意的学生，金应熙是金曾澄先生的儿子，毕业于香港英皇书院，考入香港大学，旁听了连士升教授的课程。①

连士升毕业于燕京大学经济系，加入北平图书馆念研究生，抗日战争爆发后迁至香港，1938年初抵港时得到许地山先生的帮助，许地山借出自己家的藏书室供连先生读书，并帮他到《港报》任职，但三个月后该报结业。

私立岭南大学迁徙港大借校舍办学，连士升在老同学——在岭大任职的陈玉符教授推荐下而受聘，陈玉符离开香港赴内地，课程由连先生接任。连士升对岭南大学充满了特殊感情，他最早认识岭南大学是通过中学时代所使用的广州岭南学校编的课本《英文津逮》，他于1938年秋离开国际通讯社到岭大任教，来往较多的同事有包令留、黄延毓、冼玉清、陈心陶等。

冯平山图书馆在战事期间为内地保存了大量书籍，岭大运来日文书8000余册，英文书2000余册，为各功课参考书。冯平山图书馆藏书量从抗战前的3万余册增加至10万余册，使香港大学学生可以读到许多珍贵的善本。

对香港大学学生影响最大的内地文化人是陈寅恪先生。1939年6月，陈寅恪离开昆明赴香港准备前往英国。据1939年7月21日蔡元培日记记录，陈寅恪到柯士甸道蔡先生住处拜访，向蔡元培先生辞别，报告下月准备赴伦敦；其时陈寅恪受邀请准备赴英国牛津大学任教，不料国际形势一夜骤变，欧洲战事爆发，陈寅恪中止了英国之行，不得不回到昆明。1940年7月1日，陈寅恪重抵香港等待赴英，牛津大学同意他1941年第一学期到任，1940年暂住香港期间，1940年

---

① 连士升：《连士升文集》第二卷，北京大学出版社，2011，第324页。

11月22日香港大学举行欢迎会,陈寅恪应聘为香港大学中文系客座教授。

陈寅恪夫人和三个女儿1938年初已经在香港居住。①1941年在香港合家留影,留下了难得的夫妻与三个女儿的合影。1941年4月,牛津大学研究同意陈寅恪再延期一年到任,许地山先生去世后,陈寅恪在香港大学续聘,接手许地山先生原来讲授的两门中国历史课程,马鉴、陈君葆两位就是这一时期与陈寅恪相熟悉,从此成为学术知己,金应熙、谭凯光均是在香港大学读书时,受陈寅恪的教育影响而成为史学家。陈寅恪在香港住九龙太子道,上课需要坐渡轮过海。冼玉清等岭大的师生常旁听陈寅恪先生的课。陈寅恪在中华人民共和国成立前受聘于私立岭南大学。

私立广东国民大学、私立广州大学等广州的大学均由于广州沦陷,在香港设立了分教处或者租借房子坚持办学,这在无形中增加了香港青少年的升学机会。林焕平为台山人,时从沦陷的广州迁至香港广东国民大学任教,林焕平在日本留学时是东京中共左联支部领导人,与林基路同时回国。

曾昭森为岭南大学1923年毕业生,岭大迁港,曾昭森在香港寄居的岭大任教,岭大社会科学研究会在曾昭森教授等的带领下,创办《资政月刊》。曾昭森先生于1940年在《教育》杂志第5期发表了《香港各校收费概括情况的研究》一文,1941年在《资政月刊》发表《儿童戏剧运动在香港的意义》等有关香港教育的问题研究论述,促进香港小学教育的改革。香港脱险后,曾昭森到了桂林,在广西新成立的中山中学受聘任校长,1949年参加第一届全国政协会议。

原国立中山大学文学院学生黄庆云,出生于广州,6岁时全家迁至香港,1935年随父母离港返穗,就读国立中山大学附中。她在穗读大学期间已经是颇有天赋的女诗人,1937年《北洋画报》刊登了黄庆云、黄景星姐妹的照片,称她们为"女诗人"。广州沦陷后,黄庆云转学到迁至香港的私立岭南大学就读,1941年考上在港的岭南大学曾昭森教授的文科研究生,与曾昭森教授一起

---

① 余英时、汪荣祖:《陈寅恪研究:反思与展望》,九州出版社,2013,第98页。

创办了香港第一份儿童刊物《新儿童》半月刊,填补了香港儿童教育的空白。此时香港小学近千所,小学生约八万名,曾昭森教授担任进步教育出版社社长,于1941年6月1日出版《新儿童》杂

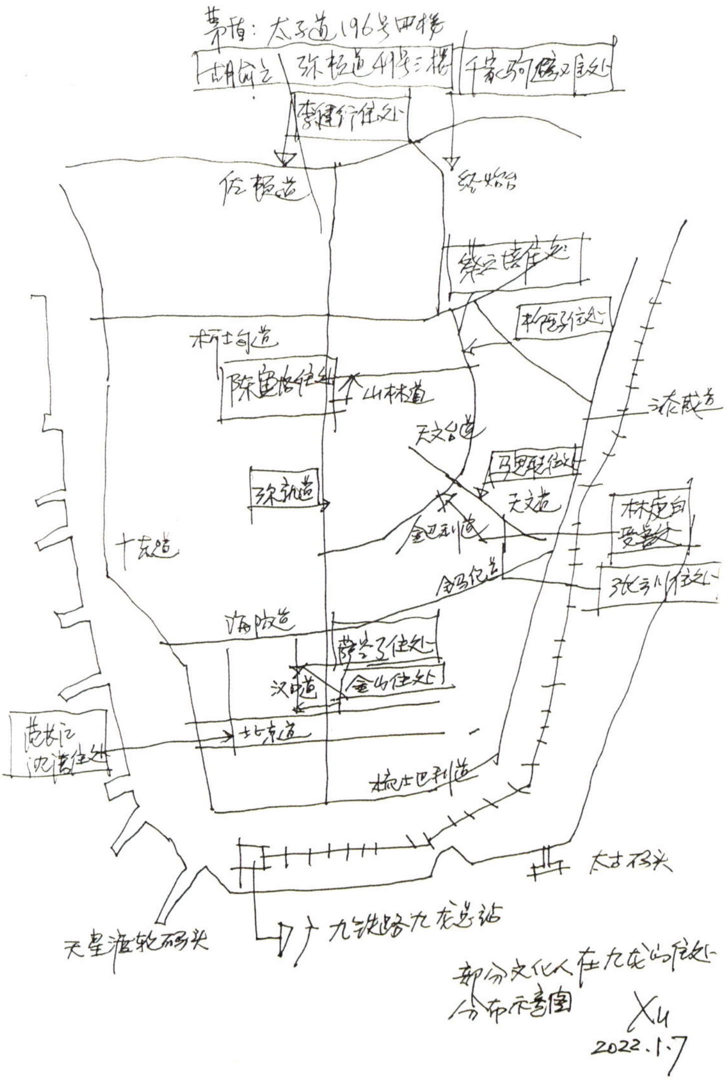

图49 根据多份日记、回忆录并依照四份地图分析推测九龙部分文化人隐蔽或长期居处(作者绘制)

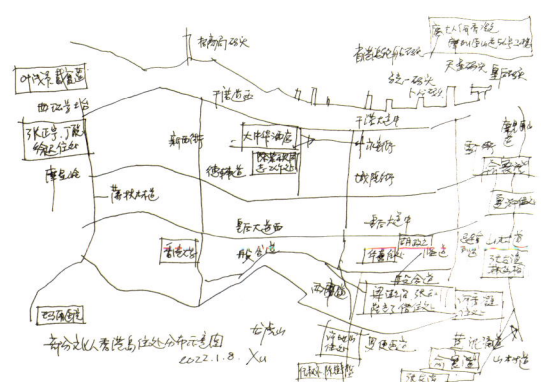

图50　根据多份日记、回忆录并依照四份地图分析推测香港岛部分文化人隐蔽或长期居处（作者绘制）

志，每月逢1日和16日出版，为香港儿童提供精神食粮。许地山先生支持刊物的发行，写了童话《萤灯》刊登在《新儿童》杂志上，又写了童话《桃李娘》，可惜校对完稿子后第二天就突然病逝。《新儿童》杂志出版至第14期，香港沦陷，黄庆云与老师曾教授等杂志社四人偷渡澳门，长途跋涉，于1942年春抵桂林。[①] 黄庆云在桂林得到田汉、欧阳予倩先生指导，在儿童戏剧演出活动方面进行了实践。

1941年9月7日，已经退休、居住在香港的钟荣光老校长在留港校友再三要求下，在香港酒店举办75岁生日欢宴，同时为岭大举行百万基金筹募。1942年1月7日晨，钟荣光先生病逝于养和医院，岭大附中香港分校校长陈汝锐、校友陈符祥迅速赶到为其料理了后事。

---

① 黄庆云：《演出儿童剧的一段回忆》，载《学术论坛》1981年第2期。

岭南的记忆

第三章 都斛，挂帆漂海向西

第一节 从澳门到都斛的港口

都斛地处台山东南部，距离台城40公里，东面就是崖门口和黄茅海，物产丰富，又是主要的侨乡。都斛镇区当时有一定规模，形成了骑楼商业街。海域上有独崖岛和二崖岛，这里是南宋的古战场。新宁铁路在都斛西面的斗山设立

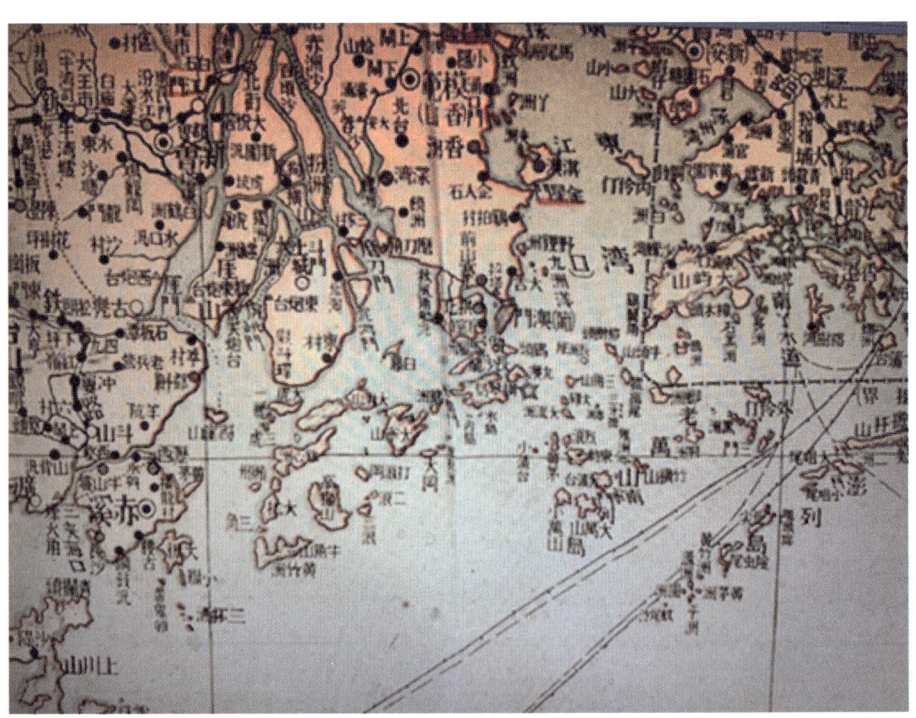

图51 1930年反映香港、澳门和台山都斛空间关系的历史地图，此图为20世纪30年代出版的广东省地图局部，香港至澳门、都斛、台山沿海地理关系反映在历史地图上，都斛在赤溪北面、台山县城东面

终点站，新宁铁路1906年动工，1912年完工，全长104.4公里，共设35站，另辟西南支线，设立11站，长20公里。抗日战争爆发后，新宁铁路和潮汕铁路都被拆除了。

都斛位于古兜山下，古兜山海拔980米，是珠江口最高的山峰。面对崖门，那里是南宋覆亡最后一场血战的古战场。都斛是抗日战争中两位英烈的故乡，这两位英烈是林基路和卫梓松。都斛大纲村是革命烈士林基路的故乡。林基路原名林为梁，离开台山到广州就读中山大学附属中学，在广州考入国立中山大学附属中学，后又进入上海的暨南大学附属中学读书，1933年进入大夏大学文学院就读，1934年赴日本进入东京明治大学学习政治经济学，同时成为左联日本东京分盟的主要领导者，1933年任中共东京支部书记。1942年，林基路被新疆军阀盛怀才软禁，1943年9月被杀害。

林基路的弟弟林为干，1939年毕业于清华大学，1940年至1945年在昆明交通部工作。他一直以二哥林基路为榜样，经常节省费用救济林基路。1945年赴美留学。1951年获得美国加州大学伯克利分校博士学位，曾任岭南大学、中山大学教授，院系调整后任华南工学院电讯系首任系主任。他还参与创建成都电讯工程学院，1980年当选中国科学院学部委员。

以身殉国的都斛籍中山大学抗日英烈中，还有一名国立中山大学教授卫梓松。卫梓松先生的妻子曾子砺，在1945年4月给校方的函中记载了卫先生最为详尽的从教经历。1941年2月，受中山大学校长张云聘任，开始担任中山大学工学院建筑工程系教授及主任至殉国。卫梓松先生13岁从英国殖民地回广东，在1913年8月从广东赴北京大学读书前，曾在广东省立女子师范学校、台山县立中学任教员。从北京大学毕业后留校，在北京曾在北京大学、清华大学、北洋大学和国立北平师范

图52　林基路烈士照片

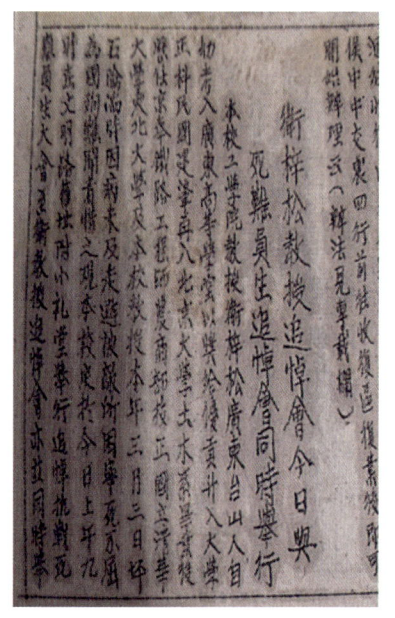

图53 《国立中山大学校报》登载关于举行卫梓松教授追悼会的通知

大学等多所大学任教。1936年首次离开北京,到当时已迁往西安的东北大学任教授,1937年暑假时回广东,被陆翙曾校长聘为广东省立勷勤大学教授兼土木科主任,也兼国立中山大学讲师。

1938年广州沦陷后,卫梓松先生寓居香港、佛山,1940年11月往韶关,被聘为民国广东省赈济委员会委员和广东省政府技正。在粤北坪石国立中山大学任工学院建筑工程系主任,1944年底粤北坪石沦陷,因病没来得及撤离。日军想利用他出任粤汉铁路管理,被坚拒。1945年3月20日,卫梓松先生服毒自尽,以身殉国。殉国后的第二天即3月21日被葬于坪石附近山岗。

除了水、陆两条线路之外,脱险还有另一条路线,由香港至澳门,乘挂一帆的小艇,由澳门路环转往台山都斛登陆,再进入台山县,由三埠乘船或者选择陆路,一路向西到达桂林和重庆。夏衍、梁漱溟、范长江、金山、张云乔、郁风、蔡楚生、金仲华等脱险者均留下文字回忆。

第二节 "两报同行"——第一批走险伶仃洋脱险的先生

粤西海上交通线是在胜利大营救中重要的脱险线路之一,但这一线路长期被忽视以至人们忘记了当年其重要的地理意义。梁漱溟是周恩来致廖承志、潘汉年、刘少文的第一份大营救电报中提出需要营救帮助离港的最重要的五位民主人士之一。梁漱溟出生于1893年,原名焕鼎,字寿铭,祖籍广西桂林,出生于北京。毕业于北京顺天高等学堂，参加同盟会并任京津支部主办的《民国报》编辑和外勤记者。1917年至1923年应蔡元培先生之邀到北京大学任教。后离开北大赴山东兴办曹州中学高中及重华书院。在广东又开办乡治讲习所，后任河南村治学院教务主任、山东乡村建设研究院研究部主任。

大营救中秘密路线之海上西线：离开香港岛至长洲岛，偷渡至澳门，再从澳门一路向西，从都斛登陆进入陆路，经过台山，进入当时中国军队控制的区域鹤山，然后寻找往大后方桂林的路径。经海上西线从澳门至台山都斛走险的最早两批人，也是在香港的最重要的一批文化人，包括夏衍、蔡楚生、金山、王莹、司徒慧敏、张友渔和韩幽桐夫妇、范长江、郁风、金仲华、梁漱溟、范长江、沈谱、陆浮、陈此生等。

这两批人中有不少人是新闻界代表人物，比如《光明报》和《华商报》的同人，这两报均是得到八路军驻香港办事处支持创办的报纸，在香港脱险中，内地在港的新闻界报人巧合地"两报同人同行"。梁漱溟先生于1941年5月20日抵香港的任务主要是办中国民主政团同盟机关报《光明报》，8月民盟决定梁漱溟先生为社长，萨空了为经理。萨空了、张友渔和张云川等负责梁在香港的生活起居、工作等诸方面的日常安排。1941年12月26日，梁漱溟在萨空了和张云

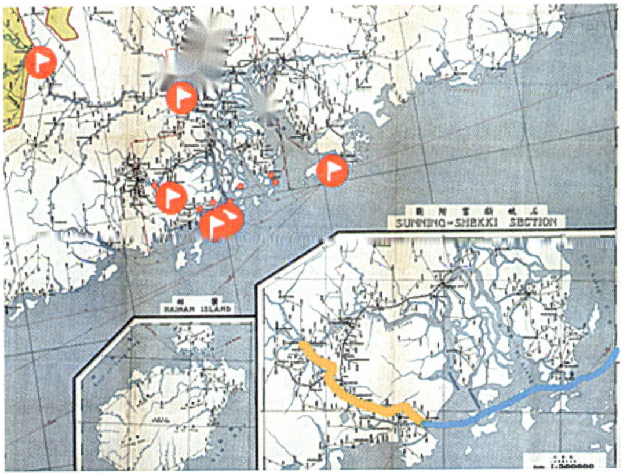

图54 香港大营救向西海漂线路沿线主要节点，底图为1925年民国财政部制作的广东邮务区域分布历史地图

图55 范长江先生年轻时候的照片

川陪同下,避居知用中学的小学部。1942年1月10日上午,他与范长江夫妇、陈此生等一道乘船离港。梁漱溟先生一行是第一批走这条线路的文化人,多为新闻工作者。陈此生是广西贵港人,1920年在复旦大学读书,曾在广东大学、国立中山大学任教,在抵港前是桂林文化供应社的负责人、左联作家。梁漱溟先生来到香港筹办《光明报》时找到他一起办报。中华人民共和国成立后,陈此生是民革中央的领导人之一,并任广西省副省长。当萨空了、张云川告知梁先生,同行有范长江、陈此生和陆浮,梁先生就毫不犹豫地选择了这一脱险路线。范长江是中共秘密党员,关键时刻起到领头羊的作用。

范长江先生出生于1909年,1928年考入南京中央政治学校,1932年考入北京大学哲学系,开始写稿发表,胡政之发现了他这个人才,以每月固定15元的报酬约他为《大公报》写稿,范长江遂开始进入报界。

范长江在1969年1月19日于《我的自述》一文回忆道:"一九四一年十二月,日军侵占香港,我因处理《华商报》问题,与廖承志失去联络。找不到原来预定的由广东东江游击区撤退的路线,不得已和《华商报》采访主任陆浮和沈谱,取道澳门,设法入广东,转桂林。临行发现民主同盟机关报《光明报》负责人梁漱溟没有人照料(原文如此),又约他同行。到澳门街上碰到金仲华等,经过他认识澳门医生柯麟,由柯麟找到三灶岛抗日海盗武发仔关系,才乘武发仔走私船到广东台山，突出日军封锁线。并由台山转桂林。"①这是范长江在"文革"期间写的一份"交代"材料，个别细节和用词就留下特定历史时期的印迹。

范长江先生夫人沈谱是沈钧儒先生的女儿。1939年金陵女子文理学院内迁成都，沈谱随迁继续读书。沈钧儒3月在重庆任执业律师，7月15日沈谱毕业后到重庆照料沈钧儒先生起居。1940年12月10日，沈谱与范长江在重庆"良庄"结婚，1941年2月13日秘密离渝赴香港范长江处。香港沦陷，沈谱女士回忆："太平洋事变突然发生时，我们住九龙，当夜从梦中惊醒。先以为是演习，待感觉情况不对，他马上不顾一切匆匆过海，一个人去了《华商报》了，这是事业责任感对他的驱使。"不久陆浮过海来接沈谱，范长江与沈谱在香港大酒店底下避难并商量工作。陆浮介绍他们到当地贫民家居住，忙乱中范长江失去与廖承志的联系，沈谱偶然遇见唐海才重新与组织联系上，唐海当时在中共领导的"国新社"当记者。范长江认为香港不能久留，遂决定去澳门找朋友。②萨空了1942年1月9日的日记写道："推想梁先生已回知用小学，就由此生家匆匆跑回知用，告诉他一切交涉的经过，问他有没有冒险走这条路的决心。他本是想走西江赴桂林的，可是没有人同他一起走，他有点不放心。最后他决定若长江此生同走，他就一定走，我们于是再度同出去访此生，到此生处已经是四时，我忙去找长江，这次陆浮和他在一起，也正焦急款凑不齐。我才知道陆和沈谱都是预定走的。"③

《华商报》记者华嘉在香港沦陷后到大中华酒店找陈子秋，恰好他不在，华嘉便找了住在酒店的蔡冷枫聊一下情况。蔡冷枫是石岐人，他建议澳门走石

---

① 范长江：《范长江新闻文集》下册，新华出版社，2001，第1197页。
② 沈谱：《回忆长江与〈华商报〉》，载《华商报史话》（南方日报社、广东《华商报》史学会合编），广东人民出版社，1991，第34页。
③ 萨空了：《香港沦陷日记》，生活·读书·新知三联书店，1985，第136-137页。

岐是一种脱险路线。华嘉与《光明报》记者谢加因（原《救亡日报》记者，中华人民共和国成立后主编广东最早的儿童刊物《小先生》）同行，1月11日中午也是从香港偷渡长洲岛，再继续偷渡澳门，抵澳门时也住在东亚酒店。华嘉在酒店偶然看到梁漱溟先生，他写道："我们住在二楼的一个大房间里。有次我上三楼找人，却看见梁漱溟先生独自一个人在房间里。他是民主同盟的知名人士，《光明报》社长，怕给人认出来，他从不下楼，一天三顿都是送上去吃。后来我被通知，装作病人去镜湖医院找一个人，他告诉我，从澳门回

图56　1940年12月范长江和沈谱结婚照

内地去，有两条路线：陆路就是走岐关路，水路是坐船到台山都斛。前者要经过日本占领的沦陷区，后者船少人多且海上也不安全。最后他才说出是范长江的主意，要我们这批人试闯岐关路，如果走得通，以后还可以安排一些轻装的年轻人走这条线。"①蔡冷枫就是蔡北华，这时候，华嘉才意识到范长江也在澳门，而且镜湖医院是秘密联络点，接着华嘉一行九人从岐关路进入内地，1月底抵达桂林。陈子秋（别名陈小秋、陈秋焕、陈秋帆、陈紫秋）和黄新波，均为台山人，选择的是从澳门抵台山的路线。黄新波女儿黄元撰写《一个版画家的战斗历程——记我爸爸黄新波在桂林的片段》回忆："当时日本正在物色文化人参加工作，而留在香港搞地下工作的同志陈子秋劝他赶快离开。正好在香港沦陷的第二天，我呱呱落地了，我们一家先到澳门，刚好碰到陆浮从内地来，他是要利用走私船接叶挺将军的家属和邓文钊的嫂嫂等回内地的。于是我们便

---

①　华嘉：《香港脱险记》，载《胜利大营救》（何小林、郭际编），解放军出版社，1999，第333页。

搭上开航的走私船，但由于船费不够，只好先回故乡台山县老家去了。后从台山出发，边走边卖一些故衣度日，历尽艰辛，重返桂林。那时已经是1942年6月了。"①黄新波的好友、同是香港"人间画会"的发起人黄蒙田先生1996年由香港天地图书有限公司出版的《黄蒙田散文回忆篇》一书，其中一篇回忆文章《〈香港的受难〉画展：回忆新波之四》中写道："新波接到通知，必须立刻离开香港——正好香港沦陷后第二天，第一个女儿出世。一家偷渡到澳门，又分两批，他和夫人章道非、刚满月的女儿黄元头一批乘走私船到达故乡台山。在乡下旧居，他捡出祖母离开家乡时留下的全部旧衣服，带着它又踏上旅途，一家三口一边走路一边摆地摊卖故衣换得生活所需和路费。"②黄蒙田先生述及黄新波是6月抵桂林，黄蒙田先生认为黄新波先生创作于1942年，于1943年9月出版的木刻作品《心曲》组画中，《孤独——流亡途中所见》《旅途》《负薪》等画作，就是表现这段艰苦经历的感情写照。

范长江、沈谱夫妇与梁漱溟先生一道从香港秘密偷渡澳门，从澳门至都斛登陆后，共赴桂林。8月范长江遭通缉，沈谱掩护范长江出走后，1942年8月27日沈谱抵达重庆回到父亲身边。③中华人民共和国成立后范长江任国家新闻总署副署长和《人民日报》社社长。同行的陆浮是资深的新闻工作者，在《华商报》任采访部主任。

1 香港的离别

萨空了在1月7日到荷里活道群英饭店，店长关启是梁先生的学生，此处是萨空了与范长江约定的联系点。从关启先生处获知有贩鱼的渔船从长洲岛来

---

① 黄元．《一个版画家的战斗历程——记我爸爸黄新波在桂林的片段》，载《学术论坛》1981年第6期，第74—78页。
② 桂林市美术馆、桂林市政协文史资料委员会、桂林市抗战文化研究会主编、杨益群编著：《抗战时期桂林美术运动》，载《桂林文史资料》第30辑（桂林市政协文史资料委员会编），漓江出版社，1995，第702页。
③ 沈谱、沈人骅：《沈钧儒年谱》，群言出版社，2013，第217页。

港,返回时可以载人,可再从长洲岛雇船到澳门。这种船一般停留在西环。9日范长江与萨空了见面,告知10日有往长洲岛的船,决定让梁先生10日离开。在香港送别梁漱溟先生等的情景在《香港沦陷日记》中有记载:

> 1942年1月10日　星期六
>
> 早四时半,大家都起了床,由我们住的地方去德辅道西。至少要走半小时。我们原定早六时动身,帮着梁先生收拾好他的行李,又谈了一些琐事,已到六时,可是天还没有一点曙色。大家都觉得这样黑带着行李走,太不妥当,宁可晚一点,等着街上有了行人再走,等到七时天还未亮,不过已有了行人,我和黄瓒便送梁先生去德辅道西,黄瓒背了一床棉被一条毯子和几件冬衣打在一起的一个被包。梁先生没穿长袍,只穿着一身夹裤短夹袄。皇后大道西街上,人已经很多,原来为了占据大道上的摊位,各个摊子都留人露宿守在那里。还有等着买平粜米的人,为了买得到米,也多是自昨夜起便已排班立候。生活是会逼着人不离劳瘁的!
>
> 走到德辅道西约定的地点,长江守候在那里,可是不见此生和陆浮,据长江说因为已过了约定的时刻,人先走了一批,他特留下来候梁先生。既然来到,已可即刻出发。黄瓒是预备替梁先生背行李直送到船上,我便在这里和他们一一握别,约定在桂林再见,并嘱咐他们一到澳门,就写一封信交原船带回,我也许就趁下一班船来。送走了他们又和介绍船的郭某约好,再有船请他到荣华台来通知。①

1月11日萨空了离开了与梁先生、张云川、黄瓒等同住16天的香港岛西环广州知用中学小学部旧址,一栋楼房的三楼。1946年4月萨空了的《香港沦陷日记》在香港出版,萨空了为此版的香港版出版写了新的序,序中写到此书在桂

---

① 萨空了:《香港沦陷日记》,生活·读书·新知三联书店,1985,第138-139页。

林1943年4月写完，1944年出版此书是为了帮助盟军收复香港。没有想到在香港出版要等到香港收复后，而且自己又回到香港，才有可能出版此书。1945年6月萨空了才恢复自由。

蔡楚生1941年12月8日的日记中写道："日本飞机来投弹了！于是这安静了整整百年的香港，终于投入了大时代的洪炉中去锻炼了！首先想起是自己的经营，自己的第三批货。是没有法子再交出来了，一切都停止了，一切都需重来！好吧，重来就重来，我有的是年轻、精力和勇气，我随时都不怕'重来'！多少人的身家性命和财产，都立刻有化为灰烬的可能。我何所顾惜于我小小的经营？这里生意不好做，我们还有国内那片广大的土地呢！真的，太平洋这战争的风云会把我这小商人一卷就卷进大陆上去的，这微尘似的生命，也早就梦想到那肥美的土壤上去培植一下了！"

1942年1月13日星期二的日记中写道：

> 九时，云匆匆来看我，替我带来一点钱和一把刨须刀、一磅牛肉、三条毛巾、一磅"华大宝利"、一条牙膏、一件卫生衣和少数洗好的衣物。她说船大概明天要到，叫我收拾好东西，晚上到他们店里去住一晚，上船时一起走，可以比较有照应。现在我首先得将那换了被面的被自己缝起来，再整理下行李，再等招的来，再等明天的船。劳人草草，我就将这样地离开香港了！烟水迷茫，家乡何处？真怕这蚱蜢舟，载不了许多愁！①

1月14日星期三的日记中写道：

> 别了，香港！
> 别了，这曾是"英国皇冠最灿烂的宝石"的香港！

---

① 王人殷、蔡小云主编：《百年蔡楚生》，中国电影出版社，2005，第64页。

百年的来复，五年的盘恒，
让它都付与烟水迷茫！

为着生活，
我又将开始流浪！
行囊是这样的轻微，又这样的沉重，
带走的是人们的快乐，还是人们的忧伤？

别了，香港！
别了，这曾是"英国皇冠最灿烂的宝石"的香港！
百年的来复，五年的盘恒，
让它都付与烟水迷茫！
——匆匆中的习作[①]

"云"就是陈曼云，是蔡楚生的夫人，中共秘密工作者。蔡楚生与夏衍一样走的是海路，从香港至澳门他们是分开走，夏衍先偷渡至澳门，蔡楚生第二天才到。从蔡楚生日记中了解他也是住了一晚大中华酒店，第二天到澳门，再与夏衍一行会合。

蔡楚生知名度高，香港沦陷后日军在电影院打出幻灯告示，指定梅兰芳、司徒慧敏、蔡楚生等五人到半岛酒店会面，目的是利用他们的影响力来粉饰太平。司徒慧敏、蔡楚生离开香港时间迫切，他们分批离开，夏衍带队的那批人数最多，第二天蔡楚生才抵澳门，接着郁风、郑安娜和严淑珍才到。香港沦陷后，1942年1月司徒慧敏、夏衍、蔡楚生、郁风等分别偷渡至澳门住了10天后，

[①] 蔡楚生：《蔡楚生文集·第三卷：日记卷》，中国广播电视出版社，2006，第231页。

等到了时机才乘小艇向西至台山都斛脱险。

2　夏衍一行的《走险记》

在澳门，夏衍先生一行与梁漱溟、范长江等一行都是由柯麟安排，梁漱溟的信中提及"柯君"就是指柯麟先生。他们不同时间抵达澳门，在深巷中比较隐蔽的东亚酒店居住，等待机会。查《澳门指南》，东亚酒店地址在新埗头横街一号，该酒店离火船码头比较近，与澳门新马路成丁字形交叉。

夏衍先生脱险后抵桂林，在1942年3月15日出版的《野草》月刊第3卷第6期上发表了《走险记》，记录了脱险全过程，在标题"走险记"下，引用了杜甫的诗句"世乱遭飘荡，生还偶然遂"为副标题。《野草》同期还刊载了华嘉于香港脱险后所写的报告文学《第101个圣诞夜》。夏衍在《走险记》中写道：

> 到码头的时候，船还没有到，负责联络的人认为一大群人等候在码头上不方便，把我们带到一家"鱼栏"的楼上，准备同乘这一条船的"难友"们陆续地会合了，二十一个人和三四十件行李挤满了这壁缝里也发出鱼腥来的屋子，大部分是战争开始以来不会见过面的朋友，道着平安，讲着战争时期的险难，告诉别人自己的假名和职业，和相互调笑着"化装"了之后的形相。漂亮的小姐变成了褴褛的乞婆，一位著名潇洒的名演员今日扮成了一个沦陷后香港最横行的"烂仔"，小姐用锅煤涂黑了面庞，看模样很像一个捡煤的穷妇，于是她的这种彻底的化装引起了同行人的争议。一位先生批评她的上半身过火，下半身不足："穷女人决不会穿长筒丝袜吧。"
>
> "不，这是纱的。"
>
> "纱的也太那个了一点。"
>
> 可是另一头，一对夫妇开始争执起来了，"瞧人家，我叫你涂点煤，你偏不，还来得及，涂上了。"

"现在哪儿有锅煤？"女人后悔似的说。

男的很快把吸着的香烟在桌上擦熄，指着烟灰："烟灰也好，擦上一点……唔，颈子上，对了……"

…………

再三权衡之后，我们决定了走都斛的一路。一礼拜，我们忙于路线的打探，和"捞家"关系的索摸。1月19日，和前后到达澳门两批朋友们汇合，以每人国币二百八十元、每艇二十人以上的条件（就等于每艇代价五千六百元！），雇好两条在南北水一带颇有势力的某氏所有的快艇。这是一种彻头彻尾的"走险"。第一要乘黑夜偷越过日寇在澳门港外的警戒，第二要提防海盗，第三要偷渡过三灶岛的日寇海军船坞码头；第四要提防南北水伪军的骚扰。但是谁也没有考虑到这一切的危险，我们一行里面有一半是没有任何政治主见和人生磨炼的青年，女学生、银行职员、青年会干事、家庭主妇，但大家只有一个百折不挠的回祖国的意念！再换一次装束，再整一次行李，怀着兴奋和若干冒险的心，二十日傍晚上了征程。[1]

夏衍先生发表此文时，因尚在抗日战争时期，对秘密工作的人和事需要在文中模糊处理，基本没有提及同行朋友的名字。文中提及"能讲台山话的S君"就是指司徒慧敏。在桂林，聂绀弩先生负责编辑，邀请29名作家自选近期作品集结成书，为文协桂林分会募集一点资金。夏衍先生自选了自己这篇新作《走险记》，自选集中多位作家刚刚脱险抵桂林，唯一选择以香港走险为主题则仅有夏衍一文，可以说香港脱险是夏衍先生刻骨铭心之旅。

从香港出发路线是先到长洲，第二天再到澳门，等候蔡楚生会合。20日开

---

[1] 夏衍：《走险记》，载《二十九人自选集》中华全国文艺界抗敌协会桂林分会编，新知书店，1946，第337-339页、第345-346页。

始向台山方向出发，经南北水，过崖门，再抵都斛，进入台山城。"到台山登陆后，要步行一百多里路才能到达有公共汽车的地方，这一百多里路没有任何交通工具。"①

从澳门经过横琴岛、三灶岛，在南水镇稍停，渡过崖门出海口，在台山的都斛东滘口登陆，进入台山县城，再通过陆路或者水路进入广西后方。司徒慧敏利用自己是台山人的优势与各种人物进行沟通，蔡楚生发挥优势与人砍价，夏衍在香港至长洲岛转澳门过程中利用会日语的本事，解救了同行的两位广西左派人士的亲属。

夏衍离开香港的时间是1942年1月8日，抵达桂林的时间是2月5日。与夏衍同行的有司徒慧敏、金山、王莹、郁风、谢和赓、金仲华、张云乔、郑安娜等。他们是分批离开香港抵澳门，郁风与郑安娜、严淑珍同行，严淑珍是重庆大业印刷公司厂长糜文荣的夫人，香港沦陷，是夏衍派郁风与郑安娜联系，才有机会同行脱险。蔡楚生是夏衍离开香港后第二天抵澳门会合。

从香港偷渡至澳门这一程，夏衍先生在《走险记》中概况为二十一人和三四十件行李。在长洲岛过一夜，第二天五时起航，下午二时才抵澳门。

当时在香港市委机关做情报工作、在香港土生土长的巢湘玲回忆，1942年1月12日早晨，她受委派带着蔡楚生、陈曼云。接受任务后，她暗中调查了码头沿线的日军岗亭，第二天她先接陈曼云，再到一间旧藤厂接蔡楚生，蔡楚生扮盲人，他们扮作一家人，蔡楚生和她扮作舅舅和外甥女，先到香港干诺道大中华酒店与夏衍、司徒慧敏、郑安娜、金山等会合。当晚由二名港九大队的游击队员护送，共21名逃难者，在黑夜中乘船先到长洲岛，长洲岛的地下党员陈亮明接应，再从长洲岛转向航行至澳门，中途被日军巡逻艇两次截停，幸好夏衍会说日语混过关。船小风浪大，终于抵达路环岛。在岛上等候，等到一班小火

---

① 金山：《回忆片段（有关夏衍同志的回忆）》，载《戏剧艺术论丛》1980年第3辑。

轮,去往澳门。游击队员将他们交给澳门的中共秘密组织,开始新的征程。①

传统说法是"戏剧与电影人士较易被认出,因此多数选择此路线"。实际上这并非绝对的理由,夏衍在《走险记》中写道:"最初决定走澳门,一是为着在这儿可以得到一些香港所不能得到的消息,其二是为着期待也许可以有到广州湾的定期船只。"毫无疑问,走都斛线,与司徒慧敏作为文化界中共党员有关,从澳门选择台山登陆与司徒慧敏是台山人有很大关系。他接受廖承志同志命令不走陆路到澳门,因为司徒慧敏、蔡楚生、金仲华等在香港待的时间比较久,怕被认出。②蔡楚生出发前是陈曼云女士通知的,夏衍、蔡楚生、司徒慧敏、范长江、金仲华、张云乔、谢爽白、黎蒙、于真走此路线,司徒慧敏、夏衍同志本身就是中共在香港文化界的领导人,起到带领作用。夏衍当时单线联系人中断,没有办法商量,决定按此线走。

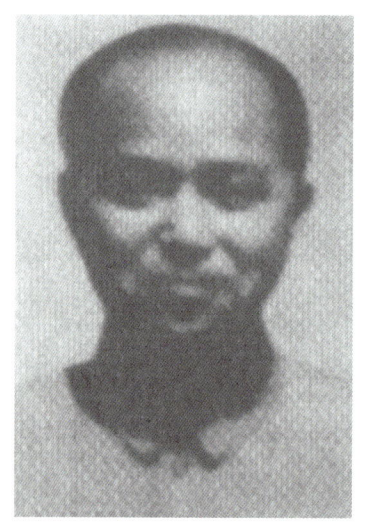

图57 与梁漱溟先生同行脱险的金仲华先生

1942年在《国讯》296期、297期和298期,分三期刊载了金仲华先生在脱险后的文章《香港之战经历记》,文中写道:"从一月五日开始,一些朋友先过了九龙,从'新界'去深圳,转东江。途中虽经敌军检查,但并无留难,有不少人这样走了出去。我们从另一面知道,由香港可以搭船去澳门,或者由香港去长洲转澳门也可。由于我比较熟悉香港情形,也多少能讲些广东话,就决定走后一条路。一月十一日清晨,七时半,在戒严时间过后,而天又未大亮的时候,我提了两个小包,由香港的寓所,直向西区走去,有二十多天不走这条路

---

① 张志强、韦怡然:《港九大队》,解放军出版社,2018,第88页。
② 司徒慧敏:《1942年从香港撤出的经过》,载《东江党史资料汇编》第三辑(抢救文化人史料专辑)(中共惠阳地委党史办公室编),1984,第141页。

了，似乎感到生疏和恐怖。"金仲华毕业于之江大学，负责《华商报》的许多国际问题的撰写，中华人民共和国成立后任上海市副市长。

著名电影戏剧艺术家金山在1980年纪念夏衍同志的文章中写道："1942年1月，我在香港跑马地见到廖承志同志，他指示我跟夏衍同志转移到内地去。后来司徒慧敏同志来通知我行程。我是托和我一同去南洋的一位队员金子兼同志设法在香港仔租到了两条小渔船。船身小，吃水浅，坐这样的小船船出海到澳门，并且是偷渡，非常危险。但是没有别的办法，只能出海。"①张云乔是在香港路上遇到早年在上海一起从事戏剧工作，现为《华商报》出版部经理的张惠通，通过他找到夏衍，决定一起海上西漂脱险。②

与夏衍同行的张云乔是上海电影界著名的美工，在电通公司拍摄的《桃李劫》和《风云儿女》电影中担任美工，受周恩来同志指示，放弃电影从事香烟生产和汽车贸易，为中共筹备资金。当时的合作者是著名电影编剧、导演，中共秘密工作者，中华全国文艺抗敌协会秘书长孙师毅。周恩来同志交给孙师毅香港大营救的名单，要求张云乔为文化人约200人每人发50元临时生活补贴，另外周恩来派人在1942年1月20日前后分两次汇了20万元的汇款，给了张云乔，由张云乔按照秘密暗号转交接头人，实际是供广西中共地下党使用于《救亡日报》和《华商报》的办报经费。③夏衍一行抵达桂林之后，就住在张云乔在桂林的家中。

帮助联系民船的金子兼是1937年在上海参加"上海救亡演剧第二队"，一直与洪深、金山、王莹、冼星海等在一起参加抗日救亡演出的老队员，也参加由金山、王莹带团到南洋的演出。王莹1942年10月与文学好友、学医学的王英

---

① 金山：《回忆片段（有关夏衍同志的回忆）》，载《戏剧艺术论丛》1980年第3辑。
② 张云乔：《旧梦拾零》，中国烟草博物馆，2004，第82页。
③ 张云乔：《旧梦拾零》，中国烟草博物馆，2004，第74页。

子通信,请他信件投寄金子兼在香港荷里活道102号通讯地址转达。① 英子实际是后来的著名中医王任之先生,年轻时爱好文学,与王莹有40封信来往,1940年加入中国共产党,参加中共秘密工作。王莹的信件证明10月金子兼仍然在香港,1月偷渡时,他去到码头送行,张云乔还劝说他不要流泪。金先生香港脱险后也到了桂林,担任张云乔经营的桂林制烟厂内部原料及成品的保管和调度。②

夏衍一行走险澳门是多种因素促成的。偷渡时船非常小,风浪大,金山、夏衍、司徒慧敏、蔡楚生、王莹、郁风同一条船,半途船进水需要同心协力将水从船里舀出去。根据金仲华的回忆,同行的还有桂系在香港主办的《珠江日报》报人黎蒙,蔡楚生曾应约稿发表《电影铲奸运动的回声》于该报。黎蒙的父亲是李宗仁至交,黎蒙获得巴黎大学人类学博士学位留学归来也成为李宗仁的爱将,是于右任先生的女婿,在香港办报期间与金仲华关系密切。萨空了日记中提及1941年12月23日在香港酒店遇见了黎蒙夫妇。根据张云乔的回忆,有黎蒙的太太、于右任的女儿尹真和黄启汉的太太,最后赶到澳门会合的是郁风、郑安娜和严淑珍。根据1946年《快活林》13期的

图58 1940年冯亦代、郑安娜与父亲在一起

---

① 王坦、王行:《英子文友书简》,安徽人民出版社,2005,第211页。
② 张云乔:《旧梦拾零》,中国烟草博物馆,2004,第113页。

报道，王莹与好友于真一同行。从各人回忆对照研究，应该是黎蒙夫妇和黄启汉夫人同行，时黄启汉在桂林任李宗仁的军委会秘书，一直是桂系李宗仁的助手，中华人民共和国成立后是民革中央的主要成员。

张云乔在回忆录中记录了脱险全过程，其中还写到从都斛到台山县城的经历："次日清晨，向台山县前进，由都斛到台山约40公里。抗战前这里就有公路和长途汽车。我们之中的男士们都愿意步行，女士则坐专门拉客的单车尾。大家约定在台山华侨旅行社集合住宿。"①

第二天又乘船抵三埠，三埠当时过江是靠浮桥。

都斛东滘口村的渔船码头，是他们安全抵达值得纪念的登陆点，两批人均在都斛过了一夜，这才是真正的"平安夜"。

谢和赓曾经担任白崇禧的机要秘书，王莹已经与谢和赓结婚。香港沦陷后，走险一行人中，数位是曾与电通公司结缘的电影人。这一行对王莹而言甚为特殊，金山是她前夫，而谢和赓是她现在的爱人。

郑安娜是冯亦代先生的夫人，冯亦代先生在远方写下多篇思念郑安娜的日记，牵肠挂肚。冯亦代与郑安娜都曾就读于沪江大学，冯亦代1936年毕业，郑安娜1937年毕业，1939年6月3日他们在香港大酒店举行婚礼。在香港郑安娜参与戴望舒、叶君健、徐迟和冯亦代编辑的英文刊物《中国作家》的工作，以后又参加了冀朝鼎主持的"平准基金会"。冯亦代在1941年2月调到重庆工作，他的日记记录了太平洋战争爆发后他等待郑安娜消息时备受煎熬的心情，1941年12月8日的日记写道：

> 日本正式进攻英美，不断传来的消息是香港有空袭，香港大火，香港在日海军猛烈围攻中，另外的则是上海情势混乱。
>
> 娜没有消息！其实又有谁料到昨天的日军的不宣而战呢？香港成了火

---

① 张云乔：《旧梦拾零》，中国烟草博物馆，2004，第98页。

海中的孤岛了,然而我的娜呢?我的娜,我亲爱的人。

我仍是怀疑着那面破碎了的镜子,这是上苍给我的预告吗?我不能想,我不敢想。亲爱的人哪,愿你平安,平安地渡过了这次纷扰。我们没有做过什么损害别人的事,我们该不会受到这恶意的刑罚吧!①

3 梁漱溟先生的家信

梁漱溟、范长江等一行也差不多同时选择走此海路脱险,选择澳门,目的是希望从澳门通过海路回内地安全区。

梁漱溟先生刚开始也是期待有澳门赴湛江广州湾的轮船,但计划落空,范长江在澳门街上遇见金仲华,利用金仲华的关系找到船,而选择乘小艇赴台山。

1942年,哲学家梁漱溟历险,给两个儿子写了一封长信,长达万字,用了九个标题讲述了自己的脱险经历。标题分别是"离港""到澳门""再度漂海""由都斛到台山城""经过三埠""经开平到肇庆""搭船上梧州""脱险后感想""处险境中我的心理"。这封近万字的信《香港脱险寄宽恕两儿》,细诉过程,写到从心至身均坦然无事,范长江等赞叹梁先生"若无其事"。梁漱溟在信中谈人心,谈孔孟之道,"孔孟之道,或许有人能明白其旨趣,却无人能见其系于人类生命认识而来",而对人类生命的认识,认为"我的安危自有天命"。梁漱溟说:"若我的所作所为都是为了个人享乐,那么我的安危便是一个人的事情而已;假如我只顾着一家人的生活享乐,那我的安危也只是关乎一个家庭而已。但我不享乐,也不只顾及家庭,人人都可以看到。"②在此仅摘录1943年发表的片段如下:

八 脱险后感想

以上所述,到1月26日梧州事为止,是在贵县朴园休息期间写记下的。

---

① 冯亦代:《冯亦代自述》,大象出版社,2003,第104页。
② 金鸿儒:《梁漱溟传》,中国商业出版社,2019,第134页。

本来脱离港澳已算脱险。说得宽一点，则说到广东接近敌人的区域，如肇庆（距敌七十华里①，仍不时打炮）便可。到梧州就无险可言，故梧州以后不必详叙。

....

第一个感想，自然是：我太幸运了！在香港炮火中，敌军和盗匪遍地行劫中，我安然无事。冒险偷渡出港、出澳，一路上安然无事，始终没碰到一个敌兵、伪军或土匪。不但没有危险，即辛苦亦只往香港仔下船时不足二十华里的平路，哪算得辛苦呢？损失亦没有什么损失。人家或被劫若干次（走东江一路的人最多，被劫亦最苦），我不独没有遇劫，而且自己弃于香港的一箱春夏衣服，还意想不到有朋友给我带送到桂林，所以和人家谈起来，任何人亦没有我这般幸运！

第二个感想便是：到处得朋友帮忙，人人都对我太好。譬如遗弃的衣服偏有人同我带来，不是一例吗？如上所述，从头到尾的经过，不全是这种例证吗？同我在香港的只有张先生（云川）是你们熟悉的，其余多数你们都不认得，即在我亦是新交。离港前夕，张先生以未得同行照料我，颇不放心。我即说：你尽放心，天下人识与不识都会帮忙我的。尽我身边，一无家人，二无亲戚，三无故旧，却以人人对我好的缘故，正与家人亲故同处无二，此番脱险更加证明了我的自信。

第三个感想便是：尽一分心，收一分效果。这是从我和广州第一中学的关系而发生的感想。一中学生多是两广人，在两广每每遇到人便谈及我在一中的一段事。（最近又遇到坪石中大农学院一位赵教授，他开口便说：你到坪石来，我们那边一中同学甚多，他们会欢迎你的。）好像我和一中有很深很久的关系一样。其实我任一中校长只半年而已。不过，我却曾为一中尽了一番心。

---

① 1华里＝500米。——作者注

岭南的记忆

··········

九　处险境中我的心理

最后要说我处险境中的心理。我不只是一个从外面遭遇来说，最安然无事的人；同时亦是从内心来说，最坦然无事的人。外面得安全，固是幸福，自家心境坦然，乃更大的幸福。——试问一个人尽外面幸得安全，而他心境常忧急恐慌的，其幸福又有几何呢？①

··········

总之，我把我的安危一付之于天，不过分的计虑（自力所不及，而偏斤斤计虑即为过分）。我尽我分（例如尽力设法离险），其余则尽他去，心中自尔坦然。在此中（在坦然任天之中），我有我的自喻和自信，极明且强，虽泰山崩于前，亦可泰然不动；区区日寇，不足以扰我也。

我处险境中的心理，大致如是，若看了不甚了解，待他日长进，再去理会。②

图59　1936年梁漱溟与两个儿子在济南合影

上文发表于1943年7月桂林《文化杂志》，在后记中梁漱溟先生说明，这是家信，其中有些话不足为外人道，有些"狂妄的话"，希望读者不要介意。由于当时尚处于抗日战争中，发表出来后会影响秘密工作的人物事情，作者都会做一些处理。《文化杂志》编者按写道："此稿梁先生是不预备发表的，也不愿发表。但我们觉得梁先生临难的态度，充分表现于文章里，而这态度当然渊源于他半生

---

① 梁漱溟著、梁宽培编：《梁漱溟书信集》，中国文史出版社，1996，第269页。
② 梁漱溟著、梁宽培编：《梁漱溟书信集》，中国文史出版社，1996，第281页。

的学力。看过后不但可以了解梁先生，还有助于为人处事：故索之刊于此。"①

梁漱溟先生的脱险路线是：香港—澳门—路环—都斛东滘口—都斛镇—台山县城—三埠（长沙、荻海和新昌）—开平县城—田村—肇庆—梧州。梁先生提及的小学躲避，实际上就是当时广州沦陷，广州知用中学小学部搬迁到香港的临时校舍。1942年2月5日，梁漱溟先生一行抵达桂林，2月将从香港脱险经历通过信函告知儿子们，1943年发表在桂林《文化杂志》上。

第三节　中华人民共和国国歌最早颂唱者的到来

聂耳谱曲的《义勇军进行曲》是在日本完成后寄回国内的，1935年，聂耳拟赴莫斯科学习，途经东京，在日本短时间停留学习。他在东京参加中国留学生活动时，接待他的是在东京留学的台山人林焕平、林基路、雷石榆、黄新波及梅州人蒲风等参加了左联的中国留学生，林焕平回忆："聂耳到东京，先找到黄新波，他即刻来找我，说聂耳来了，上海的同志介绍来的。我便立即同新波去看他。他很年轻，精神焕发，朝气蓬勃；他一见如故，便为我们拉了几支曲子，使我们听得很入神。我告诉他，我们这里有'左联'的组织，没有'音联'的组织，请他以后参加'左联'的活动好了。"②黄新波出生在与都斛相邻的台山斗山镇，林焕平出生于台山西湖村，他抵东京是负有恢复东京左联支盟活动的任务的，林为梁也出生于台山都斛，在林焕平之后抵日本，参加恢复重建工作。促进大家交流团结的方式之一就是举办"艺术聚餐会"。聂耳的日记中记录共出席两次"艺术聚餐会"。③

---

① 编者按，载《文化杂志》，1943年7月。
② 中国社会科学院文学研究所、《左联回忆录》编辑组编：《左联回忆录》，中国社会科学出版社，1982，第686页。
③ 小谷一郎：《东京"左联"重建后留日学生文艺活动》，王建华译，上海社会科学院出版社，2012，第79页。

聂耳于1935年6月2日在东京中国青年会馆为在日本中国留学生蒲风、林焕平、黄新波、林基路等组成的"中国留日学生联合会"第五次"艺术聚餐会"的青年做了题为"最近音乐界的总检讨"的演讲,还唱了《大路歌》《码头工人》和刚完成的《义勇军进行曲》。"座谈会是从下午四点延至十点。在散会前,他更高唱了《义勇军进行曲》,使我们在朦胧的灯光下,耳朵里仍留'——前进!冒着敌人的炮火前进!前进!'的壮音。"[①]当时林为梁在东京现场听聂耳唱出新作《义勇军进行曲》,1937年他回国在上海从事抗日救亡工作,在延安中央党校任教时改名林基路。

革命烈士林基路后来在新疆被盛世才软禁,1943年9月27日,与陈潭秋、毛泽民同时被秘密杀害;革命烈士蒲风参加新四军因劳累去世,他们没有等到《义勇军进行曲》成为中华人民共和国国歌的那一刻,1949年10月1日在天安门广场军乐团奏《义勇军进行曲》。

在第一批在日本现场聆听聂耳亲自演唱《义勇军进行曲》的人中,林基路故乡就在都斛,而参加《义勇军进行曲》电影制作及合唱者的主要人物夏衍等一行从香港脱险就是在都斛登陆,他们也是没有想到未来《义勇军进行曲》会成为国歌。

20世纪30年代电通公司拍摄的影片中,最具时代意义的是《桃李劫》和《风云儿女》,电影插曲《义勇军进行曲》后来成为中华人民共和国国歌。

在夏衍这一行电影人中,夏衍、司徒慧敏、王莹、张云乔、金山等都是《义勇军进行曲》最早的聆听者甚至是合唱者,当时制作电影为了节省成本由制作人员负责合唱,脱险香港走海路的夏衍等一行人中的金山、司徒慧敏和张云乔都参加了合唱,他们是国歌最早的颂唱者。[②]司徒慧敏回忆:"大约在4月末5月初,他就把歌谱的完成稿由东京寄给了我。我们几个当时的年轻人,有爱

---

① 蒲风:《"天才损失年"悼聂耳》,载《国魂颂——纪念聂耳散文集》(崎松主编),云南民族出版社,2008,第110页。

② 张云乔:《旧梦拾零》,中国烟草博物馆,2004,第32页。

唱歌的青年盛家伦,有当年演过《大路》的郑君里,有正在排练《娜拉》的金山,有《风云儿女》的演员顾梦鹤,有新演员兼场记员施超,把不善于唱歌的我也滥竽充数地凑上去,共六七人。在任光等同志鼓励下,我们组成一个小小的临时合唱队,经过几天的练习,第一次在百代唱片公司录音棚内录下了这首举世闻名的《义勇军进行曲》。其后经过数次的电影胶片上的录音,我们的音乐家、电影导演和技术家们都认为不如最初的录音,于是我们决定把第一次唱片上的录音转录到电影胶片上来。那时我们没有自己的乐团,也没有正式的歌队,而电影的上映日期又逼迫我们在端午节以前完成。今天,如果观众中有人听得出歌声中还夹杂着一些广东语音的话,那就是郑君里、顾梦鹤和我三个广东人留下的破绽。"[1]

司徒慧敏文中提及的演员顾梦鹤,是田汉组织的南国社发起人之一,广东番禺人,1924年毕业于上海美术专科学校。从事戏剧演出后进入电影界,为南国社电影剧社社员。南国社创办于1924年,结束于1930年。在南国社公演的话剧中,顾先生扮演了不少角色,1929年受黎锦晖之邀请,参加中华歌舞团赴南洋群岛演出。[2]他回沪后起初在联华公司工作,参与蔡楚生导演的《新女性》的演出,在上海电影戏剧界地位颇高,之后加入电通公司,参加《自由神》《风云儿女》等影片的演出,是一位多才多艺的演员。中华人民共和国成立以后,改名为莫凯,在上海东方沪剧场担任导演工作。[3]

第四节　不在广州的广州湾

1898年4月10日,法国政府从清政府获得广州湾99年的租借期,法国军舰于

---

[1] 司徒慧敏:《在暴风雨中诞生》,载《大众电影》1982年第10期。
[2] 李歆:《田汉南国社话剧史料整理及研究》第一册,学苑出版社,2018,第56页。
[3] 《青春电影》1949年第19期。

1898年4月22日进入海湾,随后升起法国国旗,设立了民政官,阿尔比是首任总公使,职衔是一等民政官。1899年11月,法国强迫清政府签订《中法互订广州湾租界条约》,将遂溪、吴川两县属部分陆地、岛屿以及两县间的麻斜海湾划为法国租界,统称"广州湾",划入法属印度支那联邦范围,设广州湾行政总公使署,受安南总督管辖。1911年,行政首府设西营即今霞山区。1945年设市治,定名湛江市。湛江是广东较早编制规划的城市。1902年左右,法国人编制了海湾兵营规划(Plan de Fort Bayard),规划面积为0.68平方公里,规划引入了棋盘式的道路结构,进行功能分区,对625个地块进行编号,并分两个区。估计为节省造价和保存红树林,保留了避风港延伸至内陆的湿地,山体坡地得到保留。其后建设重点侧重于军事、宗教设施和道路,筑兵营、修教堂,并形成长桥码头、堤岸码头。20世纪40年代湛江设市,城市功能逐步完善。最具历史意义的是将法国人保留的湿地规划为公园,并设计了内湖,这就是现在的霞湖公园。

广州沦陷时,1938年10月夏衍带领《救亡日报》报社同人迁至桂林,12月经过广州湾赴香港,同廖承志商量筹集资金办报。1939年12月,为了到香港购买五号字铜模,夏衍经广州湾乘船至香港。1938年12月20日在桂林出版的《十日文萃》第一卷第5期刊登了夏衍的文章《广州湾通讯》。

千家驹于1941年3月从桂林抵香港,为《大公报》写社论,担任《大众生活》编委,为《华商报》《星岛日报》撰稿。香港沦陷后,1942年千家驹在香港地下党组织的护送下,乘首航香港至湛江的航班抵湛江的广州湾。千家驹当时在香港正愁没有钱买船票,在九龙地摊买东西时,一位农民装束、手持扁担的年轻人靠近他身边轻声问他是否是千家驹,并获知他缺钱买船票,第二天神秘的"农民"送来400元港币。从尖沙咀码头出发,千家驹搭上了香港至广州湾恢复通航的首趟航班——一艘运煤的货轮,在抵湛江广州湾码头时,李振院先生已在此等候,并安排他们全家先住自己家后住到旅馆,又一路送到桂林。[①]

---

① 朱连法:《千家驹传》,上海人民出版社,2010,第98页。

图60　1938年3月29日，在广州的《救亡日报》人。前排左起：茅盾、夏衍、廖承志；后排左起：潘汉年、江馥泉、郁风、房子主人陈建筑工程师（大营救的参加者叶文津的姐夫）、司徒慧敏。夏衍为主编，江馥泉为主笔，但5月先离开《救亡日报》往香港，成为香港中共秘密组织的主要领导人之一。后来不少《救亡日报》的记者、编辑、美编也辗转到香港。香港沦陷后，这些文化人都是中共所急需营救的对象

李振院毕业于国立中山大学农学院，是一名农业经济专家。广州沦陷前，与冯和法合作在广州惠福东路转角处，租了一间单开间店面，开设了黎明书局。

传记中上述这一小情节似乎故事性较强。据潘柱及同事回忆，是刘少文要求潘柱同李健行到九龙弥敦道动员千家驹赶快撤离，他们找到千家驹的住处，但因为千家驹夫人已怀孕六七

个月，不能成行。潘柱找到一位日本医生帮助她进行人工流产，第三天就离开九龙。①时间是2月中旬。萨空了日记记载1月19日到九龙千家驹家，千家驹住德成街经始台，因为萨空了家暂时给李炳海一家住，当天晚上萨空了借宿千家驹家。

与千家驹同船离开香港的还有著名教育家连士升和妻子罗梅、罗梅的哥哥罗牧和同学戴淮清，他们的目的地是越南，罗梅是越南华侨，连士升的回忆文章写道："到了2月15日才安抵广州湾，同行的难友——其中包括千家驹兄——多数潜往内地，我们因为要等候开往越南海防的轮船，所以暂时流落于广州湾。"②在广州湾停留一段时间再赴海防，坐火车到河内，在西贡与罗牧和戴淮清分手，连先生转到越南茶荣省，在当地一个华侨小学当校长，处于半隐居状态。

叶浅予曾到过广州湾，1940年夏，他从香港到重庆，选择的路径是取道广州湾，经广西玉林，在贵县和桂平搭拖渡到柳州，然后乘湘桂铁路火车在桂林打了一转，经贵阳到重庆。③香港沦陷大营救时叶浅予和戴爱莲走的是另一条道抵达桂林，其中还有盛舜夫妇。但叶浅予的朋友张光宇、张正宇离开香港晚两个月，香港与广州湾通航恢复，他们取道广州湾抵达桂林与他相聚。行驶于香港至广州湾的轮船是海南人承包的原日本轮船"白银丸"，得到日军许可，从香港运送难民到湛江的广州湾，粤剧名人薛觉先就是搭乘这艘轮船抵广州湾避难的。④端木蕻良留澳门后，经过江门、肇庆、梧州，再抵桂林。

陈衡哲时年52岁，1941年11月带着两个孩子任以书、任以安，准备让他们

---

① 中共惠阳地委党史办公室编：《东江党史资料汇编》第三辑（抢救文化人史料专辑），1984，第57页。
② 连士升：《连士升文集》第二卷，北京大学出版社，2011，第346页。
③ 叶浅予：《叶浅予自传：细叙沧桑记流年》，中国社会科学出版社，2006，第135页。
④ 政协湛江市赤坎区委员会：《赤坎文史》2019年第9期，第344页。

到香港上学。①没有料到香港如此快地沦陷。1942年夏，陈衡哲带着两个孩子从香港登上法国轮船机智地逃脱虎口，先到广州湾，再取道雷州半岛辗转重庆，居江北牛角坨任家花园，与家人团聚。②

香港沦陷，于毅夫安排王福时和端木蕻良2月上旬准备乘"白银丸"离开香港赴广州湾，中途停靠澳门，端木蕻良改变主意，在澳门下船，留在澳门，王福时只能自己前往广州湾。王福时在香港开了一家内外文化供应社，帮助收集抗日资料和供应物资，是东北在港抗日力量的骨干。到了广州湾后，经过贵阳到了重庆，在胡政之的主持下，受聘为《大公报》驻印度记者赴印度。

著名电影艺术家汤晓丹在上海参加了许幸之组织的左翼艺术组织，因对上海气候不适应，汤晓丹于1934年离开上海到香港发展。蔡楚生1937年11月29日抵香港后，在司徒慧敏、苏怡的召集下，于11月30日与汤晓丹、马师曾、谭兰卿、孙瑜、谭友六、熊辉等电影界、粤剧界同人共叙旧情。③香港沦陷后，日军准备让汤晓丹拍摄电影《香港攻略战》，宣传征占香港的胜绩，已经派人联系上了汤晓丹，在关键时刻，汤晓丹以母亲病危为由，1942年6月4日顺利逃离香港，他是使用了化名"叶圣哲"拿到回乡证，买到船票，于4日清晨离开香港，6月5日下午乘"荣昌号"从香港抵达湛江的广州湾，上岸后在靠海边的一家小旅馆住下，后来托朋友介绍，住到电影片商朱少梅堆放电影拷贝的小屋中，在广州湾待了一个多月才离开赴桂林。④

香港著名演员吴楚帆，同样也是为了回避此部电影，就在日本东京来的导演和女主角见面宴会当晚，用渔船偷渡澳门，秘密离开香港。尽管当时领通行证后可以搭港澳来往客轮，但吴楚帆怕暴露而采取偷渡的方式。在澳门停留一

---

① 史建国.《陈衡哲年表正误》，载《鲁迅研究月刊》2013年第2期。
② 赵慧芝：《陈衡哲年表》，载《任鸿隽陈衡哲家书》（抢救民间家书项目组委员会编），商务印书馆，2007。
③ 蔡楚生：《蔡楚生文集·第三卷：日记卷》，中国广播电视出版社，2006，第3页。
④ 汤晓丹：《路边拾零——汤晓丹回忆录》，山西教育出版社，1993，第84页。

周后搭葡籍人租赁经营的"永华轮"抵达广州湾。后来吴楚帆妻子云妮来到广州湾，但因过不了艰苦的生活，又回了澳门，不久他们离婚。吴楚帆在1943年5月25日于湛江西营的南天酒店，与香港粤剧演员李珍妮结婚。①未到半个月，夫妇二人与人结伴赴越南海防谋求发展。

香港沦陷半年内，从香港秘密离开抵广州湾避居的还有一批从事粤语戏剧和电影的文化人，他们虽然不是中共营救名单中的人，但也是不愿被日寇所利用的香港粤语艺术家，通过到澳门演出筹足路费，秘密逃离到广州湾，如黎民伟、吴楚帆、谢益之、李晨风、黄楚山、何仲芳、叶萍、张瑛、白燕、黄曼梨、张雪英、卢敦、王君伟、骆乃琳、林楚楚、黎铿、梅绮、李月清、容小意等。在广州湾，来自香港的粤语演员和粤剧演员组成了"明星剧团"，吴楚帆托人找到地方做团址，就在寸金桥旁山丘上的南华中学旧址，名字叫"瑞兴堂"，谢益之为团长，剧团的人都住到一起。此外，在广州湾还有另一个剧团"艺联剧团"，也是由来自香港的演员组成的。

黎民伟住父亲在文英街"万昌隆"祖屋，他和张光宇、张正宇兄弟，再加上洪启文、金汤、朱用和等筹备办一家"福禄寿饭店"，以维持生计，饭店在1942年5月27日开张；在寸金桥文章村后的榕树林中创办了一座"文园游乐园"，于1943年2月5日开放；百乐殿戏院成为戏剧、电影文化人重展才华、表达救亡之情的重要场所。②1943年2月20日日军占领了寸金桥，在广州湾避难的文化人，像卢敦、张瑛、梅绮、李清、容小意等步行离开广州湾到桂林。③黎民伟一家是1943年11月1日乘一艘当地的木船赴柳州，在水路躲避日军封锁线，共13天，先到贵县，再转抵桂平上岸，然后乘火车到柳州，朋友刘震寰到火车站接车，留宿柳州一晚，辗转到了桂林。④

---

① 吴楚帆：《吴楚帆自传》，龙文出版社，1994，第100页。
② 凤群：《黎民伟评传》，文化艺术出版社，2009，第262页。
③ 钟宝贤：《香港百年光影》，北京大学出版社，2007，第93页。
④ 凤群：《黎民伟评传》，文化艺术出版社，2009，第267页。

第四章 南粤天空的红色电波

第一节 红色电台的建立

南粤东江纵队红色之旅在古驿道和东江、西江中的漂移,离不开中共中央红色电波的指引,来自延安、重庆的红色电波,指引着东江纵队挺进的方向。正如1944年11月东江纵队发电向中央汇报一年半工作时所述:"有了中央的帮助指示,才使我队日益进步,负起更艰巨的责任。"延安是在1936年建立天线电台,与共产国际保持联系,指导中国各地的抗日战争,由博古同志负责。

在1939年秋,广东省抗日游击队总队成立后,通过在香港的党组织关系购买了电台的设备,调来一些从事电台工作的人筹备。1940年春,部队东移时分散隐蔽,把电台交给地下党掩藏起来,电台的人员到八路军驻香港办事处学习。1941年春,曾生同志在大岭山时,根据粤北省委的指示,派人去高潭取回电台设备。1941年12月,南方局派八路军驻香港办事处负责机要和电台的同志刘澄清、康瑛和康一民抵达宝安建立电台,与前期东江游击队研究无线发报的队员杜襟南等合作,利用在香港购置和战斗缴获的器材,于1942年1月在宝安甘坑建成电台,发出"延安,延安,我是东江"的第一声呼叫,得到延安迅速而温暖的回答。

此后,戴机任台长,杜襟南任政委,刘澄清为机要科科长,负责译电文。因为设立了长期运作的电台,东江游击队从1942年1月建立电台开始至1945年8月,一直保持与中共中央、重庆南方局的联系,来自延安、重庆南方局的红色电波信息传送到曾生、王作尧、林平、方方和张文彬等领导人手中,保证了香港文化人的大营救工作,也及时转送到琼崖区游击队队伍。1942年4月,电台搬到

"新界"的石水涧村。

曾生同志回忆在向香港与八路军驻香港办事处主任廖承志争取回粤抗日游击区时力陈自己:"1935年,我在中山大学读书时,因中山大学师生员工抗日示威游行,被国民党当局赶出校门。为寻找中国共产党组织,来到香港做海员工作。现在家乡沦陷,我有责任回乡组织群众,救国救民。"[1]获得廖承志同意后,1938年10月24日,曾生、谢鹤筹、周伯明等回到惠阳县坪山镇开始组建工作。

1942年2月中旬,党中央发电报到东江游击区,对东江游击队和港九党组织参加营救工作的人员给予表扬。并同意东江游击队设立电台,用密码与党中央和南方局直接联系。[2]

东江游击队是富有南粤红色革命历史的"红色基因"之一,无论是在抗日战争中营救左翼文化名人和民主人士,还是解放战争时期配合中央军事力量解放广东,从东江游击队发展成为东江纵队,其表现英勇,功不可没。他们周旋于惠阳、广州、韶关和海陆丰的古道上,20世纪40年代从香港九龙至"新界"、龙岗至惠阳、惠州至老隆营救"文化统战干部";挺进粤北古道至粤湘赣地区迎接南下部队,南粤古驿道留下了串串"红色足迹"。本章从中央档案馆收藏的珍贵文献中抄录几则当时保存下来的电文,让我们缅怀这一群南粤儿女的丰功伟绩,他们是宝贵的"国家记忆"的一页。

第二节 大营救前后的电文来往

以下选录几则珍藏于中央档案馆中有关东江游击队与中共南方局和中共中

---

[1] 曾生:《坚持华南战场抗战的一面旗帜——回忆东江纵队的战斗历程》,载《东江纵队志》(《东江纵队志》编辑委员会编),解放军出版社,2003,第7页。

[2] 曾生:《曾生回忆录》,解放军出版社,1992,第228-229页。

央来往电文，反映1941年胜利大营救中南方局的指导作用。

关于"文化统战干部"的电文

"文化名人大营救"在中共中央、中共南方局与东江游击队、香港工委、南委等的电文来往中均有记载，现在我们称为"文化名人"，当时在电报中称为"文化统战干部"。以下几则电文，可见中共中央南方局周恩来同志考虑问题的周详、细致，既考虑到经费问题，又考虑到长远保证中共地下党的工作安全处境。更难能可贵的是延安和重庆南方局开始通过电波了解东江游击队营救工作的进展和困难。

1940年10月9日，潘汉年、廖承志和刘晓致电洛甫（张闻天）：潘汉年将秘密离港，廖承志赴菲律宾，刘晓暂时留香港。认为香港本身危机似迫在跟前，太平洋战争香港即将成为中心。电台暂时停止，但请延安继续准备收听。建议"内地人员请暂止动身"。[①]

1941年5月7日，周恩来关于领导文化工作者的态度给廖承志电文：三个月来，文化人到香港者甚多，要你一人招待、疏散，想见你的繁忙。不过，我们仍要向你提议：对待文化战线上的朋友及党与非党干部，第一，不能仍拿抗战前的眼光看他们，因他们已进步了，已经过了一次考验。

接着周恩来同志提到，这些文化人已经过了一些政治生活了，不同在之前的上海生活；不要拿一般党员的尺度衡量他们，应该引导。最后周恩来指出廖承志对待夏衍同志的态度是不对的。[②]

重庆南方局通过南委了解东江游击队疏散"文化统战干部"情况，简称为"南局香港疏散问题指示"，此时东江游击队队部还没有建立电台，为南委方方书记转告。来电透露信息表明中央或者南方局只能解决经费的四分之一，东

---

① 中央档案馆、广东省档案馆：《广东革命历史文件汇集》（1938—1941），印刷时间为1988年，第45页。

② 中共中央文献研究室：《周恩来文化文选》，中央文献出版社，1998，第23页。

江游击队不仅要面对生命危险，还要解决经济危机，发放路费补助分抵曲江和抵桂林两类。

方方时为闽赣粤边区省委书记、南委书记。1939—1945年中共中央成立的南方局，周恩来任书记，博古、凯丰、董必武、叶剑英、吴克强任常委，张文彬是委员之一，夏衍是下属文化组副组长。南委代表南方局领导广东、江西、福建等省的工作，副书记是张文彬，总部设立于大埔。张文彬、林平同志先后任省委书记。

1941年12月，周恩来电告时任八路军驻香港办事处主任廖承志、八路军驻香港办事处代表潘汉年、中共港澳工作委员会兼中央交通处港澳办事处处长刘少文：

廖、潘、刘并书记处：

（一）太平洋战争爆发，香港将成为死港。香港接朋友，如有可能，请先至澳门转广州湾，或先赴广州湾后集中桂林。

（二）请即刻派熊子民往桂林告梅龚彬、胡西民，并转在柳州左洪涛，以便招待他们。

（三）政治人物可留桂林，文化界可先到桂林，新华日报出去的人（如戈宝权、张企程）可来重庆；戏剧界的朋友可要夏衍组织一旅行剧团专赴西南各地，暂不来重庆。

（四）极少数的朋友也可去马来西亚，但这要看香港的交通条件，恐不可能。上海、马尼拉已不可能。①

周恩来同志在电报中提出特别要关心帮助宋庆龄、何香凝、柳亚子、邹韬奋、梁漱溟等离港。电文中命令将港中存款全部提取，用于文化人的疏散。电文中的"胡西民"即胡希明，为李济深的高级参谋，从事统一战线工作。熊子

---

① 中共中央文献研究室：《周恩来文化文选》，中央文献出版社，1998，第766页。

民是在八路军驻桂林办事处工作。左洪涛是第四战区中共地下组织领导人,担任张发奎的机要秘书,从事统一战线工作。

电报中的梅龚彬是一位重要人物,为秘密中共党员,1941年3月乘船从上海抵香港,正好遇到范长江了解了香港抗日宣传情况。在香港梅龚彬在廖承志、潘汉年的领导下从事统一战线工作,与陈此生、杨东莼等住在一起,参加救国会工作,负责起草国民党民主派组织纲领。10月到粤北拜访蒋光鼐后又到了桂林拜访李济堂。1941年11月在王亚南的帮助下,已经离开桂林到坪石在国立中山大学法学院经济学系任教。①

12月10日周恩来给廖承志和刘少文发电报:

> 港唯一转廖刘:
> 汉年、星友在上海。
> 饮冰已否从澳门回上海。
> 承志现在何处,已否离港。
> 港中文化界朋友如何处置,尤其九龙朋友已否退出。
> 少文对工作如何布置,能否有一部分人隐蔽电台,如何处置。
> 承志与港政府关系如何,能继续否,振甦、曾生部及海南岛能否联系。
> 南洋工作如何牵制星菲两岛,有无办法联络。
> 在港所存汇款如何解决,是多少,以上各事请唯一问少文即复。

电文中的"唯一"是指张唯一,是时为廖承志和刘少文译发电报。张唯一是潘汉年领导下的中共香港情报工作负责人,湖南常德人,1928从汉口抵上海,临时中共中央政治局在上海时期为秘书处文书科长,中共中央文件保管负责人。他没有进入中央苏区,而是留在上海从事情报工作和保管文件。1938年

---

① 梅龚彬著、梅昌明整理:《梅龚彬回忆录》,团结出版社,1994,第103页。

12月来到香港，在廖承志领导下管理电台和机要工作。1939年潘汉年到香港，需要自带密码与延安联系，借用廖承志同志的电台系统，张唯一同时受刘少文、潘汉年领导，与南方局和延安电台联系。香港沦陷后，1942年5月离开香港赴上海继续负责秘密电台工作，1947年2月又返回香港，成为潘汉年领导下的香港情报工作领导人，中华人民共和国成立前策划两航起义，中华人民共和国成立后任政务院情报署副署长。1957年因潘汉年案件受影响，被审查，突然病发而死。

南洋是中共南方局一直关注的地区，周恩来同志以战略眼光看待东南亚地区的政治地缘优势，关心南洋华侨的生存。1940年7月，胡愈之从桂林飞抵香港，与廖承志联系后，才知道周恩来应华侨陈嘉庚的请求，派有名望的编辑到新加坡帮助《南洋商报》扩大影响，这有利于筹款支持抗日。胡愈之随后与王纪元乘船抵新加坡，开始七年的南洋生活。

1942年2月16日，周恩来又电报指示：关于招待柳亚子、邹韬奋等事情，即移交小廖指定专人负责，南委绝对不能再负责，以免暴露。1942年方方将已经抵曲江领导人报告廖承志，并将百多文化人情况向中央和南方局报告，电报中提及梁广、吴华仍留组织上工作。①

张文彬在1942年1月10日代表东江游击队致电中央韶关和南委，报告了林平等领导人从香港安全抵达宝安游击区的情况，提出由去惠阳改为从老隆镇（今龙川县）转移至韶关的打算，并告知聚集在游击区已营救成功的党内外人士已达200多人，没有人员损失，但经济状况紧张。同时带有自责地总结在1937年10月东莞战斗情况，报告东江游击队及时补充兵力超过千人，由于营救任务对发展队伍工作有所影响，队伍武装不及一半，香港"新界"游击区有所壮大。

1942年1月10日张文彬发出关于游击区接待文化人的情况电文节录如下：

---

① 徐塞声、张鲁鲁、刘志平编：《中共中央南方局历史文献选编》，重庆出版社，2017，第539页。

中央、韶关梅州并报南委：

（一）港九陷落后，我与小廖、林平等均抵达游击区，党内外干部及文化人都无损失，周祈已回韶。

（二）小廖与连贯原到惠阳，近因惠阳告急，彼有去老隆转韶可能，我因帮林平布置工作，后因惠阳告急，交通断绝，致未能随廖同回，须交通安全后启程。

（三）此间聚集文化男女老少共二百余人以上，行动颇不便，而游击区地小粮缺、物价飞涨（四百多元百斤米），又无钱（维持给养已无法），港亦无法接济。

（四）游击区现只宝安较大，横直约五十三里，东莞因三七年十月顽固进攻，损失半数，近虽恢复一些，但灾情颇重，惠阳、平山以西到铁路线地区亦不很好。此间曾生全部，包括最近补充人数一千一百人，枪不及半（外围武装不在内）。过去工作弱点颇多，港九失陷以后，因集中力量营救干部与文化人，故本身发展与补充颇受影响，但"新界"游击区已有所发展，外围武装正扩大中，补枪弹办法不多，无钱更难。①

（注：本电文原稿藏于中央档案馆）

张文彬在电报中还提出韶关、老隆分别迅速建立交通站并布置疏散办法，重新组织原来的交通线。

张文彬的电文中比较完整地汇报了大营救和游击区的情况，以及所遇到的困难。周恩来同志复张文彬有关电文如下：

即刻到，中央书记处及方方分转了张文彬：

---

① 《东江纵队志》编辑委员会编：《东江纵队志》，解放军出版社，2003，第489页。

（甲）你现在何地，是否在惠南游击区内与方方处，交通情况如何，是否通电？

（乙）到东江二百余文化人统战干部，除已电告之十余人外，其余是些什么人？请分别电告。

（丙）除站不住的文化统战干部，依我冬（即2日）电处理外，其余地方干部是否可留一些在潮、梅隐蔽？因为都送苏北路费太贵，但暴露的可能妨害地方党的则决不能留。

（丁）一百万款无法筹汇，现准备廿万，先汇五万去桂，汇五万去曲江，汇曲江的款是等廖到曲江由你们派人去取，或即汇在原来方方的收款处，请方、张电告。

（戊）文化统战干部来内地的路费发至曲江、桂林即可，我们另拨款接待在本地疏散的则先发，如去苏北的发一千五百元即够，因重庆去上海也只要一千五百元。

（余略）

（注：本电文原稿藏于中央档案馆）

第三节　在东江游击区的文化人：张文彬的电文名单

1　电文准确记录东江游击队和中共香港地下党营救的文化人人员名字

1942年1月张文彬报告周恩来同志"文化界人士经东江及留东江工作人名单"电文节录如下：

文彬报恩来：

（一）文化界经过此间的人，及留此工作的人，全部名单如下：

第一批（二月半出发）。茅盾夫妇、沫沙、以群、胡仲持、胡风夫妇、宋之的夫妇、张友渔夫妇、沙蒙、葛一虹。第二批（二月底出发）黄洛峰、许幸之、张宗祜、姚建伯（均在港业余联谊社工作，交通银行职员）。第三批（所发路费多数只够到老隆，二月二十日出发）徐伯昕、胡耐秋、程浩、洁飞、丁洁如、曹吾、杨永祥（生活书店）、吉家甫（新知书店）、卢家儒、特伟、丁聪、李赓、蒋文燕、童常（新安旅行社）、张英、郭毅（均新文字学会）、赵树泰（大观电影公司协理）、钟英（不明）。第四批（所发路费勉强可到韶关，二月底出发）舒强、凤子、兰馥心、奚蒙、金乃华、王青安、戴浩、虞静子、金涵、林蚩、贺路、沈剑（均剧团）、李姝伦（电影工作者）、黄远志（中国社）、邝远芳（桂新华分馆）、黄宝珣（韬公亲戚）。第五批（路费均发到桂林，二月二十三日出发）杨刚、吴在东、戈茅夫妇、壹考（刘表弟）、肖敏颂、曹国智、叶籁士、袁水拍、刘清扬、殷国秀、高汾、戴英浪（苏北来）、胡廷钰（一共六人），以上至桂林。恽逸群、毛奚夫妇（以上至沪）。①

张文彬同时也报告了章泯、韬奋先生的想法，以及胡绳、吴全衡、于伶夫妇拟从桂林直接去上海的情况。

2 营救进步文化机构的参与人员

上方电文是回应周恩来同志询问文化人是哪些人，张文彬反映的是经费的困难，而另一层信息是从电文中列出的被营救的人员名单可以判断中共关注的主要机构：生活书店、香港新文字学会、新知书店、香港业余联谊社、旅港剧人协会、各宣传抗战的报社和新闻机构。第二批准备离开的人员中，有数名香港业余联谊社的年轻人，该组织于1938年由香港职业青年自发组织起来，有读

---

① 《东江纵队志》编辑委员会编：《东江纵队志》，解放军出版社，2003，第491页。

书会、图书馆，是香港青年抗战的后备军。香港业余联谊社的宗旨：一是要求享有集体的、自由的社会文化娱乐活动；二是参与为民族解放和祖国独立的运动。它是香港职业青年的团体，简称为"业联"。香港新文字学会设立在香港大学冯平山图书馆，张仲仁先生、许地山先生是积极领导者。殷国秀、吴全衡是生活书店员工，殷国秀在中华人民共和国成立后在华东出版社（即上海出版社前身）编辑部工作，吴全衡参加生活书店出版物的校对编辑工作，在香港与胡绳结婚，在重庆《新华日报》工作，在中华人民共和国成立后是德高望重的妇女工作者。高汾是随着在广州《救亡日报》创办参加革命成长起来的年轻新闻工作者，随报社撤离桂林到香港参加文艺通讯社工作，1945年在重庆根据周恩来同志的要求，高汾、郁风先后被聘于《新民报》。除了桂林、重庆，上海和苏北也是目的地之一，恽逸群、胡考离开游击区往上海，于伶、柏杨、章泯等准备在韶关搭邮政车转上海，但日军在闽粤赣边界和浙江兰溪扫荡，未能成行而转桂林。

准备第三批离开游击区的有程浩和丁洁如两位的名字，程浩也名为程浩飞，在香港担任《大众生活》助理编辑。[①]他的太太就是名单中的丁洁如，夫妻均为秘密中共党员，萨空了在重庆时，请丁洁如女士为女儿做家庭教师，时丁洁如女士是在史良女士领导的新生活运动促进总会妇女指导委员会的联络委员会儿童保育组工作，党员身份是秘密的。

第三批准备离开的名单中有"曹吾"的名字，他也名为曹辛之，在自己的诗集《最初的蜜——杭约赫诗稿》的后记中写道："在三十年代，我学习写诗，开始在报刊发表习作。四十年代，出版过几本诗集，还和友人办过诗刊。发表作品的署名，是临时信手所之，随意写上的，常用的有曹吾、曹辛、孔休、江天漠、辛白宇、曲公、柴父等等。"[②] "杭约赫"是曹辛之发表诗文所用

[①] 中国人民政治协商会议上海市委员会文史资料工作委员会编：《上海文史资料选辑》第47辑，上海人民出版社，1984，第37页。

[②] 曹辛之：《最初的蜜——杭约赫诗稿》，文化艺术出版社，1985，第250–251页。

的笔名,曹辛之是江苏宜兴人,1932年在无锡江苏教育学院工艺班学习,1938年赴延安后曾在陕北公学和鲁迅艺术学院学习,1940年调到重庆生活书店,在邹韬奋先生领导下工作,参加《全民抗战》周刊工作。《全民抗战》是土纸铅印的周刊,曹先生负责封面设计和绘制题花,同时也协助处理读者来信来稿。在重庆《全民抗战》杂志编辑期间,特伟负责漫画创作。1941年曹辛之随书店退至香港。曹先生回忆:"邹韬奋同志对国民党反动政府的这种暴行提出了强烈抗议,愤然辞去'国民参议员'职务,并秘密离开重庆,出走香港。生活书店员工也不得不精简、疏散,书店总管理处被迫迁移香港。我的任务是护送韬奋同志的夫人和子女去香港。此时,原负责装帧设计工作的莫志恒同志已疏散到桂林,他的工作便由我接替。自此,我便专门从事书籍的装帧设计工作。"①曹先生在香港负责书籍《大众生活》杂志美术编帧、宣传广告、出版印刷工作,一辈子从事书籍编帧,成为中国具有领军作用的书籍装帧艺术大师。在香港期间,徐伯昕先生给予曹先生具体指导,曹先生从而取得了完整的出版经验。香港沦陷后曹先生通过东江游击区回到桂林。

第三批准备离开的名单中有童常,并专门注明"新安旅行社"。新安旅行社是陶行知先生倡导建立的,对青少年采用研学修学的方式进行教学,同时参加抗日宣传。童常是从桂林与妻子华世贞一起抵香港,童常留下来写作,华世贞负责与桂林联络。太平洋战争爆发,从香港脱险后又回桂林。

在第四批准备离开的名单中的李姝伦,是年轻的戏剧从业者,在香港期间曾是汤晓丹拍摄的电影《民族的吼声》的场记。积极参加香港业余剧社"红白剧社"的演出,帮助培道女中导演曹禺先生的话剧《雷雨》,因为是女子学校,演员均是女生,得到欧阳予倩、司徒慧敏的指导。②

名单上准备第四批离开游击区的黄宝珣,一直在邹韬奋先生身边工作,邹

---

① 赵友兰、刘福春编:《曹辛之集:第二卷书刊装帧》,上海人民出版社,2011,第350页。

② 李姝伦:《从排演到上演"雷雨"》,载《电影和戏剧》1941年第1期。

韬奋先生曾说到《生活》周刊创办时,"自十五年到十七年,这一年间由二人半办着,自十七年十月,黄宝珣女士是加入的第一人"。黄宝珣同邹韬奋先生有亲戚关系,她陪同邹韬奋先生家人抵东江游击区。① 1942年离开东江游击区随旅港剧人协会的人员转抵桂林后,黄宝珣在当年冬天创办了耕耘出版社。

第五批准备离开的名单中有肖敏颂和曹国智夫妇,均为湖南人,分别毕业于北京大学和北平师范大学。曹国智于1935年加入中国共产党,是1936年抗日救亡北平妇女救国会的党团书记。在1938年曹国智与肖敏颂在长沙结婚,他们一起到桂林广西地方建设干部学校任教,皖南事变后一起从广西抵港后参加香港的救国会的工作,曹国智在香港由香港妇女知识丛书出版社出版了她的书籍《何香凝先生与中国妇女运动》。香港脱险后肖敏颂在梁漱溟和陈此生领导下,积极参与中国民主政团同盟的工作。中华人民共和国成立后,肖敏颂为长沙政协副主席,1953年肖敏颂任湖南省教育厅厅长。

第五批准备离开的名单中有戴英浪,并专门注明"苏北来"。此意为1941年戴英浪在江苏新四军关键地成立的鲁迅艺术学院华中分院任美术系教授,与许幸之同系。戴英浪出生于吉隆坡,祖籍惠州,曾赴上海艺术大学读书,一直以美术、戏剧和文学为武器在海内外参加救亡活动,早在1935年戴英浪与温涛在香港组织了"深刻木刻研究会",1940年从香港赴上海转苏北新四军根据地。脱险后在东江游击区作短暂停留后赴上海,根据组织要求打入"东亚联盟",从事情报工作。

第五批准备离开的名单中有叶籁士,江苏苏州人,1932年左翼文化总盟下属的"中国世界语者联盟"负责人,创办世界语国际报道刊物《中国报道》半月刊,1938年加入中国共产党。1941年抵香港,参加香港新文字学会活动。香港脱险后赴桂林再转上海。中华人民共和国成立后,任华东人民出版社首任社长。

---

① 王仿子:《黄宝珣大姐与耕耘出版社》,载《"三联"忆旧》(生活·读书·新知三联书店贵阳联谊会编),贵州人民出版社,2010,第51页。

3　从香港"旅港剧人"到重庆"中国艺术剧社"的重生

对比香港文化界"郭沫若先生五十寿辰序名单"和"电文名单",文化人抵东江游击区不少,其中戏剧家、电影演员占比例颇高。除了第一批离开的名单中,宋之的、叶以群等之外,第四批离开的名单中,大部分为旅港剧人协会成员,也在郭沫若五十寿辰名单出现,如舒强、凤子、兰馥心、奚蒙、金乃华(金以华)、王静安(王青安)、戴浩、虞静子、贺路、沈剡等,郭沫若与戏剧创作与剧团有深厚的感情联系。电文中的王青安应该是指旅港剧人剧团的王静安,是剧团最年轻的演员。在香港《北京人》的演出中,蓝马饰文清,王静安饰圆圆,蓝马经常辅导年轻、经验不足的王静安入戏。沈剡也是参加中国救亡剧团赴南洋演出的演员,回港后成为旅港剧人协会成员。

到了重庆,在周恩来同志和董必武同志关心下,由香港脱险归来的章泯、宋之的、金山、司徒慧敏、于伶负责建立中国艺术剧社,参加中国艺术剧社的许多成员都在电文名单上,包括旅港剧人协会成员舒强、葛一虹、虞静子、柏李、戴浩、奚蒙、丁聪等。部分没有在名单上,实际也是从香港脱险的,比如蓝马(董世雄)等文化人。

范长江抵达桂林后,蒋介石又下了逮捕令,周恩来指示八路军驻重庆办事处,通过张友渔通知范长江迅速离开,后范长江进入苏北解放区。4月9日在重庆,周恩来听取了夏衍同志关于从香港分批撤离文化界人士情况的汇报,特别关心柳亚子、邹韬奋、茅盾等人的安全和健康。了解到宋之的、于伶已经在重庆,周恩来立即指示组织一个剧团,让在重庆的话剧工作者有演出机会。[①]

1942年秋,中国艺术剧社在重庆演出曹禺先生作品《家》,由香港脱险归来的导演章泯导演,演员多数是经历了香港之战的旅港剧人,金山饰觉新,舒强饰觉慧,蓝马饰冯乐山,沙蒙饰高老爷,凌琯如饰表姐。从1943年2月至1946

---

① 中共中央文献研究室编:《周恩来年谱》(1898—1949),中央文献出版社,1998,第542页。

年1月，中国艺术剧社共演出15部大型话剧和一些外国短剧，其中大部分都是新创作的。①丁聪和沈剡均是负责舞台设计的，"沈剡"在电文中或者引用时误写为"沈剑"。香港沦陷前，沈剡正参与蔡楚生拍摄中的电影《万世留芳》，在该电影中扮演一角色。蔡楚生日记1941年11月3日记道："五点多钟，拍容小意、沈剡及三儿祭夫场面。"

第四节　从电文反映南方局最关注的营救对象

从电文反映，何香凝、柳亚子、邹韬奋、梁漱溟、茅盾、胡绳、沈志远、张友渔等是南方局最关注的营救对象，中共领导人包括夏衍、廖承志、张文彬等是周恩来特别关心的干部。1942年3月9日中共广东省委给方方转南方局并中央电文如下：

方方转南方局并中央：

（一）各工作人员及文化人均安全抵韶，小廖亦已抵韶关，并将情况告知如下。

（二）港方仍留有四、五人继续工作，并派人去广州湾工作。

（三）南洋各地联络已断，将来计划由港恢复。

（四）夏衍、范长江等已到桂林，韬奋、柳亚子则转梅，暂隐伏，乔木已在韶工作，现还有二十多人留曾生部队，继续来韶或赴桂。

（五）茅盾原劝他隐蔽一时待机，但他极不满，认为我们策略怕他跑到国民党区去借辞挽留他。因沿途有照料不好之处，大发牢骚，认为此次招待撤退都是为的扩大我党影响而已。经解释仍如此，现已转桂林。

---

① 史芒：《中国艺术剧社（1943年2月—1946年1月）》，载《重庆抗战剧坛》（重庆戏剧家协会编），1985，第104页。

（六）小廖日内转衡住，待廖夫人到韶时即转来韶，公开与之赴渝。

（七）你们有何意见，请电示，以便转小廖。

粤委　三月九日①

电文中关于茅盾的问题反映，可能互相有误会。茅盾是脱险后发表文章最多者之一，从1942年至1948年之间共八篇，包括《劫后拾遗》《生活之一页》《回忆之一页》《脱险杂记》《虚惊》《过封锁线》《太平凡的故事》和《归途杂拾》，其中有谈到交通员语言不通的情节。茅盾在1948年追记于香港的《脱险杂记》中写道："'押阵'仁兄也许不懂我们的话，也许懂，他着急而生气似的大声叫着。'押阵'仁兄身上已有一个大包袱，不知是谁的，但可以断定不是他自己的东西。我们和他语言不通，只好随他在那里跳脚，自顾自急急忙忙追那走远的伙伴们。"②文章结尾茅盾写道："我们仅仅通过游击区而已，可是它给我的印象深刻得很，到今天还像昨天的事，闭了眼看见那些年轻的战士，特别是那位南洋来的青年，——虽然并不知道他的姓名。"

1942年3月15日周恩来给方方、延安分转张文彬同志的电文，对文化人的去向做了详细安排，特别交代邹韬奋先生的安排："邹韬奋即照来电处理，其夫人及子女可暂住桂林，我们可按月送津贴，他本人去苏北转华北。"

邹韬奋在1941年12月8日傍晚携家人与友人等渡海至香港，参加12月9日由廖承志召开的文化界、新闻界紧急会议，商讨对策。1942年1月9日下午，邹韬奋与茅盾夫妇、胡绳夫妇、叶以群、于伶夫妇、恽逸群、戈宝权、高汾、廖沫沙等坐船偷渡九龙，上岸后步行，沿过宝安，12日抵白石龙。数日后转移至阳台山，1月下旬，邹韬奋的夫人沈女士携子女抵达阳台山。4月，隐居于梅县江头村地下党员陈炳传家。9月23日离开梅县沿梅江到兴宁，坐车抵韶关，乘火车

---

① 中央档案馆、广东省档案馆：《广东革命历史文件汇集》（1941—1945），印刷时间为1988年，第180页。

② 茅盾：《脱险杂记》，中国社会科学出版社，1980，第237页。

去长沙转汉口，再坐船到上海。①

被营救的文化人中具有象征意义的名人是柳亚子先生，周恩来同志从12月开始一直关注他和何香凝的安危。柳亚子是中国文学和文化的一面旗帜，1887年出生，老同盟会会员，辛亥革命前于1907年冬，与陈巢南、高天梅发起成立了"南社"文学组织，是应和同盟会而起的文学研究机关，办社至1917年结束。在1923年同新文化运动相适应，与邵力子、陈望道又发起"新南社"，与新时代倡导的民族气节同进，关注世界潮流，柳亚子任社长。1932年9月15日，柳亚子在上海完成《自传》。1938年11月在上海沦陷一周年时，完成了约12万字《南社纪略》一书的写作。②1939年9月柳无垢抵香港，12月13日柳亚子乘"亚洲皇后号"离开上海赴香港。③柳亚子在1940年11月从上海到香港前交付上海的开华书局印刷出版其在沪的最后一本书。柳亚子先生在香港住柯士甸道107号，1942年1月15日与女儿柳无垢、何香凝夫人、廖承志夫人经普椿及孩子一起离开香港往长洲岛，经过中共党组织的营救，从海上航行七天抵达汕尾，上船后才发现与在香港东北抗日领导人、原东北大学代校长周鲸文同船。

图61　邹韬奋与家人合影。右起：邹韬奋和夫人沈粹缜、长子嘉骅、女嘉骊、次子嘉骝（图片藏于广东省立中山图书馆）

---

①　韬奋基金会、上海韬奋纪念馆编：《韬奋全集（增补本）》14，上海人民出版社，2015，第663页。
②　柳亚子著、柳无忌编：《南社纪略》，上海人民出版社，1983，第144页。
③　柳亚子：《柳亚子自述》，人民日报出版社，2012，第35页。

红色交通线的记忆·下篇——香港脱险

柳亚子和何香凝抵海丰后住在新村一家杨姓的大宅里。数天后，何香凝公开消息后，柳亚子转移到九龙寨，再转至日中墟，途经五华、兴宁、老隆、曲江。1942年6月7日经历多处转移抵桂林，下火车后直接到桂林文化供应社找陈此生，颠沛流离的旅程才告一段落。柳无垢女士于1935年9月赴美国罗林斯学院读书，1937年回国后，在上海国际劳工局中国分局工作，1939年抵香港在保卫中国同盟机关工作，在香港期间与父亲、母亲保持通信，联系颇密，其中一信谈到柳无垢在乔冠华介绍下到杨刚家中吃螃蟹。陪同父亲脱险后抵桂林，在桂林中学任英文教师。

1942年2月周恩来在重庆发电到延安，报告关于香港文化人来内地情况及廖、张均已脱险。此文应是收到东江游击队电文后发出的。周恩来同志电文清楚地告知夏衍同志已安全抵达桂林，也透露出台山、广州湾也是疏散的方向，"广州湾"是湛江旧称。周恩来同志原电文如下：

康生书记处：

（一）香港文化人大部已出来，夏衍已到桂林，我们已派人去救济，如何处置，待与他们先来的人谈话后再决定。

（二）方方来电廖、张均已出险，将到兴宁，今日我接萧桂昌明电，他已到广州湾。

（三）香港这次所以未破坏，是因日寇不要汪逆特务，日军占港后就只知抢东西。

（四）请转电刘晓，我们准备疏散一批文化人经浙江去沪转苏北，因都留内地恐不能自由，请刘将此路沿途交通情形速查告。

周恩来

（注：本电文原稿藏于中央档案馆）

1942年2月27日、3月4日对于文化人的去向安排，中央书记处发电报给张文

图62 1939年,萨空了(左二)与凯丰(右一)、博古(右二)、王安娜(左一)于重庆红岩村

彬、林平、梁广,同天发电给周恩来同志转告由港撤退人员情况,周恩来同志3月26日发电报给方方、张文彬及中央书记处对若干文化人具体去向提出详细安排。

周恩来时处重庆红岩村八路军办事处处地,当时的地址是重庆第八区化龙桥13号,南方局领导机关也秘密藏身于此。

值得庆幸的是,东江游击队胜利大营救保护了这批文化人的生命,在日后的中国文化史上再续新篇。但冒着生命危险参与大营救行动的东江游击队多数队员和交通员,我们至今还不知道他(她)的名字。

第五章　大营救脱险的历史空间分析

第一节　香港沦陷区的水上交通

1941年12月25日，香港沦陷当天，港英政府对水上交通进行限制。在九龙天星码头乘船到香港需要到九龙亚士厘道西人青年会旁领通行证。天星轮渡人满为患。汽艇、舢板在九龙仓附近码头招客，许多市民为赶时间宁愿多花点钱乘坐这些水上交通工具。从香港回九龙不用通行证，但每小时只有一班。

天星小轮的前身是由一名波斯人卢先生创立的。卢先生在1871年向朋友史密斯购买了一艘名为"晓星"或译"晨星"（英文为"Morning Star"）的单层木船，该船以蒸汽机为动力，开始渡轮服务，天星小轮由此创设，此前1859年卢先生创办面包店获得财富。[①]1898年卢先生将渡轮转给了九仓，九仓创立了天星小轮，该年天星小轮有限公司正式成立。1890年至1912年，天星小轮在干诺道中与雪厂街交界处搭建一座简陋、禾秆草棚顶的码头上下客，在对面的尖沙咀九龙角也搭建同样的码头，专营中环至尖沙咀航线。

1900年香港公布《码头条例》，其他港内航线开始由多家华商经营，1919年九龙四约街坊竞标获得油麻地至中上环的经营权，1923年合约到期，重新招标由油麻地小轮公司获得。油麻地小轮公司开通了香港离岛的多条航线，油麻地小轮公司在九龙比较重要的码头是旺角山东街码头，在香港岛中环于1933年建"统一码头"集中开往离岛的各航线。

港英政府在香港岛首先建造的是皇后大道，1859年开始建设德辅道，1862

[①] 陈志华、李青仪、卢柊泠：《香港海上交通170年》，中华书局（香港）有限公司，2012，第36页。

图63 20世纪30年代香港大中华酒店前的码头

年完成。1887—1904年,港英当局实施了填海计划,1889年香港英商保罗·遮打发起香港岛中区填海计划,形成干诺道,获得大量土地,1903年工程完成。大部分街道和建筑就是在这些填海土地上建造的。19世纪80年代,香港岛的中环商业区已经具有一定规模,中心区有邮政局、钟塔、高等法院等建筑群。德辅道从临海一线的主干道逐步成为内街干道。1889年,港英当局完成中西区填海,发展为商业区。港岛在1904年完成新的填海工程,形成新岸线干诺道中和干诺道西,设立若干码头。20世纪30年代末,抵港留港文化人居留时,经常使用的香港码头是诺干道中在雪厂街的天星码头、域多利皇后街码头、琼山码头、上环街市对着的码头和西营盘东边街的码头。在九龙有梳士巴利道码头,1923年建成公众四方街(现在被称为"众坊街")码头、1933年建成佐敦道码头。

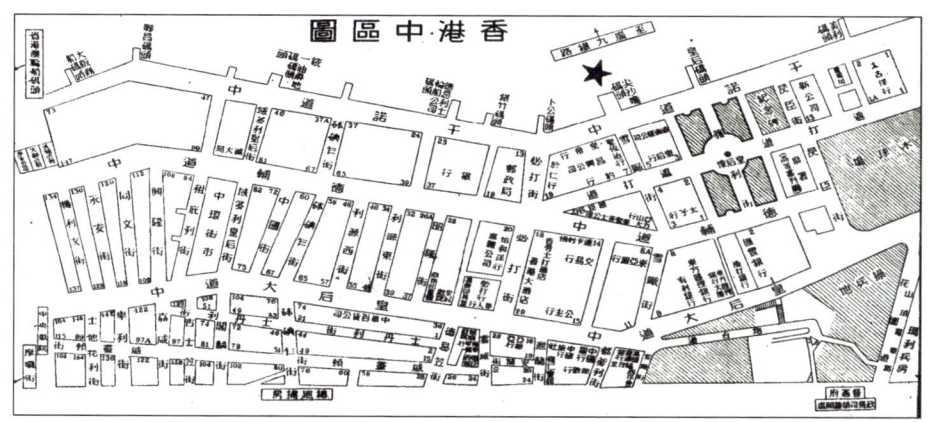

图64　香港岛1920年末的街道地图，皇后大道中、坚尼地道等是文化人经常活动的街道

日占时期，天星轮渡停开，仅开通油麻地小轮渡船，油麻地小轮公司码头是在香港岛干诺道中与域多利皇后街交界处，由日军管理。天星小轮1950年才复航，港英当局批准在香港中环爱丁堡广场及尖沙咀九龙角旧址重建。① 萨空了日记记录了12月8日从九龙尖沙咀渡海香港混乱的渡船码头情形：

"走到尖沙咀，证实秋江的话，回到西人青年会已挤得水泄不通。那时正是早九时，住在九龙的香港各机关职员都应在这时上班，大家全过不得海，可是都希冀或者可以通融，不肯折回，于是尖沙咀似乎变成了大规模的群众大会场面。九龙公共汽车照常行驶，由九龙城深水埗来的车，带来了启德机场、深水埗英兵营及其附近被炸的消息，更增加了这些群众的骚动，汉口道的儿家面包店，因为香港政府业经下令统制粮食，黄油面包已须排班候买，不到一小时，各店完全宣布售罄。向隅的大有人在。"在后面十几天香港完全沦陷前，往来港九之间需要特殊的身份证，萨空了日记中也写道："当我在九龙未过海时，曾由报社掌找的照片，向港政府代请一张可以通过戒严区或战区的身份证，过海后拿到了这张身份证，但仍须到中央警署或情报部加盖一个印章

---

① 陈志华、李青仪、卢柊泠：《香港海上交通170年》，中华书局（香港）有限公司，2012，第84页。

方能生效。"情报部设在告罗士打酒店楼上。萨空了日记又记录了轮渡恢复的情况：

"今天是香港战事爆发的周月，香港沦陷的第14天。早起报载油麻地渡轮公司在呈请敌民政部准予复航。至于天星码头的渡轮，敌人业已开驶许多天，只限敌伪军政人员乘用。现在据说普通人民已可允搭乘，但须到敌民政部请领渡海证，并限于过去住在九龙，现在过海之后不再回港的人。"

大部分脱险的文化人是在九龙秘密隐蔽多日后离开九龙通过"新界"脱险的，萨空了先生日记中记录他家住汉口道，范长江住北京道附近，李健行的回忆是住九龙油麻地佐敦道14号地下。由于九龙租金比香港岛低，上班族多住九龙，早上乘轮渡到香港上班。汉口道与亚士厘道平行，与梳士巴利道呈丁字形交接，在半岛酒店西侧。1941年九龙标志性建筑就是半岛酒店和火车总站大钟楼，大部分建筑是骑楼形式，楼下商铺，楼上住人，一般为三四层；香港岛的上海汇丰银行大厦是1935年落成的，因为汇丰银行建设需要，于1933年拆除了旧大会堂。当时香港第二高楼是九层楼上有钟楼的告罗士打大酒店，再有为十层的有尖塔的东亚银行，还有旧邮政大楼、香港大酒店、沃行、皇后行、皇帝行等建筑。[1]香港大酒店于1892年开业，借鉴伦敦一流酒店的管理，获得成功后，经营者又在九龙开始建设酒店，半岛酒店是1921年兴建，1928年完工开业。

1899年5月，英国强行租借九龙，英国人的占领范围扩张到九龙。1899年4月16日英方在大埔举行了所谓的"新界"接收仪式。"新界"突破了原来"界限街"的范围，"新界"原居民的抗议行动被镇压。港英又将荔枝角至鲤鱼门，包括深水埗、九龙城、牛头角等地区称为"新九龙"。

英国人在1861年占领九龙半岛后，规定尖沙咀的华人迁往以天后宫为中心

---

[1] 关礼雄：《日占时期的香港》（增订版），三联书店（香港）有限公司，2015，第10页。

红色交通线的记忆·下篇——香港脱险

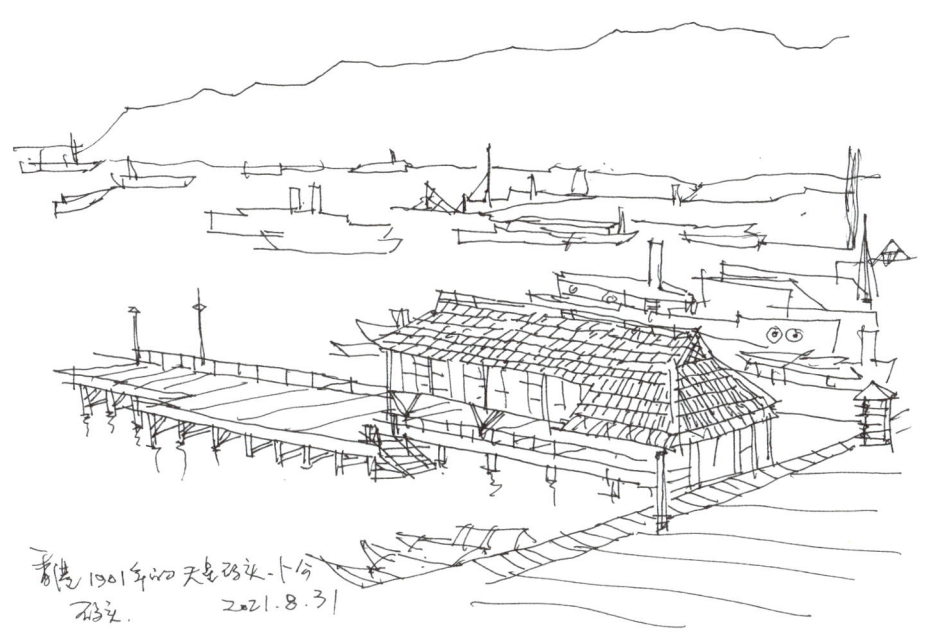

图65　1901年香港天星码头、卜公码头（作者绘制）

点的油麻地区居住，[①]统治者已经开始对九龙半岛扩张进行规划，1861年港英初期的规划图已经表现出填海的欲望。1904年至1924年大量农田被建设用地替代，九龙在20世纪20至30年代才开始繁荣起来，沿海土地一直不断填海扩大以形成更大的规模。从1904年至1920年进行了较大规模填海工程，1919年填海完成后，填出的红磡沿海土地供广九铁路使用，并且形成新的码头用地、军事用地，深水埗沿海用地就是填海形成的军事用地，弥敦道一直是南北主干道，两旁发展起来，九龙城是最大的聚集地，周围有大片农田。在其东面填海造地形成启德机场建设用地。1904年港英政府才废除只有外籍人士才能居住在尖沙咀的限制，由于广九铁路总站设于该区，原来该区被规划为军营区和外国式花园

---

①　郑实洋：《香港城区发展百年》，商务印书馆（香港）有限公司，2018，第44页。

355

城市区。①九龙形成规模和红磡火车站的建立，带动了九龙迅速发展，此时九龙的建设速度超越了香港岛。

从1941年历史地图分析，九龙的发展已经形成商业区、居住区和码头仓储区，九龙城已经成为被隔离的村落，但"界限街"这一名字还在，保留了历史的空间记忆，九龙城南面的福佬村道、侯王道等历史街名还存。现在香港的区划是复杂的，从城市规划体系分，九龙和香港称为都会区，再细分为"新界"西南区、"新界"西北区、"新界"东北区、"新界"东南区。还有立法会选举、区议会选举、经济统计等的不同分区标准。

1942年1月25日萨空了坐船到澳门，19日和24日日记记录在码头买票情形：

1月19日　星期一

下午三时，我们三个人已在人的推挤下随了行列进到天星码头门前，行列由此又折向西方，转入平日放人力车的两行铁栏中，到了这铁栏内过海的希望才算接近。在铁栏外，有一个敌宪兵，在那里指挥，维持秩序。天星码头上的英文字，已经改了中文。"Star Ferry"变成了"九龙行乘场"，——十足日本味的中文。

1月24日　星期六

早饭后和炳海访惠通，一同到太平线难民船票处，看见门外写了十二时起售票，我们决定十一时再来。炳海想通知他的长兄也走太平线，便去利舞台附近他哥哥的家，我和惠通又到永安码头门看等买澳门船票的情形，忽发现码头门外有了一张手写的布告，说"海珠丸"头等船票，在内河营运组出售。"海珠丸"是昨天开行的一条船，明天开的船会不会头等票也在内河营运组出售呢？我们决定到内河营运组去看看。②

---

① 郑实洋：《香港城区发展百年》，商务印书馆（香港）有限公司，2018，第11页。
② 萨空了：《香港沦陷日记》，生活·读书·新知三联书店，1985。

红色交通线的记忆·下篇——香港脱险

图66　1947年萨空了与两女儿的合影

萨空了最后终于买到前往澳门的船票，1月25日乘坐"宜阳丸"离开香港往澳门，得以脱险。前往澳门的航班在香港沦陷前期断航，需要秘密偷渡，随后1月香港至澳门航班恢复，下船码头有屈地街陶园酒店对面的码头，上环的"三角码头"永安码头，需要在码头等候一两天并取得通行证，才能进入澳门。行驶的轮船有"海珠丸""天鹏丸""福海丸"和"宜阳丸"。①当通往广州、广州湾航班恢复，许多人选择了这一路线。

---

① 关礼雄：《日占时期的香港》（增订版），三联书店（香港）有限公司，2015，第103页。

岭南的记忆

第二节 陆路的主要通道：青山公路和深圳河

深圳河是边界河，其南面是1949年港英当局设立的铁丝网，1962年在山上又建一道铁丝网，从沙头角一直延伸到后海湾。

陆路西线从九龙青山道到荃湾，越过大帽山至元朗，渡过深圳河进入梅林坳，由游击队和地下交通员一路护送从九龙到宝安游击区白石龙聚集。从九龙撤退至白石龙的路线，是从青山道经荃湾、元朗进入宝安游击区。在荃湾与元朗之间绕道大帽山（大雾山），再由元朗经落马洲至东江游击队总部白石龙村，沿途在荃湾、锦田、元朗和落马洲均设有秘密接待站，以解决食宿问题。

图67 宝安白石龙抗日革命根据地旧照（藏于广东省立中山图书馆）

红色交通线的记忆·下篇——香港脱险

香港青山道建于1908年，其建设的初衷是连接青山和屏山的山道，1911年建成4.75英里长、6英尺①宽的砂石路。1917年完成深水埗至荃湾的路段，荃湾至青山路段于1918年完成。青山起点为青山湾码头，1922年九龙靠近边界街的英皇子道贯通。随着汽车时代到来，青山道扩大路面成为可以行车的道路，道路延长至荃湾等地方。从青山道进入内地这一条路线是脱险最主要的路线，也是疏散香港难民回乡的路线。《胡风回忆录》对陆路通过青山道抵大埔、过深圳河有详细描写：

> 我们在九龙洗衣街顶楼某宅住了两天，一月十二日一黑早，我们一群人（有宋之的夫妇和沙蒙）由住处出发向郊区走去。走近郊外就可以看到大批的和我们一样的难民，都是背着包袱，提着小藤箱，有的孩子背上挂着几把雨伞。我背了一个灰布包，M手提一个旅行袋，晓谷也背了一个书包，里面是盥洗用具。今后，我们将靠身上背的这点东西御寒过冬。我从来没有像今天这样简单，连书都没有一本，也从来没有像今天这样轻松过。
>
> 过去荒凉的小路，现在已是人头济济。我们夹在当中，忘了走了多久，只感到肚子饿了，孩子也有点走不动了，前面的带路人才将我们领到一所空房子里，随手关上了大门让我们休息。到五六点钟天似黑非黑时，我们才离开那空房子。走了几里路转向小路上了山。又走了有十来里路吧，到了一处土屋，停下来休息。看到有背枪的游击队员在放哨，我们已进入东江纵队的游击区了。当夜就在那里住下，一式的地铺，下面铺了稻阜，上面有草席。我们将随身带的毯子一裹，躺在又软又香的稻草上，一会儿就都睡着了。
>
> 第二天一清早又上路，仍是由穿唐装的交通员带队。走了许久的崎岖山路，到了离大浦镇不远的平地，住进一家祠堂。我们在那儿大概住了几天。

---

① 1英里≈1.609千米；1英尺≈30.48厘米。——作者注

通过日军驻地后，完全是田野。在某处坐木船渡过小河，上岸就是广东省地界，好像属于宝安县。我们在一个村子里歇脚住了一夜，再往有山的地方走。

大埔是重要的城镇，是大埔理民府所在地，管理范围在香港沦陷前较大，粉岭在其行政范围内。粉岭是因1898年签订《展拓香港界址专条》，成为"新界"的一部分，随之从新安县改属北约理民府，北约理民府后再改称为大埔理民府。

第三节　香港、澳门交通和珠三角的联系

从香港偷渡至长洲岛，再从长洲岛航行至澳门，从澳门通过岐关公路再抵中山石岐，坐火轮沿着珠江水系至江门，经过鹤山进入肇庆，这条线路充分利用珠江口和珠三角平原的水陆交通网，在香港沦陷后，疏散了一批文化人，让他们能顺利地穿越珠三角。长洲岛当时居住的主要是渔民、种菜的农民，在香港沦陷前，港英政府派数名英国人在此管理，在香港沦陷后，日军军事力量还来不及顾及小岛，在此偷渡赴澳门容易得多。

澳门在1942年2月接收首批难民，难民被安置在学校、俱乐部和教区中。不少文化人在此避难，澳门利用文化人在此聚集的便利，也举行了许多文化艺术活动。

梁漱溟脱险后给儿子的信重现了20世纪粤港澳三地水陆交通的转换关系，梁漱溟写道：

一　离港

我已于1月26日到达梧州，现在可以将从香港脱险的经过告诉你们。

香港战事于12月25日结束，我同几个朋友隐蔽在西盘一间小学的教室里，且觇日军动静如何，准备走出香港。但急切间得不到好办法，直至1月10日始得离港北来。

这是起身头一天方决定的。承一位朋友的好意通知我们，说是有一只小帆船明天开往澳门，船主曾向日军行过贿，或可避免查问。船费每人港币六十元，此友已预定五个人的位子。我们当下付过钱，约定次日天明于某处见面，有人领我们下船，并嘱咐我们改换装束，少带行李。

我们同行朋友计五人：陈君、陆君、范君夫妇和我。五人皆改成工人或小商贩的装束，自携行李（都是小件的），随引路人，自中环急步，向香港仔下船。这是一段约二十华里的路程，在久不走路的我，竟感异常吃力，周身是汗，两脚生痛，走到末了，一跛一拐，几乎不能再走。路上还承友人相助，代携行李，方勉强到达，不过还好的是我气不喘，心不慌。

船甚小，宽约一丈，长约三丈二尺，却有三挂帆。我真没想这样的小船可以航海。由香港仔驶出时，从海面看见有被凿沉的轮舰十数艘堵塞海口，如其不是这小船怕也驶出不得呢。

二　到澳门

船行全赖风帆之力。风若不顺，或无风，那便走不动。所以一时风力好，则船上人都色然而喜；一时无风，便人心纳闷，都说今天到不了澳门。

....

澳门属于葡萄牙，而此时此刻全在敌军控制下，我们登岸入旅馆，便见很多说日本话的朝鲜人。且传说敌军将接收澳门的警察权。我们到澳门还希望有轮船去广州湾，但轮船皆被敌人扣住不许开。有一次日本领事签字许开了，而他们海军方面又不许，到底不得开。我们因耳目太多，且不好久居，承澳门朋友冯、柯两先生帮忙，移到一间空房内，慢慢设法离澳。

....

最后想到办法，还是小船漂海，直奔自由中国的都斛（属台山县），此路因海上多盗，无人敢走，但我们则有友人介绍得识海上豪杰吴发君。他逞豪海上多年，人称"吴发仔"的便是。他的势力范围在三灶岛、横琴岛、大小榄一带多处。抗战以来，敌人要夺取三灶岛为空军根据地，他便与敌人抗拒，苦战多次，曾受政府收编，担任游击工作，因他本人即是三灶岛的人，家族亲故皆在岛上。岛山居民一万二三千人，全部被敌人屠杀赶走，失去生活依据。所以他是与敌人是永不妥协到底。直到现在，还有几千义民跟随他在澳门附近荒岛野山上砍柴为生，我们皆曾眼见。至于他们的抗日战绩，前一二年的香港澳门报纸亦不少揭载的。此番他知道我们是文化界的人要回国，他愿护送我们到都斛。同时托我们将他抗日的赤诚、部队的苦况、义民的流离，向政府代为申诉，请求设法接济和救济。

三　再度漂海

在17日的下午，吴发仔派人引我们乘船先到路环——这是距澳门不远的一个地方。三灶岛的义民逃难在此的便不少，而吴的部下实际亦是他们的族中子弟，他们都称呼他"发叔"。部队并没有政府发放的饷项，要靠护航为生，就是将内地所需货物和汽油棉纱等宝运到都斛，收些护运之费。这种生意每个月只阴历二十五至初五的十天内能做，因为这十天没有月亮，在漆黑的夜间才能避敌人发现。白天和月光下都是不方便的。1月17日这天正好是阴历十二月初一，就乘他们运纱的便船送我们走。

黄昏时候，吃完晚饭，大家下船，船共五只，虽有大有小，亦差不甚多。记得我乘的一只，约六尺宽、三丈长，无篷，一挂帆而已。原说我们五人分五船，因为船太窄小，而驶船的人一船有八九个，还不时来往走动。

…………

好在船行多在群岛之间，所以不久便依泊于一小荒岛上。候到天明日出，将衣服曝在太阳下，人亦烧柴取暖，船上带有蔬菜，但遍觅岛上无淡水可得，只好用海水煮饭。我素有耐饥本领，喝一小碗而已。饭罢，就仰卧沙滩之上，阳光之下，寂无所闻。直到天色昏暗，方扬帆而去。——此为18日事。

船行顺利，是夜便到都斛，但还不是都斛市镇，是其海口，地名东滘口。

....

四　由都斛到台山城

....

19日宿一夜，20日就赴台山县城。赴台山，我和范夫人各乘一轿，范、陈两君各骑一单车（脚踏车）。车轿都是警察所代雇的。警官甄君招待甚周，并设酒饭在他所内款待我们。因为我的名字一传到都斛，就被当地几个旧日广州第一中学的学生朱元凯、朱灵均、李元五等晓得了，马上来欢迎我。而警察所朱所长正是他们一家弟兄。

朱等立刻写信告知台山城内的同学陈炳贤。陈任县政府粮政科长，他又报告给县长陈灿章。所以我们一到城内，陈同学和陈县长又都来欢迎了。陈县长是我的朋友刘裁甫先生的学生。十七年（1928年）我在广州时，他任民政厅秘书，曾经见过面的。于是随着当地的新闻记者和县党部书记长都来看我。他们皆以为我是文化界从香港脱险到内地最早的一人。——此是1月20日的事。

五　经过三埠

照我们的路线，到台山后，应经三埠去开平肇庆。所以20日宿一晚，21日晚发电报给重庆后，即决定去三埠。

....

经过一程旱路，一程水路，21日下午到了三埠，"三埠"原是三个埠头：长沙、荻海、新昌。

....

六 经开平到肇庆

22日午后起身,当晚抵开平县城。

....

是晚(24日晚),我们宿肇庆大旅馆。次日天明王专员和他的夫人又来旅店。引我们出城去避空袭。这天明避空袭是肇庆近月以来的规矩。全城人都走出城外,过午才回城。

....

七 搭船上梧州

25日傍晚,王专员夫妇和一位管理西江航政的唐姓军官亲自送我上船。

....

从梁先生的记述中可以看到当时在陆路不畅的情况下,水路的作用。特别提及了潭江边的三埠镇,开平的三埠镇是水系的汇合点,由长沙埠、荻海埠和新昌埠组成,新昌埠当时的骑楼街道,已经是商业繁华的中心,长沙埠与荻海埠、新昌埠隔江相望,开平县立师范学校和弘农中学均设在长沙埠。在民国时期荻海和新昌为台山管辖。潭江下与崖门水道联通,上可接西江,四邑的形成均与潭江有关系。三埠镇是澳门、香港与西江水系联系的节点,英军服务团于1942年底在惠州设立前线指挥营救和情报交换后,意识到三埠的交通意义,于是在三埠建立了联络站。

20世纪40年代时进入香港、澳门,三埠仍然是重要交通节点。从三埠或公益埠搭电船至陈涌,由陈涌步行经过七堡、莲塘、汾水江,第二天至新会城,17.5千米,由会城搭汽车至江门,在江门留宿,第二天早上9时由江门搭拖轮至中山岐山,下午3时到达,可即时搭岐关汽车往澳门,如果需要进入香港,在澳门办理香港入境移民证,持证乘船抵香港。

澳门至石岐的岐关公路于1927年10月动工,1927年冬在澳门新马路67号二楼成立办事处悬挂"竹庐"牌匾,取"筑路"的谐音。分别由具有测量经验的郭颂尧和建筑道路经验的刘庆勋负责勘测定线和桥梁涵洞设计。① 分东西两线,1932年1月17日东线完成全线通车,1936年西线也完工,联通长沙墟、前山、古鹤、萧家村、三乡、深湾、神冲、陵岗、大环、崖口、翠亨村各乡镇。

1938年,岐关车路有限公司为避免日军飞机轰炸,改为夜间行车。1940年3月,中山尚未沦陷,为阻止日军挺进,国民党广东省政府命令将岐关公路全程分段破坏。1940年3月,石岐沦陷。1941年6月13日,中山全境沦陷。车路公司坚决拒绝与日军合作,平时行驶于三埠和澳门之间的各渡船、货船,因为日军巡逻舰艇出没也已停顿,日军只能利用其他公司替代岐关车路有限公司,保持通车。

叶浅予脱险后是先从香港秘密偷渡澳门,对1942年的澳门写有回忆文章:"港澳之间船行两小时即到。澳门表面上还是葡萄牙殖民地,实际已在日本特务机关的统治之下,澳门北面的中山县,早被日寇占领,中山的县治所在地石岐,和澳门之间通公路班车。"

20世纪20年代澳门面积是15.27平方公里,包括离岛的面积。澳门在20世纪初主要依托港口经营土货出口、洋货入口的生意。1921年,澳门渔民达6万多人,占澳门总人口的71%,捕捞业是澳门最传统产业。1937年《政府公报》第34期刊出《采取准备接纳因上海非正常局势而将临澳的葡萄牙难民》。1937年第37期《政府公报》公布澳门5月人口调查表,澳门人口23万余(231953人),其中有约2万的水上居民;葡萄牙人为2万余人(21174人)。1937年12月28日在大横琴岛设置临时阵地,防止在附近海域游弋的日军登陆,并设立一牌"1937年12月28日全体士兵及葛古诺(Gorgulho)上尉立"。②

---

① 郑勖济:《广东民办岐关车路有限公司始末》,载《广东文史资料》第39辑(中国人民政治协商会议广东省委员会文史资料研究委员会编),广东人民出版社,1983,第159页。

② 施白蒂:《澳门编年史——二十世纪(1900—1949)》,金国平译,澳门基金会,1999,第276页。

广州沦陷后，许多广州商家迁徙澳门开分号，王老吉、陈李济等中药店均在澳门开设分店。1939年旅馆有51间，1940年至1941年商店有2871间，部分广州的学校也迁徙澳门，如私立培英中学租唐家花园为校舍，香港沦陷后香港的分校也迁至澳门合并办学。据1941年《广东年鉴》记载，有12间广州及附近地区的中学迁澳门，[①]1937年在澳门的施之古（Francisco Xavier Anacleto da Silva）的豪宅改为岭南学校，1942年在澳门约有3万华人学生。1938年岭南画派代表性画家高剑父因广州沦陷而迁往澳门，在香港尚未沦陷时已有不少香港人居住于澳门，陈君葆家就是在澳门，在香港大学教书，澳门的居住费用较低。金曾澄先生未到坪石就任前，与在香港大学念书的儿子金熙修等家人住澳门。

但随着中山石岐沦陷，海路、陆路停顿，澳门短时间的繁荣马上消失。拱北海关的记载记录了当时的社会环境变化："三十年中，澳门与邻近地区利用各式船只，交换多量物资，至太平洋战事发生后，此项贸易乃告停顿。至于航运事业，除悬挂葡国旗帜之两轮外，悉为敌人劫持。太平洋战争期间，仅石角和关闸两关仍继续工作，然此二支关，俱已归伪粤海关管辖。"[②]

澳门与香港之间靠轮船联系紧密起来，凌晨三时还有轮船赴香港，轮船有"泉州""濠江""泰山""金山""西安""东安""福安""天一""新民庆""新国庆""安利""广福祥""瑞泰""江苏"等，由港澳泰生轮船有限公司、省港澳轮船有限公司、省澳同安轮船公司、四邑轮船岐有限公司、明生轮船公司、复安轮船公司等多家轮船公司经营。澳门到中山石岐也有轮船，顺搭小榄、前山等各邑，也有轮船是直抵三埠。"西安"号轮船于1943年8月19日被日军使用武力掠走：让"西安"号轮船到香港补充日军舰艇不足，改名为"塔兴"（Tak Shing）。

叶浅予从澳门进入沦陷区中山，心情痛苦。在日寇入境前，中山县政府已

---

① 芦海滨、芦丹、张九龄：《岐关路复忆》，澳门科教文出版社，2012，第129页。
② 芦海滨、芦丹、张九龄：《岐关路复忆》，澳门科教文出版社，2012，第103页。

经分段将岐关公路破坏。1940年3月岐关车路有限公司宣布停业，中山沦陷后，岐关车路有限公司坚持不复业抗争。部分公司为伪政府所利用，开设了货客兼营的运输公司。

叶浅予回忆经过岐关路的班车情形："我们从香港来的八个难民，打着回乡的旗号，领到回乡证，买了票，登上了班车。这班车是辆运货大卡车，车尾装行李，货位装旅客，塞得严严实实。上车前，由日寇特务机关把住关口，检查行李和证件。那个特务头子身穿便衣，挺胸凸肚，腰间挎一口日本军刀，威风凛凛。好不容易通过检查站，驶出澳门，进入中山县境，又是一道关口——敌军的岗哨。一个日本兵爬上车来东张西望，看了几眼，便叫放行，我们总算顺利通过。这使我们意识到，我们已经在日寇占领区旅行，成了沦陷区的顺民。近午离开澳门，傍晚到达石岐，在车站被一位旅馆伙计拉去住店。"①

目标是向西江肇庆方向，才能确保安全，步行兼坐船是主要的逃难方式，路上许多挑夫在靠苦力帮助过客挑行李挣生活费。往肇庆当时主要有两种选择路线：三埠转开平、新兴，抵肇庆，需要四天的时间；另一路线是从棠下出鹤山、高明，渡西江过肇庆，约三天的时间。从江门过棠下，约40里，其中7~8里可以利用水路，从棠下出发到龙口，40里，再经60里到杨模，往白土，可以坐船抵肇庆。

叶浅予在回忆录中写道：

盛舜出面打听去鹤山的路途。鹤山是贴近西江沦陷区的我军控制区，我们心里把它叫作自由区。盛舜打听到明天即可搭内河小轮去江门，在江门买良民证后可以通过日军岗哨走出沦陷区。我在石岐旅店安顿就绪后，拉了盛舜到街上看看。走到一处十字路口，远远看到一个敌军岗哨，行人走近，必须向日本人鞠躬行礼才能通过。中山沦陷已有三年，老百姓习惯

---

① 山风编：《叶浅予自叙》，团结出版社，1997。

了这种显示占领者威风的霸道行径，个个人彬彬有礼地鞠躬如仪，然后若无其事地扬长而过。我们看了一会，一股不愿做亡国奴的情绪堵塞胸口，扭转身返回旅店。

第二天一早，在码头上吃了美味的鱼生粥。这儿没有澳门那样的检查站，也没见到一个日本兵，很从容地上了船。在船上，脑子里闪过一道意念：看来当沦陷区的顺民并不很难，可这想法又被昨晚看到的敌军岗哨的威风打退了。这一水程，是珠江三角洲的一道小河，向北直通西江大河，江门是这一水程的重要码头，梁启超在新会县的老家就在这江镇上。水程途中，见到一艘敌人运粮船，船后艄的舵篷下，几个贼兵围着一个船娘饮酒调笑。因这船驶在我们轮渡前面，我们看又不是，不看又不是，叫人气破肚子，不由问自己：在沦陷区做敌人的顺民行吗？！

到江门住在一家沿河的旅店里，旅店老板为我们每人买到一张良民证，准备第二天一早由一位乡长送我们过敌军岗哨。送人过境是本乡的一个好差使，良民证卖钱，送过境也要收钱。我们八人全是农民或平民打扮，自挑行李，来到西江边上一座山脚下，老远就看见敌军数人在蹦蹦跳跳地作欢迎状。起初觉得纳闷，后来想起，乡长曾嘱咐我们，过关时要受搜查，如有贵重东西要藏得严密些，别让抄走，这才明白过来，原来敌人看到我们这一群送礼的人来了，哪得不乐。我身上唯一贵重的东西是那只防水防震的手表，早已偷偷戴在胳肢窝下，搜查时，两手故意低低举起，不让敌人摸到，算是逃脱了劫运。贼兵贪婪，什么值钱的都要，我离香港时从地摊上买来的一套西装被抢走了，派克牌钢笔、皮鞋他们也要，女人的首饰当然更要。这一搜括，每人行李都减轻了。到鹤山还有一段路要走，对我们来说，留得青山在，不怕没柴烧，只要能平安走出沦陷区，哪怕被搜得精光也觉得痛快。搜括完毕，敌军一声令下，放送礼者过关，乡长向我们挥手告别，我们当然向这位好心的同胞由衷感谢。

快步离开岗哨后，前行几十步，人人松了一口气。停下来交换意见，都说目的地离此十来里，在这两不管地区，一怕遇盗，二怕敌人进攻，万一出事怎么办？有人说，遇盗不怕，把剩下物资全部奉送，两手空空，落得轻松。至于敌人进攻，看来可能性不大，想想刚才敌人岗哨上那种抢劫行为，他们哪还想冒生命危险扩大什么战果！这么一说，大家心情突然开朗起来，步子迈大了，嘴上也唱起来。一小时以后来到了鹤山。

进了镇，住进了旅店。人们打听到我们从香港来，便问香港情况，我们如实回答。这一带的人从来和港澳有来往，这一传，传到了镇上的政权机关，便派人来查问，叫我们自报身份以及和重庆的关系，怀疑我们是日本人派来的奸细，而且居然下命令把我们看管起来，不准自由行动。这个意外的打击，使我们一颗颗爱国心顿时凉了下来。罗寄梅比较冷静，宣称他是中央通讯社的摄影部主任，不信可以向重庆打长途电话询问。那些人一看我们来头不小，果真打电话向上面请示。接通了重庆，证实我们确是刚从香港逃出来的文化人。这么一来，我们从阶下囚一下子变为座上宾，去肇庆的关系也搭上了。

鹤山到肇庆的公路已破坏，去肇庆必须步行。爱莲新病初愈，大家怕她走不动，可她体质好，表示挺得住，我们便决定步子放慢，行程拉长。好在敌人已被我们甩得老远，肇庆的关系也已搭上，可以松松劲，慢慢行。一路走了两天，早走早投宿，平平安安到达肇庆。①

与叶浅予同行的吴元坎是邵力子女婿，他于1937年毕业于日本东京大学法科，是新闻工作者和翻译家，在港期间在《世界政治》杂志发表多篇国际问题分析文章，抗战胜利后赴重庆进入《大公报》从事新闻工作，中华人民共和国成立后在上海译文出版社工作，翻译鲁迅与日本友人的通信。罗寄梅是中央通讯社摄影部主任，脱险后赴敦煌拍摄，成为中国最早、最完整记录敦煌壁画的

---

① 山风编：《叶浅予自叙》，团结出版社，1997。

摄影家，所拍摄的敦煌作品为今天中外敦煌研究者提供了研究敦煌最宝贵的史料。盛舜是特伟的弟弟，特伟全名是盛特伟，祖籍广东中山，同时脱险的音乐家盛家伦虽然年纪比他们大，但是同宗，辈分上要称他们为叔叔。

《华商报》专跑香港新闻的记者华嘉，经常出入香港大酒店的情报部获取新闻素材，目睹1941年12月12日情报部关闭的情景。华嘉一行9人脱险的路线与叶浅予脱险的路线类似，他们是1月11日出发离开香港往澳门，先从西营盘出海，一个半小时的时间到了长洲岛，因为岛上混乱，当天马上乘船继续行驶至澳门。1月18日，共9人离开澳门，在坑尾伪派出所买了良民证，到了石岐，从石岐到江门是一段水路，每天有一艘内河小火轮拖着一艘驳船来往，1月20日出发通过封锁线，经过棠下往鹤山公路后脱险。沿途受尽日军的欺辱，华嘉后来在文章中写出了愤怒。①当香港受日军空袭当日，华嘉以"叶明"为笔名发表特写《香港武装起来了》。1942年2月抵达桂林后，华嘉马上在3月由文林出版社出版了《香港之战》，记录了这段脱险的历程，第一章题目为"香港打了十八天"，开头就感叹道："谁又会想到这自由商埠的101次圣诞节的圣诞钟声，同时也是她的丧钟呢？"

第四节　穿越日占区寻找粤汉铁路曲江站

1938年10月广州沦陷，广九铁路华段受破坏，广九铁路停止运营。香港沦陷，最靠近香港的铁路站，就是粤汉铁路的曲江站，它在抗日战争中具有标志性意义，从曲江上火车，才能抵达大后方。

粤汉铁路与广九铁路是抗日战争前最重要的交通动脉，粤汉铁路石围塘至佛山段举行开幕礼时，香港署理港督梅含理以私人身份参加。他在开幕礼上认

---

① 中共惠阳地委党史办公室编：《东江党史资料汇编》第三辑（抢救文化人史料专辑），1984，第217页。

识了华美合兴公司的秘书巴斯和工程师基尔,了解到粤汉铁路必须连接到深水港。1905年港督弥敦上任后,向伦敦请求派工程师、测量师到港开展广九铁路的前期工作。① 唐绍仪在1907年3月7日代表签字,债权方是英国中英公司,贷款150万英镑,以铁路财产和收入担保,偿还期限30年。从深圳到广州大沙头铁路全长89英里,进入英国租借地及英国占领地抵香港九龙22英里。换言之,广九铁路分华段和英段,英段22英里,华段89英里,广州终点站设在大沙头。英国方面于1906年动工,1911年10月3日广九铁路通车;又建设粉岭支线,长7英里。在九龙的站设有粉岭、大埔墟、大埔、沙田、油麻地、红磡、九龙。

1936年,建筑历时36年的粤汉铁路通车,广州起点站设在石围塘。但两线抵广州的终点站是分离的。粤汉铁路沿途在香港的站点是九龙、红磡、油麻地、沙田、大埔、大埔墟、粉岭、深圳。

1914年粤汉铁路广州至韶关贯通,全长223公里。武昌至株洲全线1918年开通,称为湘鄂段。此后中间连接段株韶段,长456公里,经历漫长的时间,1929年成立株韶段工程局,先开筑韶关至乐昌段,长50公里,于1930年开工,1933年完工,然后株韶段工程局从广州迁至衡阳,分南、北、中三段同时开工,经过努力于1936年完工。

粤汉铁路全线贯通,除了具有明显的经济作用外,蔡元培先生还专文论述粤汉铁路与南北文化沟通的作用,称"自北平以至广州,呼吸相通"。

1937年春,广九铁路在石牌接通粤汉铁路,汉口可以直接与香港联系起来。时在上海的国际问题专家金仲华先生就在《永生》杂志1936年第6期发表《非常时期的时事图解》分析全国交通与战争关系,其中文章之一《粤汉广九两路接轨问题》指出:"粤汉港九两路接轨的问题,不是一个单纯的铁路交通问题,而是英国看到日本在华进取太速,赶忙起来巩固它本身在华势力的问题。"《永生》杂志由金仲华于1936年3月创办于上海,具有结合各国军事地图

---

① 马冠尧:《车水马龙:香港战前陆上交通》,三联书店(香港)有限公司,2016,第242页。

分析时事的特点，杂志名字含意是"求生的道路"。《大众生活》在上海被查封后，《永生》迅速创建，继续为抗战发声。1936年6月，金仲华赴香港协助邹韬奋《生活日报》的编辑。

粤汉铁路全线长1106公里。抗日战争爆发，粤汉铁路在运输物资、军队运送方面发挥了重大作用，随着战事发展，两端城市相继沦陷，粤汉铁路被炸，仅剩590公里从广州至衡阳段勉强运行，接着南段拆至乐昌，北段拆至株洲。公司经济问题严重，仅靠南段、广九铁路和广三铁路稍微盈利，进行补贴，军方严重拖欠公司运费，全线两万多员工的生活费用难以保障。

抗战前期粤汉铁路运送军队和军需武装作用显赫，尽管有日军进行空袭，但粤汉铁路员工冒险行车，运输动脉保持畅通。香港沦陷之前粤汉铁路已经全线通车，香港沦陷后日军控制广州和九龙两头。1943年11月，日军力图全线通车，但一直受到东江游击队抵抗，全程60%的铁路被破坏，在日占时期始终无法达到全线通车的目的。

1943年粤汉铁路行车时刻表显示，起点是曲江，经杨溪、乐昌、岐门、坪石、白石渡、邓家塘、郴县、许家洞、高亭司、耒阳、衡阳、衡山、涤口、株洲，最后终点站为湘潭。所以曲江是最重要的转入内陆的中转站，赶上了曲江的火车，前方是坦途。

1942年夏，广九铁路勉强修复分段通车，除"新界"尚可以载客，其余只供应军方使用。东江游击队为了阻挠日军的后勤保障，破坏了广九铁路，虽然日军控制了广州和香港两座城市，但两年多没有一列火车可以畅通全线。

从香港脱险再赴曲江有不同路线：从广州出发赴韶关，北上需要穿越三水和芦苞"无人地带"；脱险后抵惠阳出发的，需要经过老隆（今河源龙川县）转汽车抵曲江，赴老隆又分水路和陆路两种交通方式。

香港脱险后在广州的高士其，在博济医院住了两三天，在黄秋耘同志护送下继续北上，就是通过最危险的三水和芦苞地带。黄秋耘回忆道："可是更大的困难还在后面呢。从日军占领下的广州到国民党控制下的清远，在三水和芦苞之间，得通过一段约4华里的'无人地带'。在无人地带，土匪经常拦路抢劫，旅客们总要成群成队、提心吊胆跑步冲过去。高士其同志自己不能走路，怎么办呢？我跟同行的年轻小伙子商量，幸得大家帮忙，轮流背着他走。最后一段，还有十多步就离开无人地带了，高士其看我们背得太吃力，就硬要自己挣扎着走。我们把他放下来，他低着头，咬紧牙，拼命向前冲，险些儿闯在铁丝网上。"

而胡风回忆中则描述了离开游击区绕过日占区抵达曲江的线路：

> 在惠阳住了三四天，从东江游击区过来的人越来越多了，都在设法回内地去。负责我们行程的同志安排我们先坐木船到老隆，然后再换乘别的交通工具到桂林。
>
> 这是走东江的很大的木船，有三四个舱位。除我们一家、宋之的一家、葛一虹和沙蒙外，还有一个广东青年带着两个姑娘也和我们在一起（在进惠阳城的路上，曾看到过他们）。白天开船，傍晚时就找一处歇下。这次航行很特别。我们只知道目的地是老隆，但中途经过什么地方，每天行程多少，就一无所知了。也没有人去问船老板。
>
> 大约十多天后，我们的船到了老隆。这里大约是最后一个接待站吧。在码头上看到几个曾在香港见到过的人，如连贯，他是和孙钿一起工作的，所以我知道一些他的情况，但没经人介绍认识过，不能算是熟人。他可能是这里的负责人，我没去打扰他，只由别人给了我们一笔路费，就让我们自由行动了。
>
> 我们决定先坐长途代车到曲江（或是韶关），然后乘火车直到桂林。一路同走的仍是宋之的夫妇、葛一虹和沙蒙，还有什么人我就记不起了。
>
> 从老隆到曲江走了四天，每晚都住进小客栈，但地名我都忘了。
>
> 到曲江，看到电报局，即打了个电报给老舍，向他报告我已从香港脱险。①

---

① 胡风：《胡风自传》，江苏文艺出版社，1996。

黄药眠在晚年口述自传,这项工作是他1982年回到广东从化温泉疗养时开始的,其夫人蔡彻记录整理,1985年黄药眠亲自审阅,1987年10月出版,但可惜他在9月离开人世。书中讲到香港沦陷之后,黄药眠与胡一声和李伯球同行,在地下党组织的交通员引领下经元朗走山路进入游击区的经过,其间他还见到了曾生。与其他人不同,因为是梅县人,他先回家乡,然后在1943年4、5月离开梅县到曲江坐火车往桂林,在曲江也是住在船上:"我拖拖拉拉一直到1943年四、五月间才离开梅县,到达曲江以后,我还是老办法到船上去找住的地方。以往在船上住,船干净而没有臭虫,风凉而没有邻房的嘈杂,价钱也便宜。但这次住船,没有想到同以前不同。以前河水干,这种船大都停在浮桥旁边,可是这次河水涨,船只能停在江边。"①

邹韬奋脱险后在梅州住了一阵子,然后在1942年9月23日离开梅县赴苏北解放区。他首先乘船到兴宁,从兴宁乘坐货车抵达曲江,从曲江乘火车抵株洲,再转汽轮赴长沙。

在游击区休整后重新出发到惠州的文化人,其中部分陆上路线是沿着广九铁轨线走的,茅盾先生在回忆通过陆路时,走了一段铁轨,见到树上白布写着"广州市党部欢迎归国华侨××接待处",东江游击队写的标语是"欢迎侨胞,团结抗日",白纸红字。

在香港的高士其先生,是最迟离开的文化人之一。1942年4月,高士其在黄秋耘同志的护送下,第一目的地是韶关。从香港乘海轮抵达广州。再到清远,到了韶关与乔冠华同志联系上,住进了韶关河西循道医院,得到高士其的老同学广东省银行行长云照坤先生的帮助,再出发乘火车通过衡阳转桂林,与张友渔同志和韩幽桐同志接上头,黄秋耘才告别回来韶关向廖承志汇报。

---

① 黄药眠口述、蔡彻撰写:《黄药眠口述自传》,中国社会科学出版社,2003,第481页。

第六章　五岭两广教书育人：粤北和桂林烽火育人的文化人

日本军队占领香港后，1942年1月22日新闻报道：在1942年1月21日2时，日军于半岛酒店，招待香港文化界，梅兰芳、胡蝶等数十人出席并致辞。这实际是造谣，也反映出文化人胜利脱险的意义所在，这样日军在香港就找不到重量级的文化人为他们做宣传了。

东江游击队对文化人的营救起到至关重要作用，还帮助了港澳失学青年赴

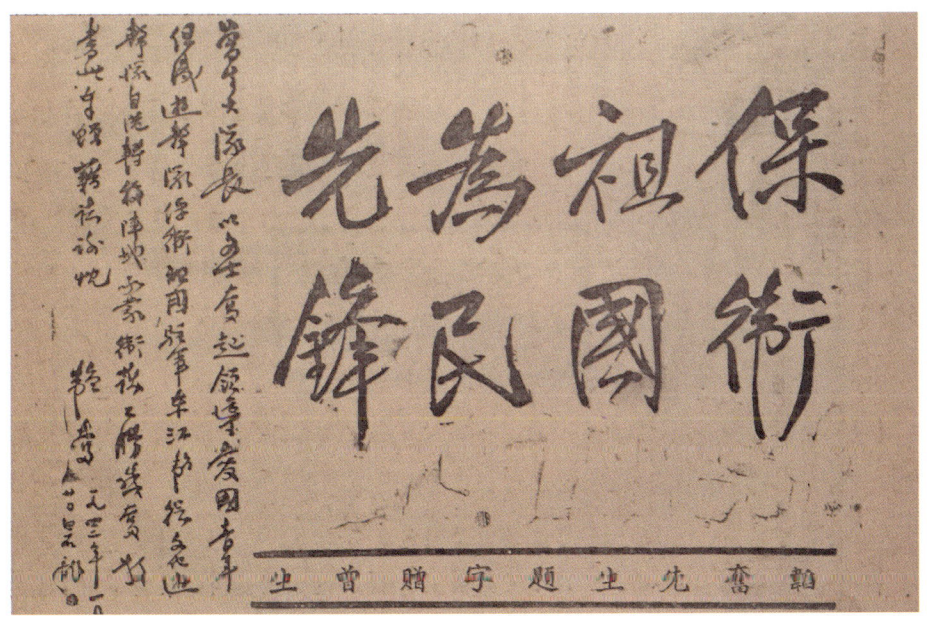

图68　《韬奋先生题字赠曾生》，载《正报》1946年新1号。全文："保卫祖国，为民先锋——曾生大队长，以文士奋起，领导爱国青年，组成游击队，保卫祖国，驻军东江。韬从文化游击队自港转移阵地，承蒙卫护，不胜感奋，敬书此奉赠，藉志谢忱。韬奋一九四二年一月廿日白石龙"（藏于广东省立中山图书馆）

粤北及内地得到教育机会。在抗日战争时期,粤北成为华南教育中心。《曾生回忆录》中写道:"在同一时间,我们部队还护送了港澳的青年学生一千多人,经过我们游击区转移到大后方韶关、桂林和重庆等地求学和工作。同时护送了不下一万名的港九同胞和侨商、侨眷脱离香港,经过游击区安全地回到内地。"①

第一节 从香港到粤北的烽火办学

1939年9月17日,成立了中国文化协进会,成员包括广州的吴鼎新、陈炳权、李应林、钟鲁斋等大学校长。时广州沦陷,私立广东国民大学、私立广州大学、私立岭南大学、南华学院借避香港办学,四位校长均参加了在香港成立的中国文化协进会组织并成为主要成员,通过宣传中华文化增强爱国情怀。

私立岭南大学于1938年10月迁港,在港借用香港大学校舍和图书馆继续办学,有文、理、工、医四个学院,学生400人左右。根据1939年5月岭南大学校报第五号的报道,全体师生包括附属中学的师生均成为"伤兵之友"社友,共1071人。1940年秋,岭南大学农学院三、四级高年级学生和教师开始从香港转至粤北坪石上课,从九龙坐小轮到淡水沙鱼涌登陆,直接到东江游击队队部,沿途得到关照,安全抵达乐昌坪石农学院校园。

农学院1938年随岭南大学迁港,院址与校部分开,选择院址在"新界"张园。但古桂芬等农学院教授认为选址内地从生源和就业而言更合理。1940年7月,古桂芬先生就开始到乐昌坪石筹建农学院。早在1940年3月,院长古桂芬和余瑞光先到绍兴,后到曲江、连县、仁化开始为农学院内迁选址。1940年7月19日,开始在坪石修建校舍。李应林于1940年14日离开香港抵韶关,10月22日到

---

① 曾生:《曾生回忆录》,解放军出版社,1992。

坪石农学院视察新校舍。①农学院三、四年级一行36人于1940年10月21日由香港出发，23日抵惠州，24日换船北上抵达坪石新校舍，杜树材教授为代理院长。

香港沦陷，李应林校长在九龙设法渡海回香港岛大学所在地，借用校友办公楼设立校长办公室，但许多老师居住在九龙，无法传递消息。李应林化装成难民，沿广九铁路偷渡，1941年12月22日进入内地抵曲江，先赴粤北拜访军方和教育界负责人，再赴重庆听取校董孙科和教育部的意见。香港沦陷前，岭大农学院已经在坪石办学，校部迁曲江，靠近乐昌坪石，更加可以照应，最后私立岭南大学在曲江仙人庙大村复办。

随着新校区的建设在粤北曲江仙人庙开始进行，1942年6月21日学校开始登记，接着招生，很快复学。无论是坪石的农学院，还是曲江仙人庙岭大校总部，均欢迎香港大学学生借读，投桃报李，在校区专辟"香港接待处"（Hong Kong House），广为收容自己的学生和逃难的学生。

岭大的学生绕道至广州湾，从桂林再转粤汉铁路抵曲江复课。1943年8月22日韶关《建国日报》公布了私立岭南大学录取学生名单，文学院45名、理工学院47名、农学院27名、医学院24名。

私立广东国民大学于1938年10月迁至香港，校址设在青山芳园，在港时设立文、法、工三个学院，后又在九龙再设立分教处，学生400多人。私立广州大学，同样于1938年10月迁港，校址设在深水埗元州街，在港设立文、法、理工三个学院，学生300多人。

私立广东国民大学创办于1925年，在东山浸信会医院设立大学部，惠福西路英语专科学校设立中学部。1926年发展，校舍不够，借用荔湾时敏中学故址，1928年与时敏中学董事会达成转让协议，占地共20多亩。购买时敏中学校产得到海外华侨的资助，增建了时敏纪念堂、工学院水利实验室等六七座教学

---

① 卢子荟：《抗战时期在广东乐昌县坪石的岭南大学农学院办学的历程》，载《岭南大学校长李应林诞辰100周年纪念》（李应林教育基金会编），1993，第32页。

楼。此故址就是华南地区马克思主义传播者杨匏安20世纪初任时敏学堂教务长时教学所在地。吴鼎新先生出生于1876年，祖籍广东开平，曾任广东高等师范学校教务长，1931年任私立广东国民大学校长，已经55岁。广州沦陷时，吴先生正在新加坡，指挥迁校，大学部分迁至开平，在香港设立分教处；香港沦陷，该校又迁徙至粤北曲江，先借用黄田坝小学开课，在东堤武城镇公所左邻建校舍，校区建设完成后，学生进入新校区上课。吴鼎新先生仍然任校长，1942年10月16日开学。1943年广东国民大学部旧生注册人数：中文系63人、新闻系32人、政治系118人、经济系164人、法律系122人、会计系42人、土木系90人。各院系新生注册人数：经济系14人、中文系6人、新闻系1人、法律系1人、政治系16人、会计系8人、土木系6人。①

1938年，南华学院成立于香港，设立在九龙城狮子石道，1939年7月批准立案，1940年迁至何文田太平道新校舍，香港沦陷后迁至梅县教溪校舍。在香港当时还有许多从广州迁徙来的专门学校，如私立广东光华医学专门学校，在香港九龙弥敦道601至602号设立临时授课处。广州执信女中在广州沦陷后迁至澳门，香港沦陷后迁至乐昌。广州南武中学在广州沦陷后迁至香港九龙深水埗南昌街南中中学旧址上课，1942年迁曲江复课。

1941年12月8日日军袭港，12月25日香港沦陷，教育停顿。学生人数从1941年112000多人，锐减至1945年约3000人。12月8日，部分学生还不知道战事已开展，还走向港大陆佑大礼堂准备参与毕业考试。在18天战事期间，无论是前线还是后方的师生都参与到防御战中，尽职尽责。香港沦陷后，1942年元旦，秘密举行了医科14名学生学位授予仪式。②

内地迁往香港的学校，无论是大学还是中学，教职员工多数秘密回内地，迁到相对安全的粤西和粤北边远地区。陈炳权留学美国哥伦比亚大学获经济学

---

① 私立广东国民大学：《民大导报》1943年第11期。
② 关礼雄：《日占时期的香港》（增订版），三联书店（香港）有限公司，2015，第91页。

硕士学位后，回国投身教育界。1927年创办私立广州大学，广州、香港连续沦陷，教学设备、图书损失惨重。1941年在青山道附近租地建校舍，11月建成20间课室，可不久香港沦陷。

陈炳权校长意志坚定，先在韶关孝悌路租房办计政训练班，1942年2月，此班先复课。计政训练班分统计和会计两专业，开始于1937年，颇受社会欢迎。在曲江上窑重建校舍，建课室30间、大礼堂一座、图书馆一座、办公室若干间，设立球场四处，宿舍分五区，谭维汉为教务长，继续办学。1942年9月，广州大学和附属中学在韶关开学，11月陈炳权致信民国教育部，希望对南洋港澳侨生应设法收容，要求教育部拨款予以补助。

第二节　香港脱险守五岭

1　香港大学的情缘在粤北延续

黄丽松从香港大学毕业后在粤北连县广州真光中学任教，再受聘于桂林的广西大学。黄丽松担任南洋大学校长三年半（1969—1972年），是香港大学首任华人校长（1972—1986年），在其上任香港大学学生人数从4000人增加至8000人。黄丽松是抗日战争这一特殊时期粤港教育历史的见证人。1920年黄丽松出生于汕头，父亲黄映然先生是汕头礐石中学副校长。黄映然先生于1912—1916年受资助赴上海圣约翰大学读工程系，1919年到美国留学，1920年归国后继续担任礐石中学校长，1923年到香港，回到曾就读的圣士提反书院教书，两年后受邀出任新创办的民生书院首任校长，校舍建在嘉林边道侯王庙对面，书院建有宿舍，为从汕头、潮州来港读书的学生提供寄宿。黄丽松和哥哥就在民生书院受中学教育，黄丽松于1938年考入香港大学文学院专修理科，当时理学院尚未建立，大部分系主任为英国人，仅许地山先生唯一一个中国人。在香港大学读至四年级离毕业尚有五个月时香港沦陷，香港大学授予其"战时学位",他随难民返乡去曲江,将毕业证书和老师的推荐信藏在布鞋底,与哥哥在沙头角出境,被日本兵取去部分行李,之后他走路上惠州,再坐小艇走路上东江,经河源、惠州到老隆,由老隆坐货车上曲江,①8月抵曲江后投身到粤北在烽火下的教育工作中。他首先在迁至连县的真光中学任教,该校校长接受香港大学"战时学位",聘请黄丽松,任教两学期。1943年同班同学张奥伟在广西,建议其转至在桂林的广西大学任教,黄丽松在广西大学遇到香港民生书院的老师John Blofled,他时为英国文化协会的大学专员,由他推举,黄丽松于1943年11月赴重庆,1944年再赴英国牛津大学留学并获得博士学位。1991年,时任香港大学校长的黄丽松在一次演讲中说道:"1939—1949年间广州被日军占领后的一段时间,广州岭南大学被迫搬到香港来。与内地大学一向没有什么联系的港大,却在这种情况下伸出救援之手,每天下午五时后,把校舍借给岭南大学用。当时固然给港大方面带来好些不便,可是岭南大学能不能复课就系于有没有适当的校舍。香港沦陷,好些港大的学生逃难到内地来。已迁移到广东北部仙人庙的岭大,也伸出救援之手,收容了好几个港大的同学(我的哥哥是其中一位)。这可以说是两地之间感情的实际表现。"②黄丽松先生于2015年4月8日在英国去世,享年94岁。

许地山先生未必料到,他担任文学院主任期间,培养的若干学生影响或者参与了中国许多重大事件,其中文学院两位理科化学专业的毕业生——黄丽松,以及比黄丽松高一届的黄兴宗,均在粤北留下足迹,他们日后的活动影响着中国科技界。

1941年于香港大学化学系毕业的黄兴宗,是马来西亚华侨,在校期间与黄丽松已是好友。因为香港沦陷,逃难赴内地,先到厦门大学任教,又抵成都参加中国工业合作协会工作。得到在内地任教的原香港大学教授Gordon King推

---

① 潘国驹:《黄丽松:在南大和港大》,八方文化创作室,2016,第92页。
② 刘蜀永:《香港的历史》,新华出版社,1996,第123页。

荐，于1943年5月陪同李约瑟走访了搬迁到后方的大学和研究所，包括粤北的岭南大学、国立中山大学，也访问了迁至建阳的厦门大学。黄兴宗后来在文章中写道："这几次在广东的访问令我很愉悦，因为我能看见我很多来自香港的朋友，他们正在这些学院中工作或学习。我们当时并未意识到我们正在见证这些学院生命的最后时日。它们的存在很快就会被日军的战争所粉碎。在四个月后，当我们再次穿过广东时，我们曾经访问过的机构都陷入混乱，机构被迫解散或者转移它们的设备和人员到更内陆的地区。"曾寄居于香港大学办学的私立岭南大学，在香港教学的老师李应林、林树模、谢扶雅、黄锡凌、吴重翰、陈心陶、朱志涤、黄延毓、陈汝锐、冼玉清、容肇祖、谭春霖、黄雯、钟校长夫人等，从香港脱险后，均在曲江仙人庙岭大或坪石中大教书。这些老师中，相信其中大部分人是黄兴宗熟悉的。除了在岭大教书，部分教师从香港脱险后，在内地从事抗日救援工作，如原在香港时期岭大社会学专业任教的伍锐麟，被借用到广东国际红十字救济会工作；在土木专业任教的桂铭敬教授1942年应时任西北公路管理处处长、曾为老师的凌鸿勋先生之约，赴甘肃天水加入宝天铁路工程局，从事宝天铁路设计和建设。

黄兴宗后再进入剑桥大学读博士学位，比黄丽松晚六个月赴英。黄兴宗后来成为剑桥大学李约瑟研究所副所长。

年轻的木刻家唐英伟，毕业后在国立中山大学植物研究所工作。广州沦陷后他到了香港，在渔业研究所画生物插图，在香港深受许地山先生影响，在许先生的书房看到了很多古籍木刻的插图，与许先生探讨中国汉代画砖石艺术和西方木刻的关系。唐英伟在香港出版了《中国的血》木刻小集，请许地山题词。许先生为此书题词"愿将此中的一切，永远刻在人们心中"。唐英伟在香港沦陷后，辗转到了粤北坪石，在国立中山大学塘口村的理学院任教。

1939年入学就读香港大学文学院的张爱玲，1942年在香港沦陷后坐船回沪，在圣约翰大学完成学业，日后成为中国知名的作家。她有几篇文章谈及其在香港学校生活和抗战爆发后的心情，其中一篇是1944年发表于《天地》月刊的散文《烬余录》。张爱玲在另一篇文章写道:"港大停止办公了,异乡的学生被迫离开宿舍,无家可归,不参加守城工作,就无法解决膳宿问题。我跟着一大批同学到防空总部去报名,报了名领了证章出来就遇着空袭。"①

陈寅恪先生1940年受聘于香港大学文学院,在香港完成了《唐代政治史述论稿》,1942年等到香港至广州湾通航才离开香港,自感苦不堪言,同样是乘船至广州湾,他是民国政府提供的帮助,实际上仅是朱家骅资金帮助。对比之下,在中共秘密工作者和东江游击队帮助下被营救的文化人则胸有成竹。陈寅恪给傅斯年的信写道:"九死一生,携家返国,其艰苦不可一言尽也,可略述一二,便能推想,即有二个月之久未脱鞋睡觉,因日兵叩门索'花姑娘'之故,又被兵迫迁四次;至于数月食不饱,已不肉食者历数月之久,得一鸭蛋五人分食,视为奇珍。……托办东亚文化会及审查教科书等,虽均已拒绝,而无旅费可以离港,甚为可忧,当时内地书问断绝,沪及广州湾也不能通汇,几陷于绝境。至四月底忽奉骅公密电,始得意外之助,借到数百港元,遂买舟至广州湾,但尚有必须偿还债务,至以衣鞋抵值始能上船。"《陈寅恪先生年谱长编(初稿)》记载:暑期前,应中山大学文学院之邀,前往坪石讲学。8月18日教育部令,为部聘教授。②

1942年9月30日国立中山大学研究院文科研究所拟聘请陈寅恪先生为年度教授的公函,经广东省文物考古研究所近期挖掘藏于广东省档案馆的历史档案而被发现,从而纠正了历史上表述的错误,应该是聘为年度教授而非临时讲学。

在香港大学时与陈寅恪交往较多的冼玉清女士此时也到了粤北。1942年7月中旬,私立岭南大学校长李应林托人邀请冼玉清返粤北新校址上课,8月15日冼玉清毅然乘"白银丸"赴广州湾,9月27日辗转抵仙人庙大村校园。广州沦陷后,冼玉清10月16日回澳门避难,11月14日随私立岭南大学复课于香港大学,

---

① 魏平、李江编:《张爱玲自传别传》,新疆青少年出版社,2001,第136页。
② 卞僧慧纂、卞学洛整理:《陈寅恪先生年谱长编(初稿)》,中华书局,2010,第209页。

借用校舍上课，时年45岁。在香港大学适逢陈寅恪受聘港大，她与陈寅恪来往较多。香港圣士提反女校是冼玉清少年时期曾就读两年学习英语的学校，其父亲在香港也开设建昌荣药庄。这次在港期间冼玉清与许地山先生、陈君葆先生等来往最多，对国学问题多有讨论。在香港期间，她参加筹划和组织广东文物展览会，协助陈君葆整理从南京中央图书馆转运至冯平山图书馆寄存的3万册古籍。陈君葆先生于1941年7月19日记道："应冼玉清女士邀约，下午到青山清凉法苑去吃斋，同行的许马夫妇而外，有梁漱溟先生、南夫农学院李君、士提反教员刘君。"[①]"许"就是许地山，"马"就是马鉴。没有料到，这顿斋餐可能是许地山先生与冼玉清女士最后一次餐叙，8月4日许地山先生去世。香港沦陷，当私立岭南大学在韶关曲江大村复课时，她毅然再出发，绕道广州湾，花了二十天的时间抵曲江大村校部，继续授业。1943年2月26日寄自曲江大村的岭大致陈君葆函写道："君葆先生：阔别以来，时时驰念。令嫒云玉肆业于此间，常有见面。此女对我依依，我也以侄女之谊相待，食饼一个，可分半边，煲汤半盏，亦分一碗，穷乡僻壤之中，无客气少言也。""陈寅恪任广西大学教授，常有通信。柳亚子也在桂林云。此间生活清苦，比港地有天渊之别。惟学生来者必肥，大约因空气充足、早睡早眠之故。云玉在注册处打字，每日工作二小时，月薪一百二元，既不阻碍读书，亦可弥补杂费，请纾远念。春气渐湿，诸惟珍爱。"[②]此信颇有历史文献价值，从中可以了解到陈君葆先生在香港沦陷后留置于香港大学守图书，女儿陈云玉从澳门辗转到曲江大村私立岭南大学读书，冼玉清照料她。1942年2月20日冼玉清在澳门曾给陈君葆一信，信中谈到返澳门拜访了陈君葆夫人，还透露马鉴先生从香港脱险后在澳门停留了十来天，2月18日才返内地。

---

① 陈君葆：《陈君葆日记》（下册），商务印书馆（香港）有限公司，1999，第547页。

② 陈君葆著，刘秀莲、谢荣滚主编：《陈君葆全集·书信集》，广东人民出版社，2018，第584页。

负责《远东通讯》编辑、帮助宋庆龄夫人组织香港工业合作国际委员会工作的陈翰笙先生在香港沦陷后，剃光头，穿上旧长袍，化装为店铺里会计，随难民返乡离开香港取道澳门脱险之后，经四会、梧州辗转到桂林，受聘于时任院长的林砺儒主持的桂林师范学院任西文系主任。[①]陈翰笙先生是于1939年5月偕夫人顾淑型接受周恩来指派协助宋庆龄工作的。

在脱险的文化人中，台山籍早年留学日本的林焕平，为中共左联东京支盟党支部书记，留港期间是积极参加抗日宣传的文化人，在香港曾在私立广东国民大学任教，后进入了在桂林的广西大学和桂林师范学院教书育人，中华人民共和国成立后创办广西师范学院，一辈子从事教育工作。

2　辗转求学借读生

1942年底，共有278名香港大学学生进入内地借读，占港大学生一半。[②]部分私立广东国民大学、私立广州大学和香港学校的学生，虽然考取但没有随校迁至香港而借读其他学校，如国立中山大学。1940年度国立中山大学借读生中，有多位是1939年考入上述两校，但借读于国立中山大学，这时也随迁到粤北坪石。

李淑莲　女　22岁　广东合浦　1939年8月考入私立广东国民大学文学院，从1939年10月借读于国立中山大学中文学系；

莫颖仪　女　23岁　广东中山　1939年2月进入香港学院文学系，1939年11月借读于国立中山大学中文学系；

何乔如　男　广东徐闻　1939年3月考入香港华夏学院文学系，1939年9月借读于国立中山大学文学院中文学系；

陈谦　男　21岁　广东东莞　1938年9月考入私立广东国民大学，1939年9月借读于中山大学法学院政治学系；

---

① 陈翰笙：《四个时代的我》，中国文史出版社，1988，第73页。
② 金应熙：《金应熙香港今昔谈》，龙门书局，1996，第182页。

陈炜昂　男　23岁　广东番禺　1939年4月考入私立广东国民大学文学院中文系，1939年10月借读于国立中山大学机械工程学系；

郑精宏　男　广东惠阳　1939年考入私立广州大学文学院社会学系，1939年10月借读于国立中山大学法学院社会学系。

国立中山大学及时为这类1940年度借读生根据个人意愿将材料送教育部，经教育部审核同意后才能转为正式生。

陈香梅女士在2003年出版的自传中，记录了从香港铜锣湾圣保禄女中和广州真光女中读书到曲江仙人庙私立岭南大学读书的全过程。她初中在香港圣保禄学习，高中考入因广州沦陷迁至香港的广州真光女中，校址在凤辉台。后考入私立岭南大学，正遇上香港沦陷，在1942年5月初拿到离港证，从香港九龙乘船到澳门，再到广州湾，辗转从玉林至桂林才知道岭南大学迁至粤北曲江仙人庙，于是乘粤汉铁路的火车抵达曲江到达战时粤北的岭大。[1]

黄秋耘是负责护送高士其同志的。"1942年4月，地下党把护送高士其同志脱险的任务交给了我，要我把他从香港沦陷区送到广东省战时省会韶关市。执行这样的任务，人数不能太多，多了就容易涉密，但人数太少，又招呼不了他，于是我约了十多名准备离开香港沦陷区到粤北升学的青年学生同行，他们不知道高士其同志真实姓名和身份。"[2]

香港罗富国师范学院是香港唯一一所官方师范学院，香港沦陷后，许多学生借读于国立中山大学师范学院。石桂珍，其时高中毕业20岁，就读香港罗富国师范学院中文部一年级，借读于国立中山大学师范学院公训系，在自己填写的入学年月和经历一栏写着"于1944年度经校方批准，入中山大学师范学院公训系报告登记。随接缴费注册上课。坪石沦陷，仓促间与校失去联系，辗转始抵仁化，即在仁化区登记"。1939年，国立中山大学师范学院诞生在迁徙办学

---

[1] 陈香梅：《陈香梅自传》，山东人民出版社，2003，第32页。
[2] 高士其：《高士其自传》，科学出版社，2015，第203页。

过程中,培养的学生所起的作用演续至现代中国的中学教育中。

广东省立执信女子中学也迁至乐昌,高中毕业后考入粤北的大学学生不少。李伟德在广东省立执信女子中学毕业后,先进入国立中山大学先修班读书,1944年11月考入国立中山大学师范学院教育学系一年级,时21岁。

何守诚,高中毕业于时在坪石的私立广州培正培道联合中学(简称"培联中学"),10月考入本校,就读师范学院国文系一年级,时年20岁。12月入学。1945年因疏散离校。广州复学时返校继续学业。

坪石私立培联中学是各大学优秀学子的摇篮,坪石私立培联中学许多学生毕业后考入粤北的大学。梁石贞是从坪石私立培联中学高中毕业后,在坪石考区考入国立中山大学师范学院博物系一年级。

除了香港学子奔向粤北继续学业,上海等地沦陷区的学子也纷纷到粤北读书。1942年上半年,郁风的两个妹妹郁隽民、郁怡民是从上海到桂林,再辗转至坪石中山大学读书。①这是张云乔的回忆,另一提法是从上海至桂林,在广西大学就读。姐妹均是上海中西女子中学的毕业生,郁隽民毕业之际的感言颇有才情:"初二那年,我们在炮火声中上课。也许,我们是幸运的;近在身旁的火焰,使我们感到团结的需要、友伴的可亲。仰视着高班姐妹们出去服务,幼弱无能的我们,只得紧拉着同级学友的手,互相勉励,共同攻读。"②中华人民共和国成立后郁隽民是著名的使用英文写作的美术评论家,曾担任世界新闻摄影比赛即"荷赛奖"的评委。

3 粤北中共党组织的活动

1942年5月,张文彬从老隆赴粤东大埔与方方同志研究工作,5月21日在老隆与时任粤北省委组织部部长、原来红色交通线香港大站的站长饶卫华同志分别,并托饶卫华带一封信和药品捎给正在等待分娩的夫人周微雨。周微雨为广

---

① 张云乔:《旧梦拾零》,中国烟草博物馆,2004,第111页。
② 上海中西女子中学:《墨梯》(年刊),1942。

东人,毕业于广州市美术学校,曾任北江后方特委妇女部长。她在韶关住河边沙梨园交通员司徒丙鹤家,她住的医院就是韶关河西医院,当年国立中山大学医学院迁徙办学所在地。苦难的是当孩子在粤北呱呱落地时,6月6日在大埔高陂的米行街德和客栈中,张文彬同志因叛徒出卖被捕,被关押至1944年8月26日,遭受折磨至病亡光荣牺牲。1942年5月27日饶卫华回到粤北,在五里亭等车时被叛徒认出,马上被捕。①其时已经安全在大后方自由生活的众多文化人,仍未知道这么残酷的事实。

张友渔回忆:"从香港出来,大部分人走旱路,小部分人走水路,都由我东江游击队保护回到内地。我是走水路,从香港的西贡港口坐游击队准备的船到广东鲨鱼浦上岸,经过惠阳到韶关。到了韶关后见到廖承志同志,廖比我先回来,当时住在韶关的一条船上。他离开惠阳时给我留下了韶关的通讯处,由惠阳县委交给我。我一到韶关很快就找到他。他告诉我南方局、周恩来同志要我去桂林,接替夏衍同志的工作。所以,我在韶关只待了一二天就坐火车经过衡阳到桂林。"②

4 曲江英军服务团的香港大学师生们

香港大学历史系教授、英国学者诺曼·法朗士在日军进犯时,参加香港义勇军任炮手,不幸于1941年12月19日阵亡。③香港大学学生在香港沦陷后,逃离香港赴粤北借读,有的直接参加抗日战争活动。1942年7月在曲江成立的英军服务团,从创建者到参与者,既有香港大学教师,也有香港大学学生。徐家祥就是在香港沦陷后获得"战时学位"证书后赴曲江,参加服务团工作。英军服务团发起人赖廉士中校战前是香港大学生理学教授,广州沦陷后,私立岭南大学的部分医学教学设备,就是赖廉士负责加以伪装安全运送到香港大学供学生实

---

① 叶文益:《张文彬传》,中共党史出版社,2016,第424页。
② 陈荷夫编:《张友渔回忆录》,北京大学出版社,1990,第87页。
③ 金应熙:《金应熙香港今昔谈》,龙门书局,1996,第175页。

习使用。

1942年1月在东江游击队帮助下成功越狱的英军赖廉士中校,在曲江于当年7月组织驻港英军和香港大学教授组成了英军服务团,与黄作梅的港九大队国际工作小组合作,转送情报和护送集中营越狱英军。此前赖廉士被囚禁在深水埗集中营,战时任香港陆军野战救护队总指挥,1942年2月成功抵达重庆,向英国驻华大使馆武官金士刁准将提出成立服务团建议。3月返曲江后,遇到更多逃离香港的英军官兵,赖廉士要求他们留在华南,以协助营救其他战俘,四个月后英军服务团成立,总部设立于曲江,在惠州设立前线指挥部。与赖廉士一起成功越狱的海军中尉摩利、海军中尉戴维斯和赖廉士助手李玉彪(李耀标),太平洋战争前均是香港大学的教职员工,他们一起协助集中营的狱友越狱,并与东江游击队合作,侦查日军战时部署等情报提供给盟军。赖廉士教授于1898年出生于澳大利亚,1928年进入香港大学任生理学教授,战争结束后回到香港大学,1949至1964年任副校长,1977年在香港逝世。英军服务团成员榜样的力量,鼓励许多香港大学师生参与到该组织。1942年加入该组织的学生有Tsui On Shing,代号为65;Ho, Benjamin,代号为66;Tsang Man Shing,代号为56,他们都是香港大学学生。

其子赖翼文整理父亲遗留的文稿和档案,于1981年由牛津大学出版社出版专著《英军服务团与香港抵抗运动1942—1945》(*British Army Aid Group Hong Kong Resistance 1942—1945*)。该书共14章,第一章是"投降和被俘",第二章是"逃向自由的中国",就是描写越狱及后来得到东江游击队武装护送的情况。[①]

[①] Edwin Ride, *British Army Aid Group Hong Kong Resistance 1942—1945*(Hong Kong: Oxford University Press, 1981), p.31.

第三节　许幸之五岭管埠的诗意

粤北山区文史大家、艺术大家的到来，从历史看有两大重要前提，一是坪石教育尤其是师范教育需要艺术师资，二是香港胜利大营救，东江游击队成功地将他们从沦陷后的香港抢救出来，而从桂林到粤北也比较方便。

许幸之先生先在宝安的游击区暂住，辗转来到韶关管埠。"旧历年大除夕日，茅盾夫妇、张友渔夫妇、胡风、许幸之、廖沫沙、周钢鸣等二十多人，在沙坑、茶园交通站蓝造等人专程护送下前往惠州。"①1982年2月许幸之回忆新四军之旅写道："我于是在新的指示与安排下返沪赴港，从事电影制片工作，直到太平洋战争爆发后，在香港地下党指挥下，和留港文化人队伍一起撤离香港转到内地去。"②在1942年除夕，许幸之与茅盾夫妇等文化人在东江游击队的安排下，到达惠州，在惠州度过了一个难忘的春节，然后先到桂林小住，等待着许先生的是粤北管埠的教学生活。

坪石国立中山大学金曾澄校长聘请许幸之、马思聪到管埠师范学院任教，这是历史性的贡献。金曾澄先生本已经在澳门与家人团聚，奉召出山当校长，以诗言志："伏枥敢跨千里骥，闭门愿作一尘氓。匈奴未灭家何在，莽莽乾坤剩此身。"已60岁的金校长离开澳门，担当重任，带领师生坚持办学，在中华人民共和国成立后，金曾澄74岁时从广州知用中学校长岗位退休。

由许幸之的小学同学、时为英语系主任张云谷教授推荐，许幸之受聘于师范学院。1942年6月许幸之教授的聘书是金曾澄校长签署的。一年后续聘至1944年7月的聘书，仍然是金曾澄校长签署。许幸之先生于1942年8月1日到职，被中山大学师范学院聘为不分学系教授，时36岁，签署聘书的校长是金曾澄先生，

---

① 唐运泉：《特殊大使命——东江纵队抢救文化人纪实》，载《永远的沙家浜精神》（徐忠志、张建强主编），作家出版社，2015。

② 许幸之：《新四军培训艺术人才的园地——关于鲁艺华中分院的回忆》，载《新四军的艺术摇篮》（朱泽等编），江苏文艺出版社，1992，第243页。

时间是1942年6月30日，聘期是从1942年8月至1943年7月。一年后根据国立中山大学教授聘请的规定，大学与许幸之先生续聘两年，1943年6月续聘，聘期从1943年8月至1944年7月，时中山大学校长为金曾澄先生。1942年11月7日，学校聘许幸之教授为执事兼任国立中山大学剧社编导委员。

在去香港前，许幸之在鲁迅艺术学院华中分院当美术和戏剧的教授，全院分戏剧、文学、美术和音乐四个系，教务长就是海丰人、左联文学家丘东平，时间是1941年1月至1941年7月。

从应新四军之邀从事文艺工作到受聘为中山大学教授，仅是一年多时间。新四军的臂章是许幸之教授与鲁艺华中分院的美术老师共同设计的，1991年12月11日许先生去世，其家人将臂章复制品放入他的骨灰盒。1941年在香港，许幸之受南洋影片公司邀请，准备拍摄《阿Q正传》，公司住处离机场很近。日军开始轰炸香港时此地是战略目标。在这恐慌时期，许幸之接到陈曼云打来的电话，告知蔡楚生担心其安危，邀请许幸之到蔡楚生家住。许幸之马上收拾行李到了蔡楚生家住，蔡楚生另一朋友谭友六全家也住在蔡家。第二天蔡楚生渡海到香港了解情况，上午就打电话让许幸之按照他的安排过海到廖承志办公室，许幸之进入办公室时廖承志和包括蔡楚生在内的一批文化人均到场了，廖承志安排大家暂时隐蔽起来，并说后续会有人与大家联系。许幸之住在金仲华家隔壁，金仲华弟弟金乃华成为许幸之的联系人。[①]

在1943年元旦许幸之在日记中写道：

> 想不到已经隔开了四年的日记本，今天又重新握在手里，而且经上海带到香港，从香港由朋友带到桂林，当中经过多少次艰难、困苦和战斗的经历，而我今天依旧在这本册子上记着日记，真是一件不可思议的事啊！——至于1942年元旦，却在沦陷之后的香港，在那翻天覆地的战争之

---

① 许幸之：《难忘楚生助我情》，载《大众电影》1983年第10期。

后的死城，在那到处都是死尸和饿鬼的香港度过了。幸而，在文化界的救助下，我于一月十五日从香港脱险。其中经过了最最艰难的生活和路程，终于在三月十八日到达桂林了，这闻名已久的桂林了。在桂林，我住了半年以上，其中写了一个剧本，名为《最后的圣诞夜》，是以香港为题材的剧本，现在印刷中，不久即可出版，这大概算是香港遇险的成绩吧？——到了八月初，才接到了中山大学的聘书，便到这儿来重新度着粉笔生涯了。这次由老友张雅焜先生介绍来的，张兄曾经两度为我谋事，而解除了我失业的痛苦，我不能不感激他的美德，而且，都是在我患难的时候，更加使我欢快。这儿的环境非常清幽，虽然天气比别的地方坏，但作为暂时休息和写作的环境还算好，于是，便在这荒僻的山谷中，度过1943年的元旦。①

日记中还记录了在坪石街上的理发店偶然与马思聪碰上一起理发，然后争着付款的生活趣事。

日记中记录许幸之在脱险后创作的首部剧作《最后的圣诞夜》是四幕话剧，时间为1941年12月至1942年1月，地点为沦陷前的香港和沦陷后的香港，第一幕、第二幕和第四幕设定在"客厅"，第三幕设定在"教堂"。剧中人物马建军为律师，42岁；马夫人，马律师太太，40岁；余和德，牧师，53岁；余太太，牧师夫人，35岁；秦氏，牧师前妻，43岁；周儒成，现代商人，32岁等。剧情从马律师家的客厅展开，马律师是"马主"，马太太和马律师讨论香港当天的嘉年华会和跑马中彩马匹，开局就充满香港沦陷前城市生活的特有场面。1942年11月剧本在桂林今日文艺社发行和印刷出版，被列入"今日文艺丛书"之一。

20世纪30年代的中山大学抗日剧社是中山大学与广州的左联组织领导下的

---

① 许幸之先生儿子许国庆先生提供，广东省考古研究所协助。

大学社团。在坪石学生课余文艺活动活跃，农学院蒲蛰龙老师是小提琴好手，岭南农学院可以在坪石开音乐会募款，而许幸之、洪深、马思聪的陆续到来，大大提高师生的专业水准。中山大学师范学院剧团（简称"中师剧团"）是大学中最高水平的剧团，其代表学校在社会演出就称为"中山大学剧团"。1942年11月25日，师范学院在管埠举行戏剧座谈会，许幸之先生作了《戏剧的本质及其教育价值》的报告，会上通过成立中山大学师范学院剧团。1944年2月，中山大学剧团开始在桂林的西南第一届戏剧展览会（简称"西南剧展"）演出，这代表着许幸之先生的艺术教学成果。因马思聪先生的到来，也成立了师范学院合唱团。

西南剧展是最重要的一次艺术活动，会期三个月，33个团体参加，共895人参加演出，对社会展示抗战时期的戏剧艺术。在桂林，1944年2月16日演出展览开始，中山大学剧团演出剧目为《皮革马林》，用英语演出，该剧为希腊作家基尔伯特编剧，马华俊导演并任主角，带队的是陈邵南。

参加西南剧展的有来自曲江、坪石的五个广东话剧团体。时在曲江的广东艺术专科学校实验剧团在赵如琳校长指导下演出粤语剧《百胜将军》（《苏瓦洛夫元帅》），该剧由苏联作家巴克特列夫、拉苏莫斯基合著，以及粤语话剧《油漆未干》，该剧为福舒瓦原著、欧阳予倩译自英文改编本。田汉、欧阳予倩直接对广东的话剧艺术进行指导，力排众议，对方言话剧大力支持。李门作为地下党员在七战区艺宣大队。指导七战区艺宣大队话剧的还有吴荻舟、温涛等。5月，西南剧展结束后，许幸之与中山大学剧团坐火车回到韶关，在坪石举行最后一次公演，各院校同学踊跃购票，场场满座，筹得款项还了参加剧展欠下的债款。

许幸之先生在武水河畔收获了爱情。通过进一步搜索许幸之先生的资料，发现2018年有文《记许幸之的艺术人生》，文中提到许先生在国立中山大学任教时收获了爱情，其另一半是当时就读国立中山大学参加中大剧团演出的主要演员卓文心女士。于是笔者翻查了《中山大学校友名录（1924—1952年）》，根据卓文心女士校友名录中留下的地址寻找卓女士，庆幸的是许幸之教授和卓文心女士在那里居住了多年，因而最终得以联系上他们的大儿子许国庆先生。国庆先生提供了中央美术学院制作的素材，其中一篇就是《多才多艺许幸之》的全文，为2015年所作。据国庆先生说，母亲卓女士当年是到桂林西南剧展演出的女主角，并与许先生在桂林结好。

许幸之先生在管埠的日记中写道："黄昏时，思聪来邀我往罗家渡的松林去散步。果然，那地方真是优美。我们在森林中静静地散步，在草径上低声地谈话，静听着松涛的声音，有万籁之音。我们便尽兴趣谈话，从诗歌、小说、绘画、音乐，一直谈到戏剧和电影，更进一步地谈到著名作曲家和他们的伟大作品，一直到夕阳落下西岭，我们才踏着被松针铺满了的山坡归来，回到宿舍，已经是天黑了，家家户户已经点起了油灯。"①文中写到他在师范学院的教学是指导选科生的室内绘画和郊外写生，也为爱好戏剧的学生排演话剧，在坪石公演了《茶花女》。

许幸之1944年所写的《坪石小简》谈到在管埠与马思聪为友的庆幸，在1943年春季就写了三幕话剧《樱花夫人》、五六首长诗、几十首短诗，在管埠时正在收集资料准备写《西洋戏剧史》《古代美术史》，还打算编《中国现代诗歌史》。

他于1942年在《沙漠画报》发表《话剧》，第五期的题目是"凡是一出戏，也必定会有各色各样的纷争……"，在《文艺生活》第四期发表诗歌《在祖国的摇篮里——抒情四章：走向自由的祖国、守夜、哨兵、漓江桥卜》。1943年在《艺丛》第一期发表《论风格和气氛》，在《中艺》创刊号发表《戏剧与电影》，在《国文评论》第一期发表《酿诗》，在《文艺杂志》第三期发表诗歌《火战》。1944年在《联合周报》的"笔会"栏目发表《坪石小简》，在《收获》发表短篇小说《同归于尽》，分五期刊载。发表于《文艺生活》第

---

① 许幸之：《追忆与马思聪在林间的散步》，载《传记文学》1991年第3期。

三卷第六期的《雾夜》一诗落款是"1942年11月18日于管埠"。

许幸之所写的《坪石小简》落款时间是1944年3月30日，文中谈到他马上要到桂林观光，一两个星期就回坪石。中山大学剧社在4月3日至8日在桂林艺术馆礼堂演出《皮革马林》，剧团是在3月26日由师范学院的陈邵南教授带队抵桂林，共20人，许幸之先生后到是否与此有关尚不得而知。4月30日韶关广东省文化界集会欢迎参加西南剧展归来的广东艺专、中大剧团、七战区艺宣大队等。[①]

第四节　马思聪的武水流云

1942年初，马思聪先生和王慕理在东江游击队员的护送下，同其岳母、小姨和三位学生梅振权、陈宗元、黄豪业，各在肩上背着一把小提琴，一路跋山涉水，历时五天，奔回家乡海丰。除练琴外，马思聪在海丰举行义演，支持抗日。[②]此后他又赴广西桂林，参加一系列演出，9月再回到韶关管埠国立中山大学师范学院教书。

在海丰，马思聪堂弟马思周是汕尾中学音乐教师，当时与马思聪在一起度过春节，马思聪到管埠教书，他专门去看望马思聪。

马思聪与许幸之一样，在管埠宁静的生活中，迎来自己音乐创作的高峰。在应上海数家文艺杂志联合邀请下，1948年马思聪到沪举行音乐会，演出前对马思聪的报道中，一则通讯写道："他的夫人王慕理女士写信给友人时，常怀念在坪石中山大学的那段时间，她说：环境幽静，生活安定，他（指马思聪）几个大作品，如第一交响曲、协奏曲等，都在那时不吃力地完成，那可说是他

---

① 广西戏剧研究室、广西桂林图书馆主编：《西南剧展》（抗战时期桂林文化运动资料丛书），漓江出版社，1984，第468页。

② 马思周、杨永：《饮誉乐坛六十年》，载《广东文史资料精编》（政协广东省委员会办公厅、广东省政协文化和文史资料委员会编），中国文史出版社，2008，第539页。

写作的黄金时代，自然，他希望重温那些日子，我们也在努力设法。"

1945年，毛泽东到重庆与蒋介石举行会谈时，徐迟与马思聪在红岩村一起受到毛泽东主席和周恩来同志接见，席间，毛泽东主席与马思聪讨论了音乐的普及和提高的问题，毛泽东鼓励马思聪可以像鲁迅一样成为写提高作品的作者。过了两天，徐迟将一本有关山月敦煌壁画的线描、叶浅予画戴爱莲舞姿和马思聪描在五线谱上的他的《第一交响曲》主题和变奏的音乐符号的册页，请毛泽东题字，毛泽东写上"诗言志"并签名。①

哈尔滨师范大学音乐学院的周柱铨教授在抗日战争时是于1942年11月从澳门到坪石培联中学念初三，是王慕理教的钢琴学生之一，在管埠见过马思聪先生。在2007年《人民音乐》第5期《有关马思聪在坪石—管埠的史料》一文中，他认为听了马思聪的《山林之歌》，总觉得《过山》那一乐章，多少与他来往坪石—管埠这一段过山旱路的体验有关。这是中国音乐家中最早将马思聪的创作作品与特定的历史地理环境进行分析的论文之一。另一位是马思聪学生杨宝智，四川音乐学院管弦系小提琴教授，1935年出生，他的父母与马思聪和王慕理为世交，他当年随父母在坪石的培联中学度过童年。他在回忆文章中写道："坪石有一个很著名的景点叫'金鸡岭'，当年太平天国败退时洪宣娇在上面抗击清兵一年多。可能这个地方的秀丽风景引起了马思聪写小提琴协奏曲的创作欲。到了1956年第一届全国音乐周时，我们中央音乐学院演出的曲目中就有马思聪的《F大调小提琴协奏曲》，谱上印的创作年代是1943年。那时我在乐队（独奏者是盛中国），由于他巧妙的配器使我在排练第三乐章时处处联想起'金鸡岭'，也算是坪石情结吧。"②

---

① 徐迟：《我的文学生涯》，百花文艺出版社，2006，第420页。
② 杨宝智：《忆马思聪，兼论他的小提琴作品的分期及对在演奏这些作品中出现的一些问题的意见》，载《四川音乐学院百名老教授论文作品选集》（四川音乐学院编），四川人民出版社，2014，第631页。

第五节　蒙难作品的诞生：留港文化人脱险后的艺术创作

1　戏剧家的作品

经历了这场重大的磨难，留港文化人脱险后迸发出创作的激情。较早创作发表的话剧作品是许幸之先生于1942年8月在桂林完成的《最后的圣诞夜》。另一部重要话剧作品是四幕话剧《再会吧，香港》。夏衍是于1942年2月5日从香港脱险后抵桂林，田汉和洪深到车站迎接，洪深时受聘于坪石国立中山大学文学院外国文学系任主任兼教授。夏衍安全抵达桂林后就马上进入戏剧和文学创作。《再会吧，香港》由夏衍、田汉和洪深创作并导演，夏衍写第一幕，洪深写第二、三幕，田汉写第四幕和主题歌。由新中国剧社在桂林于3月7日公演，但在演出过程中被禁演。洪深回到粤北坪石后，将该剧名改为《风雨归舟》，继续导演出剧，由国立中山大学的同学和教师完成完整的演出。1942年4月20日，国立中山大学华侨同学会向代校长张云先生去函，申请给予时任文学院外国文学系主任洪深、文学院讲师钟日新、注册组莫飚、工学院舍务员古伟、图书馆职员何思泽、训导处职员李蜜、研究院职员顾铁符等教职工公假25天，参

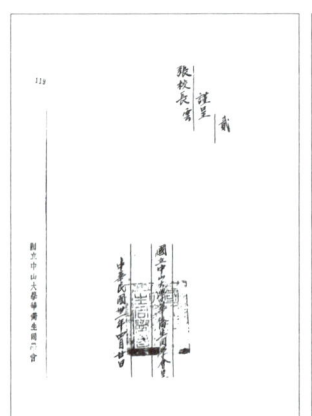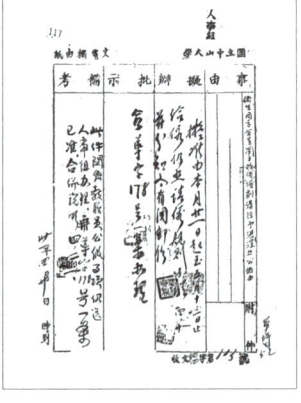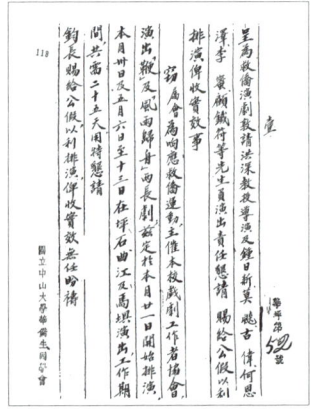

图69　1942年4月20日国立中山大学华侨同学会向代校长张云先生申请公假25天，参加排练和演出《鞭》《风雨归舟》两部长剧的去函，以及代校长张云批准假期的批示

加排练和演出。从1942年4月21开始排练《鞭》和《风雨归舟》两部长剧,4月30日及5月6日至13日在坪石、曲江及马坝公演。代校长张云很快就批准有关申请。①1942年,在桂林,田汉、夏衍、洪深创作的《风雨归舟》四幕话剧剧本由集美书店出版。话剧《鞭》即宋之的先生创作的五幕话剧《雾重庆》,《鞭》是该剧的另一剧名。

2　画家的作品

香港沦陷后的一周年,一批美术家举行《香港的受难》画展,1942年12月26日至1943年1月9日在桂林举行,展览地址在桂林中南路中华圣公会礼拜堂,参展的画家有杨秋人、特伟、黄新波、盛此君、郁风、温涛。郁风、杨秋人的作品以油画为主,温涛以水彩和木刻为主,盛此君、特伟和黄新波以素描和水彩为主,黄新波还有几张漫画。盛此君是陈此生先生的夫人。温涛是梅县人,年少时曾在南亚打工谋生,1928年到上海就读中华艺术大学,是左翼美术家联盟成员。杨秋人为桂林人,曾就读于上海艺术专科学校。画展由郁风和特伟主要负责筹办,郁风还在"作者的话"第一段写道:"一个经营了一百年的小海岛,被我们无数侨胞血汗所养育,在去年的今天首先牺牲在太平洋战争的祸首——日本法西斯的枪刺上。"

3　记者、文学家的作品

第一位公开发表香港沦陷题材报告文学作品的应该是国新社记者唐海先生,该作品为《十八天的战争——香港沦陷记》,1942年2月25日完稿于桂林。唐海先生的报告文学作品中比较独特地记录了在"香港酒店"(香港大酒店)避难的英国人、荷兰人、美国人的众生相:"酒店里还是充满了穿得华丽的太太们,她们依旧高高地坐在凳子上,吃着丰富的晚餐,她们还怪这样菜不好

---

① 广东省档案馆馆藏档案,档号020-004-1126-109-110。

吃,那样菜又少了味道。伙计们在她们的差遣下,不停地在人丛中穿来穿去,一手端菜,一手推着前面,叫着'对不起!''对不起!'"

《野草》是在桂林由秦似先生主办的杂志。秦似在广州读中学时,经常向《救亡日报》投稿。广州沦陷,他来到桂林。在夏衍先生领导下,宋云彬、聂绀弩、孟超和秦似为编辑,由秦似具体负责,刊名也是夏衍先生建议的。以科学书店之名出版编辑的《野草》月刊,于1940年7月创刊,该刊经常发表留港文化人的文章。夏衍先生脱险后抵桂林,1942年3月15日出版的《野草》第3卷第6期刊载了他的《走险记》,记录了其脱险全过程,同期还刊载了同样已经从香港脱险的《华商报》记者华嘉的报告文学《第101个圣诞夜》。华嘉先生随后出版了长篇报告文学《香港之战》。此外,萨空了先生的日记、梁漱溟先生的书信、金仲华先生在《国讯》1942年第296—297期连载的《香港之战经历》等反映这一重大事件的不同文体的作品也在桂林和重庆发表。1942年是关于香港沦陷重大事件文学创作的关键年份。

文学家茅盾脱险后首篇作品《劫后拾遗》完稿于1942年5月1日。随后再发表《生活之一页》,书中写道:"'小姐'有一位旧同事C君是那家大旅社的职员,(又是那家大旅社的股东某的令弟,)这一点办法她可有的。大约一小时以后,我们居然搬进那家大旅馆了。C君很帮忙,给我们开了三间房,两小一大,其中一大一小连号,面临德辅道,大房又是套间,利用骑楼的一间就是客厅。"①这一细节,过去比较少研究者注意到,因为这是在战争没有结束时写的,都使用代号以免影响香港秘密工作者,对比各种材料文献可推测,"C君"就是陈子秋(别名陈小秋、陈秋焕、陈秋帆、陈紫秋),"小姐"指的是高汾,曾经与陈子秋在《流亡日报》工作。"大旅馆"指的就是处于干诺道中和德辅道中之间的"大中华酒店"。陈子秋后来因为酒店为日军征用,帮助茅盾一行安排到另一家小的旅社"大同旅社"。茅盾先生于1948年9月在香港期间还

---

① 茅盾:《脱险杂记》,中国社会科学出版社,1980,第178页。

继续以此香港脱险题材完成了《脱险杂记》，1949年修改于北京饭店。这篇文章开头出现高度赞赏的文字："因此，到了正月几日，离开香港的机会已经成熟云云，就是说，种种布置已经妥帖了。从这一天起，就开始了抗战以来（简直是有史以来）最伟大的'抢救'工作：在东江游击队的保护与招待之下，几千文化人安然脱离虎口，回到内地。"[1]

---

[1] 茅盾：《脱险杂记》，中国社会科学出版社，1980，第196页。

第七章　劫后余生在粤港

第一节　重返香港

抗日战争结束后，中共中央在周恩来同志的部署下，重返香港推动香港的进步文化事业。1945年9月毛泽东、周恩来、王若飞在重庆商定，派出一批文化人到上海、广州、南京、武汉、香港等中心城市进行筹办报刊等文化和新闻活动。连贯、章汉夫分别返港与方方、林平会合，领导新一轮的文化人迁港进步文化活动，章汉夫是1947年从美国返回中国，任南方局香港工委报刊委员会书记。1942年从香港脱险到大后方的一批又一批文化人从上海、南京等地，于1946年至1947年期间重返香港。1946年9月底，周恩来、董必武在南京会见中共港澳工委负责人连贯和杨琳时，对转移去香港文化人士的安排做出指示。[①]大营救脱险后又转移返港的文化人有夏衍、徐伯昕、邓文钊、萨空了、陆浮、周钢鸣、胡风、丁聪、郁风、马思聪、徐迟、张光宇、蔡楚生、于伶、叶以群、卢敦、张铁生、沈志远、黎澍、黄药眠、李健行、胡绳、黄秋耘、端木蕻良、柳亚子、茅盾等。[②]陈曼云因秘密工作需要转移，蔡楚生1948年底返港，组织了"粤语片推进委员会"，拍摄了《珠江泪》，1949年离开香港北上。

在从事文化事业的同时，部分当年的秘密工作者参与到解放战争中。中华人民共和国成立前夕，中共中央香港分局在华南地区是领导中心。1948年在香港工委领导下，夏衍同志任香港群众运动委员会书记，周钢鸣任委员。同年4月

[①] 中共四川省委党史研究室编：《中共中央南方局的文化工作》，中共党史出版社，2009，第309页。

[②] 袁小伦：《战后初期中共与香港进步文化》，广东教育出版社，1999，第113页。

中共中央香港分局批准成立粤桂边区委员会，方兰同志由中共香港分局调任粤桂边区委员会高雷地委副书记，时梁广同志任粤桂边区党委书记、粤桂边纵队司令员，为琼崖纵队与中共中央的联系、护送海南琼崖纵队代表参加全国政协会议做出贡献。

《光明报》总编辑俞颂华脱险后分别在桂林、衡阳任《广西日报》《大刚报》主编，1945年受聘于四川璧山的苏州国立社会教育学院任新闻系主任，抗日战争胜利后随迁回苏州，1947年10月不幸于苏州病逝，时年55岁。

第二节　香港达德学院

香港沦陷后，香港仅有的两所本土专上学校停办；抗日战争结束后，香港大学于1946年10月复校，罗富国师范学院于1946年3月重新开办。根据香港《工商日报》1946年10月8日报道，1946年10月香港学生人数超过8万名，校舍师资仍然缺乏。

1945年6月，董必武在旧金山与陈其瑗相遇，陈先生担任董老的翻译，董老邀请他回香港办学。陈其瑗到香港后会见了何香凝、李济深、蔡廷锴、彭泽民等著名民主人士，得到他们的全力支持，蔡廷锴借出自己在青山的物业"芳园"为校址，他们均是学院校董，捐钱资助。学院还得到了方方、尹林平、章汉夫、连贯等中共香港领导人的帮助。1946年10月10日成立香港达德学院，陈其瑗先生任院长，1942年与梁漱溟同行从都斛登陆走险的陈此生是行政负责人之一，任教务主任。沈志远任商业经济系主任，黄药眠任文史系主任，多名当年香港脱险的文化人如周钢鸣、胡绳、丁家驹、黄药眠等又返港在达德学院教书育人。[①] 沈志远于1948年北上，杜国庠先生代替其职务。在粤北曾经任教的王亚南、郭大力和梅龚彬均在此时汇聚于此任教。值得一提的是粤北烽火中读书

---

① 曹直：《文化青山——香港达德学院概况》，中山大学出版社，2004，第63页。

毕业的学生，毕业后迅速成为教育主力。在达德学院，有1943年毕业于坪石国立中山大学的学生李显仁，他于1947年抵香港达德学院任教；还有1943年在坪石考入国立中山大学研究院历史科的徐光仁，他于1946年毕业，1947年赴香港达德学院任教。

第三节 《华商报》复刊

林平于1945年10月23日复电周恩来："《华商报》是用邓文钊出面，资本完全由我负责，开办经费约需港币三万元，每月预算正研究中，如交通恢复，营业收入亦可主持。"①在中共中央的支持下，1946年1月4日，《华商报》在香港复刊。

廖沫沙于1945年10月被指派回到香港复刊《华商报》，1945年底已经在香港的张铁生、千家驹等向中共组织推荐了广东人刘思慕，刘思慕任《华商报》总编辑，此前他们曾一起办过《自由月刊》。同时萨空了任总经理，廖沫沙任副总编辑。黎澍先生在香港沦陷后脱险，随东江游击队进入宝安，参加游击队在惠阳、东莞的活动，协助办报。他于1947年重新进入香港，任香港新华通讯社总编辑和《华商报》编辑，《华商报》社址仍然在干诺道中123号。1949年10月《华商报》代总编辑杨奇、孙孺、麦慕平、洪文开等组成领导小组，负责《华商报》编辑工作和员工撤离香港回广州办报事宜。10月15日他们分两路出发，一路在九龙旺角火车站分别上车，在大埔前一站下车，上了一艘小轮船，在大鹏湾海中过船到小木船，驶向已经解放的葵涌。另一路孙孺、张其光、余渭泉和张启中等一起出发，最后与饶彰风、杨奇等会合。②

---

① 中央档案馆、广东省档案馆：《广东革命历史文件汇集》（1941—1945），1987，第535页。

② 南方日报社、广东《华商报》史学会合编：《白首记者话华商1941—1986》，广东人民出版社，1987，第97页。

《华商报》的同人先抵达已解放的惠州，在惠州西湖他们构思着《南方日报》的模式，1949年10月23日第一张《南方日报》诞生，一周后最后一张《华商报》上市谢幕。

第四节　大营救参与者和幸存者的余音

中华人民共和国成立后，方兰曾任广东省妇联秘书长、副主任，中共佛山市委副书记。20世纪80年代畅销的《家庭》杂志是方兰同志建议由《广东妇女》改名而来的。方兰同志定居广州，其母亲葬于香港，方女士在世时常在清明节回香港扫墓。

中华人民共和国成立后，梁广曾任广州市副市长、广东省委统战部副部长、广东省总工会主席。1980年3月，梁广同志在广东省工会第六次代表大会的工作报告中提出"关于经济特区工会工作"的建议。

陈汝棠曾任广东省副省长，李伯球曾任广东省农林厅副厅长。

香港华商邓文田、邓文钊是香港华比银行的华人经理，在政治上主张抗日救国，同情中国共产党，积极参加中共发起的公开政治活动，《华商报》是以邓氏兄弟名义申办。香港沦陷时，邓文钊由李健行负责联系脱险，中华人民共和国成立后曾任广东省商业厅副厅长，1955年任广东省副省长。交通线的组织者之一卢伟如同志在中华人民共和国成立后，参加抗美援朝战争，曾赴苏联学习，任广州军区副政委。

文化人周钢鸣是文艺评论家，曾任广西文化厅厅长、广西省文联主席，1958年任广东省文联主席、中国作家协会广东省分会主席。

章泯最早从香港到广州讨论成立广州珠江电影制片厂。司徒慧敏于1952年从美国返回中国，数次到广州推动电影制片厂的建立，1956年司徒慧敏担任中国电影局副局长，与张云乔等老一辈电影人参加珠江电影制片厂的创建工作，张云乔重操旧业,担任电影美工的工作。

黄秋耘在中华人民共和国成立后,曾任新华社福建分社代社长,后调回广东,任广东省出版事业管理局副局长,是一位多产的作家。

黄施民在中华人民共和国成立后曾任广东省委海外工委秘书长、副书记,广东省委副秘书长,广东省委宣传部副部长。1980年任深圳经济特区市委书记兼副市长、广东省经济特区管理委员会副主任。香港沦陷前曾任职于《华商报》编辑的华嘉,在中华人民共和国成立后曾任广州市委宣传部副部长和广东省文联副主席。胡一声曾任北京师范大学副教授兼北京师范大学附属中学校长、广东省教育厅副厅长、暨南大学文学院东南亚研究所副所长。

潘静安先生在中华人民共和国成立后曾任第五、六、七届全国政协委员,中国银行驻香港总稽查室副总稽查。潘先生极为低调,甚少参加座谈会或者接受采访。1984年4月和6月广东省党史办公室召开座谈会,均邀请潘先生参加,潘先生用"潘柱"的名字留下唯一由发言记录整理而成的文字材料《回忆香港的抢救工作》,记录了潘先生参与抢救文化人的回忆,对潘静安先生生平有深入研究的许礼平先生,撰文形容潘先生是"事了拂衣去,深藏身与名"。①

黄作梅先生于1947年6月任新华社伦敦分社社长,成为新华社海外分社先驱。中华人民共和国成立后任新华社香港分社社长、中共香港工委负责人,在《文汇报》的"天下大势"专栏发表了多篇国际评论,笔名为黄傲霜或者黄中流。1955年随中国政府代表团前往印尼采访亚非会议。4月11日,黄作梅乘坐的"克什米尔公主号"飞机遭敌破坏,在飞越北婆罗洲沙捞越附近海面上空时爆炸,机上11名中国和越南代表团工作人员以及随同采访中外记者全部遇难。

陈君葆一直留守香港,是香港教育界、文化界爱国知名人士。1951年、1955年和1956年数次带领香港大学师生到北京观光。1955年12月23日,周恩来总理接见了陈君葆带领的香港大学英籍教授一行。

---

① 许礼平:《旧日风云(二集)》,生活·读书·新知三联书店,2017,第1页。

1949年9月21日，中国人民政治协商会议第一届全体会议在北平隆重开幕，参加会议的正式代表、候补代表及特邀人士共662人，曾在香港沦陷后脱险的文化人中成为正式代表或者候补代表的有沈雁冰、沈端先、于毅夫、张友渔、金仲华、梁漱溟、俞寰澄、萨空了、徐铸成、杨刚、陈汝棠、周鲸文、徐伯昕、张云川、陈此生、千家驹、黄药眠、李伯球、刘清扬、蔡楚生、马思聪、胡风、胡绳、恽逸群、刘思慕、任鸿隽。参加大营救的中共代表有廖承志、连贯、乔冠华、张唯一、廖梦醒。

中华人民共和国成立后，茅盾任中央政府文化部部长；萨空了任人民美术出版社社长；范长江先后任新华社总编辑、《解放日报》社社长、《人民日报》社社长；孟秋江任天津《进步日报》社经理、《大公报》社副社长；叶籁士担任华东人民出版社社长，后任人民出版社第一副社长和第一副总编辑、中国文字改革委员会秘书长；1945年高汾和《大公报》著名报人高集结婚，1949年高汾在《大公报》北京办事处任职，采访报道开国大典重大政治事件；戈茅于1946年重返《新华日报》任副刊编辑主任，他受潘汉年的领导，在中华人民共和国成立后任中央情报总署办公厅主任，数年后回到出版界，后担任文化部副部长；黄药眠长期在北京师范大学任教；千家驹为中国科学院哲学社会科学部学部委员；胡绳于1988年担任全国政协副主席；胡仲持任《解放日报》国际部主任；蔡北华任上海工商局副局长。

中华人民共和国成立的开国大典现场，杨刚是12名新闻界代表中的唯一女性；吴在东在中华人民共和国成立后曾任江苏省卫生厅厅长、中国人民解放军军事医学科学院病理系主任。陈翰笙在中华人民共和国成立后任中国外交学会副会长，并与金仲华合作创办了中国对外宣传刊物《中国建设》。

回顾过去，从1936—1942年，从1946—1949年，中国一批又一批文化人、教育家、民主人士陆续抵达香港，他们在香港时对中国抗战文化乃至东南亚中华文化的传播起到里程碑式的作用；为香港处于殖民统治下的教育，注入中国新文化和中华的传统文化教育血液，延续了当年左翼文化的精神；他们的到

来，使新文字运动深入人心且提升全体香港居民的中文水平；他们的到来，使香港成为抗战文化中的中国正义声音传播至海外的桥头堡；他们的到来，激发香港青少年爱国救亡的热情，使其参与到抗战行动中；他们的到来，使文化界抗战统一战线的建立实现新突破；他们的到来，为中华人民共和国建立海外通讯社起到先行者的作用。

1991年，中国记协成立范长江新闻奖基金，以奖励优秀新闻工作者，国务院将范长江创建"中国青年记者协会"的11月8日确定为"中国记者节"。但愿人间公平正义是真实的，梁漱溟先生说过："相似相续，非断非常。"

后 记

2005年笔者在三峡工程工地工作，有个周末在坝区为工地水电工人服务的商店书摊买了《莫斯科中山大学和中国革命》这本书。该书因为是黑色简单装饰，也被称为黑皮书。笔者从该书中了解到莫斯科中山大学概况，2016年7月13日访问莫斯科中山大学遗址时，笔者才发现国立普希金造型艺术博物馆是最靠近莫斯科中山大学旧址的最大的公共建筑。

2021年完成的红色交通线研究报告初稿中利用了当年访问莫斯科的成果，2021年7月笔者在某大学图书馆查阅书籍时，意外地发现了中共广东省委党史研究室、中共汕头市委党史研究室编的《红色交通线》第二版一书，遂据之继续深化完成第一份报告。上篇第九章所列名册基本按照进入中央苏区的先后顺序编制，对经历中央秘密红色交通线人物未有穷尽，对个人回忆录罗列名单而未能够找到旁证的也没有列入。关于汕头秘密交通站，官方网站列出的王定国、傅钟、刘晓、钟伟剑、王秉璋、张经武、李加夫、庄振凤、葛耀山、周越华、谢小梅、冯文彬、顾玉良、孙世阶、张超、卢嘉西、李强、李立三等人，因笔者掌握材料不多，未及详述。上篇第九章所列名册提供的仅为部分经历红色交通线粤东段的人的概略介绍,为深入研究提供参考。下篇中的文化人程浩、吉家甫、李赓、蒋文蒸、童常、孙英、郭毅、赵树泰、曹吾、丁洁如、王青安、黄远志、邝远芳、黄宝珣、杨永祥、卢家儒等也因为笔者掌握材料不多未及详述。

笔者翻阅档案过程中发现历史上香港作为中共广东省秘密机关所在地运作20多年,其间港英政府出卖了多名中共广东省领导人,导致蔡和森等多名中共广东领导人被害。而香港劳苦大众中、精英阶层中则不乏爱国者,他们尤其赞同中国共产党的主张,省港大罢工和胜利大营救就是范例,不少祖籍在内地而自身在香港出生的朋友为此献身。土生土长的香港热血青年,像潘静安、方兰、李少石、廖梦醒、黄秋耘、黄施民、邓文钊等,在1930年红色交通线的活动和1942年胜利大营救中,为中国文化血脉的延续做出了贡献,功不可没!笔者从2021年7月开始重新进入关于香港脱险部分的写作,周末到大学图书馆和广东省立中山图书馆查阅涉及此主题的主要藏书,遂有了如今的"红色交通线的记忆·下篇——香港脱险"。

(初稿写于2021年5月4日,完稿于2021年12月都斛调研归来)

附录一：部分脱险文化人、民主人士在香港住处、离开时间和路线

姓名	在港的主要工作	居住及战时隐蔽地点	脱险出发时间	脱险路线
廖承志	八路军驻香港办事处		1942年1月元旦，1942年1月3日抵惠阳坪山	陆路东线水路交通
刘少文	中共南方局秘密工作者	香港中环云咸街	1942年4月	
梁广	中共粤南省委书记		1943年底	香港至广州
张文彬	中共南方工作委员会副书记		1942年1月3日后抵惠阳坪山	陆路东线水陆交通
杨康华	中共香港市委书记		1942年元旦	陆路东线水陆交通
李少石、廖梦醒	李少石为中共南方局秘密工作者，廖梦醒为宋庆龄秘书和"保卫中国同盟"办公室主任兼财务主任	香港跑马地奕荫街、澳门柯利维喇街	1942年春节前，在长洲岛住20多天。廖梦醒于1942年5月离开澳门赴重庆，李少石于1943年夏赴重庆	海上西线澳门
潘汉年	中共南方局秘密工作者			
梁漱溟	《光明报》	九龙赞善里、香港湾仔、香港西环广州知用中学小学部	1942年1月10日，1月19日抵台山都斛	海上西线（澳门至台山）
何香凝、经普椿	民主人士	香港罗便臣道（蔡锷住所）、永胜街（即鸭旦街，海陆丰会馆）	1942年1月15日离开香港	海上东线（香港至长洲岛至汕尾）

（续上表）

姓名	在港的主要工作	居住及战时隐蔽地点	脱险出发时间	脱险路线
柳亚子、郑佩宜、柳无垢	民主人士、参加香港新文字学会	九龙柯士甸道107号、香港西摩道21号、香港罗便臣道、皇后大道公主行、云咸街、永胜街（海陆丰会馆）	1941年12月9日偷渡至香港住罗便臣道，再迁皇后大道公主行难民所，25日迁回罗便臣道，复移云咸街，1942年1月9日偷渡至九龙，1942年1月15日离开香港	海上东线（香港至长洲岛至汕尾）
李伯球、胡一声	民主人士	香港跑马地景光街18号地下		陆路东线水陆交通
王显章	民主人士			陆路东线水陆交通
陈寅恪	在香港大学任教	香港罗便臣道125号（许地山家）、九龙山林道37号二楼	1942年5月4日	海上西线（香港至广州湾）
刘清扬	香港中华女子学校	香港湾仔贫民窟、与张今铎夫妇住一裁缝店后一小房	1942年1月13日偷渡至九龙	
范长江、沈谱	《华商报》、国新社	九龙北京路、大中华酒店	1942年1月10日离开香港，19日抵都斛	海上西线（澳门至台山都斛）
刘淼庆	商人	香港跑马地景光街18号地下，多位文化人在此避难		

（续上表）

姓名	在港的主要工作	居住及战时隐蔽地点	脱险出发时间	脱险路线
马思聪、王慕理	音乐演出和创作	九龙天文台道、香港罗便臣道	1941年12月9日从九龙过香港，25日回到九龙原居所，1942年1月离开九龙	海丰
戴望舒	《星岛日报》副刊《星座》	西环太白台、桃李台，香港林泉居		留港
徐迟、陈松、钱能欣	英文版《中国作家》《中国诗艺》陶记公司	香港西环学士台、香港林泉居、九龙荔枝角		海上西线水陆交通（澳门至江门）
郑安娜	英文版《中国作家》		1942年1月8日离开香港，1942年1月19日离开澳门，21日抵台山都斛	海上西线（澳门至台山都斛）
连贯	八路军驻香港办事处	香港跑马地景光街18号地下	1942年元旦离开香港，1942年1月3日抵惠阳坪山	陆路东线水陆交通
金山	旅港剧社协会	九龙汉口道、大中华酒店	1942年1月8日离开香港，1942年1月19日离开澳门，1月21日抵台山	海上西线（澳门至台山）
乔冠华	香港中国通讯社	香港跑马地景光街18号地下	1941年12月9日从九龙偷渡过香港，1942年元旦离开香港，1942年1月3日抵惠阳坪山	陆路东线水陆交通

（续上表）

姓名	在港的主要工作	居住及战时隐蔽地点	脱险出发时间	脱险路线
尹林平	东江游击队	九龙旺角上海街、长沙湾道		陆路东线水陆交通
潘静安（潘柱）	八路军驻香港办事处	铜锣湾湾仔洛克道耀华街		留港
司徒慧敏	旅港剧人协会	九龙太子道、香港西环皇后大道中中央电影院地下	1942年1月8日离开香港，1942年1月19日离开澳门，1月21日抵台山都斛	海上西线（澳门至台山都斛）
张友渔、韩幽桐	《华商报》	香港跑马地山村道、铜锣湾波斯富街、旺角花园街		陆路东线水陆交通（至惠阳沙鱼涌）
徐伯昕、胡耐秋	《大众生活》周刊和书店		1942年1月14日后从香港偷渡九龙	陆路西线
郁风	《华商报》副刊《灯塔》，《星岛日报》副刊《耕耘》		1942年1月8日离开香港，1942年1月19日离开澳门，21日抵台山都斛	海上西线（澳门至台山）
张正宇	《大地画报》，文咸东街永丰行二楼	香港西环学士台		
张惠通	《华商报》经理部	香港中环广东省银行	1942年1月25日之后	香港到澳门，至广州，抵曲江，转至桂林
萨空了一家	《光明报》	九龙太子道、九龙汉口道、香港山村道（俞寰澄家）、香港般含道荣华台、西环般含道广州知用中学小学部、九龙德成街	1942年1月25日离开坐船至澳门，在澳门住张惠通的叔祖母家；李润才陪同前往桂林	海上西线水陆交通（澳门至江门）
李炳海	《光明报》	香港般含道荣华台	1942年2月后从香港至广州转四会	

（续上表）

姓名	在港的主要工作	居住及战时隐蔽地点	脱险出发时间	脱险路线
张云川	《光明报》	九龙南京街、九龙天文台道、香港西环广州知用中学小学部	1942年1月11日从香港偷渡九龙	陆路东线水陆交通
千家驹		九龙经始台、德成街	1942年2月	海上西线（至广州湾）
沈颂芳	《大公报》	金巴利道		
唐英伟	香港渔业研究所、香港木刻协会		1942年转赴粤北国立中山大学	
俞颂华	《国讯》香港版、《光明报》	九龙赞善里、永安街16号、香港中环	1942年1月15日之后化装为难民离开香港赴桂林	
夏衍	《华商报》	香港山村道	1942年1月8日离开香港，1942年1月19日离开澳门，1月21日抵台山	海上西线（澳门至台山）
李健行	东江游击队驻港采购员	九龙油麻地佐敦道14号地下、旺角通菜街（联络点）		
何鼎华	东江游击队宝安大队驻港办事处主任			
廖安祥	秘密工作者、商人	香港西环	1942年1月18日离开香港	陆路东线水陆交通
茅盾、孔德沚	《笔谈》半月刊	九龙英王子道196号四楼、香港坚尼地道、香港轩尼诗道"跳舞学校"、九龙旺角花园街	1942年1月9日偷渡至九龙，1942年1月13日抵达白石龙游击区	陆路西线

（续上表）

姓名	在港的主要工作	居住及战时隐蔽地点	脱险出发时间	脱险路线
叶以群	旅港剧人协会、文艺通讯社	九龙太子道、轩尼诗道"跳舞学校"	1942年1月9日偷渡至九龙，1月13日抵游击区	陆路西线
宋之的、王莘	旅港剧人协会	九龙石狮子道、香港轩尼诗道"跳舞学校"、九龙旺角花园街	1942年1月9日偷渡至九龙，1942年1月12日离开九龙	陆路西线
张铁生	《青年知识》	九龙旺角花园街		陆路西线
邹韬奋、沈粹缜	《大众生活》社、《大众生活》周刊、《华商报》	香港湾仔峡道15号五楼（金仲华家）、香港铜锣湾灯笼街、九龙旺角花园街	1941年12月从九龙偷渡、住香港金仲华家，1942年1月9日从"海上交通站"偷渡到九龙，1942年1月11日离开九龙，13日抵游击区	陆路西线，1942年3月家人走陆路东线水陆交通
恽逸群	国新社		1942年1月9日从"海上交通站"偷渡到九龙，1942年1月13日抵游击区	陆路西线
黎澍	国新社	香港铜锣湾贫民窟	1942年1月11日从"海上交通站"偷渡到九龙，1942年1月13日抵游击区	陆路西线
戈宝权	文艺通讯社	香港轩尼诗道"跳舞学校"、大中华酒店、香港皇后大道东贫民窟（陈紫秋安排）	1942年1月9日从"海上交通站"偷渡到九龙，1942年1月11日离开九龙，1月13日抵游击区	陆路西线

(续上表)

姓名	在港的主要工作	居住及战时隐蔽地点	脱险出发时间	脱险路线
陈翰笙	《远东通讯》、国新社		1942年2月转澳门回内地	海上西线
金仲华	《星岛日报》,《华商报》专栏《战争中的世界》	香港湾仔峡道15号五楼、香港大中华酒店	1942年1月11日离开香港至澳门,1月19日离开澳门,1942年1月21日抵都斛	海上西线（澳门至台山）。妹妹金端苓带着金先生的两个孩子于1942年4月乘轮船从香港至广州湾
杨潮（羊枣）、沈强	《星岛日报》军事记者	永安街16号、云咸街西服店		
吴全衡（胡绳夫人）	生活书店、香港中国通讯社	香港山村道（张友渔家）	1942年1月9日偷渡至九龙,1月13日抵游击区,在韶关等胡绳	陆路西线
杨刚	《大公报》副刊	香港山村道（张友渔家）	1941年12月9日从九龙偷渡至香港	
姜君辰	国新社	九龙旺角花园街	1941年6月离开香港	
凤子	旅港剧人协会	九龙太子道380号、大中华酒店、旺角通菜街	1942年1月12日离开九龙	陆路西线
张云乔	《华商报》及商业活动	朋友陈达槲家、香港大中华酒店	1941年12月28日抵香港干诺道中大中华酒店,1942年1月8日离开香港,1942年1月19日离开澳门,1月21日抵台山都斛	海上西线（澳门至台山都斛）

（续上表）

姓名	在港的主要工作	居住及战时隐蔽地点	脱险出发时间	脱险路线
胡风、梅志、胡晓谷	编辑《七月丛书》、写作	九龙新新旅馆、九龙利源街67号四楼、西洋菜街、轩尼诗道415号三楼、洗衣街	1942年1月12日离开九龙	陆路西线
胡绳	《大众生活》周刊	香港跑马地山村道（张友渔家）	1942年1月9日晚从香港偷渡至九龙，1月13日抵游击区	陆路西线
张唯一	中共香港秘密情报工作、秘密电台		1942年5月	
俞寰澄	中华职业教育社《国讯》香港版	香港山村道	1942年从香港转上海	
马国亮	《大地画报》、大地图书公司文咸东街永丰行二楼			脱险抵桂林
李青	《大地画报》、大地图书公司文咸东街永丰行二楼			脱险抵桂林
特伟（盛松）	《大众生活》周刊、《新美术周刊》			陆路西线
张明养	《世界知识》			陆路西线
袁水拍、张宗祜、姚建伯	中国银行香港分行、《文协》周刊、《中国诗艺》	香港友人处		陆路西线

（续上表）

姓名	在港的主要工作	居住及战时隐蔽地点	脱险出发时间	脱险路线
张今铎夫妇	《光明报》撰稿人	九龙漆咸道，在香港岛避难时与刘清扬同住裁缝店后一房		
戈茅（徐光霄）、殷家修		九龙太子道、香港轩尼诗道"跳舞学校"、九龙旺角花园街	1942年1月9日从香港偷渡至九龙，1942年1月12日离开九龙	陆路西线
邓文钊	《华商报》	香港中环伊利近街55号		陆路东线水陆交通
王福时（王爱华）	内外文化供应社		香港至湛江轮船"白银丸"	海上西线（香港至广州湾）
许幸之	拍摄《阿Q正传》	九龙南洋影片公司宿舍、蔡楚生家	1942年1月	陆路西线
蔡楚生	电影创作	新新旅馆205房、苏怡住处、香港湾仔西田湾谢家、谭公道143号地下、九龙码头围道278号下（陈曼云住处），筲箕湾旧藤店、香港大中华酒店	1942年1月14日离开香港至澳门，1月19日离开澳门，1月21抵台山	海上西线（澳门至台山都斛）
于伶、柏李	旅港剧人协会	湾仔上海电工公司香港分公司	1942年1月9日偷渡至九龙，11日离开九龙	
马师曾	太平剧团	般含道、干诺道中	1941年12月29日偷渡抵澳门，住三个月再赴广州湾	海上西线（香港至澳门再至广州湾）

（续上表）

姓名	在港的主要工作	居住及战时隐蔽地点	脱险出发时间	脱险路线
冼玉清	借用香港大学校舍办学的私立岭南大学		1942年6月21日化名冼清从香港回澳门，1942年8月15日乘"白银丸"轮船赴广州湾转曲江	海上西线（香港至澳门再至广州湾）
陈子秋（陈小秋、陈秋焕、陈秋帆、陈紫秋）	《华商报》美术编辑，大中华酒店总管	香港大中华酒店	1942年2月离开香港	海上西线（澳门至台山）
黄新波	《华商报》副刊		1942年2月	海上西线（澳门至台山）
叶浅予、戴爱莲	《今日中国》《大地画报》	香港西环学士台、"新界"山尾村	1942年1月	海上西线水陆交通（澳门至江门）
盛舜	《今日中国》			海上西线（澳门至江门）
胡政之、赵恩源	《大公报》	香港坚道92号	1942年1月	陆路东线水陆交通（抵惠阳转老隆）
罗寄梅	中央通讯社摄影部主任		1942年1月	海上西线（澳门至江门）
胡仲持	《华商报》	香港摆花街报社、香港坚尼地道	1942年1月13日抵游击区	陆路西线
陆浮	《华商报》	九龙深水埗福荣街10号二楼	1942年1月10日出发，1942年1月19日抵台山都斛	海上西线（澳门至台山都斛）

（续上表）

姓名	在港的主要工作	居住及战时隐蔽地点	脱险出发时间	脱险路线
陈此生	民主人士	香港西环岳父家	1942年1月10日出发，1942年1月19日抵台山都斛	海上西线（澳门至台山都斛）
廖沫沙、陈海云	《华商报》	香港摆花街报社、香港坚尼地道	1942年1月8日偷渡至九龙，1月9日离开九龙，1月13日抵游击区	陆路西线
华嘉夫妇、谢加因	《华商报》	坚道文友马荫隐弟弟家	1942年1月11日离开香港，偷渡至长洲岛转澳门，1月18日离开澳门	海上西线水陆交通（澳门至江门）
黄药眠	中国国际新闻社			海上西线水陆交通（澳门至江门）
周鲸文	《时代批评》	香港联合道7号	1942年1月15日离开香港	海上东线（汕尾）
赵晓恩	《华商报》出版部经理		1942年1月11日	海上西线水陆交通（澳门至江门）
沙蒙	旅港剧人协会		1942年1月12日离开九龙	陆路西线
章泯	旅港剧人协会		1942年1月12日离开九龙	陆路西线
舒强	旅港剧人协会		1942年1月12日离开九龙	陆路西线
葛一虹	旅港剧人协会		1942年1月12日离开九龙	陆路西线

（续上表）

姓名	在港的主要工作	居住及战时隐蔽地点	脱险出发时间	脱险路线
凌琯如	旅港剧人协会		1942年1月12日离开九龙	陆路西线
丁聪	舞台设计、漫画创作、《新美术周刊》、《大地画报》、大地图书公司文咸东街永丰行二楼	香港西环学士台	1942年1月11日离开九龙	陆路西线
江韵辉	旅港剧人协会			
蓝马	旅港剧人协会			
于毅夫、杜贵绂	《反攻》半月刊、《时代批评》	董麟阁家、香港联合道7号		香港至广州
盛家伦	音乐家、作曲家	九龙乐道4号二楼	1942年1月11日离开九龙，后抵游击区	陆路西线
黄文俞	文协			
叶籁士	香港新文字学会、香港世界语学会		1942年1月11日	陆路西线
陈衡析			1942年夏	海上西线（香港至广州湾）
蔡磊	中华业余学校文艺科讲师	九龙乐道弥敦道6号二楼	1942年春往海南办《新文昌报》	

（续上表）

姓名	在港的主要工作	居住及战时隐蔽地点	脱险出发时间	脱险路线
高士其、黄秋耘		香港玛丽医院、九龙新新旅馆、九龙雅前廊道12号、九龙太子道戈茅家	1942年4月	香港至广州
连士升	香港大学、国际通讯社	九龙长沙湾道、香港般含道清风台	1942年2月20日与戴淮清、罗牧三家同行	海上西线（香港至广州湾）
汤晓丹			1942年6月4日	海上西线（香港至广州湾）
林庚白、林北丽		九龙柯士甸道好客来饭店、金巴利道月仙楼二号	12月10日与张云川、张今铎和萨空了乘船偷渡香港，半途因戒严未成；12月19日下午林庚白被日军开枪打死	林北丽从陆路东线脱险

在港文化机构	地址
八路军驻香港办事处	香港皇后大道中18号
保卫中国同盟	香港西摩道21号
《华商报》办公室	干诺道中123号三楼
香港大中华酒店	干诺道中119—120号
《大众生活》社	香港雪厂街太子行二楼123号
生活书店（1940年秋停业）	香港皇后大道中175号
时代书店（总经售《大众生活》）	香港皇后大道中
《光明报》社	香港摆花街

（续上表）

在港文化机构	地址
《大公报》社	香港皇后大道中33号三楼
《珠江日报》社	香港干诺道中26号
《星岛日报》社	香港湾仔道177号
国际新闻通讯社	九龙弥敦道49号

注：附录一根据萨空了的《香港沦陷日记》，蔡楚生的《蔡楚生文集·第三卷：日记卷》，南方报业传媒集团、广东《华商报》史学会合编的《欢歌犹自唱华商》等回忆录、日记编制。

岭南的记忆

附录二：脱险知名文化人文学纪实作品摘要

1 《高士其自传》摘要：红色科学家高士其笔下的脱险经历

高士其同志写道：

1942年，太平洋战争爆发，香港沦陷。地下党托黄秋耘同志到九龙太子道我的住处接我出来，陪我坐三轮车到卫生处，取得检疫证明，然后坐轮船到香港一家旅馆。晚饭后，他把我锁在房间里，怕有坏人进来，那时候人们纷纷逃难，社会秩序很乱。

第二天早晨，秋耘带了两位青年女性来看我，一位是谢广愉，她和秋耘是表亲；一位是袁慧慈，她是秋耘的女友。这两位年轻人都是他请来照顾我生活的，几位结伴而行。谢广愉才15岁，大眼睛，鸭蛋脸，一双长辫子垂在背后，穿着花绸袄，满口北京话。袁慧慈约20岁，瘦长的个子，穿蓝色中山装，广东口音。

我们一行四人，都是患难中的朋友。那天天气晴朗，到了码头，已近中午时分，我们登上去广州的航行在珠江上的轮船。在船上还有一些青年男女，都是疏散到大后方去。我坐一等舱，广愉和慧慈两人轮流给我喂饭，我吃的是牛奶拌干饭。我是躺在床上吃的，喂的人必须弯着腰一口一口地把饭送进我的嘴里，做这些事情是很辛苦的，没有耐心是不行的。船上起了一阵骚动，全船的旅客们都要到船面集合，准备检疫。秋耘同志和另一位青年搀着我上去，我吃力地站着，一只脚都站酸了。他们挨个地检验，等了好一会才轮到我。我装哑巴，秋耘充当医生，扶我到检疫室把我的检疫证明交给他们。可是，穿白衣服白帽的护士把一根消毒过的棉花棒从我肛门口取出一点点大便，以供化验，看看有没有急性胃肠传染病的嫌疑。他们问我的话都由秋耘代答，搞了一上午，在非常紧张的气氛中度过，弄得我无心观看珠江。[①]

上码头后他们原定住在本濠饭店，但店主害怕传染病，不给住。高士其建议到医院试一下，他们到了博济医院，一进医院遇到一位在美国认识高士其的女医生，经过她的努力说服日本人院长，高士其在博济医院住了两三天，在黄秋耘同志护送下继续北上，通过最危险的三水和芦苞地带。1987年高士其从苏州转到台北疗养，中共和进步力量仍然关心照顾高士其的生活，高士其写道："廖梦醒同志从上海寄了一笔巨额救济金，是宋庆龄同志为文化人设置的福利基金会托她转寄的，我就用此款的一小部分购买了一台美国制的收音机。当天深夜，我把收音机的声音压得低低的，护士小白帮我转动旋钮，我终于听到了来自解放区的声音，听到党的声音。一个身在白区的共产党员能够直接听到党的声音，就仿佛一个人在荒野上差点迷路的孩子听到了母亲的呼唤一样，那是多么亲切和高兴呀！"

2 《胡风自传》：文学家笔下的历险之行

我们在九龙洗衣街顶楼某宅住了两天，一月十二日一黑早，我们一群人（有宋之的夫妇和沙蒙）由住处出发向郊区走去。走近郊外就可以看到大批的和我们一样的难民，都是背着包袱，提着小藤箱，有的孩子背上挂着几把雨伞。我背了一个灰布包，M手提一个旅行袋，晓谷也背了一个书包，里面是盥洗用具。今后，我们将靠身上背的这点东西御寒过冬。我从来没有像今天这样简单，连书都没有一本，也从来没有像今天这样轻松过。

过去荒凉的小路，现在已是人头济济。我们夹在当中，忘了走了多久，只感到肚子饿了，孩子也有点走不动了，前面的带路人才将我们领到一所空房子里，随手关上了大门让我们休息。到五六点钟天似黑非黑时，

[①] 高士其：《高士其自传》，科学出版社，2015，第202页。

我们才离开那空房子。走了几里路转向小路上了山。又走了有十来里路吧,到了一处土屋,停下来休息。看到有背枪的游击队员在放哨,我们已进入东江纵队的游击区了。当夜就在那里住下,一式的地铺,下面铺了稻阜,上面有草席。我们将随身带的毯子一裹,躺在又软又香的稻草上,一会儿就都睡着了。

第二天一清早又上路,仍是由穿唐装的交通员带队。走了许久的崎岖山路,到了离大浦镇不远的平地,住进一家祠堂。我们在那儿大概住了几天。

通过日军驻地后,完全是田野。在某处坐木船渡过小河,上岸就是广东省地界,好像属于宝安县。我们在一个村子里歇脚住了一夜,再往有山的地方走。

离开平地上山,就是游击区。走若干里,到了一个小村子,歇在一间破旧的空教堂里。这里过去一定是个相当繁荣的市镇,教堂在市中心,但现在可是颓垣残壁、满目凄凉,只留下了几间房。傍晚,老乡们都出来走动,孩子们在唱《黄河颂》。

交通员领我们去到队部。那是一幢小洋楼,我们见到了东江游击纵队的司令员曾生和政委林平。他们很随便地和我们谈了谈当地的情形,并请我们吃晚餐,主要是一大碗狗肉。曾生很抱歉地说:"没有好菜招待你们。现在想弄一条蛇都很难,只好吃狗肉了。"但我们大家都觉得这碗狗肉比什么肉都好吃,吃得很香。

由于天晚,我们被留在那住了一夜。

第二天转到了一处山间小水沟旁的棚子(本地人叫山寮)住下。这住处正在茂密的树林里,避开了通山的路,很是清静。有专人负责买米买菜做饭。吃得不错,每天总有一大碗青菜或别的什么菜,后来听说我们把物价都吃贵了。

这山寮是一大间,用几根粗竹竿做架子,屋顶是稻草,可能过去是用以堆放收获的各种作物的，除了四面用竹篾围着外，没有窗户，但有一些缝隙，通风很好，也还光亮，开着几处门，睡时关上。一二十人睡在稻草铺上，倒也不觉得冷。

在这里的人多半是香港的文化人，我大多数都认识，闲时就在附近散步随便聊天，关系很亲密融洽，真是同舟共济的难友。

几天后的一个深夜，通知我们说有情况，敌人可能会经过这里，要我们向更深的丛林中去隐蔽。这时，曾生队长背着军毯带着手电亲自来指挥照料。他的态度自若，神情镇定，看见我拿不动行李，就喊来一位队员帮我拿。我们坐在树下眼看天快亮了，还没动静，忽然听到吹牛角号的声音。队员来叫我们，说："好了，没情况了，回原地去吧。"原来吹牛角号是卖豆腐的，有卖豆腐的当然就没有敌兵了。这不过是一场虚惊。大概由那次失火而加强警惕了吧！

大约是担心这里不安全，我们被转移到了一个更深的山里。有大草棚，也有小茅屋，大家分散开来住。我们和宋之的夫妇等住在一起，正在一条山涧的上面，周围有一些数米高绿叶缤纷的树。后来，队员们告诉我们，这是荔枝树，还是有名的黑叶荔枝。可惜我们来得不是时候，要不，这里的水果可有得吃呢！

不久，要送我们离开游击区了。行前给我们举行了一次送别会餐。非常丰盛，可能用去了中队一两个月的开支吧。

我们一行几十人重编队分散开，我们八九个人一组由几位带手枪的便衣队员（好像都是华侨子弟）护送着在山上运动。多半是晚上赶路，白天住下休息。辗转地走了十来处，每处歇一天。也有的不止一天，大概是为了弄清楚决定下一站怎样走才最安全吧。我们的行李有两个挑夫帮忙挑，基本上还是自己背。

我们几乎每天都到一处新村子。有的村子外面用大围墙围住，我们有时只能住在围墙外的学校里。在路上听说，前几天曾护送了几个外国记者从这里经过。

我们都是在夜晚行走,有时走五六十里或更多,走到村子时差不多已天亮了。围墙的门紧闭着,我们有时只好在露天下的棚子里歇息。

有的大村子在围墙里过得很平安,交通员为我们每人拎来一桶热水冲凉。我们已有十多天没有洗身了,又是汗又是泥真是脏得很,就高兴地在一间屋子里站在石头上一面将热水从头上浇去一面搓身上,倒也洗得很痛快。

住在一个学校里时,见到了先我们来那里的张友渔夫妇,他们是从另一条路来到东江支队的。

有一个大村子,可能是支队的一个据点。在那里,我看到两位妇女干部在一面劳动一面打闹嬉笑,性格开朗得很,感到她们是精神解放了的新女性。

我们到了刚转移到这个山口里暂住的队部。他们告诉我们,前不久的一个晚上,一队敌兵从山口外经过,彼此都没有发觉。这一带常有敌兵经过,不很安全,因此我们只在白天休息,睡了一觉,当晚就离开那里到前面一站去了。

在前面这村子里住的是民房,由曾在香港某中学当校长的党员干部负责照料我们。决定让我们在那里住一两天。有人建议请他们代买一只狗,大家都想吃点肉增加营养。第二天买来了狗,下午就吃炖狗肉。许多人从没吃过狗肉,在队部吃的那次对我而言也是第一次。不过这时候吃起来却比什么山珍海味都好吃。

我们饱餐了一顿狗肉正准备好好休息一夜,忽得通知要我们连夜转移。这一夜走了很长的路,并且,不准抽烟,不准打手电,完全是摸黑走的。天上又在下着毛毛雨,路非常泥滑,我们都小心地走着。忽听得前面有人声,要我们停下来。大家吓了一跳,以为有情况。后来才知道是茅盾夫人掉下桥了。我们都为她担心,不久又传来话,说没事了,快走。第二天我们见到她，关心地问她，她说开始怕极了，但像腾云驾雾似的，落在一草窝上，一点没受伤。当天走不久就出了山地，在游击区和国统区间行走。天快亮时到了前哨站的村子，村里有几条长枪。让我们住在一个带枪不脱产的队员家里。这一家房子很宽敞，和我们乡下殷实的中农家庭差不多。进门有过道，正屋两旁有两间房。还有后院，两边有厢房，可能住了几房人。主人将我们领到一间厢房，那儿有几张板床可给我们睡。外面还有一小起居间，白天可以围着方桌坐坐。这对我们可是正式的住处，不再睡地铺坐地下了。饭由主人家代做，在一间宽敞的灶房里吃饭。

除夕夜的前一天，房主人从队部拎来一个猪肚，说是分给我们过年的，又问我们打算怎样吃。大家一算计，如果炖汤吃每个人几块肉一碗汤，就没有了；想喝酒的就提出炒肚尖、卤肚子。但算来算去，都觉得东西太少了。最后还是主人说，拿来炒酸菜吧。我们都同意了。他就拿去洗洗，准备第二天除夕的好菜。不料第二天清早我们就得到通知，惠州城的敌人已撤退，要我们急速去惠州，并且还派来了带路人和帮忙挑行李的挑夫。我们高兴地上了路，只可惜这碗酸菜炒猪肚没能吃到口。

路程不算远，中午时我们就到了目的地一个镇上。在这小镇上过了一夜后，第二天又再赶路，由几个不带武器穿便衣的队员带路。天下起了毛毛细雨，下午我们想休息住下第二天再走。带路的队员不同意，说这里是国统区，怕出事，要我们连夜赶到惠州城。

这天是大年初一，不但没有月色，天上还飘着细雨，道路又黑又泥泞。晓谷和带路的队员走在一起，宋之的的女儿由一个挑夫一头挑着她一头挑着行李。我们都很小心地摸黑走在路当中。在夜里十点多钟时进了惠州城。

大家都平安地离开了游击区，告别了带路的队员，告别了东江纵队的战士们。我们将永远记得这段生活！

我们一行数十人冒雨进了惠阳城。那里敌人刚撤退不久，老百姓正在陆续返回，到处是断墙残壁，一片凄凉景象。带路的便衣队员将我们领到大街上的一家铺面房。里面什么都没有了，只是倒还干净。我们被安排和宋之的夫妇一起住在楼上。

我们到城里的西湖公园转了一下。那里的花草亭阁早已荡然无存，只有几棵大树带着满身伤痕屹立在那里。听说这里曾被敌人当作刑场，杀了不少人。看去地上点点红色也似乎是血迹，再一细看原来是枯红的花瓣。本地人告诉我们这是木棉花，夏天开放时红得像火一样，我们在广州湾看到的可能就是这种花。敌兵攻打惠州城时，国民党的军队没有坚决抵抗就匆匆撤退了，这样，城里的老百姓多数来不及逃走，遭到了敌人残酷的屠杀。

在悲愤中吟成旧体诗二首：

拾得孩儿骨，殷然见血痕。一夫褫重寄，千命殉孤城。鸡豕悲同劫，禽虫失泰声。黯云湿欲泣，凄切不成春。

劫后湖山冷，萧然得此游。荒碑七尺石，热血几人头。木落花犹赤，云低雾不收。荣枯缘底事，厉鬼笑封侯。

在惠阳住了三四天，从东江游击区过来的人越来越多了，都在设法回内地去。负责我们行程的同志安排我们先坐木船到老隆，然后再换乘别的交通工具到桂林。

这是走东江的很大的木船，有三四个舱位。除我们一家、宋之的一家、葛一虹和沙蒙外，还有一个广东青年带着两个姑娘也和我们在一起（在进惠阳城的路上，曾看到过他们）。白天开船，傍晚时就找一处歇下。这次航行很特别。我们只知道目的地是老隆，但中途经过什么地方，每天行程多少，就一无所知了。也没有人去问船老板。

大约十多天后，我们的船到了老隆。这里大约是最后一个接待站吧。在码头上看到几个曾在香港见到过的人，如连贯，他是和孙钿一起工作的，所以我知道一些他的情况，但没经人介绍认识过，不能算是熟人。他可能是这里的负责人，我没去打扰他，只由别人给了我们一笔路费，就让我们自由行动了。

我们决定先坐长途代车到曲江（或是韶关），然后乘火车直到桂林。一路同走的仍是宋之的夫妇、葛一虹和沙蒙，还有什么人我就记不起了。

从老隆到曲江走了四天，每晚都住进小客栈，但地名我都忘了。

到曲江，看到电报局，即打了个电报给老舍，向他报告我已从香港脱险。①

图70　叶浅予与戴爱莲的合影

3　《叶浅予自传》：画家笔下的历险

关于香港沦陷后叶浅予和戴爱莲的脱险经历，叶浅予除了发挥特长画了《香港受难》漫画外，还撰有文章详尽记述，以下引自《叶浅予自传》中关于香港脱险篇章：

这天上午我们夫妇二人换上还算体面的服装，一同过了海，找到西环学士台旧居的朋友们，相见之下，有隔世之感。他们以为我们这么久没消息，可能在沙田前线牺牲了，现在活着回来，大出意料。我把在九龙和老黄打交道的事说了一遍，他们说此人曾留学日本，在上海是美术"左联"的人，如今日本人来了，该是他"交鸿运"的机会了。

我到了这里才明白，日寇对香港的突然袭击，是太平洋大战中的一个小小战役。香港自1939年起已经是一个孤岛，日寇占领香港，对中国来说影响不大，不过，大批文化人被困在香港，这个打击却不小。日本当局的疏散政策，对我们是逃脱魔爪的大好机会。我对朋友们表示，只要港澳轮渡开航，我第一个上船，到澳门想办法通过沦陷区回大后方去。当时响应者有徐迟一

---

① 胡风：《胡风自传》，江苏文艺出版社，1996。

家三口和盛舜一家两口，加上新近闯来香港的罗寄梅，连我们两口，一共八人。澳门我虽去过，但不熟悉，澳门以后如何行动，心里也没底。好在八人中盛舜住过澳门，他母亲现在还住在澳门，一切全靠他安排了。

港澳之间船行两小时即到。澳门表面上还处于葡萄牙殖民统治下，实际已在日本特务机关的统治之下，澳门北面的中山县，早被日寇占领，中山的县治所在地石岐，和澳门之间通公路班车。我们从香港来的八个难民，打着回乡的旗号，领到回乡证，买了票，登上了班车。这班车是辆运货大卡车，车尾装行李，货位装旅客，塞得严严实实。上车前，由日寇特务机关把住关口，检查行李和证件。那个特务头子身穿便衣，挺胸凸肚，腰间挎一口日本军刀，威风凛凛。好不容易通过检查站，驶出澳门，进入中山县境，又是一道关口——敌军的岗哨。一个日本兵爬上车来东张西望，看了几眼，便叫放行，我们总算顺利通过。这使我们意识到，我们已经在日寇占领区旅行，成了沦陷区的顺民。近午离开澳门，傍晚到达石岐，在车站被一位旅馆伙计拉去住店。盛舜出面打听去鹤山的路途。鹤山是贴近西江沦陷区的我军控制区，我们心里把它叫作自由区。盛舜打听到明天即可搭内河小轮去江门，在江门买良民证后可以通过日军岗哨走出沦陷区。我在石岐旅店安顿就绪后，拉了盛舜到街上看看。走到一处十字路口，远远看到一个敌军岗哨，行人走近，必须向日本人鞠躬行礼才能通过。中山沦陷已有三年，老百姓习惯了这种显示占领者威风的霸道行径，个个人彬彬有礼地鞠躬如仪，然后若无其事地扬长而过。我们看了一会，一股不愿做亡国奴的情绪堵塞胸口，扭转身返回旅店。

第二天一早，在码头上吃了美味的鱼生粥。这儿没有澳门那样的检查站，也没见到一个日本兵，很从容地上了船。在船上，脑子里闪过一道意念：看来当沦陷区的顺民并不很难，可这想法又被昨晚看到的敌军岗哨的威风打退了。这一水程，是珠江三角洲的一道小河，向北直通西江大河，江门是这一水程的重要码头，梁启超在新会县的老家就在这江镇上。水程途中,见到一艘敌人运粮船,船后艄的舵篷下,几个贼兵围着一个船娘饮酒调笑。因这船驶在我们轮渡前面,我们看又不是,不看又不是,叫人气破肚子,不由问自己:在沦陷区做敌人的顺民行吗?!

到江门住在一家沿河的旅店里,旅店老板为我们每人买到一张良民证,准备第二天一早由一位乡长送我们过敌军岗哨。送人过境是本乡的一个好差使,良民证卖钱,送过境也要收钱。我们八人全是农民或平民打扮,自挑行李,来到西江边上一座山脚下,老远就看见敌军数人在蹦蹦跳跳地作欢迎状。起初觉得纳闷,后来想起,乡长曾嘱咐我们,过关时要受搜查,如有贵重东西要藏得严密些,别让抄走,这才明白过来,原来敌人看到我们这一群送礼的人来了,哪得不乐。我身上唯一贵重的东西是那只防水防震的手表,早已偷偷戴在胳肢窝下,搜查时,两手故意低低举起,不让敌人摸到,算是逃脱了劫运。贼兵贪婪,什么值钱的都要,我离香港时从地摊上买来的一套西装被抢走了,派克牌钢笔、皮鞋他们也要,女人的首饰当然更要。这一搜括,每人行李都减轻了。到鹤山还有一段路要走,对我们来说,留得青山在,不怕没柴烧,只要能平安走出沦陷区,哪怕被搜得精光也觉得痛快。搜括完毕,敌军一声令下,放送礼者过关,乡长向我们挥手告别,我们当然向这位好心的同胞由衷感谢。

快步离开岗哨后,前行几十步,人人松了一口气。停下来交换意见,都说目的地离此十来里,在这两不管地区,一怕遇盗,二怕敌人进攻,万一出事怎么办?有人说,遇盗不怕,把剩下物资全部奉送,两手空空,落得轻松。至于敌人进攻,看来可能性不大,想想刚才敌人岗哨上那种抢劫行为,他们哪还想冒生命危险扩大什么战果!这么一说,大家心情突然开朗起来,步子迈大了,嘴上也唱起来。一小时以后来到了鹤山。

进了镇,住进了旅店。人们打听到我们从香港来,便问香港情况,我们如实回答。这一带的人从来和港澳有来往,这一传,传到了镇上的政权机关,便派人来查问,叫我们自报身份以及和重庆的关系,怀疑我们是日本人派来的奸细,而且居然下命令把我们看管起来,不准自由行动。这个意外的打击,使我们一颗颗爱国心顿时凉了下来。罗寄梅比较冷静,宣称他是中央通讯社的摄影部主任,不信可以向重庆打长途电话询问。那些人一看我们来头不小,果真打电话向上面请示。接通了重庆,证实我们确是刚从香港逃出来的文化人。这么一来,我们从阶下囚一下子变为座上宾,去肇庆的关系也搭上了。

鹤山到肇庆的公路已破坏,去肇庆必须步行。爱莲新病初愈,大家怕她走不动,可她体质好,表示挺得住,我们便决定步子放慢,行程拉长。好在敌人已被我们甩得老远,肇庆的关系也已搭上,可以松松劲,慢慢行。一路走了两天,早走早投宿,平平安安到达肇庆。

肇庆是广东省的一个专区,坐落西江南岸,是出端砚的地方,据说端石矿已经开深到西江江底。逃难途中,无此闲情寻问端砚的出处,倒是肇庆专员颇有雅兴,招待我们游了一次位于对岸的七星岩,还请我们吃了顿丰盛的广东宴席。托他的福,我们八人搭上了去梧州的大拖渡,由梧州转桂平,由桂平转柳州,走的全是水路。水路上走的轮船叫拖渡,拖渡上能睡管吃。在柳州搭上火车,直奔桂林。①

4 萨空了的《香港沦陷日记》:新闻人笔下沦陷前后的香港

萨空了的《香港沦陷日记》,因为其作者是多年从事新闻工作的文化人,真实、简白而文采斐然,太值得一读,仅摘录片段引用如下:

12月8日　星期一

早八时,刚刚起床,突然凄厉的警报笛声四起,连日香港本在紧张的神经战空气中,不断的防空演习,一道道的紧急疏散命令,但在传统的

---

① 叶浅予:《叶浅予自传:细叙沧桑记流年》,中国社会科学出版社,2006,第135-138页。

大英不可侵犯的傲气氛围中,香港居民几乎没有人肯相信日本真会侵袭香港。

——卜公码头

走到尖沙咀,证实秋江的话,回到西人青年会已挤得水泄不通。那时正是早九时,住在九龙的香港各机关职员都应在这时上班,大家全过不得海,可是都希冀或者可以通融,不肯折回,于是尖沙咀似乎变成了大规模的群众大会场面。九龙公共汽车照常行驶,由九龙城深水埗来的车,带来了启德机场、深水埗英兵营及其附近被炸的消息,更增加了这些群众的骚动,汉口道的几家面包店,因为香港政府业经下令统制粮食,黄油面包已须排班候买,不到一小时,各店完全宣布售罄。向隅的大有人在。

············
12月9日 星期二
············

在塘的另一角我忽然发现一只大汽艇停泊,走过去看,是香港方面派来接中国劳工的船,有印捕随行。另有几个要过海的西装朋友,想挤上船,全被赶下。我看了这景象,心里有点觉得好笑,香港当局下令切断港九交通,根据半天来我在九龙所见到的是,九龙居民就像被斩断了头的苍蝇一样盲目的四处乱撞,希望找出来一个过港的机会。过港一定好么?谁也没有工夫考虑这问题了,九龙的秩序,在这种自扰的情形下紊乱了,没有这个命令港九秩序会比现状更坏么?英国人统治香港一直到最后,都是不相信中国民众的,可能是他们没有劳工却又什么也做不了。——就在这矛盾下,英人把香港断送了。

············
12月16日 星期二
············

在大炮声中,我们到了摆花街报社,遇见两位同事,告诉他们报纸打算复刊,知道社中存米不多,又托朋友再去买一些米,还有些琐事都托了

炳海兄去办，我和云川便去香港酒店，打算找到一些朋友，实现复刊的计划。在那里没有遇到什么人，只看到爱泼斯坦，约了他十二时在香港酒店再谈。便转到B银行。在这里找到了范长江。几天来没有看到他了，原来他在听说敌人招降的消息后，和一个人跑到香港仔去了，今天才回来。我告诉他我们打算复刊的计划，他说华商在筹备立即恢复出版。

12月17日　星期三

昨夜彻夜炮声震天，听说是日军偷渡未果。今天早九时半起大炮战。今天的炮声比过去近，显然是敌人的炮位已移至九龙，过去炮弹多以山上要塞为目标，今日的炮弹已时时落在民众聚居的区域，这样连续不断的炮声维持了二小时。

…………

顺着坚道走下去，看见为炮弹击死、倒在道旁的尸体很不少。生命这时候就像一条抓在手里的鱼一样，一不留心就会从手中滑脱。

12月25日　星期四

下午六时，听到港方已树白旗、日军先头部队已到香港酒店的消息。——香港终于陷落了！

…………

一直到昨天我还想着《联合报》，想着在香港奋斗，今夜是全幻灭了，下一步计划是离开香港再找可努力的地方，早经决定，但如何使它实现，却又不能只靠主观决定，而要客观环境的推移才能确定计划了！

这一夜睡不熟，显然为了思想纷乱！

1942年

1月1日　星期四

早起听见昨夜有敌军到皇后大道西的金陵酒店去找花姑娘。金陵就在我们的楼前不远，这一带居民很有点慌。

买到《南华日报》，国际新闻有：丘吉尔将由加拿大回华盛顿。本港消息有：日军司令部官布告，叫全港各商店一律开业。敌人来港之后布告已出了很不少。柴荒之后，居民多上山伐树代薪，敌人布告禁止。事实上自无效用。又出布告，说：凡为重庆国民政府工作的人员，到民政部报到，可以受到保护并有工作机会，大约除了汉奸之外，根本就没有人去。现在又叫大家开业，他们不懂市场金融已为他们不用十元以上港币的布告所扰乱，商人岂不想营业，但是在这种金融紊乱的环境中他们怎样开业？敌人不求诸本屡以布告思齐其末，我们只有心里暗笑，笑这些侵略者真是下驷之材，叫他们统治，他们都不懂如何统治，破坏他们倒会，恢复秩序就不会了，宁不可怜！

....

下午炳海来说他已去过跑马地甘介侯家、俞寰澄家，得到的消息是甘已为敌人请去拘在香港大酒店，他当敌人来时并未迁一隐蔽，所以被敌人一索而得，和他在一起被拘的据甘太太说，还有许崇智、郑洪年、胡文虎、周作民、陈维周、陈友仁等人。

....

1月2日　星期五

....

在皇后大道上今天遇见了许多人，中央社香港分社主任任玲逊，蓄起了小髭，改穿长袍在头食物，没有交谈只点了点头。《大公报》的赵恩源、沈颂芳，沈是战前过港一直现在还没有回九龙。妻子都在九龙，全无消息，我告诉他舢板可以偷渡，便分了手。

....

1月8日　星期四

今天是香港战事爆发的周月，香港沦陷的第十四天。

早起报载油麻地渡轮公司在呈请敌民政部准予复航。至于天星码头的渡轮，敌人业已开驶许多天，只限敌伪军政人员乘用。现在据说普通人民已可允搭乘，但须到敌民政部请领渡海证，并限于过去住在九龙，现在过海之后不再回港的人。

1月15日　星期四

八时警报，敌机来袭，投弹后即去。敌机来时，我们正在吃饭，没有人到避难所或防空洞去躲避，饭后与云川炳海决定到湾仔去看看梁漱溟先生的情形，在大炮声里，我们走下坚道出云咸街，在华人行门口遇到国民党中宣部国际宣传处驻港的负责人温源宁先生，他过去在北平，北大、清华英文系教书多年。上海战起，在文化界救亡协会办的国际宣传委员会中曾和我共过事，这次到香港办报和他接头的机会更多。今天在人丛中遇到他，他说英国情报部驻香港办事处的主任麦克都格知道我们的报纸已经停顿，但仍要求我们继续出来做宣传工作，他并说叫我找到廖承志、范长江等人。

1月19日　星期一

早起不久，王家振来，第一他答复我，决定暂不和我一同离港，打算先偕他的岳家去广州乡下住一时，再由广州到内地来，因为这样他就可以和太太一同行动，否则他只能一个人先走，有点心不安。第二他答复我，前天他所说的赴澳门的渔船，现因轮船已通，生意困难，那个过去的同事决定放弃继续经营的计划，所以已不能为我介绍。

…………

下午三时，我们三个人已在人的推挤下随了行列进到天星码头门前，行列由此又折向西方，转入平日放人力车的两行铁栏中，到了这铁栏内过海的希望才算接近。在铁栏外，有一个敌宪兵，在那里指挥，维持秩序。天星码头上的英文字，已经改了中文。"Star Ferry"变成了"九龙行乘场"，——十足日本味的中文。

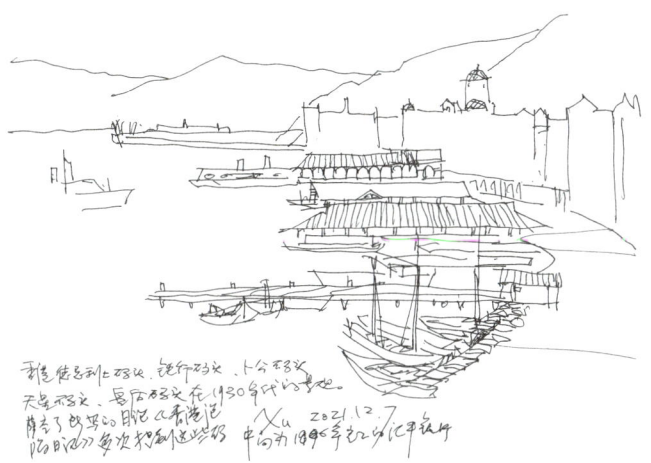

图71　20世纪30年代香港德忌利士码头、铁行码头、卜公码头、天星码头、皇后码头的景观。萨空了所写的《香港沦陷日记》多次提到这些码头

1月24日　星期六

早饭后和炳海访惠通,一同到太平线难民船票处,看见门外写了十二时起售票,我们决定十一时再来。炳海想通知他的长兄也走太平线,便去利舞台附近他哥哥的家,我和惠通又到永安码头门看等买澳门船票的情形,忽发现码头门外有了一张手写的布告,说"海珠丸"头等船票,在内河营运组出售。"海珠丸"是昨天开行的一条船,明天开的船会不会头等票也在内河营运组出售呢?我们决定到内河营运组去看看。

1月25日　星期日

天还黑着,炳海的妹妹已起来烧饭,说叫我们吃了早饭再走。今天正好是香港沦陷后一个月,我们也就在炳海家住了整整一个月。一个月来给炳海和他的未婚妻与妹妹添加的麻烦,是我不会忘记的,临行她们还这样殷殷拳拳,心上有的是:"这是无可为报的友情"。①

---

① 萨空了:《香港沦陷日记》,生活·读书·新知三联书店,1985,第200页。

离乱学人南北信札

抗战时期香港、粤北文化人书信来往

第一章　居延木简及书籍的抢救出版

第二章　粤北坪石书信来往

第三章　香港的书信往来

第四章　书札——离乱中的友情

第五章　海外飞鸿

离乱学人南北信札
——抗战时期香港、粤北文化人书信来往

抗日战争时期，部分文化人、教育家迁徙至粤港地区，广州较北京、上海等中心城市沦陷晚些。当广州沦陷，部分迁广州的文化人、教育家迁徙香港、粤北。香港沦陷，在港的文化人、教育家又再一次脱险后迁至粤北和桂林等地。抗战时期，无论何时、身在何方，抗日救亡是无数爱国文化人永恒的精神支柱。尽管邮路曲折，从远方总是会有封封信札抵留在南方香港、粤北的学人手中，驱散战争的寒冷；从因战火逼近而风雨飘摇的都市和乡村，从香港、曲江、坪石等地，总有学人寄出他们的思念，经过千山万水送递至后方或者沦陷区，道声暂时平安！

离乱中学人信札来往，倾注的有儿女情长，更有学术救国不屈不挠的学问相互讨教、抗战宣传的刊物编辑的讨论、对迁徙善本的牵挂。抗战时期留粤港文化人书信来往，构成了一幅特殊时期岭南文化历史长卷。

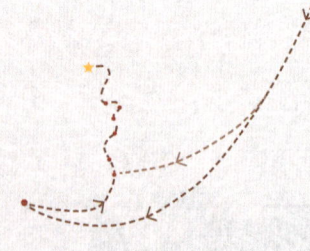

第一章　居延木简及书籍的抢救出版

第一节　抢救藏书和书籍出版的信札

1　蔡元培关于图书的信札

蔡元培在1938年1月4日抵香港后，复函吴稚晖时，谈及图书问题："现已与子竞商定，先将工研所书籍、仪器陆续运港，再由港运昆明。光辰兄因此于昨日乘荷兰邮船回上海矣。"

通过蔡元培先生在香港寓居所写的日记可看出，书籍和仪器的安全是战时蔡先生最为操心的事务。蔡元培先生1937年9月23日日记中写道："中国共产党宣言：绍兴三民主义奋斗，红军改编待命，向前线出动。得本院报告：史语所存南昌之一百二十八箱移重庆，气象所三十九箱移汉口，社会所二十三箱、动植物所三十二箱、心理所二十二箱存南昌。"[①]

蔡先生1938年1月5日日记中写道："徐森玉来，言北平图书馆寄沪之图书，现已与香港大学商，可运港寄存。惟起运手续，尚待商讨。我素知平馆寄沪之善本书本有五百部，但据森玉说，守和已提最要者，如《永乐大典》、宋写本《文苑英华》之类九十箱到北平。西北科学考察团所获之木简二万余枚，本储北大国学研究所，近由沈君秘密运出，经徐君携带至香港，现寄存香港大学图书馆。"[②]

[①]　蔡元培著、王世儒编：《蔡元培日记》（下），北京大学出版社，2010，第507页。

[②]　蔡元培著、王世儒编：《蔡元培日记》（下），北京大学出版社，2010，第531页。

"沈君"指的就是保管员沈仲章先生，仲章是字，本名为沈锡馨。沈仲章于1923年考入交通部唐山大学就读，1926年考入北京大学物理系。在北京大学随钢和泰学梵文，陈寅恪于1928年受聘北京大学讲授"佛典翻译"和"蒙古源流"，沈仲章均旁听，其毕业后留校在北京大学文科研究院工作。"徐君"指的就是徐森玉先生，原名为徐鸿宝，森玉为其字。徐森玉先生祖籍浙江吴兴，迁居江苏泰州，1900年进入山西大学堂，读化学。毕业后曾任奉天测图局局长、清廷学部图书局编译员、故宫博物院古物馆馆长等职，随后接替李大钊任北京大学图书馆馆长。徐森玉先生精通梵文和佛典，对文物鉴定颇有成就。20世纪20年代在北京成立学术机构"西北科学考察团"，刘半农先生、徐森玉先生均为理事会常务理事，沈仲章为兼职干事。沈仲章也是黄文弼先生的学生。1927年10月24日，随西北科学考察团进行考察的中国学者黄文弼先生与助手庄永成在内蒙古的居延地区一土堡内发现了一枚汉简，继续挖掘，考古成果丰硕，主要是汉代边塞的屯戍档案，最早的纪年简是西汉武帝征和三年，即公元前90年。

　　日军入侵北平时，居延汉简存放于北京大学文科研究院旁的两间房子里，沈仲章先生冒着生命危险，在同事周殿福的帮助下，将汉简运出校园，存入德资银行保险柜，再转移到天津，随水路南下。西北科学考察团所获得的木简二万余枚，均由沈仲章秘密运出。徐森玉在内地从沈仲章先生处获知消息后先抵香港，沈仲章先生于1938年1月从水路抵香港，与许地山在货仓中寻找到两个装木简的木箱，木简以傅斯年、徐森玉和沈仲章三人的名义暂藏于香港大学冯平山图书馆的汉口图书馆。蔡元培先生在3月1日抵香港大学图书馆参观，日记中写道："午后一时，云五来偕我及养友同往香港大学，访副校长斯洛司氏，并参观港大。港大除普通图书馆外，有中国文学图书馆，又有一汉口图书馆，均关于中国事情之书籍，系一侨居汉口之西人所收藏而售与港大者。"

　　1937年12月26日，远在美国的胡适致信傅斯年询居延汉简下落，信中提及："居延汉简，当时我曾略作布置，千万请兄一问毅生（如他未到南方，请缓问），给我一信。其在沪照相一部分，也乞一问叔平兄。海外时为此事疚心，一叹。在汉湘诸友，乞代问好。"①

3月2日傅斯年（孟真）建议商务书店王云五先生帮助提供经费，为藏于香港大学图书馆的木简拍摄，蔡元培在座，王云五赞同。蔡元培日记中写道："晚，云五邀饮金龙，座中皆研究院同事也。孟真建议请商务即为科学考察团所得之木简拍摄，当先缴万元。云五以为可以。"②

此后每日取出一部分送商务印刷厂拍照和整理编排，历经3年才完成出版工作。具体执行就是沈仲章先生，他时为中央研究院特派研究员，负责拍摄、编辑和出版，所以他来往上海和香港两地，香港沦陷前他出差到上海联系出版事宜而避开了困于香港之灾。

1938年12月3日，蔡元培日记中写道："得毅侯十二月一日函，言院务会议开会时，恐不能往滇参加，本院经费情形，当由孟真报告。在渝五院及各部外附属机关也有疏散至内地办法，但本院尚未奉明令。又言孟和已到渝，住十日，飞滇。社会所决迁滇，已开始移动；心里所决迁蜀，住址未定；动植物所决迁四川江津；地质所及物理所地磁台闻将迁广西河池。又言孟真为迁移存渝书物事，不日或赴贵阳一行。"③

蔡元培先生于1938年7月13日致函汤尔和，要求制止新民会打着"藏书是禁书"旗号抢掠数千册藏书。中基会司徒雷登向蔡先生报告，5月23日新民会到北平图书馆提取书籍。汤尔和是蔡元培任北京大学校长时最器重的教授，1937年七七事变之后，投靠日军，出任伪华北教育总署督办、议政委员会委员长等职。汤尔和于1940年11月病逝。

---

① 胡适：《胡适全集·第24卷：书信》，安徽教育出版社，2003，第374页。
② 蔡元培著、王世儒编：《蔡元培日记》（下），北京大学出版社，2010，第542页。
③ 蔡元培著、王世儒编：《蔡元培日记》（下），北京大学出版社，2010，第590页。

1938年5月20日，国立湖南大学图书馆收到私立岭南大学图书馆赠送的《岭南大学图书馆馆藏期刊目录》（1936年版）一册，[1]何多源时任岭南大学图书馆代馆长，袁同礼于1924年从美国留学归来，曾任岭南大学图书馆馆长，1925年北上任北京大学目录学教授兼图书馆馆长，1929年起任国立北平图书馆副馆长、馆长。

何多源1946年5月14日复信时任国立北平图书馆馆长袁同礼：

> 迳复者，顷接四月二十七日大函，嘱将战犯酒井隆在港掠夺书籍情形及证据呈报，自当如命查。香港于民国三十年十二月二十五日沦陷，同月二十八日即有日人竹藤峰治（此人现引入香港战犯羁押赤柱监狱，战前在香港任华南商业贸易总经理，一著名之香港通，能说英语）偕同日军将官、阶级军官前到般含道香港大学冯平山图书馆搜查书籍，一到即上三楼，视察国立中央图书馆准备寄运中国驻美大使馆胡适大使代存之善本111箱，此帮全系中国善本古书，并非有关军事图籍。[2]

胡适在美国于1942年12月7日致信王世杰、傅斯年等人谈及居延汉简：

> 附带报告诸兄的有几件事：
> 汉简全部存美京国会图书馆（收条、钥匙均存弟处）。
> 北平图书馆善本书百零二箱，先由袁守和兄分存国会图书馆二十七箱，University of California Library 七十五箱。本年二月弟去California交涉，此七十五箱一并移交国会图书馆保存，故此百零五箱，现均存在一块。由弟特许该馆将全部拍摄Micro-film三份，一份赠与该馆，二份将来

---

[1] 谢欢：《钱亚新年谱》，上海古籍出版社，2021，第74页。
[2] 江山：《何多源致袁同礼书信的史料价值》，载《山东图书馆学刊》2020年第2期。

于全书运回中国时，一并归还中国，以便分存各地图书馆。①

在信中胡适还谈到叶恭绰先生原有一批善本，原也是打算托胡适寄存，但来不及寄出，香港沦陷，毁于战火。

在台北，1957年重新出版《居延汉简》，抗日战争期间在中央研究院历史语言研究所（简称"史语所"）任助理研究员且一直从事释文工作的劳干先生写了序；1977年又再版，在美国洛杉矶居住的劳干先生为再版再次写了序。1957年3月劳干先生的序中写道："抗日开始，由徐鸿宝先生及沈仲章先生把原简运到香港，由中英庚款董事会的补助，来照相制版。虽然制版正在进行，却因香港被日军攻陷而归于停顿。其中作最大努力的，还是傅斯年先生。在付印的同时，由我来做释文工作，当时原有的释文都沦陷在北平，我就完全自己来做。"序中提及，后期出版的不同年代图版，使用的照片还是在香港1940年使用红外线底片加红色的滤光镜拍摄的居延汉简照片。②劳干感谢的人物有徐森玉、傅斯年、胡适、沈仲章、朱家骅、石璋如、李济等先生。序中虽未述及，但从信札和日记中反映的抢救历史过程而言，不应该忘记许地山、蔡元培、陈君葆、张元济和王云五诸先生的贡献。

2 香港大学冯平山图书馆的守护者

国立中央图书馆藏书原由许地山先生经手，1946年陈君葆为冯平山图书馆帮助个人和机构藏书物归原主花费了许多精力，至抗战胜利，有国民政府教育部、私立岭南大学、南方中学、李仙根夫人等索书者众，需要陈君葆先生耐心回复。1946年9月20日陈君葆复函岭大校长：

---

① 胡适：《胡适全集·第24卷：书信》，安徽教育出版社，2003，第592页。
② "中央研究院历史语言研究所"：《居延汉简（图版之部）》（"中央研究院历史语言研究所"专刊之21），1977，第3页。

应林校长：

先生来示敬悉。关于李仙根先生寄存敝校冯平山图书馆之一批图书，查前系由敌日军调查班强自李仙根夫人住宅移出，转置冯平山图书馆者，以是似仍交由李仙根夫人领回较形便利。现已将此事转商本校当局，一俟有所勘定，当据奉达耳。专此顺颂

时祺

弟陈君葆顿

九月二十日①

著名社会学家陈达也有书藏于冯平山图书馆，1947年陈达致信陈君葆：

君葆先生：

战时弟存书两木箱于亡友许地山兄处，去年曾请汤武杰、廖宝昀两先生前来与先生接洽。今请查明该两箱是否尚存贵馆，以便设法运返北平，应用费神之处，无任心感。专此顺颂

时祺

弟陈达谨启

三六年二月十一日

第二节　港沪关于《广东丛书》编辑的书信

叶恭绰先生与张元济先生是旧交，从20世纪20年代就开始有书信来往。抗日战争期间，两人为抢救善本和出版古籍而奔波，时叶恭绰等在港粤籍文化人

---

① 陈君葆著，刘秀莲、谢荣滚主编：《陈君葆全集·书信集》，广东人民出版社，2018，第540页。

计划出版《广东丛书》，借此增强中华民族历史文化自豪感，提振抗日民众士气。1940年张元济第三次到港与叶恭绰等人商讨商务书局为《广东丛书》编辑出版事宜，回沪后与在香港的叶恭绰先生书信来往多议及此计划。1940年6月18日在香港的叶恭绰致张元济函：

菊老尊右：

奉书敬悉。瞿事诚如尊言，但恐渠等接洽无甚实际。如无结果时，请公注意，免致两失可耳。弟有陈者，《广东丛书》拟印书目正研究之中，闻明训家有余靖《武溪集》，系明版，又《琼台吟稿》，系明弘治本（已列入第一集目中矣），计公必均见过，拟均乞转商借印，未知可否？会中借印条件系每借书一部，送油印本二十本，又丛书二部，此外别无其他条件。丛书既在沪印，想藏家可以放心也。又明训之元大德本《南海志》必须借印，不过须待第二集耳，缘第二集拟印关于史地书籍也。专布。即颂大安

弟绰上

六月十八日

"菊老"是大家对张元济的尊称。1941年香港面临太平洋战争爆发，7月10日张元济复叶恭绰函，信中对叶恭绰临危不惧的精神特为赞赏："敌军进窥香港，警讯频传，令人不怿。先生天怀淡定，必不为风鹤所扰。又闻南方多雨，伏想起居安善，驰念不似。邮局递到六月十八日手书，展颂谨悉。"在信中告知叶先生潘明训在香港，叶恭绰可以就近商讨，并附上介绍信。随后叶恭绰获得潘君支持，8月17日写信给张元济，讨论第二集的选题书目。①

---

① 张元济：《张元济全集·第1卷：书信》，商务印书馆，2007，第305页。

第二章 粤北坪石书信来往

第一节 《风雨归舟》：洪深在坪石书信

1941年1月12日许崇清代校长在坪石发出电文给在香港岭南大学的谢扶雅教授，电函如下："香港岭南大学转谢扶雅先生，英文系主任已电请洪深先生担任，许崇清文。即发电元，十二，上午"（石字180号）。1941年，谢扶雅先生仍然为国立中山大学文学院院长，许代校长此电函为及时告知。洪深拟赴粤北受聘于国立中山大学，好友赵清阁女士致信洪深先生予以支持：

洪深兄：

　　手书奉悉！！欣慰之至。尚望善自珍摄。神能早日康复！令嫒近日病状如何？念念。

　　兄台去粤决定否？藉此换换环境也好，重庆实在没有再待下去的必要。弟早存他往之心，一旦有机，或即北行。起程前能来碚一谈尤佳。否则示知行期，并祈到粤后常通音信为荷！

　　"华中"之稿，俟尊体康复后，再写不迟。只有兄不失我信（免得"华中"和弟麻烦），交出一部剧作，迟早不计也。

　　犹记去年与弟约定合作《智识分子》剧本之事否？弟仍愿履行前约，未悉兄尚有兴否？

　　祝

　　健康

　　杨小姐问好您

弟清阁顿首

一九四一年二月二十二日

赵清阁时为"华中"主编《弹花》文艺丛书，先预支稿费为洪深解难。根据1981年赵清阁女士在文章《文苑耕作漫忆》的回忆："《弹花文艺》（以后简称《弹花》）寓意抗战的子弹，开出胜利之花。"[①]"华中"指汉口华中图书公司，时任经理为唐性天先生，《弹花》在武汉出版了五期，迁至重庆月刊改为双月刊。

1947年在上海洪深先生和赵清阁女士重逢，合作创作电影剧本《几番风雨》。[②]"杨小姐"应该是指与赵清阁住在一起的表姐杨郁文，时居重庆北碚。

1941年2月7日，《新华日报》刊载"凌鹤"的文章《关于洪深先生的"不幸"》。文章写道："洪深先生热烈服务抗战的精神，是朋友们十分钦佩的。其夫人常青真女士也是如此，不辞艰苦的在鄂东、粤北参加抗敌演剧工作。他们夫妇，为了对于祖国的热爱，不惜牺牲一切，以争取抗战胜利。什么原因使他们自杀，事业和政治不能分开。为了洪铃小姐的病，洪先生曾借债两千元左右，都是必须以写稿还的。但最近许多悲愤的消息使他不能安心写作。无疑的，经济压迫绝不是他捐生的主要原因。最近他应中山大学文学系主任之聘，月薪三百元，并多支六个月的月薪，他决于三月间前往履新的。他们绝不会那么平庸的被经济逼迫而死。"

洪深先生于1941年3月底抵广东乐昌坪石，在粤北坪石国立中山大学任教授兼外语系主任，课程包括英文散文选读及作文、戏剧选读、分期英国文学、欧洲名著选读。这是洪深于1936年9月在广州时于国立中山大学文学院受聘教

[①] 赵清阁著、洪铃编选、蔡登山主编：《中国现代文学女作家赵清阁选集》，秀威资讯科技股份有限公司，2016，第480页。

[②] 赵清阁：《沧海往事——中国现代著名作家书信集锦》，上海文艺出版社，2006，第272页。

岭南的记忆

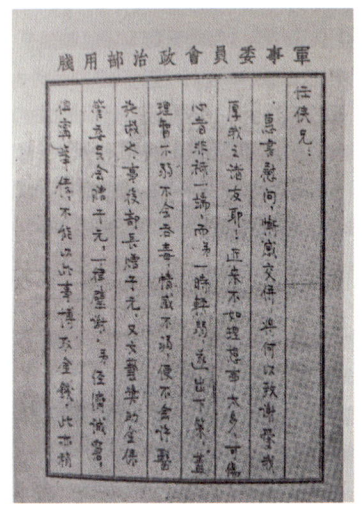

图1　1941年2月14日洪深致常任侠信札

职后第二次受聘于中山大学。同年4月下旬，文学院尚未搬到坪石铁岭，而是在乳源县清洞乡办学，根据学校与广东省银行订立的合约，文学院租用广东省银行铁岭的物业租期是1941年6月1日起。① 洪深在坪石致信常任侠先生：

任侠吾兄：

　　渝地一别，瞬将两月矣。弟途中翻了一次车。又病了几天，幸好上月底抵坪石。本欲亟函诸旧友报告平安，而一因文学院去坪尚有30余里，觅屋迁居，都甚费事。又因放下书本较久，不能不准备功课，遂觉忙碌不堪，信函只有分期写寄，而吾兄之信，仅迁延至今也。文学院环境幽静，弟与内人，租居一室，可半蔽风雨——此地一日间，时冷时热，

---

① 广东省文物考古研究所：《抗战期间粤地教育历史纪事》，花城出版社，2020，第25页。

时晴时雨，雨如倾盆，满屋都漏，弟常盖油布睡眠——惟无须赶车买票，不受"持特约证排班"之苦也。生活必需品程度也在赶速高涨中，但米犹每斤七角，肉犹每斤一元三角，因此乃得每顿放胆吃饱。此间乐，不思蜀矣！重庆文艺动态，暇时乞告知一二。来信并祈写明文学院，以免取信周折。傅抱石兄寓金刚坡，而地名不知如何写法。附一信，请代转去。至托。尚此，即请大安

弟洪深启　30.4.24.

再，寿昌兄即将到桂①

信中"寿昌兄"指的是田汉先生。此信为2月常任侠致信洪深先生的回信，常任侠先生于1941年2月10日曾致函洪深："浅哉先生有道：阅报惊悉近况，极为惦念。忧时既深，愤而出此，怀沙之痛，古今同悲。"②信中对洪深表示慰问并鼓舞其为民族救亡之大业壮志。2月14日洪深复函常任侠致谢，信中言："近来不如理想事太多，可伤心事者非只一端，而弟一时软弱，遂出下策。"洪深的号有两个——浅哉和潜斋，女儿洪钤病逝后葬于巴县金刚坡旁。

9月洪深夫妇在坪石生下一女，为纪念2月因病去世的女儿洪钤，洪深为新生女起名洪钤，最初使用同名，马彦祥先生认为不妥，用"铃"去掉一点为"钤"。马彦祥是洪深好友，戏剧家，为原故宫博物馆馆长马衡先生之子。1982年4月常青真女士向女儿洪钤回忆口述坪石生活谈到这一故事："你在坪石出生后，你爸爸为纪念死去的洪钤原要给你取名也叫洪钤，但你马叔却以为不妥，建议你的名字用'铃'字去掉一点的'钤'。"还回忆了洪深先生早上将手杖一端挂着书包，傍晚回家用手杖一端挑着书包，一端挑着顺路买的菜走回家。"在坪石，你父亲早上去学校上课总要带很多参考书，他常挑着布袋书包

---

① 洪钤：《中国话剧电影先驱洪深（历世编年纪）》，中国电影出版社，2013，第230页。

② 常任侠：《常任侠书信集》，大象出版社，2008，第117页。

挂在手杖一端，然后扛在肩上。傍晚挑着大书包和他顺路买的菜走回家来。"①当时租借的农屋三面有墙，门口是落水沟，对面是房东的猪圈。常青真女士于2010年3月去世。

关于手杖，1945年洪深先生有文写道："我记得1938年冬间，我伴送抗敌演剧第一队（现番号为抗敌宣传第四队）至平江前线，某先生择一山茶木手杖相赠。多年来寸步不离。此杖甚坚牢，极可助步；而远看颇似阿拉伯数字'7'，近看又似新标点中的'？'号。这真是一个微妙的象征。"②

1941年11月，洪深先生在坪石为赵清阁女士改编的雨果的《向日乐》中文剧本《生死恋》写序，《生死恋》剧本于1941年3月脱稿于北碚，在1941年刊载于《文艺月刊》第6期和第7期，该书1942年3月由商务印书馆出版，登有洪深所作的《序》，1942年4月15日在北碚赵清阁将新书寄给坪石教书的洪深。洪深在此序中写道："四年多抗战戏剧运动，尽了它应尽的义务。抗战开始之后，许多剧作者和其他戏剧工作人员，在前线，在敌后游击区，在战区，在大后方，在所有的和敌人斗争的战线上，都表现了他们对于抗战的热情和对祖国的忠贞。四年多来，由于抗战戏剧运动的扩展和深入，抗战现实对于戏剧的要求是愈来愈高；在许多地区，有舞台工作者有观众，然而却很少有可以上演的剧本；这是一个时间的颇为严重的剧本荒的情形。

"四年来产生了不少新的优秀的剧作者；但是也有许多有经验的剧作者，因为参加军事政治以及其他无暇坐定执笔。又有许多剧作者转移兴味于历史题材；虽然其中不乏佳作，而演出上所需要的人力物力以及准备的时间，过于巨大，实非一般的无大量资金的戏剧团体所能胜任。因之，剧本荒的情形，事实较之外表上更为严重。

"不得已谋补救：改译外国名著为中国故事是一个方法；而改编历史题材

---

① 洪钤：《中国话剧电影先驱洪深（历世编年纪）》，秀威资讯科技股份有限公司，2011，第199页。

② 洪深：《洪深文集》，中国戏剧出版社，1957，第548页。

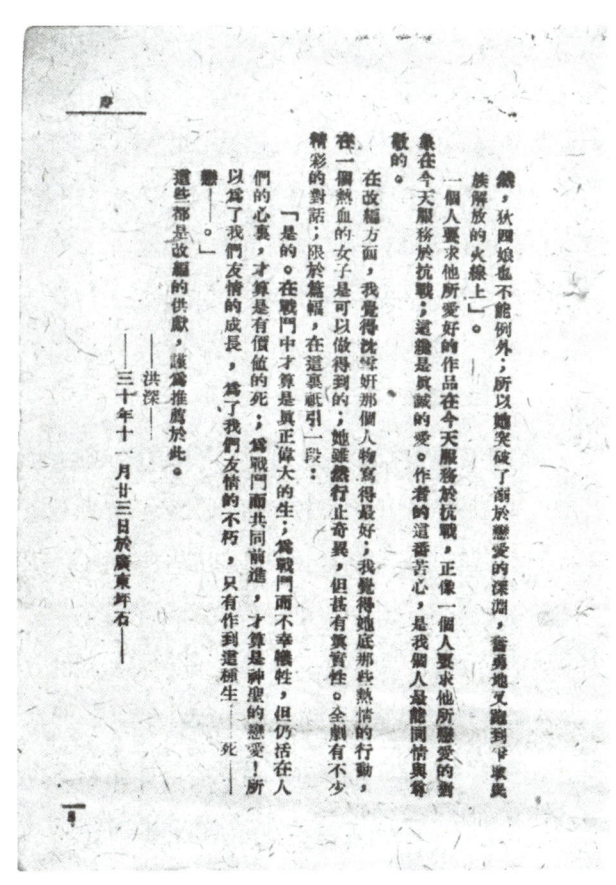

图2 赵清阁女士签字赠送有洪深作序的《生死恋》剧本著作，左为书本上赵女士签名

为现代故事，又是一个办法。这两者，赵清阁先生在她改编雨果的《向日乐》为抗战的现代剧《生死恋》中，是一举而做到了的。"序的落款为"（民国）三十年十一月廿三日于广东坪石"。①

1941年国立中山大学师范学院学生刊物《生活思潮》第八期登了英语系学生李觉清的通讯，记录了3月洪深教授从清洞文学院走到管埠师范学院英语系讲课的情形，包括对洪深的样貌描写："他的外表高大，头发不长不短，略觉憔悴的脸上架着一副蓝墨色的眼镜，但仍然掩不了那坚毅敏捷的眼光；穿着的

---

① 赵清阁：《生死恋》，商务印书馆，1942，第3页。

是一套白底灰纹的文装，裤脚被黑色袜裹住，正是行远路的打扮。（这就苦了他，因为他的脚是稍为有点拐的；从清洞文学院到来总有八里路呢。）"通讯还写到讲课的具体内容，洪深先生为师范学院讲授"戏剧选修"的课程，是受时任师范学院英语系主任胡子安教授（也是洪深先生早年的学生）的邀请，在英语系定期讲学，英语班仅六名学生，但有超过三倍的学生慕名而来旁听，挤在小课室。第一次上课，洪先生没有讲客套话而像久别重逢的老大哥一样娓娓道来，每次课程两小时，他都不休息。何谓戏剧，洪先生就可以讲六小时。

1941年度文学院学生206人，外国语言文学系学生63人。1942年3月1日在坪石出版的《国立中山大学校友通讯》第4、5期刊载《中大文学院素描》一文，介绍了本校文学院著名教授，包括历史学系主任朱谦之先生、中国语言文学系主任李笠先生等，其中对洪深教授的介绍写道："外国语言文学系戏剧家洪深先生，他的名字，更是每一个青年男女所熟悉的。""文学院剧团在全校剧运上，确站在举足轻重的位置！在历次演出中，都博得绝大的好评。团员们都是利用空闲时间研究、排演，无疑地，文学院剧运将有更大的发展。"[1]1941年8月12日在坪石，洪深先生完成了《导演设计》一文的写作，前言落款是坪石，发表于《戏剧春秋》1942年第二卷第1期。

1941年8月15日广东戏剧界举行欢迎洪深抵韶大会。1942年5月中旬，在坪石演出话剧、歌舞剧期间，中山大学张泉林、王启树、洪深、许幸之教授参加抗敌演剧七队学术讨论会。[2]从抗宣一队和剧宣七队大事记中，可以得到结论——洪深先生热情地投入社会抗日话剧运动，另一重要判断是，1942年5月许幸之已经在坪石。

---

[1] 国立中山大学出版组：《国立中山大学校友通讯》，1942年第4、5期，1942年3月1日。

[2] 《抗宣一队——剧宣七队大事记》，载《南天艺华录》（中共广东省委党史研究委员会、广东省文化厅编），上海人民出版社，1989，第258页。

1941年底杜宣先生专门到坪石探访洪深夫妇，根据广东省档案馆藏的档案，洪深自己于1941年7月2日填写的《国立中山大学教职员工暨直系亲属调查表》，住址为坪石陈家坪14号，妻子常青真28岁，洪深自己48岁。10月杜宣任新中国剧社社长，千方百计寻找到粤北乡村邀请他们到桂林为新中国剧社导演排戏。

1958年元旦杜宣先生在上海所写的文章《回忆新中国剧社在初创时的一些情况》中写道："次日和田汉同志在车站握别后，就搭车到广东坪石。因洪深同志那时正随中山大学迁居坪石。因田汉同志既然全力支持我们去搞新中国剧社，但我们同志间缺乏导演，就想请洪深同志来为我们导演几个戏。坪石地方很小，中大的教授住得很散，我花了整整半天的时间才好不容易在一个农民家里找到洪深同志和洪师母常青真同志。洪深同志那时虽已五十左右了，但兴奋起来还是和孩子一样。我的造访，使他十分高兴，他们夫妇立刻邀请我到街上一家小馆中吃了一顿丰富的午饭。"杜宣造访洪深的农民家是陈家坪14号，文学院已经搬到铁岭，洪深先生也在附近租房，街上吃午饭是在坪石老街。

洪深在1942年1月至3月从坪石到桂林，利用假期为新中国剧社导演话剧，正好1942年2月5日夏衍从香港脱险回到桂林，洪深与田汉等一批朋友到车站迎接夏衍。3月7日在桂林公演了洪深、夏衍、田汉合作创作的《再会吧，香港》。

杜宣先生写道："洪深同志因中山大学已开学，赶着要回坪石，临行前，没有让我们知道，偷偷地卖去了两套西装，作为回去的旅费。"[①]3月10日洪深典当了自己两套西装，时新中国剧社并不知情，洪深悄悄将钱付清旅馆住宿费并购买车票回到粤北坪石继续为学生授课，返粤北坪石后将《再会吧，香港》改名为《风雨归舟》，由中山大学学生戏剧团在粤北坪石多地演出。

---

① 杜宣：《回忆新中国剧社在初创时的一些情况》，载《中国话剧运动五十年史料集》第二辑（《中国话剧运动五十年史料集》编辑委员会编），中国戏剧出版社，1959。

3月14日返回坪石的洪深先生致信田汉先生,信札如下:

寿昌兄:

别后弟二日至衡,终日大雨,闷居旅馆中。十日离衡来坪。下午即抵达。此次在桂一月有余,竟一事无成,过去之事,可不必说,说与无益,所希望者新中国剧社尚能支持,不因此重大打击而竟解散,不因此重大打击而竟至解散幸甚矣。

行时又蒙惠赐小女压岁钱谨代致谢。渠愈长愈胖,在桂林未疲劳者只此小女孩而已。校中开课已久,补课须忙若干日,桂林情形尚祈随时示知。专此即请

大安

弟 洪深启

(一九四二年)三、十四

田汉复信寄至坪石,信札如下:

深兄:

那一天送贤夫妇上车之后在茫然暮色中归寓,无限感慨。大约因为我陪你从南京饭店门口上人力车吧,第二天报上有人说我和你共赴坪石。因而重庆的报上传你撕破幕布我也一怒而去坪石,到中大当教授去了(见衍兄的信)。这也真是使人啼笑皆非的事。

但你此行并非"一事无成"。尤其是你在导演方法上给戏剧青年影响太深了,你教他们写的"听,时刻在做戏,注意反应接得紧"标语依旧贴在新中国的壁上,后来就在这标语下排演《风雨归舟》。还有使你放心的,虽说问题还严重,进步还不理想。

《大雷雨》以后的新中国剧社的情形想来你已有所知,《风雨归舟》

上演之夜似乎还收得你的贺电。但因为演员同志过劳，精神未能贯注，再加领导还有一些疏忽，不能尽其可能的努力以争取技术成功，所以演出上未能如理想之佳。我很有点觉得外面打击未足以使他们解体，可怕的危机常常反而是在自己内部。你得便的时候也希望常写信给他们加以纠正。一个团体的成败看来似乎无关紧要，但它在今日内地已是与陪都中艺遥遥相对的两大职业剧团，同时客观上代表了演剧队的某些精神和作风。我们不希望也不应让它走向崩溃。

《风雨归舟》剧本早由之乔经手在桂林出版了。我本想加以可能的修改。而以既送审通过，已来不及着笔。又因书店赶印，校对疏忽，错衍甚多，事实上成了一个畸形的东西。自觉我们今后创作态度上实在还是较从容、较严密的好。

《风雨归舟》在中大演出的上演税即到，谢谢。弟最近若归湘一行必到坪石看你们，并抱抱小妹妹。令郎赴恩师后迄无信来，甚可异。匆问

近安

弟　汉

（一九四二年）五月二十日①

田汉信中提及"之乔"是指许之乔，杜宣的回忆写道："在田汉、夏衍等同志策动下，筹办一个宣传抗战戏剧的刊物。定名《戏剧春秋》，1940年11月1日在桂林出版。由田汉、夏衍、欧阳予倩、许之乔和我五人为编委，由田汉任主编，实际工作由许之乔和我担任。"②夏衍给洪深曾寄一信，也提及许之乔，其信内容如下：

---

① 田汉：《田汉全集·第20卷：书信·日记·难中自述》，花山文艺出版社，2000，第25页。

② 杜宣：《怀念许之乔》，载《新文学史料》1986年第3期。

浅哉我兄：

  手示敬悉，弟以候机耽搁，明日始能成行，稿早已带渝，但因剧艺社有二戏在赶排中，故演出能否在雾季中，尚有问题，关于出版事，当在邢君面洽后再告，又，许之乔以我兄名义改名送审（剧春）已获通过，附阅。行色匆匆，先此布臆，即颂时绥

  弟　布上　七日

  嫂夫人均此候之①

  落款"布"是夏衍笔名之一，他还使用过"黄子布""子布"的类似笔名。夏衍此信没有写年份和月份，从内容和夏衍自己回忆从桂林飞重庆是4月9日清晨，推断应是在4月写给在坪石洪深先生的信，出版之事应该指改名的《风雨归舟》剧本，并有附阅送上修改后的剧本。洪深先生也因为有了修改后的剧本而马上可以在坪石排演。1942年田汉在为夏衍的《愁城记》所作的序中提到夏衍离开桂林的时间："直到四月八日晚他到高升戏院来找我，告诉我他大约是走定了。九月晨四时我赶到南环路，云乔揉着睡眼说：'他已经走了。'我赶到环湖东路欧亚公司，灯火辉煌中他正和许多旅客坐在那儿，等办完必要的手续，我们在杉湖边消受了半小时清新的晨风。"②

  1941年《戏剧春秋》第二卷第2期刊载了洪深先生的文章《我们是这样战斗过来的》。《风雨归舟》剧本发表在1942年5月《戏剧春秋》第二卷第1期，由桂林集美书店出版。洪深致田汉的信也刊登在《戏剧春秋》第二卷第2期，1942年5月版。田汉与洪深在桂林与坪石两地两封信札，真实反映了《风雨归舟》和《再会吧，香港》两剧本的关系，流露出两位戏剧家对新中国剧社和在重庆的中国艺术剧社的特别关心。田汉曾写到夏衍一行脱险抵桂林后一贫如洗，仿佛

---

① 夏衍：《夏衍全集》，浙江文艺出版社，2005，第142页。
② 田汉：《〈愁城记〉序》，载《二十九人自选集》（中华全国文艺界抗敌协会桂林分会编），新知书店，1946，第878-879年。

成为"流民",在重庆剧协为恐这些"流民"同志流离道途,特地演出了一次《大雷雨》,得款一万余元,寄来救济他们。从信中可以推断,洪深回校后4月20日由中山大学华侨同学会组织响应"救侨运动"向校方为参加老师请公假25天;邀请洪深导演组织国立中山大学的师生在坪石、马坝和曲江等地演剧,演出是由国立中山大学学校戏剧工作者协会主持,排练是4月21日开始,4月30日和5月6日至13日演出的《风雨归舟》是首演。5月20日田汉来信提及新中国剧社正在排练《风雨归舟》。

1942年2月13日,欧阳予倩招待夏衍脱险抵桂林一行,夏衍在《懒寻旧梦录》中写道:"田、洪两位都是酒豪,而我居然喝了一大杯啤酒。偷渡伶仃洋,夜宿海盗窝,以及从下水到台山,日行一百里过程中的狼狈相,都成了有趣的话题。洪深灵机一动说,现在正闹剧本荒,我们可以突击一下,把这场悲喜剧写一个剧本。田汉表示同意,予倩当场表示,你们三个写,我来导演,酒酣耳热,一言为定。《再会吧,香港》这个剧本居然很快地写出来了。(这剧本主要是田、洪两位写的,我初到桂林,有很多事情要办,只是讲故事,动笔不多。)"

国立中山大学师生演出时剧本还未出版,1942年5月出版《风雨归舟》时署名是田汉、洪深、夏衍,《夏衍全集》第二卷内的《风雨归舟》使用这一版本。剧本的第一幕发生的时间是1941年9月某日下午4时,地点是香港某大酒店五楼走廊兼待客处;第二幕发生地点是剧中角色之一冯海伦家;第三幕情景发生在太平洋通讯社的编辑室内;第四幕发生的地点是在香港皇后码头准备从香港开赴澳门的定期船甲板上。剧中人物有陈毓芳、陈志云、林谦、冯海伦等。内容从香港"一碗饭"筹款运动开始,剧本表现了香港沦陷前内地留居香港文化人和本地人的社会百态,以在皇后码头送别朋友结束。剧中人物"陈毓芳"名字是郁风女士秘密偷渡离开香港时使用的化名。田汉对蔡楚生画的《黄坤逃难图》十分赞赏,曾写道:"蔡楚生兄画的《黄坤逃难图》,最为生动有趣,原来他们在逃难中都换了名字,如郁风改名陈毓芳,夏衍改名黄坤。"

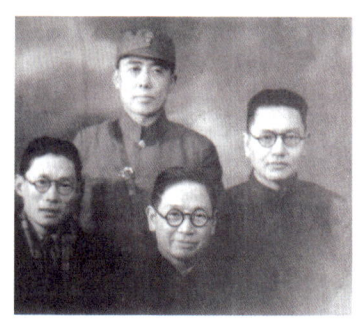

图3　1942年2月桂林，洪深（后右）、田汉（后左）、夏衍（前左）和欧阳予倩合影

壹

呈為救僑演劇敦請洪深教授導演及鍾日新、莫颱古、偉何恩澤、李賓、顧鐵符等先生負演出責任懇請　賜給公假以利排演俾收實效事

竊屬會為響應救僑運動，主催本校戲劇工作者協會演出「鞭」及「風雨歸舟」兩長劇，茲定於本月廿一日開始排演，本月卅日及五月六日至十三日在坪石、曲江及馬壩演出，工作期間，共需二十五天，用特懇請

鈞長賜給公假，以利排演，俾收實效，無任盼禱

國立中山大學華僑生同學會

華坪第52號

118

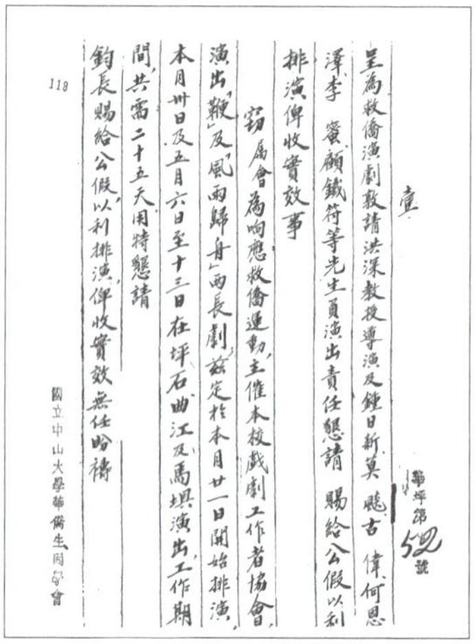

图4　国立中山大学华侨同学会4月20日因响应演剧“救侨运动”，演出剧目《鞭》和《风雨归舟》。演出《风雨归舟》等剧需要洪深老师等的参与指导，特向校方请公假报告（藏于广东省档案馆）

郁风随夏衍一起从香港偷渡澳门，再从澳门偷渡到台山都斛东滘口安全登陆。在剧中通过“陈毓芳”的台词讲述了何香凝女士筹款抗日的贡献，由诗人“林谦”讲述香港对抗日战争的贡献，“林谦”在剧中说道：“香港跟中国革命是不能分开的，香港是有着革命传统的。远不说，但从抗战以后，现在全国通行义卖活动的伟大的工作，是哪儿发起来的？不是十二个香港小贩发起的吗？”

张云代校长、朱谦之院长等校方院里对抗战宣传戏剧活动给予特殊的关心，无论是洪深赴外地参加社会抗日宣传活动，还是刚回校请公假25天参加《风雨归舟》排练，代校长张云先生在一天内均很快批准。

田汉信中提及“陪都中艺”，指的是中国艺术剧社。从香港脱险的一批戏剧家，抵桂林后又转到了重庆，在周恩来同志和董必武同志关心下，由香港脱险归来的章泯、宋之的、金山、司徒慧敏、于伶负责建立中国艺术剧社。参加中国艺术剧社的许多成员，是旅港剧人协会成员，包括舒强、葛一虹、虞静子、柏李、戴浩、奚蒙、丁聪、蓝马（董世雄）等戏剧工作者。

从广东省档案馆留存的档案中，发现一份档案与戏剧家焦菊隐先生有关。洪深先生受聘于国立中山大学文学院后，曾计划聘用焦承志

先生到英国文学系任教授，并向学校提出建议。1941年7月许崇清函复洪深同意聘请焦承志任文学院英国文学系教授。焦承志就是焦菊隐，其小学、中学时期均就读于天津，开始戏剧活动后，使用了艺名"菊影"，后又改为"菊隐"。坪石中大没有成行。1941年焦承志在桂林广西大学任教一段时间，是年冬赴四川江安国立戏剧专科学校任话剧科主任。①

1942年5月洪深先生函告学院，暑假以后不再担任主任职务，专心写作不就任何职务，恳早日为外文系物色教授和主任。代理校长张云于5月7日复函朱谦之院长：

兹准人事组梁主任转报，顷接洪深教授来函，暑假以后不担任主任职务，专心写作不就任何职务，恳早日为外文系物色教授和主任转请核核示等由；准此。查洪深教授历任本校教授，盖校仰望孔殷，任难他托，下年度可增聘外文系教授，减轻洪主任功课压力及职务，准函前由，相应函请查照。希为代表恳切挽留，务盼打消原意，原意以利校务和院务。为荷。
此致文学院朱院长
　　代理校长张云②

张云代校长在信函中使用"孔殷"一词，可知挽留之心切。根据张云代校长的意见，文学院物色罗文柏教授担任系主任。罗文柏为广东人，曾任厦门大学文学院外语系主任，时在香港，入粤北方便。"朱院长极力挽留，务尊重洪君意见计划，减少事务，以收双利。"6月9日洪深再函告张云代校长，6月18日准备离开坪石赴渝。6月10日根据洪深先生的要求，张云代校长签署提供通行证明书，并且根据要求借支6月和7月薪金和未领之津贴，复函中张云先生特

---

① 焦世宏、刘向宏：《焦菊隐》，中国戏剧出版社，2007，第16页。
② 广东省档案馆馆藏档案，档号020-002-99-203。

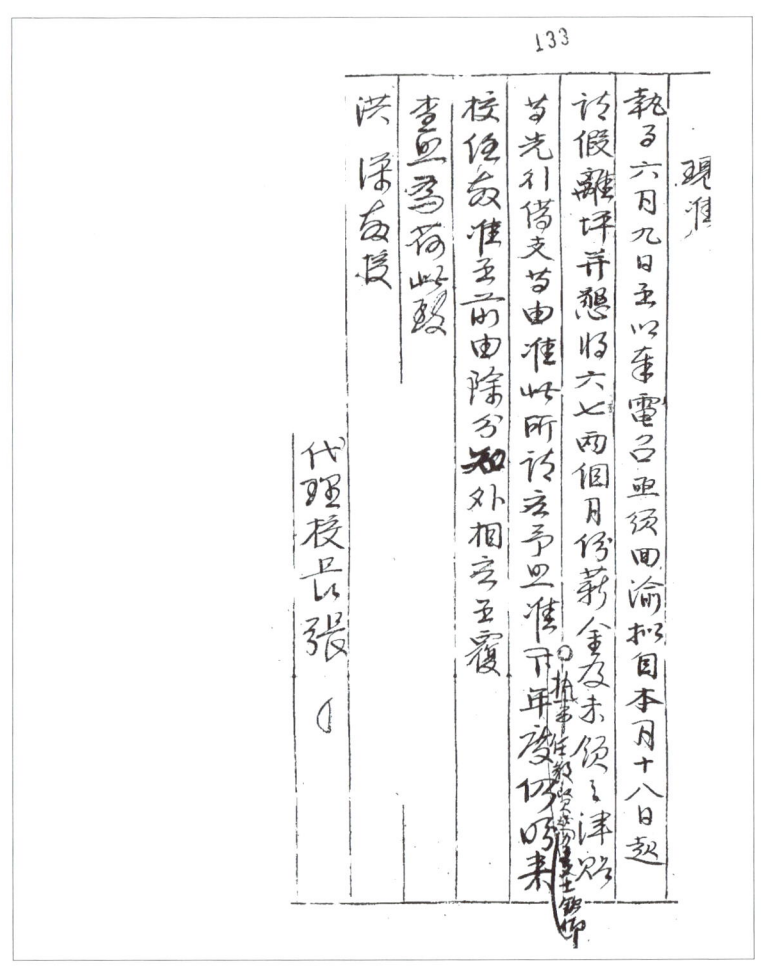

图5 张云代校长批准洪深的申请并复洪深的文函（藏于广东省档案馆）

别赞扬洪深教授"执事任教贤劳、多士钦仰。下年度仍盼来校任教"。①

洪深先生准备离开粤北坪石时，提早在1942年6月8日请张云代校长签署提供通行证明，洪深先生包括家眷四人（妻子和三个

---

① 洪钤：《中国话剧电影先驱洪深（历世编年纪）》，秀威资讯科技股份有限公司，2011，第206页。

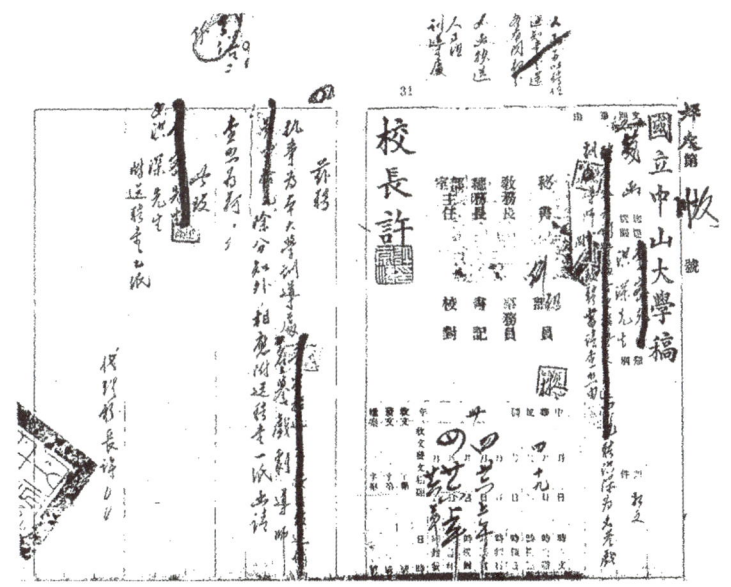

图6 1941年4月26日许崇清代校长聘请洪深先生为大学训导处荣誉戏剧导师函（藏于广东省档案馆）

女儿）赴渝等地，随带行李包括铺卷五件、箱一件、皮包二件、书籍八包，所请求开具通行证明有效期始于7月1日，至何时则洪深先生自己打了问号，出具证明时才确定至10月31日，这是根据洪深先生提供的情况而开具的证明。① 洪深先生离开坪石后在四川江安国立戏剧专科学校任教，国立戏剧专科学校从南京辗转至长沙到重庆，又在1938年底迁徙至四川宜宾江安。

根据广东省档案馆藏《1942年度国立文学院教职员名册》，国立中山大学在8月聘请罗文柏先生担任外国语言系主任，月薪500元，最高薪金，院长仍然是朱谦之。1943年度文学院外国语言系主任是黄学勤教授，其曾留学哈佛大学，为诗人、文学家，讲

---

① 广东省档案馆馆藏档案，档号020-004-10688-146。

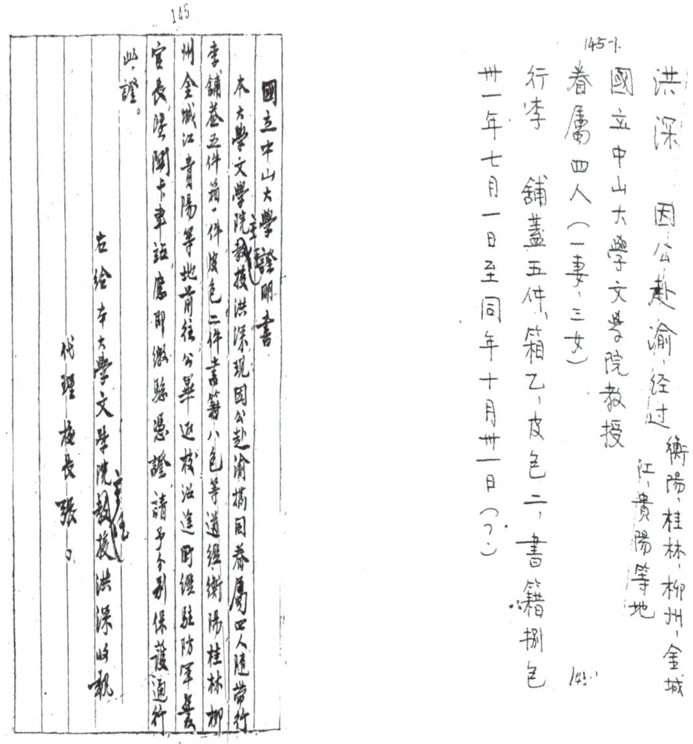

图7 洪深离开中山大学时，代理校长张云帮助开具的证明，有效期是1942年7月1日至10月31日（藏于广东省档案馆）

授课程包括莎士比亚戏剧等。1926年4月黄学勤教授已经受聘中山大学前身，时称为"国立广东大学"，此前1923年曾受聘东北大学、东陆大学等多所大学。

2022年春节期间，杨树先生、曹劲女士在上海戏剧家罗怀臻老师和复旦大学朋友帮助下，在2022年2月3日与在上海的洪钤女士联系上了。曹劲与洪女士聊了一个多小时，洪女士赠送了三本书并表示有条件的时候很想到出生地来看看，顺告知"钤"字正确发音是"qián"，而不是"jīn"。

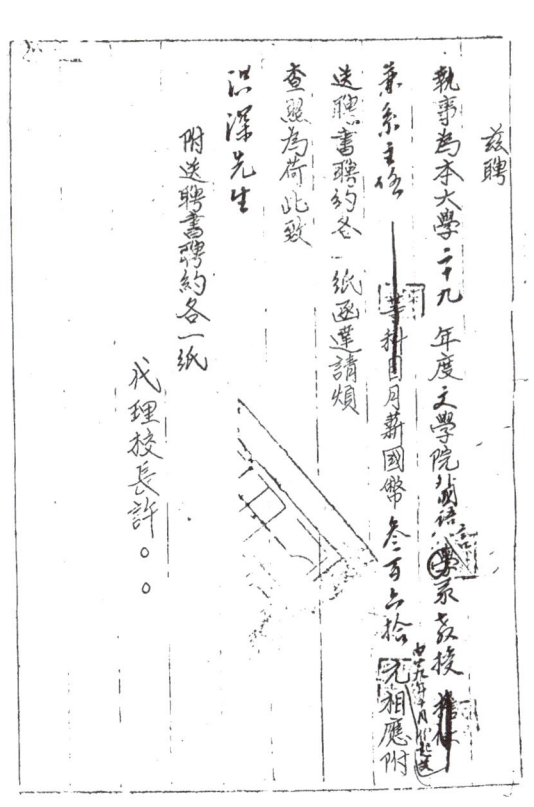

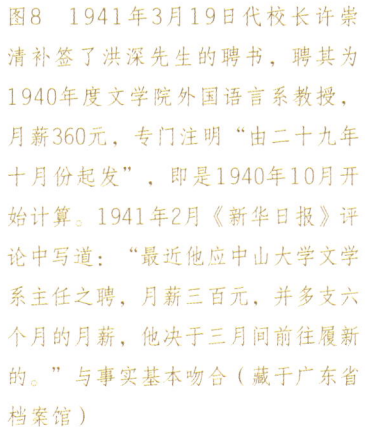
图8 1941年3月19日代校长许崇清补签了洪深先生的聘书,聘其为1940年度文学院外国语言系教授,月薪360元,专门注明"由二十九年十月份起发",即是1940年10月开始计算。1941年2月《新华日报》评论中写道:"最近他应中山大学文学系主任之聘,月薪三百元,并多支六个月的月薪,他决于三月间前往履新的。"与事实基本吻合(藏于广东省档案馆)

第二节 来自德国的鉴定函

经利彬(1895—1958),字燧初,为张云留学法国时的同学,获得医学博士和理学博士学位。回国后曾任北平大学农学院教授兼生物系主任、北平研究院生物研究所主任。抗日战争时期,北平研究院迁徙至昆明。1941年7月28日经利彬在昆明寄信至坪石,复函张云代校长:

子春吾兄大鉴:

顷悉吾兄荣长中大,谨贺。前蒙嘱调查会亲胡世华之功课情形,兹得

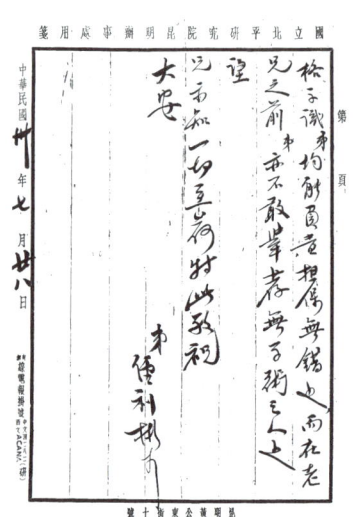 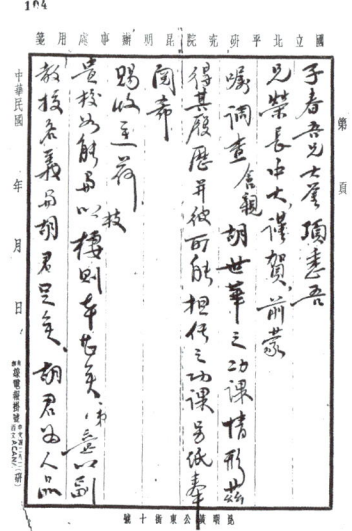

图9 经利彬复张云校长的信函,介绍胡世华的情况,信纸是国立北平研究院昆明办事处用笺,地址是昆明黄公东街十号(藏于广东省档案馆)

其履历并彼所担任之功课,另纸奉阅,希赐收函荷。

贵校如能与以枝棲则本甚矣,弟意以副教授名义与胡君足矣。胡君为人品格学识,弟均能负责担保,无错也,而在老兄之前,弟也不敢举荐无学术之人也。

望兄示知一切,至荷,特此致祝

大安

弟经利彬[①]

这是有关胡世华先生受聘前,张云代校长函询留法同学经利彬,了解胡世华先生情况的信札往来。胡世华先生时从德国留学回国,1941年从欧洲抵香

---

① 广东省档案馆馆藏档案,档号020-002-158-101-107。

```
Abschrift einer Gutachtung    ( abgekürzt )

     Gutachtung

     Ueber Herrn T.H. H u

    Herr T.H. H u hat eine Reihe von Semestern hindurch an
sämtlichen Vorlesungen, Uebungen und Arbeitsgemeinschaften zur
mathematisierten Logik und Grundlagenforschung in Münster i.W.
mit der grössten Pünktlichkeit teilgenommen. Er hat sich in
diese Materie so eingearbeitet, dass er im Sommer 1939 in meh-
reren Sitzungen unserer Arbeitsgemeinschaft zusammenhängend hat
vortragen können über die geomatrische Bedeutung und Leistungs-
fähigkeit einer von ihm sogenannten Quasi-Booleschen Algebra.
Die Gedanken, die Herr H u uns vorgetragen hat, sind überraschend
originell; und wir sind sofort von der Meinung gewesen, dass sie
zu einer schönen Dorktorarbeit entwickelt werden können. Diese
Meinung ist von der mathematischen Seite in diesen Tagen noch
einmal wieder von Herrn Prof.Dr.G. K ö t h e in Münster i.W.
ausdrücklich bestätigt worden. ............

Münster i.W. 31.12.1939
                          Gez., von Dr.Heinrich Scholz
                               O.Prof.d.Philosophie der
                               Mathematik und Naturwissen-
                               schaften a.d. Universität
                               Münster i.Westf.
```

图10　著名新逻辑学家海因里希·朔尔茨（Heinrich Scholz，1884—1956）为胡世华先生写的推荐鉴定信，写于1939年12月31日德国敏斯特（藏于广东省档案馆）

港,再从香港飞抵南雄机场抵粤北,被聘为国立中山大学数学天文系副教授。在履历中,胡世华先生写明1940年春完成博士论文初稿《伪布尔代数及拓扑基础》,欧洲战争爆发,"未及应考"。附有德国西威廉敏斯特大学教授、著名新逻辑学家海因里希·朔尔茨(Heinrich Scholz,1884—1956)的推荐信,写于1939年12月31日德国敏斯特,该信一年半后才与具有特殊意义的读信人在坪石相遇。海因里希·朔尔茨教授是数理逻辑的先驱人物,在德国敏斯特建立了第一个"逻辑和基础研究中心",第二次世界大战期间掩护过一些波兰籍的同事。现在敏斯特的研究中心仍存在而且继续运作。

德文推荐鉴定信译文如下:

图11 西威廉敏斯特大学数学及自然科学博士、教授海因里希·朔尔茨照片

离乱学人南北信札——抗战时期香港、粤北文化人书信来往

推荐鉴定书信

　　胡世华先生是一位勤奋的人，几个学期来，他无一缺席地参加了西威廉敏斯特大学数理逻辑学科所有的研讨、实践、小组活动以及各项基础学习。他对这个领域的研究很透彻，在1939年夏天我们的小组系列研讨活动中，他负责就他提出的"伪布尔代数"的几何意义进行了阐述。胡先生提出的思考非常具有启发性和原创性。我们当时就认为，这些思考可以作为非常好的博士论文选题。该观点也很快得到西威廉敏斯特大学G. Koethe教授在数学上的印证。

　　——西威廉敏斯特大学数学及自然科学博士、教授海因里希·朔尔茨

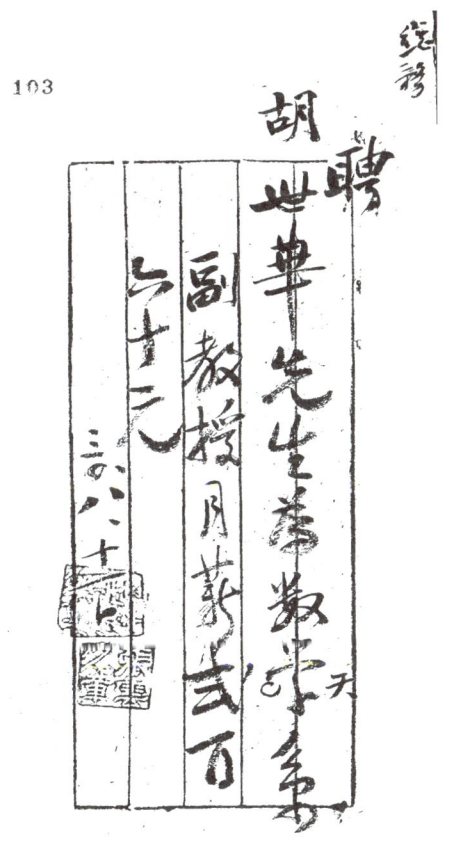

图12　国立中山大学代理校长张云签发聘请胡世华为数学天文系副教授的聘书（藏于广东省档案馆）

这份对中国科技史有特别意义的1939年函件，2022年1月31日由郑岚女士翻译为中文，首次令这份83年前的德文信件以中文为今天国人知晓，特表谢意！

胡世华于1936年7月赴奥地利维也纳大学留学，1937年3月进入德国西威廉敏斯特大学读博士，1939年6月至1940年游历了法国和瑞士。因欧战紧张，从1940年6月至1941年2月胡世华到非洲各地，并登上回国的邮轮，1941年2月抵上海后到了北京，看望母亲。[①]1941年8月11日代理校长张云向胡世华先生发出副教授聘书，月薪260元。按照学校的规定，另取米贴补助计算到职时间，对受聘老师是按照接受聘请开始计算而不是按实际抵达校部任职时间。胡世华先生和卢鹤绂先生到职时间均按照1941年8月计算，洪深先生是按照1940年10月计算。卢鹤绂小胡世华1岁，卢鹤绂时年27岁，任职教授，妻子吴润辉25岁；胡世华时年28岁，任职副教授，妻子夏好仁22岁。1943年3月学校批准胡世华先生停薪他往的请求。

第三节　太平洋轮船返国途中的来信

卢鹤绂、吴润辉夫妇与胡世华、夏好仁夫妇同时从香港乘飞机抵南雄准备到坪石任教。[②]据卢鹤绂先生于20世纪90年代回忆："10月31日夜，我四人同乘飞机到广东北部的南雄，因为我持有中山大学教授聘书，海关对我很客气，并未检查。次晨转乘公路车西行到韶关（曲江），再乘火车北上，于11月2日到达广州重镇坪石，中山大学校本部所在地。"抵达坪石前，1941年9月23日，卢鹤绂有一信寄往坪石许崇清代校长：

---

① 南开大学档案馆所提供胡世华简历。
② 卢鹤绂：《往事回忆》，载《现代物理知识》1991年第4期。

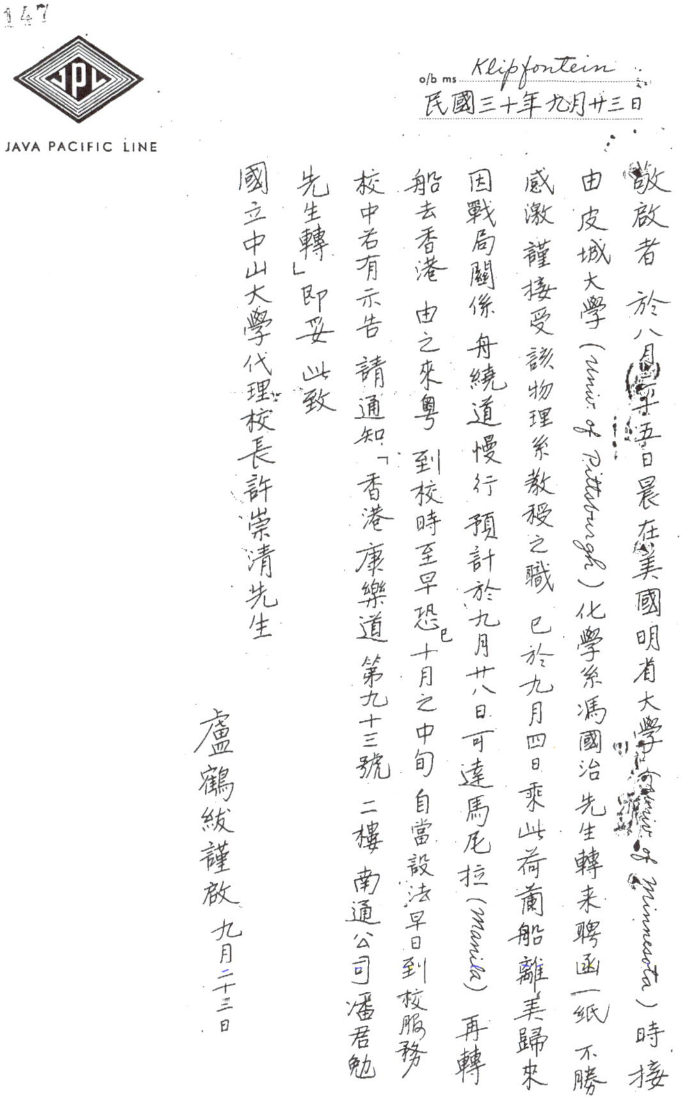

离乱学人南北信札——抗战时期香港、粤北文化人书信来往

o/b ms Klipfontein
民國三十年九月廿三日

敬啟者：於八月二十五日晨在美國明省大學（Univ of Minnesota）時接由皮城大學（Univ of Pittsburgh）化學系馮國治先生轉來聘函一紙，不勝感激，謹接受該物理系教授之職，已於九月四日乘美荷蘭船離美歸來，因戰局關係，舟繞道慢行，預計於九月廿日可達馬尼拉（Manila）再轉船去香港，由之來粵，到校時至早恐已十月之中旬，自當設法早到校服務，校中若有示告，請通知「香港康樂道第九十三號二樓南通公司潘居勉先生轉」即妥。此致

國立中山大學代理校長許崇清先生

盧鶴綬謹啟 九月廿三日

图13　卢鹤绂1941年9月23日给许崇清代校长的信，信纸左上角有"爪哇太平洋航线"公司名称

敬启者

于八月二十五日晨在美国明省大学时接由皮城大学化学系冯国治先生转来聘函一纸，不胜感激，谨接受该物理系教授之职。已于九月四日乘此荷兰船离美归来。因战局关系，舟绕道慢行，预计于九月二十八日可达马尼拉，再转船去香港，由之来粤，到校时至早恐已十月之中旬。自当设法早日到校服务，校中若有示告，请通知"香港康乐道第九十三号二楼南通公司潘君勉先生转"即妥，此致

国立中山大学代理校长许崇清先生

卢鹤绂谨启　九月二十三日[①]

这封信应该是卢鹤绂乘荷兰轮船离开美国时所写，该轮船名字为"克里普丰坦"（Klipfontein），是一艘客货轮，在寄到坪石的信的右上角卢鹤绂注明了该轮船的名字。该轮船是荷兰制造并在1939年5月下水开始远航，有148个舱位供乘客分两等舱，1942年11月美国军队与荷兰政府协商签订协议，将其征用为第二次世界大战的运输海轮，战后仍然用于货客民用航行，在1953年触礁沉没。时国立中山大学许崇清代校长改换为张云代校长，卢鹤绂在异国未知变化。1941年6月17日国立中山大学在坪石向卢鹤绂发出预聘为1941年度物理系教授函，明确月薪300元，由许崇清代校长发出邀请预发聘书函。理学院院长康辛元获知卢鹤绂已经抵香港，马上报告张云代校长，张云代校长于10月16日函告理学院正式聘书待卢先生抵坪即发。信中"明省大学"指美国明尼苏达大学，"皮城大学"指匹兹堡大学。信中提及在香港联系人潘君勉（1882—1968）是梅县南口人，1908年就在香港经商，创立"南通"公司，在日本经商时认识孙中山先生并支持孙中山先生发动的革命。卢鹤绂在香港联系地址为潘君勉先生的公司，应该是与当时也留学美国田纳西州立大学潘友斋同学有关系。根据

---

① 广东省档案馆馆藏档案，档号020-002-158-145-147。

卢鹤绂先生20世纪90年代的回忆文章,当时化学系同学潘友斋已经毕业准备回国,了解了卢鹤绂的意图。回国后他向国立中山大学介绍了卢鹤绂,聘书和潘友斋给卢鹤绂的信札一并寄出,潘君勉先生应该是潘友斋联系的。但在本信中明确提到聘函是由留学美国匹兹堡大学化学系冯国治同学转给卢鹤绂。

卢鹤绂的博士论文是《新型高强度质谱仪及在分离硼同位素上的应用》,该论文被美国政府列为涉及制造第一批原子弹与原子弹反应堆的绝密资料,数年后才以摘要形式准予公布。[①]相对而言,卢鹤绂先生较轻松,在美国就拿到了国立中山大学物理系的聘书,胡世华先生较周折。他们在坪石塘口村成为邻居,在欧美他们的研究成果都是世界一流的,但在战火中回到祖国教书救国。

胡世华先生是中国开展数理逻辑研究的代表性人物之一,是中国将逻辑研究与计算机设计相结合的倡导者。卢鹤绂先生成为中国核能研究领军人物,"卢鹤绂不可逆性方程"闻名于世。这两位科技界领军人物在1980年均被选为中国科学院学部委员。

第四节 坪石、曲江寄往陈中凡先生书信

1937年8月14日,受教育部指令,广东省密函令战事及易受敌人攻击地区应酌情形之措置办法,措施之一是于必要时允准学校迁移。1937年9月至10月广州的中学比较集中开始迁移。[②]1938年10月广州沦陷,各高等院校几乎全部迁移异地。

陈中凡原名陈钟凡,字斠玄,号觉元,通信时容肇祖称陈中凡先生为"觉

---

① 吴永清:《中国著名物理学家卢鹤绂生平和成就》,载《中国科技史料》1997年18卷第3期。

② 广东省古迹保护协会:《广州市档案馆藏抗战办学档案史料研究报告》,2021年10月,第74页。

玄先生著席",吴三立则称"斠玄吾师"。詹安泰曾为陈中凡学生,称其为"斠玄夫子"。1938年10月由陈中凡先生推荐,詹安泰被中山大学破格聘为中文系教授,1940年随校回迁至粤北乐昌,文学院在清洞,容肇祖、詹安泰和吴三立与陈中凡先生在战时保持书信往来,在信中有写诗唱和。从1937年至1942年在云南、广东坪石时期,詹安泰常与陈中凡通信。1941年吴三立、詹安泰均在坪石铁岭中山大学文学院任教。

陈中凡先生于1917年在北京大学毕业后留校任教预科补习班,后在北京女子高等师范学校、南京东南大学、上海暨南大学、中央大学和中山大学均有任教经历。1935年仍在国立中山大学任教,1936年始受聘于金陵女子文理学院。

1940年暑假,国立中山大学从云南东回粤北,原文学院院长谢扶雅表他往。许崇清代校长1941年6月26日在粤北坪石致函陈中凡邀请其出任文学院院长,函告:

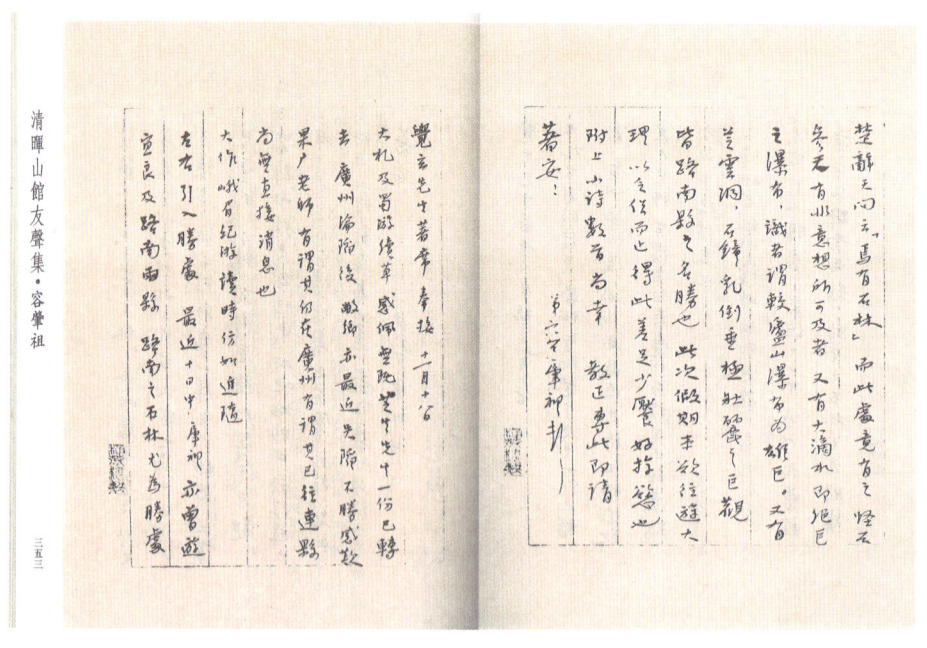

图14　1938年容肇祖致陈中凡的信札

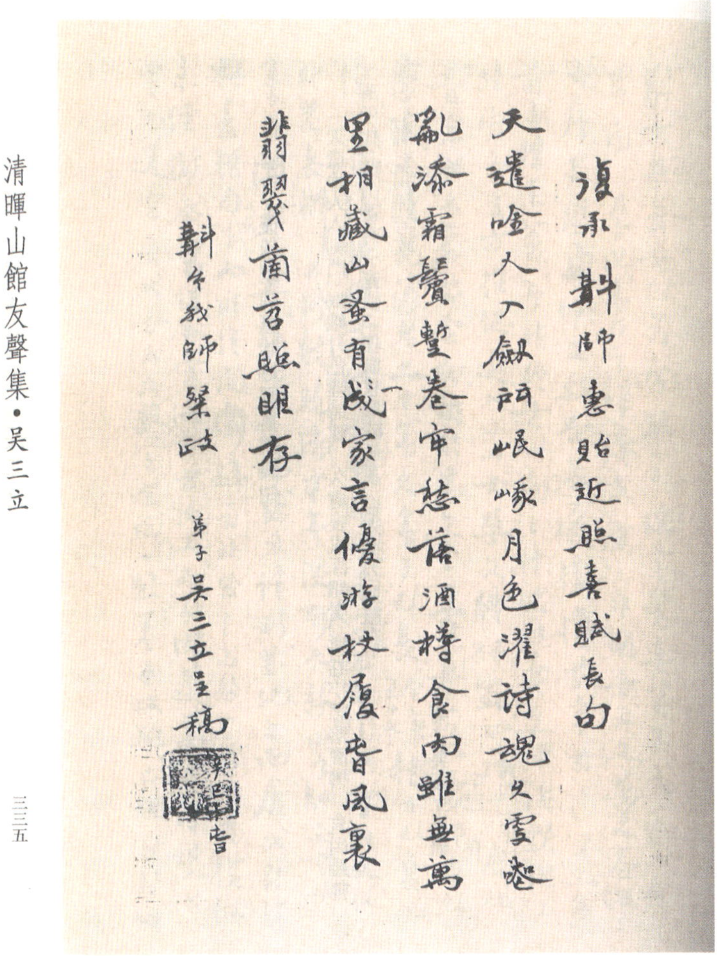

清暉山館友聲集·吳三立

復承斠師惠貽近照喜賦長句

天遣吟人下斂峨岷嶠月色濯詩魂久雪鏖
亂添霜鬢摹卷審慈禧酒樽食肉雖無萬
里相藏山蚤有戰家言優游杖履杳風裏
翡翠蘭苕睍睆存

斠我師鑒政

弟子吳三立呈稿

圖15　1941年吳三立致陳中凡的信札

斠玄先生我兄台鉴：久违雅教，遥维公私绥吉，著述宏进，为颂。

敝校前曾电致我兄，邀聘为研究院文科研究所指导教授，荷承惠允，不胜感激。

兹者敝校本夏人事稍有变更，谨申聘我兄为教授兼文学院院长及研究院文科研究所主任，月薪四百四十元。此间硕士考试即将举行，各项事务急待开展，敬祈我兄俯允，并即电复，以便汇寄旅费。如能趁机东来，尤所企望。

临书不尽所言，敬盼佳音，并颂

教绥！

弟　许崇清敬启

六月二十六日①

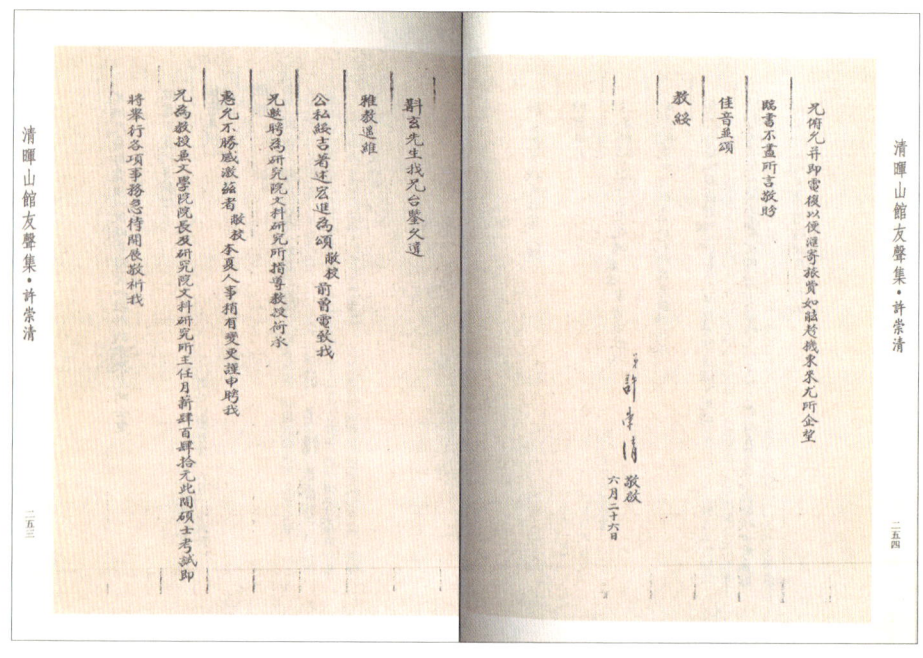

图16　许崇清致陈中凡先生邀请其出任文学院院长信札

---

① 姚柯夫：《陈中凡年谱》，书目文献出版社，1989，第48页。

许崇清任国立中山大学代校长,曾拟聘陈中凡先生为文学院院长,中凡先生函询陈独秀先生意见,老师复书极表赞同。陈独秀先生于1941年在江津致函以示支持并赋诗一首:

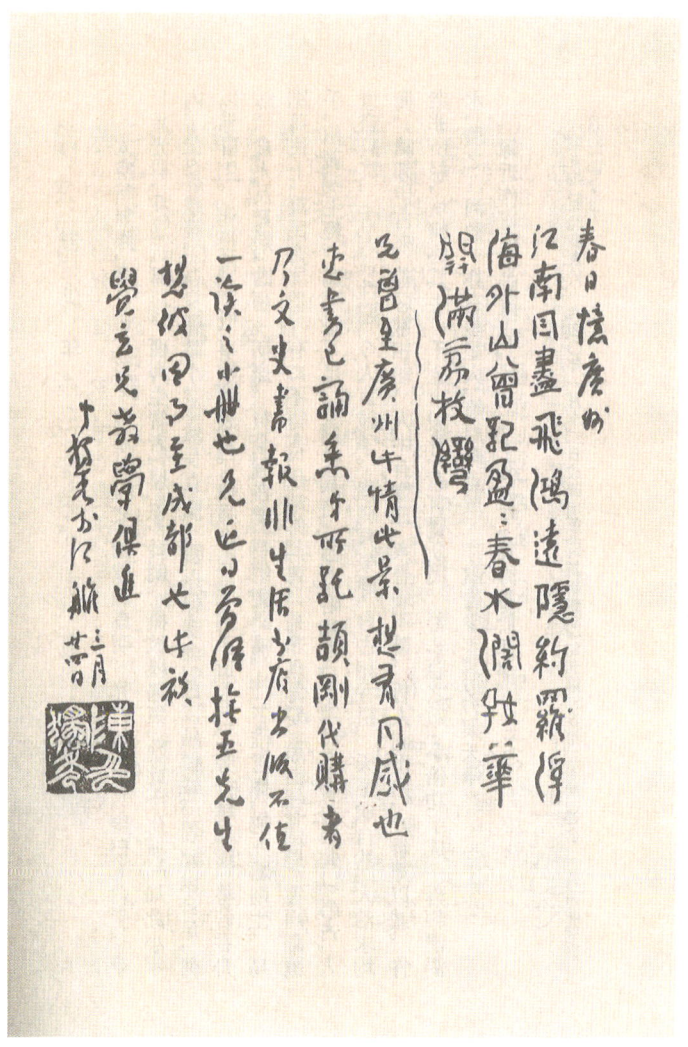

图17 陈独秀1941年在江津致陈中凡的信札

春日忆广州

江南目尽飞鸿远，隐约罗浮海外山。

曾记盈盈春水阔，好花开满荔枝湾。

兄曾至广州，此情此景，想有同感也。惠书已诵悉。弟所托颉刚代购者，乃文史书报。非生活书店出版不值一读之小册也。兄近日曾晤抚五先生，想彼因事至成都也。此祝

觉元兄教学俱进！

弟独秀于江津

（一九四一年）三月廿四日①

对于粤北坪石乡村办学艰苦的实际情况，陈独秀没有现场概念，他的思绪仍然是昔日在羊城的荔枝湾岭南水乡情境。倒是陈中凡从在坪石的师友和学生来信中略知一二。旋因许崇清去职，前议遂寝。无论在香港大学时期，还是在粤北仙人庙樟树下，冼玉清与陈中凡都有书札来往。获知陈中凡来粤计划搁浅，1941年10月7日冼玉清在香港致信陈中凡先生：

斠玄先生：

九月二十七大示夹入七月二十七航函均悉。（敝寓在般含道十二号，而信封写十三号，故不递到，然终以写学校地址为佳）大驾不能东返，未尝不叹造物弄人，安之可耳。玉甫丈时有晤面。云史丈为题旧京春色卷甚佳。闻石太始已返广州，任广东大学校长（即前中大）。盖汪政府极力罗致人才，而石又穷。饿死非人所能堪。愧无广厦万间以庇寒士，故也不为刻酷之批评也。（人以汉奸目之。）八月二十日玉清失眠怔忡之病，逾月未痊。此中痛苦不必向过来人缕述，至今仍未正常工作也。

---

① 吴新雷等编纂：《清晖山馆友声集》，江苏古籍出版社，2001，第157页。

玉清复　十月七日①

信中提及的《旧京春色卷》是冼玉清作于1930年，为《牡丹图卷》和《海棠花卷》两段组成，冼先生请众多文人朋友在画作上题跋，叶恭绰等著名文化人均在此画卷留下字墨，现该画作藏于广东省文史研究馆。信中冼玉清称为"玉甫丈"的是叶恭绰先生，裕甫、誉虎和玉甫均是叶先生的字，时叶恭绰在香港主持《大风》杂志；"云史丈"应该是指杨圻先生，字云史，江苏常州人，近代中国著名诗人，1938年寓居香港，1941年7月病逝。

陈中凡未能抵坪石任职务，事因张云代校长接任时未知前因。朱谦之回忆录写道："1941年8月，我在一度踌躇之后，便毅然答应了中大代理校长张云之聘，就能任文学院院长。就任之日，即决以全力提倡学术，那时中大还没有全校性学术刊物，我提议即由文学院做起，首先创刊《中山学报》，为着测验我自己的能力和文学院教授们的信任程度，我决以十日为限集稿付印，这办得几千顺利，首先，我得到英文系主任洪深主任之助，果然如期成功。"②坪石沦陷，1945年3月1日朱谦之先生避难于粤北龙川正相寺时，完成回忆自传文章《奋斗二十年》，记述道在1932年受聘于国立中山大学时，陈中凡先生还向校方推荐。1941年文学院设在乳源清洞时，由于院长吴康请假，朱谦之、蓝思德、王慕尊三人主持院务。在坪石铁岭朱谦之担任文学院院长时，《现代史学》杂志也由文学院主办，此份杂志前期是由他自己提供经费所办，办数期后由学校提供费用。从1944年朱谦之担任研究院文科研究所主任后，改为学校主办。

在粤北曲江仙人庙的新校区，冼玉清于1942年11月28日致函陈中凡先生：

---

① 徐雁平：《冼玉清致陈中凡函札笺释》，载《博览群书》2003年第3期。
② 朱谦之：《自传两种》，龙文出版社股份有限公司，1993，第42页。

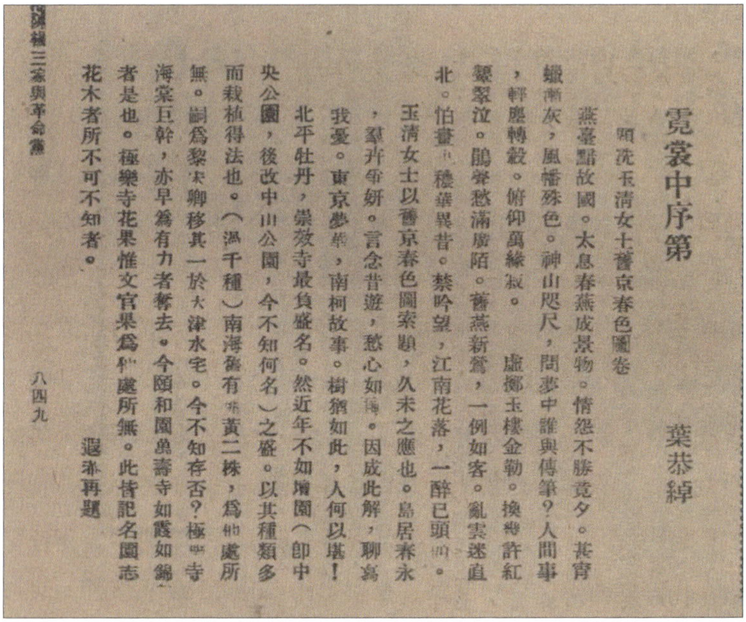

霓裳中序第

題冼玉清女士舊京春色圖卷　　葉恭綽

燕臺黯故國。太息春燕成景物。情怨不勝晝夕。甚宵蠟漸灰，風旙殊色。神山咫尺，問夢中誰與傳筆？人間事，軒塵轉轂。俯仰萬緣寂。　虛擲玉樓金勒。換幾許紅翠翠泣。鵑聲愁滿廣陌。舊燕新鶯，一例如客。亂雲迷直北。怕舊日穠華異昔。禁吟望，江南花落，一醉已頭白。

玉清女士以舊京春色圖索題，久未之應也。島居春永，翠卉爭妍。言念昔遊，愁心如擣。因成此解，聊寫我憂。東京夢華，南柯故事。樹猶如此，人何以堪！

北平牡丹，崇效寺最負盛名。然近年不如稷園（即中央公園，後改中山公園，今不知何名）之盛。以其種類多而栽植得法也。（溫千種）南海舊有朱黃二株，為他處所無。嗣為黎宋卿移其一於天津水宅。今不知存否？極樂寺海棠巨幹，亦早為有力者奪去。今頤和園萬壽寺如鬘如錦者是也。極樂寺花果惟文官果為他處所無。此皆記名園志花木者所不可不知者。

遐庵再題

三案與革命黨　　八四九

图18　香港出版的《大风》杂志刊载叶恭绰的《霓裳中序第》，是1938年留港期间为冼玉清先生《旧京春色图卷》题跋

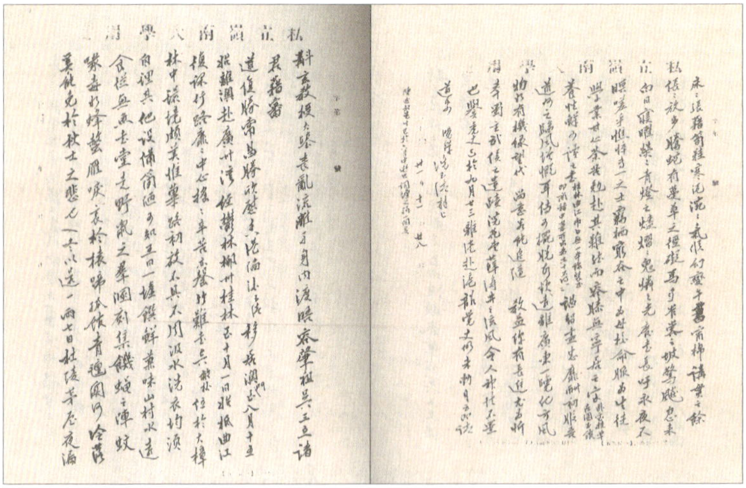

私立嶺南大學用箋

私立嶺南大學用箋

图19　冼玉清1942年11月28日致陈中凡信札

斠玄教授大鉴：

  丧乱流离，孑身内渡。晤容肇祖、吴三立诸君，藉审道复胜常，曷胜欣慰。香港陷后，玉清移居澳门，至八月十五日始离澳赴广州湾，经郁林、柳州、桂林，至十月一日始抵曲江复课。行路靡靡，中心摇摇，辛苦也罄竹难书矣。敝校位于大樟林中，环境颇美。惟筚路初启，不具不周，汲水洗衣，均须自理，其他设备简陋可知。

冼玉清已经在曲江教学一年余，1943年4月10日冼玉清又函致陈中凡先生：

斠玄教授大鉴：

  十二月十三及三月十三手示，均已拜读。备受存注，感何可言。齐鲁教席，未敢言烦。盖玉清授徒二十年，以国育才为职志，学而不厌，诲人不倦，自谓可以当之。①

  此信乃冼玉清感谢陈中凡先生为她物色新教职的信札，但冼玉清还是坚持到曲江沦陷，此后终身教书育人于康乐园。

  笔者在广东省档案馆、广州市档案馆查询部分档案，整理了部分在粤北从事教育工作的先师租住农屋的住址，有的用作通讯地址，地址均是民国时期的门牌号码。

抗战时期粤北先师部分通讯地址或住址

姓名	租住房屋住址、通讯地址及业主信息	居住时间或租约时间
王亚南	坪石莲塘乡第三保第五甲观音堂左边	1941年至1944年
朱谦之	坪石中大研究院内	1943年5月

---

① 吴新雷等编纂：《清晖山馆友声集》，江苏古籍出版社，2001，第312页。

（续上表）

姓名	租住房屋住址、通讯地址及业主信息	居住时间或租约时间
胡体乾	坪石上前街9号，业主商号财兴隆	
梅龚彬	坪石上前街二十三号内进	1942年至1945年
李浩川	坪石中街坛官庙巷允斌别墅，业主朱培栋	
洪深	坪石陈家坪14号	1941年至1942年6月
卢鹤绂	坪石塘口村	1941年至1943年2月
胡世华	坪石塘口村	1941年至1943年3月
任国荣	坪石塘口村一保十甲	1940年底至1944年
邹仪新、叶述武	坪石塘口村一保六甲	1940年至1944年
许幸之	坪石管埠	
马思聪	坪石管埠	
陆侃如、冯沅君	坪石管埠	
詹安泰	坪石铁岭	1941年至1944年

第三章　香港的书信往来

第一节　苦闷的记录——陈寅恪香港寄出的书札

陈寅恪自1937年11月27日迁抵长沙，1938年元月辗转抵达桂林，经过香港转滇。抵香港时，夫人唐女士心脏病发，留港时许地山先生提供了帮助。此后家眷一直留港，陈寅恪单独前往云南西南联大蒙自分校。此后陈寅恪在香港与云南之间往返，时飞重庆开会、讲学。

1　给陈述等史语所同事的书信

从1936年1月21日至1943年6月21日，陈寅恪先生一直保持与陈述先生的通信。陈述，字玉书，于1935年毕业于北平师范大学历史系，进入史语所任职。[①] 陈寅恪与陈述的通信，内容主要集中在陈寅恪请陈述帮助在内地找参考书籍或者文献，并回答陈述提出的学术问题。史语所南迁后至陈寅恪香港脱险抵桂林，与陈述的通信共有30通，其中数封是给陈述和史语所同事劳干、张政烺诸位。

1936年1月22日，陈寅恪对陈述来函求教关于契丹历史中个别牛僻问题做了解答，第三天又修书一封回答有关名词的读解；1938年2月22日，致函陈述请求帮助将四箱书籍从长沙携至桂林；1940年6月，数函致陈述，是关于请求帮助寄送参考资料，史语所出版的《中央研究院历史语言研究所集刊》有陈寅恪发表的文章，如《天师道与滨海地域关系》《李唐氏族问题》等，陈寅恪没有随身

---

① 陈寅恪：《陈寅恪集·书信集》第2版，生活·读书·新知三联书店，2009，第201页。

带，需要向史语所或者同事借阅，陈述等研究所助理给予尽力帮助。

1942年11月19日应陈述请求，为陈述《辽史补注》作序，以信函方式寄出，时陈述已经离开史语所在东北大学任教。《序》中陈寅恪先生写道："寅恪侨寓香港，值太平洋之战，扶疾入国，归正首丘。途中得到陈玉书先生述寄示所撰《辽史补注序例》，急取读之，见其所论宁谦毋略之旨，甚与鄙见符合。若使全书告成，殊可称契丹史事之总集，近日吾国史学不可多得之作也。回忆前在绝岛，仓皇逃死之际，取一中籍坊本《建炎以来系年要录》，抱持诵读。"落款写明此序于1942年11月19日写于桂林雁山别墅，但香港脱险之艰辛仍然有感而发，而且使用了"归正首丘"之语。陈述在中华人民共和国成立后，担任中央民族学院研究部教授，成为中国著名辽史专家。

通过信函向陈寅恪请教的还有四川大学教授华忱之、燕京大学闻宥、清华大学教授语言学家杨树达等。陈寅恪在香港寄出的给友人信札，不少是具有学术价值或者历史文献意义的信牍。

1940年8月2日复函杨树达："遇夫先生左右，昨始奉到七月七日手示并大作，慰甚佩甚，当今文学训诂之学，公为第一人，此为学术界之公论，非弟阿私之言。"信中也告知本应该到云南西南联大上课，但心脏病不适应，居住在香港物价又高，难于支持，"欧战正剧，也难浮海西行，真所谓进退维谷者矣"。陈寅恪曾为杨树达的《〈论语〉疏证》作序。在香港与师友通信，梁先生基本表达这种无奈留港的心情。

陈寅恪先生在香港为多位名家名作作序，最重要的学术朋友应该是陈垣。陈垣于1940年7月31日致信陈寅恪：

> 寅恪先生史席：大序颁到，同人聚观，正如故乡消息久断，闻有人来，群相问讯也。甚感。惟文中疵病未承指出，遂尔流布，岂不贻笑方家耶？不胜皇恐。专此复谢，并候
>
> 旅安。

弟垣谨上。七月三十一日[①]

"大序"是指《明季滇黔佛教考》序,是陈垣邀请陈寅恪所作。序中陈寅恪先生将自己三年迁徙之困苦也写了进去:"寅恪别先生于燕京,及抵长沙,而金陵瓦解。乃南驰苍梧瘴海,转徙于滇池洱海之区,也三岁矣。此三岁天下之变无穷。……仅远自万里海山之外,寄以序言,借告并世之喜读是书者。"落款"庚辰七月陈寅恪谨序",即1940年7月,此年暑假开始,陈寅恪离开昆明之后一直在香港。

2　给傅斯年的书信

陈寅恪在香港最为重要的通信者是傅斯年,信中用孟真称之。1928年7月,傅斯年筹立中央研究院历史语言研究所,10月研究所在国立中山大学正式成立,简称"史语所",同月迁入广州东山恤孤院后街35号柏园;1929年迁至北平,原8个研究小组整合成3个,即历史学、语言学和考古学,陈寅恪受聘为历史学组组长。陈寅恪留港期间与傅斯年的联系最为密切,无论是赴英国讲学还是经济支持,均靠傅斯年协调。1939年7月3日陈寅恪抵香港,7月6日即致函傅斯年,准备自己一人往英国,妻子留港治病,"昆明亲友处,皆懒于写信,请并告以近状及代道谢为荷"。1939年傅斯年在昆明主持历史语言研究所所务,7月开放历史语言研究所图书供迁徙到昆明的学术机关使用。接着陈寅恪又致函傅斯年:

五箱已运到,甚慰,拟将未成之稿携欧,俟半年得暇加以修改也。赐书乞寄:香港九龙山林道二十四号三楼

现家中用费极钜,挪用借款度日,而家人无人管理,虽多费钱而极不

[①] 陈垣:《陈垣全集·第二十三册:书信》,安徽大学出版社,2009,第122页。

舒适。

陈乐素处已告其条件,彼将考虑迳复从吾。①

五箱装的是托运至香港的陈寅恪书稿,陈寅恪先生比较细心,在香港也多次搬家,从香港寄出不同时间的信多写寄信地址给对方。

1938年3月15日,写信给傅斯年时告知寄至九龙新福志村道11号三楼陈寅恪收,1939年的收信地址大部分是香港九龙山林道24号三楼;1941年2月12日,收信地址为九龙太子道369号三楼。

信中提及的陈乐素是陈垣长子。陈乐素已得一香港中学事,俞大纲为俞大维之弟,八妹(八表妹)是俞大彩,傅斯年夫人,1934年8月5日与傅斯年在北平结婚。陈寅恪信中的家舅母指俞大维、俞大纲母亲。

傅斯年为史语所南迁,颇费心思,1937年7月史语所迁至长沙,1938年春迁至昆明,1940年冬迁至四川南溪县李庄镇。傅斯年在1940年11月兼任研究院总干事至1941年9月。陈寅恪从1937年至1942年香港脱险抵桂林,陈寅恪给傅斯年的信札共27封,可能是因有亲戚关系,不少信件内容是倾诉心中的苦闷。

1941年10月21日,傅斯年母亲在重庆病逝,傅斯年于12月7日抵李庄,此时因高血压需要养病而半工作半休息。香港沦陷后,1942年头数月陈寅恪正困于香港中,傅斯年于1942年2月6日致胡适的信中写道:"香港战起,好几个飞机去接要人,而要人则院长(许崇智)、部长(陈济棠)以下都未接到,接了一大家,箱笼累累,还有好些狗。于是重庆社会中愤愤然,其传说之速无比,但暴烈不出来。《大公报》作了一文说此事,扣了,后来交通部之official version是一切要接的人临时赶不上,(何以某家赶得上?)箱子是中央银行公物,狗是机师带的!这消息传到昆明,学生几千大游行,口号是打倒孔某。'人心之所

---

① 陈寅恪著、陈美延编:《陈寅恪集·书信集》,生活·读书·新知三联书店,2001。

同然者，义也。'这次说是三千里远养病之病夫鼓动的罢！（这一纸为省钱，写了半天，写得头痛，只好改大字。先生看起来，也稍舒服些。）"①

1942年4月14日傅斯年致函杭立武，将汇去陈寅恪在史语所1月至6月薪俸六百元，请帮助代汇予陈汉君带给陈寅恪救急。著名研究学者、历史学家刘正先生在《陈寅恪别传》中指出，陈先生离港前，是在五笔款项主持下获得离开香港机会，包括：高廷梓汇款一次、杭立武汇款两次、傅斯年汇款一次、俞大维汇款一次。②

陈寅恪从香港脱险抵桂林，想留在桂林为广西大学所聘，也想任聘史语所的兼聘研究员。傅斯年于1942年8月1日致函陈寅恪："寅恪吾兄：八月一日函诵悉。先接兄前一信，嘱函托立武在广西大学设讲座一事，弟当即将原函寄杭，并请齐务必设法（中英庚款傧于破产），杭无回信。然兄八月一日信已言其既办矣。"③

8月14日傅斯年致函陈寅恪商讨来李庄或者留桂林问题。8月31日致信叶企孙仍然讨论陈寅恪去向问题，最后确定兼任研究员的聘用程序，实际问题还是薪金问题。傅先生在信中写道："弟一向之态度，是一切由寅恪自决（实则他人也绝不能影响他，尤其是不能影响他的太太）。彼决定后，再尽力效劳耳。其实彼在任何处一样，即是自己念书，而不肯指导人（本所几个老年助理，他还肯说说，因此辈受他派查书，也交换方便也，一笑），但求为国家保存此一读书种子耳。弟知他的一切情形极详，看法如此。"

1942年9月30日国立中山大学研究院文科研究所发公函拟聘请陈寅恪先生为年度教授，1943年6月，陈寅恪先生作为特约教授来到坪石，为研究院文科研究所进行了一个月的讲座。11月离开桂林北行抵重庆。

---

① 欧阳哲生：《傅斯年文集》第七卷，中华书局，2017，第325页。
② 刘正：《陈寅恪别传》，元华文创股份有限公司，2020，第216页。
③ 欧阳哲生：《傅斯年文集》第七卷，中华书局，2017，第357页。

3 给沈仲章的书信

沈仲章在北京大学时已经与陈寅恪相识,在香港时与留港的陈寅恪来往较多,常到陈家拜访,陈寅恪先生在香港山林道的许多家庭照片均为沈先生所拍摄。1942年3月19日困居香港的陈寅恪致函沈仲章:

锡馨兄　左右:

　　日前奉复一片,想已达览。弟困居此间,开沪之船遥遥无期。亲友之留而未去者俱穷极,不能救济,恐不久即将断炊。至于旧病之复发,更无论矣。故必须筹措借拨,支持数月,或待船至上海。否则为饿莩无疑。现在亲友居内地者,交通断绝,不能通音信。闻森老近在沪,不审其有熟人在港或转托友人可以稍事通融否?弟略有饰物存沪(非亲自不能取出),俟到上海必可照数奉还也。

　　专此奉恳,敬叩

　　旅安

　　弟　寅恪拜启　三月十九日

　　森老处希代问候,不另函。

　　弟仍居九龙太子道369号二楼[①]

陈寅恪先生在香港居住过的地方有山林道、罗便臣道、福佬村道、峡道、太子道多处,太子道369号居住时间最长,并曾居住三楼,再搬至二楼。从1938年初抵港至1942年5月离开,这段时间陈寅恪进出香港多次,但家人一直留在香港。

[①] 沈亚明:《读〈陈寅恪致沈仲章1942年3月19日函〉》,载《新文学史料》2016年第3期。

第二节　茅盾、楼适夷香港书札——《文艺阵地》出版

1937年8月24日在上海救亡协会编的《救亡日报》创刊号出版，茅盾发表了散文《炮火的洗礼》。上海沦陷，安排好子女读书后，茅盾与夫人孔德沚于1937年12月31日通过海路进入香港，住九龙太子道。1938年1月4日在广州新亚酒店参加沪、港、粤文化人大联欢，林焕平、蔡楚生等均抵广州参加活动。①蔡楚生日记有记载：

一月四日

六时起身，与怡兄过海乘"佛山轮"入粤，同船有茅盾夫妇、萨空了、严谔声、吴函真等。颇不寂寞。下午二时半抵广州。②

"怡兄"即苏怡，抵广州后蔡楚生住广州新亚酒店715房，郭沫若和于立群住712房。茅盾住爱群大厦，1月6日晚蔡楚生到爱群大厦拜访茅盾夫妇。

茅盾1938年1月9日在广州通过粤汉铁路抵长沙，参加在长沙举行的一系列抗战宣传活动。茅盾1938年2月8日抵达汉口，其创办《文艺阵地》是与楼适夷、邹韬奋、徐伯昕等人在汉口商定的，生活书店总店在此时也迁至汉口，杂志初名为《文艺前哨》，后在汉口三教街一朋友家中改定为《文艺阵地》。③1938年2月28日茅盾全家乘火车抵广州[《茅盾年谱》记载是1938年2月26日抵广州，27日下午抵香港；《茅盾全集（附集）》记载是24日抵广州，27日下午抵香港]。在汉口茅盾就开始写信给范长江、陆诒约稿，信札如下：

---

① 李标晶：《茅盾年谱》，浙江大学出版社，2021，第281页。
② 蔡楚生：《蔡楚生文集·第三卷：日记卷》，中国广播电视出版社，2006，第6页。
③ 查国华：《茅盾年谱》，长江文艺出版社，1985，第212页。

长江、陆诒先生：

  记得在上海时曾与陆诒先生会过一次，但可惜没有机会见见长江先生。现在写这封信，原因简单得很，就是要请两位写点稿子。附上预告，一看就明白。

  我希望的，是报告文学式的东西，凡是战地的，无论是士兵生活，人民生活，各种现象，只要一片段，就行。因为不是抱章，故无取乎首尾完整；只要是现实生活的素描便成。我今晚就要离开汉口到长沙，再到广州，时间匆促，不能多及，容后详谈。即颂

  日祺

  茅盾 二月十八日①

  茅盾刚抵广州见到萨空了先生，受其邀请为香港报纸《立报》写稿并负责副刊《言林》编辑，2月27日应广州知用中学之邀在校发表演讲，欧阳山为粤语翻译。1月7日广州知用中学也邀请蔡楚生、夏衍到校演讲。出于在战争期间香港比广州安全考虑，茅盾又长期居住香港，居住太子道196号四楼，约住了九个月。1938年3月28日，致信戈宝权。4月23日又修信一封。内容均涉及一主题，就是《文艺阵地》杂志，1938年4月16日《文艺阵地》在广州创刊。

  3月28日的信中提及张仲实写信告知茅盾，知道戈宝权在武汉帮助《文艺阵地》写稿，茅盾对戈宝权支持"尤深感谢"。"弟感得抗战以来，文艺理论活动太少，实为缺点，《文阵》思在此方面多加提倡，同时介绍欧洲前进的文史理论；先生研究有素，请于此点多发伟论，以饷国人。"4月23日给戈宝权先生的信写道："大作《苏联剧坛近讯》一文，虽已排来，然文中无一字不误。"

  两信均谈及戈宝权文稿出版的事情，从信中透露茅盾经常为杂志印刷而穿梭穗港两地，3月28日告知：

---

① 孙中田、周明：《茅盾书信集》，文化艺术出版社，1988，第106页。

查书或稿请由香港皇后大道175号之报馆转，或快邮寄广州永汉北路生活书店转亦可。弟在九龙所住之屋，嫌太小，（因为只一间，一家四个人住，有时使得不能工作，）天天觅屋，觅得即迁，故尚不便用为寄信处；至于弥敦道49号则为友人之居，平信或航空信可以转，快信或挂件经有铺保盖章，而49号则未有也。

匆复即颂

日祺

弟

雁冰 三月二十八日

附一信乞转交仲实、伯昕先生。

信中茅盾询问戈宝权随身是否带有好的木刻作品，因为投稿的木刻作品质量不佳，从信中也可知道戈宝权告知茅盾，《子夜》已经有俄文版。1937年苏联文学出版社出版了茅盾《子夜》俄文版。

信中"伯昕"就是生活书店的徐伯昕，比邹韬奋小10岁，但从中华职业学校珐琅科毕业就进入《生活》杂志负责发行。信中"仲实"指时任生活书店总编辑、翻译家张仲实先生，陕西陇县人，1925年加入中国共产党，1926年10月从上海赴莫斯科东方劳动者共产主义大学学习，1930年8月回国抵天津参加中共北方局工作。

信中再托转相熟悉友人信函是在战争年代经常使用的方式，实属无奈之举。茅盾在信中还告知香港收挂号信很费事，需要亲自到邮局领取，要有图章和"铺保"，香港节假日多，邮局常休息且邮局正常办公时间仅九小时。事实上，因为香港有一套烦琐的公共管理制度，包括刊物发行，所以《文艺阵地》是在广州登记注册。因为广州受日军空袭的次数越来越多，1938年4月从第一卷第4期开始转至上海秘密印刷，将印好的刊物运至香港，再转回内地及东南亚。

戈宝权是与茅盾通信最多的朋友之一，1947年至1948年间的九封信札也收录在《茅盾书信集》之中,香港脱险时他们又是同批为东江游击队和香港中共地下党组织所营救。

1938年茅盾在香港,6月23日致信孔另境,请求帮助校对《文艺阵地》稿件,告知来信应寄地址为九龙太子道196号四楼。孔另境名令俊、字若君。信中多用若君称之,信札如下:

若君:

刊物事不知已接洽否?你能不能抽出工夫来校对?如果你忙,则四五两期只好请你拨忙照顾一下。六期起,我另行设法。现附上用之(编后记)一张。匆匆不及多言,容后续详。即颂

日祺

玄 六月二十三日

请来一信寄九龙太子道196号四楼①

茅盾落款使用的名字和发表文章所用的笔名非常多,包括玄、玄珠、朗损、方保宗、明、有空、弟若、雁冰、沈雁冰、茅盾等。茅盾于1938年10月22日写信给孔另境,告知其广州沦陷,香港成为"孤岛",准备到内地,方向是西北。1939年1月茅盾辗转去往新疆。

楼适夷于1940年4月16日在《记〈文阵〉二年》中写道:"当他们送茅盾一家上了开赴海防的轮船之后,我就茫然打开了他的稿包。我有四年与人世隔绝的生活,对于文坛新起健作之士,都非常生疏,而熟悉的友人又都散在四方,在香港甚至连可以倾心相谈的人,也一个没有,我更觉得自己过去在文艺上的一些半吊子的失败的工作,也更不足来主持一个全国领导性的文艺刊物。但不顾这一切,因为各方面的连续不断的热情的支助,没有一个刊物会有《文阵》

---

① 北塔:《"信"者"信史也":茅盾书信研究》,云南人民出版社,2021,第3页。

那样拥挤的来稿，一期一期的很顺利的编了下去。"①

孔另境1937年编辑出版了《现代作家书简》，收录的作家书信有数封是茅盾的书信。他是茅盾的内弟，②原名令俊，1922年在上海大学中文系学习，1925年加入中国共产党。在广州参加国民革命，曾任宣传部干事，与毛泽东同一办公室办公。

孔另境于1939年7月在上海世界书局出版的《横眉集》发表《我的年记》，文中写道："最近得到MD先生自香港来信，决定西行内地，二十日成行，偕去者有他的夫人和一子一女。后来据L君告诉，则其目的地实在新疆。此公数年来困居沪港，早拟作一旅行，调济生活之单调，此次旅行千里，自然夙愿可偿了，故所谓新大教书实一子，无非借此可以免掏腰包。"③孔另境在文中使用的MD代号实际指的就是姐夫茅盾，故文中有幽默成分。上大学时孔另境寄居茅盾在上海的家中，早在1936年就协助茅盾编辑《中国一日》。

楼适夷在香港继续与在上海的孔另境先生合作，《文艺阵地》在楼适夷主持下继续出版，广州沦陷后，改在上海印刷。1939年6月16日三卷五期总29号编于上海，1940年4月16日出版的为最后一期。1939年1月23日茅盾致信在香港的楼适夷，信札如下：

> 兄或以为弟早在迪化，其实明日始有希望起飞。此因天气不佳，第一次迪化来机，途中去了十天，而到此后又有苏联人回国，弟等大队，拟难同走，故请杜先生杜夫人等先走，而弟则候二次之专机。④

该信登在1939年2月16日《文艺阵地》第二卷第9期。"杜先生"就是杜重

---

① 孔海珠：《孔另境传》，华文出版社，2020，第176–177页。
② 北塔：《"信"者"信史"也：茅盾书信研究》，云南人民出版社，2021，第3页。
③ 徐俊西、陈子善：《孔另境·朱雯卷》，上海文艺出版社，2010，第235页。
④ 孙中田、周明：《茅盾书信集》，文化艺术出版社，1988，第120页。

远,时任新疆学院院长,茅盾应邀来新疆任教,与茅盾同行的张仲实先生同受邀请在学院任教。

在香港的楼适夷继续与孔另境通信联系讨论出版事务,1939年2月15日楼适夷致信孔另境:

若君兄:

二月六日的信,收到已数日,因等待八期来,不料昨始运到。八期延误,还应归咎于我交稿之脱期,但不知九期会不会连带受影响。九期稿是上月二十日交与生活,应早带沪,马尔洛照片,与《人的希望》一文有关,八期即来不及,也不必排入九期。十期又有一文谈马之作品,可将照片排入十期。十期稿是于五日交生活的,交出后觉我一书评颇不妥,又另写了一篇,又八日有友人赴沪,曾托带一信交远东给兄,谅已收到。十期内无一篇论文,如望道先生译稿交来,请排入,而将王西彦之小说抽去。①

1939年3月20日,楼适夷在香港与许地山、欧阳予倩等留港文化人,在胜斯酒店举行文协香港分会的筹备会,证明楼适夷1939年3月仍在香港。

1940年4月17日,茅盾母亲陈爱珠病逝,茅盾夫妇和张仲实先生以此为借口离开新疆以避开盛世才的迫害,1940年5月5日乘飞机离开新疆抵兰州再转赴延安。1940年11月抵重庆,1941年3月底茅盾从重庆转桂林重返香港,在香港新创办的《华商报》上发表多篇文章,同年9月茅盾主编的《笔谈》半月刊在香港创刊。②

张仲实留在延安,开始在延安马列学院做翻译工作,翻译马列著作。1941年7月马列学院改组为中央研究院,张仲实任国际问题研究组组长,中华人民共和国

---

① 孔海珠;《孔另境传》,华文出版社,2020,第178-179页。
② 茅盾:《茅盾全集(附集)》,人民文学出版社,2001,第160页。

成立后参与中央编译局的创建，并任副局长，30多年从事马列主义经典著作翻译出版。①

第三节　夏衍香港书札——稿费养家

夏衍曾给于伶一封信札，述及稿费救急之请。如下：

> 来示敬悉一切，已为转达各位朋友矣，不过此地要人写东西亦甚困难，我于日内当写点来应数。
>
> 有一事相托，巴金是否在沪？如此，请为一询，弟散记集子约五六万字（《长途》），拟在文化出版，别无条件，只要能先支一部分版税供家用（能卖稿当然更好），此事在港时曾与他谈过，生活本要出，但我和他们闹了脾气，所以不愿意。我等你回信。望望在沪诸友。兰姐不另。谊是在渝有信数语来，亦甚忙。祝
>
> 安
>
> 弟　夏衍上②

这里"文化"指文化生活出版社，"生活"指生活书店，"兰姐"指演员蓝兰，"谊"指孙师毅，笔名为施谊。

于伶原名任锡圭，字禹成，江苏宜兴人，1923年夏考入在苏州的江苏省立第二中学，1927年在苏州开始参加话剧演出，1930年考入北平大学法学院俄文政治经济系，开始剧本创作，如《灯塔》《风嫂嫂》等。1933年赴上海，参加

---

① 张仲实：《张仲实文集》第3卷，中央编译出版社，2016，第232页。
② 夏衍：《夏衍全集》，浙江文艺出版社，2005，第3页。

"剧联"总盟工作。1941年3月16日离开上海赴香港。①

文化人中贫富悬殊,左翼文化人在香港参加抗战宣传者,许多过着清贫的生活,尽管他们才思敏捷,创作多产,但依然入不敷出。夏衍在香港沦陷前最后一次抵港,是1941年除夕夜离开桂林抵香港,和廖承志联系,与乔冠华合住九龙弥敦道二楼。从香港挂帆漂海向西抵台山登陆后,又转抵桂林与田汉、洪深共同创作《风雨归舟》,夏衍在1942年5月香港脱险后完成的作品《劫后拾遗》生动地刻画了香港战事发生前的城市社会生活和脱险经历。再转重庆,创作剧本依然与香港沦陷有关,即《法西斯细菌》,描写的是东京、上海、香港、桂林,时间是1931年秋至1942年春,于1942年夏在重庆完稿。

夏衍在香港于1941年10月22日致信王枋子(王健行),关心《救亡日报》旧同事的生活问题,给王枋子的信如下:

健行兄:

手示转辗于昨日才收到,惊悉秉佳兄噩耗,怅痛无似,在港同难诸友,也极哀悼;我兄能安抵桂林,深以为慰,疟疾已痊愈否?前闻任洪兄也染此病,回湘休养,未知已回桂否?甚念中,章洁兄仍在新亚长工作,如遇他,当可知诸旧友近况也。兄在桂之事如尚顺手,请暂留桂林休养,切勿过劳,如工作不颇适当,则请通知,此间老朋友甚多,总可谋得职业也。兹由中国银行汇奉国币二千元,请收作疗养之用,便时仍盼常常赐示为盼。老先生在乡间安适,可以勿念。即请时安

小兄实之上言

(1941)二十二②

信中"秉佳"指陈秉佳,为归侨,"任洪"指周任洪,与王健行一样都是

---

① 田本相、宋宝珍:《中国百年话剧史述》,辽宁教育出版社,2013,第322页。
② 夏衍:《夏衍全集》,浙江文艺出版社,2005,第9页。

《救亡日报》同人,"老先生"指杜国庠,"杨实之"是夏衍的化名。

夏衍一生发表文章和书信所用的笔名和别称甚多。1987年1月8日夏衍复信日本学者阿部幸夫告知自己原名:"'端轩',是我父母给我取的'字',即名'乃熙',字'端轩',后来我在写文章时改为'端先',这也不是'别号'。"1990年4月5日答陈梦熊的信函中写道:"林伯修的本名杜国庠,我抗战前夕才知道的,我用夏衍这个笔名,当时连周扬、于伶也不知道,地下党有一条纪律,相互之间除工作上的联系外,连住处也是保密的。"

1995年之前对书信收集,夏衍原来不主张将信札作为作者全集收录的内容,他认为书信的私密性使其不能公开,甚至他会叮嘱收信人"阅后付丙",同时有些信件是应酬性质的或者事务性的。最后编辑还是说服了夏衍,将部分信件收录全集中。后来经进一步征集,夏衍留世信件尚有300多封。① 根据历史文献、日记、信札等只字片语,综合有关抗战时期部分留港文化人通讯地址或住址如下。

抗战时期部分留港文化人通讯地址或住址

姓名	通讯地址或住址、业主信息	租住时间
夏衍	九龙弥敦道、香港山村道	1941年至年底
陈寅恪	九龙新福志村道11号三楼	1938年
	九龙山林道24号三楼	1939年
	九龙太子道369号二楼、三楼	1940年至1942年
茅盾	九龙太子道196号四楼	
冼玉清	香港般含道12号,澳门下环围1号	1938年至1941年
蔡元培	九龙柯士甸道156号	1938年至1940年
高士其	九龙雅前廊道12号,朋友提供	1938年至1942年
蔡楚生、陈曼云	九龙码头围道278号,原陈曼云住处	1940年至1942年

---

① 夏衍:《夏衍全集》,浙江文艺出版社,2005,"本卷说明"。

（续上表）

姓名	通讯地址或住址、业主信息	租住时间
柳亚子	九龙柯士甸道107号	1940年至1942年
俞颂华	九龙赞善里、永安街16号	
金仲华	香港湾仔峡道15号五楼	
许幸之	九龙南洋影片公司宿舍	
马思聪	九龙天文台道	
梁漱溟	九龙赞善里、香港西营广州知用中学小学部	1941年
胡风	九龙利源街67号四楼	

第四章 书札——离乱中的友情

第一节 书札中互助与关怀

陶行知寄往香港的信函

陶行知的教育思想影响着香港年轻人和教育界,1938年陶行知在港曾逗留数月,于1938年9月3日拜访蔡元培先生。

香港中华业余学校请求陶先生题词,1937年11月7日致函陶先生,陶先生题词为"奋斗是成功之父",并在1939年11月17日函复:

敬爱的"中业"诸同志:

　　接读十一月八日来信,已悉一切。你们大家在艰苦环境下奋斗的精神,真使人感动极了!本来失败是成功之母。单有母亲不能生子。成功之父亲为谁?吾友曾俊侯说:"奋斗是成功之父。"愿我们一同牢记着。

　　筹款事因江水太大,故改向港方友人代为筹款赞助,我意暂时努力民众教育,俟筹足款项,再行复校。谨此奉复。敬祝

　　康健!

　　陶行知启

　　十一月十七日[①]

1939年7月20日于重庆北碚草街子古圣寺成立育才学校,章泯受聘为戏剧组

---

① 陶行知:《陶行知全集》第8卷,四川教育出版社,2005,第510页。

主任，贺绿汀受聘为音乐组主任，陈烟桥受聘为绘画指导员。

陶先生自1923年至1946年的书信320封，部分早期信件曾于1929年在上海亚东图书馆出版了《知行书信》。至1933年2月，先后印行四次。

高士其先生在自传中写到，在香港生活的经济来源分三路。一路是宋庆龄在香港主持的保卫中国同盟提供，由廖梦醒负责送达。第二路来源是陶行知先生从重庆写信给他的香港友人李组坤和许世英等人。再有就是香港地下党员赖汉斯先生，他在香港九龙开了一家纺织厂和麻袋厂。高士其与赖汉斯、杨槐、范士奇，是在八路军驻香港办事处连贯同志领导下的党小组成员。[①]杨槐、范士奇均收到陶行知的来信，嘱咐特别要关照高士其。陶行知在上海时期，教高士其写科普文章，高士其在自传中写到他走上科普创作道路，是得到陶行知、李公朴、艾思奇的引导。1932年李公朴介绍教育家陶行知为高士其认识，在陶行知主办的儿童科学通讯学校里，高士其编过《儿童生理卫生手册》及通俗科学作品《两个小水鬼的写真》。

从20世纪30年代至40年代有多封寄往香港的友人有关信件，从侧面真实反映出陶行知的优秀品质。1940年1月22日陶行知致信杨槐"抢救高士其先生"，连续多封信均提及高士其先生的治病问题。

杨槐吾兄赐鉴：

顷奉大札，知高先生病重，殊出人意外。台端如此关怀高先生，弟甚表感谢。今日弟已拍电报给您，转致各友，此时想您该收到了。许俊仁先生、六河沟公司李组绅先生、妇女慰劳会何艾龄先生、中国银行戴志骞先生，均请吾兄前往接洽。如接洽款项不足，则把芬道二号王儒堂先生和大坑利群道十号杨德昭先生处，亦烦吾代陈，俾能集腋成裘，以恢复高先生之健康。

---

① 高士其：《高士其自传》，科学出版社，2015，第197页。

陶行知并请杨先生将在香港进展情况，随时告知，寄信地址：四川北碚中国科学社。

1月25日给许世美信强调为国家社会保此不可多得之人才。信中写道："四个月前，此间朋友筹得千元助其飞滇赴港求医，想长途辗转已经告罄，现在港诊治，病势危重，颇需社会人士援助！敝人前已拍电报给您，代为求援。惟恐电码有错，以致误事，故再将电文抄一份，飞函奉上，尚希鼎力援助，俾高先生早日迁入优良医院诊治，恢复健康，为国报效。"

"内地书荒——致杨槐、陈翰笙"是2月1日寄往香港的信：

杨槐、翰笙吾兄：

前闻涵真先生称道您之为人，钦佩之至！日前高士其先生承蒙亲切关怀，足见名不虚传。弟前有四箱西书，存业余学校图书馆，闻现在已迁到红磡明新学校内，不知确否？李秋生先生常去该校，或可知道底细。望吾兄代为查明着落，并为保管。如蒙俯允，至为感激。内地感觉书荒，有机会时，我想设法运来，或托飞机师朋友分批带来。涵真先生有这样的朋友，您知道否？倘有此种朋友，请给陈翰笙先生知道，彼处有我图书，亦想带来。

陶行知启

二月一日

同日又寄信给在香港的高士其先生：

士其吾兄：

别后久不见您来信，大家都很挂念！接元旦来信，甚为喜悦！其后接杨槐兄来信，则颇为忧虑。后接槐兄来函知已转危为安，至慰！甚望在港安心静疗，为学术珍重身体！暇时望能写一简信与卢子英兄，他甚念您。专此敬复，敬祝

康健!

陶行知

二月一日

1940年5月3日致函杨槐:"可喜士其病渐愈。"

奉读(杨槐)四月一日来书,敬悉一切。弟去渝一月,现在刚回来,迟复为歉。敝友高士其先生病体渐愈,殊为可喜!港方许俊仁、李组坤、杨德昭、戴志骞诸先生均有信来愿帮忙,请用寄来名片代表我前去请援,当可有办法。前托寄存之书籍,现在如何安置?尚希示之。专此拜托。敬祝

康健!

陶行知启

五月三日

陶行知先生在参加"昆明一二·一反内战烈士祭"前在私立育才学校用笺立下的遗嘱:

树琴:

我现在拿着昨晚编好的诗歌全集,去交给冯亦代先生出版,然后再到长安寺去祭昆明及内战被害烈士。也许我们不能再见面。这样的去是不会有痛苦,望你不要悲伤。你有决心,有虚心,有热心,望你参加普及教育运动,完成四万五千万人之启蒙大事,以奠定天下为公之基础,再给我一个报告。再见!

行

民国卅四年十二月九日[①]

[①] 陶行知:《行知书信集》,安徽人民出版社,1981,第369页。

1946年7月25日陶先生逝世，周恩来向中共中央发出电报，指出："十年来，陶先生一直跟着毛泽东同志为代表的党的正确路线走，是无保留追随党的党外布尔什维克。"

第二节　友情和引介书札

1　师友书信引介

1935年底陆侃如、冯沅君从巴黎留学回国抵北京，陆侃如受聘为燕京大学中文系主任，冯沅君受聘于天津河北女子师范学院。1937年7月抗日战争爆发，1938年初陆侃如、冯沅君离开北京赴安庆受聘于安徽大学，春天日军逼近安庆，陆先生夫妇不得不再流亡。秋天，从河内进入昆明。陆侃如、冯沅君夫妇于1938年9月10日写信给蔡元培，1938年9月26日蔡元培收到信，其时廖茂如办国立师范学院。27日蔡元培致函代求职位。蔡元培日记记有："得陆侃如、冯沅君夫妇十日函，属为介绍于廖茂如，因闻茂如将在重庆筹办国立师范学院也。"[①]

1938年，陆侃如受聘为中山大学师范学院中文系主任，又从昆明折回广州。冯沅君于1939年初受聘于搬到乐山的武汉大学。广州沦陷后，中山大学又迁到澄江，后武汉大学停课，1939年冯沅君到了澄江，任中山大学师范学院教授。1940年夏随迁至坪石管埠，陆侃如任师范学院教务长，他们夫妇俩为师范学院的正常运转起到重要作用，陆侃如对师范教育的育人目标是"专家"和"通人"兼备，大力倡导学术研究。

1937年5月，容肇祖任北京大学哲学系副教授，北京沦陷，随校南迁，在西南联大教书，一直到1940年初因需要动大手术才离开赴香港，进入香港大学办学的私立岭南大学国文系任教。1942年1月，容肇祖教授在香港沦陷后一个月

[①]　蔡元培著、王世儒编：《蔡元培日记》（下），北京大学出版社，2010，第578页。

乘轮船经过虎门到东莞脱险,带着剖腹产的婴儿逃到坪石,第三次进入国立中山大学任教。1942年11月17日,在坪石教书的容肇祖先生致函老师胡适先生:

适之先生:
　　敬维先生出使万里,功勋纪在国家;退处散闲,学术传于异域。今值五十晋一悬壶之辰,谨致期颐之祝:敬思动定得宜,寝兴多福,为颂。
　　肇祖去岁在香港,曾奉一函,并寄上拙著《明代思想史》一本,甚愿教正,赐以批评。肇祖自北平沦陷以后,迁湘迁滇,皆随母校北大流转。及二十九年在昆明结婚,继以内子将近生产,遂于这年暑假请假一年,回香港,改就岭南大学之聘。内子临产,竟需剖腹,幸在香港,医药较便,母子平安。去岁香港沦陷,逃回东莞家乡。今年三月就国立中山大学文学院之聘。思念北大母校,学术空气较浓,教学潜修,两多兴趣。先生提揭肇祖,也既有年,如与孟邻校长锡予先生通信时,甚望一为齿及,俾得回校服务,将来肇祖学问更有成就,也先生培植之力也!并以附陈,伏维,亮詧。
　　耑此,敬颂
　　学生　容肇祖敬上
　　十一月十七日①

《蔡元培日记》于1938年10月7日记载:"陈乐素来,言寅恪已到港,寓九龙塘。广州陈大年君搜罗古玉数十年,所藏甚富,近印《刚卯考》一小册,属乐素赠我一本。孙洪芬来,携示中基会函件。得藕舫函,言叔永可任总干事。报告浙江大学已陆续向宜山迁移。

"致毅侯函,托汇国币百元于昆明天文研究所,分赗李铭忠君及陈宗妫君。致王雪艇函,请任本院总干事。寄毅侯转致。

---

① 莞城图书馆编:《容肇祖全集》,齐鲁书社,2013,第4493页。

"致杭立武函,为高叔贺及沈敬仲事,并有致骝先一纸,也为敬仲推荐。致胡刚复、杨允中函,为请徐寄顾任中国科学社基会保管委员事。致求知读书社求字。"

1939年12月9日致函王云五:

云五先生大鉴:

　　近接罗韩青君函,属转询先生,是否尚有杂志可以登载研究学术工作,并寄来《左氏私学论考》自序一首。今将原函及自序一并奉览。应如何答复,候示。

　　专此,并颂

　　弟元培敬启

　　十二月九日①

再:"罗君现在云南澄江中山大学师范学院任教员。如先生愿与罗君直接函商,也甚好。"②同月12日,王云五复函言罗韩青著作无法收入杂志。

1942年4月1日陈寅恪致函陈君葆,引介张向天先生:

敬启者:

　　友人张向天先生前毕业于清华大学国文学系,品学兼优。复在港曾任民生学校教员,经验颇富。近日失业,生计窘乏,闻贵图书馆现正整理书籍,张先生若承遴任以充整理之一,必能胜任愉快。特此介绍。即希鉴酌任用是幸!

　　君葆先生　撰祺

---

① 蔡元培著、王世儒编:《蔡元培日记》(下),北京大学出版社,2010,第580页。
② 高平叔编:《蔡元培全集》第七卷,中华书局,1989,第257页。

弟陈寅恪敬启

四月一日[1]

《陈君葆日记全集》1942年4月1日记有:"陈寅恪先生介绍张向天欲在图谋一席。"日记中的"图"即是香港大学冯平山图书馆。

2 英军服务团的"介绍信"

英军服务团的创建人、原香港大学生理学教授赖廉士,于1942年在东江游击队帮助下脱险抵曲江,四个月后成立"英军服务团",经过不断协调,终于得到英国、国共双方批准成为正式组织,英文缩写为BAAG。他生前留下香港沦陷后逃离集中营回到中国内地的历史文献,其子赖翼文整理父亲遗留的文稿和档案,于1981年由牛津大学出版社出版专著《英军服务团与香港抵抗运动1942—1945》。书中有一封特殊的信函,是1942年7月刚成立的英军服务团负责人赖廉士先生,为代号No. 50的情报员郑根写给英国驻澳门领事里夫斯(J.P. Reeves)的引介信,信札内容如下:

致英国驻澳门领事:

我亲爱的里夫斯,我已被任命为英国大使馆武官到华南工作,我的其中一个目的是与你取得联系。你可以相信信使,William Chong先生(他通常用比尔的名字回复)明确表示你可以通过他将任何通信送至重庆。(应要求,他会向你出示我的另一张便条,以确定他的身份。)你给他的东西都会转交给我,剩下的我来处理。Chong被指示在澳门和桂林之间建立一项长期服务,你可以给予他的任何帮助都是无价的。你可能已经知道Wright和McCaskie的队伍都安全通过了。后者被派来为我工作,我也遇到了很大的

---

[1] 陈君葆著,刘秀莲、谢荣滚主编:《陈君葆全集·书信集》,广东人民出版社,2018,第575页。

困难。这事已传达给重庆。如果他们同意，我们将尝试通过我的组织与你联系，你更清楚你希望发送的内容类型。他一回来，我们就可以将你的建议付诸实施。

祝这次联系成功

L.T.R.

〔许翔译自：Edwin Ride, *British Army Aid Group Hong Kong Resistance 1942—1945* (Hong Kong: Oxford University Press, 1981)〕

这封信札是一封十分具有历史价值的引介信，澳门在香港沦陷时因葡萄牙政府官方处于中立地位，成为逃亡的第一跳板。迅速与英国驻葡萄牙领事取得联系，是英军服务团运转开始的重要一步。持信人郑根是加拿大籍华人，有时也称比尔，其在加拿大退伍军人事务部留存的英军服务团证明上用中文写着"郑根"，出生于1911年，2006年在加拿大逝世，时年95岁。郑根是出生于温哥华的华人，在温哥华打工，当佣人和厨师。当时是因父亲在广州去世，他从加拿大回广州处理父亲去世后的遗产问题，去香港看望妹妹并办遗产手续，没有想到办理时间长，1941年底香港沦陷，被困香港，目睹了日军的暴行。脱险后他加入了英军服务团，参与英军战俘和情报工作，代号为No.50。

英军服务团随着郑根从香港偷渡澳门冒险之行成功，在英国驻澳门领事馆内设立联络站，澳门新通道对从香港通往内地发挥了关键桥梁作用。除了澳门，英军服务团在三年多的时间内，在香港"新界"、西贡、曲江、四会、惠州、清远、桂林等均设置联络站，与东江游击队密切合作，开展富有成效的工作。

赖廉士在香港被俘后被关在集中营，逃

图20　1943年的郑根先生

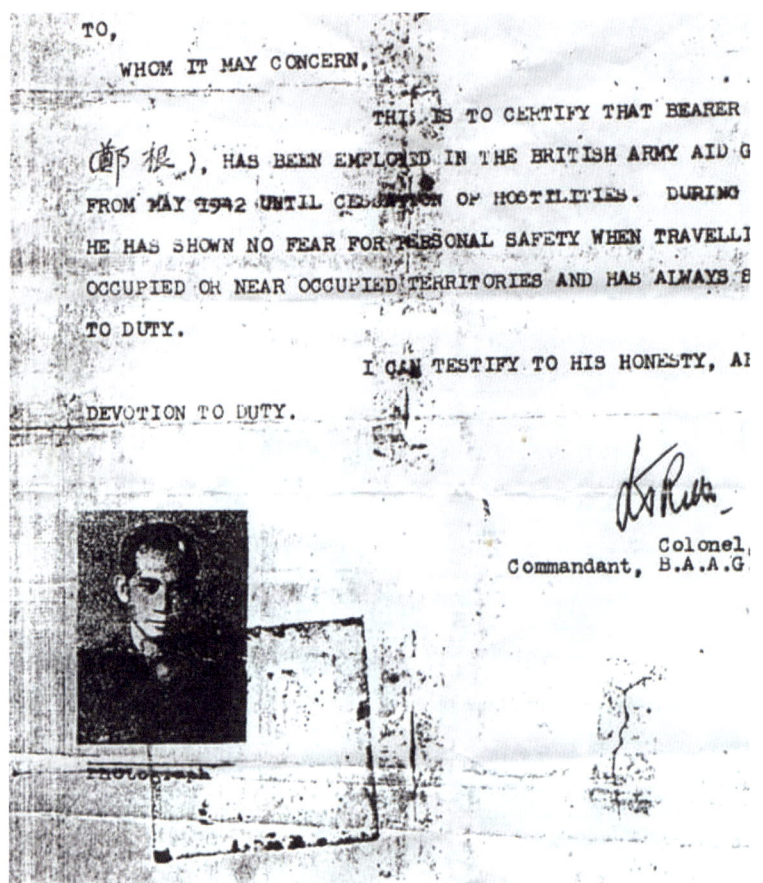

图21 郑根先生的"英军服务团"证明

离后在东江游击队的帮助下偷渡大鹏湾脱险。与各方沟通，克服各种困难，在曲江建立了"英军服务团"，营救被日军关押的英军战俘及为英国情报机关收集情报服务，获得东江游击队有力支持。黄作梅也是重要成员之一，代号是No. 99。黄作梅1916年出生于香港，曾就读香港皇仁书院并留学英国。当时与他共事的东江游击队国际小组还有谭干、江群好、郑隆、林展等，在九龙深水埗设立联络站。

1942年在东江游击队中队控制区，脱险后的香港汇丰银行高级职员芬恩维克和摩利逊留下信函给东江游击队，信函写道：

> 我们经过方先生的地区时，蒙他优厚的款待和说明，特此致谢。我们抵达目的地后，一定报告当局。
> 芬恩维克　摩利逊（签名）　1942年10月19日

前方护送接应的英军服务团情报员也是数名华人情报员。华人曾玉商（Jose Tsang Yiu Sang），代号No. 19；华人罗行水（Lo Hung Sui），代号No. 64；华人曾德（Tsang Tak），代号No. 48等提供帮助。东江游击队在第二天，即10月20日护送他们经过大鹏湾，在沙鱼涌安全登陆。①

3　尺牍诗书

1949年3月27日，舞蹈家戴爱莲致信柳亚子："亚子先生：收到你的诗非常的开心，我记得结婚的时候，你也曾送过我一首诗，可惜日本人打来的时候，我的全部东西都在香港丢了，你送我的诗也丢了，现在我又有了，很高兴！并且谢谢你。戴爱莲三月二十八日。"

该诗为3月27日柳亚子作的《观戴爱莲女士舞蹈表演有赠，即送其出国赴巴黎世界和平大会》，诗云：

> 南溟嘉礼曾参我，北地风光又遇君。
> 仪态万方四纭舞，和平一族女儿军。
> 门墙桃李春风暖，歌唱人民国运新。
> 初向巴黎寻战垒，一樽先醉自由神。

---

① 莫世祥、陈红：《日落香江：香港对日作战纪实》，广东人民出版社，2015，第167页。

柳亚子当晚观看戴爱莲演出后回家有感即写成此诗,第二天戴爱莲即刻复信致谢。①

戴爱莲颇念旧,回忆起香港沦陷前岁月,1941年1月20日在香港柳亚子特为他们婚礼所作的《贺浅予、爱莲举行婚礼》诗作,诗云:

叶子驰名漫画家,戴娘舞蹈韵尤赊。
欣看此日成连理,带砺炎黄卫我华。

詹安泰在坪石一直保持与陈中凡老师通信,1942年2月致信陈中凡道:

湘北屡传警讯,意颇幽郁,遂成长句,奉寄斠玄夫子赐正:

危疑消息露风梢,不道重山复水遥。夏变雨晴天莫测,多生哀怨句谁骄。首残短焰余荒屋,响答霜钟起夜潮。真欲缄书寄乡里,横冈了了见春苗。

地僻常时还节物,山深犹自啼忧嗟。离群盘岭艰羸马,乱日呼天只暮鸦。削稿可堪尊左袵,望台终古筑长沙。卿持气运与人赌,苦栋当门正发芽。②

吴三立先生与陈中凡先生书信来往也颇繁,唱和书札中,陈先生对师友颇为关注。

---

① 张明观:《柳亚子史料札记二集》,上海人民出版社,2014,第227页。
② 詹安泰:《詹安泰全集6》,上海古籍出版社,2011,第401页。

第三节 烽火中惦念的亲情

梁漱溟先生在香港给儿子的书札,体现了梁先生刚毅性格的另一面——细腻的父爱之情。1941年梁先生寄函宽、恕两儿,信札内容如下:

宽恕两儿:

恕儿18日寄桂林一函已经转来港地。你的眼病可请富先生或黄先生写一信去问一问王大夫,看他有何方法没有。亦可以请道宗写一信问陈校长,是否需要吃中国药。

你来信说要购买的东西,因为不能邮寄,只有等得我回去时再说。然而我回去是不能定时间的。恐怕还远呢!

我上次的信问你们的话都应当答复我。宽儿于星期日有暇应当写信。

余不尽。

父手字 5月28日

香港纪念邮票(二角五分)是我寄给恕的。

信中的"富先生"指的是富自生,"黄先生"指的是黄艮庸,时任教于勉仁中学。"陈校长"即陈亚三先生。黄艮庸是梁漱溟在北京大学哲学系任教时的学生,也是梁漱溟在广州广雅中学任校长时的得力助手,后任广州广雅中学校长。黄艮庸的夫人是梁漱溟的侄女梁培昭。梁漱溟的两个儿子是梁培宽、梁培恕。

梁先生筹建勉仁中学,计划假期全家于江津白沙黑石的聚奎中学旁,赁草房两间,共度暑假。1940年5月29日移居江津白沙聚奎中学。筹办勉仁中学时梁先生来往于重庆与白沙之间。与梁漱溟先生已经有二十年友谊的熊十力先生,1940年秋也进入勉仁中学教书。

梁先生于1942年2月20日又致信儿子：

宽恕两儿：

  兹因张先生赴渝之便，顺道到北京看你们。关于我在香港我出香港的事情，问张先生便知。不赘。我在贵县写给你们的信收到否？何以不见你们有信来呢？我甚焦盼也。自来水笔一支是香港带来的，但并不甚好，经予恕儿用。前给宽的笔，虽是旧的，却是好笔。还没有失掉罢。余不尽。

  父手字　2月20夜

信中"张先生"指张云川先生，是1941年梁漱溟在香港办《光明报》的最重要合作者之一。1942年1月11日他从香港偷渡九龙，由东江游击队营救脱险。

从香港秘密偷渡到台山都斛脱险抵桂林后，从1942年至1944年，梁漱溟先生有多封家书寄给儿子。在寄给儿子的信中，从儿子回信的文字表达方式、学费、祭拜母亲的仪式到儿子的婚礼，甚至自己写的《我的自学小史》，梁先生均详尽述及。

冼玉清于1943年2月26日在粤北写信给在香港的陈君葆，落款是"寄自曲江岭大村"。信中云："……令嫒云玉肄业于此间，常有见面。此女对我依依，我也以侄女之谊相待，食饼一个，可分半边，煲汤半盂，亦分一碗，穷乡僻壤之中，无客气少言也。""云玉在注册处打字，每日工作二小时，月薪一百二元，既不阻碍读书，亦可弥补杂费，请纾远念……"[①]从中可以了解到陈君葆先生在香港大学留守搬运图书无奈之情形，获得内心安慰的是女儿陈云玉从澳门辗转到曲江大村私立岭南大学读书，冼玉清照料她。

1942年2月20日冼玉清在澳门曾寄陈君葆一信，落款是"冼玉清寄自澳下环

---

① 陈君葆著，刘秀莲、谢荣滚主编：《陈君葆全集·书信集》，广东人民出版社，2018，第584页。

围一号"。信中谈到返澳门拜访了陈君葆夫人："夫人谓诸孩到澳后，因转换空气，不须劳心读书，又有运动，故比在港好很多。"在奔赴粤北途中经过桂林，梁漱溟先生得知后专门看望她叙旧。在粤北，冼玉清完成了《流离百咏》诗稿，油印后专门寄给陈君葆先生，"请君葆吾兄吟正"。《陈君葆日记全集》在1942年刊载的是6月之后的日记，1942年7月9日日记记录在香港接到女儿云玉3日写的信，报告家中平安，发出家书抵万金的感慨。

陈君葆与冼玉清保持通信一直延续至1965年7月15日。冼玉清先生赴港后，写信约陈君葆与许地山夫人周俟松一起到青山道清凉法苑用餐。

第五章　海外飞鸿

第一节　来自南洋的呼唤

郁达夫在南洋致戴望舒信札有数封。1939年3月4日来函刊载于香港《星岛日报》副刊《星座》，编者删除了个别字眼，原信如下：

望舒兄：

　　自从前次发信以后，到现在又将一个月了吧。文虎先生，这时候已在归星的途中，大约再过三两天，就可以看到他的慈和的笑容了。我们这里因为**有大举南侵的谣言，当地政府，也在弯弓盘马，充实军备；马来半岛北部的重镇槟城，调驻了大兵。岛上居民，在预备积贮粮食，防空演习的灯火管制，前日已施行了一次，本月十六日，更将大规模地举行。约翰-婆儿究竟是在滑铁卢献过身手的好汉，抗议不成，自然要诉之于直接有效的方法。抵制劣货，恐怕在最近就要见诸施行。①

　　在信中郁达夫还谈到文艺半月刊的出版计划，邀请戴望舒帮助提供稿件和译作供使用，同时也转请杜衡帮忙。信中对犹太人给予关切，自己正在翻译伦敦《美考利》，准备出版德国流亡作家的文学作品。

1939年3月13日香港《星岛日报》副刊《星座》第217期登出来信，发表时题为《星州来鸿》。

---

① 陈建新主编：《郁达夫全集·第六卷：书信》，浙江大学出版社，1987，第189页。

郁达夫与戴望舒1940年另一信涉"王女士已与弟协议离婚"私事，没有登出。

郁达夫1939年2月2日致信戴平万，发表在1939年2月15日《申报·自由谈》上。发表时题为《南方来的消息》，并有附言："借《自由谈》一角披露出来，可以做一海内外联系线。"编者附言请戴平万君以及孤岛各同人注意。

该信写道："戴平万君：自经洪灵菲君殉国以后，我们非但没有了见面的机会，就是大家的住处也不甚晓得。我的行动，或者你还可以由友人处传听到一二，但关于你的行动呢，我简直一向就没有探听到过。最近，自武汉退出，先到长沙、南昌，后来和沫若他们分手，他们到了重庆，我更由福州而香港，而到了南洋的新加坡。

"南洋的侨胞，个个都热忱为国，看他们的那一种热情，那一种肯牺牲的精神，真要使人下泪。所可惜的，是一般风气未开，知识灌输，还不能普遍，所以他们只知道盲目地爱国，拼命地牺牲。若使他们能更多一点知识，更有一番组织，则抗战的础石，就可以由南洋的侨胞团体筑起来。"

郁达夫信中谈到，他邀稿在香港托楼适夷、戴望舒，新疆托茅盾，延安托成仿吾，重庆托郭沫若。上海方面没有托人，仅托戴平万多为收集些稿子寄过来，有必要时，郁达夫可以提供一些稿子和材料。信中谈到稿费问题，自己想为上海孤岛文化人做一个沟通两地的"掮客"。

为什么没有戴平万的消息呢？1933年至1934年组织派遣戴平万秘密进入哈尔滨领导抗日宣传，返沪后过着一段隐居的写作生活，上海沦陷后，参与上海临时中央文化工作委员会（简称"文委"）领导抗战宣传工作。1939年7月，戴平万等在上海的26名作家在《文艺长城》第3期《上海文艺界同人给南洋华侨文艺界的一封信》签名，对抗日宣传活动予以支持。1939年《文艺长城》第8期刊登《南洋华侨文艺界同人敬复上海文艺界的一封公开信》。上海沦陷后成为"孤岛"，戴平万坚持与"文委"留守上海文艺抗战，1941年11月才按照中共党组织安排到了苏北根据地。

岭南的记忆

第二节　中苏文化人的通信运动

马思聪创作的《第二弦乐四重奏》是广州沦陷后在香港完成的。1939年6月12日马思聪在香港完成文章《我怎样作抗战歌》，时马思聪来往香港与重庆两地。1941年马思聪响应中苏文化协会号召的通信运动，致函苏联音乐家地纳埃夫斯基（也译杜纳耶夫斯基）：

亲爱的地纳埃夫斯基Dunayevsky：
　　关于中苏文化协会所发起的（中苏）通信运动，给了我这可欣喜的机会和你通信，我觉得非常荣幸。
　　我对于贵国的文化，在很久之前便深感到浓厚的兴趣，尤其是在社会主义革命中诞生生长起来的新文化。
　　目前我们中国正在和日本帝国主义做着坚强的斗争，其艰苦的情形，正和你们在二十年前相似，我们一些文化工作者，都为争取胜利流着血汗，因此对于你们在过去所获得的宝贵的斗争经验，和现在的美好的建设，更迫切地感到需要深入了解了。

在信中马思聪提议，苏联作曲家将部分作品赠中国，马思聪将指挥中华交响乐团演奏其作品，马思聪自己的作品将转赠苏联对外文化委员会。[①]该信刊登于《中苏文化》1941年第八卷第5期。地纳埃夫斯基是苏联著名的作曲家，早期在轻歌剧领域创作成就突出，后期在电影音乐方面取得巨大成功，《红莓花开》就是他创作的电影歌曲，惜1955年早逝。

马思聪同时写信给五位苏联作曲家，《中苏文化》同期杂志也刊登苏联作曲家马良·郭凡尔致马思聪书札，信中写道："思聪先生伟鉴：捧读大函，私

[①] 马思聪：《居高声自远》，百花文艺出版社，2008，第152页。

心欣幸。苏联作曲家，对中国民众之英勇奋斗莫不同情，对于中国之优美文化尤感兴趣，修函奉复，并附寄乐谱，深盼中苏音乐最近成立之联系，得以日渐发展。鄙人愿知者甚多，如：贵国是否有音乐会等之组织，作曲家之创作，有何特质，如何征集及整理中国之民间歌曲，其对于声乐与乐器方面有何造就，如蒙赐教，俾得对于中国音乐多一层认识，实深感慰！候接到惠赐乐谱之后，自当略谈鄙人意见焉。"信中谈到自己在莫斯科曾有幸欣赏梅兰芳演出，对中国传统艺术产生浓厚兴趣，最近正在创作一部关于俄国18世纪农民起义领袖普加乔夫的合唱作品。落款时间是"1940年10月23日，莫斯科"。[①]

第三节 "韬"在香港致读者的复信

1941年5月17日邹韬奋在香港复办了《大众生活》。邹先生保持《生活》杂志的传统作风，回答读者来信登于《大众生活》杂志上。读者来信既有来自香港本土读者的，也有来自东南亚读者的，邹韬奋先生都认真做了详答。

1941年11月8日香港《大众生活》新26号，答香港读者署名"韬"，答复如下：

本港龙川先生：

你们有几位朋友因热心学习世界语，发动筹备一世界语的戏剧演出，你也是演员之一，已筹备了一些时候，以应本年十二月世界语导师柴门霍夫的诞辰纪念。现在中途忽有几位共同参加的朋友动摇起来，引起你的焦虑。我们不知道他们所以动摇消极的原因何在。是否遇着什么困难？倘若没有困难，为什么动摇消极？倘有困难，要他们不动摇消极，恐怕要从解决困难着手，才能增加他们的勇气。我们对于世界语没有什么研究，对于你们的实际环境更是隔膜，希望你们能从实际的情形加以考虑。

---

① 《中苏文化》1941年第八卷第5期。

1941年11月29日同样署名"韬"答复苏门答腊读者来信：

苏门答腊张卓民先生，承你诚恳鼓励我们的信收到了，首先要对你致最诚挚的感谢。我们都是精神上的好朋友，你以"老师"见称，实在不敢当，以后来信，请改为朋友通常的称呼。你和许多侨胞对于国事极端关切，来信对于国内的政治实况，说来如数家珍……

邹韬奋在生命最后的未完成著作《患难余生记》中写道："因此我们在规模还很小的时候，和海内外的读者信札往返就很繁多。我每天必须抽出一部分时间来阅看各处读者来的数百封信，有的提出这个问题来商量，有的提出那个问题要调查；有的托买这件东西，有的托买那件东西；形形色色，极五花八门之观。我们对每一封信都用赤诚来处理，只需在力量上能做得更周到更满意一点，必要做到那样的地步而后肯休，而后肯甘心。"①

离乱时期留守南方粤北、香港的文化人与内地友人的书札，真实地反映特殊时期这批戏剧家、文学家、史学家、教育家、社会活动家的精神世界和心境，文化脊梁的坚挺是民族不灭的要义。透过硝烟读这些年代久远的书信，有的在档案馆沉睡80余年，依然令人肃然起敬，书信自然有人情世故，文化人也未能免俗，但爱国情怀从笔尖直透岁月。信札中的南北文化通融意境，已经凝固在岭南的万水千山。

谨以此文暂作为华南教育历史研究和文化人香港脱险研究的阶段性补遗。

向爱国先师顿首！

完稿于2022年2月20日

---

① 韬奋基金会、上海韬奋纪念馆编：《韬奋全集（增补本）》14，上海人民出版社，2015，第893页。

南岭何在?

南岭自然科学和人文科学历史文献研读

第一章　南岭近代自然资源调查和研究
第二章　土壤与水资源
第三章　两广地质调查所
第四章　语史所、史语所与瑶语
第五章　战火中的五岭内外田野调查和研究

南岭何在？
——南岭自然科学和人文科学历史文献研读

南岭地区的自然资源和人类学、民俗学等学科调查自20世纪20年代开始展开，一直延续至今。广东省林业局、广东省立中山图书馆合作编著的《南岭国家公园拟建区域自然资料史料汇编》为南岭自然科学与人文科学研究史提供了扎实的基础，因在尚未成书前翻阅其中部分文章，遂有研读笔记。

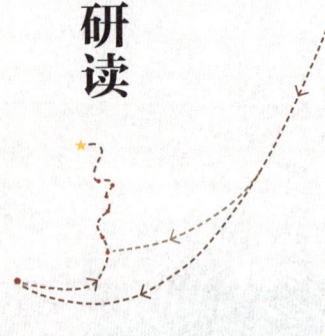

第一章　南岭近代自然资源调查和研究

第一节　穿越南岭的铁路与从南岭而下的河流

南岭近代自然资源调查和研究的缘由分为内外两个因素。外部积极因素是20世纪初穿越南岭的粤汉铁路和广州至香港的广九铁路，铁路的修筑在建设上需要地质、勘探等自然科学和工程学知识支撑，同时，也为从香港进入粤北地区开展采集标本等田野调查提供便利。而内部因素，从南岭而下的河流引发的洪水灾害，客观上促使这一地区水利、林业等自然科学发展。内外因素一起形成的牵引和推动，打开了南岭地区近代自然资源调查和研究的大门。

1914年3月21日，粤海关总税务司梅乐和呈报了由叶凤怡、刘宗唐撰述的1913年报告，报告写道："广九铁路在华界段内者，本年并无新筑路线。至该路所拟于本城之北与粤汉铁路接轨一事，现正筹议，尚未进行。""广九干路本年搭客共200万人，内有40万人系由九龙直来省城及由省城直往九龙者。"报告中还提及"由港附轮来省者，共1129482人，由省附轮往港澳两处者，共1157482人，每日扯计来往之数，约6500人"。

冯景兰在《两广地质矿产概要》一文提道："两广地质及矿产，少有人研究。实地观察，尚不充足，所以现在不能解读的问题甚多。"文中大部分内容从广九铁路各车站的砂岩页岩分析入手，提出地质有关问题。冯先生与张会若在两广地质调查所年报第一号（1927—1928）合撰了《广东粤汉铁路沿线地质》。两广地质调查所于1927年10月调查广九铁路沿线及香港地质；1927年12月，调查曲江、仁化、始兴、南雄等县地质；1928年，派出张会若、朱翔声两位地质工作者，调查粤汉铁路两侧英德和翁源两县的矿藏情况。1928年3月

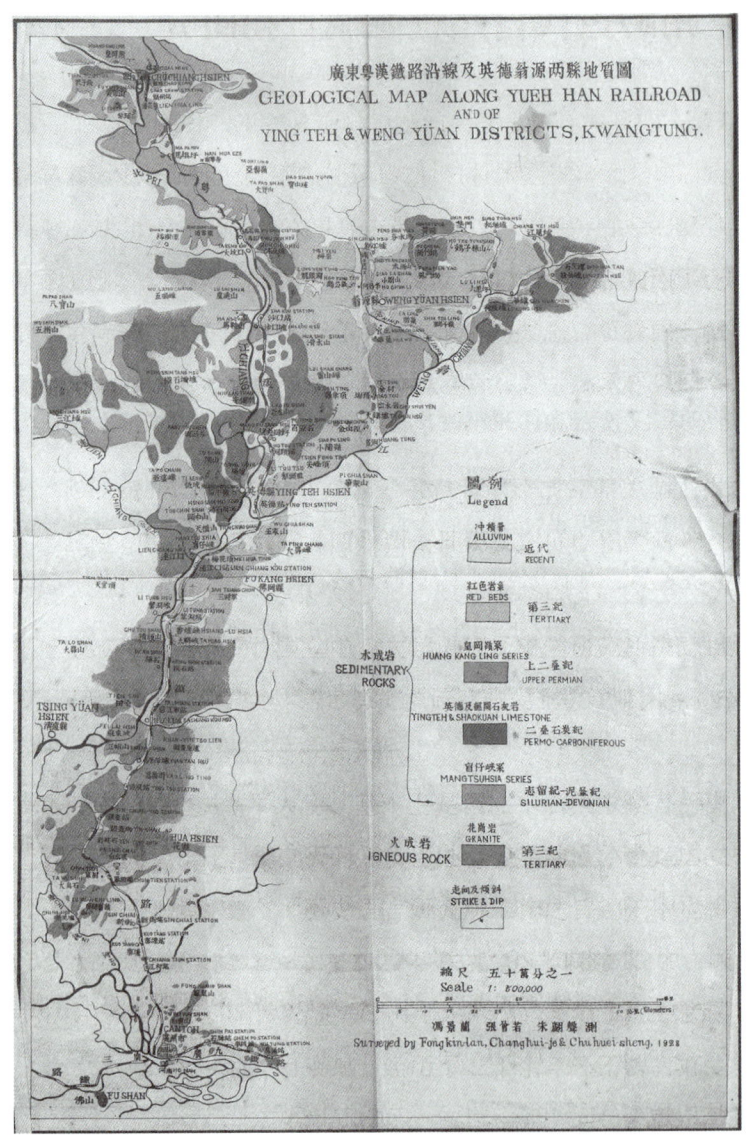

图1 两广地质调查所于1928年制作的《广东粤汉铁路沿线及英德翁源两县地质图》（引自广东省林业局、广东省立中山图书馆合作编著的《南岭国家公园拟建区域自然资料史料汇编》）

17日，两位地质工作者从广州出发乘粤汉铁路火车当晚直抵粤北韶关英德，调查半个月后获得翁源和英德矿藏的基本情况，于4月2日返回广州。随后，冯景兰、张会若、朱翙声合作编制了比例为1∶50万的粤汉铁路沿线及英德和翁源两县地质图，中英文对照。

从南岭而下的河流，因洪水暴发带来的危害，大规模的山地开荒垦殖、珠江三角洲围塘造地导致的河道不畅，引发当地政府和民众对现代水利建设的迫切需求。从自然科学意义而言，水资源调控、测量的准确性，流域系统的概念促进科学研究的深入。

1914年6月，广东省发生水灾，广九铁路停运两周。"民国四年空前水灾，北平政府应粤人之请求成立广东治河督办处，为广东水利有统筹机构之始"，全流域防洪和森林保护成为南岭之南地区迫在眉睫的大事。1915年，各条江的水位，成为日后防洪计划的参考标准。1915年3月21日，由粤海关总税务司梅乐和呈报司书张铭镛、崇耀撰述的报告，对此次水患留下记载："本年6月间，西、北江，水潦为灾，丧失人命，损坏财产，不知凡几。丞应注意设法治河，以期杜绝水患。其水灾区，业经大略查勘，如欲举办治河，除筹款之外，似也别无难事。西江两岸低下地方，经有泥筑基围防护，但基围式样尚未合法。西江河道，须得学有专门者，妥为测量，管理一切，并宽以时日，调查情形，然后管理维持，始能得力。或谓于梧州以上多山地方，广植林木，实于防备水患，大有裨益，且也省费。"①是年，粤汉铁路已经修筑至英德。

1914年，谭学衡先生奉命督办广东治河事宜，1915年，成立督办广东治河事宜处，简称"广东治河处"，时邀请瑞典工程师、工程少校柯维廉为总工程师，参加测绘调查的还有数名欧洲工程师，也包括从粤汉铁路公司借用的中国工程师。调查队分多路考察广东各江河水患情况，于1915年完成第一期西江实

---

① 广州市地方志编纂委员会办公室、广州海关志编纂委员会：《近代广州口岸经济社会概况——粤海关报告汇集》，暨南大学出版社，1995，第557页。

测报告，同时开始编制广州进出口水道改造计划。权衡之下，广东治河处决定以江河防洪为先。1916年，调查队完成西江测量后，柯维廉工程师奉令继续测量东江、北江水道，1917年完成后将测量图和数据送内务部备案。其中，调查人员在绘制部分测量图时已经开始思考全流域的系统治理。时称"北江水系图"实际就是整个北江流域的防洪图，绘制水系范围已经延伸到湖南省、广西省和江西省。广东治河处随后在1920年至1925年间共设置了26个雨量观测站，包括北江6个站、西江17个站、东江3个站。观测站的设置已经跨越省界，西江上游所在的广西省就设了16个站，其中部分水文站为粤海关所设[1]。广东治河处逐步掌握了定量的水资源数据。1929年9月广东治河事宜处改名为广东治河委员会，仍然负责河道整治工作。

第二节 李希霍芬先生们：欧洲学者对粤北的研究

18世纪，广州成为海上丝绸之路的重要港口，各国商人和传教士通过大帆船从黄埔港将中国植物引入欧洲。其中，石竹和翠菊因为耐寒性强，成为最早被引入欧洲园林的两大植物品种[2]。到了19世纪，欧洲人从遥远的中国带回植物标本和种子，还有古化石。费迪南德·冯·李希霍芬作为当时研究中国地理学的最重要的欧洲地质学家之一，以当时已成为贸易中心的上海为基地，分期、分线路赴中国内地开展调查。

陈国达撰写的《广东之红色岩系》，刊载于《国立北平研究院院务汇报》第六卷第1期，文中提及："1870年，德地质学家李希霍芬（Ferdinand Von Richthofen）自广州，赴湖南，取道北江，沿途调查，所得结果，见所著

---

[1] 广东治河处：《广东治河处工程报告书 民国十五年 第7期》，1926年。
[2] 简·基尔帕特里克：《异域盛放：倾靡欧洲的中国植物》，俞蘅译，南方日报出版社，2011，第75页。

'China'书中。"李希霍芬旅行至粤北时，对红色岩系（Red Bed）地质特别关注，称其为砂岩。①

吴尚时在《华南弧》一文中以美国地质学者拉斐尔·庞培里来华的考察为开篇："我国南方东半部山脉之排列，自Pumpelly氏（见Raphael Pumpelly: *Geological researches in China, Mongolia, and Japan during the years 1862—1865*）来华考察以后，中外地学界人士，相率以SW-NE为其规范，向东南方稍突出成弧，与浙、闽、粤之海岸线平行，且咸随Pumpelly氏而呼为'震旦走向'（Sinian Direction）。"

1944年，陈国达发表的《江西大羽羊齿植物群之分布及其在乐平盆地之发现》论文中，再次提及李希霍芬在湖南耒阳县发现大羽羊齿植物。

李希霍芬曾就读于德国柏林大学，毕业后参加阿尔卑斯山地质的调查及报告编写。1860年参加过远东的地质调查，1863年曾赴美国加利福尼亚州探矿。1868年9月，李希霍芬以形成若干篇英文调查报告为条件，得到了由加利福尼亚银行和上海欧美商会资助去往中国的机会。他多次从上海出发，考察中国各地，调查范围达十余个省份。1872年，李希霍芬结束中国之旅后，开始编撰有关中国地质地貌的报告，内容涉及社会、经济、矿产、交通等方面，这在当时均具有很高的商业价值。1903年，他在上海以英文发表*Baron Richthofen's Letters, 1870—1872*，其中在1870年2月20日至26日的信中，述及其自1870年1月1日离开广州，从北江抵韶州府②。返回德国后，他陆续出版了包括《中国——亲身旅行的成果和以之为根据的研究》在内的若干著作。其中，《中国——亲身旅行的成果和以之为根据的研究》第四、五卷是古生物学家研究李希霍芬寄回

---

① 陈国达：《广东之红色岩系》，载《国立北平研究院院务汇报》，1935年第六卷第1期。

② Ferdinand Von Richthofen, *Baron Richthofen's Letters, 1870—1872*（Shanghai: North-China Herald Office, 1903）, p.1.

国或者带回国的成果①。李希霍芬在德国多所大学任教,讲授的重要课程之一是"中国地质地理"。他是最早研究中国地理的欧洲地理学家之一。②

拉斐尔·庞培里出生在美国纽约附近的奥韦戈（Owego）。1859年,毕业于德国萨克森州的弗赖堡皇家矿业学院。返回美国后,在美国亚利桑那州一家银矿公司工作。1861年,到日本为日本政府和商业公司工作。1861年至1864年,在亚洲旅行并探矿,在中国期间的工作内容主要是在长江勘探煤田。亚洲之行促成其若干具有世界影响意义的亚洲地理学著作诞生。*Geological researches in China, Mongolia, and Japan during the years 1862—1865*就是其代表作。

任国荣在1931年发表于《科学月刊》第三卷第5期的论文《我国黄莺属Oriolus各亚种之地理分布》,述及德国学者梅尔（Mell）早期在粤北采集鸟类标本的活动:"1917年5月9日,德国学者梅尔于广东北江得一雌鸟,德国柏林博物馆鸟类专家Stresemann博士用梅尔命名该鸟为Melliannus,即银莺,该鸟主要分布于北江、广东广西猺山。"

关于粤北瑶山调查,曾住在乐昌的德国传教士弗雷德里希·威廉勒斯尼尔（F. W. Leuschner）在1910年至1911年两年间3次进入瑶山考察,著有《中国南方之猺子》一文。

第三节　香港植物公园、标本与田野调查

香港植物公园（现香港动植物园）始建于1861年,1912年出版的《广东及香港植物志》,记载广东植物155科、1008属、2862种③。香港植物公园与国立

---

① 中国古生物学会:《中国古生物学学科史》,中国科学技术出版社,2015,第42页。

② http://www.scihi.org/ferdinand-freiherr-von-richthofen-silk-road.

③ 《农声》月刊1932年第166—167期,第172页。

中山大学农学院农林植物研究所联系紧密。

1928年秋，国立中山大学农学院设立植物研究室，陈焕镛任主任同时兼广州市政厅广州市立动植物委员会委员。1930年4月，植物研究室更名为农林植物研究所。陈焕镛在1932年中山大学年报发表的《植物研究所报告》述及本所的设立事宜。

农林植物研究所以"调查广东植物分布状况为唯一职志"，"凡由广东采得之标本，单独储存。以供研究广东植物参考之便利，而其他各省以及外国之标本，则另行储存"①。为此，农林植物研究所特别重视采集队，特将其独立出来，未划入标本室。另外，《植物研究所报告》还提及采集次数多、采集标本数量多的目的地：北江，共采集13次，得标本4926号；连阳，采集1次，得标本353号；香港，采集次数最多，共18次，采得标本3406号。陈焕镛解释赴港次数多的原因，一是香港为原种标本产生集中之地，二是香港植物丰富，三是香港交通便利，四是香港不受政潮影响。在香港采集期间，采集队还得到了香港植物公园主任基伦的协助。报告还特别指出，如北江的龙头山、滑水山、温塘山，以及湘粤里邻的瑶山，森林极为丰富，每地初次采集的成绩，均甚美满，故本所认为此数地极有采集的价值。例如，1927年，陈焕镛到北江采集标本，采集时间24天，获得标本524号；1928年1月和3月黄季庄、蒋英分别进入云浮、英德采集标本，获得标本289号、42号；1930年8月2日至8月17日，左景烈带领国立中山大学农学院学生7人，前往英德县温塘山作野外实习，共采集标本396号。1930年10月，连阳化瑶局因筹划建立瑶山农场林区，特邀请左景烈、高锡朋前往连阳三属瑶山（是由民国广东省政府在粤北划出连县、连山、阳山等县的瑶族地区，1927年4月在连县县府内设立连阳化瑶局，对这一区域进行管理）考察。利用这次机会，他们采集植物标本400余号②。当时，植物所共收藏广东

---

① 国立中山大学农学院1932年年报，《植物研究所报告》，第161页。
② 国立中山大学农学院1932年年报，《植物研究所报告》，第176页。

植物192科、1102属、2935种，数量比岭南大学农学院在1910年至1927年间采集的种类多60种。

岭南大学中文名字与地理上的南岭有关。1888年，学校名称为"格致书院"，1903年，改为岭南学堂。1904年，岭南学堂择址广州河南珠江畔。1908年，自美国宾夕法尼亚大学园艺师到来，岭南大学康乐园新校园开始种上李树、榕树、樟树和荔树。1916年春，高鲁甫教授通过数月考察，建立了一个柑橘属水果引种站，从夏威夷引进了木瓜[①]。1918年，在广州的岭南学堂正式成为岭南大学，并设文学、自然科学、农学和社会学四科，其中农学成为大学发展的重点学科。1918年，在原来短期培训班的基础上，岭南大学设立农林部。1915年，在菲律宾科学局梅利尔先生的帮助下，美国堪萨斯州立大学农学院农科老师罗飞云（Carl Oscar Levine）建立起植物标本室，20世纪20年代初收藏的标本已经有12000多种，其中很多是广东省的植物，涉及3000多种。美国人莫古礼（F. A. McClure）教授在广州私立岭南大学讲授植物学课十几年，专门研究中国竹类植物，"成绩斐然，发表之论文先后十八篇，发现新种不少，并在岭南大学校园中特辟'竹林'（Bamboo Grove），栽种在我国各地搜罗所得之各种竹类，育之培之，蔚为茂林，修者均达数丈，盖一活的标本室也"。1925年，莫古礼在《岭南大学丛刊》发表了广东竹类植物的总结性论文《广东竹类之观察》[②]。

任国荣就读的国立广东大学生物系，在20世纪20年代初创建。1926年6月1日创刊的《生物学杂志》刊载的《国立广东大学生物学系之后顾前瞻》记述："本系乃由昔之广东高师博物部改造而成，在昔日博物部之设备，本既粗具规模，自前载改大，时国内饱学知名人士，如黎国昌、邺重魁、费鸿年、苏汝铨、林乔年诸先生，先后来校任教，对于仪器、标本书籍等项，皆注意整顿，

---

① 李瑞明：《岭南大学》，岭南（大学）筹募发展委员会，1997，第56页。
② 蒋英：《科学提要：研究我国的竹类文献》，载《科学》1941年第二十五卷第3期。

对于研究科学之兴趣,尤为尽力提倡,创立生物学研究室,制造标本室,扩充生物园,改良实验室,种种成绩,昭然可见。"

国立中山大学生物系是原国立广东高等师范学校博物部演变来的,国立广东大学时期已经改称为生物系,费鸿年任系主任,黎国昌教授接任。1926年当任国荣还是国立广东大学生物系学生时,曾与黎国昌赴海南、广西采集鸟类样本,任国荣因成绩优秀而留校任教。1928年辛树帜任系主任,1929年6月22日,辛树帜先生写信给中山大学校长,专门为培养任国荣设计了赴巴黎博物馆鸟类研究室从事研究深造的计划,得到学校批准。

信函中列举了任国荣在生物学方面的贡献:"校长先生大鉴:敬启者。本系教务助理员任国荣君,前广东大学生物系毕业生,在广东大学时曾随前主任黎国昌教授作细胞学及广东下等藻类之研究,极有心得(其细胞研究论文登载本校自然科学杂志第四期,藻类之研究曾在校刊上发表)。中山大学成立后,以任君之成绩优异,留校助理教务。民国十五年曾随黎国昌教授往广西及海南

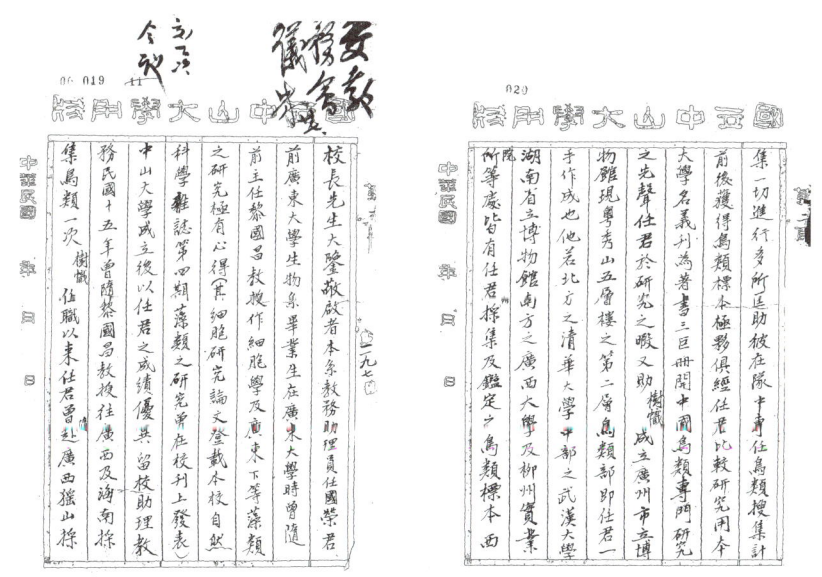

图2 辛树帜为任国荣赴法留学之事致校长的信函(藏于广东省档案馆)

采集鸟类一次。树帜任职以来任君曾远赴广西瑶山采集，一切进行多所匡助，彼在队中专任鸟类搜集，计前后获得鸟类标本极多，俱经任君比较研究，用本大学名义刊为著书三巨册，开中国鸟类专门研究之先声。"

任国荣因此获得在巴黎博物馆鸟类研究室从事鸟类研究的机会，1932年4月在巴黎博物馆月刊发表论文《广东北江鸟类之研究》，1932年6月被译成中文发表在《国立武汉大学理科季刊》第3卷第2、3、4期杂志上。文中写道："1930年春，广东中山大学辛树帜教授遣植物采集队赴粤之北江，采集植物标本，并采脊椎动物，为期约一年，除采得植物标本若干外，动物标本计鸟类一千九百余个，每种抽出数个寄余，俾资研究，此文之成，即根据三百四十六个寄抵巴黎之标本也。"

任国荣先生在文中特别强调调查地点与数年前德国人梅尔的地点相近："此次采集区愈在东经113度，北纬25度……自不失亚热带之色彩。德人Mell之采集区域与吾侪采集之地大概相同，特有若干峻岭，则为氏所未及志耳。"

1930年4月，国立中山大学理科生物学系完成出版了《广东北江瑶山初步调查报告》。此后，石声汉于1930年发表论文《广东北江瑶山哺乳类报告》《续记广东北江瑶山哺乳类》，采集的哺乳类标本37个，11种；《续记广东北江瑶山哺乳类》记载是采集标本百余，计16种，皆小型哺乳类，其中7种是第二次进入瑶山采集的结果。

第二章 土壤与水资源

第一节 为农林发展的土壤研究

广东土壤调查所于1930年秋成立,隶属广东农林局的土壤调查所。1932年秋拨归国立中山大学农学院,院长邓植仪兼任所长。在《农声》杂志发表的《农事实验与土壤调查》一文中,邓植仪认为,土壤调查研究,应以农学为主,为了农林事业发展,在缺少人才的情况下,此前地质部门也进行了部分调

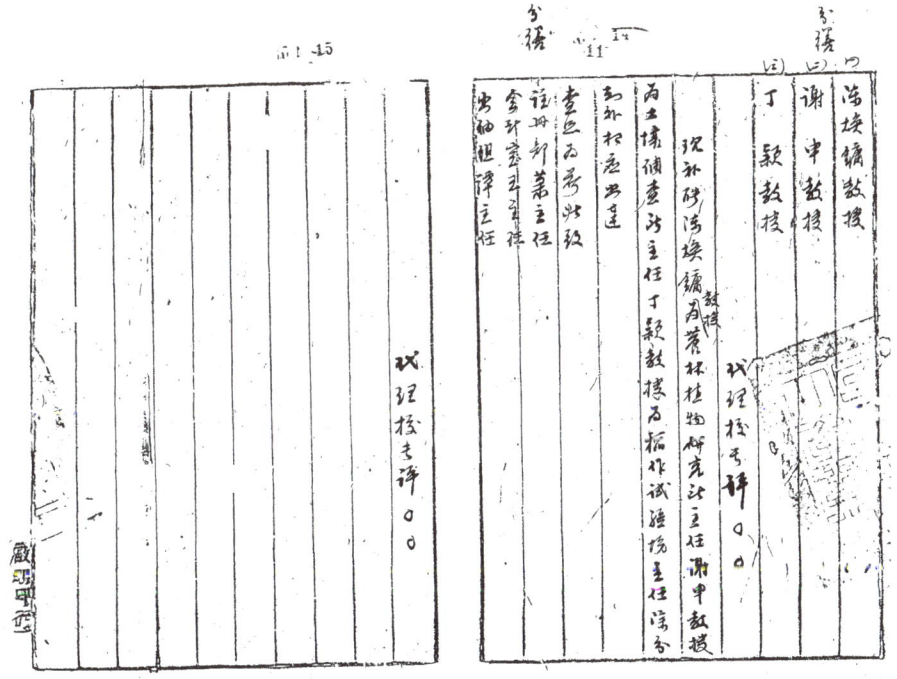

图3 国立中山大学许崇清校长聘任陈焕镛、谢申和丁颖分别为农林植物研究所主任、土壤研究所主任和稻作试验场主任的公函

查。土壤调查在广东省分三类情况，一是全省系统性调查，二是以县为单位的详细调查，三是各县的粗略调查，供农林行政管理部门参考使用。

1933年，广东土壤调查所技正彭家元、技佐刘天乐、技佐黎旭祥等在12月25日自广州乘火车抵曲江，开始为期86天的土壤调查，调查重点是土壤的钾、磷、有机物质和酸性反应，采用的是1∶50000的地形图。当时曲江土地面积为4332.29平方公里，占全省的2%，农田面积约6063公顷，约占全省面积的8.6%。由土壤及农林业，文章结论是对农林业发展的建议，特别强调本地土壤石灰含量丰富，农民过量使用石灰适得其反[①]。

第二节　水源森林

粤北山区自清代开始在陡峭的山坡种植农作物，大量的水源涵养森林消失，水土流失。1931年7月，广东省农林局组织调查，历经九县，行程3000余里，调查时间长达40天，出版了由何庆功、李觉、陈时森撰写的《北江水资源调查报告书》。

该报告对北江的源头和流域影响描述如下："北江上游二源：西名武水，来自湖南临武山地，与湘水河源交界。经坪石乐昌，由西北而下，东称浈水，出自大庾岭南麓，与赣江水源分流，历南雄始兴，从东北而至。二水汇于曲江城下，始曰北江。由是南流，西纳湟水（连州江），东收滃江，直抵三水与三江合流入海，故北江上游，为湘赣来粤之孔道；且沿河农田广布，人烟稠密，城市村落，每多滨江罗列。铁道公路，也循河旁建筑。其经济值之巨大，自不特言。则是水年中水位升降，流量盈虚，与夫潦涸程度之深浅，出现之频疏，对于民生之影响，至为密切，毋庸笔者之喋喋也。"

---

① 彭家元、刘天乐、黎旭祥：《曲江县土壤调查报告》，广东土壤调查所，1936。

报告对植物群做了粗略的描述:"武溆流域内之植物,就吾国一般而论,勘呈密茂:大概在四百公尺至八百公尺之高山,针叶林分布,极为辽广(如乐昌峡之两旁,大庾岭之南坡,尤为瞩目),多属松杉之类,而地势低缓之山坡与山谷之洼地,则多冬季落叶之阔叶林。尤以后者荫郁苍茂,横藤缠绕。且其林荫湿地,复有羊齿植物与湿生草本植物,丛生其中。"报告划分了数个影响水源的保护林地,包括七星墩水源地、梅岭水源地、羊古脑水源地、九峰山水源地、小洞水源地、黄莲洞水源地等,同时提出"水源森林"概念,指出植物对江河防洪的作用:"惟植物极深入地下树根,维持厚层土壤,免受冲刷,可收河道通畅之功耳。"

报告最后的结论:"结论:据上调查,则北江水患,由于森林荒废。盖荒废达于极矣,则雨水无所涵养,土砂无由捍止是也。现广东治河处会已采取治标办法,建筑基围,疏浚河道,惟治本办法,尚付缺如。然则水源保安林之建设,端赖吾辈计划进行。"

1931年2月,农学院林学教授阿善罗完成《滑水山森林调查报告》;1932年11月,广东建设厅农林局重订森林防火运动大纲、森林防火保护须知、森林保护运动宣传标语等。

森林保护运动宣传标语有:

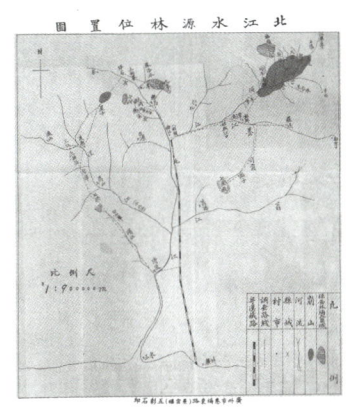

图4 《北江水源林位置图》(引自广东省林业局、广东省立中山图书馆编著的《南岭国家公园拟建区域自然资料史料汇编》)

图5 当时的连县棉花岭杉林(引自广东省林业局、广东省立中山图书馆编著的《南岭国家公园拟建区域自然资料史料汇编》)

"保护森林便是防御暴风洪水之根本方法";"森林是农业灌溉之贮水池";"烧了一座山的森林就是打破一地方人民的饭碗";"森林是国家露天之金库"等。

李禩栋发表于1941年《中山学报》第6期的文章《坪石气候变化情形与附近植物景观》,选择了国立中山大学在粤北办学时的居住地坪石为研究范围,颇有新意地将气候与景观联系在一起。文中提及本区气候变化特征为温带而带有冷季之变化性质。南岭各地,地形雨和暴雨多,年降雨量均在1400厘米以上。河流呈峰状变化,12小时水位升降可达2米。沼河冲积平原地多为阔叶林,厚的风化土层及洼地也有分布。针叶林多生长在山之端和土层薄劣之地,此类地区较宜生长耐寒植物。文中述及:"本区植季物中,以针叶树林最具有经济价值,松杉分布极广,历来北江之杉已经著名于本省,关于针叶林之生长,以天然林分布,必较目前盛大,后经人事种种摧残,故除高山区'乐昌峡两旁'或交通极不便之地少有保存者外,余均尽量砍伐,不但供应于建筑造船,且也用以为燃料,尤以广州沦陷,粤北顿成人事汇合之区,木材对于燃料之供应更巨,所以交通使而地势较缓和之山区,多为赤岭,至若附近村落之山地,或交通道路两旁,尚见青松满布,仍保有其葱郁景色者,全皆人工种植之结果也。"

第三节　农田灌溉水利工程

《粤北各县农田水利查勘报告》为珠江水利局在1941年编制。报告认为,粤北大部分地区山陵起伏,超过5000亩的农田灌溉区基本没有。现有的灌溉方式主要是筑塘蓄水,建筑坝渠和塘堤。其中筑坝采用的是土办法,缺乏技术指导。一旦洪水冲垮,大家不愿筹集资金重建,田地随之荒芜。

报告拟定由珠江水利局测量设计灌溉区和地方机构办理灌溉区,乐昌县指

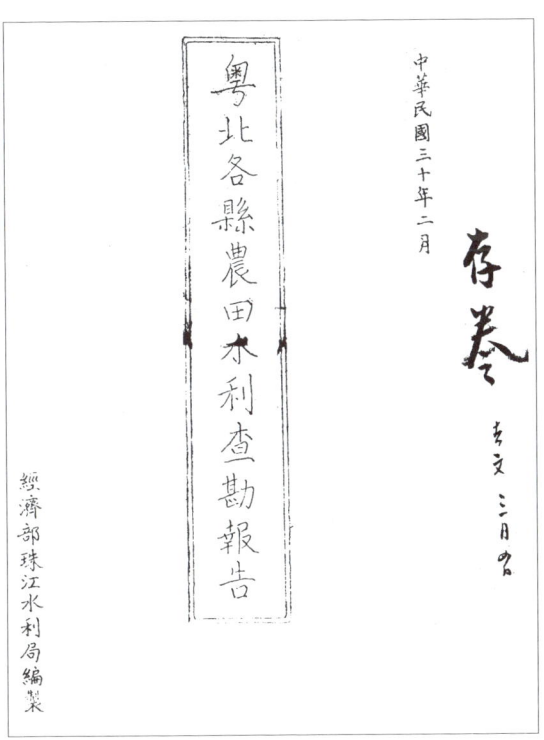

图6 珠江水利局编制的《粤北各县农田水利查勘报告》封面（引自广东省林业局、广东省立中山图书馆编著的《南岭国家公园拟建区域自然资料史料汇编》）

南乡北圩灌溉区、仁化县董塘圩灌溉区、曲江县火山乡西冲营及土陂灌溉区、乐昌县西乡桂花树下下驼陂灌溉区、阳山县杜步乡湟村坝灌溉区和南雄县连陂灌溉区六处灌溉区，由水利局负责设计测量，其余各县属灌溉区由地方机构负责。

报告最后提出若干改善措施，包括将临时土法筑造的旧民间灌溉建筑按照科学方法提高储水量，建筑永久性灌溉建筑；建筑蓄水池实施高地灌溉；移民垦殖荒田荒地；组织地方水利协会；政府机构协助贷款和技术指导；等等。

第三章　两广地质调查所

第一节　两广地质调查所

中山大学在改为现名前的1924年已经设立地质系，全称为矿物地质学系，首任系主任是黄著勋。依附于地质系的两广地质调查所成立于1927年7月，早于1928年1月在上海成立的中央地质研究所。两广地质调查所未入中山大学前在东山庙前西街51号办公。1929年4月中山大学地质系接收两广地质调查所，重大的调查活动经费由广东省政府通过广东省建设厅划拨。

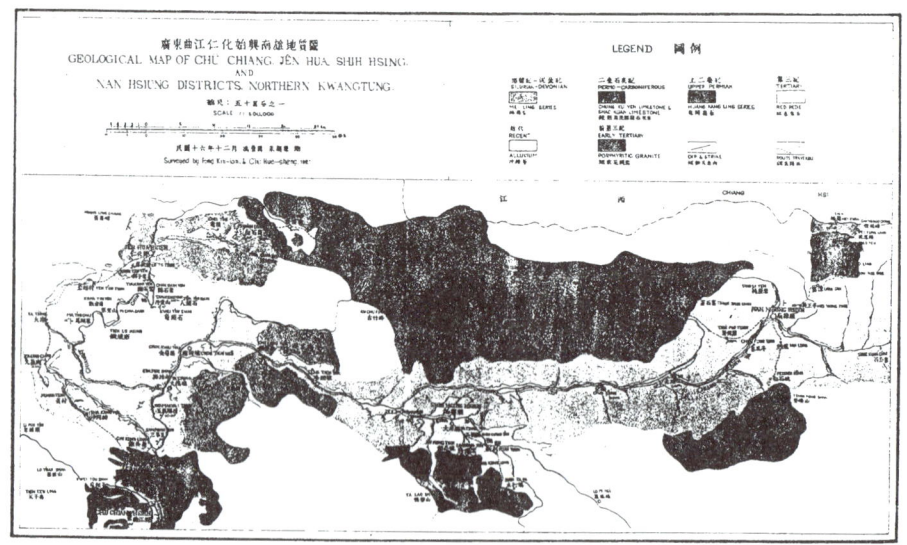

图7　两广地质调查所绘制的《广东曲江仁化始兴南雄地质图》，1:500000，制作于1928年12月（引自广东省林业局、广东省立中山图书馆编著的《南岭国家公园拟建区域自然资料史料汇编》）

1927年，冯景兰任两广地质调查所主任。1927年12月冯景兰带领调查所同人，乘坐粤汉铁路火车沿粤汉铁路两侧，行路千余里，从广东梅岭进入江西南安大庾岭县，始兴走20里抵江口，乘帆船走浈江，行驶140里抵韶关。

1928年11月朱庭祜教授带领张会若、徐瑞麟、王镇屏再次对乳源、乐昌、曲江煤田进行全面比较调查。

1928年12月张会若、王镇屏赴曲江、武江钩嘴岭一带开展煤田调查。1929年王镇屏、徐瑞麟继续补测部分未查探地区地形图，1931年两广地质调查所出版了王镇屏撰写的《广东曲江县煤田地质》，得出的结论是："昔日广东北江一带煤田之最著者，为乳源之狗牙洞煤田，该田曾经调查，交通不便，储量也远不及曲江煤田。观前各节所述，可知曲江煤田，交

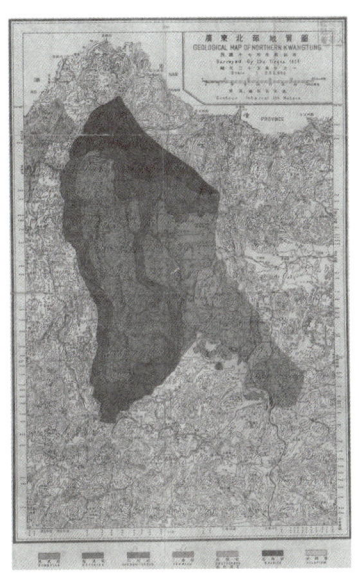

图8　1928年两广地质调查所朱庭祜先生所绘制的《广东粤北地质图》，比例1∶250000（引自广东省林业局、广东省立中山图书馆合作编著的《南岭国家公园拟建区域自然资料史料汇编》）

通便利，运输容易，煤层较厚，储量丰富，岩层大部整齐，工程上便于计划，面积广大，可供大规模之开采，且有广州为销场，种种情形较狗牙洞煤田为佳。就现在观察，曲江煤田实为广东最优良之煤田也。"[①]

从1929年10月付薪造表名单中，可以了解到两广地质调查所人才构成：技正朱庭祜，技士张席禔、乐森璕、仝步瀛、斯行健、李殿臣，技佐李承三、徐瑞麟、蒋溶、王镇屏，化学师薛济明，练习员李庆祥等。朱庭祜于1922年2月成为中国地质学会创会会员，张席禔先生1932年至1935年任地质系主任，部分时间兼两广地质调查所代理所长，1937年前何杰曾任两广地质调查所所长。

---

① 王镇屏：《广东曲江县煤田地质》，两广地质调查所印行，1931，第127页。

由1934年6月《本校职员工作报告表》对比可知，当时的工作人员有技正张席禔，技正乐森璕，技士仝步瀛、徐瑞麟、蒋溶、何成銮、王镇屏、姚文元，化学师王绍瀛，技助陈家天、孙定一等。

1927年，乐森璕博士开始在两广地质调查所从事调查研究，并于国立中山大学地质系任教，1929年任技士，1931年任两广地质调查所技正，他还是1929年8月成立的中国古生物学会创会会员。1934年乐森璕赴德国哥廷根大学进修，1936年10月10日回到广州，1937年发表《广西合山煤矿之前途》一文；《两广地质调查所1940年份职员姓名清册》调查表写明当时的工作人员有：所长李冀纯，技师米士（两位均注明是国立中山大学教授兼任），技士李穗龙，技助区元任、李日华等。

彼德·米士（Peter Misch）为德籍犹太人，地质学教授，讲授地质构造，毕业于德国哥廷根大学，获得博士学位，1936年出版喜马拉雅山地质研究相关专著。1936年9月15日抵广州国立中山大学任构造地质教授[①]。《两广地质调查所1940年份职员姓名清册》调查表登记时间为当年的5月，时中大迁徙澄江，米士没有随迁回粤，留在云南西南联大任教。就读国立中山大学地质系的莫柱孙在1944年发表的《大理苍山及其附近地质》一文中述及"1939年春笔者毕业于中山大学地质系，随米士教授往云南大理一带，作地质实习"[②]。米士在中山大学教学的时间应该是1938年下半年至1940年上半年。中山大学与两广地质调查所是米士在中国任职第二长时间的机构，因1946年3月米士尚在昆明发表学术文章。1938年2月黄著勋兼任两广地质调查所所长。在粤北期间，两广调查研究所人员经常变化，或者对年轻学人予以重用。1942年10月钟隆演聘为技士兼事务主任，1942年12月刘逦隆由技佐提为技士，1943年胡汉君提为技士。

---

① 《地质论评》1936第6期。
② 中山大学地质学会：《大地论丛》创刊号，1944，第61页。

第二节　黑与红：煤田与丹霞

煤田勘探一直是两广地质调查所的重点工作，关于粤北煤田的调查始于建所之初。1927年，冯景兰带领朱翙声抵韶关进行初步调查，1928年朱庭祜教授带领张会若等人对乳源、乐昌、曲江煤田进行全面比较调查。王镇屏、张共任两位补测部分未有地形图地区的地形图，对比例为1∶10000的地图进行分析调查。粤北乳源狗牙洞八字岭煤矿在1914年由地利公司集资开采，1927年申报破产。

抗日战争时期，两广地质调查所同国立中山大学随迁粤北坪石，地质系和两广地质调查所继续将煤田调查研究作为战时经济和战争所需深入推进。1943年两广地质调查所周仁济撰写的《粤北煤田略》开篇即提出粤北煤田为广东省的主要产煤区域，包括曲江、乐昌、乳源、连县、阳山等县，煤田的地质时代，为下石炭纪、中二叠纪、下侏罗纪、各期，落款写着"1943年2月19日于坪石"。文中结论为："粤北煤田为全省煤田储量百分之五十而强，换言之，粤省可开采煤田多集中上述三个区中，连县区交通不便，以现时环境论，未能有发展把握。至曲江、乳源二区，储量既富，煤质也可称为优良，彼此间之距离不远。如狗牙洞至粤汉铁路罗家渡站之轻便铁路完成后，此两区交通困难，全告解决。产煤可供全省各工厂之需要及运销他省。政府当局苟能做通盘计划，统筹兼顾，对矿业界并以奖励和协助，即粤省工矿前途，自有发展希望。"

丹霞地貌是两广地质调查所和国立中山大学地质系十余年的研究课题，1928年10月冯景兰先生与朱翙声发表了《广东曲江仁化始兴南雄地质矿产》报告，"以堪代表的地域命名，则上部厚约二三百公尺的曰南雄层，在南雄附近，最为发育；下部厚约二四百公尺的红砾岩砂岩，可以名曰丹霞层"，"若丹霞层属于第三纪元的前期，则南雄层当成于第三纪的后期"。[①]陈国达先生经过研究则认为"南雄层"在下，"丹霞层"在上。吴尚时教授于抗日战争时期

---

① 两广地质调查所：《地质年报》1928年第1号，第40页。

在坪石也对"丹霞层"和"南雄层"进行了深入研究。吴尚时认为:"以往之地学者,多臆度华南之红色岩系属第三纪初期甚或中生代末期之产品,惟往往缺乏有力之证据,如依笔者之见解,则非将其年代,大加提后,至第三纪中期以后不可。"

第三节 粤北的古生物地质调查研究

张席禔先生是中国古生物学研究的先驱学者,1928年在奥地利维也纳大学获得博士学位,研究论文题目是《古象及其咀嚼器的功能》,返国后任国立中山大学地质系副教授兼技正,讲授课程为"地史学"和"古生物学"。1930年两广地质调查所印行的《广东曲江县腊石石坝田螺冲煤田二叠纪植物化石》一文,对采集到的粤北乳源与宜章交界处植物标本进行研究,得到鉴定结果:此地植物化石有木贼类植物、羊齿类植物、石松类植物。

1940年杨遵仪回国后受聘于国立中山大学地质系和两广地质调查所,讲授课程为"高等古生物"和"普通地质"两门课,曾于1940年在国立中山大学杂志《大地》上发表论文《古生物学研究之途径》。《大地》是中山大学地质学会校友和在校学生组织编辑的地质学月刊,曾于迁徙抵云南澄江后复办。

张寿常在两广地质调查所时于《中山学报》上发表《侵入凝结岩体之构造》。1943年陈国达从江西地质调查所回到粤北坪石的两广地质调查所后,发表《江西石炭纪梓山煤系前之不整合》《赣北潦水上游之袭夺现象》,1944年发表论文《从近年古植物学上之发现论大羽羊齿植物群之时代》。

1941年至1942年9月,陈康曾任两广地质调查所技佐。在第十九次地质年会上,两广地质调查所的莫柱孙、刘连捷、陈康提交了《广东乐昌砖头坳辉钼矿之接触变质矿床》一文并发表在《地质论评》上。莫柱孙1939年毕业于国立中山大学地质系。陈康调到经济部中央地质研究所后在《地质论评》发表《广东连县广西系动物群之发现》，他在文中提及："当作者二十九年（1940年）随广东文理学院迁抵连县时，见铺砌街道的石块，尽属石灰岩，中嵌多腕足类及腹足类化石即为此等化石所吸引，乃乘课余日段，当至以校区为中心六十里直径范围内，详为调查。本文所记，即系所得材料之一部分。"

广东省立文理学院辗转至粤北时，博物地理系师生将焦点放在秤架山，组织了秤架山考察队。博物地理学系1941年的论文，有不少是以东陂附近的地质地貌与生物植物为主题的。

1941年陈康完成的毕业论文是《广东连县东陂之地质》。李星学先生是陈康毕业一年后同年进入经济部中央地质调查所的同事，中华人民共和国成立后长期从事古植物研究，任中国科学院南京地质古生物研究所研究员，1980年当选为中科院学部委员。1944年李星学于《地质论评》发表悼念文章《陈康先生传》。文章中提及，陈康为番禺人，在家为长子，有弟三妹二，幼居香港，当时父母和几个弟妹均在香港居住，家庭贫困，他们是在叔叔的资助下上学的。1933年，陈康毕业于广州第三初级中学，考入勷勤大学附属中学高中部，1936年毕业后在勷勤大学附属小学任教，第二年再入读勷勤大学师范学院博物地理系，学校在东陂时已经改名为广东省立文理学院，陈康的毕业论文指导老师是白玉衡教授。陈康毕业后进入两广地质调查所，时何杰任所长，陈康著有《乐昌九峰山地质矿产》一文。教育部在核审论文时邀请杨钟健先生为陈康毕业论文校外审阅人，杨先生详阅后，特加赏识，乃商之于白玉衡教授，同李汲清、李承三两先生联名推荐陈康到经济部中央地质调查所工作。1942年9月，陈康进入经济部中央地质调查所工作，1943年在《地质论评》第1期地质专业杂志上与许德佑合作发表论文《贵州西南部之三叠纪》，并提交中国地质学会第十九次大会。

陈康是一位热血爱国青年学生，1938年2月南雄上空发生空战，他的堂哥陈其伟驾机与日军军机作战，热血洒在南雄的蓝天上，因此陈康同学一直有报考空军以报国仇家恨的愿望。他写过悼念堂兄的文章《哥哥的热血洒遍了南雄的

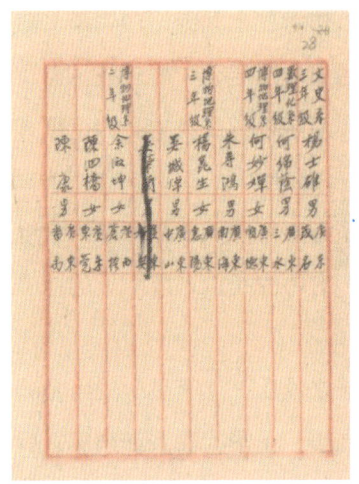

图9 广东省立教育学院1938年度参加集训结业返校学生名单，陈康和陈泗桥均在名单上，同为博物地理系二年级（藏于广东省档案馆）

上空》①。1938年9月至1939年1月，广东省立教育学院部分学生参加军事集训。从1939年2月17日列出的部分广东省立教育学院1938年度参加集训结业返校学生名单上得知，陈康和陈泗桥均在参加名单上，陈康时为23岁，陈泗桥20岁，籍贯都是东莞，二人同为博物地理系二年级。当时参加受训结业的学生共有16名，另有广州大学借读生一名。

陈康学生年代的首篇论文的灵感来自对东陂街道地面石板存在古生物的痕迹的观察，三年级处女作《连县东陂山大掌岭之沿途地质考察》是与陈泗桥合著的。课余陈康与同班同学陈泗桥一起考察并成为情侣，在交往七年后准备在陈康先生公毕后完婚。

1944年4月，陈康在贵州参加中国地质学会第二十次年会并宣读了其研究论文《贵州青岩化石群之检讨》。会后，在中央地质调查所无脊椎动物研究组主任许德佑先生带领下，技佐陈康先生、练习员马以思女士在贵州西部调查地质，4月24日遇匪为学牺牲，陈康时年29岁。三位遇难地质学者的墓地设立于贵州花溪。李星学先生悼念文章写道："先生尚未婚，与同乡陈女士交谊凤笃，情爱深挚，七八年如一日；原拟于先生公毕归后，举行婚礼，讵意造化作梗，一去不返，绵绵长恨，无有绝期矣。"

李星学先生还写道："一代才华，音徽如昨，梦境依稀；从此青山无恙，幸埋忠骨，花鸟有情，常护茔地，翘首白雪松楸，徒增怆感而已，悲夫！"文章落款时间是1944年8月11日。

---

① 李星学：《陈康先生传》，《地质论评》，1944。

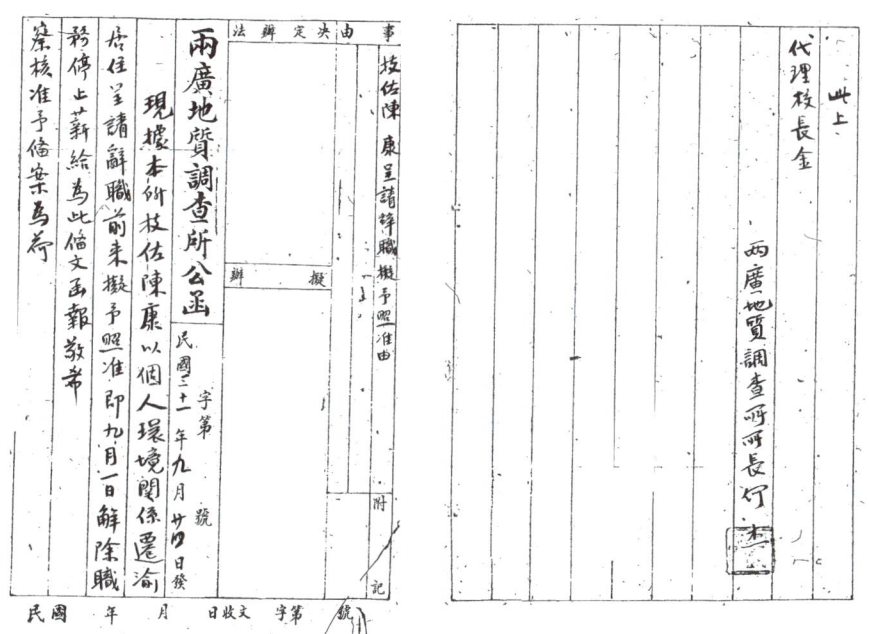

图10 批准陈康辞职的公函，毕业后陈康受聘于两广地质调查所任技佐，1942年9月辞职赴渝，何杰所长和金曾澄代理校长批准申请（藏于广东省档案馆）

1944年中国地质学会设立"陈康纪念奖"，从1945年至1949年，5年共有6人获得此奖项[①]。

战乱中地质调查的工作面临危险，而且报酬极低、生活困苦，陈国达在江西地质调查所的同事刘辉泗因积劳成疾英年早逝，时年31岁。陈国达在坪石发表文章《植物化石在江西发现》前写下挽联："三门滩畔共寻化石犹记峡山寒月；武水湾前远闻噩耗空对南岭凄云。"

---

① 中国地质学会地质学史委员会：《地质学史论丛》第2辑，地质出版社，1989，第103页。

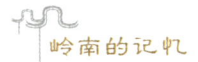

第四节　面向南岭：坪石时期两广地质调查所

两广地质调查所选择与国立中山大学理学院一起，在粤北坪石塘口村继续开展矿产调查，收集了上千件粤北化石，包括植物化石。在澄江，李冀纯担任所长至1940年5月，杨遵仪受聘于国立中山大学地质系教授后兼代理系主任，德国人米士担任技师，朱穗龙为技士。

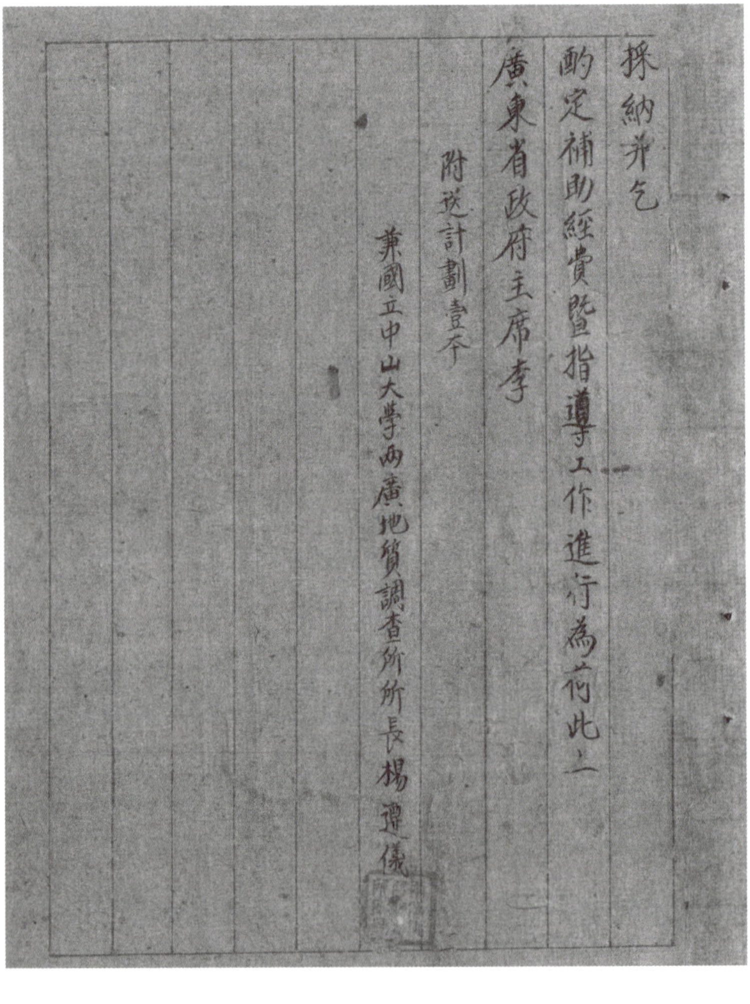
採納并乞
酌定補助經費暨指導工作進行為荷此上
廣東省政府主席李
附送計劃壹本
兼國立中山大學兩廣地質調查所所長楊遵儀

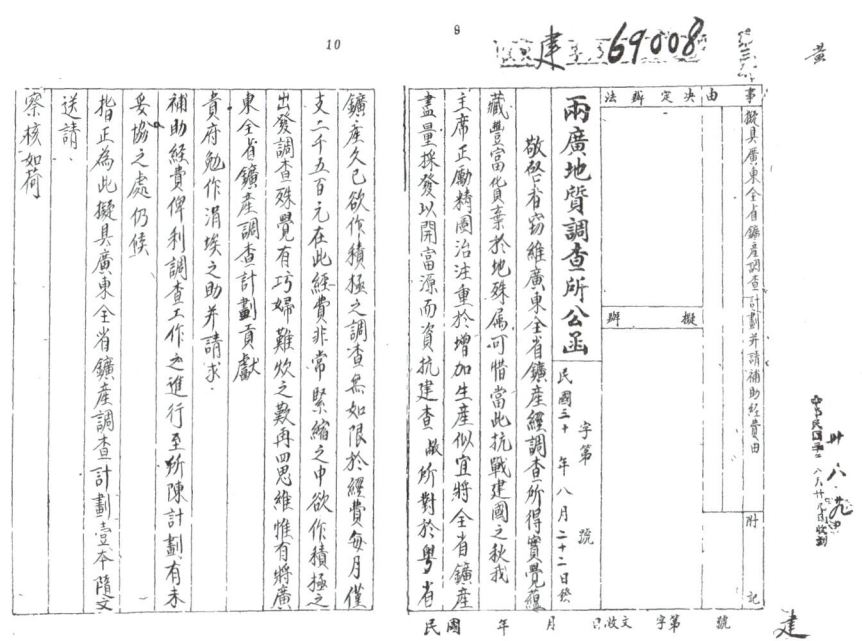

图11 时在坪石的两广地质调查所主任杨遵仪先生1941年8月22日向广东省政府提出合作全省矿产调查计划及补助的报告

1940年秋，何杰、杨遵仪、李冀纯等教授均随国立中山大学从澄江迁回粤北。杨遵仪接任所长期间，在坪石两广地质调查所提议与广东省政府合作，深入地质调查，探明广东省有关矿藏。1941年8月，两广地质调查所提出支持抗战，积极开展广东省的矿藏调查需要经费支持的建议。1941年10月27日，民国广东省政府和广东省建设厅批准同意该建议，派人进一步洽谈。

杨遵仪任两广地质调查所所长兼国立中山大学地质系主任时，章熙林任技正，胡伯素任研究员。章熙林原来为国立中山大学地质系讲师。

1941年8月22日，杨遵仪致信校长请求辞去行政两职务，专心研究和教学，1941年9月杨遵仪任地质系教授。1942年9月何杰再次担任国立中山大学地质系主任兼两广地质调查所主任。1942年11月，国立中山大学又聘请张寿常先生做1942年度两广地质调查所研究工作和担任地质系教授。

《广东全省矿产调查计划》如下："广东省全省矿产已发现者计有煤、铁、锡、钨等三十余种，面积达五万余公顷。全省的锡、钨、钼等矿发展迅速，'大有一日千里之势'，对于该类矿床之储量如何，似尚无人作初步估计，煤油、铁锰，关于国防工业极为重要，亦不庸忽视。本所有见于此，特草全省矿产调查

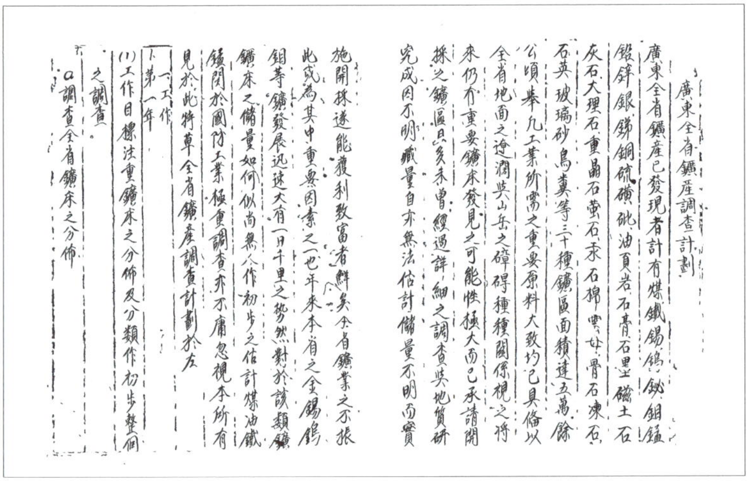

廣東全省鑛產調查計劃

廣東全省鑛產已發現者計有煤、鐵、錫、鎢、鉍、鉬、錳、鉛、鋅、銀、銻、銅、硫礦、砒、油頁岩、石膏、石墨、磁土、石灰石、大理石、重晶石、螢石、汞、石棉、雲母、骨石、凍石、石英、玻璃砂、鳥糞等三十種，鑛區面積達五萬餘公頃，舉凡工業所需之重要原料大致均已具備，以全省地面之遼濶，與山岳之磅礴，種種關係視之，將來仍有重要鑛床發見之可能性極大，而已承請開採之鑛區，且多未曾經過詳細之調查，與地質研究，成因不明，藏量自亦無法估計，儲量不明，而實施開採，遂能獲利致富者，鮮矣。全省鑛業之不振，此或為其中重要因素之一也。年來本省之金、錫、鎢、鉬等鑛發展迅速，大有一日千里之勢，然對於該類鑛鑛床之儲量如何，似尚無人作初步之估計，煤油、鐵錳，關於國防工業極重，調查亦不庸忽視，本所有見於此，特草全省鑛產調查計劃於左

一、工作

下第一年

(1)工作目標注重鑛床之分佈及分類，作初步整個之調查。

a 調查全省鑛床之分佈

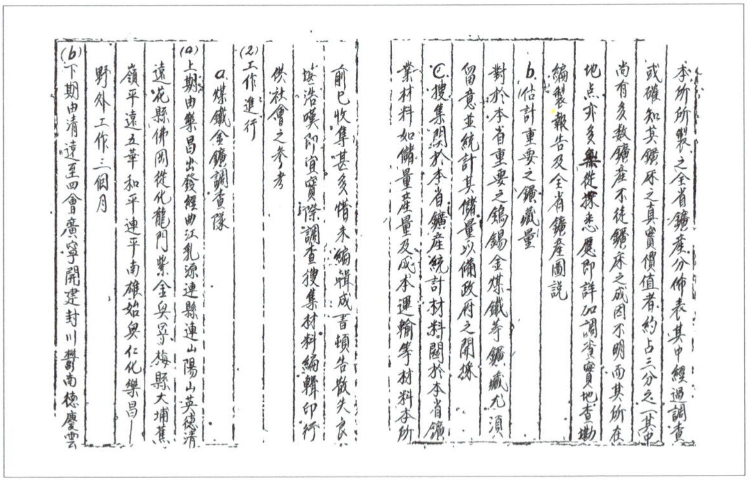

本所所製之全省鑛產分佈表，其中經過調查或確知其鑛床之真實價值者，約占三分之一，其中尚有多數鑛產不徒鑛床之成因不明，而其所在地點亦多無從探悉，應即詳加調查，實地查勘。

編製報告及全省鑛產圖說

b.估計重要之鑛藏量

對於本省重要之鎢、錫、金、煤、鐵等鑛藏，尤須留意並統計其儲量，以備政府之開採。

c.搜集關於本省鑛產統計材料，關於本省鑛業材料，如儲量、產量及成本、運輸等材料，本所前已收集甚多，惜未編輯成書，頓告散失，良堪浩嘆，即宜實際調查，搜集材料，編輯印行，供社會之參考。

(2)工作進行

a.煤鐵金鑛調查隊

(a)上期由樂昌出發經曲江、乳源、連縣、連山、陽山、英德、清遠、花縣、佛岡、從化、龍門、紫金、興寧、梅縣、大埔、蕉嶺、平遠、五華、和平、連平、南雄、始興、仁化、樂昌。

野外工作三個月

(b)下期由清遠至四會、廣寧、開建、封川、鬱南、德慶、雲

图12　两广地质调查所1941年编制的《广东全省矿产调查计划》之一（藏于广东省档案馆）

计划。"

第一年目标是矿床的分布及分类作初步整体调查,研究储存量。第二年注重重要矿床的研究,包括东江锡矿、云浮锡矿、北江煤矿、东江煤矿、增城金矿;第三年与第二年的工作目标相同,但研究对象包括翁源、始兴、乐昌钨矿,乳源、英德钨矿,

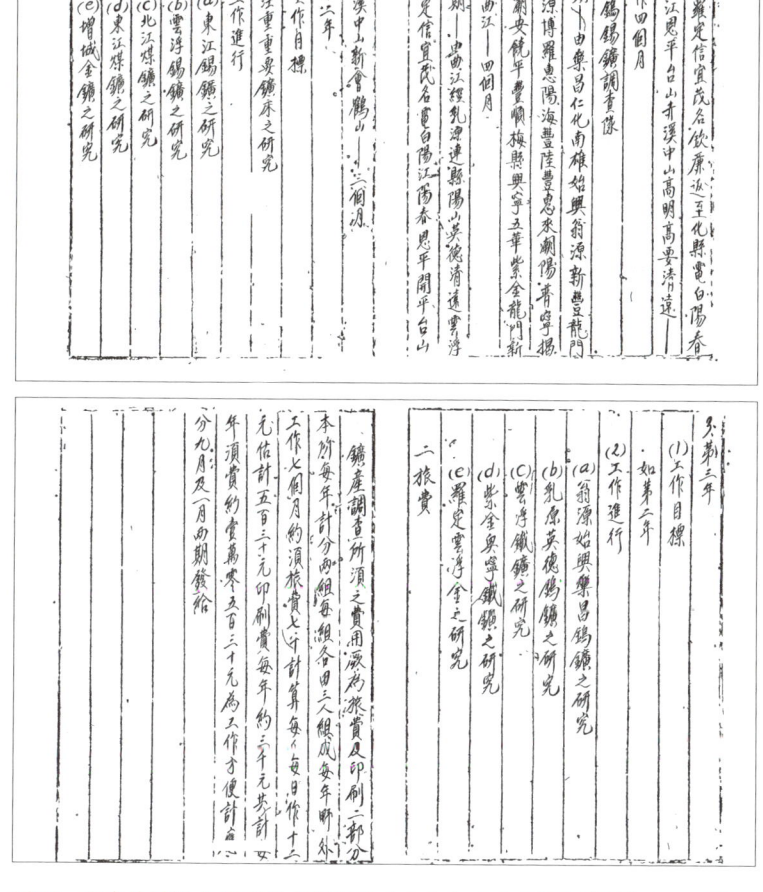

图13 两广地质调查所1941年编制的《广东全省矿产调查计划》之二(藏于广东省档案馆)

云浮铁矿，紫金、兴宁铁矿，罗定云浮金矿。

何杰任所长期间与广东省政府全面展开合作，1942年8月，两广地质调查所分为若干组开始多路分工调查。何杰提出调查所工作目标：一是为适应当前抗战的需要；二是充分利用查勘矿产的余力，作地质学理的研讨，同时参加中国1：200000地质图测制；三是为适应实际环境与需要，暂以广东北部为主要工作地区①。

无论是20世纪30年代还是40年代，陈国达著述不断。1938年，他在《地质汇报》第32期发表《广东英德硫磺山之黄铁矿》，文中提及1933年广东省建设厅派专家调查已经发表报告。1937年实业部地质调查所邀请陈国达再赴英德做更深入的调查研究。为求矿床成因，陈先生同时考察了清远老鸦坑、马口岗等产黄铁矿地区。此矿原来为安兴公司集资开采，后广东建硫酸厂，广东省建设厅将该矿收为国有，在现场设立办事处并派专员。在《广东英德硫磺山之黄铁矿》一文的结论建议中，陈国达提出，过去最大错误是露天开采，不知道本矿为直立的矿脉，本矿最宜开采方法是地下采掘法②。陈国达于1943年回到两广地质调查所，担任技正和副教授，又继续粤北矿产的调查。

何杰在坪石再次出任所长期间，陈国达任编辑，1943年7月出版了《两广地质调查所地质调查集刊》第一号。在序中，陈国达写道："国达对于粤北地质研究，向乏贡献，五载赣游，尤感隔阂。去秋奉调回所服务，复以何所长留渝期间，命负责照料所务之责，终日策划，犹恐有负上托。一年以来，未尝得暇追随诸同人之后，参与实地调查工作。"集刊收录调查所研究人员7篇文章，均为连县和曲江组的研究报告，作者主要是刘迺隆、张伯楫、莫柱孙和杜衡龄。

1944年国立中山大学地质学会编辑出版《大地论丛》，开篇为李四光的文章《与崔立信君论西康构造》。文集中刊载了陈国达《赣北缭水上游之袭夺

---

① 两广地质调查所：《两广地质调查所地质调查集刊》第一号，广东坪石，1942，第1页。

② 陈国达：《广东英德硫磺山之黄铁矿》，载《地质汇报》1938年第32期。

现象》一文，落款"1944年元旦后十日于坪石塘口后山"，附记写着"此文成后，曾就正于中山大学地理系主任吴尚时先生，蒙多所指正与补充，谨此致谢"。其中透露两个有价值的历史信息，一是陈国达住在塘口村"后山"，二是国立中山大学地质系和地理系的教授们是经常交流的。集刊还刊载了高振西先生的演讲稿《福建地质概括》，时间是1943年12月26日，时高先生由永安回重庆，经停坪石。

在坪石时，两广地质调查所莫柱孙撰写《粤北连县构造及其与湖南弧之关系》，拓宽了粤北地质调查的广度。两广地质调查所的张伯楙和刘迺隆撰写的《广东锑矿之成因》，丰富了粤北矿种的多样性。

国立中山大学理学院位于坪石塘口村，地质系师生居住在坪石。地质系刘连捷于1944年在《中山学报》第2卷第3期发表《粤北之氟石矿》，对比两处矿藏得出结论："粤北之氟石脉，皆生于含钨石英脉附近，其走向大致相同，其生因自有密切关系。江头墟之氟石矿，脉厚既有三公尺，自有相当之延长，假若能至一百公尺，其储量固颇有可观，加以交通便利，实堪以开采，惟可惜位于河床中，春夏雨季，山洪涌出，河水高涨，并为淹没，无法工作，必须于秋冬之季，才能开始采掘，此其不便之处也。斜坑者生于僻山险中，质又较劣，其价值远逊于江头墟者。"

第四章　语史所、史语所与瑶语

第一节　岭外播种、岭内开花：中国考古学从语言历史学所到历史语言所考古之发端

1926年冬，在德国柏林大学哲学院学习的傅斯年回国，应朱家骅之邀请进入国立中山大学工作，1927年春在国立中山大学文学院创建语言历史学研究所。1928年3月，中央研究院历史语言研究所开始筹备，1928年4月2日傅斯年致胡适信中已经明确提出自己正筹备研究所，蔡元培接受傅斯年建议。在傅斯年、顾颉刚、杨振声三位筹备委员的努力下，中央研究院历史语言研究所于1928年7月完成筹备并正式成立，傅斯年为秘书兼代理主任。研究所的名字与国立中山大学语言历史学研究所（简称"语史所"）有区别，将"语言历史"调换为"历史语言"，简称"史语所"。同年10月22日迁入广州东山恤孤院后街35号，即为"柏园"。傅斯年时住东山春园104号二楼，顾颉刚住东山启明四马路10号二楼。1927年10月13日顾颉刚抵广州任教时，容肇祖提前安排并带顾先生居住此处。此时丁山先生已经在校上课，丁山、罗常培住东山龟岗三马路66号三楼①，这若干住所与柏园距离均步行可达。20世纪60年代史语所将10月22日定为庆祝该所成立纪念日。史语所创立时所在的柏园，是一处优雅的红砖西式建筑，有开阔的前院。中国最早的若干文献勘订计划、方言研究的方向、考古计划都产生自这里。

1928年5月5日傅斯年、顾颉刚、杨振声三位史语所筹备委员联合致信中央

---

① 广东省档案馆馆藏档案，档号020-003-73-085-090。

研究院蔡元培、杨杏佛，报告自一个月前收到聘函和经费后的工作进展，包括泉州调查、与中大合作进行人类学调查、董作宾已在河南做发掘前调查等；提出史语所研究员名单，拟聘胡适、陈垣、陈寅恪、赵元任、俞大维、刘复、马鉴、林语堂、朱希祖、容庚、许地山、李宗侗、徐炳昶、李济、袁复礼、罗家伦、冯友兰、史禄国等19人为研究员；拟聘何思敬、容肇祖、董作宾、余永梁、黄仲琴、辛树帜，以及外国学者保罗·伯希和（Paul Pelliot）、米勒（F.W.K.Muller）、珂罗倔伦（Bernard Karlgren）为国立中山大学语言历史学研究所教师。信中还提议蔡元培兼任所长。①信中特别提到容肇祖、董作宾、余永梁、黄仲琴此四位于"研究所工作独多事务资之而筚"。

傅斯年、顾颉刚、杨振声三位史语所筹备员联合致信中央研究院，请求将董作宾聘为研究院研究员，继续在河南安阳、洛阳两处的考古工作，信中提及考古计划已经拟定。可以说，安阳的考古现场在河南，计划制定在广州。信中提及"河南北部及西部之调查计划。已由董作宾君就近调查初步，暑期时所中同事自去一两人"②。同信函提请董作宾、容肇祖、余永梁、黄仲琴四位筹备出力最多者、贡献最大，能否也聘为研究员。

提请董作宾任研究员未成，1928年8月2日傅斯年致信蔡元培，询问董作宾、商承祚、容肇祖、余永梁、黄仲琴能否在研究员和助理员之间设立一名目，时任中央研究院总干事杨杏佛批示"聘为编辑员。铨"。王庆昌、张慰然等史语所同事陆续抵安阳考古现场。

根据中国现代考古学之父李济先生在1957年所著的《中国文明的开始》自序所言，"中央研究院历史语言研究所所主持的安阳地区殷朝都城的考古发掘工作，始自1928年冬。这工作几乎从无间断地继续到1937年夏天"③。

---

① 王汎森、潘光哲、吴政上：《傅斯年遗札》，社会科学文献出版社，2011，第129页。
② 欧阳哲生：《傅斯年文集》第7卷，中华书局，2017，第86页。
③ 清华大学国学研究院：《李济文存》，江苏人民出版社，2018，第81页。

在1968年《中央研究院历史语言研究所集刊》第四十本刊载的《安阳发掘与中国古史问题》一文中，李济亦述及："中央研究院历史研究所成立在1928年，傅斯年就职后，他为研究所拟定的第一课题，是提倡科学的考古。他所做的最早的一件事，就是派编辑员董作宾，到河南安阳小屯村去调查甲骨文的遗址。""中央研究院历史语言研究所在安阳的发掘，开始于1928年秋季董作宾的小屯试掘，中断于1937年的夏季。"

董作宾先生时为国立中山大学副教授，当史语所成立时，没有成为研究员而是被聘为编辑员。他已经于1928年10月在小屯进行了试掘，1928年12月26日于开封写成《新获卜辞写本后记》一文。董先生在《民国十七年十月试掘安阳小屯报告书》中记载，他抵达安阳的日期是1928年8月12日。

1928年11月，李济回国时途经广州，即被领去见傅斯年。傅斯年询问李济是否能任他正筹组的史语所考古组负责人。李济同意邀请，并于1928—1929年冬开始拟定史语所考古组计划。1928年12月，李济前往主持对殷墟遗址的科学发掘，与董作宾第一次相遇。同年，李济在《国立中山大学语言历史学研究所周刊》第57—58期发表了文章《中国最近发现之新史料》。该文章由李济口述、余永梁笔述，讲述了新的历史研究观念和方法，回顾了最近李济在山西的考古实践，分析了世界考古现状及值得借鉴的经验。1929年3月，李济、董作宾主持，在安阳小屯进行第二次发掘。

傅斯年提及史语所设立于广州的意义时，已经考虑努力把方言和人类民俗学作为重点调查领域，一两年后移至南京，广州为工作站。1928年8月蔡元培为《中央研究院历史语言研究所集刊》（以下简称《集刊》）创刊号写了发刊辞，傅斯年写了《历史语言研究所工作之旨趣》。在1928年10月出版的史语所《集刊》创刊号发文的有胡适、董作宾、余永梁、商承祚、丁山、容肇祖等，封面印有"各地商务印书馆经理发行"，封底印有"本所所址：广州东山柏园内"，并且注明"此为暂址后来或须迁京或北平"。

《集刊》是史语所学术水平和研究成果的集中体现，创刊号以"本"和

"分"编辑刊物的模式出版，并一直保持。在1928年《集刊》第一本第一分上，董作宾发表《跋唐写本切韵残卷》，余永梁发表《易卦爻辞的时代及其作者》，容肇祖发表《占卜的源流》，商承祚发表《释"朱"》，并附有"所务记载"。

1928年5月，筹备委员会确定语言学研究分为汉语方言、西南语、中央亚细亚语。同年夏，杨成志、史禄国、容肇祖等人被派往云南进行田野调查。这既是作为国立中山大学语言历史学研究所西南民族调查专员的工作，也是落实史语所确定的语言学研究范围之一的西南语研究。此次调查是对云南当地"猡猡之各种调查"，其间，容肇祖、史禄国等因不同原因先后返粤，杨成志一人继续进行调查。杨成志之后从昆明出发，经数日跋涉之后抵达凉山罗罗族聚居地，对当地村落的探访和调查，也让他学会了罗罗族语言。经过近两年的艰辛历程之后，杨成志于1930年3月23日回到广州，5月28日完成《云南民族调查报告》，发表于当年6月出版的《岭南学报》第一卷第三期，报告中提及云南少数民族的民俗及民间文艺的内容。1931年，杨成志在史语所《集刊》第四本第二分上发表了《罗罗太上清净消灾经对译》，此时史语所已迁至北平，他是留在广州继续从事语言和民俗研究的重要支撑力量之一。

史语所于1929年5月迁至北平，该所在1930年的总结报告中写道："本所自去年五月由粤迁平，同时即将在粤所购置之一切书籍，除研究员史禄国、罗常培留粤捡留一部分属于人类学及语言学书外，总共装成五十余箱，运往北平，至七月抵所。"从原成立时的八组，即史料学、汉语、文籍考订、民间文艺、汉字、考古学、人类学及民物学、敦煌材料研究缩小为三组，为历史学、语言学和考古学。

第二节　民俗学和语言历史学研究所

在这一时期，南岭历史文化研究已经有了质的飞跃。从语言历史学研究所的创立，再到语言学、人类学调查的深入，产生了不少高水平的研究成果。

国立中山大学语言历史学研究所初定名称为"中国东方语言历史科学研究所"，傅斯年在1927年3月给顾颉刚的信就是这样称呼的。傅斯年于1927年8月任语言历史学研究所筹备主任，1928年1月国立中山大学语言历史学研究所正式成立，5月16日召开第一次事务委员会会议，傅斯年主持，杨成志记录，会议推举顾颉刚、余永梁、黄仲琴为常务委员，并对其他各教授确定分工。6月11日傅斯年主持第三次事务委员会会议，决定由杨成志、史禄国与任国荣接洽，派专员到广西瑶人地方实地考察，同时指定容肇祖、商承祚到韶关调查一切古迹及历史遗迹。

1928年6月24日至29日，容肇祖和商承祚前往韶关调查少数民族和风俗古物，其收获由容肇祖写成《韶州调查日记》，可以作为南岭文化遗产调查先声之作。

1927年10月16日，国立中山大学语言历史学研究所决定出版学术刊物。随后，《国立第一中山大学语言历史学研究所周刊》于11月1日创刊出版，编辑为顾颉刚、余永梁、罗常培和商承祚。

民俗学的主要领军人物，基本上是国立中山大学语言历史学的年轻教师，中央研究院历史语言研究所的筹备创办，依靠的人才也是国立中山大学语言历史学研究所，傅斯年在《历史语言研究所工作之旨趣》中也将民俗学的"民间文艺"作为研究方向之一。在1927年第1期的"创刊词"中，顾颉刚写道："语言学和历史学在中国发端甚早，中国所有的学问比较成绩最丰富的应推这两者，但为历史上种种势力束缚，经历了二千余年还不曾打好一个坚实的基础。我们生当现在，既没有功利的成见，知道一切学问，不都是致用的，又打破了崇拜偶像的陋习，又不愿把自己的理性屈服于前人权威之下，所以我们正可承受了现代研究学问的最适当的方法，来开辟这些方面的新世界。语言历史学也正和其他的自然科学同手段，所差只是一个分工。"创刊号中也刊载了胡适的文章《论左传之可信及其性质》。1928年4月，该刊更名为《国立中山大学语言历史学研究所周刊》（以下简称《周刊》）。

吸纳不同学科的学人发表文章是《周刊》的一大特色。地质学家斯行健在此刊1928年第17期上发表了《中国地质史上两次巨大的海啸》，哲学学人石兆棠在1928年第35、36期合刊发表《獐人调查》，赵海澜在1928年第10期上发表《巴比伦人的数学思想》。

1927年中山大学民俗学会成立，《民间文艺》（后改为《民俗》周刊）创刊，顾颉刚、陈锡襄、杨成志、钟敬文等都是活跃的发动者和撰稿者，他们探讨民俗学的概念和分类，在地域文化研究为众学者提供新的平台，也是日后人类学发展的先声。《民间文艺》创刊时，董作宾、钟敬文、容肇祖和刘万章等作为学会成员，也担任编辑。在创刊号上，董作宾作序《为〈民间文艺〉敬告读者》，容肇祖发表《广州巫歌》等。《民间文艺》共出版12期，于1928年改为《民俗》周刊。《民俗》周刊第1期刊载了杨成志翻译的《民俗学问题格》，连载11期。杨成志在云南进行民族调查时，就及时地将部分内容整理发表在《民俗》周刊杂志上，如《云南巧家县儿歌》发表于1929年《民俗》周刊第44期，沿途寄给顾颉刚、傅斯年、容肇祖的信札也发表在《民俗》周刊上。

在奔波的路上，杨成志仍不断地在《民俗》周刊和语史所《周刊》上发表他的一些与西南民族民俗调查有关的书信和文章。

1929年研究所各学会根据新组织大纲的要求，学会改为学组，语史所分四大学组：语言学组闻宥先生任组长，历史学组沈刚白先生任组长，考古学组商承祚任组长，民俗学组何思敏先生任组长。

第三节　语言学、地理学和人类学的交融

1928年5月，国立中山大学生物系教授兼主任辛树帜带领石声汉、任国荣、黄季庄、蔡国良等助教组成生物调查队深入桂黔粤等地深山进行调查，调查成

果于《周刊》分期刊载，包括任国荣的《广西猺山两月观察记》、辛树帜的《猺山调查》、石声汉的《猺歌》、容肇祖的《韶州调查日记》、黄季庄的《采集猺山风俗物品目录》。其中，辛树帜的《猺山调查》是通过致信傅斯年展开的。同年，陈锡襄在《周刊》的《西南民族研究专号》上发表《猺民访问记》，记录了连阳三属的八排瑶民代表。

1929年1月28日，顾颉刚为任国荣出版的《广西猺山两月观察记》作跋，勉励他们不要以在生物学上开一新纪录为足，还要在民族学和方言学上开一新纪录。他们将征集的数十件风俗物品均送给中山大学语史所收藏。

杨成志与顾颉刚同为民俗学的倡导研究者，杨成志回忆自己第一次接触的粤北瑶族资料，就是1928年陈锡襄所著的《猺民访问记》。在粤北坪石任教时，杨成志第二次系统接触研究时，将"猺"改为"傜"，称傜人、傜语等。

在坪石时期，《民俗》以季刊的形式发行，杨成志的文章《民俗学之内容与分类》发表于1942年3月的《民俗》（季刊第4期）上。杨成志在民族学、人类学领域的论文还有《文化播迁的差别方式》（1941年4月，落款"草于坪石铜锣丘中大研究院"）、《民族学与民族主义》（1942年）、《人类科学的展望》（1942年）、《广东北江傜人调查报告导言》（1943年）、《粤北乳源傜人的人口问题》（1943年）、《粤北乳源傜语小记》、《人类科学论集》（1943年）、《广东人民和文化》（1943年）、《语言科学在中国》（1944年）、《中国书法艺术》（1944年）。可以理解，在这阶段，杨先生在民俗学、民族学和人类学三者之间交叉进行研究，1944年的文章是在美国发表，为1948年中山大学设立人类学系奠定了基础。

国立中山大学语言学、民俗学倡导者顾颉刚，在20世纪40年代与南岭下的国立中山大学擦肩而过。1941年顾颉刚先生任教于齐鲁大学，抗日战争时期齐鲁大学校址迁于成都，此时在成都的顾颉刚萌生了去国立中山大学任教的想法。时任国立中山大学代理校长的许崇清1941年5月30日发聘函，6月齐鲁大学

图14 杨成志先生发表的《粤北乳源傜语小记》内容（引自《南岭国家公园拟建区域自然资料史料汇编》）

校方复电婉拒许崇清代校长之请。[①]1948年国立中山大学校长陈可忠拟聘请顾颉刚为本校教授，1949年顾颉刚没有到校，聘书取消。

---

① 广东省档案馆馆藏档案，档号020-002-103-007-008。

在坪石研究地理学时，吴尚时也特别注重将语言纳入研究范围。坪石沦陷时，吴尚时在逃难过程写下的《南岭何在？》一文中写道："广东无'官话'，语言复杂，土话之多，除东邻全部皆山，西阻武夷之福建外，国内恐无备。而桂林走廊则不但每于冬季领导'北大人'之交侵，真正北方人士，也早循此天然之孔道，传播其语言。桂省东北部国语盛行，此走廊实有极大之贡献，而'桂林官话'一词，不无地理之背景，不凿灵渠，与安之'分水界'，也无'分话'之作用也。"吴尚时认为广东语言复杂，是地势复杂多险阻，来往不便的结果，非受分水界的影响。

第四节　从民俗学到人类学的调查方法

1　科学方法研究文化

在国立中山大学文学院任教时，对于生物系采集队进入粤北瑶山采集动植物标本，并进行民俗学考察获得双学科调查成果，傅斯年和顾颉刚都是极为支持的。在北平出版的《集刊》第二本第四分，庞新民发表了《广东北江猺山杂记》。在1932年出版的《集刊》第四本第一分还刊载了国立中山大学生物系采集队1930年第四次进入瑶山、于1930年10月2日在广州完稿的调查报告。

生物学家、医学家、科学家从事民俗学和人类学调查，不仅丰富了民俗学、人类学的成果，也为南岭的人类学和民俗学研究带来了新气象。

2　民谣记录

民谣作为民间文艺的重要载体，在民俗学兴起时，对其记录成为田野调查的内容之一，而且民谣也为语言学研究提供了语言活化石式的样本。南岭多民族的地区，民间歌谣极具区域民族的文化特征。

民俗学、人类学在南方的大学中继续深化研究，尽管1929年史语所迁至北平，但播下的学术种子继续在国立中山大学发芽。瑶山《种田歌》收集就是其中一例。1930年4月15日，国立中山大学理科生物学系瑶山采集队报告："在山中时，猺人不自承有舞歌，此次黄君季庄返省，带有两猺人来粤，经石君声汉向之设法探询，已写得其田歌一首。据云尚有甲子歌，审其读音与歌法，与广西正猺殊无甚大差异，他日入山，当详细调查之。"

  种田歌
正月新皮达旧？
二月新犁犁旧田
三月新田发旧穀
四月新秧田旧田
五月担车看田水
六月无事耍风流
七月看禾禾上节
八月看禾一朵花
九月看禾禾转熟
十月担禾入旧仓
十一月梅花齐落地
十二月山茶花正红

  1936年，黄季庄继续深入瑶族调查；是年11月杨成志教授带领研究生和本科三、四年级学生抵粤北荒洞瑶族聚居区进行人类学民族田野调查，黄季庄作为向导发挥重要作用。

第五节 人类学研究的深化

杨成志在早期受史禄国的影响，留学法国时期更注重人类学的学习，在坪石教学研究时期，运用欧美人类学的方法人类测量法和形态学研究瑶族原住民体质和结构，获得的成果影响到其他学者。医学院教授梁伯强著有《广西傜民血型检验》；国立中山大学医学院细菌研究所黎希干和张箐合撰的论文《粤北傜胞血型之检验报告》引用杨成志的调查成果："杨氏并测量傜人之体质型，为黑发，身毛面毛幼细而不多，皮肤浅棱色，身长平均数157.55cm，头平均指数82.22cm，介于中头与短头之间，面平均指数77.56cm，鼻81.74cm为中□，中额角，眼大，口大，唇不厚，与Kroeber氏所定之蒙古利亚种特征相合。故其结论中有云：傜人的身体表现无论用人类测验法或用形态学观察法，两者结果总不能跨出黄种人范围之外，尤其是与汉人体质型相似。"

通过对瑶胞600个血型计算，O型占22.66%，A型占43.50%，AB型占15.66%，其生物化学种族指数为1.75。黎希干和张箐最后的结论是："粤北傜民据历史记载，来自楚省，今指数之指示能否为傜胞迁移史之证明，值得参考。但文化与

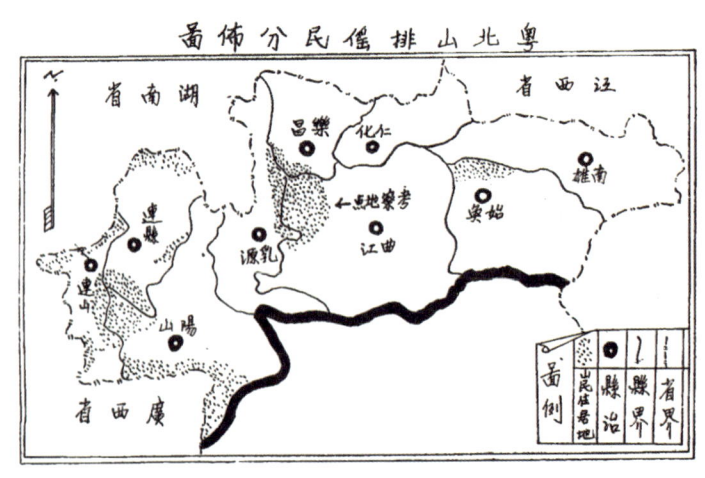

图15 黎希干和张箐所绘制的《粤北山排傜民分布图》（引自广东省林业局、广东省立中山图书馆编著的《南岭国家公园拟建区域自然资料史料汇编》）

血统保存,则为事实,按吾人之检查傜胞之'O'型甚少,与所在地之广东人民'O'型相较,差异最大;而A型占多数,如依心理学家古川氏之解说,认为A型之人温厚顺从,深谋远虑,但多疑虑而重保守,此数语或为整个傜胞民族性之写照也。"

第五章　战火中的五岭内外田野调查和研究

第一节　跨越南岭

地理学家吴尚时在《粤北侵蚀面及横谷》一文开篇写道："一九四二年吾人自滇返粤，即在野外多所工作，尤其在地形方面，虽然在物质及资料上皆缺乏，但因侵蚀面及横谷在本区至为发育，是则吾人仍应一本所知为同道报告也。"此文为吴尚时著，曾昭璇翻译。这段话有点绕口，但大意基本清楚，抗日战争环境下，居住在塘口村的吴尚时，一出门就见南岭群山，南岭自然资源调查研究在困难中继续前行。丹霞层与南雄层的研究，华南弧概念的提出，均是吴尚时先生此时潜心研究的结果，华南弧已经是从岭南内外思考问题的成果。

由于地处广东坪石和湖南的交界，各大学跨越南岭进行野外调查，岭外也成为调查研究的地域。任国荣初到坪石时任职于管埠的国立中山大学师范学院博物系，与冯沅君女士是同事，均在粤北坪石管埠乡间度过一段艰难的办学生涯。冯沅君与丈夫陆侃如均在管埠师范学院教中文，冯景兰先生当年肯定没有料到自己的妹妹会在15年后重踏自己粤北地质调查的山路。

1937年12月，农林植物研究所开始迁往香港，1938年2月开始运转工作。香港沦陷前，在香港的广东植物研究所办事处停止工作，农林植物研究所迁回湖南、广东交界处栗原堡，与农学院会合。

蒋英在1944年《新农会刊》第1期公开发表的《湖南研究植物的重要性》中提及："间有将湖南植物作系统研究者，乃为郑万钧先生，其所著湖南莽山森林之观察，载科学二十一卷九十八合期，民国二十七年出版。愚自三十年香港沦陷后，间道来湘开始湖南之植物研究：曾先后在阳明山、莽山、衡山、宜章

南岭何在？——南岭自然科学和人文科学历史文献研读

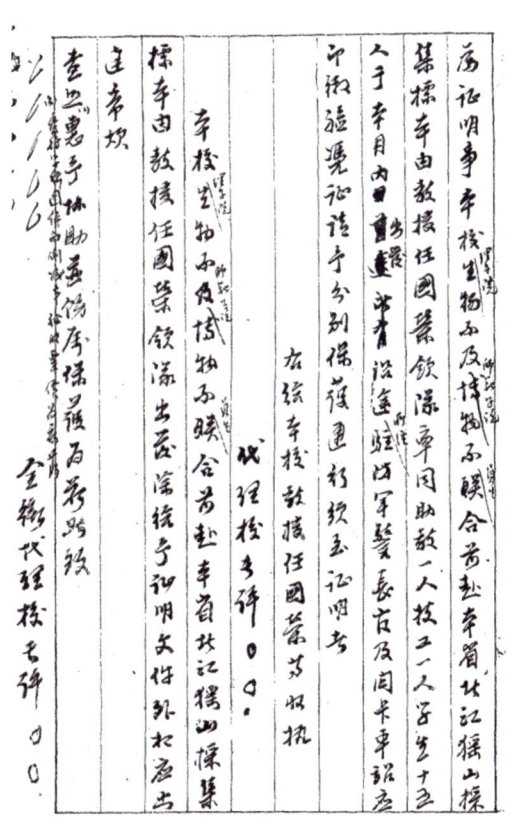

图16　1940年12月国立中山大学许崇清代理校长开具证明，任国荣教授联合理学院生物系和师范学院带队，包括助教1名、技工1名、学生15名，赴瑶山采集标本（藏于广东省档案馆）

栗源堡附近采集标本，约得三千多号。并应各方之约草拟湖南植物分布情况，衡山植物初步观察，及莽山植物初步研究（载农林部纪念专刊）均以赴梓。其余在草稿中者有衡山植物目录、莽山植物目录阳明山森林初步报告，及栗源堡附近植物目录等，除栗源堡植物约有一千二百种可以付印外，其余尚有待时日。"文中还指出郑万钧在莽山考察森林三个月，已经发现不少新种，包括广东松，该种先在乐昌发现，后又在莽山发现。蒋英在栗源堡还完成了《衡山植物分布初稿》。当宜章、坪石沦陷，蒋英又指挥师生将标本迅速转移。

1942年7月，陈焕镛提出休假，并告知农林植物研究所的资料和仪器在香港沦陷前已经藏妥，张巨伯院长报告引用陈焕镛来函内容："敬启者，现准本院农林植物研究所主任陈焕镛七月十四日函闻'溯自香港被侵以至沦陷,为时不及兼旬,事出仓卒,致本所所有标本和仪器,未克于事前运出,竟陷敌中,咨应有得,惟本所所有研究材料设备等,为十余年之心血结晶。如任其烟没毁灭,将来重欲恢复,实非易事'。"陈焕镛已经将标本、仪器藏匿完毕。"惟镛近年以公务繁重,心力交瘁,非籍休养调理恐成痼疾。特函呈钧长,拟准予请假。至本所任之农学院农林植物研究所主任职,应请本校另行派员代理。"

张巨伯院长向学校建议由蒋英先生担任农林植物研究所代理所长。由于陈焕镛留港没有到粤北,农林植物研究所从香港迁栗源堡,并由森林系蒋英教授代理农林植物研究所所务。1942年7月14日,陈焕镛致函学校申请休假,农学院院长又由张巨伯担任,张巨伯于7月17日再一次致函校长,提出蒋英任代理所长,大学再一次批准农学院的决定。

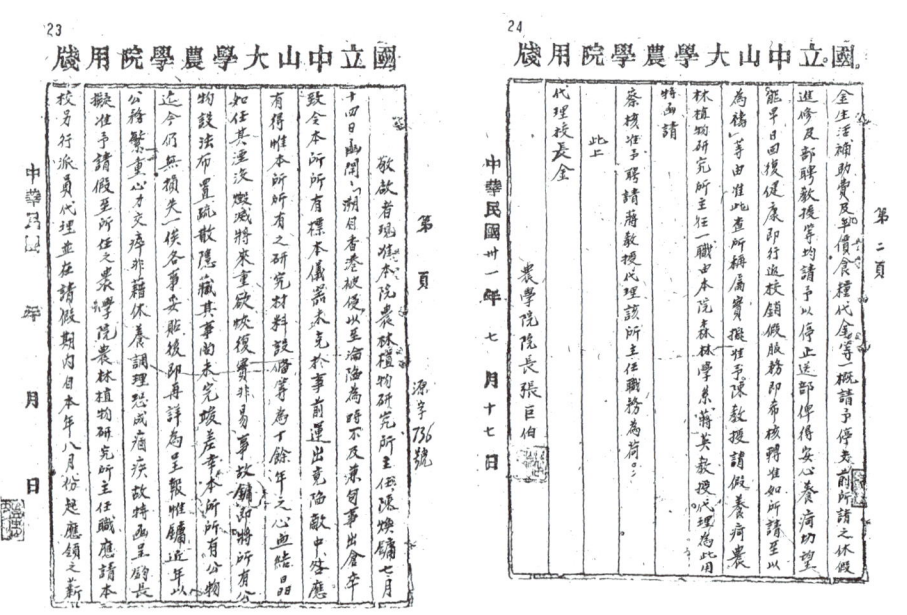

图17　陈焕镛1942年7月14日函告学校自己休假后,农学院张巨伯致金曾澄代理校长的公函,请批准蒋英为代理所长

蒋英先生在湖南宜章栗源堡农林研究所任代理所长期间，带领学生继续采集各类植物标本，收获甚丰。自己还发表《中国紫金牛科植物研究纪略》一文，落款写着"民国三十一年五月十日于湖南宜章栗源堡国立中山大学研究院农科研究所农林植物学部"。

第二节　连县东陂的生物系

广东省立文理学院博物地理系改为生物系，陈兼善教授和刘棠瑞均在连县东陂任教。胡适宜是从东莞到香港避难时读完初中，香港沦陷后又辗转到粤北读完高中，经历了粤北的炮火。她在2014年接受《东莞时报》采访时回忆道："这人口稠密的小镇，天天遭日军空袭的威胁，居民一听到警报就往防空洞跑，每天都有死在炸弹和机关枪下的无辜者。那轰炸后一片房屋燃烧的景象，那一夜之间变为无家可归者的惨状，在我记忆中永远不会磨灭。"胡适宜18岁时考入广东省立文理学院，被第一年普通生物学的课程所吸引，立志以生物学为终身奋斗目标。[①]但韶关失守，她避难到东莞，后来得知广东省立文理学院在罗定复学，她和其他六位同学步行三天抵达罗定，继续学业。

1947年，胡适宜毕业于广东省立文理学院生物系，其同班同学有郑葱英、区庆安、吴教东、王松元、周芬殿。胡适宜时年22岁，为全班最年轻的学生。原入校时共有15名同学，但毕业时仅有7名，两位女生为周芬殿和胡适宜。1946年度广东省立文理学院暑期毕业生就业志愿调查表，胡适宜在表中填写的志愿是"教育或有关本科的工作"，在粤北经历了战时残酷的动荡学习生活。恩师刘棠瑞带领学生在人皇岭头习时，住在瑶胞家，抗日战争胜利后回广州，带回了在粤北和湖南采集的标本回校。胡适宜毕业论文题为《粤北瑶山植物》，刘棠瑞教授继续指导完善其论文，师生合作联名用英文写成《广东瑶山的植物调

---

① 胡适宜：《战火压不垮植物生长的心》，载《东莞时报》，2014年7月20日。

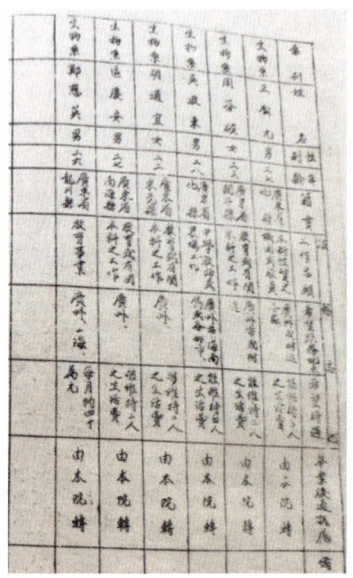

图18 1946年度广东省立文理学院暑期毕业生就业志愿调查表，胡适宜在表中填写的志愿是"教育或有关本科的工作"（藏于广州市档案馆）

查报告》（*Preliminary Report on the Flora of Yao-Shan, Kwangtung*），发表在《台湾省立博物馆季刊》1948年第1期上。

胡适宜学习的植物切片技术知识，得益于生物学系主任刘棠瑞的教导。他在1948年出版的《生物学的显微镜技术》一书的序写道："子执鞭于东南各大学，教授生物学技术垂十年，深感生物学学子之购买外文参考书之不易，即买得也以阅读为苦，而亟待有求取该科中文本参考之必要，抑尤为甚者。"1942年，广东省教育厅与国立中山大学师范学院合办中学教师暑期讲习会，邀请刘棠瑞先生授课，学员强烈地表达更新实验设备和实验技术的迫切需要，因此刘先生开始编写《生物学的显微镜技术》一书。刘先生书稿写及一半，衡阳保卫战掀起，广东省立文理学院迁至西江的罗定，跨越了连县和贺县。战火中刘先生保护书稿于身边，幸免于难。抗日战争胜利后，返广州石榴岗校园，在教务长陈子明教授支持下，1947年元旦刘棠瑞自己写了序，1948年7月由正中书局出版。①

1945年，陈兼善从重庆飞上海后乘军舰抵台北，接收台湾大学和台湾省立博物馆。1947年，受陈兼善先生的邀请，刘棠瑞教授赴台湾省立博物馆任植物部研究员，后任台湾大学农学院森林学系教授兼系主任，后又成为农学院院长。2002年森林学系改为森林环境与资源学系。现在台湾红树林的分类就是刘棠瑞先生建立的。

---

① 刘棠瑞：《生物学的显微镜技术》，正中书局，1948。

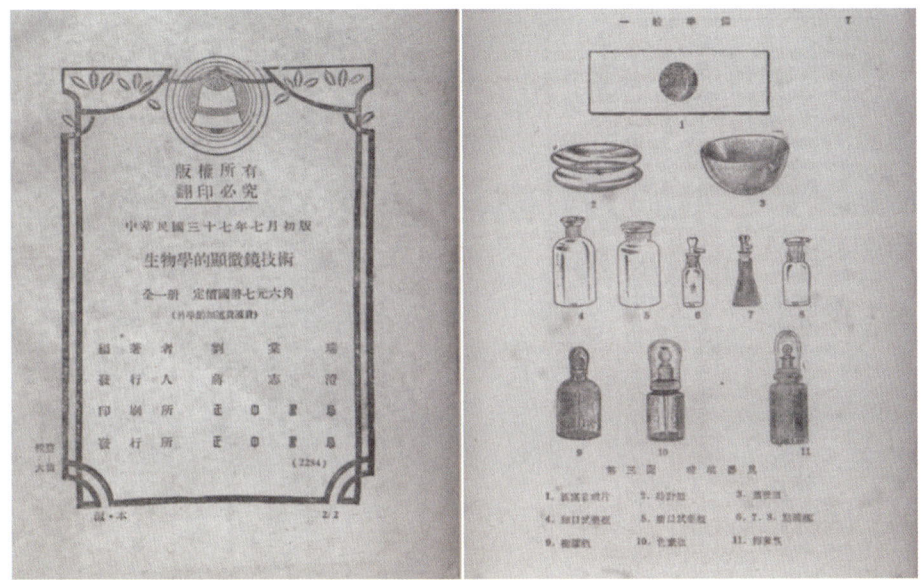

图19 《生物学的显微镜技术》扉页和书中的插图,1948年出版

第三节 猛虎和带枪的教授

华南虎存亡历史是南岭环境变化的评价指标之一,80余年前,华南虎在粤北出没仍较频繁。国立中山大学生物系教授、学生在粤北治学时,外出猎取标本必须得到校方批准带枪的证明。

1940年至1941年,任国荣在管埠师范学院任博物系主任。1940年12月,他刚抵管埠就马上申请带领师范学院和理学院生物系学生15人,赴北江瑶山开始第一次标本采集,12月5日许崇清代理校长批准申请。不到一个月,就进行了第二次标本采集。1941年1月27日至30日,他组织二、三年级学生共11人,准备前往离管埠30余里的望峰山采集标本。参加的老师有助教黄维康,负责动物标本;助教黄焕照、张宏达,负责植物标本;从生物系借用唐瑞斌,负责标本剥制。由于任国荣、董爽秋经常出外采集生物样本,后来许崇清代理校长直接开

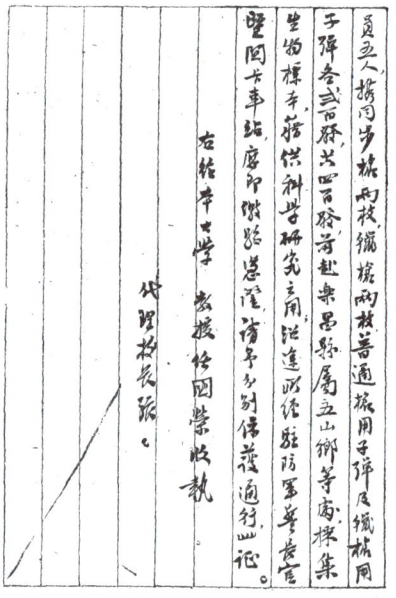

图20　1941年4月任国荣教授带领学生赴乐昌五山乡生物调查采集样本的证明（藏于广东省档案馆）

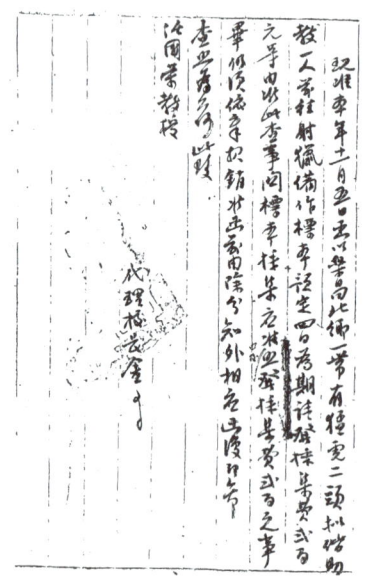
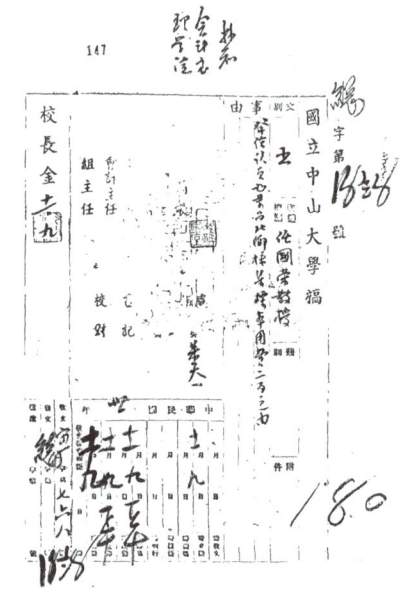

图21　1942年11月9日金曾澄代理校长为任国荣教授赴乐昌北乡准备捕猎两只猛虎出具证明

具了日期空白证明，由教授灵活填写。

1942年，任国荣向校方申请到理学院生物系任教。1942年4月2日，时任生物系教授的任国荣和董爽秋带领学生15人赴沅江、常德进行野外调查。1941年4月，任国带领学生赴乐昌五山乡开展生物调查采集样本，时任代理校长的张云开具了证明，证明中注明了携带步枪和猎枪各2支，供步枪和猎枪使用的子弹各200颗。

1942年8月19日，任国荣带领助教黎尚豪、技工唐瑞斌，前往连县采集标本，携带猎枪2支，代理校长金曾澄出具证明。

当时粤北常有猛虎出没。1942年11月，乐昌北乡一带出现两头猛虎，任国荣于是向学校申请经费并请求批准射猎后制作标本，学校复函同意。函信内容如下："现准本年十一月五日函，以乐昌北乡一带有猛虎二头，拟偕助教一人，前往射猎作标本。预定四日为期。请发采集费二百元等由，准此。查事关标本采集，应准照发采集费二百元，事毕仍须依此报销，准函前由，除分知外，请查照为荷，此致任国荣教授。代理校长金"。

第四节 地理学的实践：水灾的调查和研究

1937年，吴尚时翻译自法国地理学家M.Parde的《江河之流量》发表，该文主要从理论上讨论了影响河流流量的因素及变化规律。1943年，吴尚时编写《曲江之潦患与预防》一书，这是他在地方教学之余的贡献，也是对地理学理论的实践。参加编写的还有时任国立中山大学地理系讲师并兼韶关市坪石水文站站长的何大章，地理系年轻的助教罗来兴。1942年大水灾后，韶关市市政处与吴尚时先生商量决定建设坪石水文站，后来水文站提前发布洪水预报，当地及时疏散了居民，取得了良好的防灾效果。

在《曲江之潦患与预防》序言中，吴尚时写道：

近代新地理学,为一种研究自然与人生之科学,其富于应用性质,不言而喻。惜以国内人士习之者寡,历史复短,而一部分"专家"误以为其中关于自然方面者,不易通晓,遂生畏难之心,甚或倡导为异说,自命专攻"人文"地理,以掩饰其对于"自然"认识之简陋,其意殆谓从事人文之研究者,可以不必理会"自然"也。

此种见解,根本错误,原无批评之价值,往以吾国科学落后,文化水准低,昭然若揭之谬论,往往得以盛行于学术界中,且有习非成是之势,难容吾人文缄默。兹即以江河之潦患为例,以明"自然"与"人文"不可割分之整体性。人文地理学之"专家",或以潦患之研究可以人物之损失为限,充其量亦不过根据史书,追溯以往,多引诗词,美丽其文字,导人入胜,自以为得计。然而试问潦患之成因,潦量之大小,潦流之缓急……等问题,遂可置之乎?如其不可,则吾人乃不能不从地形地质,气候,植物……各项"自然"之现象着手作详细之分析与综合矣,至言潦患之防范,则更当深切了解上述各项之"自然"现象,由是言之,人文地理学之"专家",可无"自然"之学识乎?人文地理之不能无"自然"为基础,盖亦犹楼阁之难以凭空建立也。

吾人此次详细分析曲江之水文者,一方面固欲于地理方面,对社会竭

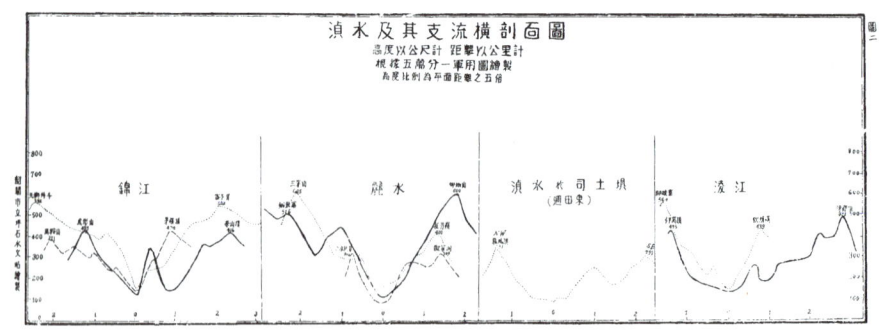

图22 何大章绘制的《滇水及其支流横剖面图》,比例1∶50000(引自广东省林业局、广东省立中山图书馆编著的《南岭国家公园拟建区域自然资料史料汇编》)

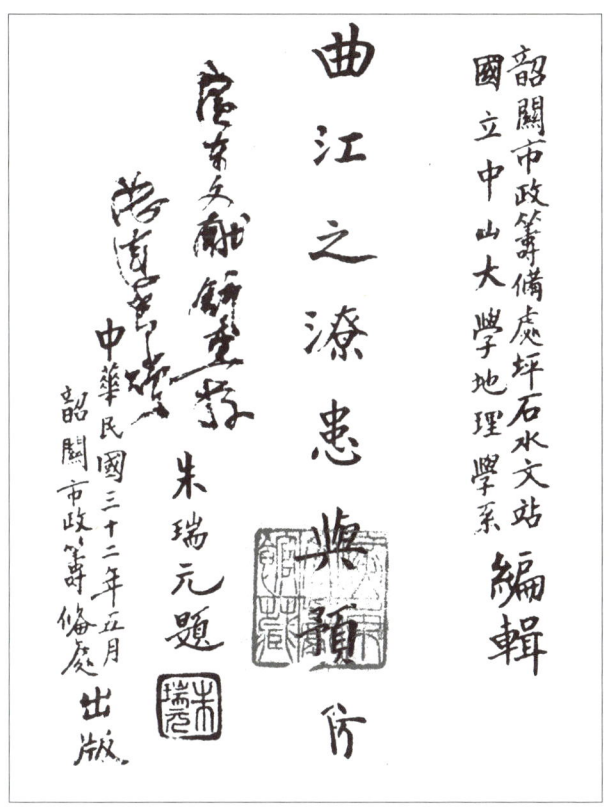

图23 《曲江之瘴患与预防》封面（引自广东省林业局、广东省立中山图书馆编著的《南岭国家公园拟建区域自然资料史料汇编》）

尽绵薄，然亦企望国内之地理同志，对于终身事业有更正确之认识，免致误入歧途也，诚如是，则吾国学术之前途，庶有豸乎。

本书附图，多由谢素徽韩定二君绘制，谨此致谢。

吴尚时于坪石中山大学地理系

一九四三年五月二十五日

文章结论若干,包括积极方法和消极方法。积极方法概括为:广植森林,修筑蓄水池,筑建堤坝。但"限以目前人力物力之缺乏,不能采用积极方法,吾人乃不得不向消极方面着想",具体方法为在仁化和乐昌城再设水文站和通信系统,使它们联系紧密,提前作潦患预告,及时疏散居民。

第五节　南岭何在:自然景观与人文景观

1934年,意大利传教士马可昂在海丰发现大量史前遗物。时在坪石国立中山大学任教的杨成志先生,将部分文物运到坪石进行研究。吴尚时先生在自己的文章《广东南路》中提及此事,并称见过这些化石。

杨成志在粤北继续民俗学的研究,人类学学科建设得到发展。同时,他对人文景观和自然景观也有著作发表,《广东名胜古迹之性质分类及其文化象征》就是此时的论著。杨教授将名胜古迹划分为八类,再细分为150目。八大类名胜古迹分别是自然景观、史前遗物、教育遗物、先贤纪念物、宗教建筑、军事及政治建筑、金石造物和文献纪念物。

吴尚时提出:"地理学家每将地面景观(Landscapes)划为自然(Natural landscapes)和文化两大类(Cultural landscapes),前者指未经人工显著更改的景观,为南北两极带,冰封雪闭之温带或热带高峰,或森林过于茂密之赤道区域。此外,又有因气候过于干燥而致者,如沙漠是也。文化景观则指自然景观,饱受人类种种活动之影响而起重大的变化者言。普通分布于温带,及比较凉快的热带。"

《南岭何在?》是李四光先生任职于中央研究院地质研究所期间,在《地质论评》上发表的两广地质调查论文,讨论南岭的地质构造,文中写道:"……所以在地文上,南岭的存在,毫不成问题……"吴尚时在坪石教学时也以同样标题发表了论文,但提出不同看法。

吴尚时在《南岭何在?》一文中写道:"笔者于民国二十九年末,随中大迁返粤北后,因校址的位置关系,对于湘粤边境一段的'南岭山脉'稍做多少实地考察,最近于坪石失陷之前,曾在地质论评某期拜读过李四光先生《南岭何在?》一文。当时虽略有些少感想,可是适正起草《华南弧》一文,未暇执笔。坪石既陷,狼狈奔避仁化,至今又经四个月。初时自然未遑喘息,其后以有家庭负担,不易筹借赴东江的旅费,只可重整旗鼓,在附近继续工作,对于南岭这一段的认识,增加些少,惟与一般见解,颇不相合,希望方家纠正纠正。"

今借此历史题目作《南岭何在?——南岭自然科学和人文科学历史文献研读》一章,以向先师学人对南岭持之以恒的研究表示敬意。

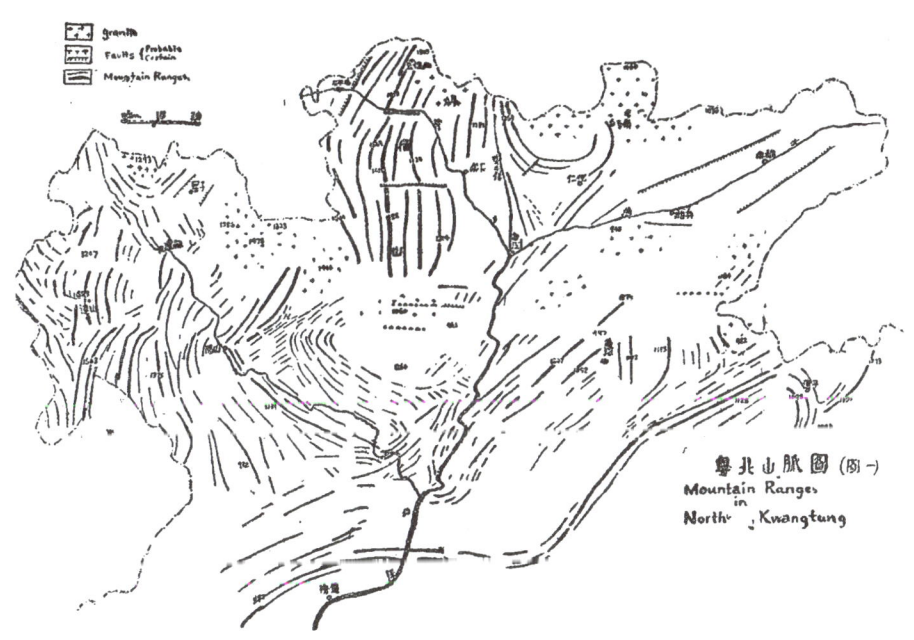

图24 吴尚时《南岭何在?》文中插图《粤北山脉图》(引自广东省林业局、广东省立中山图书馆合作编著的《南岭国家公园拟建区域自然资料史料汇编》)

岭南的记忆

（廣州中山大學民俗學會會員 1顧頡剛 2楊成志 3戴季陶 4傅斯年）
Members of the National Sun Yat-sen University, Canton, who are interested in the study of customs and manners of the peoples

廣州中山大學語言歷史研究所教職員合影
The Philology Club of the National Sun Yat-sen University, Canton

图25　国立中山大学民俗学会会员合影，中间注1为顾颉刚，2为杨成志，3为戴季陶，4为傅斯年；下图为国立中山大学语言历史研究所教职员合影。根据《顾颉刚日记》，1928年12月14日星期五研究所全体职员及考古民俗两会会员摄影

教員報告表

文科

姓名	性別	年齡	籍貫	學歷	經歷	等級	所授學科	每週授課時數	專任或兼任	本校兼任職務	月薪	到校年月
羅庸	男	30	江蘇江都	北京大學文學士	國立北京大學講師國立北京女子師範大學教授	教授	考古學 古籍校讀法 諸子文 曲學概論 曲選	12	專任	兼代中國語言文學系主任	280.	十六年八月
徐紹棨	男	50	廣東番禺	優貢學海堂專課	廣東高師廣大教授法官法政嶺南等校教員	教授	中國文學史 中國詩學概論 楚詞研究 中國書目學 歷代文體研究 散文名著	13	專任		280.	十五年十月
丁山	男	28	安徽和縣	北京大學研究所國學門研究生		教授	文字學通論 爾雅研究 六書論	12	專任		280.	十六年九月
古直	男		廣東梅縣		廣東大學教授	教授	專家詩研究 專家文研究 史傳文 賦選及賦史	11	專任		280.	十七年九月
羅常培	男	31	河北北平	北京大學文學士	國立西北大學教授國學專修科主任廈門大學文科講師	教授	等韻研究 聲韻學 經學史	10	專任		280.	十七年九月
伍俶	男	33	浙江瑞安	北京大學畢業	曾任上海光華大學中國公學廣東大學教授	教授	詩名著選 文心雕龍 駢文名著選 詩史	10	專任	文書部主任	280.	十六年十月
陳嘉藹	男	36	廣東番禺	北京大學畢業	廣東大學教授廣州市市教育局局長	教授	人生哲學概要 東西洋哲學比觀 因明學 倫理學 國文	15	專任		280.	十五年十月
羅鴻詔	男	32	廣東興寧	日本東京帝國大學文學士		教授	哲學導論 西洋近代哲學 邏輯	9	專任		280.	十六年九月
曹汝匡	男	31	廣東台山	哥侖比亞大學		教授	西洋哲學史 希臘哲學史 西洋倫理學 思想的派別	12	專任			十七年十一月
顧頡剛	男	36	江蘇吳縣	北京大學哲學系畢業	北京大學助教兼講師廈門大學國學研究院教授	〃	古代地理研究 孔子研究 春秋研究 中國上古史 研究實習	12	〃	史學系主任及語言歷史學研究所代主任	400.	十六年四月
陳楙	男	39	浙江平陽	北京大學史學系畢業	國立廣東高師廣東大學教授	〃	中國中古史上 清史要略上 中國歷代疆域形勢變遷史 中國近代史資料	12	〃		280.	十五年十月
商承祚	男	27	番禺		國立東南大學文史科教授		殷虛文字之研究 考古學書目指南 古器物銘釋 古器物研究	12			260.	十六年八月

图26　国立中山大学聘请教授专表，时年顾颉刚36岁、商承祚27岁、丁山28岁、罗常培31岁（藏于广东省档案馆）

附表：语史所与史语所在广州1927—1929年记事

时间	事件主要内容	参与人物、主要引用出处和有关学术背景
1927年3月1日	顾颉刚在日记写道："孟真来了两封快信，要我到广东中山大学办中国东方语言历史科学研究所"	《顾颉刚日记》
7月	傅斯年就职中央研究院史语所筹备委员会秘书兼代理主任	—
10月13日	容肇祖与顾夫人殷履安码头迎接顾颉刚，数天后选新屋在东山启明四马路10号二楼，房东姓梁，傅斯年时住东山春园104号二楼，容肇祖住芳草后街50号二楼。第二天容肇祖、余永梁陪同顾颉刚到文明路学校见傅斯年等	广东省档案馆馆藏档案、《顾颉刚书信集》、《顾颉刚日记》；1927年5月17日顾颉刚离开广州，为中大购书，1927年10月顾颉刚重抵广州国立中山大学任史学系主任.
10月16日	傅斯年、顾颉刚等参加会议，议定出版《国立中山大学语言历史学研究所周刊》（以下简称《周刊》）学术刊物，编辑为顾颉刚、余永梁、罗常培和商承祚。余永梁于11月完成《易卦爻辞的时代及其作者》，顾颉刚审阅，发表于《中央研究院历史语言研究所集刊》（以下简称《集刊》）第一本第一分	《周刊》；余永梁（1906—1951），就读东南大学、清华大学，为中大语史所专任编辑及事务员。中央研究院史语所成立任助理员，后聘为专任编辑员
10月21日	撰写《周刊》发刊词，10月26日顾颉刚修改定稿	《顾颉刚日记》
10月21日	顾颉刚在广州的读书笔记称为《东山笔记》，居住广州东山启明四马路，从1927年10月21日开始记录	《顾颉刚读书笔记》
10月30日	丁山完成《汉字起源考》于广州	丁文落款；《周刊》
11月7日	顾颉刚与夫人到两广地质调查所看望冯景兰所长，于东山庙前西街51号办公	《顾颉刚日记》

（续上表）

时间	事件主要内容	参与人物、主要引用出处和有关学术背景
11月	中山大学文学院民俗学会创办《民间文艺》周刊，董作宾和钟敬文任编辑，董作宾作序《为〈民间文艺〉敬告读者》	《周刊》《民间文艺》；时钟敬文被中国文学系聘为教务助理
12月	1927年12月编制的文科教职员名册造表以到校先后为序。文科教授：徐绍棨、陈槃、伍俶、黄尊生、龚茹里、崔载阳、何思敬、傅斯年、顾颉刚、汪敬熙；文科教职员：马衡、陈嘉蔼、庄泽宣、罗鸿诏、商承祚、杨振声、吴梅、丁山、罗常培、刘奇峰、刘应南、石坦安；预科教授：容肇祖、伦叙、李德桂；文科讲师：谭太冲、杨伟业、温仲量、李伟南等	广东省档案馆馆藏档案
1928年1月3日	《周刊》第10期载傅斯年《评丁文江的〈历史人物与地理的关系〉》，顾颉刚按：此书写于1924年正月间致顾颉刚的信札	《顾颉刚年谱》《周刊》
1月17日	顾颉刚致函容庚，推荐中大同事罗常培《声韵缘伦叙起》论著给《燕京学报》丁山、罗常培住广州东山龟岗三马路66号三楼	罗常培、容庚；《顾颉刚日记》；罗常培（1899—1958），毕业于北京大学，时任国立中山大学文科教授兼代中国文学系主任
2月6日	顾颉刚请罗常培到家，"今夜为商研究所事（在中大语史所外另立大学院之语史所于广州），邀莘田等来吾家商量"。第二天在校与傅斯年、容肇祖等再商量	《顾颉刚日记》
2月28日	顾颉刚、傅斯年草拟了《中央研究院历史语言研究所筹备办法》以及《集刊》大致题目，确定请蔡元培先生撰发刊词，呈报历史语言研究所工作和方言调查计划书，由顾颉刚、容肇祖、余永梁、丁山、钟敬文、罗常培和傅斯年各撰自己领域文章	《傅斯年遗札》

（续上表）

时间	事件主要内容	参与人物、主要引用出处和有关学术背景
3月10日	美国毕士博（C.W.Bishop）函达李济，望速来华盛顿并告知出发日期，因李济母亲身体欠安推迟	台北"中央研究院"历史语言研究所傅斯年图书馆整编史语所档案目录，以下简称《目录》
3月21日	《民间文艺》改为《民俗》出版，容肇祖、钟敬文和刘万章任编辑。1—26期钟敬文主编，27、28期合刊至92期容肇祖主编，刘万章主编至110期停刊	刘万章（1905—1968），时任文科教育系教务助理员
3月	傅斯年、顾颉刚、杨振声三位聘为中央研究院史语所筹备员	《周刊》《顾颉刚书信集》
3月	丁山完成文稿《数名古谊》	丁山文中落款
4月10日	中央研究院修正组织条例，脱离大学院，直属民国政府	—
4月13日	校方函告傅斯年文学院准办语言历史研究所	《目录》
4月14日	商承祚调查广州员村发现晋代古冢	《商承祚文集》
4月30日	傅斯年、顾颉刚、杨振声函呈大学院，告知收到聘书并筹备处成立，请商承祚刻一印章，提及本年1月中，傅斯年在南京时陈"借用在广州之语言历史研究所已成就及将建者，以成中央研究院之语言历史研究所"。函附《中央研究院历史语言研究所筹备办法》，为顾颉刚、傅斯年拟于1928年2月28日	《傅斯年遗札》
5月2日	呈大学院史语所图书备置大纲，请批示，获得批准	《目录》
5月4日	顾颉刚作中央研究院史语所预算、集刊目、计划书	《顾颉刚日记》

（续上表）

时间	事件主要内容	参与人物、主要引用出处和有关学术背景
5月5日	傅斯年、顾颉刚、杨振声三位史语所筹备员联合致信中央研究院蔡元培、杨杏佛两先生，提出史语所研究员名单，以及筹备其他问题	《傅斯年遗札》《顾颉刚书信集》《傅斯年全集》；杨铨（杏佛）任中央研究院总干事从1928年1月至1933年6月18日
5月5日	随函附件为筹备委员拟定《组织大纲》草稿，报大学院	《傅斯年遗札》
5月6日	黄仲琴完成《泉州调查计划书》	《目录》
5月6日	丁山完成《殷栔亡丈说》于广州东山	丁山文中落款
5月10日	国立中山大学生物系教授兼主任辛树帜率领石声汉、任国荣、黄季庄、蔡国良等助教组成生物调查队深入桂黔粤等地深山调查。辛树帜的《瑶山调查》是致信傅斯年展开的，并刊于《周刊》	《周刊》
5月16日	中大语史所召开本所第一次事务委员会会议，傅斯年主持，杨成志记录，出席会议者有顾颉刚、黄仲琴、余永梁、马太玄、徐信符、罗常培	《周刊》《顾颉刚日记》
5月29日	冼玉清女士带岭大7名学生到校参观，顾颉刚陪同至图书馆和研究所	《顾颉刚日记》
5月	傅斯年撰写《历史语言研究所工作之旨趣》	《集刊》
5月	傅斯年提议，筹备委员通过《中央研究院历史语言研究所关于语言学工作之范围及旨趣》	《集刊》《顾颉刚书信集》《傅斯年全集》
5月	顾颉刚、傅斯年在《造像征集启》提出先进行摄影、搨拓	《集刊》

（续上表）

时间	事件主要内容	参与人物、主要引用出处和有关学术背景
6月6日	筹备委员再次致函中央研究院为董作宾争取研究员资格，附上董作宾所编制安阳调查办法大纲，包括时间、地点和经费，发给调查河南古迹古物委任状	《傅斯年遗札》
6月9日	中央研究院成立	—
6月11日	傅斯年主持中大语史所第三次事务委员会会议，议决调查粤北古迹	《周刊》
6月24—29日	容肇祖和商承祚赴粤北进行调查，容肇祖写成《韶州调查日记》	《周刊》
7月10日	顾颉刚、傅斯年、杜定友、罗常培等为赴滇调查诸同事在南园午餐送行	《顾颉刚日记》
7月12日	杨成志、容肇祖、史禄国"负有本所及中央研究院历史语言所两机关的使命被派往滇从事调查西南民族"	《周刊》
7月25日	容肇祖出发后给顾颉刚的信札《安南通信》刊载于《周刊》	《容肇祖全集》
7月27日	董作宾致函傅斯年报告安阳盗掘情形	傅斯年、董作宾
8月2日	傅斯年致信蔡元培，询问董作宾、商承祚、容肇祖、余永梁、黄仲琴能否在研究员和助理员之间设立一名目，总干事杨杏佛先生批示"聘为编辑员。铨"	蔡元培、杨杏佛、傅斯年；《傅斯年全集》《顾颉刚书信集》
8月4日	《国立中山大学语言历史学研究所招生广告》招研究生10名，额外研究生10名	顾颉刚；《周刊》
8月15日	辛树帜邀请顾颉刚参观瑶山调查采集的标本、风俗歌谣等成果，将移至风俗物品陈列室	《顾颉刚日记》
8月30日	董作宾致函傅斯年，函寄安阳发掘报告并开大举发掘五条欶酌	《目录》

（续上表）

时间	事件主要内容	参与人物、主要引用出处和有关学术背景
9月6日	刘半农致函关于民间文艺组计划及预算	刘半农、傅斯年；《目录》
9月8日	赵元任致函傅斯年，函述广州方言调查计划	《傅斯年遗札》《目录》
9月12日	史语所致函董作宾，委托董先生主持史语所在河南古物调查及征集中各事项，主持安阳殷墟发掘工作	《傅斯年遗札》《目录》
9月13日	赵元任致函傅斯年，函询罗马字是否审查完毕	《目录》
9月18日	致函陈寅恪，蔡元培聘先生为研究所研究员	—
9月18日	史语所致函黎光明，聘为助理员	黄河伯、黎光明、常惠、赵邦彦、王庸为最早一批助理员；黎光明1927年从中大毕业，入所后入川完成《川康民俗调查报告》；《目录》
9月20日	致函刘半农，聘为兼任研究员	《目录》
9月20日	史语所分别致函常惠、黄河伯，聘为助理员	常惠（1894—1985），毕业于北京大学，歌谣学的推动者。1929年9月29日常惠完成《云冈调查报告》，1933年10月完成《陕西调查古迹报告》
9月29日	容肇祖致函傅斯年，函告租房及推荐人选	《目录》
9月29日	容肇祖、黄仲琴陪同顾颉刚到东山柏园看房子，准备为史语所使用	《顾颉刚日记》
10月1日	顾颉刚致信校长，将容肇祖和东陆大学函件附上，报告史禄国违背本校派遣赴滇调查宗旨行为	《目录》

（续上表）

时间	事件主要内容	参与人物、主要引用出处和有关学术背景
10月3日	刘朝阳完成《几何原本》写作，之前刘朝阳发表《十九世纪后半期的西洋史学》，刊载于《周刊》第6期。最重要文章《史记天官书之研究》写于1929年3月	刘朝阳于厦门大学毕业，时任文科教育系教务助理，后参加殷商及古代天文学研究
10月4日	董作宾致函傅斯年，9月24日抵开封，洛阳发掘已获准，地方志已经购买10余种，史语所10月4日聘赵邦彦、王庸为助理员。10月21日史语所函告大同县政府等，赵邦彦赴云冈调查，希保护照料	《目录》；赵邦彦于1929年11月完成《调查云冈造像小记》一文，并刊于《集刊》第一本第四分
10月18日	李方桂致函庄泽宣，附履历一件	《目录》；庄泽宣时任教育研究所主任。李方桂出生于广州，在美获得语言学博士回国，曾在广东利用装置研究海南岛方言发音
10月22日	史语所搬入东山柏园，傅斯年10月26日致函广州公安局新设所址，为东山恤孤院街35号柏园，并说明设广州便于从事人类学和方言学研究。10月21日傅斯年、顾颉刚、黄仲琴一起到现场看房子确定下来	《目录》《傅斯年遗札》《顾颉刚日记》
10月25日	黄仲琴完成《泉州调查第一次调查报告》	《目录》；黄仲琴（1884—1942），在岭大、中大任教授，碑帖名家，1942年在香港病逝
10月27日	董作宾致函傅斯年，函告24至26日工作报告，谓近三日成绩，甚堪告慰。同日中山大学函告顾颉刚已汇薪金和旅费至昭通邮政局给杨成志	《目录》
10月29日	顾颉刚为史语所写招牌	《顾颉刚日记》

（续上表）

时间	事件主要内容	参与人物、主要引用出处和有关学术背景
10月30日	《请纂修广东通志》提案	黄仲琴、顾颉刚草拟；《目录》
10月	傅斯年于1927年10月开始拟定《中国古代文学史》讲义大纲，1928年10月改订完	傅斯年文落款
10月	出版的史语所《集刊》创刊号为第一本第一分，发文的有胡适、董作宾、余永梁、商承祚、丁山、容肇祖等，集刊封面印有"各地商务印书馆经理发行"，封底印有"本所所址：广州东山柏园内"，并且注明"此为暂址后来或须迁京或北平"。以"本"和"分"分期。创刊号附白："本刊每四分为一本，每本约有五百单页，每本完成附以目录、检题，及每篇英文或法文提要，其以外国文著作者，附以汉文提要。"	《集刊》
11月1日	董作宾致函傅斯年，函告27日至30日工作报告，工作已于30日停止，整理成绩，大约有字甲骨764片	《目录》
11月3日	傅斯年函复董作宾两书一电均收到，发掘应注意之点，研究所至现在，唯一成果，并告知李济留住广州一周	《目录》《傅斯年遗札》
11月5日	李济函告美国毕士博关于旅途情形和傅斯年邀请入史语所之事	《目录》
11月6日	罗常培函送方言调查经费及中国方言分年进行程序	《目录》
11月7日	李济到东山柏园史语所与同事见面，同日傅斯年致函杨杏佛，函达与李济商定河南考古七条具体办法，实际是工作关系、经费支持、人力支持等	《李济传》《傅斯年遗札》《顾颉刚日记》及广东省档案馆藏档案

（续上表）

时间	事件主要内容	参与人物、主要引用出处和有关学术背景
11月8日	李济演讲《中国最近发现之新史料》，余永梁记录	《周刊》第57—58期
11月22日	董作宾致函傅斯年，函告寄上照像一册，附卜辞写印本，"发掘前途，弟将作一计划，与兄商之"	《目录》、董作宾《民国十七年十月试掘安阳小屯报告书》，收录于1929年10月《安阳发掘报告》第一期
11月24日	史语所致函广东东北区善后委员公署，函告开筑南雄公路，发现古物必多，所里准备派员随同筑路员工从事查视，若有古物出土，即登记报告。11月28日公署复函赞同	《目录》
11月26日	容肇祖致函傅斯年，辞津贴	《目录》
11月29日	傅斯年致函中央研究院安阳古物保存办法	《目录》
11月	刘复编写完《民间文艺组计划书》	刘复即刘半农；《目录》
12月1日	傅斯年致蔡元培院长函，史禄国辞中大教职改任专任研究员，为日后在广州人类学研究准备	《目录》《傅斯年遗札》
12月1日	教育部公函，自11月起中央研究院史语所所有经费由中央研究院划拨	《目录》
12月12日	史语所分函各级学校，函派赵元任出发调查方言请查照并予面洽一切由	《目录》
12月14日	中大语史所全体职员及考古民俗两会会员合影	《顾颉刚日记》
12月15日	中大语史所接收了广东省民政厅移交代管整理的历史档案一批，从光绪中叶起到1925年的记录，数目有36000余份	广东省档案馆藏档案

（续上表）

时间	事件主要内容	参与人物、主要引用出处和有关学术背景
12月18日	董作宾致函傅斯年，函告与李济决定明春开始工作，推介郭宝钧为本所助理员，拟在一个月内将报告呈上	郭宝钧时任河南省教育厅督学；《目录》
12月20日	李济致函傅斯年，函达在河南与董作宾接洽情形	—
12月24日	向蔡元培呈报顾颉刚12月15日撰写完成的《文籍考订组计划》	《顾颉刚日记》《目录》
12月24日	顾颉刚被中大聘为文学院语言历史所主任，顾先生致函校长推荐商承祚为考古学会主席，容肇祖为民俗学会主席	《顾颉刚书信集》
12月27日	顾颉刚拟定语史所委员会委员名单报校长，委员名单中有刘奇峰、顾颉刚、商承祚、陈枋、伍俶、容肇祖、黄仲琴和余永梁。语史所拟聘顾问名单，包括已任史语所所长傅斯年、研究员赵元任	《顾颉刚书信集》
1929年1月1—3日	中大语史所展览会举行，分古物、民俗物品、书籍、碑帖、档案、书画和本所出版物，获得好评	《展览会说明书》
1月5日	校方批准语史所委员名单	《周刊》
1月16日	《周刊》第62—64期合刊登出了顾颉刚对一年多语史所工作的总结文章	《周刊》《顾颉刚年谱》
1月17日	史语所函呈蔡元培，请核定顾颉刚薪额	《目录》
1月18日	史语所致函广东省北区善后委员会，"为派赵元任先生赴韶关，或需转赴各县调查语言，函请贵府照料由"	《目录》
1月20日	罗常培致函傅斯年，函送个人研究及音韵组工作计划	《傅斯年遗札》《目录》

（续上表）

时间	事件主要内容	参与人物、主要引用出处和有关学术背景
1月20日	傅斯年于1928年11月开始撰写《诗经》讲义稿，于1929年1月20日完稿	《傅斯年全集》
1月28日—2月5日	史语所所务会议建议聘李济为本所秘书，2月5日送达聘函	—
1月31日	傅斯年致函蔡元培，并附罗常培1月20日复函和个人工作计划，《广州话研究》《等韵研究》，下月辞中大教职，任史语所专任研究员	《傅斯年遗札》
2月3日	中大语史所和中央研究院史语所同人在柏园开会欢送赵元任回北平。1928年11月10日赵元任抵广州，开始奔各地采录粤语方言，1929年2月4日离开广州经香港，两渡海轮至上海后转北平	《顾颉刚日记》《赵元任年谱》
2月5日	刘复完成《声调之推断及声调推断尺之制造与用法》	刘复（刘半农）文中落款
2月12日	顾颉刚最后一次到柏园	《顾颉刚日记》
2月20日	杨成志写作云南调查论文之一《罗罗太上清净消灾经对译》，完成于国立中山大学文史所编辑室	杨成志文中落款
2月21日	在广州李方桂完成《广西凌云猺语》，同月傅斯年、赵元任致函庄泽宣，转告欢迎李方桂到所工作任专任研究员，工作地应为广州及东南亚	李方桂文中落款，发表于《集刊》第一本第四分
2月	傅斯年完成《战国文籍中之篇式书体——一个短记》	傅斯年、刘复、李方桂各文落款
3月11日	余永梁完成《整理匋文报告》	《目录》
3月12日	董作宾致函傅斯年，函达开始发掘并问何日迁北平	《目录》

（续上表）

时间	事件主要内容	参与人物、主要引用出处和有关学术背景
3月14日	徐中舒致函傅斯年，报告抵平后晤商结果，所址、档案、敦煌材料三项请分别缓急酌量进行	《目录》
3月20日	语史所完成《组织大纲之修正》获校长批准公布	《周刊》
3月23日	杨成志完成两所交给的西南民族调查任务，历时近两年时间，载誉归来	《周刊》
3月25日	顾颉刚致函傅斯年请改任特约研究员	《目录》
4月13日	傅斯年函复顾颉刚同意改任特约研究员	《目录》
4月16日	徐中舒致函傅斯年，函达静心斋屋接洽情形及研究题目	《目录》
4月18日	萧纶徽（会计）致函傅斯年，史禄国俟本所搬往北平后乃迁入柏园	《傅斯年遗札》
4月20日	傅斯年致函余永梁，通知获蔡元培院长批准拟派余永梁赴巴黎研究法国收藏的敦煌材料	《目录》《傅斯年遗札》
4月24日	罗常培写作《杨选杞声韵同然集残稿跋》完稿于广州柏园。同日傅斯年函告丁山，改为专任委员已获得蔡元培核准	罗常培文中落款，《目录》《傅斯年遗札》
5月1日	李济在考古现场日记写道："五月一日：腰圆形灰土仍继续下延并出字骨、铜线及铜片，净黄土底下午出现"	《小屯地面下情形初步分析》，刊于1929年10月《安阳发掘报告》第一期
5月20日	罗常培致傅斯年电，函询书记是否给月薪、杂务及所家私如何处理，派定代表等事由	《目录》

2022年3月9日于北京，附表编制于广州春分时。

步行于广州的文明路
与东山恤孤院街间

"史语所"在广州创建时期的历史研究

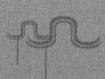

第一章　广州东山恤孤院街

第二章　史语所的前奏"语史所"

第三章　岭外播种、岭内开花：安阳发掘和广州筹划

第四章　"语史所"的早期研究成果

第五章　没有到北平的史语所创建者

步行于广州的文明路与东山恤孤院街间
——"史语所"在广州创建时期的历史研究

1924年冬,孙中山先生离粤北上,主张召集国民会议,并拟设中央学术院为全国最高学术研究机关,以立建设基础,同时草拟计划。中央研究院包括历史语言研究所在4年之后成立,最根本的动力来自孙中山先生的思想实践。

步行于广州的文明路与东山恤孤院街间——"史语所"在广州创建时期的历史研究

第一章 广州东山恤孤院街

东山由于近期的区划调整,已经从地图上消失,这一地名在近代广州历史上有着特殊的象征。东山,历史上特指今天广州越秀区的龟岗、庙前西街、寺贝通津路、培正路、恤孤院路、烟墩路和新河浦一带。①

第一节 家在广州东山

从留存的1927年至1928年国立中山大学的档案中,发现不少教师租住的住房在广州东山,粤籍的教师较多住在文明路附近。商承祚住广州官塘街新四十九号贺宅,伍俶住东山恤孤院街新新二号。②1927年至1929年间,不少教师发表的文章落款处、写作处是广州东山,如在史语所《集刊》第一本第一分上,时为国立中山大学文科教授丁山先生发表的文章落款是"1928,5,6,广州东山";陈锡襄先生在《周刊》第11—12期合刊发表的《调查现代欧化民俗提议》落款是"1928年1月2日于东山";罗常培先生在1928年5月2日出版的《周刊》合刊《切韵专号》发表的文章《切韵探赜》落款为"1928.2.24,写竟于广州东山寓次"。

1926年冬,在德国柏林大学哲学院学习的傅斯年回国,受聘为国立中山大学文科主任,伍俶先生有文提及:"民国十四年的春天,我由姜伯韩介绍,进

---

① 南粤古驿道研究课题组:《重返杨匏安烈士在广州的历史时空》,中山大学出版社,2019,第106页。

② 广东省档案馆馆藏档案,档号020-003-73-085-090。

了广州大学,过了几个月顾孟余先生做了中山大学委员会的副委员长,提议聘请傅孟真做文学院院长。"①伍俶,瑞安人,与傅斯年同年进入北京大学读书,曾在上海光华大学、中国公学和广东大学任教,在广州时33岁,在国立中山大学文科任教授,讲授"诗名著选""文心雕龙"等课程。顾孟余属于傅斯年的前辈,生于北京,1906年赴莱比锡大学和柏林大学学习,于1911年毕业回国,曾任北京大学教务长、广东大学校长,是《新青年》撰稿人之一,1927年春在国立中山大学文学院创建语言历史学研究所。1928年3月,中央研究院历史语言研究所开始筹备,1928年3月20日顾颉刚在日记中写道:"蔡先生有电来,中央研究院语言历史学研究所款照汇,筹备委员照派。此事遂可进行矣。"②

1928年4月,蔡元培接受傅斯年筹备研究所的建议。在傅斯年、顾颉刚、杨振声三位筹备委员的努力下,1928年7月研究所完成筹备并正式成立,傅斯年为秘书兼代理主任。研究所的名字为历史语言研究所,简称"史语所"。同年10月22日迁入广州东山恤孤院后街35号,即"柏园"。1928年9月29日,顾颉刚在容肇祖、黄仲琴的陪同下到东山看房子,《顾颉刚日记》中记道:"到校,晤绍孟。到元胎家,未晤,与莘田同归。元胎仲琴来,到柏园看房屋,为中央研究所之用,但不合。"

1928年10月21日,傅斯年、顾颉刚、黄仲琴再一起到现场看房子后确定此址。傅斯年曾住东山春园104号二楼,顾颉刚住东山启明四马路10号二楼。1927年10月13日顾颉刚抵广州任教时,容肇祖提前安排并带顾先生居住此处。

傅斯年于1928年4月2日致函胡适,邀请其来广州时提及:"即我去年走后,已辞房,前月返来,不及赁,近甫赁成,捨与金甫、缉斋等六人同居此楼,便于日过往者,而就此百子路之寓,皆此寓房间稍多,便先生来。若论我方便,则此地不如朋友共居之春园甚远。"③"缉斋"是汪敬熙先生的字,其出

---

① 伍俶:《忆孟真》,载《傅故校长哀挽录》第2卷。
② 顾颉刚:《顾颉刚日记》卷二,中华书局,2011,第147页。
③ 王汎森、潘光哲、吴正上:《傅斯年遗札》,社会科学文献出版社,2011,第83页。

步行于广州的文明路与东山恤孤院街间——"史语所"在广州创建时期的历史研究

国留学是胡适当年选拔的,汪敬熙毕业于美国约翰·霍布金斯大学医学院,获得博士学位。此时他在国立中山大学建立了国内最早的神经生理学实验室,当时居住地址是恤孤前街春园103号三楼。汪敬熙于1934年被聘为中央研究院心理学研究所所长。担任汪先生助手的助理教务员鲁子惠后来成为中国著名的生理学家。

信中提及的"金甫"就是杨振声的字,杨先生从北京大学毕业后赴美国哥伦比亚大学读书,获得文学博士学位,1924年回国。他们都是胡适的学生,傅斯年在函中极力邀请胡先生来广州,将这些细节写上,没有料到为今天研究提供了有价值的信息。

顾颉刚抵广州时,丁山已经在校上课,丁山、罗常培住东山龟岗三马路66号三楼。① 东山距校区有一定距离,在文明路中山大学,丁山先生讲授"文字学通论",罗常培先生讲授"声韵学""经史学"。这若干住所与柏园的距离均步行可达。

1928年10月22日,中央研究院历史语言研究所离开文明路国立中山大学校园,搬入东山柏园。傅斯年10月26日致函广州公安局,新设所址为东山恤孤院街35号柏园,并说明设于广州是因为便于从事人类学和方言学。1928年12月1日,根据教育部公函,自该年11月起中央研究院史语所所有经费由中央研究院划拨。

在抗日战争时期,1941年史语所研究员罗常培搬到西南后方板栗坳,他于7月2日写道:"晚上和史语所十几位老同事在牌坊头的堂前聚谈。上弦月穿过乔楠的枝叶,疏影洒在地上,大家有说,有笑,有唱;也庄,也谐。不由得想起东山的柏园,北平北海静心斋的叠翠楼和罨画轩,先蚕坛的'蕫西厢',东单牌楼的洋溢胡同,上海小力柳堂的帆影枞和南京的北极阁。一恍儿过了快十年。"1943年罗常培先生汇集了在四川、云南的文章出版了小册子,一本为

---

① 广东省档案馆馆藏档案,档号020-003-73-085-090。

《蜀道难》，另一本为《苍洱之间》，更巧的是8月史语所的筹备委员杨振声先生为《苍洱之间》册子作序。

1929年1月30日蔡元培致函傅斯年："孟真吾大鉴：承寄历史语言研究所各种刊物，想见勇猛精进，良勘欣慰。唯研究所已迁出中大，而刊物上却见有中山大学字样，或是发稿时尚未脱离中大也。同人均以研究院有散漫之状，前途颇为危险。现在拟集中京沪两处，希望史语研究所即迁首都，其重要关系，已详于杏佛先生函中，想兄必能采纳。"[①]仔细查阅史语所《集刊》第一本第一分，所务记载和各作者文章落款均未见蔡先生提及的中山大学字样，唯一可能，就是傅斯年将《周刊》同时寄上，中央研究院史语所《集刊》当时仅出版至第一本第一分，《周刊》出版至60期左右。史语所教授们也是《周刊》的重要撰稿人，可以说离开广州前，两所联系无论在同栋楼或者单独设址，都难分难解。1929年1月31日致函蔡元培专门报告罗常培先生答应改为专任研究员一事，2月20日傅斯年函致蔡元培，也未有解释此情况，仅报告从本月起，即自己从1929年2月起，"不在中大兼如何钟点"。同年3月，傅斯年与顾颉刚通信两次，集中讨论兼职和专职问题，事因中央研究院1928年夏要求研究所主任、秘书必须专任专职，后来又要求研究所学组主任也必须专职专任，顾先生没法接受。

1954年罗常培先生在北京语言历史研究所做报告时讲道："在中山大学教书的过程中，我觉得自己的学问不充实，应当充实自己再去教书。于是我辞去中山大学中文系主任的职务，进入中央研究院历史语言研究所。那时研究所只是一个筹备处，设在广州东山，傅斯年任所长。我主要想整理音韵学史，我想把汉语发展史全部列入计划，我又想研究广州话的虚词，又想学瑶语。"[②]1928年5月2日《周刊》出版《切韵专号》，为第25—27期合刊，罗常培为董作宾文

[①] 高平叔、王世儒编注：《蔡元培书信集》，浙江教育出版社，2000，第944页。
[②] 罗常培：《罗常培文集》，云南大学出版社，2018，第212页。

步行于广州的文明路与东山恤孤院街间——"史语所"在广州创建时期的历史研究

章补注说明此专号是1927年11月与董作宾和丁山讨论确定分头行动,董先生在寒假因母亲生病回乡南阳,所以他和丁山编辑起来有点吃力。12月1日董作宾获知母亲情况后急归,赠送《明史窃》给顾颉刚。罗常培和丁山时住东山,他们发表的文章落款有"东山"之记,《切韵序校释》记为"落款1928年1月22日即丁卯岁徐,脱稿于东山客次";以"心恬"为笔名写的《切韵专号》"编辑媵语"落款记为"1928.5.22,写于东山寓次"。马太玄也住东山,马先生写的文章《万斯同之生平及其著述》发表于专刊时落款写着"1928年3月6日写于东山松岗西太玄室",陈锡襄先生在1928年7月出版的《周刊》第35—36期《西南民族研究专号》发表的《瑶民访问记》落款为"1928年5月1日,于东山"。根据《顾颉刚日记》,"自大学后门步至公医,凡一千四百五十步。自公医至署前街铁轨,凡一千步。自铁轨至家凡七百步,自校归家约四里,较大石作至译学馆远一里半,自公医前经长庚门西归,凡一千二百步,较走马路少五百步,自菜园北归,较走署前街少三百步"。顾颉刚曾陪同赵元任从东山步行到文明路校区。赵元任夫妇到广州后住东山傅斯年家,他到中央研究院(柏园)欢迎赵元任,赵元任曾到顾颉刚、罗常培家做客,根据登记的住址,顾颉刚、罗常培的住所均距离柏园很近。① 1929年春节前后,顾颉刚夫妇、傅斯年、余永梁在容肇祖家中共聚晚餐,大年初三顾颉刚到了伍俶、余永梁等同事家贺年,回家用餐,又到了中央研究院(柏园),然后到同事罗常培、丁山、古直等家贺年。

《顾颉刚日记》于11月16日写道:"树帜来,同到中央研究院,为欢迎赵元任先生。"11月19日"到中央研究院,为写李继梅信",12月15日"到中央研究院,到孟真寓"。除了返文明路上课,顾颉刚又需要多跑一处。

《周刊》不时有中央研究院史语所的消息。在1929年4月10日《周刊》第76期"学术通讯"栏目中,魏应麒给福建柏庐厅长的信函就风俗调查建议"现中央研究院有方音方言、西南民族二研究组设立,福建历史博物馆若能搜集此二

---

① 广东省档案馆馆藏档案,档号020-003-73-156-157-085-090。

项材料，于学术上是有很大的贡献的"，以"闽人魏应麒敬上十八年二月于国立中山大学语言历史学研究所"为落款。这证明1929年2月前史语所在广州已经成立了方音方言组和西南民族组。信中建议设立"革命纪念品部"，其中一项工作是"搜集总理及先烈生前所用物品，足资纪念"。

1929年史语所北迁北平，当年秋，在北平北海静心斋史语所同人有一张合影，这张照片颇有历史标志，是史语所成立近一年来较为稳定的班底，长衫和西装混搭。吴亚农，姓名是吴巍，亚农是字，时任事务员，专门受傅斯年所托从广州先到北平筹划，与语言组赵元任在3月先开办。其中部分已经是史语所专任研究员、兼任研究员、专任编辑员、兼任编辑员没有在照片中，他们可能在异地进行研究工作。这批人物还有一个共同点，基本上与广州国立中山大学有关联。除创建时期的中大老师外，朱希祖先生曾赴日本早稻田大学攻读历史，

图1　1929年史语所北迁北平，当年秋，在北平北海静心斋史语所同人合影

步行于广州的文明路与东山恤孤院街间——"史语所"在广州创建时期的历史研究

在日本时受到孙中山思想的影响,返国后在北平多所大学任教,1929年受聘为史语所专任研究员,在1933年南下广州国立中山大学任文史研究所主任。

史语所设有图书馆,1929年7月在国立中山大学设立办公室。傅斯年在1929年致杨杏佛的函中附页为员工增薪写道:"历史语言研究所最努力之职员为杨樾亭君。此君上午八时半到,下午七时归。中国书一万两千册,外国书四千册,于四个月内编就Accession Card Catalogue。"并说明杨樾亭君是岭南大学文学士、中山大学附属小学班主任。

顾颉刚在中山大学负责的刊物中,还有《图书馆周刊》,该刊的刊头语是杨振声先生所写。

1928年5月2日筹备委员致信大学院报上图书备置大纲,但已经积累了不少书籍。可见当时柏园最重要的图书馆藏书就是史语所重要家产之一,离开广州

图2　文明路国立中山大学图书馆历史照片(引自1929年《周刊》)

图3 国立中山大学语言历史学研究所旧书整理部职员在文明路语史所前合影。1928年4月10日整理旧书会议拟定分工，4月16日开始整理。1928年7月史语所成立并在此办公（引自1929年《周刊》）

的标志之一是将所藏图书托运抵北平。史语所于1929年5月迁至北平，该所在1930年总结报告中写道："本所自去年五月由粤迁平，同时即将在粤所购置之一切书籍，除研究员史禄国、罗常培留粤捡留一部分属于人类学及语言学书外，总共装成五十余箱，运往北平，至七月抵所。"

时为中山大学图书馆主任的杜定友曾在《图书馆周刊》为图书馆改造计划中写道："本馆原有书籍凡四万余册，一年以来，聚增至十万余册。馆中不能尽容，故分散至各科各系。中文书籍，大部分存在语言历史学研究所。但该室与学生宿舍毗连，全馆各部藏书均用木架。一旦遭火患，则述十万元之藏书，立成灰烬。"从中可以了解到，顾颉刚为学校购买的一大批珍贵书籍，大部分藏于语史所内。语史所专门成立旧书整理部，负责将采购回来的书籍编目分类。新成立史语所之后，新研究所又成立自己的图书馆，杨樾亭先生负责管理。

步行于广州的文明路与东山恤孤院街间——"史语所"在广州创建时期的历史研究

从广州迁北平,首先设立选择办公的是"语言组",由赵元任负责,时3月,大部分史语所的人仍在广州。抵北平后,原成立时的八组,即史料学、汉语、文籍考订、民间文艺、汉字、考古学、人类学及民物学、敦煌材料研究,减少为历史学、语言学和考古学三组。

第二节 诞生于广州东山的第一本史语所学术刊物

史语所在广州成立时,傅斯年已经考虑努力把方言和人类民俗学作为重点调查领域,一两年后移至南京,广州为工作站。史语所在广州柏园独立设址后,最大贡献并有里程碑意义的是《集刊》第一本第一分出版了。

1928年8月蔡元培为《集刊》写了发刊辞。1928年10月出版的创刊号上,也刊载了傅斯年撰写的《历史语言研究所工作之旨趣》;同期发文的还有胡适、董作宾、余永梁、商承祚、丁山、容肇祖等。《广东国民大学周报》出版时在"书报介绍"栏目作了介绍,形容这部杂志,"是他们的试金石,是他们刈草的田野"!

在《集刊》1928年第一本第一分上,董作宾发表的文章是《跋唐写本切韵残卷》,余永梁发表的是《易卦爻辞的时代及其作者》,容肇祖发表的是《占卜的源流》,商承祚发表的是《释"朱"》,并附有所务记载。除了胡适先生外,其他全部是国立中山大学的教授们。董作宾的文章是旧作。商承祚继续发挥对中国文字研究的深厚功底,说文解字,从篆文、金文、甲骨文解释"朱"字,1928年3月11日商承祚写完《释"武"》发表在《周刊》第20期,回应容肇祖关于"武"字的提问。[①]

《集刊》第一本第二分是在北平出版,但许多研究工作仍然是按原计划展开的。第二分上刊载了傅斯年的文章《战国文籍中之篇式书体——一个短

---

① 商志谭:《商承祚文集》,中山大学出版社,2004,第19页。

记》，写作时间是1929年2月，其时史语所尚在广州。第三分于1930年在北平出版，以语言学为主题，罗常培发表的文章是《杨选杞声韵同然集残稿跋》，文章的落款非常有历史价值，写着"民国十八年，四月，二十四日，罗常培记于广州，东山，柏园"。可以说，1929年语言学研究仍然在柏园进行。

第三节　东山20世纪20年代的空间环境

1930年10月13日顾颉刚在致中大同学的信中有"我对于广州，老实说是不爱的，因为那边参考书籍不够，学术团体没有，而且屋宇小，使我不能把我的书悉数搬来"[1]的情绪化表述；1926年11月3日郁达夫在日记中写道："今天是礼拜三，到广州是前前礼拜的星期五，脚踏广州地后，又是十二三天了，我这一回真悔来此，真悔来这一个百越文身的蛮地。"[2]无法猜测他们对于广州的情感，20世纪二三十年代的广州城还是挺可爱的，尤其是东山。

《广州市第四期马路全图》编制于1927年，西关地区开始实施道路改造，并且强调东西延伸作为主通道的计划。西关地区的道路开拓，因未能得到市民的理解与支持而阻力重重，士绅与市政当局一直处于矛盾胶着状态。在孙科任职时期，开始打破"此种封建式之闭关政策，共辟西关六街（靖远、同兴、同文、德兴、永安、莱阳）马路，而沙基马路次之"。因与市民观念之间的冲突，市政当局甚为着急。原西关道路计划，"第一、二期尚未计及，而西关人民以无官吏之上督促，益酣嬉自乐，不欲改弦更张、守旧之民犹于目前之近利，而忘百年大计"[3]。此道路计划除西关取得进展外，东山拟形成组团的道路构架，大沙岛的路网设计规划被列入其中。越秀山拟通过道路建设加强与城区

---

[1] 顾颉刚：《顾颉刚书信集》卷二，中华书局，2011，第348页。
[2] 郁达夫：《日记九种》，中州古籍出版社，2019，第2页。
[3] 广州市市政厅总务科编辑股：《广州市市政报告汇刊》，1928，第5页。

步行于广州的文明路与东山恤孤院街间——"史语所"在广州创建时期的历史研究

的关系。道路系统在关注城区的同时,注重了外围郊区的联系。东山的居住功能逐步显现。

时任广州市市长是林云陔,广东信宜人,曾任湖南益阳、衡阳等地知县,幼年接受私塾教育,在高州府入海山书院习经史辞章。

林云陔三度出任广州市市长(包括市政委员会委员长),时间分别是:1923年2月8日至1923年2月26日、1927年5月至1927年11月、1928年1月至1931年6月,累计约4年时间。前两个任期非常短暂,政绩颇为显著的是第三个任期。后林云陔任广东省政府委员会主席5年(1931年6月至1936年7月)。后去南京任审计部部长迄病逝。可谓是治粤经验最丰富、对广州最为了解的市长之一。

林云陔任广州市市长最为重要的时段当属1927至1931年期间,正如其自我评价的那样:"就任以来,对于市政应有之设施,无论物质、精神两方面,罔不加紧工作,以求实效。"[①]受命之初,林云陔对这座城市的建设充满期许,两年后回顾其城市建设实践,有不少感慨:"乃按诸两年之经验,往往事出所期。各种建设之进行,因财力不逮而不能举者有之,因市民不了解而中途停滞者有之。"[②]

在工程实践中,林云陔首先推动城市道路系统的改造,其突出贡献表现在其第三个任期,两年间,新建的道路包括杉木栏、十三行、十八甫、长寿街等。根据市政厅的财力,量力而行,既有铺沥青的道路,也有砂石道路。其次,继续对六脉渠进行清疏,兴建了一系列公共建筑和活动场所,值得一提的是白云山公园、越秀山麓公共运动场等都是这一时期的建设成就。

林云陔在任期内对公用事业的发展较重视,1927年8月恢复公用局,对自来水厂、营运汽车、电话等一系列公共事业进行改革,分别于1929年设自来水管理委员会,1928年设市营事业经理处,1929年设自动电话委员会,加强管理与协调,既提升了市民的生活素质,也节省了政府的行政开支。

---

① 广州市政府编:《广州市市政府统计年鉴》,1929,第445页。
② 广州市政府编:《广州市市政府统计年鉴》,1929,第453页。

岭南的记忆

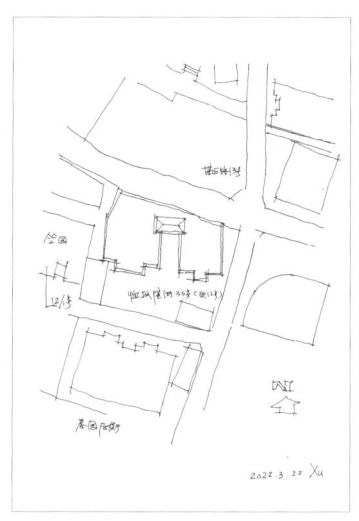

图4 东山柏园总平面和周围环境及道路

图5 柏园鸟瞰图和部分特色节点

顾颉刚的日记中经常记有从小东门步行到学校的内容。分析其路径，东山在的东边，小东门就是环形城墙被拆除后的东面与惠爱路连接处，国立中山大学校址位于环形路的东南角，贴近原城墙处，城墙被拆除后修了环城马路。东山新河浦一带道路正在完善，大沙岛与东山新河浦教授们居住的地区是一片水面。

1926年11月19日郁达夫日记中记载："学校开会，一直开到了午后六时，坐车到东山，他们都已经不在了，一个人在东山酒家吃了夜饭，就回去睡觉。"郁达夫是与白薇约好到东山找王独清的。在顾颉刚的日记和郁达夫的日记中，他们聚餐的主要餐厅是东山酒楼、东方酒楼、南园、聚丰园、武陵酒家。

1929年所作的《广州市政府施政计划书》是广州市政府早期最为完整的规划书，极力推进东山竹丝岗地区的模范住宅区开发，促使现代居住模式在广州城落地生根。鉴于广州老城区高密度的现状并为解决中等阶层居住问题，1927年第108次行政会议提出筹建市内模范住宅区的计划，并由土地、公务、财政三局负责，订立组织章程。其时，欧洲"田园城市"的理念甚为时尚。在孙中山先生的《实业计划》中，专门谈到如何将广州市的建设按此理念实现，"若以建一花园都市，加以悦目之林囿，真可谓理想之位置也"[1]。

---

[1] 孙中山：《建国方略》，1921。

步行于广州的文明路与东山恤孤院街间——"史语所"在广州创建时期的历史研究

图6 柏园景观现状

关于东山竹丝岗的模范住宅新市政实验场的建造，其时工务局在《广州工务之实施计划》中提出："盖东郊旷地甚多，颇有田野林泉之胜，以之为住宅区，最合卫生。且能使人陶冶于天然美感之中，其裨益于市民身心者必不浅。""查改良住宅一事，自欧战结束后，各国城市政府多注重于此，其时英国有谓田园市者，可为新式住宅之模范，各国竞相仿效……"①东山自然环境的优良是相对西关一带而言。东山其时也逐步有喜欢安静的人居住于此，也包括外国人。1928年，筹建成立"广州市模范住宅区委员会"，公布实施了《筹建广州市模范住宅区章程》，用现代建设的理念制订了土地业权、道路及住宅三方面的若干技术规范，道路形式、绿化和排水方式的规划与设计充分借鉴欧美现代都市。得益于市政府的主导与实施，东山模范住宅区已基本实现了塑造整洁、优美的城市人居环境的物质建设目标，吸引了大批政府官员和回国投资的

---

① 广州市政府编：《广州市市政府统计年鉴》，1928，第3页。

华侨入住。

广州以"田园城市"为目标,以努力造成"城市山林"式的新广州为目的,如扩大市区、开发郊外、经营模范住宅村种种,"寓市于乡",皆其理想的实现。[①]但同时需指出的是,广州的实践与霍华德在1902年提出的兼具农村和城市优点的"城乡磁体"社会城市空间模式,建立"土地开发公有权",维持就业、居住、购物教育、休闲等功能的平衡等目标差距甚大,广州的实践未能真正理解霍华德通过改造城市实现社会改良的思想精髓,更多的是体现了霍华德倡导的恢复"19世纪城市内部消失了的宁静健康的环境和亲近大自然的感受"[②]。

东山新河浦两岸均是20世纪初的建筑,恤孤路、龟岗南(今龟岗大马路)及周边的街道网络已经成型。恤孤院路的东侧是孤儿院(恤孤院),北端是培正女学校和培道女学堂。培道女学堂对面是培正男学堂;龟岗南的北端是邮政支局和浸会医院,再往北越过庙前街,东侧是警察分署和东山公园。[③]《顾颉刚日记》中常提到东山公园。柏园推断建于20世纪20年代初,周边是以红砖为外墙材料的三层小洋楼,大部分建筑是折中主义风格,逵园建于1922年,业主为美国华侨马灼文。[④]柏园所处孤恤院路,是因孤恤院得名,1938年被日军炸毁。1903年美国南方浸会医院购买土地建学堂。此处多华侨购买土地自建置业,并以中式名字命名,有逵园、润园、慎园、明园、春园、简园、竺园,柏园是其中之一。柏园的各种柱式和西方古典建筑混合使用,在屋顶楼梯间使用琉璃瓦中国传统风格屋顶。柏园建筑尽量利用场地,平面呈不规则状,分东座和西座,东座小于西座。

---

① 《市政革新运动高潮中之两种计划》,《广州市政公报》,1930。
② 约翰·M.利维:《现代城市规划》(第五版),孙景秋等译,中国人民大学出版社,2003,第46页。
③ 南粤古驿道研究课题组:《重返杨匏安烈士在广州的历史时空》,中山大学出版社,第106页。
④ 南粤古驿道研究课题组:《重返杨匏安烈士在广州的历史时空》,中山大学出版社,第165页。

第二章　史语所的前奏"语史所"

1928年4月30日，傅斯年、顾颉刚、杨振声函呈大学院，告知收到聘书并筹备处成立，请商承祚刻一印章，提及本年一月中，傅斯年在南京时陈"借用在广州之语言历史研究所已成就及将建设者，以成中央研究院之语言历史研究所"。函附《中央研究院历史语言研究所筹备办法》，为顾颉刚、傅斯年拟于1928年2月28日。

第一节　语史所的模式实验

国立中山大学中语言历史学研究所初定名称为"中国东方语言历史科学研究所"，1927年6月20日傅斯年召开文史科第四次教授会议，决定建立语言历史研究所，1927年8月任语言历史所筹备主任。1928年正式成立，傅斯年任代理主任，10月6日商议出版学术刊物。《国立第一中山大学语言历史学研究所周刊》于1927年11月1日创刊出版，编辑为顾颉刚、余永梁、罗常培和商承祚。

1928年1月3日《国立第一中山大学语言历史学研究所周刊》第10期刊载傅斯年的《评丁文江的〈历史人物与地理的关系〉》，顾颉刚按：此书写于1924年正月间致顾颉刚的信札。《顾颉刚日记》记载："一月一日星期日（十二月初九）莘田、丁山来。晤沧萍、冀埜。与履安、莘田、丁山、锡永、式湘在元胎家吃饭。同席有元胎之伯父。归，排十七年《周刊》拟目（其中多出专号）。校孟真长信。"从中可以了解到，1月1日晚上顾颉刚校对的应该就是傅斯年与顾颉刚早年的学术通信《评丁文江的〈历史人物与地理的关系〉》，"莘田"是罗常培，"元胎"是容肇祖，"锡永"是商承祚，"沧萍"即李沧萍。

正如《顾颉刚日记》中记载，计划《国立第一中山大学语言历史学研究所周刊》出版了若干专号，1927年有《天文学史专号》；第11—12期为《风俗研究专号》；第125—128期为语史所合刊《文字专号》，由刘朝阳负责主编；第129—130期为《西南民族调查专号》。

1928年2月28日《周刊》第18期刊登"文科最近之施展"学术消息，"查该科有语言历史学研究所之设，由顾颉刚、傅斯年诸教授主持，近对于考古、语言、民俗诸学，已定有相当研究计划；兹条列大纲，籍见一斑，俾社会留心该科有所考述焉。（甲）（一）到河南陕西等处发掘，以显现古代历史之真相……"[1]计划中设立考古学会，印行古器物图谱；关于语言文字学，有调查方言新音、编纂新字典等；历史学方面，印行史料集刊，将各种史书统计研究，派员到各地做人类学之调查；关于民俗学方面，印行民俗学丛书及周刊，印行民俗物品图谱。

以上为国立中山大学语言历史学研究所的计划，与后来成立的中央研究院历史语言研究所工作范围几乎一致。河南的考古计划于1928年2月在广州文明路就开始孕育了。

1928年4月24日，语史所聘请史禄国为人类学教授并兼职处理研究所事务，报请大学院备案。

1928年《周刊》第30期"本所纪事"中记载："5月16日召开本所第一次事务委员会会议，傅斯年主持，杨成志记录，出席会议者有：顾颉刚、黄仲琴、余永梁、马太玄、徐信符、罗常培，推举顾颉刚、余永梁、黄仲琴为常务委员，并对其他各教授确定分工。"6月11日傅斯年主持第三次事务委员会会议，议决："1.暑假期间本所工作仍继续进行；2.关于调查广西猺人事宜，由杨成志、史禄国与任国荣接洽，本所派专员到猺人地方实地考察；3.暑假期间由本所指定容肇祖、商承祚到韶关调查一切古迹及历史遗迹。"

---

[1] 国立中山大学语言历史学研究所主编：《国立中山大学语言历史学研究所周刊全编》，国家图书馆出版社，2011，第541页。

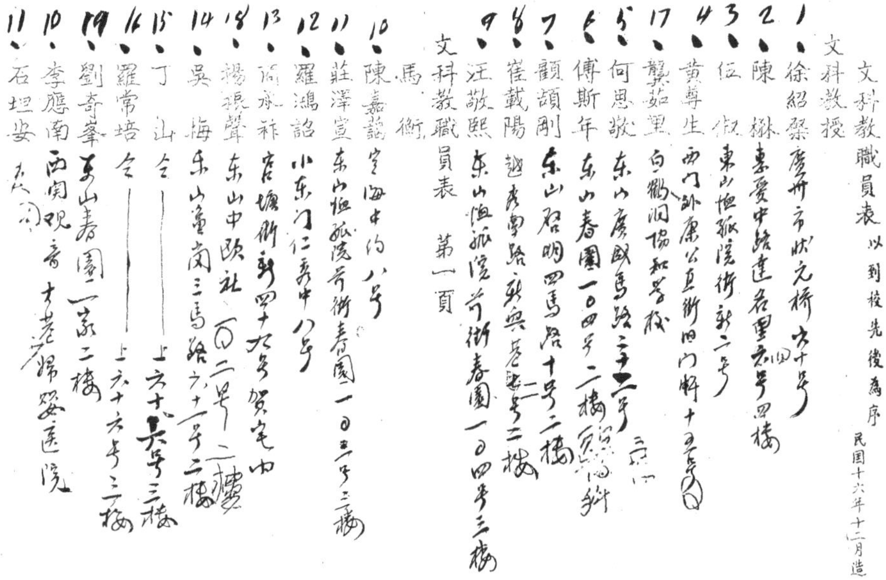

步行于广州的文明路与东山恤孤院街间——"史语所"在广州创建时期的历史研究

图7　1927年12月编制的文科教职员名册造表之一（藏于广东省档案馆）

1928年6月24日至29日，容肇祖和商承祚赴粤北进行调查，后容肇祖写成《韶州调查日记》，虽然研究深度不够，但也可以作为南岭文化遗产调查先声之作。

1927年12月编制的文科教职员名册造表以到校先后为序。文科教授：徐绍棨、陈柱、伍俶、黄尊生、龚茹里、崔载阳、何思敬、傅斯年、顾颉刚、汪敬熙；文科教职员：马衡、陈嘉蔼、庄泽宣、罗鸿诏、商承祚、杨振声、吴梅、丁山、罗常培、刘奇峰、刘应南、石坦安；预科教授：容肇祖、伦叙、李德桂；文科讲师：谭太冲、杨伟业、温仲量、李伟南；教务助理钟敬文（中文系）、夏廷棫（史学系）、鲁子惠（心理学系）、刘朝阳（教育学系）等。

创建国立中山大学语言历史学研究所的主要教员占名单大部分，筹备中央

607

图8　广州文明路国立中山大学语言历史学研究所教学楼，三楼为旧书整理部和古物陈列室，不外借设旧书借阅室（引自1929年1月16日《周刊》第62—64期合刊）

研究院历史语言研究所的骨干也是语史所的主力。专任编辑余永梁没有列在表中，他先后就读于东南大学、清华大学，为国立中山大学语言历史学研究所专任编辑及事务员，中央研究院史语所成立时任助理员，后聘为专任编辑员。

1928年11月9日傅斯年辞去语史所主任兼职，学校商议顾颉刚为代理主任，12月25日顾颉刚教授正式就职。

第二节 《国立中山大学语言历史学研究所周刊》

1928年4月，国立第一中山大学改名为国立中山大学，语史所刊物也更名为《国立中山大学语言历史学研究所周刊》（以下简称《周刊》）。在1927年第1期的"创刊词"中，顾颉刚曾写道："语言学和历史学在中国发端甚早，中国所有的学问比较成绩最丰富的应推这两者，但为历史上种种势力束缚，经历了二千余年还不曾打好一个坚实的基础。我们生当现在，既没有功利的成见，知道一切学问，不都是致用的，又打破了崇拜偶像的陋习，又不愿把自己的理性屈服于前人权威之下，所以我们正可承受了现代研究学问的最适当的方法，来开辟这些方面的新世界。语言历史学也正和其他的自然科学同手段，所差只是一个分工。"

撰写学术文章发表于《周刊》的有丁山、罗常培、商承祚、容肇祖等，年轻老师教务助理钟敬文、夏廷棫、刘朝阳三位更是经常发表文章。

夏廷棫毕业于东南大学，1927年11月到国立中山大学工作，在《周刊》上发表了不少文章，例如，第32期的《关于"庄氏史案"材料》；《陶际尧批校本新五代史记》从第75期连载至第97期；与黄仲琴教授合作的《金门明监国鲁王墓》发表在第69期。在《周刊》最后若干期还可见夏先生的文章。

钟敬文在《周刊》第6期发表《惠阳峰仔山苗民的调查》，杨成志在《周刊》第19期发表《历史之目的及其方法》。

《周刊》频次密，前期均是一周一刊，1928年3月13日已经是第二集第20期出版。后来有了合刊和专号。招生信息是《周刊》覆盖的内容。第一集第1期刊载1927年8月中山大学校长签署的语言历史学研究所招生简章，拟招20名研究生，这是第 次公布招生简章。1928年3月26日民俗学会决定开设民俗学研究班，授课教师为庄泽宣、崔载阳、何思敬、顾颉刚、刘奇峰、马太玄、容肇祖、余永梁、陈锡襄、钟敬文，学生定为20人，在第二集第20期出版刊载民俗学传习班招生章程。

岭南的记忆

"学术通讯"是《周刊》重要的栏目，著名学者之间的通信、年轻学者向老师请教，均是讨论学术问题。1930年5月21日出版了杨成志的《云南民族调查报告》后，语史所的《周刊》停刊，共11集合132期。

第三节 跨学科的研究

吸纳不同学科的学人发表文章是《周刊》的一大特色，也是语史所实验模式经验之一。地质学家斯行健在1928年《周刊》第17期上发表了《中国地质史上两次巨大的海啸》，哲学家石兆棠在1928年第35、36期合刊发表《獐人调查》，赵海澜在1928年第10期上发表《巴比伦人的数学思想》。1928年陈锡襄《瑶民访问记》发表在《周刊》的《西南民族研究专号》上，记录了连阳三属的八排瑶民代表。1928年《周刊》分期刊载任国荣的《广西瑶山两月观察记》、辛树帜的《瑶山调查》、石声汉的《瑶歌》、容肇祖的《韶州调查日记》、黄季庄的《采集瑶山风俗物品目录》，这些均是辛树帜所带领的国立中山大学生物调查队深入桂黔粤等地深山调查的成果。辛树帜的《瑶山调查》是以与傅斯年通信的形式展开的。1929年1月28日，受聘于国立中山大学，同时兼顾史语所工作的顾颉刚为任国荣出版的《广西瑶山两月观察记》作跋，在文中勉励他们不要以在生物学上开一新纪录为足，还要在民族学和方言学上开一新纪录。他们将征集的数十件风俗物品均送给语史所收藏。顾颉刚在其读书笔记中写道："一九二七年，予任教于中山大学，寓于广州东山启明三马路。其时年少，勇于任事，历史系课业而外，尚为语言历史学研究所、民俗学会、图书馆工作，故闲暇极少，胸中偶有所得辄举笔书数字，不能尽意也。居彼两年，写得三册，不堪示人，存之为粤游纪念耳。颉刚记。"[1]顾颉刚在广州的读书笔记称为《东山笔记》，从1927年10月21日开始记录。

---

[1] 顾颉刚：《顾颉刚读书笔记》卷二，中华书局，2011，第345页。

步行于广州的文明路与东山恤孤院街间——"史语所"在广州创建时期的历史研究

生物学、医学等不同学科学者从事民俗和人类学调查,带来了丰富的民俗学、人类学研究成果,南岭的人类学和民俗学研究由此也迎来了新气象。

第四节 历史档案整理和研究

1928年10月4日,政治分会议决定将民政厅积存历年的档案酌送研究所保管。10月18日研究了分类办法,11月19日民政厅移交档案点收完毕。1928年12

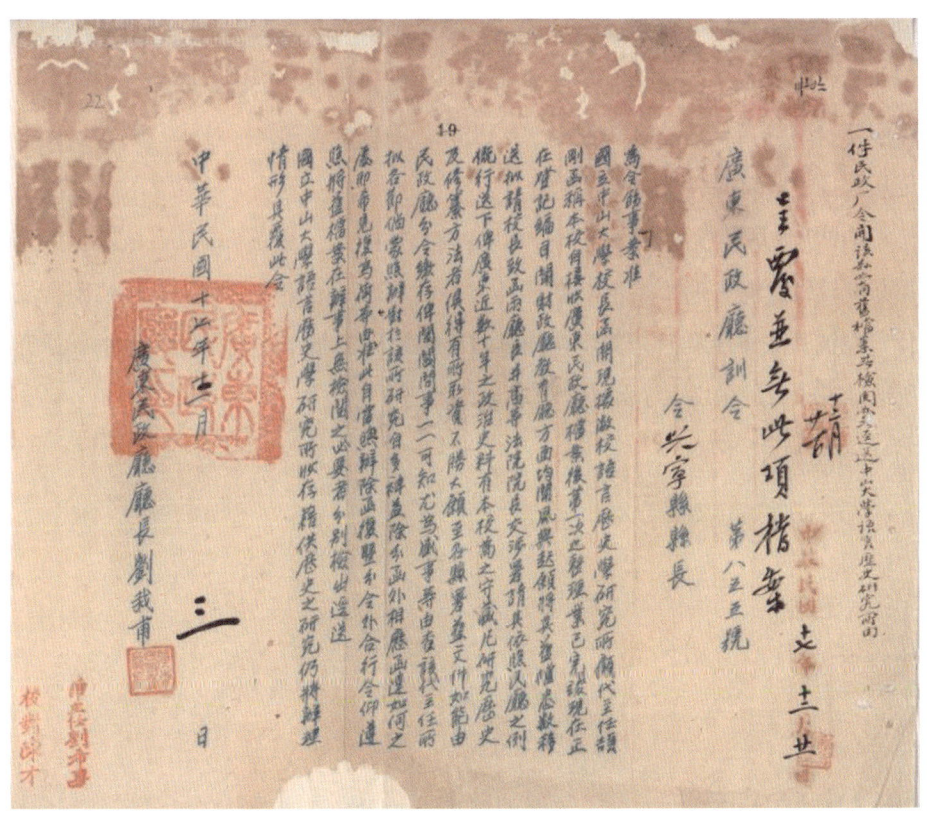

图9 1928年12月3日广东省民政厅答复顾颉刚代理所长关于代为整理保管历史档案的复函(藏于广东省档案馆)

月3日，广东省民政厅通过给中山大学校长的函信答复顾颉刚代理所长关于代为整理保管历史档案的复函，表示教育厅和财政厅均感兴趣，此前是广东省民政厅提出请语史所代保管整理，希望对数十年各局厅档案进行整理，语言历史学研究所帮助整理代管理，也有利于政治历史文献研究。12月15日，语言历史学研究所全面接收了广东省民政厅移交代管理整理的一批历史档案，包括从清光绪中叶起到1925年的记录，数目有36000余份。

1929年1月至3月研究所举办展览会，展出了部分档案。顾颉刚任语言历史学研究所所长期间，该所委员会委员名单如下：刘奇峰（文科主任，档案委员）、顾颉刚（本所主任，档案委员）、商承祚（本校教授，聘任委员）、陈槱、丁山、伍俶、容肇祖、黄仲琴、余永梁。本所办公人员：主任顾颉刚，教授兼编辑余永梁，民俗学会主席兼《民俗》周刊编辑容肇祖，助理员刘朝阳、魏应麒，事务员杨成志、林树槐、吴北明，编目员姚逸之，技术员茹四发，书记胡致远、康涤瑕、郑志恒、黄德奇。

1929年2月顾颉刚离开广州，商承祚继任主任，1930年11月后该所出版刊物断断续续，时办时停，但对搬迁至北平的史语所的研究计划一直予以配合支持。在抗日战争胜利后，文学院向学校申请复办获批准，制定组织大纲，研究所地址设于石牌中山大学师范学院腾出来的教学办公楼。

步行于广州的文明路与东山恤孤院街间——"史语所"在广州创建时期的历史研究

第三章　岭外播种、岭内开花：安阳发掘和广州筹划

傅斯年、顾颉刚、杨振声三位史语所筹备员联合致信中央研究院，请求聘董作宾为研究院研究员，继续在河南安阳、洛阳两处的考古工作，信中提及考古计划已经拟定。可以说，安阳的考古现场在河南，计划制定在广州。信中提及"河南北部及西部之调查计划，已由董作宾君就近调查初步，暑期时所中同事自去一两人"①。同信函提请董作宾、容肇祖、余永梁、黄仲琴四位筹备出力最多，贡献最大，能否也聘为研究员。

第一节　董作宾的编辑员职位

现代考古学、甲骨学开创者董作宾先生1927年受聘于中山大学，也是民俗学的推动者，著有《中国民谣概论》。1927年11月，民俗学会创办《民间文艺》周刊，董作宾和钟敬文任编辑，董作宾写了《为〈民间文艺〉敬告读者》为序，创刊号中有容肇祖《广州巫歌》收集的民间歌谣等。《民间文艺》周刊共出版12期，其后于1928年3月改为《民俗》周刊，容肇祖、钟敬文和刘万章任编辑。董作宾在《周刊》早期也发表民俗文章，在《周刊》第2期就发表了《闽俗琐闻》和《福建畲民考略》。

1928年董作宾因为家事返家乡河南，但一直与史语所保持联系，史语所委

---

① 欧阳哲生：《傅斯年文集》第七卷，中华书局，2017，第86页。

托他在家乡进行寻找安阳的殷墟初步调查。1928年6月董作宾向傅斯年致函汇报安阳调查办法大纲，包括时间、地点和经费，并希望有正式的赴河南调查古迹古物的委任状。原文如下：

> 1 地点 拟先向安阳调查小屯村及殷墟所在，次向洛阳城东寻求前岁发见三体时经之地，以便署后作有规模之发掘。随时参考故籍，测量地形，画成各时代图，以便多得可供发掘之点。
>
> 2 时间 拟自六月中旬起，至八月半止，为期两月。约需途行半月，到汴住半月，安阳、洛阳各住半月。
>
> 3 办法 须大学院发给"调查河南古迹古物委任状"为凭。川资甚难预定，先支二百元汇往，后来由研究所核办。①

1928年6月6日，筹备委员致函中央研究院为董作宾争取研究员资格，未成。8月2日，傅斯年致信蔡元培，询问能否为董作宾等人在研究员和助理员之间设立一名目，介绍道："董作宾，29岁，北京大学毕业，中州大学教授，中山大学预科教授，现担任本研究所在安阳发掘事。"总干事杨杏佛先生批示"聘为编辑员。铨"。

1928年9月12日史语所致函董作宾，委托董先生主持史语所在河南古物调查及征集中各事项，主持安阳殷墟发掘工作。1928年11月1日致函傅斯年初步发掘成果，有字甲骨764片。

董作宾先生时为国立中山大学副教授，当史语所成立时，他被史语所聘为编辑员。1928年10月，他已在小屯进行了试掘，河南省政府及教育厅派人协助，王庆昌、张慰然等史语所同事陆续抵安阳考古现场。1928年12月26日董先

---

① 王汎森、潘光哲、吴正上：《傅斯年遗札》，社会科学文献出版社，2011，第102页。

步行于广州的文明路与东山恤孤院街间——"史语所"在广州创建时期的历史研究

生于开封写成《新获卜辞写本后记》一文。1929年春董作宾又开始了新的发掘工作。1929年3月,史语所考古组全体成员赴安阳发掘殷墟,设立办事处于洹上村,3月7日开工,5月6日收工,此时史语所总部尚在广州。

现代中国考古学开创者李济先生在其1957年所著的《中国文明的开始》自序中写道:"中央研究院历史语言研究所主持的安阳地区殷朝都城的考古发掘工作,始自1928年冬。这工作几乎从无间断地继续到1937年夏天。"[1]1928年12月李济赴安阳与董作宾相会,带了弗利尔艺术馆助理员董光忠为助手。董作宾的助手有郭钧宝,以及由郭先生推荐的河南大学史学系学生石璋如等。

第二节　李济先生在广州的一周:往返文明路和恤孤路间

李济在1968年史语所《集刊》第40本《安阳发掘与中国古史问题》一文中述及:"中央研究院历史研究所成立在1928年,傅斯年就职后,他为研究所拟定的第一课题,是提倡科学的考古。他所做的最早的一件事,就是派编辑员董作宾,到河南安阳小屯村去调查甲骨文的遗址。""中央研究院历史语言研究所在安阳的发掘,开始于1928年秋季董作宾的小屯试掘,中断于1937年的夏季"。

李济先生在1977年出版的《安阳》一书第四章"安阳有计划发掘的初期"中述及:"我经欧洲、埃及和印度返回中国,当有生第一次到香港时,我急于游览过去从未去过的广州。1928年这个城市是各种革命活动的中心。据我所乘去上海的半岛——东方公司邮轮的时刻表,在香港要停三天,这样我就可有限的时间从容地观光广州,我这样做了。一到广州,我即被领去见傅斯年,那时他也正期望能与我一见,见面后他问我的第一件事就是,我是否能任他正筹组的历史语言研究所考古组负责人。他告诉我董作宾在安阳的发现,我也对他讲

---

[1] 清华大学国学研究院:《李济文存》,江苏人民出版社,2018,第81页。

了我与弗利尔艺术馆的协定。意见看来没有多大分歧，因为弗利尔艺术馆馆长刚批准在实验性的基础上进行这种合作。这样，于1928—1929年冬我就开始拟定历史语言研究所考古组计划。"

文中提到的"1928—1929年冬"，应该是指1928年冬至1929年初。顾颉刚日记1928年11月6日记道："到六榕寺，赴宴。到中央公园。今日同席：李济之、孟真、予（以上客）、绍孟、筠如、淬伯、芳圃。"傅斯年为李济接风。1928年11月7日记载："到校，校《春秋》《孔子》《地理》三种讲座。陈元柱来，树帜来。钞卫聚贤《禹贡考》，未毕。到中央研究院，为欢迎李济之先生。"中央研究院特指"中央研究院史语所"，已经搬进东山柏园。李济先生就是在1928年11月7日于东山柏园，与未来的同事见面。李济先生回忆："我记得他又约我到历史语言研究所去和他们同人见面，我一看，有许多北方来的先生，其中好像有丁山先生。还有罗庸中先生、顾颉刚先生等。"①李济又有文提及："我刚从欧洲，路经香港，因为我向来不曾到广东，所以顺便到广州去看看，又因为我不懂广东话，而那时刚成立的中山大学，有许多从北方来的教授在那教书，我也不知道有什么人在那儿，我只是去碰碰看。谁知一去，在门口碰到清华的老教授庄泽宣先生，我们彼此很熟。他一见我就说，你什么时候来的？我不免吃了一惊，问他什么人要找我呢？他说：这个人你也知道的，就是傅孟真先生。"②

1928年3月10日美国纽约大都会艺术博物馆东方艺术部副主任毕士博函达李济，望速来华盛顿并告知出发日期。因李济母亲身体欠安推迟了赴美国的行程。当在广州时，11月5日李济函告美国毕士博关于旅途情形和傅斯年邀请入史语所之事。而11月3日傅斯年也迫不及待函复董作宾两书一电均收到，发掘应注意的点，研究所至现在可以说是最好的成果，并告知李济留住广州一周。

---

① 岱峻：《李济传》，商务印书馆，2021，第101页。
② 《传记文学》（台湾），1976年第28卷第1期。

步行于广州的文明路与东山恤孤院街间——"史语所"在广州创建时期的历史研究

李济先生于1928年12月5日在《周刊》第57—58期发表了文章《中国最近发现之新史料》,由李济先生口述、余永梁笔述,是李济在文明路的语史所的演讲记录。演讲讲述了新的历史研究观念和方法,回顾了最近李济自己在山西的考古实践,分析了世界考古现状及值得借鉴的经验。"这次到美洲、欧洲、非洲,绕地球一周,此行目的为考察他们的方法。美国可说从前是没有历史,可是博物馆每州每县都有,无地不用地方上力量去保存。欧洲的成绩犹堪惊异,过去已整理得很好,现在犹进行不已;埃及学者对发掘的精细,是梦想不到的。中国地下的材料,真是遍地黄金,一扒总可以扒出些来。可是不去工作,或工作也不精密,损毁许多固有的材料;以致英、法、美、德,各国的人都以人类全体历史的关系向我们吵,我们自己若不去工作,还等待什么呢?"附白中余永梁先生写道:"此篇为李先生在中山大学所讲,讲毕李先生即离粤,故不及请正,时间是11月8日。"[①]

11月7日傅斯年致函杨杏佛,函达与李济商定河南考古七条具体办法,实际是工作关系、经费支持、人力支持等。

[①] 国立中山大学语言历史学研究所主编:《国立中山大学语言历史学研究所周刊全编》第2册,国家印书馆出版社,2011,第207页。

第四章 "语史所"的早期研究成果

第一节 计划制定和实践

1928年5月傅斯年撰写了《历史语言研究所工作之旨趣》；同月顾颉刚、傅斯年致函中央研究院筹备处，在《造像征集启》提出先进行摄影、搨拓，5月5日又随函附筹备委员拟定的《组织大纲》草稿，报大学院。

实际上，1928年2月28日顾颉刚、傅斯年草拟的《中央研究院历史语言研究所筹备办法》涉及刊物创办；5月2日呈报计划时已经拟定《集刊》大致题目，确定请蔡元培先生撰发刊词，并上报历史语言研究所工作和方言调查计划书，再由顾颉刚、容肇祖、余永梁、丁山、钟敬文、罗常培和傅斯年各撰自己领域文章。这些计划已经非常具体，是可以操作的文件。

在《中央研究院历史语言研究所筹备办法》中提及1月向大学院呈上了《广州语言历史学研究所的由来及现状附几个提议》，换言之，中山大学语史所是中央研究院史语所成功筹办的敲门砖。根据《傅斯年遗札》收录的《中央研究院历史语言研究所筹备办法》（以下简称《筹备办法》）归纳如下：

在《筹备办法》中提及蔡元培先生要求"照一切原定计划如样进行，勿以费用为虑，妨及工作"，杨杏佛先生"及许如所拟数目月份办理"。两位掌舵人表支持态度。

在《筹备办法》中提出六方面问题：一是关于中山大学语言历史学研究所问题，保持原状和出版的两种刊物；二是另设一中央研究院之语言历史学研究所，在中大的研究所中选择若干人为研究员，服务于中大的不支薪水，中央研究所单独聘用的薪水由新成立研究所支；三是提供奖励金给在新成立研究所刊

步行于广州的文明路与东山恤孤院街间——"史语所"在广州创建时期的历史研究

物和中大研究所刊物发表文章者;四是建立一个新图书馆,目前专以购买外国书为限,因中大研究所有图书馆中文图书"已足目前所用";五是费用方面从1月计算,半年后有效再增加;六是中大研究所由校长直接向中央研究院报告,避免费用重复。同时还提出两项要求,一是北京史料和古玩为研究所研究所用;二是直属中央研究院为宜。

提出两点与上次说明不同,一是日后稳定应该在外面租房;二是提高研究所稿费。

准备开展的工作,一是人类学方面由史禄国带队赴广西或者海南调查;二是沿粤汉铁路、沿西江古物调查(韶关一带有宋时佛教史迹);三是广州回教和阿拉伯人遗址调查;四是民俗材料征集;五是《广东通志》重修;六是《经籍纂诂》的扩充;七是方言调查。①

此次筹备办法最重要的是"此意与中央研究院承认建置名义上改属中央并稍加资助之一种办法也稍有不同",也就是傅斯年于1928年1月提出的方案是改造中大研究所,现在提出的方案是建立新研究所。1928年初他们研究的问题是如何平衡新建和原有研究所的关系,目的分析有了,马上进行机构组织关系的思考,至5月才形成完整的工作研究范畴、研究旨趣。

这时也已经考虑独立设址问题,"将来编辑材料、征集图书非有固定安置之处不可。若校中一有人的变迁,脱离反而不易,不如在外寻到一公房或赁一民舍稳当"。

1928年1月的建议非常重要,改变了最早的计划。在1927年11月15日《周刊》刊登的"学术通讯"中,有学术新闻"中国大学院筹备中央研究院",并拟设理化实业研究所、观象台、社会科学研究所、心理学研究所、美术博物馆、音乐院。②考古学、人类学设置于地质调查所,民族学设置于社会科学研

---

① 王汎森、潘光哲、吴正上:《傅斯年遗札》,社会科学文献出版社,2011,第84—91页。

② 国立中山大学语言历史学研究所主编:《国立中山大学语言历史学研究所周刊全编》,国家图书馆出版社,2011,第114页。

究所。

史语所学术水平和研究成果体现在《集刊》这本学术刊物上，1928年2月的《筹备办法》已开始研究刊物问题，刊物真正出版在1928年10月。创刊号"附白"写道："本刊每四分为一本，每本约有五百单页。每本完成附以目录、捡题。及每篇之英文或法文提要；其原以外国文著作者，附以汉文提要。"第一本第二分于1929年10月初付印。在广州出版创刊号以"本"和"分"编辑刊物的模式一直保持至停刊。

1928年6月，容肇祖和商承祚利用假期赴粤北进行调查，容肇祖写成《韶州调查日记》。11月14日史语所致函广东东北区善后委员公署，函告开筑南雄公路，发现古物必多，所里准备派员随同筑路员工从事查视，若有古物出土，即登记报告。11月28日公署复函赞同。这是一次主动实践的案例，与原计划一致。1928年5月，国立中山大学生物系教授兼主任辛树帜率领石声汉、任国荣、黄季庄、蔡国良等助教组成的生物调查队深入桂黔粤等地深山调查。生物系主任辛树帜与傅斯年以通信形式讨论史学并刊于《周刊》，这也是在5月设定的计划之一。

第二节　西南民族调查

史禄国、杨成志在云南的田野调查，既是作为国立中山大学语言研究所西南民族调查专员的工作，也是落实史语所在广州时期确定的语言学研究范围其中一项"西南语"的研究。杨成志在《云南民族调查报告》中明确提及"负有本所及中央研究院历史语言所两机关的使命被派往滇从事调查西南民族"。史禄国用英文发表《记猓猡音》，文中提及1928年访问云南调查东南部的猓猡（the Lolos）生活状况，完成此项研究。而当时杨成志还在跋山涉水，一年后才回到广州。

步行于广州的文明路与东山恤孤院街间——"史语所"在广州创建时期的历史研究

1928年5月,傅斯年在广州起草了语言学研究范围和旨趣,并经筹备委员通过,确定语言学研究分为汉语方言、西南语、中央亚细亚语,其余集中在语言学领域进行研究。

1928年11月15日,杨成志致信钟敬文和余永梁:"我回想到当我们四个人——史禄国夫妇、容肇祖兄及我,自七月十二日从广州起行,经安南及住昆明一个月的生活何等的舒服。奈因中途肇祖兄回粤去,史夫妇又以长途危险,裹足不来。唯我独自奋,雇一随仆,九月一日从昆明出发,七天而抵东川,五天而抵巧家,尝尽跋涉之苦。"①此次调查目的地是凉山的罗罗族之聚居地,杨成志因此学会了罗罗族语言。他于12月26日致信傅斯年时还写了一些有关数目、家族、十二生肖的罗罗文,并恳求傅先生或者顾先生写封长信,因为自己非常希望得到家乡和学校的慰藉,"五个月至目前只言片语都没有收到"。杨成志于1929年3月26日在金沙江滨写给容肇祖的信函中写道:"今天接北明君来函,欣悉我们《民俗》周刊出了许多专号。""在我的萍踪靡定之行程中,屡想写信给你,只因时常有函报告孟真和顾颉刚两先生,想你一定得阅。——所以屡提起笔来终于未能写就"。杨成志尽管在路上跋涉,仍不断地在《民俗》周刊和语史所《周刊》上发表他的书信和文章,基本均是关系西南民族民俗的短文。"北明君"即吴北明,时受聘为史语所事务员。

语史所《周刊》第66期和第70期,刊载了杨成志与同事们的学术通信共五篇。在经历了近两年的艰辛旅程之后,杨成志于1930年3月23日回到广州。他于1930年5月28日完成《云南民族调查报告》,并于1930年6月发表于《岭南学报》第一卷第三期。他还于1930年5月1日在母校岭南大学康乐园发表演讲,这是毕业离开母校三年多的第一次演讲。②国立中山大学语言历史学研究所发行了单行本。

---

① 杨成志:《杨成志文集》,中山大学出版社,2004,第232页。
② 杨成志:《杨成志人类学民族学文集》,民族出版社,2003,第132页。

杨成志第一次在史语所《集刊》上发表论文的时间较晚，是在《集刊》第四本第二分上发表《罗罗太上清净消灾经对译》。杨成志实际是最深入少数民族聚居地的研究学者，也是在史语所迁往北平后，留在广州继续从事语言和民俗研究的重要支撑力量之一。他在此篇文章的落款处写着："完成于1931年2月20日国立中山大学文史所编辑室。"

第三节 两广方言调查

1928年9月8日，赵元任致函傅斯年函述广州方言调查计划，同时赵元任开始了粤语方言调查的前期准备，包括研究各种专著。10月28日赵元任离开北平到上海，11月10日赵元任夫妇抵广州，赵元任开始在中山大学讲学，12月9日开始进行方言调查。12月22日利用中山大学生物系教师石声汉邀请瑶胞在广州记音的机会，对瑶胞唱的197首瑶歌听记。在中大授课后进行两广方言调查，12月中央研究院史语所分函各级学校，函派赵元任出发调查方言请查照并予面洽一切事由。12月24日赵元任赴三水，在县立中学找发音人记三水大街的语音，接着赴广西，调查广西区域的粤语方言。1929年1月3日赵元任完成为期6天的南宁方言调查，再赴梧州记录梧州北部乡下的口音，11日回到广州。从1929年1月12日至2月2日，赵元任在广东的江门、新会、台山等地调查，18日回到广州；19日又北上韶关，调查记录粤北方言，23日返广州；24日乘船赴汕头，在汕头、潮州两地调查；2月1日回到广州工作数天。①

赵元任从粤西到广西，一路进行实地录音等考察工作，2月4日离开广州从香港乘海轮抵上海，20天后返北平。国立中山大学语史所和中央研究院史语所同人于2月3日在柏园开会欢送赵元任回北平。

1929年1月20日罗常培撰写的《罗常培个人研究计划及韵书研究工作计划》

---

① 赵新那、黄培云：《赵元任年谱》，商务印书馆，1998，第160页。

步行于广州的文明路与东山恤孤院街间——"史语所"在广州创建时期的历史研究

写道:"《广州话研究》西人关于广州语之著作,已不下数十种,而国内学者尚少专精研究。此次赵先生调查结果,于广州话横的研究,已具规模。常培即拟应用赵先生所得之成绩,更以卡片搜集材料,从事于语源、语法及其与韵书关系等纵的研究。"① 赵元任在1928年底至1929年初在两广调查方言资料,在数十年后赵元任自己撰写的文章《中山方言》和《台山语料》中仍然有使用价值。在1951年发表的《台山语料》"序言"中,赵元任写道:"正是我第一次参加中研院史语所方言调查工作的那年,那时候我们都在广东,一个方言最丰富的区域,所以第一部调查就是两广方言,一方面想法子多得点语言的材料,一方面想法子利用向来没有很用过的语言记录跟语言分析的新工具——无论是在标音方法上啊,或是音位论的分析上啊,哪怕是录音的新机器什么的,我们都想好好地试他一试。那次'田野'工作是以广东跟广西省的粤语之部为范围。"② 赵元任的调查方法对其他人影响很大。罗常培曾讲道:"我记得在1929年元旦我有意保险20年,我要玩儿命,非干出名堂来不可。那时候我的文章都离不开汉语音韵发展史,第一篇文章是《耶稣会士在音腔学上的贡献》。写这篇文章,我是先整理《西儒耳目资》和《程氏墨苑》,我手边没有《西儒耳目资》,托人到东方图书馆把《西儒耳目资》中的音韵部分抄录出来,每日苦干,废寝忘食。"③ 文中讲到1928年赵元任在广州调查时,罗常培配合赵先生工作记音并向他请教获益,罗先生认为他与赵元任先生应该是师友关系,为了研究《广韵》,罗先生每月出30港元跟人学广州话。在4月24日完稿于柏园,发表在《周刊》的《杨选杞声韵同然集残稿跋》一文末段写道:"本年春,余方董理明季耶稣会上利玛窦金尼阁等所用罗马字标音,粗得条贯。适吾家膺中得此沪胈,持以相赠。既采其剖析声韵及与金书相关各点,以入耶稣会士在音韵学

---

① 王汎森、潘光哲、吴正上:《傅斯年遗札》,社会科学文献出版社,2011,第94页。
② 赵新那、黄培云:《赵元任年谱》,商务印书馆,1998,第156页。
③ 罗常培:《罗常培文集》,云南大学出版社,2018,第212页。

上之贡献一文，因复志其梗概，并略论反切之流变，著之篇末，以质世之音韵学人。"金尼阁所作的《西儒耳目资》完成于1625年，利玛窦在《程氏墨苑》里有4篇文章使用罗马字注音，罗常培的语言学研究具有开创性的意义。

1929年2月21日李方桂完成《广西凌云猺语》一文，同月傅斯年、赵元任致函庄泽宣，转告欢迎李方桂博士到所工作任专任研究员，并附聘任办法，做方言的研究，工作地应为广州及东南各方言区。1928年10月18日李方桂通过庄泽宣转交履历，庄泽宣时任教育研究所主任。李方桂出生于广州，在美国获得语言学博士回国，曾在广东利用装置研究海南岛方言发音，从琼山乐会方言中发现"吸气辅音"，同时也研究粤北瑶族八排的方言。

1929年6月26日在广州出版的《周刊》第85—87期合刊为《方言专号》，是多位既是语史所研究员又是史语所研究员的研究结果，研究地域集中在广东、福建、广西、海南岛等原来史语所初创设定的方言研究计划地域。罗常培先生在卷头语中提及，这本专号和《切韵专号》是他提议的，延迟了一年时间出版，写这篇卷后语是1929年1月13日于东山寓次，尚未迁北平。[①]

1929年5月1日蔡元培致信陈寅恪、赵元任，除了感谢他们出任外，对于下一步史语所搬至北平充满信心。

第四节 学术团队形成

1928年5月5日傅斯年、顾颉刚、杨振声三位史语所筹备员联合致信中央研究院蔡元培、杨杏佛两先生，提出史语所研究员名单，包括胡适、陈垣、陈寅恪、赵任、俞大维、刘复、马鉴、林语堂、朱希祖、容庚、许地山、李宗侗、徐炳昶、李济、袁复礼、罗家伦、冯友兰、史禄国等。在中山大学任教的

[①] 国立中山大学语言历史学研究所主编：《国立中山大学语言历史学研究所周刊全编》第6册，国家印书馆出版社，2011，第187页。

拟聘何思敬、容肇祖、董作宾、余永梁、黄仲琴、辛树帜，外国学者拟聘保罗·伯希和、米勒、珂罗倔伦三位，并请求蔡元培兼任所长。①

名单中史禄国为俄国人类学学者，为中山大学语史所聘用教授，地理系成立后史禄国又担任地理系教学，用英语讲授一周地理。

余永梁是最早筹备和研究最得力的人才。余永梁在史

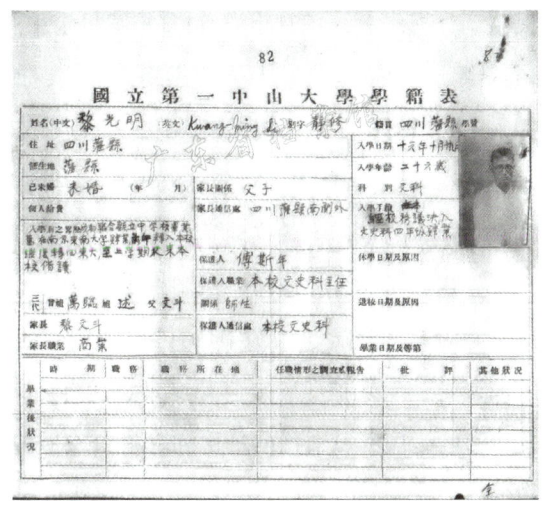

图10 学籍表。黎光明，四川灌县人，从东南大学转入中山大学，傅斯年担任担保人，1927年10月入校就读文史科四年级（藏于广东省档案馆）

语所编辑完《西南民族研究专号》单行本后写道："想把语言历史建设起来各成一个独立学科，一切自然科学给我们的工具，都有承受来扩充我们的能力，破碎的考查整理进为有系统的组织。"这本专号单行本的许多作者就是理科学人。余永梁在语史所成立后任编辑员。史语所《集刊》第一本第一分刊载了余永梁的《易卦爻辞的时代及其作者》。在1929年第1期的《安阳发掘报告》中余永梁发表了《〈新获卜辞写本后记〉跋》。傅斯年也准备送余永梁先生赴巴黎研究法国收藏的敦煌材料，1929年4月20日傅斯年致信告知余永梁已经获得蔡元培院长批准，可惜余永梁在1930年患精神疾病。

最早一批受聘的助理员，是史语所在广州时期聘用的，其中黎光明于1928年9月18日被聘为助理员。黎光明于1927年从中人毕业，入所后入川完成《川康

---

① 王汎森、潘光哲、吴正上：《傅斯年遗札》，社会科学文献出版社，2011，第129页。

民俗调查报告》，1928年8月11日档案目录中有"助理员黎光明君赴川边调查民俗等事器具购买费"。黎光明学籍表显示，他是四川灌县人，从东南大学两次转入中大，傅斯年担任担保人，1927年10月入校就读文史科四年级。

1928年9月20日史语所分别致函常惠、黄河伯，均聘为助理员。常惠毕业于北京大学，是歌谣学的推动者。1929年9月29日常惠完成《云冈调查报告》《集刊》，1933年10月完成《陕西调查古迹报告》。史语所于1928年10月4日聘赵邦彦、王庸为助理员。1929年10月21日史语所函告大同县政府等，赵邦彦10月赴云冈调查，望保护照料。赵邦彦现场调查后，11月回北平，形成了非常具有历史价值的云冈石窟造像的论文和材料，这是1928年5月在广州顾颉刚、傅斯年倡议的造像保护和资料收集最有意义的实践成果之一。王庸于1928年6月毕业，没有就聘，到南京女子中学教书，1929年受聘于国立暨南大学，在1929年1月30日于《周刊》发表一篇高质量的文章《中国古代沿海交通史记》。

1928年9月傅斯年致函杨杏佛先生，建议聘请徐中舒先生为史语所编辑员，获得批准。

12月18日董作宾致函傅斯年，函告其与李济决定次年春季开始工作，推介郭宝钧为本所助理员，拟在一个月内将报告呈上。郭宝钧受聘史语所的批准较晚，当时他是以河南省教育厅督学身份协助董作宾工作。当史语所与河南地方因发掘起冲突时，傅斯年后悔太晚聘用他，但最后还是聘用他为董作宾的重要助手。董作宾也推荐了尹达、石璋如进史语所并成为栋梁。郭宝钧1931年又参加辛村发掘，根据现场笔记发表《濬县古残墓之清理》于《集刊》。

陈槃，广东五华人，1928年成立史语所时，他正念三年级，毕业后入所，成为重要的学术新生力量，《春秋左传》研究成果颇丰。在学时在顾颉刚先生指导下于1928年4月3日完成论文《黄帝事迹演变考》，脱稿于中大，发表于1928年5月9日的《周刊》第28期。

根据1929年7月傅斯年致杨杏佛函"历史语言研究所十八年度聘员及薪额表"，名单如下：

步行于广州的文明路与东山恤孤院街间——"史语所"在广州创建时期的历史研究

傅斯年（专任研究员兼所长）、陈寅恪（专任研究员）、李济（专任研究员）、史禄国（专任研究员）、罗常培（专任研究员）、丁山（专任研究员）、刘复（兼任研究员）、陈垣（兼任研究员）、胡适（特约研究员）、朱希祖（特约研究员）、林语堂（特约研究员）、沈兼士（特约研究员）、马叔平（特约研究员）、顾颉刚（特约研究员）、俞大维（特约研究员）、容庚（特约研究员）、徐炳昶（特约研究员）、辛树帜（特约研究员）、商承祚（特约研究员）。

董作宾（专任编辑员）、余永梁（专任编辑员）、徐中舒（专任编辑员）、容肇祖（特约编辑员）、赵万里（特约编辑员）。

萧纶徽（会计兼出纳）、杨樾廷（图书员）、吴巍（庶务员）。

黎光明（助理员）、董光忠（助理员）、赵邦彦（助理员），其他助理员还有杨时逢、刘学濬、王庆昌、于道泉、李家瑞。

陈钝为书记兼文书，李裕坪为技术员，姚逸之和刘文锦为事务员。还有三位外籍通讯员。[①]

部分研究员、编辑员没有领取薪水，实际仅是挂名而已，顾颉刚先生特约研究员、容肇祖特约编辑员均是如此。

---

① 王汎森、潘光哲、吴正上：《傅斯年遗札》，社会科学文献出版社，2011，第154页。

第五章　没有到北平的史语所创建者

1929年1月31日傅斯年致函蔡元培，并附罗常培1月20日复函和个人工作计划。傅斯年2月辞去中大教职，任史语所专任研究员。许多参与筹建史语所并做出重要贡献的学人，没有进入新成立的研究所，有的放弃北上。

第一节　顾颉刚的贡献

1927年3月1日顾颉刚在日记中写道："孟真来了两封快信，要我到广东中山大学办中国东方语言历史科学研究所。"[①]顾颉刚先生到校后担任历史系主任和图书馆中文部主任。在1929年第62—64期上，顾颉刚作序："我们这个'语言历史学研究所'成立以来，居然经历了一年多的日子。"顾颉刚总结过去，对未来充满希望："在民俗学方面，无限制的收集材料，要各个大都僻邑都有我们的同志，在丰富的材料里开辟出一个新疆土。能使许多人从根本上了解中华民族的各种生活状况。在历史学、语言学、考古学方面，至少能就前人已有的成绩作出发点，更逐渐收集新事实，创造新系统。"该期刊有"考古学丛书目录"。

1928年2月6日《顾颉刚日记》提道：顾颉刚请罗常培到家，"今夜为商研究所事（在中大语史所外另立大学院之语史所于广州），邀莘田等来吾家商量"。第二天在校与傅斯年、容肇祖等再商量。3月20日记："点《太誓答

[①] 顾颉刚：《顾颉刚日记》卷二，中华书局，2011，第22页。

步行于广州的文明路与东山恤孤院街间——"史语所"在广州创建时期的历史研究

问》,未毕。彭炜棠来。与履安步行到校,上'上古史'一课。与敬文永梁到岭南大学,演讲。在大学门口吃饭。归,点《太誓答问》,略毕。今日到岭南大学讲题为《圣贤文化与民众文化》,为民俗学会做鼓吹。听众六七十人。蔡先生有电来,中央研究院历史语言学研究所款照汇,筹备委员照派,此事可进行矣。"①

《顾颉刚日记》提供了准确的筹备委员和筹备时间,从顾颉刚在广州的日记中可以了解到他的日常生活:与余永梁、钟敬文等年轻教师关系密切,与同系老师黄仲琴、容肇祖、丁山、罗常培等来往多,傅斯年、容肇祖常到他家中用餐。从家东山到文明路经常步行回校上课。到西关购物或者到越秀山,常雇用车。

1928年2月28日呈蔡元培和杨杏佛的《筹备办法》是顾颉刚和傅斯年共同起草的,其中多处引用顾颉刚的研究成果,如"孟姜女遗事一切材料及其分析"、在"周易中的古史"等。当史语所搬到柏园后,顾颉刚在日记中称为"中央研究院"的地方就是指"柏园"。

1928年5月25日,顾颉刚致信容庚(希白)先生,"历史研究所决请兄为研究员,这请兄不要辞谢,因为这是没有薪金的(薪金只限于专任研究员),只希望一年给我们一二篇文章好了","将来这个语言历史研究所可和你们的中国学院、北大之国学馆、中大之语言历史学研究所、清华之国学研究院合起来,做些切实的工作"。②这是顾颉刚在广州时对未来史语所的发展所产生的思考。

1928年12月24日,顾颉刚拟定了中央研究院历史语言研究所文献考订组计划。1928年12月24日聘顾先生为专任研究员,1929年1月10日聘顾先生为文献校订组主任。蔡元培院长从计划制定至资金的提供均给予大力支持,是史语所

---

① 顾颉刚:《顾颉刚日记》卷二,中华书局,2011,第147页。
② 顾颉刚:《顾颉刚书信集》卷二,中华书局,2011,第183页。

建立的重要推动者，但对专任研究员必须辞去原教职颇为坚持，顾颉刚没有接受这一做法。1928年10月13日《顾颉刚日记》记载，"孟真已任中央研究院历史语言研究所所长，故中大之语言历史研究所主任必须辞去。予以课忙，也决不干"，但在日记中顾颉刚记载，仍然在10月后常到"中央研究院"即柏园讨论工作，1928年10月29日为中央研究院历史语言研究所写招牌，1929年2月3日在柏园开会欢送赵元任回北平。2月17日是最后一次到柏园，顾颉刚在2月17日日记中写道："与绍孟往东山公园照相，到中央研究院，到叔傥处，陈槃、王绍东来。算中大中央经手账目。"叔傥是伍俶先生，《顾颉刚日记》中的人名常用字、号或者别称等记之。根据《顾颉刚日记》名字索引说明，在日记中史语所在广州时期出现的名字：式湘是陈锡襄，层冰、公愚是古直，骝先是朱家骅，芳桂是李方桂，雁晴是李笠，云程是沈鹏飞，杜君是杜定友，山立、辛旨是吴三立，敬轩是吴康，瞿安、瞿庵、癯庵是吴梅，亚农是吴巍，廷域、廷棫、朴三是夏定域，叔平是马衡，信孚、信甫是徐信符，维钧是常惠，锡永是商承祚，仙槎是何思敬，子春是张云，骥尘是陈钝，槃庵、槃厂是陈槃，行建、斯君是斯行健，淮西是冯景兰，彦棠、燕堂是董作宾，金甫、今甫是杨振声，在宥、野鹤是闻宥，斐云、蜚云是赵万里，静修、劲修是黎光明，应祺、瑞甫是魏应麒，元一是罗香林，膺中是罗庸，康媪是顾自明。1928年4月1日星期日，顾颉刚在日记中写道："与艮男到斯行健君处，同到第一农场采桑。访槐西，不遇。晤孟真，到今甫与孟真谈研究所（中央）事。偕孟真归饭。何庸偕刘君保来。与孟真复到今甫处商议。四时，偕缉斋、今甫、叔傥、心菘到郊外散步，到农科院休息。晚归。今甫即杨振声，住东山中欧社102号二楼，三位筹备委员之一，在许多关于史语所研究及文献中甚少提及其具体内容。艮男是顾颉刚的孩子，时年11岁。叔傥是伍俶先生，住东山恤孤院街新二号，缉斋即汪敬熙，与傅斯年同住春园（恤孤院前街）104号三楼，傅斯年住二楼，斯行健受聘于两广地质调查所。第一农场即现在农林下路至犀牛路周围，是原来广东农业专门学校农林实验场。1928年1月16日傅斯年电告顾颉刚"语史、心理二研究所可改归大学院,教育另得津贴"。这是《顾颉刚日记》中最早提及的史语所事项。3月20日蔡元培同意他们提出的计划并聘为筹备委员,4月1日三位筹备委员首次碰头研究史语所的未来事务。根据《顾颉刚日记》,仅5月、6月两月有多次研究,日记记载5月5日顾颉刚遇杨金甫、傅斯年讨论中央研究所事;5月6日到校,商中央研究所事,做工作计划书;5月7日到校中央研究所发出公文;6月4日与孟真商研究院事。经历了一年时间,顾先生离开了广州东山,也离开了柏园。

1929年2月24日从广州抵香港,住大中华酒店,巧合的是这一酒店就是1941年底胜利大营救的重要酒店。顾先生1929年离开广州后,1929年2月27日《周刊》第70期刊登了"顾颉刚启事",该启事提及私人事务信件交史学系助教夏廷棫或研究所助理员魏应麒先生收转,顾颉刚没有赴北平参与史语所工作,但是其史语所的创建人地位应铭记。

第二节 南方语言历史研究仍然在进行

史语所在广州筹备创办初期,民俗学研究的主要领军人物,基本是国立中山大学语言历史学研究所的年轻教师。1929年史语所迁至北平时,大部分民俗学学者还是留在广州,没有选择北上。

1928年9月6日,史语所致函刘半农,提出民间文艺一组计划及预算。在此后数天,刘半农拟定了《民间文艺组计划及预算》,1928年9月20日刘半农被聘为兼任研究员,刘半农于1929年8月20日辞去兼职。民间文艺在史语所早期发展不顺,中山大学的民俗研究团队继续充当中国重要的学术力量。

1927年中山大学民俗学会成立,同年《民间文艺》创刊,1928年改名为《民俗》周刊。顾颉刚、何思敬、陈锡襄、杨成志、钟敬文等学人探讨民俗学的概念和分类,在地域文化研究为众学者提供新的平台,成为日后人类学发展

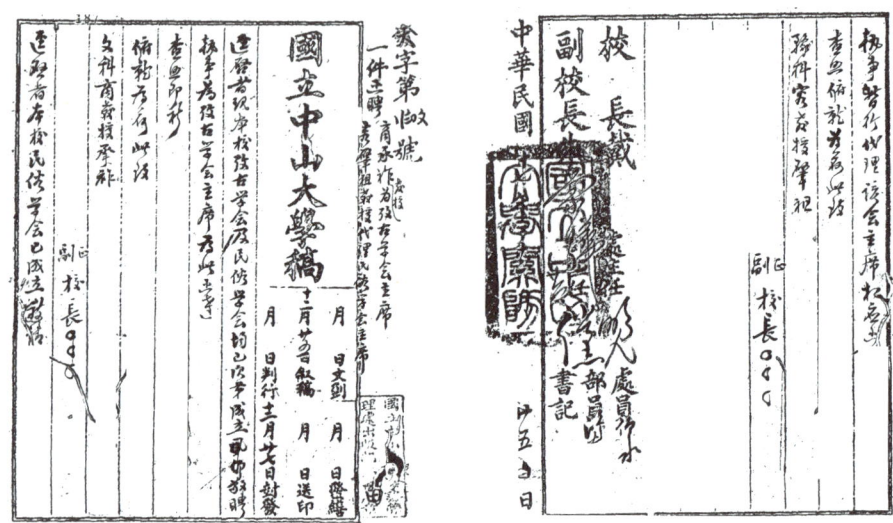

图11　国立中山大学校长1927年12月27日函预科教授商承祚为考古学会会长聘书（藏于广东省档案馆）

的先声。《民俗》周刊第1期刊载了杨成志的《民俗学问题格》译文，连载11期。在云南进行民族调查时，杨成志就及时地将部分内容整理发表在《民俗》周刊上，如《云南巧家县儿歌》发表于1929年第44期；还发表了他沿途寄给顾颉刚、傅斯年、容肇祖的信札。《民俗》周刊一直出版至1933年6月停刊，1936年复刊，改为季刊，出版至1944年。

杨成志、钟敬文与顾颉刚同为民俗学的大力倡导者和最早研究者，钟敬文主办《民俗》杂志至第10期，容肇祖接任，此后由刘万章主办《民俗》杂志。1929年当学校要求各学会改组为学组时，何思敬任国立中山大学语言历史学研究所民俗学组组长。商承祚原来为考古学会会长转为考古学组组长。1929年10月23日出版的《周刊》第102期"本所消息"报告，何思敬先生赴日之便，购买了大批民俗学书籍，陈列于民俗学会供大家阅览。

黄仲琴曾在岭南大学、国立中山大学任教，碑帖名家。1928年傅斯年等三位筹备委员会委员致函蔡元培、杨杏佛近日动手事件，九项研究工作第一项就

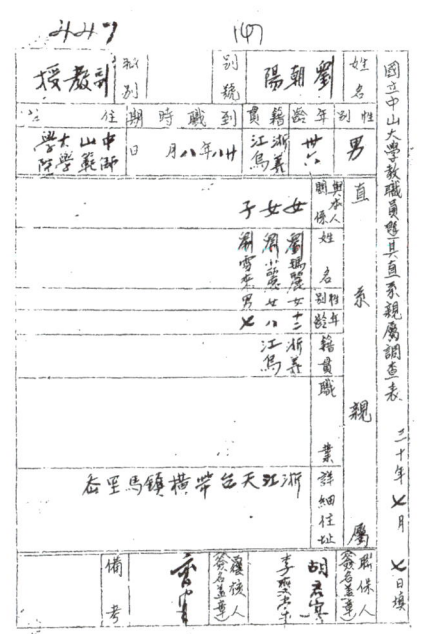 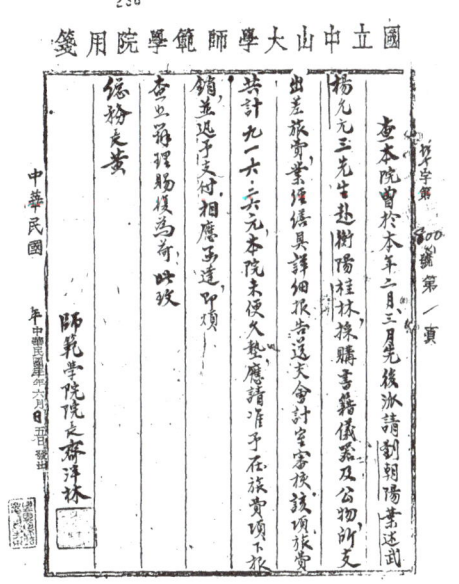

图12 刘朝阳1939年任中山大学师范学院副教授登记表（藏于广东省档案馆）

图13 在管埠时期，刘朝阳在师范学院教学时与叶述武到衡阳、桂林等地购买书籍、仪器需要经费的申请报告（藏于广东省档案馆）

是"泉州调查"，由黄仲琴负责此项目。9月2日傅斯年致函蔡元培，对黄仲琴的推荐说明写道："32岁，黄仲琴，中山大学预科教授，现在泉州调查，前留学日本。"顾颉刚离开广州，黄仲琴送至香港，"2月24日，今日送行者：绍盂、孟真、泽宣、丽芙、林超、大定、叔傀夫妇，莘田大人、坤仪、径三、贯英、亚农"。送行人有吴亚农，此时吴亚农还在广州，尚未上北平。"2月25日，为购买船票，仲琴父子侄及陈君更番来，至下午四时始定法邮轮……此次北行，亏得仲琴一家人招呼，乃得乘邮船。"黄仲琴在抗战中于香港病逝并葬于香港。他是史语所中出力最多的教授之一，无论是替史语所和从北方来的同事找房子，带着史语所任务做调查研究、撰写报告，负责广东省民政厅送来档案的归类整理，任档案组主任的工作，还是出台《本校整理民政厅档案方

法》,他一直默默无闻地工作着。

刘朝阳从厦门大学毕业,在广州时任文科教育系教务助理,后参加殷商及古代天文学研究,与董作宾一起从事卜辞的零碎月日干支资料系统整理,总结殷商时期的历法。1928年3月刘朝阳完成《几何原本》写作。之前刘朝阳发表《十九世纪后半期的西洋史学》一文于《周刊》第6期,发表《考古学的证据》译文于《周刊》18期,发表《秦之前的数字》于《周刊》第19期。刘朝阳写的《史记天官书之研究》完稿,在"缘起"一节,刘先生说明此文为理科编辑自然科学的《天文学史专号》所撰,写作过程中得到傅斯年、顾颉刚的指导,落款为3月1日于史语所。该长文刊载于1929年3月27日出版的《周刊》第73—74期合刊专号。这篇论文成为古天文学研究的经典之作。文科教授们培养后学,非常有功。余永梁改定稿《易卦爻辞的时代及其作者》,1927年11月完成初稿,附记"本文作成后承顾颉刚兄替我阅订一过"。1937年至1942年,刘朝阳返回国立中山大学师范学院数学系、理化系任教,1942年下半年离开中大。

1929年2月国立中山大学增加语言历史学研究所的经费,原来没有经费聘教授、招研究生,是年才开始着手。1929年5月8日《周刊》第80期首篇文章是顾颉刚的《纪元通谱序》,文中强调研究历史的工具,必须从事于年表、历谱、地图、人名录、统计表等的编制,落款时间是1929年4月17日,为顾颉刚离开广州后所作,顾颉刚替东吴大学史襄哉先生的书作序,同时也体现顾颉刚对史语所的情感。5月22日出版了第82期,黄仲文先生发表《左丘明的姓氏》,本所消息报告商承祚先生在北平购买、收集古器物二百余种,6月26日第85—87期合刊为《方言专号》,罗常培卷首语是于1929年1月30日写于东山,董作宾《方言学家杨雄年谱》写于1928年3月4日,陈钝先生发表《欧化广州方言》和《旧籍中关于方言之著作》,三位教授已经从广州任教转迁至北平史语所从事研究,此专号筹划了很久,1929年10月9日出版《百期纪念号》,撰文的教授有闻宥、蒋径三、卫聚贤、黄仲琴、容肇祖、商承祚,蒋径三初抵广州时任国立中山大学图书馆馆员兼语言历史学研究所助理员,1926年至1928年翻译了《现代理想

步行于广州的文明路与东山恤孤院街间——"史语所"在广州创建时期的历史研究

主义》《现实主义的研究》等名著。1934年受聘广东省立勷勤大学教育学院教授。1936年暑假返杭州坠马早逝。史学系助教夏廷棫和研究所助理员魏应麒逐步担当重任,《周刊》在最后几期的文章均来自年轻学者。魏应麒,福建闽侯人,毕业于厦门大学国学研究院,1928年8月被聘为研究所助理员,魏应麒于1941年出版的《中国史学史》奠定了其中国史学家的地位。

杨成志是史语所开展民族学、人类学研究的第一人。他在云南调查时寄了两封信给傅斯年,但博斯年未复信,信札具有学术价值,刊载于《周刊》"学术通讯"栏目。傅斯年于1930年5月20日通过李方桂转致杨成志,告知因为李方桂约杨成志,他才有机会成为史语所助理员,所务会议上月通过了聘用。傅先生还在信中"教育"了杨成志一番:"成志先生大鉴:足下在云南时,我屡欲写信,而以不知住址,致未能写,谦谦!近中接到两封信,一切欢喜得很!这样刻苦的工作,真是一个新纪录。留学一说,想是误会,一则余先生并非去留学,乃是去抄书。二则他虽病,不能去,却并未'出缺'。如后来他真不能去,(我们此时还希望他快快好了可以去)此事或者作罢,或者另寻一位熟习六朝隋唐学问的人去,与你的一行不相涉。若留学办法,则此时研究所,决无此力量。""因为我对你的期望极大,(同人皆对你如此)并佩服你的服苦精神,希望你大器晚成。又怕你在中大研究所'具入予圣'空气中,忘其所以,故直率言之,幸勿为过。"[①]杨成志回到广州后形成的一系列著作,成为了中国最早民族学、人类学田野调查研究的著作,他没有进入自己前期做出重要贡献的史语所。1932年中山大学送杨成志赴巴黎人类学院学习,获得巴黎大学民族学博士学位。1934年杨成志赴英国伦敦参加首届国际人类民族学科学协会会议宣读其论文。

史语所总部离开柏园后,仍然有许多事情需要处理。特约研究员林语堂在

---

① 王汎森、潘光哲、吴正上:《傅斯年遗札》,社会科学文献出版社,2011,第243页。

上海时任中央研究院院长蔡元培的英文秘书,并兼职编写英文教材。傅斯年于1929年8月致林语堂的函中,告知原来设想的北上后留广州分所计划已经取消。"先是先生提到和清事时,弟正在广州,闹着搬家、改组等麻烦,彼时全未虑到搬家后自有搬家后之办法。先生来信,欢喜之极,马上答应。但彼时广州局面已是搨台,院中与弟意见不一致,广州同人闹意见,故原来在粤一所之精神虽折作二分不止,而原请下之人物固皆在也。""虽广州分所也取消,莘田、丁山皆北来,史禄国则所中想把他的一部分改出去,故暂留他在粤,如改不出(改到中山大学一部),则请其将材料整理完止,否则也即北上。"①由此推算至1929年8月前李方桂、罗常培、丁山和史禄国是留在柏园或者在南方调查,他们的研究坚持到最后一刻。

赵元任在北平负责的语言组在1929年3月自寻地方开始办公。傅斯年到北平后,赵元任到广州进行方言调查的费用当时是按照国立中山大学的财务制度进行申报的,到北平中央研究院要求史语所依照中央研究院的财务制度重新申报,1929年9月30日致函赵元任,重新补办手续。

傅斯年于1930年1月15日致函前国立中山大学教授、时任河南省教育厅厅长黄际遇先生,信中语气甚客气,利用了在国立中山大学共同情感交流,黄际遇直接参与河南省政府与中央研究院关于殷墟发掘权利纠纷的调解。傅斯年函道:"任初吾兄:弟此次到开封,若非吾兄在彼,不特事办不成且身体上要吃好些苦,居然在中山大学舒舒服服任着物质上的安逸,精神上的快乐,使弟忘了是在旅行中,这是何等难得的事。感谢的话说不万,爽性不说了。""中山大学同人待弟之沍,思之弥深,下次至汴,必作一系统之演讲。"1926年黄际遇进入国立中山大学任教。黄际遇是广东澄海人,1929年5月他以河南中山大学教务主任身份,升任该校校长,兼河南省教育厅厅长。1929年12月28日黄际遇

---

① 王汎森、潘光哲、吴正上:《傅斯年遗札》,社会科学文献出版社,2011,第162页。

参与河南省政府与国立中央研究院签订制定"解决安阳殷墟发掘办法"。①其中"办法"第一条就是河南省教育厅遴选学者1至3人参加国立中央研究院安阳殷墟发掘团。

史语所虽然已于1929年迁至北平,但到了1930年,傅斯年仍然在处理后事。由于史语所在广州的家具还未处理完,史禄国房租尚未了结,傅斯年通过庄泽宣设法与史禄国联系,于1930年7月30日致萧纶徽先生:"广州东山恤孤院直街78号二楼。萧纶徽:欠史房租等项已由上海寄兄转。请兄清收各项木器设法卖,余带回,弟函到后再行。请史务有礼貌。史何往?即复。年。"②萧纶徽于8月22日收到傅斯年最后一份电函后北上,他是最后离开的史语所职员。

1930年4月23日《周刊》第125—128期合刊出版《文字专号》,5月21日第129—132期合刊出版杨成志《云南民族调查报告》,南方学术研究仍在继续。

第三节 理学院生物系同人

可以说,国立中山大学理学院生物学系在广西、粤北的瑶族调查,虽然不入编史语所,但为史语所弥补了前期人类学调查的缺位。在北平出版的《集刊》第二本第四分刊载了国立中山大学理学院生物系庞新民的《广东北江瑶山杂记》。在1932年出版的《集刊》第四本第一分上,刊载了姜哲夫、庞新民等组成的中山大学生物系采集队1930年第四次进入瑶山,于1930年10月2日在广州完稿的调查报告。

在杨成志的回忆中,1928年陈锡襄发表的《瑶民访问记》是他第一次接

---

① 陈景熙:《黄际遇先生年谱简编》,载陈景熙、林伦伦《黄际遇先生纪念文集》,汕头大学出版社,2008。

② 王汎森、潘光哲、吴正上:《傅斯年遗札》,社会科学文献出版社,2011,第245页。

触到的粤北瑶族资料。在粤北坪石任教时，杨成志第二次系统接触研究，将"瑶"改为"傜"，称傜人、傜语等。

傅斯年和顾颉刚任职于中山大学文学院时，对生物系采集队进入粤北瑶山采集动植物标本，同时进行民俗学的考察都极为支持。

辛树帜先生在"学术通讯"栏目，与傅斯年以通信的方式讨论民族调查问题，其中1928年7月11日《周刊》第37期刊载辛树帜信札如下："孟真我兄惠鉴：前托任君回致一缄，报告瑶山中各种瑶人分布状况，并托任君所绘地图一纸，计达尊览。弟于9日（即任君返广州之次日）因欲知寨山瑶所居处动植物之分布情形，特与黄季庄（为植物系助教，去岁曾随弟来广西采集，此次尤极努力，专研究桑科及羊齿植物；亦极为有为青年也）亲赴金秀（寨山瑶主要村）调查，往返共费四日，跋山涉涧，路途虽仅百里，而往返所历之苦实不啻四百里。"①同年8月15日，辛树帜邀请顾颉刚参观在瑶山三个月采集所得的标本、风俗歌谣等成果，将移至风俗物品陈列室。1930年6月黄季庄、吴印禅继续深入到广西大明山采集标本，在给辛树帜的信札中除了植物标本之外仍然关注民俗的事项。1934年辛树帜将石声汉、吴印禅、任国荣分别送往英国、德国和法国学习。

辛树帜时为国立中山大学理学院生物系主任，根据他与傅斯年的通信是1928年5月30日和6月7日写于瑶山罗香村，内容有关人口、姓族、语言、食粮、历法等方面，绘制聚落分埠地图，比语史所派员赴西南民族调查还早，并且对语史所派人调查提出建议，认为至少需要一年以上的调查时间才足够。《瑶山调查专号》在1928年9月19日作为《周刊》第46—47期合刊出版。石声汉先生写道："瑶山两个月的留居中，在夜间围着我们的石油灯并坐闲话时，在我们借住的一个叫作罗香的瑶村，征集得了他们的瑶歌两百多首。这两百多首的歌，

---

① 国立中山大学语言历史学研究所主编：《国立中山大学语言历史学研究所周刊全编》第2册，国家图书馆出版社，2011，第35页。

步行于广州的文明路与东山恤孤院街间——"史语所"在广州创建时期的历史研究

是五种猺人中的一种,自称'正猺'的历代相传的一种宝藏。"石声汉用罗马字母拼音记录后重唱出来,引起他们的好奇并逐步获得信任,同行的学生蔡国亮充当粤语翻译。[①]6月23日石声汉复信刊载于《周刊》"学术通讯"栏目:"任君自广州返猺山,带来树帜手书,及语言历史研究所诸先生赐书,敬悉一是。承嘱代为征集猺人语言、风俗、习惯、文艺等。"瑶歌是作为"文艺"专项征集的。

1932年10月,史语所搬迁至北平后,出版史语所《集刊》第四本第一分,刊登姜哲夫、张伋、庞新民合写的《拜王——广东北江猺山猺人风俗之一》、姜哲夫的《记广东北江猺山荒洞猺人之建醮》、庞新民的《广西猺山调查杂记》,这三篇文章仍然是中大理学院生物学家对中央研究院史语所民族专题的重要贡献。

1928年8月29日傅斯年向蔡元培先生致函拟聘名单中,将辛树帜聘为特约研究员。1933年辛先生任国立编译馆馆长,对中国科学名词规范化做出重要贡献。1938年任西北农学院院长,后在1946年创办兰州大学。石声汉随之赴西北任教,成为中国著名的植物生理学家和农学史名家。吴印禅回国后曾任中山大学植物研究所所长、学校副教务长,中国著名的植物学家;任国荣老师,广东高师转为广东大学的首批毕业生物系学生,后赴巴黎国家博物馆研究鸟类,日后成为中国著名的鸟类专家,随校迁徙至粤北坪石继续任教,曾在1945年至1946年任中大理学院院长。

理学院生物系辛树帜、石声汉、任国荣、黄李庄、吴印禅、蔡国良等为史语所的民族民俗调查、人类学调查和研究迈出了重要的第一步。

广州东山柏园和文明路中山大学校园旧址,曾经历中央研究院历史语言研究所筹备、诞生至运转的全过程。新潮兄曾讲过史语所是中国国家人文科学产

---

① 国立中山大学语言历史学研究所主编:《国立中山大学语言历史学研究所周刊全集》第3册,国家图书馆出版社,2011,第349页。

生的地方，在广州这座城市，为中国民族文化研究提供了沃土。在这里，学人们使用科学研究文化，将学问置于高山田野。南方方言丰富地区为语言大师赵元任提供用武之地；杨成志身负语史所和史语所双重责任在西南调查两年，为中国民族学研究奠定了厚实的基础；生物学家辛树帜进入文化领域，得益于大学多学科的基础；李济在广州东山加入史语所，将中大老师董作宾经历近一年的殷墟考古提升至与国际考古研究接轨的高度。众多岭南学人与北方文人在此交融，产生了许多具有开创意义的人文科学研究成果。文章修改完时，欣闻柏园旧址于2022年4月4日清洁完毕，将进入修缮阶段，柏园新一页将被翻开。

2022年4月2日，于4月5日修改完

后　记

岭南的记忆
后记

　　我校地处抗战时期华南教育历史发生地，又是华南教育历史研学学校联盟理事长单位。为落实广东省政府提出的"加快华南教育历史研学基地建设"，"推进南粤古驿道和华南教育历史研学基地建设"等工作部署，学校依托"粤北华南教育历史研究中心"和华南教育历史研究院，整合校内外资源，组建了一支高水平的专家团队，充分发掘和整理抗战时期华南教育历史文献资料，加强对华南教育历史相关课题的研究，编撰和出版了系列华南教育历史资料丛书和专著。

　　为进一步展现华南教育历史的研究成果，推动华南教育历史研学工作走深、走实，加强省社科基地"华南教育历史研究中心"的建设，学校面向全省征集主题鲜明突出、学术水平高、能够为华南教育历史研学工作的开展起到理论与史料支撑作用的优秀研究成果。

　　本书即是所征集到的优秀研究成果之一。其突出的学术价值在于不仅体现出抗战时期华南教育历史爱国主义主题，而且着重展现出这段历史流传着红色基因。如1942年省港大营救，就是在中共中央南方局的指导下，由东江游击队实施具体的营救，一批爱国民主人士通过我党的地下交通线，辗转经过惠州、曲江而安全抵达内地，他们中间许多人与华南教育抗战有着千丝万缕的联系；许幸之、马思聪就是这批代表人物。坪石、管埠成为许幸之导演的话剧《风雨同舟》的首演地，也是马思聪《第一交响曲》的诞生地；香港沦陷，大批香港青年学者艰苦跋涉，在粤北获得了继续读书的机会，东江游击队暗中护送，保证了他们顺利逃脱炮火中的香港。本书的另一重要主题是红色交通线，是20世纪中国共产党生死存亡之关键的血脉通道，而广东粤东段是最为艰辛且充满生死搏斗的一段。香港交通站发挥了重要作用，两位负责人——李少石、廖梦醒夫妇均曾就读于岭南大学。重温这两段历史，唤起粤港澳三地共同的人文记忆、家国情怀，这是不该忘记的主题。

抗战时期华南教育历史研究的成果不少，然而让人耳目一新的成果不多，创新性的研究成果就更少了。作者以独到的学术眼光从华南教育历史中突显出红色主题，这是众多研究成果中很少见到的。唯其独特，所以可贵，单从这个角度来看，本书的价值就不言而喻了。

粤北华南教育历史研究中心
韶关学院华南教育历史研究院
2023年9月